E. G. Schukat-Talamazzini

Automatische
Spracherkennung

W0246531

Artificial Intelligence
Künstliche Intelligenz

herausgegeben von Wolfgang Bibel und Walther von Hahn

Künstliche Intelligenz steht hier für das Bemühen um ein Verständnis und um die technische Realisierung intelligenten Verhaltens.
Die Bücher dieser Reihe sollen Wissen aus den Gebieten der Wissensverarbeitung, Wissensrepräsentation, Expertensysteme, Wissenskommunikation (Sprache, Bild, Klang, etc.), Spezialmaschinen und -sprachen sowie Modelle biologischer Systeme und kognitive Modellierung vermitteln.

Auswahl der bisher erschienenen Titel:

Automated Theorem Proving
von Wolfgang Bibel

Prolog
von Ralf Cordes, Rudolf Kruse, Horst Langendörfer, Heinrich Rust

Wissensbasierte Systeme
von Doris Altenkrüger and Wilfried Büttner

Logische Grundlagen der Künstlichen Intelligenz
von Michael R. Genesereth and Nils J. Nilsson

Logische und Funktionale Programmierung
von Ulrich Furbach

Parallelism in Logic
von Franz Kurfeß

Wissensrepräsentation und Inferenz
von Wolfgang Bibel (with St. Hölldobler and T. Schaub)

Deduktive Datenbanken
von Armin B. Cremers, Ulrike Griefahn and Ralf Hinze

Neuronale Netze und Fuzzy-Systeme
von Detlef Nauck, Frank Klawonn and Rudolf Kruse

Fuzzy Systems in Computer Science
von Rudolf Kruse, Jörg Gebhardt and Rainer Palm

Fuzzy Sets and Fuzzy Logic
Foundations of Application – from a Mathematical Point of View
von Siegfried Gottwald

Automatische Spracherkennung
von Ernst Günter Schukat-Talamazzini

Ernst Günter Schukat-Talamazzini

Automatische Spracherkennung

Grundlagen, statistische Modelle
und effiziente Algorithmen

Das in diesem Buch enthaltene Programm-Material ist mit keiner Verpflichtung oder Garantie irgendeiner Art verbunden. Der Autor, die Reihenherausgeber und der Verlag übernehmen infolgedessen keine Verantwortung und werden keine daraus folgende oder sonstige Haftung übernehmen, die auf irgendeine Art aus der Benutzung dieses Programm-Materials oder Teilen davon entsteht.

Druck und buchbinderische Verarbeitung: Hubert & Co., Göttingen
Gedruckt auf säurefreiem Papier
Printed in Germany

ISSN 090-0699
ISBN 3-528-05492-1

Meiner Frau Patricia und meinen Kindern Nastassia, Marisa und Adrian

Vorwort

Das Thema der vorliegenden Arbeit ist die Problemstellung maschineller Erkennung gesprochener Sprache. Ein wichtiger Forschungszweig auf diesem Gebiet ist gegenwärtig die Entwicklung telefonischer Auskunftsdialogsysteme, die es einem Benutzer beispielsweise gestatten, Zugverbindungsinformationen abzurufen, Platz- oder Hotelreservierungen vorzunehmen oder Bankgeschäfte zu tätigen. Besondere Beachtung finden daher Verfahren zur sprecherunabhängigen Verarbeitung kontinuierlicher Äußerungen, die über einen großen Erkennungswortschatz verfügen, aber den Lösungsraum gleichzeitig durch anwendungsabhängige grammatische Restriktionen wirksam einschränken.

Zur Lösung der gestellten Aufgabe gilt es, der akustischen Variabilität der zu analysierenden Sprachdaten zu begegnen, die durch sprecherspezifische Artikulationseigenschaften und phonetische Verschleifungsphänomene hervorgerufen wird, und ein komplexes Suchproblem zu bewältigen, dessen Ursache im Umfang des Wortschatzes und in der Kombinatorik unbekannter Wortgrenzen liegt.

Nach einigen anfänglichen Versuchen, explizite Funktionsmodelle für den überaus komplexen Erzeugungs- und Wahrnehmungsprozeß gesprochener Sprache zu entwickeln und deren Arbeitsweise auf einem Digitalrechner zu simulieren, dominieren im Bereich der automatischen Spracherkennung heute — nunmehr seit Beginn der 80er Jahre — die wahrscheinlichkeits- oder informationstheoretisch ausgerichteten Lösungsparadigmen. Den statistischen Zugang zum Spracherkennungsproblem kennzeichnet der weitgehende Verzicht auf „handgefertigte" Aussprache- und Grammatikmodelle zugunsten effizienter Strategien des maschinellen Lernens aus akustischen und textuellen Sprachdaten. Dieser statistische Ansatz hat sich als außerordentlich flexibel und tragfähig erwiesen; seiner ausführlichen Darstellung ist folglich auch der größte Teil dieses Buches gewidmet.

Der mathematische Formalismus statistischer Modelle, ihre parametrische Optimierung und schnelle Suchalgorithmen zur modellgestützten Analyse bilden die inhaltlichen Schwerpunkte dieser Arbeit; vereinigt werden diese Verfahrensbausteine schließlich in der Architektur des ISADORA-Musteranalysesystems, das in einem der umfangreicheren Kapitel dieses Buches detailliert behandelt wird und auch die Grundlage für die experimentellen Resultate des Schlußteils bildet. Die Darstellung des Instrumentariums statistischer Musteranalyse wird ergänzt durch sprachverarbeitungsspezifische Abschnitte über Merkmalgewinnung, phonetische Modellierung und grammatische Modellierung, in deren Verlauf auch zahlreiche innovative Verarbeitungskonzepte aus den Forschungsarbeiten des Autors erstmals in breiterer Form präsentiert werden.

Das Buch wendet sich an Fachleute, die innerhalb des weitgespannten Gebietes *Sprach-erkennung/Sprachverstehen* tätig sind, aber auch an Studenten, die vertiefte Kenntnisse auf diesen Gebieten erwerben wollen. Vorausgesetzt werden Grundkenntnisse der Wahrschein-lichkeitsrechnung, der linearen Algebra und der Analysis, die in etwa dem Vordiplom eines technisch-naturwissenschaftlichen Studienganges entsprechen. Angesichts der breiten, an-wendungsübergreifenden Darstellung statistischer Methoden der Musteranalyse sollten aber auch Systementwickler im Bereich der wissensbasierten Musteranalyse und der Künstlichen Intelligenz von der Lektüre dieses Bandes profitieren können.

Das Buch entstand als Habilitationsschrift im Rahmen eines längerfristigen Forschungs-projekts, das am Lehrstuhl für Mustererkennung (Informatik 5) der Friedrich-Alexander-Universität Erlangen-Nürnberg verfolgt wird und die Grundlagenforschung zum Erkennen und Verstehen gesprochener Sprache zum Inhalt hat. Die Arbeiten wurden vom Bundesmi-nisterium für Forschung und Technologie, der Deutschen Forschungsgemeinschaft und der Kommission der Europäischen Gemeinschaft (ESPRIT-Programm) gefördert.

Ich möchte mich an dieser Stelle ganz herzlich bei all jenen bedanken, die das Ent-stehen dieses Buches und seine Ausarbeitung kritisch und kooperativ begleitet haben. Dazu zählen insbesondere meine Kollegen aus der Sprachverarbeitungsgruppe des Lehr-stuhls für Mustererkennung: Dr. Th. Kuhn, Dr. S. Rieck und Herr W. Eckert, die im Rah-men ihrer Tätigkeit für das SUNDIAL-Sprachdialogprojekt entscheidend zum Erfolg der Untersuchungen beitrugen; Dr. E. Nöth, Dr. M. Mast, Herr R. Kompe und Herr A. Kießling, die durch unermüdliche Diskussionsbereitschaft und ideenreiche Zusammenarbeit die fach-lich wie persönlich anregende Atmosphäre des Instituts prägten. Mein Dank gilt auch den Herren Prof. Dr. G. Sagerer, G. Fink (Univ. Bielefeld), Prof. Dr. H. Bunke (Univ. Bern), Dr. F. Mihelič, I. Ipšić (Univ. Ljubljana) und G. Schmid (FORWISS, Erlangen) für die frucht-bare Zusammenarbeit bei der Anwendung des ISADORA-Systems in Sprach-, Schrift- Bild- und Meßwertverarbeitung sowie Dr. G. Micca (CSELT, Turin) und G. Niedermair (Siemens AG, München) für die langjährige und ertragreiche Kooperation während des SUNDIAL-Projekts.

Ganz besonders herzlich danke ich Herrn Prof. Dr. H. Niemann, der mein Interesse für das faszinierende Forschungsgebiet der Mustererkennung geweckt und gefördert hat; ihm und Herrn Priv. Doz. Dr. G. Ruske (TU München) danke ich darüberhinaus für die Über-nahme der Habilitationsgutachten. Außerordentlich verbunden bin ich auch meinen Kolle-gen Dr. V. Fischer und Dr. E. Nöth für ihre kritischen Einwände, sachgerechten Korrekturen und süffisanten Anmerkungen anläßlich der Durchsicht des Buchmanuskripts. Nicht zuletzt habe ich den Herausgebern dieser Reihe sowie den Mitarbeitern des Lektorats *Computer-fachbuch/Informatik* im Verlag Vieweg für ihre freundliche Unterstützung zu danken.

Ernst Günter Schukat-Talamazzini

Inhaltsverzeichnis

1	**Einführung**		**1**
	1.1	Mensch-Maschine-Kommunikation	1
	1.2	Maschinelle Verarbeitung gesprochener Sprache	3
	1.3	Entwurfsparameter spracherkennender Systeme	6
	1.4	Warum ist automatische Spracherkennung schwierig?	8
	1.5	Geschichte und Forschungsparadigmen	11
	1.6	Wahrscheinlichkeitsorientierte Spracherkennung	15
	1.7	Übersicht	18
2	**Gesprochene Sprache**		**21**
	2.1	Artikulation und symbolphonetische Beschreibung	22
		2.1.1 Artikulation von Sprachlauten	22
		2.1.2 Phonologische Kategorisierung	25
		2.1.3 Silbe und Intonation	28
		2.1.4 Ausspracheverschleifung	30
	2.2	Akustische Theorie der Spracherzeugung	32
	2.3	Wahrnehmung	37
		2.3.1 Gehörorgane und Schallwanderung	37
		2.3.2 Lautheitswahrnehmung	40
		2.3.3 Frequenzgruppen- und Tonhöhenwahrnehmung	41
	2.4	Zusammenfassung	42
3	**Merkmalgewinnung**		**45**
	3.1	Diskretisierung	46
		3.1.1 Abtastung	46
		3.1.2 Quantisierung	47
	3.2	Kurzzeitanalyse	48
		3.2.1 Zeitbereichsmerkmale	51
		3.2.2 Spektrumanalyse	53
		3.2.3 Cepstrumkoeffizienten	58
		3.2.4 Lineare Vorhersage	61

3.2.5 Sonstige Ansätze 67

3.3 Zeitliche Veränderung des Sprachsignals 68

3.4 Zusammenfassung 73

4 Klassifikation   **75**

4.1 Numerische Klassifikatoren 76

    4.1.1 Der optimale Klassifikator 76

    4.1.2 Parametrische Verteilungsdichtefunktionen 79

    4.1.3 Verteilungsfreie Klassifikatoren 81

    4.1.4 Nichtparametrische Klassifikatoren 84

    4.1.5 Die Schätzung der Fehlerrate 86

4.2 Überwachtes Lernen 87

    4.2.1 Schätzung der Verteilungsdichteparameter 87

    4.2.2 Informationstheoretische Optimierung 90

    4.2.3 Verteilungsfreie Verfahren 93

4.3 Unüberwachtes Lernen 96

    4.3.1 Vektorquantisierung 97

    4.3.2 Identifikation von Mischverteilungen (Teil A) 100

    4.3.3 Der EM-Algorithmus 102

    4.3.4 Identifikation von Mischverteilungen (Teil B) 104

4.4 Suchverfahren 106

    4.4.1 Metrische Nächster-Nachbar-Suche 108

    4.4.2 Nichtmetrische Nächster-Nachbar-Suche 110

    4.4.3 Sequentielle Klassifikation 112

4.5 Merkmaltransformationen 113

    4.5.1 Karhunen-Loève-Transformation 114

    4.5.2 Klassenbezogene Transformationen 116

4.6 Zusammenfassung 118

5 Markovmodelle   **121**

5.1 Das Einzelworterkennungsproblem 122

5.2 Markovmodelle 125

    5.2.1 Definitionen 127

    5.2.2 Produktionswahrscheinlichkeiten 129

    5.2.3 Die verborgene Zustandsfolge 131

    5.2.4 Skalierung und Logarithmierung 134

5.3 ML-Schätzung der Modellparameter 135

    5.3.1 Baum-Welch-Algorithmus 136

    5.3.2 Viterbi-Training 139

5.4 Kontinuierliche Zustandsausgabefunktionen 140

     5.4.1   Normalverteilungsdichten 141

     5.4.2   Gaußsche Mischverteilungsdichten 142

     5.4.3   Semikontinuierliche Markovmodelle 144

 5.5   Lernstichprobe und Parameterraum 145

     5.5.1   Mehrfache Modelle — mehrfache Trainingsbeispiele 146

     5.5.2   Parameterverklebung 147

     5.5.3   Interpolation 149

     5.5.4   Glättung 151

 5.6   Verallgemeinerte Modellkonzepte 153

     5.6.1   Dauermodellierung 153

     5.6.2   Korrelierte Ausgabedichten 156

     5.6.3   Kartesische Produktmodelle 158

     5.6.4   Weitere Lernverfahren 159

     5.6.5   Integrierte Merkmaltransformation. 161

 5.7   Zusammenfassung 163

6 Akustisch-phonetische Wortmodellierung   165

 6.1   Wortmodelle 167

     6.1.1   Die Schätzung von Wortmodellen 167

     6.1.2   Ganzwortmodelle und Wortuntereinheiten 170

 6.2   Kontextunabhängige Wortuntereinheiten 173

     6.2.1   Phonologisch orientierte Wortuntereinheiten 174

     6.2.2   Hierarchische Wortrepräsentationen 176

     6.2.3   Akustisch orientierte Wortuntereinheiten 178

 6.3   Kontextabhängige Wortuntereinheiten 179

     6.3.1   Phoneme in Kontext 180

     6.3.2   Modelle kontextabhängiger Phoneme 181

     6.3.3   Verallgemeinerte Triphone 183

     6.3.4   Polyphone 186

     6.3.5   Subphonemische Modellierung 187

 6.4   Wortgrenzenmodellierung 190

 6.5   Nichtwörter, unbekannte Wörter und neue Wörter 192

 6.6   Zusammenfassung 196

7 Grammatische Sprachmodelle   199

 7.1   Linguistisch gesteuerte Spracherkennung 200

 7.2   Stochastische Grammatiken 204

     7.2.1   Diskrete stochastische Prozesse 204

     7.2.2   Äquivalenzklassenbildung 207

     7.2.3   Faktorisierung und Adaption des Sprachmodells 210

7.2.4   Konzeptuelle Grammatiken 214

7.3   Schätzung der Sprachmodellparameter 215

     7.3.1   Glättung relativer Häufigkeiten 216

     7.3.2   Rückfall auf vergröberte Statistiken 219

     7.3.3   Interpolation 220

     7.3.4   Kategorien 225

7.4   Zusammenfassung 229

8   Dekodierung kontinuierlicher Sprache   231

8.1   Synchrone Suche 233

     8.1.1   Netzwerke von Markovmodellen 233

     8.1.2   Die beste Wortsegmentierung 236

     8.1.3   Strahlsuche 240

     8.1.4   Vorwärts-Rückwärts-Suche 243

8.2   Asynchrone Suche 244

     8.2.1   Der A*-Algorithmus 245

     8.2.2   Die Kellersuche 247

8.3   Wortschatzorganisation 253

8.4   Mehrphasendekodierung 259

     8.4.1   Das Prinzip der schrittweisen Verfeinerung 259

     8.4.2   Die n besten Wortketten 261

8.5   Zur Interaktion zwischen akustischem und linguistischem Modell 265

8.6   Zusammenfassung 268

9   Das ISADORA-System   271

9.1   Rekursive Markovmodelle 273

     9.1.1   Definition 273

     9.1.2   Die Vorwärts- und Rückwärtswahrscheinlichkeiten 275

9.2   Die Systemarchitektur 278

     9.2.1   Strukturierte Markovmodelle 280

     9.2.2   Netzwerkformalismus 281

     9.2.3   Akustische Modelle 283

     9.2.4   Reduzible und irreduzible A-Knoten 284

9.3   Das Netzwerk zur maschinellen Spracherkennung 287

     9.3.1   Spracheinheiten unterhalb der Wortebene 288

     9.3.2   Spracheinheiten innerhalb und oberhalb der Wortebene 291

     9.3.3   Auswahl expliziter Modelle 294

     9.3.4   Baumförmige Wortschatzorganisation 295

9.4   Lernen 297

     9.4.1   Initialisierung 297

	9.4.2 Standardlernverfahren	298
	9.4.3 Das A.P.I.S.-Lernverfahren für hierarchische Wortmodelle	300
9.5	Erkennen	306
	9.5.1 Rekursiver Viterbi-Algorithmus	306
	9.5.2 Rückverfolgung	308
	9.5.3 Geschachtelte symbolische Beschreibungen	310
	9.5.4 Opake Knoten	312
9.6	Zusammenfassung	314

10 Experimentelle Untersuchungen — **317**

10.1	Basiskonfiguration zur Spracherkennung	318
	10.1.1 Sprachdaten und Erkennungsaufgabe	318
	10.1.2 Konfiguration des Erkennungssystems	319
10.2	Detaillierte Auswertungen zur Spracherkennung	321
	10.2.1 Sprecherabhängige Worterkennung	321
	10.2.2 Kodebuchentwurf	322
	10.2.3 Phonetische Modellierung	326
	10.2.4 Schätzung linguistischer Sprachmodelle	330
	10.2.5 Mehrphasendekodierung	331
10.3	Erkennung spontan produzierter Äußerungen	335
	10.3.1 Das Erlanger Bahnauskunftsystem	336
	10.3.2 Evaluierung spontansprachlichen Datenmaterials	338
10.4	Zusammenfassung	341

11 Zusammenfassung — **343**

Literaturverzeichnis — **349**

Sachregister — **388**

A Spracherkennung mit ISADORA — **395**

A.1	Phonetische Umschriftsysteme	396
A.2	Phonemische Basiseinheiten	397
A.3	Die Kardinalzahlwörter von 1 bis 999 999	398
A.4	Kategoriepaargrammatik für Uhrzeitangaben	399
A.5	Evaluierung verschiedener Wortuntereinheiten	400

B Rekursive Markovmodelle — **401**

B.1	Schätzung der Modellparameter	401
B.2	Überführung in ein HMM	402

Kapitel 1

Einführung

„Reports and theses in speech recognition often begin with a cliche, namely that speech is the most natural way for human beings to communicate with each other.“

Melvyn J. Hunt, 1992, aus: [Hun92]

1.1 Mensch-Maschine-Kommunikation

Für den Informationsaustausch zwischen Menschen und Computern bietet sich die Nutzung *visueller, akustischer* und *taktiler* Kommunikationskanäle an. Textuelle Daten können über ein Tastenfeld eingegeben, in ein Mikrofon gesprochen oder in handschriftlicher Form mittels Kamera, Scanner oder graphischem Tablett digitalisiert werden. Für die Ausgabe textueller wie graphischer Informationen sind visuelle Medien der Standard, die akustische Darbietung in Gestalt synthetischer Sprache gewinnt jedoch zunehmend an Bedeutung. Jede Abwägung der Vor- und Nachteile der genannten Übertragungskanäle wird notgedrungen stark anwendungsabhängig sein. Dennoch lassen sich auch universelle Kriterien formulieren wie etwa die erzielbare *Zuverlässigkeit* und *Geschwindigkeit* der Übermittlung, der mit dem genutzten Medium verbundene (technische) *Aufwand* sowie das erforderliche *Engagement* (Anlernphase, Konzentration, verbleibender Handlungsspielraum) seitens des menschlichen Kommunikationspartners.

Die Kommunikation eines Benutzers mit dem Rechner über ein Tastenfeld hat den unbestreitbaren Vorteil einer praktisch hundertprozentigen Erkennung. Bedingt durch die Restriktionen hinsichtlich Tastenzahl und -belegung ist dieser Kanal allerdings auf einen Durchsatz von 100–150 (bei stark geschulter Bedienungsperson) oder gar 10–25 Wörtern je Minute beschränkt. Die handgeschriebene Mitteilung ist mit einer Übertragungsrate von etwa 25 Wörtern pro Minute und in Anbetracht des noch immer einer Lösung harrenden Erkennungsproblems [Wan91, Pla90] sicher keine Alternative. Bei gesprochener Kommunikation mit dem Endgerät erreichen wir mühelos eine Datenrate von 120–250 Wörtern in der Minute; darüberhinaus ist diese Form des Informationsaustausches nicht mit einer langwierigen

Schulungsphase verbunden, wie sie zur Erzielung des Maximaldurchsatzes bei der getippten Eingabe unerläßlich ist. Abgesehen von einigen Nachteilen der Spracheingabe, die applikationsspezifisch eine Folge ihrer flüchtigen, individuellen und unmittelbaren Natur sind, sprechen neben der hohen Datenrate viele weitere Gesichtspunkte (siehe auch [Hau90, Fel89]) für eine gesprochene Mensch-Maschine-Kommunikation: *Hände* und *Augen* des Benutzers sind frei für weitere Aktivitäten, und seine *Bewegungsfreiheit* wird nicht durch mitzuführende Armaturen eingeschränkt, denn ein Mikrophon verursacht nur sehr geringen *Raumbedarf* und kann gegebenenfalls räumlich getrennt vom Benutzer untergebracht werden. Gesprochene Sprache kann als zusätzliche Ergänzung eines Primärkanals (etwa der konventionellen Tastenfeld- und Bildschirm-Schnittstelle) fungieren. Schließlich bleibt der akustische Kanal auch unter gewissen erschwerenden Umständen (z.B. bei Dunkelheit oder unter extremen Bewegungseinschränkungen) voll funktionsfähig. Das vielleicht gewichtigste Argument aber betrifft die Aussicht, ein weltweit bereits vorhandenes, weitverzweigtes und (in den industrialisierten Regionen) bis zur Ebene der Privathaushalte ausgebautes Kommunikationssystem, das öffentliche *Telefonnetz*, für einen praktisch ortsungebundenen und rund um die Uhr und rund um den Globus verfügbaren Zugang zu rechnergestützen Informationen und Dienstleistungen nutzbar zu machen.

Der nach wie vor gern ins Feld geführte Gesichtspunkt, die gesprochene Sprache sei „die natürlichste Form zwischenmenschlichen Austausches" klingt hingegen weniger überzeugend, zumal eine Übertragung dieser Behauptung auf den Bereich der Mensch-Maschine-Schnittstelle doch wohl einen Computer voraussetzen müßte, dessen aktive und passive Sprachkompetenz derjenigen eines Menschen nahekommt. (Eine brillante und anregende Diskussion dieses Gegenstandes findet sich in dem kürzlich erschienenen Artikel [Hun92], welchem auch die eingangs zitierte Provokation entstammt.) Die Vision vom geduldig zuhörenden, sachverständig informierenden oder gar amüsant plaudernden Homunculus in Maschinengestalt sowie die dadurch geschürten, überzogenen Erwartungen übten einen nicht zu unterschätzenden Einfluß auf die Forschungslandschaft aus: weniger prätentiöse, aber realitätsnahe und in der Praxis hilfreiche Anwendungen (einige werden weiter unten genannt) gerieten oft außer Sichtweite. Operationale Lösungen für moderate Problemausschnitte wurden im Verhältnis zu „teuren, langsamen und unzuverlässigen Forschungsprototypen" (mit diesen Adjektiven kennzeichnet M. Hunt in o.g. Artikel die Lösungsansätze der von ihm als *akademisch* bezeichneten Tradition der Sprachverarbeitung) konsistent unterbewertet.

Hinsichtlich der Anwendungen gesprochener Interaktion unterscheidet W. Ainsworth [Ain88] die *Datenerfassung*, die *Steuerung* von Systemen oder Geräten und die automatisierte *Informationsgewinnung*. Einsatzgebiete finden sich

- im **Haushalt** (Beleuchtung, Unterhaltungselektronik, Anrufbeantworter),

- im **Büro** (Aktenhaltung, Informationsabfrage, Gerätebedienung, akustische Schreibmaschine [Jel85, Bak89]),

- in der **Industrie** (Qualitätskontrolle, Inventur, Versand [Fel86]),

- im **Zahlungsverkehr** (telefonischer Bankauftragsdienst, Börsenhandel, Kreditkartenwesen [Wil91b]),

- im **Personentransport** (Fahrzeugbedienung, Fahrplanauskunft, Reservierung [Nie88a, Pec91]),

- in öffentlichen **Informationsdiensten** (Wettervorhersage, Veranstaltungskalender, Gelbe Seiten [Gag91]),

- in der **Ausbildung** (Fremdsprachenerwerb, rechnergestütztes Lernen),

- in der **Medizin** (Diagnosesysteme, Mikroskopie, Patientenrufanlagen [Hei87]),

- im **militärischen Bereich** (Waffensystemkontrolle, Flugzeugbedienung, nachrichtendienstliche Observation [Bee77, Wei90]) und

- bei der **Behindertenhilfe** (Sprechtraining für Gehörlose, Fahrzeugbedienung, Filmuntertitelung [Pov91]).

Darüberhinaus wird in jüngster Zeit zunehmend die maschinelle Unterstützung des gesprochenen Informationsaustauschs zwischen zwei oder mehreren Menschen verfolgt. Aktuelle Beispiele dafür sind maschinelle Telefonvermittlungen und automatische Dolmetschgeräte zur Unterstützung der Verhandlungstätigkeiten entfernter (Telefon- oder Videokonferenz) oder benachbarter („face-to-face“-Szenario) Partner [Kur91, Wah93].

1.2   Maschinelle Verarbeitung gesprochener Sprache

Unter der Verarbeitung gesprochener Sprache verstehen wir die Manipulation digitaler Repräsentationen von Signalformen sprachlicher Äußerungen, insbesondere deren Analyse und Synthese. Gegenstand des Interesses kann dabei sowohl der *Sprecher* als auch der *Inhalt* der vorliegenden Nachricht sein. Beispiele für das erste Anliegen sind die automatische Ermittlung der Sprecheridentität bzw. die Bestätigung einer behaupteten Sprecheridentität aufgrund einer dargebotenen Beispieläußerung (Sprecher*identifikation* und -*verifikation*, vgl. [Fur89, S. 291 ff.] oder die klassische Zusammenstellung [Dix79, S. 336 ff.]).

Bei der Erfassung, Speicherung und Wiedergabe von Tondokumenten, wie sie in kommunikationstechnischen Anwendungen wie „*voice mail*“, aber auch im unterhaltungselektronischen Kontext („*compact disc*“) auftreten, steht neben der Verständlichkeit des Inhalts auch die Erhaltung sprechertypischer Elemente bei drastisch reduzierter Datenrate des Audiosignals im Vordergrund. Eine solche *Sprachkodierung* [Sch79, Heu88] nützt im allgemeinsten Fall die der Signalstruktur innewohnende Redundanz aus, um eine Datenreduktion zu bewirken, deren Umfang im wesentlichen von der Bandbreite und dem Rauschabstand des Nutzsignals abhängt. Ist speziell ein *Sprachschall* zu kodieren, und bezieht sich das Kriterium der Originaltreue lediglich auf die subjektive Wahrnehmung, so gelangen wir von einer

reinen Signalformkodierung zur *Vocodertechnik* (*„voice coding"*, [Roe90]), die als zusätzliche Redundanzquellen die begrenzte Auflösungskapazität unseres Gehörs [Zwi67] sowie den
durch die Physiologie unseres Sprechapparates eingeschränkten artikulatorischen Spielraum
[Fan60, Fla72] erschließt.

Ist die gesprochene Mensch-Maschine-Kommunikation unser Forschungsziel, so steht
selbstverständlich der Nachrichten*inhalt* im Zentrum des Interesses. Das Analyseproblem
besteht jetzt darin, der vorgelegten lautsprachlichen Äußerung eine adäquate rechnerinter-
ne Darstellung zuzuordnen; die Sprachsynthese beschreitet den umgekehrten Weg. Im ersten
Fall ist je nach Anwendung und Systementwurf die korrekte textuelle Darstellung des Gesprochenen zu rekonstruieren (automatische *Spracherkennung*), eine treffende maschineninterne
Beschreibung der Benutzerintention zu erzeugen (automatisches *Sprachverstehen*) oder eine
angemessene Systemreaktion zu veranlassen (*Kommando-* und *Dialog*systeme).

Die genannten Repräsentationsformen gesprochener Äußerungen seien am Beispiel eines automatischen telefonischen Auskunftsystems für InterCity-Verbindungen verdeutlicht,
welches mit einem Benutzer Dialoge der folgenden Art führt:

> **S:** *Hier ist die automatische InterCity-Auskunft. Was kann ich für Sie tun?*
> **B:** *Ich will morgen abend nach Frankfurt.*
> **S:** *Sie können ab Bonn fahren um [...]*
> **B:** *Gibt es auch noch einen früheren Zug?*
> **S:** *Bis wann möchten Sie spätestens in Frankfurt ankommen?*
> **B:** *Bis einundzwanzig Uhr.*
> **S:** *Sie können ab Bonn fahren um [...]*
> **B:** *Vielen Dank. Auf Wiedersehen.*

Die Zwischenergebnisse der (hier noch sehr grob gerasterten) einzelnen Verarbeitungsschritte für die erste Benutzeräußerung des obenstehenden Dialogbeispiels sind in Abbildung 1.1
angedeutet. Ergebnis der Erkennunsphase ist eine hinsichtlich noch näher zu spezifizierender
Kriterien bestpassende Wortkette, die nicht notwendigerweise mit dem tatsächlich gesprochenen Text übereinstimmen muß.

Die Bedeutungsanalyse [Sag90] bildet die Textform auf eine Struktur ab, welche die
Wörter und Konstituenten der Eingabeäußerung zueinander in Beziehung setzt sowie mit
Konzepten der Anwendungswelt (Zeiten, Städte, Verbindungen). Damit sich aus der inhalt-
lich knapp gehaltenen Anfrage relevante Informationen wie das Datum, die Tageszeit oder
der Abfahrtsort der gewünschten Zugverbindung erschließen lassen, müssen die sprachlichen Referenzen unter Zuhilfenahme domänenabhängiger Wissensquellen aufgelöst werden
[Kum91].

Die aus einer solchen Bedeutungsanalyse resultierende Systemreaktion besteht nun in
der Generierung einer Dialogantwort. Die Fixierung eines strategischen Ziels der Antwort
(Auskunfterteilung, Rückfrage, Verabschiedung usw.), ihr informativer Gehalt und ihre konkrete Formulierung erfordern im hier gewählten Anwendungsbeispiel Komponenten zur Ver-
folgung eines Dialogplans [Mas93], zur Abfrage von Verbindungsdaten und zur Erzeugung

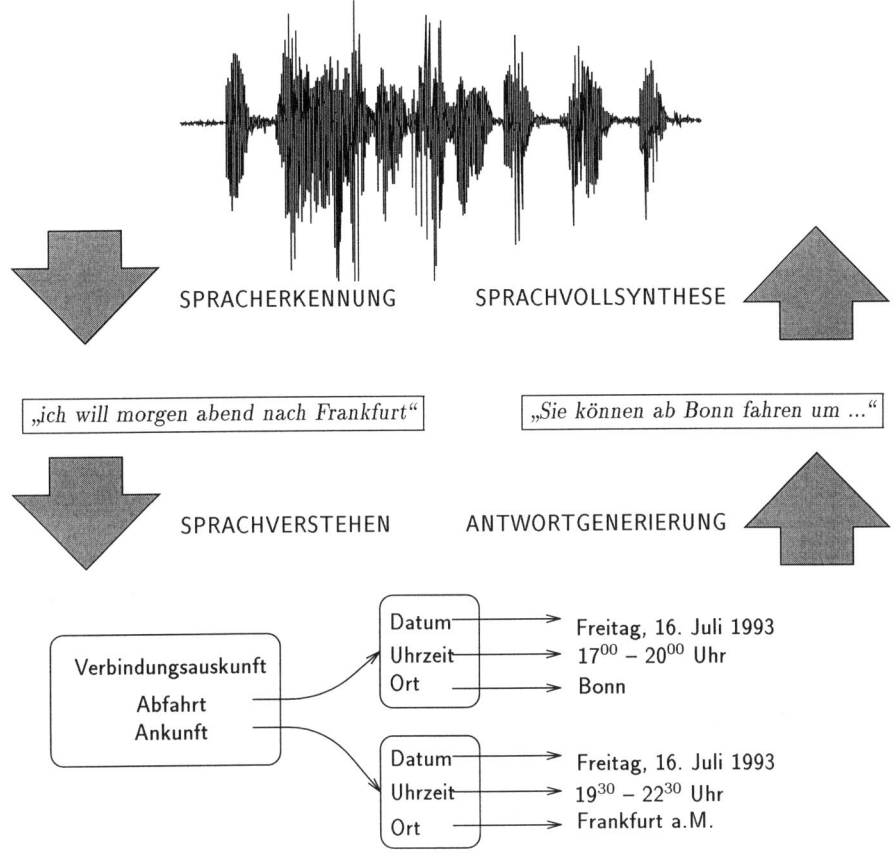

Abbildung 1.1: Spracherkennung, Sprachverstehen und Systemreaktion

natürlichsprachlicher Sätze aus Bedeutungskonzepten.

Der Dialogzyklus endet mit der Synthese eines Zeitsignals zur akustischen Ausgabe des Antworttextes. Die bekannten Vollsyntheseverfahren operieren in zwei Stufen: der Text wird zunächst in eine Lautumschrift transformiert, die gegebenenfalls mit intonatorischen Markierungen angereichert ist [Sej86, Rig91]. Für die nachgeschaltete Erzeugung des Schallsignals stehen eine Fülle unterschiedlicher Verfahren zur Verfügung [Det84, Mou90, Rab71]. Detaillierte Darstellungen der prinzipiellen Vorgehensweisen finden sich in [All87, Wit82]; eine aktuelle Dokumentation des Standes der Technik auf dem Forschungsgebiet der Sprachsynthese liegt in [Hes92] vor.

Die in Abbildung 1.1 angedeutete Modularisierung der Dialogführungsaufgabe dient lediglich der Veranschaulichung und soll keinesfalls suggerieren, daß der Prozeß des automatischen Sprachverstehens notwendigerweise sequentiell in zwei voneinander weitgehend entkoppelte Teilaktivitäten zerfällt: namentlich eine signalnahe Erkennungsphase sowie eine ausschließlich auf schriftsprachliche Strukturen bezogene symbolverarbeitende Phase. Eine

derart rigorose Entkopplung der sogenannten „akustischen" von der „linguistischen" Verarbeitung — diese terminologisch weder präzise noch einwandfreie Charakterisierung entstammt dem klassischen Jargon der Spracherkennungsforschung und ist ganz offensichtlich
von eben jenem o.g. Dekompositionsgedanken getragen — wird von den empirischen Daten
psycholinguistischer Untersuchungen in keiner Weise gestützt [Fra87] und stellt demzufolge
ganz sicher nicht die einzige erfolgversprechende technische Realisierungsalternative dar.

1.3   Entwurfsparameter spracherkennender Systeme

Der thematische Gegenstand dieser Arbeit ist die automatische Spracherkennung, d.h. die
Transformation einer als Zeitsignal vorliegenden sprachlichen Äußerung unbekannten Inhalts
in die Rechtschriftform. Anhand der typischen Entwurfsparameter eines Spracherkennungsmoduls, welche die praktische Nützlichkeit des Systems, aber auch den Schwierigkeitsgrad
der damit aufgeworfenen Fragestellungen entscheidend mitbestimmen, sollen nunmehr einige Grundbegriffe dieser Technologie erläutert werden. Wir unterscheiden grob drei Gruppen
von Einflußfaktoren: die *Darbietungsform*, den *Sprachumfang* und den Grad der *Sprecherabhängigkeit*.

Zur Darbietungsform zählen wir neben der Sprachaufnahmequalität, die etwa durch die
Wahl der verwendeten Aufnahmeapparatur (z.B. das öffentliche Telefonnetz oder aber ein
HiFi-Mikrofon) und die Abschirmungsbedingungen gegenüber Störgeräuschen geprägt ist,
ganz wesentlich die Unterscheidung, ob der Sprecher seine Eingabe *fließend* äußert oder aber
angehalten ist, kurze Pausenintervalle zwischen aufeinanderfolgende Wörter einzuschieben,
um das Geschäft der automatischen Erkennung zu erleichtern. Im ersten Falle sprechen wir
von *Verbundworterkennung*, im zweiten Fall dagegen von *Einzelworterkennung* (oder auch
Isoliertworterkennung). Handelt es sich um fließend gesprochene Sätze oder gar mehrsätzi-
ge Textpassagen, so wählen wir auch die Bezeichnung *kontinuierliche Spracherkennung* zur
Abgrenzung von der einfacheren Erkennung pausenfrei geäußerter Ziffern- oder Kommando-
wortfolgen.

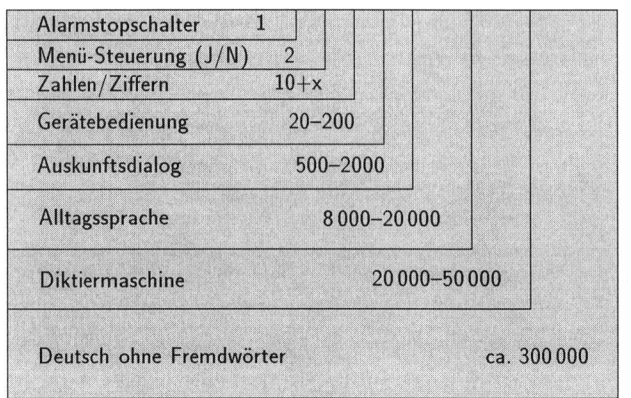

Abbildung 1.2:
Wortschatzumfang potentieller Spracherkennungsanwendungen

Der Sprachumfang eines Erkennungsmoduls ist durch den verfügbaren *Wortschatz* und, erforderlichenfalls, eine *Satzgrammatik* zur Spezifikation der akzeptablen Wortfolgen charakterisiert. Erkennungsvokabulare nebst ihrem durchschnittlichen Umfang (angegeben ist die geschätzte Anzahl der Wort*voll*formen) sind in Abbildung 1.2 für einige exemplarische Anwendungen aufgeführt. Zwischen den beiden Extremen, die durch den Gesamtumfang des deutschen Hochsprachenvokabulars einerseits und einen einelementigen Wortschatz andererseits (z.B. ein „stop!" zur Unterbindung des morgendlichen Weckeralarms) markiert sind, finden wir einige typische, kleinere Vokabulare wie „ja", „nein", den Ziffernvorrat, Buchstabieralphabete und Kommandoinventare für die Menüsteuerung oder einfache Kontroll- und Abfragefunktionen. Aber bereits verhältnismäßig stark eingeschränkte Anwendungsbereiche (z.B. Auskunftsdialoge betreffend Flugreservierung, Hotelbuchung, Fahrplanauskunft etc.) erfordern selbst bei mäßigen Anforderungen an die Stilfreiheit der benutzerseitigen Formulierungen leicht einige Hundert oder Tausend Wortformen [Hit86].

Bei kontinuierlichen Spracherkennern mit umfangreichem Wortschatz sollte daher der drohenden kombinatorischen Explosion des Lösungsraumes (hervorgerufen durch die uneingeschränkten Satzbildungsmöglichkeiten) wirkungsvoll begegnet werden. Dies geschieht durch ein grammatisches *Sprachmodell*, das allgemeinsprachliche oder anwendungsbedingte syntaktische, semantische und pragmatische Restriktionen in die Wortfolgenerkennung einbezieht und damit die Erkennungsaufgabe erleichtert. Wir sprechen dann von *grammatikgesteuerter* Spracherkennung.

Vom Standpunkt der Sprecherabhängigkeit unterscheiden wir Systeme, die für die Benutzung durch einen Sprecher, durch eine kleine Sprechergruppe oder durch beliebig viele unterschiedliche Sprecher ausgelegt sind (sprecher*abhängige-*, *Mehrsprecher-* oder sprecher*unabhängige* Systeme). Sprecher*adaptive* Systeme schließlich sind dadurch gekennzeichnet, daß sie sich in einer *überwachten* (der neue Sprecher wird veranlaßt, einen vorgegebenen Adaptionstext vorzulesen) oder *unüberwachten* (keine Vorgabe, die Adaption vollzieht sich unbemerkt zu Beginn des Kommunikationsvorganges) Vorlaufphase an die spezifischen Eigenheiten des aktuellen Sprechers anpassen. Die Attraktivität eines sprecheradaptiven Erkenners wird natürlich stark von der zeitlichen Dauer dieser Adaptionsphase abhängen. Wenn auch bei gleicher Erkennungsleistung eine sprecherunabhängige Installation vorzuziehen ist, lassen sich viele Anwendungen auch mit einer sprecheradaptiven oder sprecherabhängigen Erkennungskomponente zufriedenstellend realisieren.

Automatische Spracherkennung ist ein nach wie vor nicht vollständig gelöstes Forschungsproblem, d.h., das Resultat eines jeden Erkennungsvorgangs ist zu einem gewissen Grade mit Fehlern behaftet. Die Fehlerhäufigkeit wächst mit dem Wortschatzumfang, und sie sinkt bei zunehmender Rigidität des grammatischen Sprachmodells [Bah83]. Sie ist in sprecherunabhängigem Betrieb höher als bei einem Einsprechersystem [Lee89b] und für isolierte Wörter niedriger als für kontinuierliche Sprache [Bah81]. Dennoch, oder gerade deshalb, übt die Entwicklung eines kontinuierlich-sprecherunabhängigen Systems mit sehr großem Vokabular (> 10 000) und einer komfortablen Grammatik, die dem Benutzer alle sprachgemeinschaftlich akzeptierten Formulierungen erlaubt, einen unwiderstehlichen Reiz auf die Forschergemeinde aus. Doch welchen Gewinn bringt ein solches System dem Endbenutzer? Und werden Installationen obengenannten Zuschnitts die Akzeptanz des breiten Publikums (das sie bis jetzt standhaft verweigerte) erringen und infolgedessen auch den wachsenden Legitimationsdruck auf Seiten der Spracherkennungsforschung lindern helfen?

Es steht zu befürchten, daß dies nicht der Fall sein wird, zumindest was die immensen Wortschätze und die „quasi-natürlichen" Grammatikmodelle betrifft. Denn wie aufgebläht auch immer das Vokabular sein mag, und wie raffiniert die bei der Wortfolgenerkennung eingesetzten Satzbaupläne: früher oder später wird jeder Sprecher das bisher unbekannte Wort oder die nicht vorhergesehene Satzkonstruktion realisieren, und die vermeintlichen Vorzüge des Systems wenden sich für unseren Benutzer ins Gegenteil [Hun92]:

> „[...] greater complexity simply makes it harder for the user to remember what is allowed and what is not allowed."

1.4 Warum ist automatische Spracherkennung schwierig?

Wir erleben das Verstehen gesprochener Mitteilungen als eine alltägliche und selbstverständliche menschliche Fertigkeit, die selbst von kleinen Kindern, Berufspolitikern und Tennisprofessionals mit überraschender Leichtigkeit vollzogen wird. Umso befremdlicher muß uns daher das Faktum erscheinen, daß für die maschinelle Realisierung dieser Wahrnehmungsleistung auch nach Jahrzehnten intensiver Forschungstätigkeit bis zum heutigen Tage nur rudimentäre Teillösungen angeboten werden konnten.

Unserem subjektiven Eindruck nach besteht eine Sprachäußerung aus einer Folge von Wörtern, diese wiederum aus einer Folge von Lauten; insgesamt ergibt sich ein zeitlich gerichteter Strom diskreter Einheiten, aneinandergereiht wie die Perlen einer Kette, und jedes Lautsegment erscheint ausgestattet mit invarianten, vom jeweiligen Kontext völlig unabhängigen Klangeigenschaften. Dieser Eindruck täuscht jedoch; er resultiert lediglich aus einer hochkomplexen neurophysiologischen und kognitiven internen Verarbeitung des Sprachschalls. Dieser Sprachschall stellt eine hochredundante Kodierung der zu übermittelnden Nachricht dar. Die hervorstechendsten Phänomene, die bei der artikulatorischen Verschlüsselung des „Klartextes" einer Mitteilung auftreten, sind in der Abbildung 1.3 wiedergegeben. Zur Veranschaulichung wurde dabei das Medium gesprochener Sprache durch das geschriebener Sprache ersetzt.

Die Schwierigkeiten, welche zum Zwecke maschineller Spracherkennung zu bewältigen sind, lassen sich grob in vier Gruppen gliedern: diese betreffen die Kontinuität, die Variabilität, die Komplexität und die Ambiguität gesprochener Sprache.

Kontinuität: Entgegen dem oben beschriebenen Eindruck existieren im Sprachschall selbst im allgemeinen *keine* sichtbaren Diskontinuitäten, welche die Grenzen zwischen Wörtern, Silben oder Lauten eindeutig markieren. Selbst eine sichere Detektion von Wortgrenzen ist nur in Sonderfällen gewährleistet, wenn nämlich hervorzuhebende Phrasengrenzen

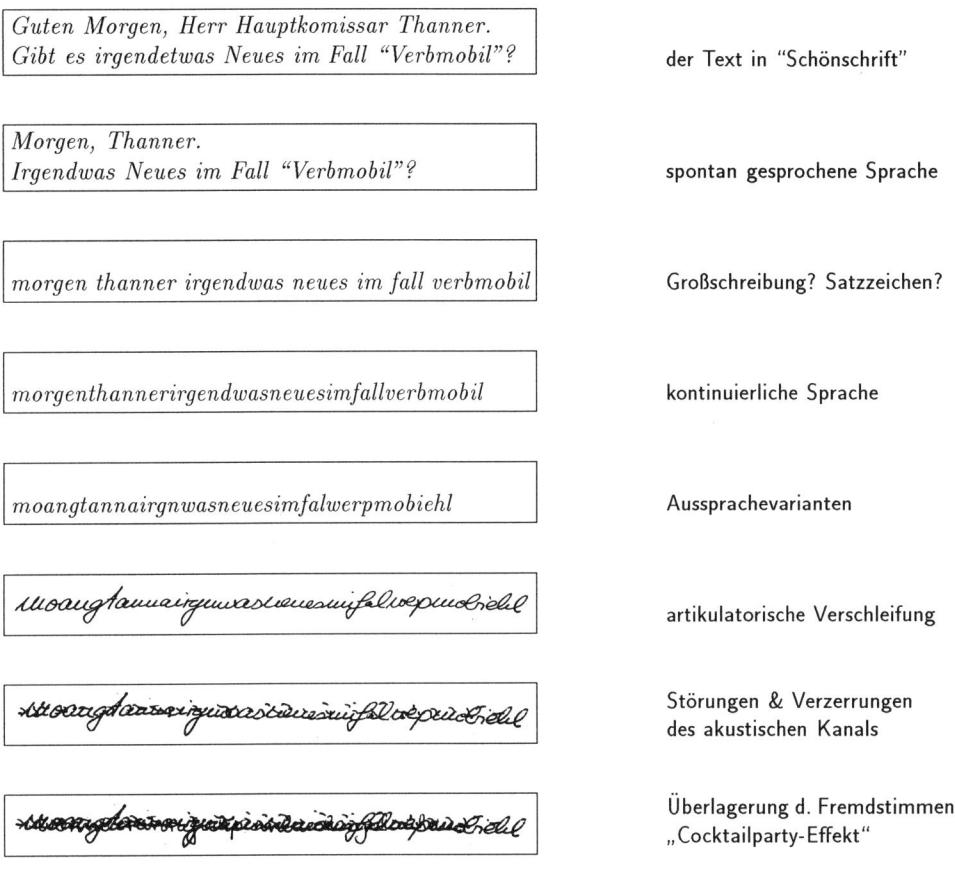

Abbildung 1.3: Warum ist (automatische) Spracherkennung schwierig?

intonationsbedingt mittels kurzer Stilleintervalle realisiert wurden.

Variabilität: Einunddieselbe Spracheinheit kann akustisch auf vielfältigste Weise realisiert sein. Es ist daher ungemein schwierig, für Wörter oder Laute geeignete akustische *Prototypen* zu finden, welche die Referenzeinheit über stark variierende Begleitumstände hinweg korrekt repräsentieren. Ein solcher Prototyp muß einerseits hinreichend generell gewählt werden, um alle Realisierungen zu umfassen, er muß die Bezugseinheit aber andererseits auch scharf gegen konkurrierende Einheiten abgrenzen.

Ursachen für diese Variabilität sind in spezifischen Eigenschaften des *Aufnahmekanals* (Typ und Position des Mikrofons, räumliche Reflektionseigenschaften, Diskretisierungsrauschen), oder *akustische Störquellen* (Stimmen weiterer Personen, Verkehrsgeräusch, Büro- oder Fertigungsumgebung) zu suchen. Ferner stellen sich Variationen ein [Eng89] aufgrund der *Sprechweise* (Tempo, Artikulationsdruck, Anspannung, Emotionen, Kooperativität), *in-*

dividueller Sprechermerkmale (Alter, Geschlecht, Vokaltraktanatomie, Gesundheitszustand)
und *habitueller* Sprechermerkmale (Dialekt, Soziolekt). Der vielleicht massivste Einfluß ist in
der *kontextuellen Aussprachevariation* zu sehen. Abhängig von ihrer unmittelbaren lautlichen
Umgebung und der Satzprosodie erhalten wir akustische Ausprägungen mit unterschiedlich-
sten Klang-, Intensitäts- und Rhythmuseigenschaften.

Komplexität: Die automatische Spracherkennung erfordert hohe Rechenleistung und
Speicherkapazität. Gründe dafür sind die Datenrate der Spracheingabe (typisch sind 8 000
bis 20 000 Signalabtastwerte je Sekunde), die umfangreichen Inventare von Erkennungsein-
heiten und die ausufernde Kombinatorik bei der Satzbildung (aus K verschiedenen Wörtern
lassen sich bekanntlich K^L unterschiedliche Wortfolgen der Länge L bilden). Die Erken-
nungseinheiten schlagen gleich zweimal zu Buche: ihre Prototypen oder Modelle tragen zum
Speicherbedarf bei, und sie sind überdies für die Anzahl der erforderlichen Mustervergleiche
während der Analysephase verantwortlich.

Ambiguität: Zwischen Spracheinheiten und ihren Realisierungen besteht im allgemeinen
keine eineindeutige Zuordnung; insbesondere können unterschiedliche Wörter oder Sätze
unter Umständen gleich oder sehr ähnlich artikuliert werden. Diese Mehrdeutigkeiten treten
auf allen sprachlichen Ebenen auf: als *Homophonien* (*'Ra_d_'* und *'Ra_t_'*), an Wortgrenzen
(*'Stau-becken'* und *'Staub-ecken'*), im syntaktischen (*'... das Tonband, das Nixon vernichtete
...'*) und semantischen (*'Bienenhonig'* und *'Imkerhonig'*) Bereich.

Zur Dekodierung einer gesprochenen Nachricht aus ihrem akustischen Korrelat nutzen
wir Menschen Restriktionen aus einer Fülle unterschiedlicher Wissenquellen, etwa der Arti-
kulatorik, Phonotaktik, Morphologie, Syntax und Semantik, um die durch Verschlüsselungs-
effekte verschüttete Originalinformation zu rekonstruieren. Die hervorragende Performanz
des Menschen bei der Erkennung von Wörtern und Sätzen ist also undenkbar ohne unsere Fähigkeit zur Unterscheidung wohlgeformter Satzbauten von Fehlkonstruktionen, ohne
die Interaktion von Allgemeinwissen, Situationseinschätzung und Inferenzmechanismen zur
Plausibilitätsgewichtung potentieller Bedeutungen. Diese Tatsache war bereits im ausgehenden 19. Jahrhundert wohlbekannt [Jam89, S. 159]

> „ When we listen to a person speaking or read a page of print much of what we
> think we see or hear is supplied from our memory."

und läßt sich unschwer am Beispiel fremdsprachlicher Kommunikation belegen, die empfind-
lich unter Störungen des Übertragungskanals wie Straßenlärm oder schlechter Telefonver-
bindung leidet. In letzter Konsequenz impliziert diese (nicht ganz unumstrittene) These für
die maschinelle Sprachverarbeitung, daß die Realisierung eines Diktierautomaten nur auf der
Basis eines Computers denkbar wäre, der über eine derjenigen des Menschen nahekommende
Intelligenz verfügt [Pie69].

Was dem Hörer recht ist, ist dem Sprecher billig. Im festen Vertrauen auf die Perzeptions-
leistung unseres Zuhörers suchen wir unser Kommunikationsziel (nämlich verstanden zu wer-

den) mit dem Minimum des dafür unbedingt erforderlichen Aufwandes zu erreichen [Koh79, S. 13]. Dabei steht die Redundanz der Mitteilung in umgekehrt proportionalem Verhältnis zur Qualität ihrer Darbietung. Die Dosierung unserer „Nachlässigkeit" bei der Realisierung eines kompliziert strukturierten Eigennamens am Telefon wird erheblich vorsichtiger ausfallen als beim alltäglich wiederkehrenden Morgengruß im Büro. Besonders präzise formulieren und deutlich artikulieren werden wir nur dann, wenn die Verständigungsbedingungen schlecht sind, unser Anliegen wesentliche Neuinformation beinhaltet, oder wenn wir bei unserem Gegenüber eine mangelnde Vertrautheit mit der aktuell verwendeten Sprache vermuten. Aus diesem adaptiven Sprecherverhalten ergibt sich eine unmittelbare Folgerung für die Auslegung einer Mensch-Maschine-Schnittstelle: nur das Bewußtsein, mit einer *Maschine* zu kommunizieren, spornt den Benutzer an, eine Spracheingabe hoher Qualität zu produzieren. Der gutgemeinte Versuch hingegen, einen menschlichen oder mit nahezu menschlichen Fähigkeiten ausgestatteten Gesprächspartner vorzutäuschen, führte wohl zwangsläufig zu einer anfänglichen Überschätzung der Systemleistung, dadurch bedingter Fehladaption, Einbruch der Erkennungsrate und schließlich Frustration beim Benutzer.

1.5   Geschichte und Forschungsparadigmen

Das Gebiet der automatischen Spracherkennung blickt mittlerweile auf eine etwa vierzigjährige Forschungsgeschichte zurück. Die (nach Auffassung des Autors) wesentlichsten Meilensteine der jüngeren Forschung sind in Abbildung 1.4 zusammengefaßt. Auslösende Faktoren waren sicherlich die Entwicklung des Klangspektrographen (1946) zur visuellen Darstellung von Schallsignalen („*visible speech*", [Pot66]), die Vorstellung einer akustischen Theorie der menschlichen Sprachproduktion (1948, siehe [Fan60]) und natürlich die Einführung der ersten kommerziellen Digitalrechner (um 1958).

Erste Systeme zur sprecherabhängigen Einzelworterkennung analysierten isolierte Ziffern [Dav52] oder einsilbige Wörter [Ols56] mit Hilfe einfacher Zeitbereichsmerkmale oder analoger Filterbänke. Mit ähnlichen, rein akustischen Methoden wurden erste Phonemerkenner realisiert, sowohl sprecherabhängig [Fry59] wie sprecherunabhängig [For59], jedoch in beiden Fällen mit bescheidenem Erfolg. Die Lautgestalt einer Äußerung durch Inspektion ihrer lokalen Spektralform abzuleiten, war bis zum Ende der sechziger Jahre der vorherrschende Ansatz. Motiviert durch Befunde zur menschlichen Fähigkeit des Spektrogrammlesens [Kla73], wurden diese Methoden auch viel später noch einmal wiederbelebt: in den Versuchen etwa, die Spektrogrammlesetätigkeit in regelbasierten [DM80, Hat85] oder bildverarbeitenden (der „*speech sketch*", vgl. [Gre84]) Systemen nachzubilden.

Die Spracherkennung der siebziger Jahre konnte sich bereits auf neue, bahnbrechende Algorithmen zur Signalanalyse (das lineare Vorhersagemodell, [Ata67]) und zum Vergleich zeitlich verzerrter Muster [Vel70, Sak78] nach dem Prinzip der Dynamischen Programmierung [Bel67] stützen. Mit diesen Verfahren ließen sich schon recht leistungsfähige Einzelwortkenner verwirklichen [Ita75], auch sprecherunabhängig [Rab79]. Gegen Ende des Jahrzehnts

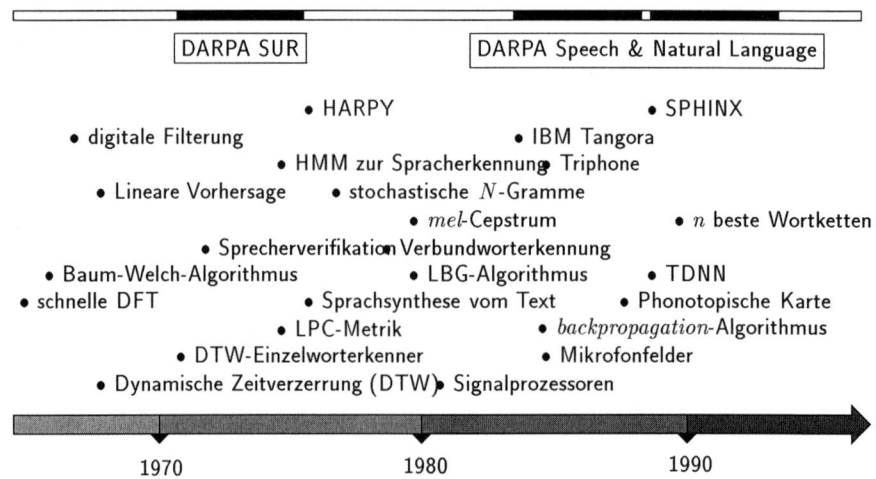

Abbildung 1.4: Wichtige Meilensteine der Erforschung maschineller Spracherkennung

(wenn wir von einer viel weiter zurückliegenden, aber von der damaligen Fachwelt weitgehend ignorierten Publikation der östlichen Hemisphäre einmal absehen [Vin71]) wurden dann auch eine Reihe von Mustervergleichsalgorithmen für die Verbundworterkennung vorgestellt [Sak79, Mye81, Bri79].

DARPA SUR Projekt (1971–76)

Department of Defense
Advanced Research Projects Agency
Speech Understanding Research

ZIELDEFINITION (11/1971)	HARPY-SYSTEM (11/1976)
kontinuierliche Sprache	√
viele unterschiedliche,	*3 männl. & 2 weibl.*
kooperative Sprecher	√
in einer ruhigen Umgebung	*Computerlabor*
mit einem guten Mikrofon	*Nahbesprechungsmikrofon*
leichte Sprecheranpassung	*20 Sätze / Sprecher(in)*
1000 verschiedene Wörter	*1011*
mit einer künstlichen Grammatik	*Verzweigungsfaktor = 33*
eingeschränkte Anwendungsdomäne	*Dokumentabfrage*
< 10% Fehler auf Bedeutungsebene	*5%*
nahezu Echtzeitverarbeitung	*80-fache Echtzeit*
auf einem 100 MIPS Rechner	*PDP–KA10 (4 MIPS)*

Tabelle 1.1: Forschungsziele und -ergebnisse des DARPA SUR Vorhabens

Von entscheidender Bedeutung für die Ausrichtung des Forschungsgebietes war das vom US-amerikanischen Verteidigungsministerium (DoD) aufgelegte DARPA SUR (*Speech Un-*

derstanding Research) Vorhaben, dessen 1971 formulierte Forschungsziele [Kla77] in Tabelle 1.1 subsumiert sind. Die geförderten Institute verfolgten einen modellgetriebenen Ansatz und entwickelten stark KI-orientierte Systemarchitekturen, welche von einem geschichteten linguistischen Modell der Sprache ausgingen und über zahlreiche Wissensbasen und Analysemodule verfügten, deren Aktivitäten durch eine übergeordnete Kontrollstrategie koordiniert wurden [Wol80, Erm80].

Doch genau diese Entwicklungsrichtung wurde schon kurz nach Projektende anläßlich des überragenden relativen Erfolgs des HARPY-Systems (die Ergebnisse sind in Tabelle 1.1 aufgeführt) jäh gebremst. HARPY, von dem CMU-Doktoranden Bruce Lowerre im Alleingang implementiert [Low76, Low80], basierte wie seine Mitbewerber auf einer modularen, hierarchischen Darstellung akustisch-phonetischen und linguistischen Wissens, kompilierte diese aber während der Konfigurationsphase in ein endliches Zustandsnetzwerk, welches dann in der Erkennungsphase mit den Mitteln der Dynamischen Programmierung durchsucht wurde. Diese Architektur, weitergeführt in Spracherkennern wie SPICOS [Ney88] und SPHINX [Lee90e], beherrscht bis zum heutigen Tage den Schauplatz.

Mit den achtziger Jahren setzte dann eine rasante Entwicklung ein. Die Parametrisierung des Sprachsignals durch die *mel*-Cepstrum-Koeffizienten [Dav80] und deren dynamische Änderung [Fur86] sowie die Diskretisierung der Daten mittels Vektorquantisierung [Lin80] wurden schnell zu Quasistandards. Der entscheidende Paradigmenwechsel vollzog sich durch den Übergang vom dynamischen Mustervergleich und Wortprototypen zur statistischen Modellierung. Die Technik der *„hidden markov"* Modelle (HMM) war bereits ab 1975 von einzelnen Forschungsgruppen [Bak75b, Jel76] verfolgt worden, wurde aber erst jetzt zum Verfahren *sine qua non*. Es war nun erstmalig möglich, die schwer durchschaubaren Zusammenhänge zwischen Spracheinheiten und ihren akustischen Gegenstücken in ein Wahrscheinlichkeitsmodell zu verpacken, dessen freie Parameter aus vorgelegten Sprachproben geschätzt werden konnten. Die außerordentliche Flexibilität und Generalisierungsfähigkeit der Markovmodelle löste in den letzten Jahren eine Lawine von Fortschritten hinsichtlich Sprecheranpassung, Erkennung großer Wortschätze, Grammatikmodellierung und Echtzeitverhalten aus. Im Kampf gegen die verschleifungsbedingte Variabilität gesprochener Sprache wurde mit der Technik kontextabhängiger Wortuntereinheiten [Lee89b] ein durchbruchartiger Erfolg erzielt. Eine weitere Spielart parametrischen Lernens, die mittels gewöhnlichem Gradientenabstieg trainierbaren Neuronalen Netzwerke [Lip87a], gewannen in jüngster Zeit im Bereich der signalnahen Verarbeitung zunehmend an Bedeutung.

Laborsysteme zur sprecherunabhängigen Erkennung kontinuierlicher Sprache, die für ein Vokabular von ungefähr 1000 Wörtern bei anwendungsbezogener grammatischer Einschränkung des Lösungsraums eine sehr hohe Worterkennungsrate ($> 95\%$) gewährleisten, sind heute Stand der Technik [Pal90b]. Konfrontiert mit spontanen Äußerungen, ungeübten Benutzern und realistischen Übertragungskanälen fällt die Leistung jedoch in aller Regel dramatisch ab [But92]. Zur Vermarktung sprachverstehender Systeme muß der Schwierigkeitsgrad ihrer Auslegung in einer oder mehreren Dimensionen reduziert werden, damit sich ein akzeptanzförderndes Leistungsniveau ergibt. Ein Beispiel ist die Diktiermaschine DRAGONDICTATE[Bak89], deren Eingabetexte bis zu 30 000 verschiedene Wörter enthalten dürfen, die sich aber nur langsam an einen neuen Sprecher anpaßt und dem Benutzer zumutet, die Wörter seines Diktats durch kurze Sprechpausen voneinander zu trennen.

Generell zeichnet sich ein Trend zur Diversifikation der Spracherkennungsforschung nach Anwendungsklassen ab. Hauptstoßrichtungen sind

- robuste, sprecherunabhängige Systeme für telefonische Problemlösungsdialoge mit spontanen, zielgerichteten Äußerungen [Pec91],

- sprecherabhängige Diktierautomaten mit sehr großem Wortschatz, aber einem an der Schriftsprache orientierten Grammatikmodell [Ave87],

- Einzelwort- und Kommandosysteme, die auch unter extrem schwierigen Bedingungen zuverlässig arbeiten [Ace90b].

Die beiden erstgenannten Aufgabenstellungen, und zwar am Beispiel von Fluginformationsdialogen (ATIS — *Air Travel Information System*) und vorgelesenen Zeitschriftenartikeln (WSJ — *Wall Street Journal*), sind auch Gegenstand eines weiteren DoD-geförderten DARPA-Programmes *„Speech & Natural Language"*, das 1984 initiiert und 1989 um weitere 5 Jahre verlängert wurde.

Zahlreiche Autoren (zum Beispiel Joseph Mariani in [Mar89a]) entwerfen zur Illustration der oben skizzierten Forschungsgeschichte gern ein plakatives Bild: nämlich das der Spracherkennung als Schlachtfeld zweier gegensätzlicher und unvereinbarer Methodologien. Auf der einen Seite stehen die Protagonisten des wissensbasierten, KI-orientierten Ansatzes, der die Mechanismen menschlicher Sprachwahrnehmung zunächst zu analysieren, dann in formale Regeln zu gießen und schließlich auf einem Digitalrechner zu implementieren beabsichtigt. Auf der anderen Seite tummeln sich die Advokaten des automatischen Lernens, die Perzeption als einen Prozeß begreifen, dessen Funktionsweise in ewiges Dunkel gehüllt, dessen Wirkungsweise jedoch nach Lösung eines hochdimensionalen Optimierungsproblems reproduzierbar ist.

Der Paradigmenstreit wurde von den Erkennungsraten entschieden: zugunsten der Ingenieurslösung. Es scheint so, als ob die verwickelte Struktur unseres Problembereiches von einem statistisch optimierenden Hochleistungsrechner, bei allen Unzulänglichkeiten des zugrundegelegten Modells, noch eher zu meistern ist als von dem vermittelnden menschlichen Experten der wissensbasierten Methode. Dieser Tatbestand ist aus Gründen des Erkenntnisinteresses sicherlich zu bedauern [Fan90]:

> „We leave it to the computer to learn what we have failed to understand. The computer might do the job but can it tell us how?"

Die Versuchung ist auch groß, weitreichendere Schlußfolgerungen hinsichtlich der Natur menschlicher Intelligenzleistungen im allgemeinen zu ziehen, wie sie etwa in [Min86] formuliert wurden (jedoch aufgrund anderer Befunde):

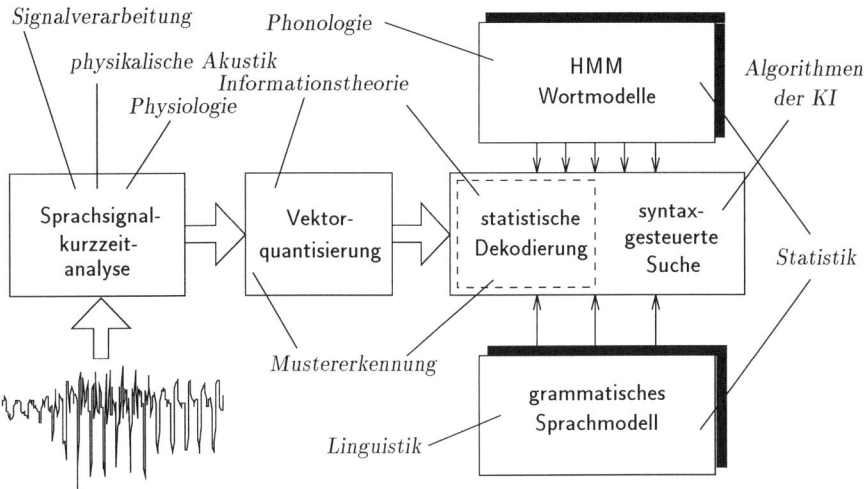

Abbildung 1.5: Automatische Spracherkennung als interdisziplinärer Prozeß

„What magical trick makes us intelligent? The trick is that there is no trick."

Eine weniger martialische Sichtweise ergibt sich hingegen, wenn wir die „Gewinnersysteme" der ausgehenden 70'er und 80'er Jahre einer detaillierteren Analyse unterwerfen. So basiert die Kurzzeitanalyse des Sprachsignals überwiegend auf Modellen der akustischen Sprachproduktion sowie empirischen Befunden aus dem Bereich der menschlichen Lautheits- und Frequenzgruppenwahrnehmung. Die statistische Wortmodellierung geht von starken *a priori* Annahmen aus, was die phonetische Kategorienbildung und die phonologische Wortstruktur betrifft. Und schließlich bedienen sich die Satzgrammatiken der Spracherkennung oft linguistischer Forschungsergebnisse; insbesondere sind hier syntaktisch oder semantisch motivierte Wortklassensysteme zu nennen. Der Erfolg von HARPY und SPHINX(um nur zwei typische Vertreter dieser Gattung zu nennen) gibt also mitnichten legitimen Anlaß, wissensbasierte oder auf die funktionale Simulation menschlicher Perzeption zielende Forschungsansätze in Bausch und Bogen zu verdammen (*„Das Engagement der KI in der Spracherkennung hat uns 10 Jahre gekostet"* — so lautete sinngemäß der lakonische Kommentar eines namhaften Repräsentanten des französischen Forschungsmanagements zum ersten DARPA-Programm). Naheliegender ist es vielmehr, diesen Triumph auf das Zusammenwirken unterschiedlichster Wissensquellen des Problembereichs (einige davon sind in der Abbildung 1.5 am Beispiel einer typischen Systemarchitektur angedeutet) unter dem Dach eines mathematisch wohlfundierten, automatisch optimierbaren und evaluierbaren Modells zurückzuführen.

1.6 Wahrscheinlichkeitsorientierte Spracherkennung

Die Spracherkennungsforschung, während des großen US-amerikanischen DARPA SUR Projekts (1971–76) und auch noch einige Jahre danach stark von klassischen KI-Ansätzen wie

Blackboard-Architekturen, regelbasierter Wissensrepräsentation und natürlichsprachlichen Parsern geprägt [Kla77], folgt seit etwa 1980 praktisch ausschließlich dem *statistischen Verarbeitungsparadigma*; selbst die Renaissance der Künstlichen Neuronalen Netze, die in vielen Bereichen der Musteranalyse und Informationsverarbeitung zu einer nachhaltigen Neuorientierung führte, hat den statistischen Ansatz in der Spracherkennungsforschung zwar methodisch bereichert, aber nie aus seiner zentralen Rolle verdrängt [Mor91].

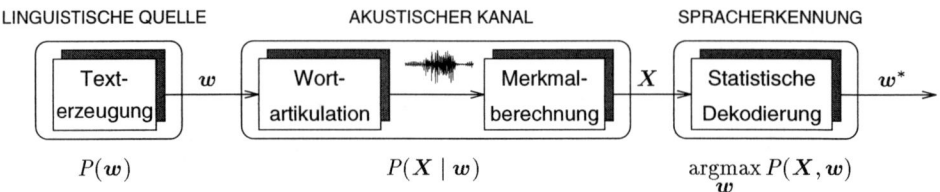

Abbildung 1.6: Das informationstheoretische Kanalmodell der Spracherzeugung und -erkennung

Die Bayesregel. Das statistische (oder informationstheoretische) Paradigma sieht die maschinelle Spracherkennung als einen Dekodierungsprozeß, der die sprecherseitige Verschlüsselung einer Sequenz w gesprochener Wörter $w_1, \ldots, w_m$ in eine Sequenz X reellwertiger Merkmalvektoren $x_1, \ldots, x_T$ mit größtmöglicher Präzision umzukehren trachtet; ausgehend von X, einer geeigneten Parametrisierung des abgetasteten Sprachsignals, ist also eine möglichst verläßliche Näherung w^* der ursprünglich geäußerten Wortfolge w zu berechnen. Sind die a priori Verteilung $P(w)$ aller kombinatorisch denkbaren Wortfolgen eines Vokabulars sowie die bedingte Verteilungsdichte $P(X|w)$ — also das statistische Verhalten des aus artikulatorischer Wortrealisierung und merkmalgebender Signalvorverarbeitung bestehenden *akustischen Kanals* (siehe Abbildung 1.6) — bekannt, so auch die gemeinsame Verteilungsfunktion $P(X, w)$ von Wort- und Vektorfolge, und die gesuchte Lösung ergibt sich aufgrund der *Bayesregel*

$$w^* = \operatorname*{argmax}_{w} P(w|X) = \operatorname*{argmax}_{w} \frac{P(w) \cdot P(X|w)}{P(X)} = \operatorname*{argmax}_{w} P(w) \cdot P(X|w) \quad (1.1)$$

als diejenige Wortkette mit der maximalen a posteriori Wahrscheinlichkeit. Die Bayesregel (1.1) stellt bekanntlich die entscheidungstheoretisch optimale Dekodiervorschrift dar [Nie90], minimiert also auf lange Sicht die Fehlerwahrscheinlichkeit bei der Worterkennung.

Die simple Gestalt der Bayesregel täuscht allerdings über den problematischen Tatbestand hinweg, daß wir die in (1.1) auftretenden Verteilungsfunktionen nicht kennen. Zum Entwurf eines Spracherkennungssystems sind daher zunächst möglichst exakte Näherungen für $P(X|w)$ (*akustische* Modellierung) und $P(w)$ (*grammatische* Modellierung) zu bestimmen; die Marginalverteilung $P(X)$ im Nenner ist konstant bezüglich w und folglich irrelevant für die Maximierung.

Akustische Modellierung. Der einschlägige mathematische Beschreibungsformalismus für die akustische Realisierung von Lauten, Wörtern und Sätzen ist das *Hidden Markov Modell* (HMM, [Hua90b, Rab93]). Es handelt sich dabei um einen zweistufigen Zufallsprozeß, der in einem festen Zeitraster $t = 1, \ldots, T$ sukzessiv modellinterne — d.h. von einem etwaigen Beobachter des Prozesses nicht wahrnehmbare — Zustände einnimmt und gleichzeitig reelle Merkmalvektoren $\boldsymbol{x}_t$ erzeugt bzw. konsumiert; die Ausgabe eines jeden Vektors $\boldsymbol{x}_t$ hängt statistisch nur vom aktuellen Zustand ab.

Die Funktionsweise dieses Modells ist durch seine *Struktur* (die Anzahl der Zustände und deren Verbindungstopologie) und seine statistischen *Parameter* (die Übergangswahrscheinlichkeiten und die Ausgabeverteilungen) charakterisiert. Die Parameter des HMM sind zwar a priori unbekannt, sie können jedoch mit Hilfe einer transliterierten — also mit den tatsächlich gesprochenen Wörtern etikettierten — Lernstichprobe von Sprachsignalen geschätzt werden. Dieses Prinzip des automatischen Lernens aus Beispieldaten eröffnet grundsätzlich die Möglichkeit, ein Erkennungssystem jeweils optimal an unterschiedliche Sprecher, Dialekte, Wortschätze oder Übertragungskanäle anzupassen; Voraussetzung dafür ist allerdings die Verfügbarkeit umfangreicher (10..100 Stunden) Sprachdatensammlungen, damit die große Zahl freier Modellparameter (typisch sind $> 10^6$ für Dialog- und Diktiersysteme) zuverlässig trainiert werden kann.

Die Methode HMM-gestützter Sprachmodellierung verfolgt eine Synthesepolitik: Satzmodelle werden aus Wortmodellen, Wortmodelle wiederum aus Lautmodellen zusammengesetzt. Wegen seiner Anfälligkeit gegenüber artikulatorischen Verschleifungseffekten ist das *Phon* allerdings keine geeignete Basiseinheit für die automatische Sprecherkennung; erst allophonische Spracheinheiten wie das *Triphon* oder das *Polyphon* [Lee89b, ST93e] erlauben infolge ihrer Kontextsensitivität eine befriedigende statistische Modellbildung.

Grammatische Modellierung. Die Verteilung $P(\boldsymbol{w})$ bildet das statistische Modell der Satzproduktion und quantifiziert in gewissem Sinne die grammatische Plausibilität oder Akzeptabilität einer Wortkette $\boldsymbol{w}$, bereichert also den traditionellen Begriff der formalen Sprache um eine wahrscheinlichkeitsorientierte Feinabstufung der Dichotomie *grammatisch/ungrammatisch*. Die meisten Ansätze zur praktischen Handhabung der Verteilung $P(\boldsymbol{w})$ basieren auf der Faktorisierung

$$P(\boldsymbol{w}) \;=\; P(w_1) \cdot P(w_2|w_1) \cdot P(w_3|w_1w_2) \cdot \prod_{i=4}^{m} P(w_i|w_1 \ldots w_{i-1}) \qquad (1.2)$$

in bedingte Wortwahrscheinlichkeiten; letztere lassen sich prinzipiell durch Auszählen der entsprechenden Wort-n-Gramme einer repräsentativen Textstichprobe abschätzen. Um der kombinatorischen Explosion freier Modellparameter zu entgehen, wird man die maximale Ordnung der involvierten Wortstatistiken drastisch einschränken müssen; realistisch ist eine Auswertung obiger Produktformel auf Basis bedingter *Bigramm*wahrscheinlichkeiten $P(w_i|w_{i-1})$ oder *Trigramm*wahrscheinlichkeiten $P(w_i|w_{i-2}w_{i-1})$. Aber auch Bi- oder Trigrammstatistiken sind selbst mit Millionen von Wortvorkommen umfassenden Textkorpora nicht zuverlässig zu schätzen, so daß unbedingt weitere robustheitsteigernde Maßnahmen wie Wortkategoriebildung oder Parameterinterpolation zu ergreifen sind.

Wie bereits beim akustischen Modell erlaubt auch hier das statistische Paradigma datengetriebenen Lernens die flexible Anpassung an die syntaktische, semantische und pragmatische Struktur der Sprachäußerungen der Anwendungsdomäne. Insbesondere sind statistische Modelle den traditionellen, von Hand akquirierten Kettengrammatiken bei der Erfassung der Gesetzmäßigkeiten *spontan* produzierter Sprache weit überlegen.

Schnelle Suchverfahren. Die Anzahl kombinatorisch möglicher Wortketten hängt ab vom Umfang des Erkennungsvokabulars und wächst exponentiell mit der Kettenlänge. Infolgedessen verbietet sich aus Aufwandsgründen eine explizite Maximierung der a posteriori Satzwahrscheinlichkeiten bei der Evaluierung der Bayesregel (1.1). Um den Lösungsraum auf ein akzeptables Ausmaß zu reduzieren, werden daher klassische Graphsuchverfahren der Künstlichen Intelligenz wie der A*-Algorithmus, die Strahlsuche und die Dynamische Programmierung eingesetzt.

1.7 Übersicht

Das Diagramm 1.7 verdeutlicht die thematische Struktur des vorliegenden Buches. Die zentralen Komponenten wahrscheinlichkeitsorientierter Spracherkennungssysteme — Merkmalgewinnung, akustische und grammatische Modelle, Dekodierung — werden in den Kapiteln 3, 6, 7 und 8 behandelt. Die Grundlagen akustischer und phonetischer Charakterisierung gesprochener Sprache werden in Kapitel 2 vermittelt; die Einführung statistischer Methoden der Musteranalyse (numerische Klassifikatoren, Markovmodelle) erfolgt in den Kapiteln 4 und 5. Mit dem ISADORA-System (Kapitel 9) wird eine Implementierung des statistischen Erkennungsparadigmas vorgestellt, deren experimentelle Auswertung mittels realer Sprachdaten schließlich in Kapitel 10 erfolgt.

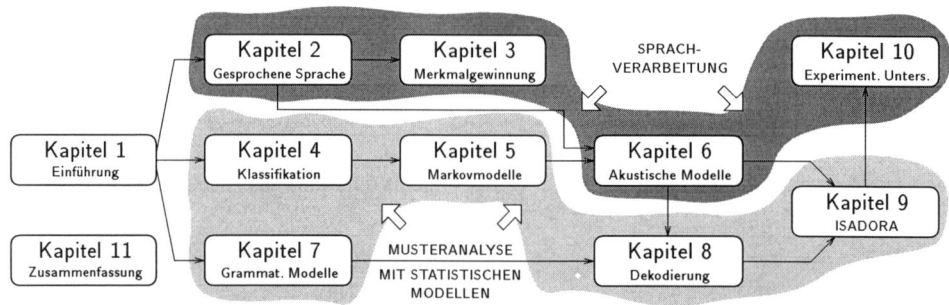

Abbildung 1.7: Die inhaltliche Struktur des vorliegenden Buches

Das Buch beschäftigt sich nur etwa zu einem Drittel seines Umfangs mit Modellierungstechniken und Analyseverfahren, die ausschließlich Spracherkennungszwecken dienlich sind; die entsprechenden Kapitel wurden in Abbildung 1.7 dunkelgrau hinterlegt. Der überwiegende Teil des Textes (die Buchkapitel der hellgrau schattierten Region) hingegen behandelt statistisch orientierte Problemlösungen der Mustererkennung, die auch in benachbarten Anwendungsgebieten wie Handschrifterkennung, Klassifikation zweidimensionaler Objekte oder mehrkanaliger Meßreihenanalyse im Fahrzeugbau bereits erfolgreich eingesetzt wurden.

Kapitel 2

Gesprochene Sprache

Der lautsprachliche Kommunikationsprozeß gliedert sich grob in drei Teile (siehe Abbildung 2.1): Ein Sprecher verleiht einem Gedanken Ausdruck, indem er durch eine Folge artikulatorischer Bewegungen einen zeitlich variierenden Sprachschall erzeugt. Diese Schallwelle wird anschließend in Gestalt von Druckschwankungen durch die Luft (oder aber auch in Form einer zeitabhängigen elektrischen Spannung über ein Telefonkabel) zum Empfänger der Botschaft übertragen. Beim Hörer wird die Nachricht dann unter anderem mit den Mechanismen menschlicher Schall-, Laut- oder Wortwahrnehmung entschlüsselt.

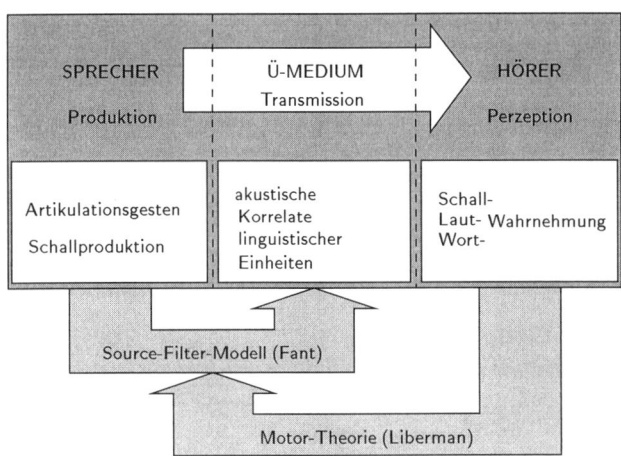

Abbildung 2.1: Der Prozeß menschlicher Sprachkommunikation

Die „Lehre von den phonischen, d.h. den durch Atmung, Stimme und Artikulation hervorgerufenen Vorgängen und deren Schallerscheinungen, sowie deren auditiven Erfassung [. . .]" [Ess81] nennen wir artikulatorische, akustische oder auditive Phonetik. Hinsichtlich der Relation zwischen produzierten bzw. perzipierten Sprachlauten und der akustischen Signalform gibt es bereits gut ausgebaute Theorien, darunter das Produktionsmodell von Fant

[Fan60] und die (nicht ganz unumstrittene) Motortheorie der Lautwahrnehmung von Liberman [Lib67].

Dieses Kapitel verfolgt nicht den zwecklosen Versuch, das Gebiet der Lautkommunikation erschöpfend abzuhandeln. Die Darstellung wird sich vielmehr auf drei wesentliche Gesichtspunkte beschränken:

- die Bereitstellung der Mittel zur kompakten symbolischen Beschreibung sprachlicher Schallereignisse, wie sie bei der Diskussion phonetischer Wortmodellierung in Kapitel 6 benötigt werden,

- eine kurze Vorstellung des *source-filter-*Modells, das letztlich als Ausgangspunkt für die Kurzzeitanalyseverfahren in Kapitel 3 dient,

- die Zusammenstellung einiger wichtiger Resultate aus dem Bereich der menschlichen Schallwahrnehmung, um die Extraktion gehörorientierter Signalparameter in Abschnitt 3.2 zu motivieren.

2.1 Artikulation und symbolphonetische Beschreibung

Die nachstehenden Ausführungen lehnen sich, falls nichts Gegenteiliges erwähnt wird, an die Darstellungen von K. Kohler [Koh77], W.H. Vieregge [Vie89] und H.G. Tillmann & P. Mansell [Til80] an. Dem allgemeinen Gebrauch folgend, notieren wir phonetische Klassen, die wir auch als *Phone* oder *Laute* bezeichnen, in eckigen Klammern. *Phonem*zeichen werden hingegen in Schrägstriche eingeschlossen. Eine Tabelle mit den gebräuchlichsten Lautumschriftzeichen in der IPA-Schreibweise (International Phonetic Association, [IPA63]) und in maschinenlesbarer Form (SAM Phonetic Alphabet [Fou89]) zusammen mit charakteristischen Aussprachebeispielen findet sich im Anhang auf Seite 396.

2.1.1 Artikulation von Sprachlauten

Das Sprechen ist eine Kombination aus der *Stimmgebung*, einer durch Ausatmen bewirkten Schallanregung an der Stimmritze (Glottis), und der *Resonanzbildung*, einer durch kontinuierliche Muskelbewegung verursachten Ausformung des Anregungsschalls im *Vokaltrakt*, zu welchem wir den Rachenraum, den Mundraum und den Nasenraum zählen.

Beim Stimmbildungsprozeß, der auch als Phonation bezeichnet wird, passiert ein Luftstrom aus den Lungen die Luftröhre (Trachea) und gelangt in den Kehlkopf (Larynx). Je nach Öffnungsgrad der Stimmritze gibt es nun drei Phonationsarten. Steht die Glottis weit offen, so bewirkt die vorbeiströmende Luft Turbulenzen an den Stimmbändern, und es entstehen *stimmlose* Laute wie [t] oder [s]. Im zweiten Fall geraten die Stimmbänder durch Verengung der Stimmritze in eine quasiperiodische Öffnungs- und Schließbewegung, aus der *stimmhafte* Laute wie [ɛ], [n] oder [z] hervorgehen. Ein Sonderfall ist der totale Verschluß nebst anschließendem, explosivem Öffnen der Glottis. Das dabei hörbare Schlaggeräusch bezeichnen wir als Glottisschlag [ʔ].

Der so gewonnene Anregungsschall wird nun beim Durchlaufen des Vokaltraktes zu einer Fülle verschiedener Sprachlaute ausgeformt. Für das dabei wirksame charakteristische Resonanzverhalten sowie das Auftreten von Reibe-, Vibrations- und Sprengungsgeräuschen sind die jeweils eingenommene Form, die Verengungen und die Verschlüsse an diversen Positionen des Vokaltraktes verantwortlich. In der Abbildung 2.2 sehen wir einen Querschnitt des oberen Artikulationsapparates. Dort sind auch die beweglichen und stationären Teile des Vokaltraktes eingezeichnet. Passive Artikulatoren sind die Oberlippe, die Oberzähne, der Gaumen, der weiter unterteilt wird in Zahndamm (Alveolen), harten (Palatum) und weichen (Velum) Gaumen, und Zäpfchen (Uvulum). Aktive Artikulatoren sind die Unterlippe, die Zungenspitze und der Zungenrücken.

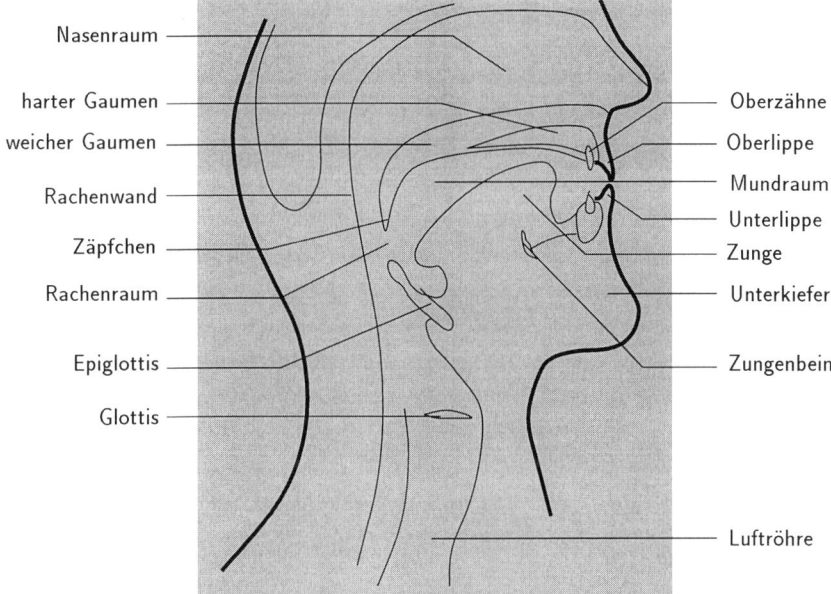

Abbildung 2.2: Das menschliche Artikulationssystem

Neben dem Artikulations*ort* ist auch die Artikulations*art* von Bedeutung. Sie definiert sich aus dem Öffnungsgrad zwischen den Artikulatoren und dient der Unterscheidung von Konsonantlauten.

Die *Verschlußlaute* oder *Plosive* entstehen durch einen kurzzeitigen, vollständigen Verschluß der beteiligten Artikulatoren, der den Luftstrom anschließend explosionsartig freigibt. Dabei wird der Nasenraum durch Hochziehen des Velums vom Strömungsgeschehen abgetrennt. Beispiele sind Laute wie [t], [k] und [g]. Je nach zeitlicher Versetzung der explosiven Öffnung und dem Wiedereinsatz der Stimmbandschwingung unterscheiden wir stimmhafte von stimmlosen oder aspirierten Plosivlauten. Der Ablauf dieser zeitlichen Phasen ist in Abbildung 2.3 für die Verschlußlaute [d], [t] und [t^h] illustriert.

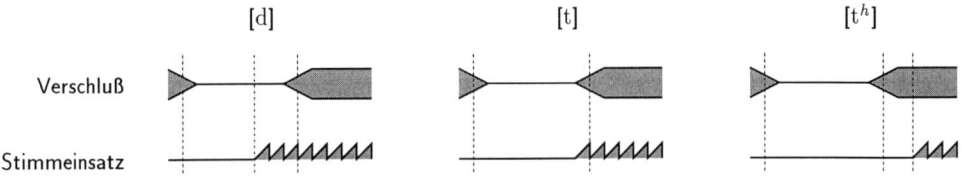

Abbildung 2.3: Verschluß- und Stimmeinsatzphasen verschiedener Plosivtypen

Durch Senken des Velums kann der Nasenraum zum Ansatzrohr hinzugeschaltet werden, was eine Klangveränderung durch das neue Resonanzverhalten verursacht. Orale Verschlußlaute dieser Kategorie, wie [n], [m] und ŋ], heißen *Nasale*.

Bilden zwei Artikulatoren eine düsenartige Verengung, die einen geräuschartigen, turbulenten Luftstrom hervorruft, sprechen wir von *Reibelauten* oder *Frikativen*. Beispiel bilden die Konsonanten [f], [s] und [ʃ]. Die beiden letzten Frikative veranschaulichen ein weiteres Unterscheidungskriterium. Sind Ort und Art der Artikulation identisch, so differieren die beiden Laute lediglich in der Breite ihrer Friktionsenge.

Eine weitere Gruppe von Konsonanten zeichnet sich durch friktionslose Engebildung aus. Dabei nähern sich die beiden Artikulatoren einander, ohne einen hörbaren Luftstrom zu erzeugen. Tritt die Luft dabei durch eine zentrale Öffnung wie bei [j], sprechen wir von *Halbvokalen* oder *Approximanten*; strömt sie hingegen seitlich am Hindernis vorbei wie beim [l], haben wir es mit einem *Lateral* zu tun. Unter gewissen Umständen kann die friktionslose Enge auch in schneller Folge mit einem Totalverschluß alternieren, so wie das beim gerollten [r] der Fall ist. Solche Laute werden als *Vibranten* bezeichnet.

	bilabial	labiodental	alveolar	palatal	velar	uvular	glottal
Plosive	p b		t d		k g		ʔ
Nasale	m	ɱ	n		ŋ		
Frikative	ɸ β	f v	s z / ʃ ʒ	ç j	x ɣ	χ ʁ	h
laterale Frikative			ɬ				
Laterale			l				
Vibranten			r			R	
Anschläge			ɾ			R	
Halbvokale		ʋ		j	ɣ	ʁ	

Tabelle 2.1: Die Konsonantenphone, nach [Koh77]

Die Tabelle 2.1 faßt die wichtigsten Konsonantphone noch einmal zusammen. Sie sind in der Horizontalen nach dem Artikualtionsort und in der Vertikalen nach der Artikulationsart angeordnet. Links steht jeweils die stimmlose, rechts die stimmhafte Variante. Die alveolaren Reibelaute wurden darüberhinaus noch hinsichtlich der Gestalt ihrer Friktionsenge differenziert.

Nicht extra aufgeführt werden in der Tabelle nasale Plosionen ([pm], tŋ], [kŋ]), laterale Plosionen ([pl] usw.) und frikative Plosionen ([ts], [tʃ], [kx] usw., auch *Affrikaten*). Sie entstehen dadurch, daß der Plosivverschluß direkt in einen *homorganen* Laut, d.h. einen Laut mit gleichem Artikulationsort gelöst wird.

Die Kategorisierung der Vokale, die im Gegensatz zu den Konsonanten artikulatorisch wie akustisch ein Kontinuum darstellen, kann aufgrund der hier fehlenden Engebildung nicht auf die obengenannten Klassifizierungsmethoden zurückgreifen. Sie orientiert sich stattdessen an vier Beschreibungsmerkmalen, die das Ansatzrohr in seiner Grundform typisieren:

- Die *Zungenvertikallage* markiert die Position des höchsten Punktes der Zunge in der Senkrechten. Der Wert dieses Merkmals (hoch, halbhoch, halbtief, tief) korreliert mit dem Öffnungsgrad des Mundes, der die Vokale in geschlossene, halb geschlossene, halb offene und offene (z.B. [i:], [e:], [ɛ] und [a]) einteilt.

- Die *Zungenhorizontallage* identifiziert die Lage des höchsten Zungenpunktes in der Waagerechten. Wir unterscheiden Vorderzungenvokale wie [i] und [e], Hinterzungenvokale wie [u], [o] und [ɔ] sowie zentrale Vokale wie den *schwa*-Laut [ə] und das abgeschwächte [ɐ].

- Die *Lippenstellung* des Vokals ist entweder gerundet ([ʊ], [y], [ø] usw.). oder ungerundet ([i], [e], [ɛ] usw.).

- Die *Vokaldauer* unterscheidet Laute wie [ɛ] in „B<u>e</u>tt" von [ɛ:] in „F<u>äh</u>re".

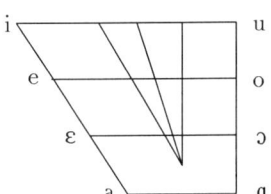 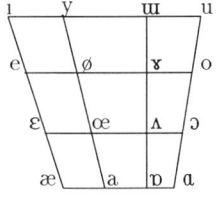

Abbildung 2.4:
Vokalvierecke mit 8 (links) bzw. 16 (rechts) Kardinalvokalen, nach [Koh77]

Ignoriert man die relative Dauer, lassen sich die Vokale entlang der verbleibenden Merkmaldimensionen in einem Kubus, dem sogenannten *Vokalklotz* [Buß90, S. 840] anordnen. Häufiger sind ebene Vokalvierecke wie in Abbildung 2.4, die den Öffnungsgrad in der Senkrechten und die Horizontallage in der Waagerechten repräsentieren. Von den 8 Kardinalvokalen der linken Bildseite sind die vorderen Vokale und [ɑ] ungerundet, [u], [o], [ɔ] gerundet. Die 16 Kardinalvokale auf der rechten Seite entstanden durch Hinzunahme der Vokalphone mit dem jeweils entgegengesetzten Wert des Rundungsmerkmals.

2.1.2 Phonologische Kategorisierung

Die phonologische Analyse lautsprachlicher Ereignisse verläuft weitgehend losgelöst von meßbaren Schalleigenschaften oder beobachtbaren artikulatorischen Bewegungen. Gesprochene Sprache wird vielmehr als Folge diskreter Symbole eines endliches Vorrats angesehen, und lautliche Realisierungen werden nur nach ihrer Funktion im Dienste einer Informationsübermittlung betrachtet. So charakterisiert man die lautliche Basiseinheit der Phonologie, das

Phonem, als „kleinste bedeutungsunterscheidende lautliche Einheit". Das zu konstruieren-
de Phoneminventar ist ein minimales, insbesondere endliches System von Zeichen, mit dem
die Wörter, Sätze oder Texte einer bestimmten Sprache voneinander unterschieden werden
können. Zwei Konstruktionsverfahren aus dem Bereich der *strukturalistisch* [Sch69] orientierten Phonologie seien kurz skizziert.

Amerikanischer Strukturalismus [Blo80]: Er nimmt nicht Bezug auf die Wortbedeutun-
gen, sondern auf die Lautverteilungen einer Sprache. Zwei Laute stehen in *komplementärer
Distribution*, falls sie nicht in gleicher lautlicher Umgebung existieren können. Zum Beispiel
kommt im Deutschen

[ç] am Wortanfang, hinter Konsonanten oder hinter vorderen Vokalen vor (*„Chemie"*,
   „Milch", *„Sichel"*),

[χ] hinter offenen hinteren Vokalen (*„Rache"*) und

[x] hinter geschlossenen hinteren Vokalen (*„Kuchen"*).

Demgegenüber kann beispielsweise [ç] nicht in der lautlichen Umgebung von [χ] oder [x]
vorkommen. Die drei genannten Phone stehen im Deutschen also in komplementärer Distribution. Die phonologische Strukturierung besteht nun im Prinzip darin, solche komplementär
verteilten Phone zu einem Phonem zusammenzufassen, z.B. im Deutschen die drei obengenannten Laute zum Phonem /x/.

Europäischer Strukturalismus [Tru67]: Dieses Vorgehen nimmt rekurs auf das Wortle-
xikon der untersuchten Sprache und basiert auf einer *Minimalpaaranalyse*. Wir sagen, zwei
Wörter bilden ein Minimalpaar, wenn sie lediglich in einem einzigen Lautsegment voneinander abweichen (etwa *„Fisch"* und *„Tisch"*). Jene zwei Phone, welche das Unterscheidungs-
merkmal für das Minimalpaar stellten, gehören nunmehr zwangsläufig zu verschiedenen Phonemen (aufgrund des obigen Beispiels führen [f] und [t] zur Differenzierung der Phoneme /f/
und /t/). Es ist unmittelbar einsichtig, daß diese Konstruktionsvorschrift nicht eindeutig ist
und zur Bildung unterschiedlicher Phonemsysteme führen kann.

Für die deutsche Sprache setzt man die folgenden Konsonantphoneme an:

p, b	t, d	k, g	h, r
m	n	ŋ	
f, v	s, z; ʃ, ʒ	x, j	
	l		

Die Plosive, Nasale, Frikative und Laterale sind wie in Tabelle 2.1 nach ihren Artikulations-
orten gestaffelt. Die Phoneme /h/ und /r/ spielen eine Sonderrolle. Die Vokalphoneme sind
in Abbildung 2.5 wiedergegeben. Ihre typischen Realisierungen sind durch die entsprechende

Position im Viereck der Kardinalvokale angedeutet. Daneben kennen wir im Deutschen noch die drei Diphthonge /aɪ/, /aʊ/ und /ɔʏ/, wie sie etwa in den Wörtern „f*rei*", „b*lau*" und „H*eu*" auftreten. Ihre charakteristischen Trajektorien im Vokalraum sind auf der rechten Seite der Abbildung dargestellt.

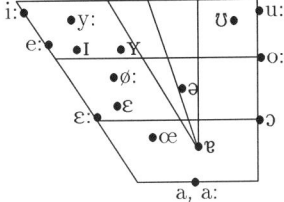 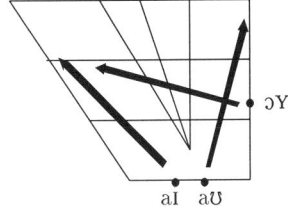

Abbildung 2.5:
Die Monophthonge (links) und Diphthonge (rechts) der deutschen Sprache, nach [Koh77]

Die tatsächlich produzierten Sprachlaute sind Realisierungen abstrakter Phoneme. In welcher Relation stehen nun die phonetischen Inventare des vorigen Abschnitts zu den einzelsprachenspezifischen Phonemsystemen?

Leider sind die Bezüge zwischen Phonklassen und Phonemen alles andere als eineindeutig. Ein Phonem kann durch unterschiedliche Phone realisiert werden. Die kontextbedingten, d.h. durch die lautliche Umgebung des Phonems vollständig bestimmten Varianten heißen *kombinatorische* oder *Stellungs*varianten. Ein Beispiel dafür sind die drei komplementär verteilten Phone zum Phonem /x/. Beruhen die Realisierungen auf sprecher- oder dialektspezifischer Variation, sprechen wir von *freien* Varianten. So wird sprecherbedingt häufig zwischen dem gerollten Zungen-[r] und dem Frikativ-[ʁ] variiert, dialektbedingt zwischen stimmhafter und stimmloser Verschlußlautvariante (im Fränkischen). Wir bezeichnen sowohl freie wie kombinatorische Varianten als *Allophone* eines Phonems.

Auch in der umgekehrten Richtung gibt es keine eindeutige Zuordnung zwischen Phonen und Phonemen. Mehrere Phoneme können sich unter Umständen gleiche lautliche Realisierungen teilen; es ist beispielsweise das [χ] ein Allophon von /x/ in „Scha*ch*", aber gleichzeitig auch von /r/ in „K*r*agen".

Phonetische Verschriftung. Unsere historisch aus einer Kombination der phonetisch-segmentalen, morphologischen und semantischen Struktur von Sprachäußerungen hervorgegangene *Orthographie* kann als vorwissenschaftlicher Versuch einer phonetischen Umschrift gewertet werden. Unter den phonemorientierten Rechtschriften — das Spanische weist praktisch immer genau ein Zeichen je Phonem auf, im Englischen finden wir hingegen sehr viele morphophonologisch bedingte Abweichungen von dieser Regel — nimmt diejenige der deutschen Sprache hinsichtlich der Deckungsgleichheit phonetischer und orthographischer Repräsentation eine Mittelstellung ein. So haben wir ein begrenztes Auftreten von *Homophonen* (z.B. „Bun*d*" und „bun*t*") und *Homographen* (z.B. „der Da*chs*" und „des Da*chs*") zu verzeichnen.

Eine symbolphonetische Transkription verfolgt entweder ein *normatives* Ziel, etwa einen phonetisch kodifizierten Lexikoneintrag, der eine Wortaussprache im Sinne der Hochlautung oder eines spezifizierten Dialektes vorschreibt, oder ein *deskriptives* Ziel, also die lautliche Segmentierung und symbolische Kennzeichnung akustischer Daten.

Das minimale Transkriptionssystem bedient sich des Phoneminventars. Jede andere Umschrift, welche verschiedene Wörter einer Sprache auch transkriptorisch auseinanderhalten will, muß (*qua* Phonemdefinition) mindestens so feinkörnig sein wie die phonematische. Engere, phonetische oder allophonische Transkriptionen erhält man durch die zusätzliche Spezifizierung von Stellungsvarianten, freien Varianten oder beidem.

2.1.3 Silbe und Intonation

Neben der Lautstruktur der Sprache gilt unser Interesse auch *intonatorischen* Merkmalen und Artikulationseinheiten längerer Dauer wie der *Silbe*.

Auch wenn bezüglich der Schriftsprache der Silbenbegriff weitgehend geklärt ist, bedarf es einer exakten Definition der phonetischen Silbe. Zwei diesbezügliche Ansätze, die *Drucksilbentheorie* und die *Schallfülletheorie*, welcher der Arbeit [Sie76], zitiert in [Koh77] entstammen, sollen kurz erläutert werden. Die resultierenden Silbenrepertoires stimmen weder miteinander noch mit dem Schriftsilbeninventar genau überein.

Drucksilbentheorie: Jede Silbe wird danach mit einem selbständigen, kontinuierlichen Atemstoß („Expirationshub") hervorgebracht. Diese Vorstellung widerspricht allerdings in einigen Fällen unserer Intuition. Beispielsweise läßt sich die Lautfolge [aja] in einem stetigen Hub konstanter Intensität artikulieren, obwohl wir das Wort *„Eier"* vorzugsweise als zweisilbig betrachten möchten. Der Grund für dieses Mißverhältnis liegt wohl in der unerschiedliche Schallfülle der Laute [a] und [j], welche eine Einschnürung des Schallstärkeverlaufs im Inneren des Wortes bewirkt und den Eindruck der Zweisilbigkeit hervorruft.

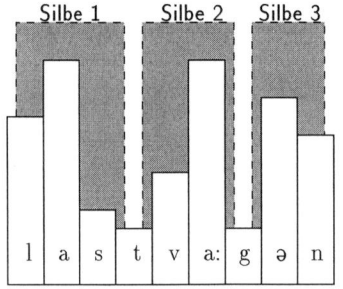 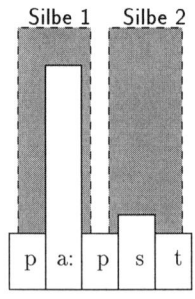

Abbildung 2.6:
Die Präzedenzskala der Schallfülle nach E. Sievers und ihr Verlauf bei den Beispielwörtern *„Lastwagen"*, *„Papst"*

Schallfülletheorie: Einen Ausweg bietet das Ansetzen einer Schallfülleskala. Die folgenden Phonklassen sind in der Reihenfolge abnehmenden Wertes aufgeführt:

1. offene Vokale   4. der Liquid [l]   7. stimmlose Frikative

2. geschlossene Vokale 5. Nasale   8. Plosive

3. der Liquid [r]   6. stimmhafte Frikative

Jede phonetische Silbe wird in ihrer zeitlichen Entwicklung charakterisiert durch einen initialen Schallfülleanstieg bis hin zum Träger des Maximalwertes, dem *Sonoranten* der Silbe, und einem nachfolgenden Abstieg. Silbengrenzen in fließender Rede werden demnach durch Minimalwerte der Schallfülle identifiziert. Diese Definition erfüllt meistens unsere Erwartungen (siehe das Beispiel „*Lastwagen*"), führt aber in Einzelfällen wie „*Obst*" und „*Papst*" zu unerwünschten Ergebnissen, weil deren Schallfülle in der Plosivposition ein relatives Minimum aufweist und damit Zweisilbigkeit prädiziert.

Manche Lautvorkommen werden silbenstrukturell in anderer Weise interpretiert als lautphonetisch. So gilt der Frikativ [s] in „*Wasser*" phonetisch als ein Laut, wird aber jeder der angrenzenden Silben als *Gelenkkonsonant* zugeschlagen.

Es gibt im übrigen auch einen phonologischen Weg, zu einer Silbendefinition zu gelangen. Derartige Methoden basieren meist auf *phonotaktischen* Untersuchungen, d.h. der quantitativen oder qualitativen Analyse der Phonemverbindungen innerhalb der Wörter einer Sprache. Die Konstruktion des englischen Silbeninventars finden wir in [O'C53] beschrieben, eine umfangreiche phonotaktische Analyse des Deutschen in [Alt80].

Die Silben, aber auch Wörter, Satzglieder und Sätze sind die Träger der *intonatorischen* oder *prosodischen* Information. Einige ihrer wichtigsten Ausdrucksmittel und Funktionen sollen hier kurz angesprochen werden; ausführliche Darstellungen sind in [Sel86] und, mit explizitem Bezug zur maschinellen Spracherkennung, in [Nöt90] zu finden.

Die Intonation dient der *Akzentuierung* sprachlicher Einheiten zum Zwecke der Wortunterscheidung („*um'fahren*" gegenüber „*'umfahren*"), der emphatischen Betonung („*das ist ja 'un'er'hört!*"), der Kontrastierung („*Frank'furt, nicht Frank'reich*") oder aber generell der Hervorhebung von Äußerungsteilen, auf welche die Aufmerksamkeit des oder der Angesprochenen gelenkt werden soll. Eine weitere Funktion besteht in der *Satzmodusmarkierung*, etwa um Aussagesätze von Fragesätzen zu unterscheiden. Schließlich lassen sich komplex aufgebaute Sätze wie

> „*Mein Kollege, der Elmar — Du hast doch seine Dissertation gelesen — hat sich einen Manta gekauft.*"

durch Einfügung kurzer Pausenintervalle in eine Folge phrasaler Einheiten untergliedern, um die Verständlichkeit zu erhöhen.

Das letzte Beispiel gibt bereits einen Hinweis darauf, welcher intonatorischer Mittel sich ein Sprecher bedient, um seinem Kommunikationsziel näherzukommen. Neben der Pausensetzung kommt dafür die Wahl der *Tonhöhe* in Betracht, insbesondere der zeitlicher Verlauf der Stimmlage, den wir als *Sprachmelodie* wahrnehmen. Ein weiteres Ausdrucksmittel ist der Artikulationsdruck bzw. die dadurch hervorgerufene Schallintensität, welcher von einigen Autoren maßgeblich für die Silbenakzentuierung verantwortlich gemacht wurde [Leh59]. Und nicht zuletzt spielt auch die zeitliche Strukturierung, also die relative Laut- und Silbendauer eine wesentliche Rolle. Silben in betonter Stellung werden im allgemeinen länger realisiert als in unbetonter Stellung, wobei die Akzentuierung in erster Linie die Dauer des Vokals beeinflußt. Die Beispiele in Abbildung 2.7 demonstrieren den Einsatz terminaler, interrogativer und progredienter Stimmführung zur Satzmodusmarkierung.

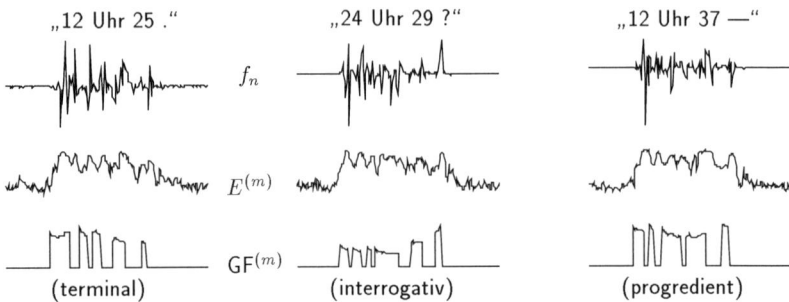

Abbildung 2.7: Die intonatorische Differenzierung von Aussage-, Frage- und weiterweisender Äußerung mittels Tonhöhenverlauf

Eine einfache Abbildung zwischen prosodischer Markierung und ihren akustischen Korrelaten ist nicht bekannt; vielmehr gibt es für jede Markierungsfunktion voneinander abweichende Realisierungsmöglichkeiten, und häufig bewirkt erst das gemeinsame Auftreten mehrerer intonatorischer Merkmale den vom Sprecher bewirkten Eindruck [Nöt90]. Diese Situation wurde treffend mit nachstehender lukullischer Metapher beschrieben [Cut88]:

> „Prosody is the sauce of the sentence — it adds to, enhances or subtly changes the flavour of the original. And like a good sauce, the realization of a sentence's prosodic structure is a blend of different ingredients none of which can be identified in the final product."

2.1.4 Ausspracheverschleifung

Gesprochene Mitteilungen bestehen im allgemeinen nicht nur aus einem Wort, sondern einer längeren Folge von Wörtern in fließender Rede. In Abhängigkeit vom Sprechtempo und Sprechstil, ergibt sich eine Reduktionskette von der Standardaussprache, die wir in der normativen Transkription des Ausprachedudens [Man74] finden, bis hin zu den stark verschliffenen Formen, die sich bei schneller und ungespannter Realisierung ergeben. Einige Zwischenformen für den Satz „Hast du einen Moment Zeit" (das Beispiel ist [Koh77, S. 207] entnommen) lauten:

['hast]	['du:]	['ʔaɪnən]	[mo'mɛnt]	['tsaɪt]	Wortstandardaussprache
['has	d̥ʊ	aɪnən	mo'mɛn	'tsaɪt]	1. sehr deutlich
['has	d̥ʊ	aɪn	mo'mɛn	'tsaɪt]	2. ...
['has	d̥ə	n	mo'mɛn	'tsaɪt]	3. ...
['has	d̥	m	mo'mɛn	'tsaɪt]	4. ...
['has	b̥	m	mo'mɛn	'tsaɪt]	5. stark verschliffen

Die Transformationen, die von der höchsten zur niedrigsten Formstufe führen, berühren die Intonation — im Satzzusammenhang werden einige Wortbetonungen getilgt — und die phonetischen Segmente — Laute werden in ihren Eigenschaften modifiziert (*Assimilation*), teilweise sogar gänzlich eliminiert (*Elision*).

Zeitlich unmittelbar aneinandergrenzende Laute haben bestimmte Bewegungsabläufe von Artikulatoren gemeinsam. Wir kennen zwei artikulatorische Mechanismen, die zu Lautverschleifungen führen. Unter *Koartikulation* verstehen wir mit K. Kohler die ungenaue zeitliche Koordination artikulatorischer Parameter infolge unterschiedlicher Bewegungspräzision der an der Lautformung beteiligten Organe. Der resultierende Zeitverzug bewirkt die Realisierung von Merkmalkombinationen, die nicht mehr den Segmenten der Normaussprache entsprechen. Ein Beispiel ist die Entstimmung des Plosivs [d] in „*hast du*" nach dem stimmlosen Reibelaut [s].

Viele Lautverschleifungen sind durch Koartikulation, die eine Bewegung nicht einspart, sondern nur verzögert oder vorwegnimmt, nicht erklärbar. So wird obigen Beispiel der entstimmte Plosivlaut [d̥] zu [b̥], weil der Artikulationsort des nachfolgenden bilabialen Nasallautes [m] bereits antizipiert wird. Mangelnde Präzision kann hier nicht verantwortlich gemacht werden, denn das [d̥] wäre mit dem beweglichsten aller aktiven Artikulationsorgane, der Zungenspitze gebildet worden. Tatsächlich wird bei erhöhtem Sprechtempo und nachlassender Sprechspannung infolge von Kontrollverlust Bewegungsaufwand eingespart, und zwar gewissermaßen als „Abkürzung" auf einen artikulatorischen Zielpunkt hin. Bevor eine vokaltraktgeometrische Zielkonfiguration eingenommen wird, ist schon die nächste angepeilt und der aktuelle Laut verschliffen. Dieser Angleichungsvorgang ist immer vorwärts gerichtet und wird von K. Kohler als *Steuerung* auf einen Fokus hin bezeichnet.

„a<u>nb</u>iedern"	[nb] → [mb]	regressive Assimilation des Artikulationsortes
„ei<u>nk</u>ehren"	[nk] → [ŋk]	regressive Assimilation des Artikulationsortes
„über<u>leb</u>en"	[bn] → [bm]	progressive Assimilation des Artikulationsortes
„rau<u>ch</u>en"	[xn] → [xŋ]	progressive Assimilation des Artikulationsortes
„das <u>Sch</u>wein"	[sʃ] → [ʃʃ]	regressive Assimilation der Artikulationsart
„Si<u>gn</u>al"	[gn] → [ŋn]	regressive Assimilation der Artikulationsart
„a<u>nd</u>ernfalls"	[nd] → [nn]	progressive Assimilation der Artikulationsart
„Fra<u>ge</u>"	[g] → [ɣ]	beidseitige Assimilation der Artikulationsart
„si<u>tts</u>am"	[tz] → [ts]	progressive Assimilation der Phonation
„ha<u>lt a</u>n!"	[t] → [d]	beidseitige Assimilation der Phonation
„verwe<u>ge</u>n"	[ə] → []	Elision des Reduktionsvokals
„gan<u>z</u>"	[nts] → [ns]	Elision des Reduktionsvokals

Tabelle 2.2: Einige Assimilations- und Elisionsbeispiele für das Deutsche

Verschleifungsbedingte Assimilationen können progressiver oder regressiver Natur sein, und die Angleichung kann den Ort der Artikulation, die Art oder die Stimmgebung betreffen. Elidiert werden Laute oder zusammenhängende Lautgruppen, insbesondere bei hohem

Sprechtempo. Besonders häufig auftretende Fälle sind die Elision des Reduktionsvokals [ə] in unbetonten Silben und die Reduktion identischer Doppelkonsonanten. Beispiele dazu sind in Tabelle 2.2 angegeben.

Funktionswörter, also die Elemente geschlossener Wortklassen wie Artikel, Pronomina, Präpositionen, Formverben, Konjunktionen und Adverbien, verlieren im deutschen Satzgefüge in den meisten Fällen ihren Wortakzent und ordnen sich einer vorausgehenden oder nachfolgenden Wortakzentsilbe in *Enklise* (*„ge'laufen bin"*) oder *Proklise* (*„das Ge'weih"*) unter. Dieses Phänomen ist charakteristisch für alle akzentrhythmischen Sprachen. In seiner *schwachen*, also unbetonten Form ist ein solches Wort besonders anfällig für Verschleifungen:

„laß ihn meckern"	[lasn]	*„laß sie zetern"*	[lasə]
„auf der Couch"	[aʊfɐ]	*„auf die Couch"*	[aʊfə]
„eine Frau"	[nɛ]	*„was macht denn Theo?"*	[n]
„fünfundzwanzig"	[fʏm]	*„er ist in den Käfig gesperrt"*	[eɐsɪn]
„haben wir noch Bier?"	[hamvɐ]	*„pack ihn ein"*	[pakŋ]

Um weitgehend redundante Textmerkmale wie Funktionswörter zur Kenntnis zu bringen ist anscheinend nur ein Bruchteil ihrer Lautsubstanz notwendig [Mei73, S. 56]. Es ist bekannt, daß die Elemente der Funktionswortklasse zu den am häufigsten auftretenden Wortformen des Deutschen zählen [Mei64].

2.2 Akustische Theorie der Spracherzeugung

Ein präzises mathematisches Modell der Signalerzeugung während der Artikulation vertieft nicht nur das allgemeine Verständnis menschlicher Sprachproduktion, sondern eröffnet auch die praktische Möglichkeit maschineller Sprachsynthese. In der Tat wurden die bekannten akustischen Produktionsmodelle auch mit diesem Ziel entwickelt [Fla72].

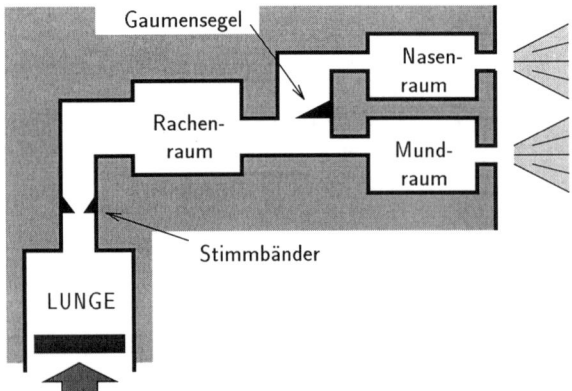

Abbildung 2.8:
Schematische Darstellung des menschlichen Artikulationssystems

Die Modellierung der Signalerzeugung hat die wesentlichen Komponenten des Artikulationssystems (Abbildung 2.8) angemessen zu berücksichtigen. Dazu zählen die Schallanregung an der Glottis, die zeitliche Veränderung der Vokaltraktform und die Abstrahlung von

den Lippen. Das Resonanzverhalten bei der Schallformung wird ferner durch Verluste an
den Vokaltraktwänden beeinflußt, die infolge Wärmeleitung, Elastizität und Reibung entstehen. Schließlich ist der Einfluß des Nasenraumes zu beachten, dessen Zuschaltung die
Unterdrückung gewisser Frequenzkomponenten des Anregungsschalls bewirkt (sogenannte
„Antiresonanzen").

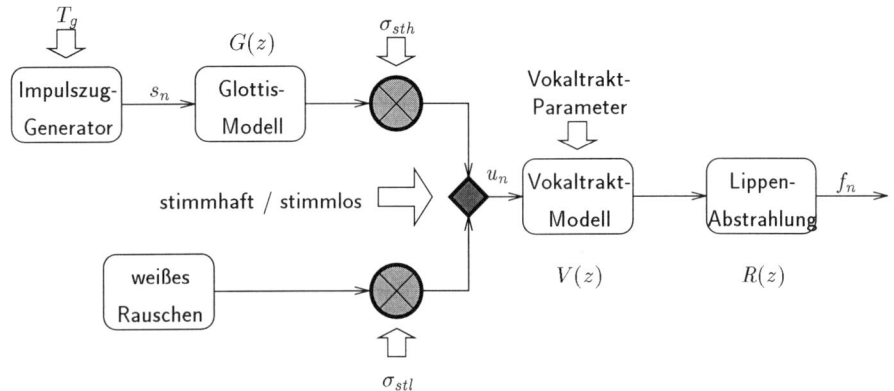

Abbildung 2.9: Das *source-filter*-Modell der Spracherzeugung

G. Fant's *source-filter*-Modell [Fan60, Rab78] geht von einem Signalerzeugungsprozeß
aus, welcher zwei bzw. drei hintereinandergeschaltete, lineare zeitinvariante Systeme in sich
vereinigt (Abbildung 2.9). Das diskrete Signal läßt sich als Faltung $f_n = u_n \star v_n \star r_n$ schreiben,
so daß sich für die z-Transformierten die Darstellung

$$F(z) = U(z) \cdot V(z) \cdot R(z) \tag{2.1}$$

ergibt.

Glottismodell. Die Schwingung u_n am Glottisausgang kann bei stimmlosen Lauten durch
ein Rauschsignal mit flachem Spektrum angenähert werden, welches mit dem Verstärkungsfaktor σ_{stl} skaliert wird. Bei stimmhaften Lauten besteht die Glottisschwingung aus einem
periodischen Signal von 50 bis 400 Hz. Dieser Umstand wird durch die Faltung eines Impuls-
zuges s_n geeigneter Periode T_g mit der Signalform g_n einer Stimmbandschwingungsperiode
modelliert. Die Grundschwingung kann im Zeitbereich durch zusammengesetzte Kosinus-
funktionen (siehe Abbildung 2.10, [Ros71]) oder Parabelabschnitte [Rig91], in der z-Ebene
durch ein System

$$G(z) = \frac{1}{(1 - e^{-cT}z^{-1})^2} \tag{2.2}$$

mit zwei Polen [Mar76] angenähert werden. Dabei ist T die Abtastperiode und $c \ll 1/T$ eine
geeignete Konstante.

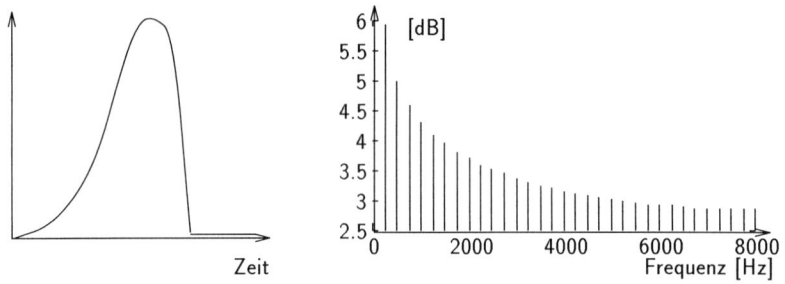

Abbildung 2.10: A.E. Rosenbergs Kosinusmodell. Zeitsignal und Frequenzgang

Lippenabstrahlung. Die Abstrahlung von den Lippen wird physikalisch als Druckwelle-naustritt durch eine kleine Öffnung in einer sehr großen Schallwand modelliert. Idealisiert erhalten wir ein Hochpaßfilter

$$R(z) = R_0(1 - z^{-1}) \,, \tag{2.3}$$

das im Zeitbereich auf die Bildung der ersten Ableitung hinausläuft.

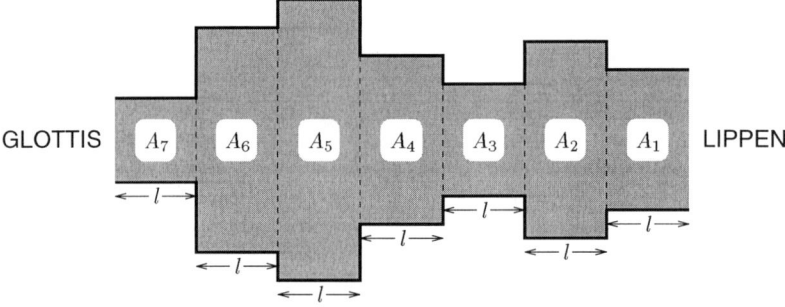

Abbildung 2.11: Die verlustfreie akustische Röhre gleichlanger Zylinderabschnitte

Vokaltraktmodell. Bei der physikalischen Erfassung des Resonanzsystems bleiben Verluste an den Vokaltraktwänden sowie der gesamte Nasenraum unberücksichtigt. Das aus Mund- und Rachenraum bestehende Ansatzrohr betrachten wir vereinfachend als akustisches Rohr der Länge L, zusammengesetzt aus M gleichlangen Zylinderabschnitten mit den Querschnittflächen A_i, $i = 1, \ldots, M$. Diese Verhältnisse sind in Abbildung 2.11 veranschaulicht. L beträgt typischerweise etwa 170 mm.

Da die Länge $l = L/M$ der Zylinderscheiben i.a. weit unterhalb der Wellenlängen von Sprachsignalen liegt, können wir im wesentlichen eine ebene Wellenausbreitung in Achsen-richtung der Röhre annehmen. Unter Beachtung der einschränkenden Stetigkeitsbedingungen für die Zylinderübergänge können wir den Schallfluß der vor- und rücklaufenden Wellen iterativ aus den *Reflexionskoeffizienten*

$$k_i = \frac{A_i - A_{i+1}}{A_i + A_{i+1}} \ , \ \ i = 0, \ldots, M \tag{2.4}$$

berechnen. Die Fläche des „Außenweltzylinders" vor den Lippen setzen wir zweckmäßigerweise mit $A_0 \to \infty$ an, so daß $k_0 = 1$ wird. Der Abschlußwiderstand A_{M+1} an der Glottis kann willkürlich gewählt werden, da er keinen Einfluß auf das Resonanzverhalten hat [Reg88].

Die Wellenausbreitung innerhalb der Röhre wird nur zu äquidistanten Zeitpunkten gestört, nämlich infolge der Durchmesseränderung beim Wechsel des Zylinderabschnitts. Daher ergibt sich bei bandbegrenzten, abgetasteten Glottissignalen ein besonders einfacher Ausdruck für das Übertragungsverhalten:

$$V(z) = \frac{\prod_{i=0}^{M}(1 + k_i)}{1 - \sum_{i=1}^{M} a_i z^{-i}} \tag{2.5}$$

Die Koeffizienten des Nennerpolynoms lassen sich mit $a_i = a_i^{(M)}$ iterativ berechnen:

$$a_i^{(m)} = \begin{cases} 1 & i = 0 \\ a_i^{(m-1)} + k_m a_{m-i}^{(m-1)} & 0 < i < m \\ k_m & i = m \end{cases} \tag{2.6}$$

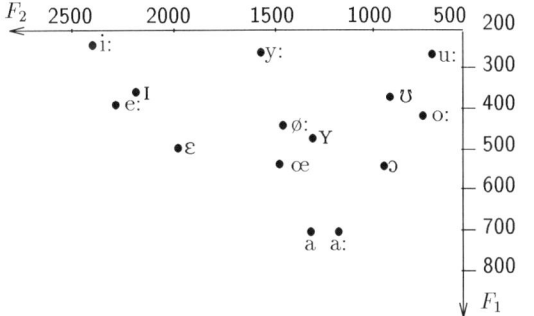

Abbildung 2.12:
Die deutschen Vokalphoneme in der F_1/F_2-Ebene

Die Funktion $V(z)$ hat in der komplexen Ebene keine Nullstellen, jedoch $M/2$ Paare konjugiert komplexer Polstellen, nämlich die Wurzeln des Nennerpolynoms.

$$1 - \sum_{i=1}^{M} a_i z^{-i} = \prod_{i=1}^{M/2} (1 - 2e^{-c_i T}\cos(b_i T)z^{-1} + e^{-2c_i T}z^{-2}) \tag{2.7}$$

Diese Pole markieren mit $F_i = b_i/2\pi$ und $B_i = c_i/2\pi$ die Mittenfrequenz und die Bandbreite der Vokaltraktresonanzen, die wir auch als *Formanten* bezeichnen. Die durchschnittlichen Frequenzen F_1, F_2 der beiden unteren Formanten bilden eine ziemlich genaue Charakterisierung der deutschen Vokalphoneme, wie die Abbildung 2.12 zeigt. Darüberhinaus wird bei einem Vergleich mit der Abbildung 2.4 deutlich, daß der Formant F_1 mit dem Öffnungsgrad und F_2 mit dem Merkmalkontinuum „vorne↔hinten" kovariiert.

Das autoregressive Modell. Die Gesamtübertragungsfunktion der Sprachproduktion — genaugenommen trifft dies nur auf stimmhafte Laute zu — ist $H(z) = \sigma \cdot G(z) \cdot V(z) \cdot R(z)$ und wird für praktische Belange durch $H(z) \simeq \sigma/A(z)$ angenähert, wobei $A(z)$ ein Polynom $\sum_{i=0}^{M} a_i z^{-i}$ in z^{-1} mit $a_0 = 1$ ist; σ bezeichnet wieder den Verstärkungsfaktor. Lineare Systeme dieser Form heißen *Allpol*-Systeme oder, wegen ihrer Zeitbereichseigenschaften (Abschnitt 3.2.4), *autoregressive* Systeme. Das Spracherzeugungsmodell lautet in dieser Schreibweise

$$F(z) = S(z) \cdot H(z) = S(z) \cdot \sigma/A(z) \qquad (2.8)$$

Bei bekannten Parametern von $A(z)$ kann das Anregungssignal durch die *inverse Filterung* $S(z) = F(z) \cdot A(z)/\sigma$ aus dem Sprachsignal zurückgewonnen werden.

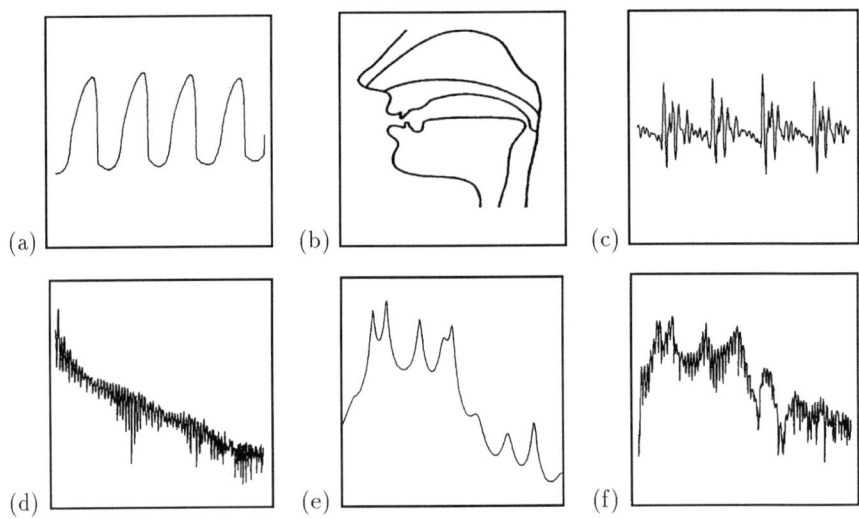

(a) (b) (c)

(d) (e) (f)

Abbildung 2.13: Die Produktion des Lautes [a] (Abb. nach [Nöt90, S. 87])

Die Beziehungen zwischen den einzelnen Komponenten des Lauterzeugungsmodells sind noch einmal in Abbildung 2.13 anhand der Produktion des Phons [a] veranschaulicht. Dargestellt sind das gemessene Anregungssignal (a) und sein Leistungsdichtespektrum (d), die schematisierte Vokaltraktform (b), der Frequenzgang des autoregressiven Modells (e) für die Vokaltraktübertragungsfunktion und schlußendlich das Zeitsignal der produzierten Schallwelle (c) nebst Kurzzeitspektrum (f). Im Vokaltraktspektrum treten die vier ersten Formanten des [a] sehr prägnant als relative Gipfel hervor. Das Sprachsignalspektrum ergibt sich (wegen der logarithmischen Darstellungsweise) als Summe von Anregungs- und Vokaltraktspektrum.

Eine Schwäche des autoregressiven Modells besteht darin, daß die Einwirkung des Nasaltraktes nicht berücksichtigt wird. Bei nasaler Artikulation werden gewisse Frequenzbereiche während der Lautformung gedämpft. Diese *Antiresonanzen* oder *Antiformanten* würden angemessener wiedergegeben durch kompliziertere, beliebig rationale Übertragungsfunktionen der Form $H(z) = B(z)/A(z)$, $B(z)$ Polynom in z^{-1}. Filter dieser Form werden als ARMA-Systeme (*autoregressive moving average*) bezeichnet.

2.3 Wahrnehmung

Gegenstand von Untersuchungen zur menschlicher Sprachwahrnehmung ist die sensorische Erfassung, die Strukturierung und die Interpretation gesprochener Sprache auf der Basis neurophysiologischer und kognitiver Prozesse. Vornehmlich die Modelle und Theorien zur Schall-, Laut- und Wortperzeption haben in der Vergangenheit nachhaltigen Einfluß auf die Auslegung maschineller Spracherkennungssysteme gehabt.

Die meßtechnische Auswertung des Gehörs, das für die akustische Analyse sprachlicher wie nichtsprachlicher Schallsignale verantwortlich ist, dient der Erforschung des Zusammenhangs zwischen akustischen Reizen und den dadurch ausgelösten subjektiven Empfindungen. Die Befunde zur menschliche Lautheits- und Tonhöhenwahrnehmung und zum zeitlichen wie spektralen Auflösungsvermögen (Standardwerke zu diesem Thema sind [Zwi90] und [Moo89]) haben zur Entwicklung mathematischer Funktionsmodelle und zur Definition psychoakustischer Skalen geführt, die aus den Merkmalextraktionsstufen heutiger Spracherkenner kaum mehr wegzudenken sind.

Sprachschall wird vom Hörer in phonetischen Kategorien wahrgenommen. Seit den frühen fünfziger Jahren wurde eine größe Zahl von Untersuchungen zur Lautperzeption in Abhängigkeit von akustischen Parametern wie den zeitlichen Energie- und Formantverläufen publiziert [Pis86]. Die MOTOR-Theorie beispielsweise sah die Lautwahrnehmung auf der Rekonstruktion artikulatorischer Parameter aus dem Sprachsignal beruhen [Lib67]. Die Mechanismen der Wortperzeption liegen noch weitgehend im Dunkeln. Für die mentale Wortrepräsentation, den Zugriff auf dieselbe und die Interaktion zwischen signalnaher und linguistischer Analyse wurden allerdings schon eine Fülle konkurrierender Modelle angeboten [Kla88, Fra87].

Auch Forschungsergebnisse zur Laut- und Wortperzeptionen fanden rasch Eingang in das Gebiet der Spracherkennung, sei es in Gestalt regelbasierter akustisch-phonetischer Erkennungsverfahren oder an der Kohortentheorie [MW81] orientierter Organisationsformen des Wortschatzes. Wir begnügen uns allerdings im folgenden mit einer kurzen Zusammenfassung der bekanntesten Resultate zur Schallwahrnehmung.

2.3.1 Gehörorgane und Schallwanderung

Schallwellen im Bereich von 16 Hz bis 20 000 Hz werden vom Gehörsinn als Geräusche oder Klänge wahrgenommen. Die Abbildung 2.14 zeigt den Aufbau des menschlichen Ohres. Der von der Ohrmuschel aufgefangene Schall gelangt durch den äußeren Gehörgang zum

Trommelfell. Das Resonanzverhalten des Außenohres führt dabei zu einer Heraufsetzung der Schallempfindlichkeit im Bereich von 3–4 kHz. Über die Gehörknöchelchen des Mittelohrs (Hammer, Amboß und Steigbügel) gelangen die Schwingungen vom Trommelfell an das ovale Fenster des mit inkompressibler Lymphflüssigkeit gefüllten Innenohres. Das wichtigste Organ des Innenohrs, die Cochlea, ist ein spiralförmiger, sich verjüngender Kanal von ca. 30 mm Länge, der sich in ca. 2.5 Windungen vom ovalen Fenster zum Helicotrema erstreckt. Er wird in seiner Längsrichtung von zwei Trennwänden, der Reissnerschen Membran und der Basilarmembran, weiter unterteilt (siehe Abbildung 2.15).

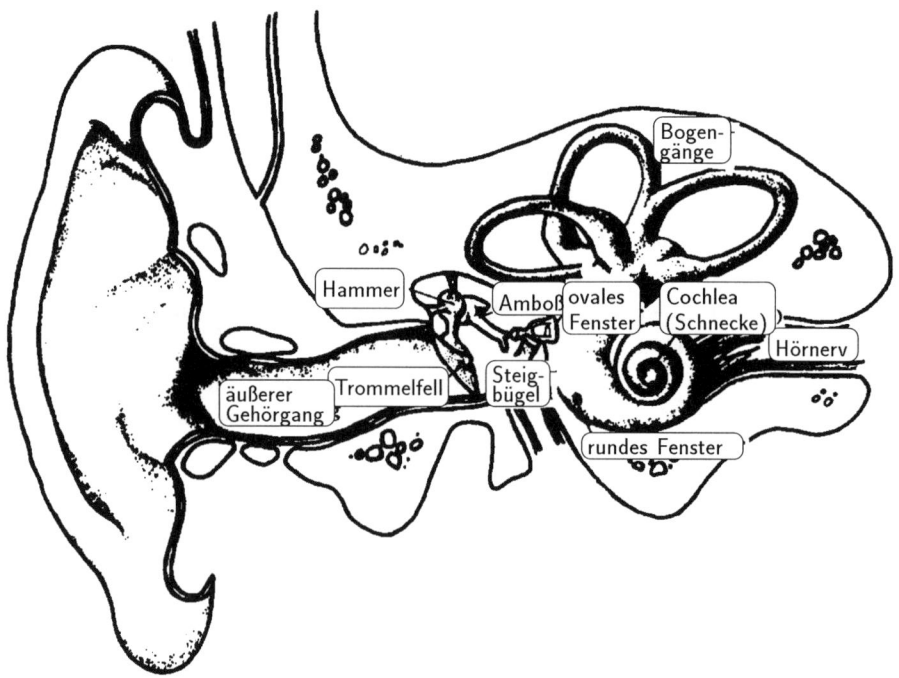

Abbildung 2.14: Der Aufbau des menschlichen Gehörorgans, nach [Hol91]

Schwingungen des ovalen Fensters setzen sich in Richtung Helicotrema als Wanderwellen fort und verursachen amplitudenabhängig eine mehr oder minder starke Auslenkung der Basilarmembran. Der Ort der maximalen Auslenkung hängt von den Frequenzkomponenten des Reizsignals ab; sehr niedrige Frequenzen lenken die Membran an ihrem apikalen Ende, sehr hohe Frequenzen am basalen Ende aus. Bereits 1942 bestimmte von Békésy [Bek42] durch Messungen an den Ohren Verstorbener die mechanische Bewegung der Basilarmembran als Funktion der Frequenz. Die resultierenden Abstimmkurven festgewählter Membranpunkte sind deutlich asymmetrisch bezüglich der Vorzugsfrequenz (vgl. Abbildung 2.16); die Empfindlichkeit gegenüber höheren Tönen nimmt wesentlich schneller ab als gegenüber tieferen.

Die Umsetzung der mechanischen Membranschwingungen in neuronale Entladungen der

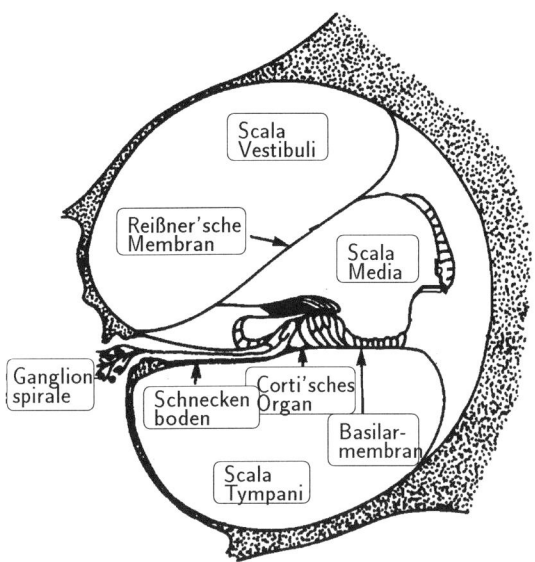

Abbildung 2.15:
Querschnitt durch die schneckenför-
mige Cochlea, nach [Hol91]

hörbahneigenen Nervenfasern findet im Cortischen Organ statt, von dessen inneren (ca. 3500) und äußeren (ca. 25 000) Haarzellen die Hörnervenfasern entspringen. Die Auslenkung der Basilarmembran führt zu einer Abscherung der entsprechend positionierten Haarzellen, deren zugehörige Fasern daraufhin zum Feuern angeregt werden. Die Entladungsrate hängt von der Reizstärke keineswegs in linearer Weise ab; auch ohne Reizeinwirkung treten spontane neuronale Entladungen auf, und bei sehr starker Anregung gerät die Feuerrate schnell in den Sättigungsbereich.

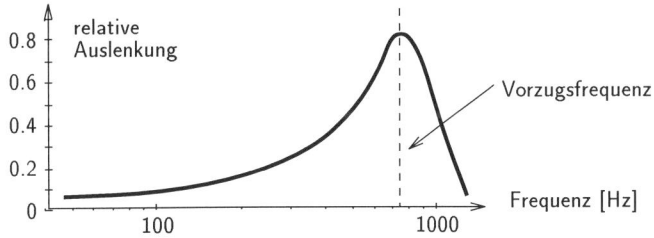

Abbildung 2.16:
Schematische Darstellung einer Abstimmkurve der mechanischen Auslenkung eines Punktes der Basilarmembran

Auch für die Hörnervenaktivität lassen sich frequenzabhängige Abstimmkurven gemäß Abbildung 2.16 aufstellen, deren Empfindlichkeitsmaxima die charakteristische Frequenz eines Neurons markieren. Die neuronalen Feuerstöße folgen statistisch der Tendenz, sich mit der Sinusperiode des Reizsignals zu synchronisieren. Diese Schallphasenkodierung (*„phase locking"*) wird allerdings bei Frequenzen oberhalb 5000 Hz wegen ihrer inhärenten Unschärfe unkenntlich. Das Gehör scheint also je nach Tonlage bevorzugt den Ort oder die Form von Nervenimpulsen zur Analyse spektraler Schallkomponenten heranzuziehen.

2.3.2   Lautheitswahrnehmung

Die physikalische Stärke eines Schallsignals wird als Schalldruck p_s in Pascal oder als Intensität I_s in N/m^2 angegeben; es ist I_s proportional zu p_s^2. Mit der willkürlich festgelegten Bezugsgröße $p_0 = 2 \cdot 10^{-5}$ Pa (bzw. $I_0 = 10^{-12}$ N/m^2) definieren wir den

$$\text{Schalldruckpegel [dB]} = 20 \cdot \log \frac{p_s}{p_0} = 10 \cdot \log \frac{I_s}{I_0} \qquad (2.9)$$

Eine Intensitätsverdopplung entspricht also einem Pegelzuwachs von 3 dB. Die Schallpegel typischer Umgebungsgeräusche sind in der Tabelle 2.3 wiedergegeben.

140 dB	Gewehrschuß nahebei	50 dB	leise Unterhaltung
120 dB	lautstarke Rockgruppe	30 dB	sanftes Flüstern
100 dB	Geschrei nahebei	20 dB	ländliche Gegend bei Nacht
80 dB	belebte Straße	6 dB	Hörschwelle bei 1000 Hz
70 dB	normale Unterhaltung	0 dB	Referenzpegel

Tabelle 2.3: Schallpegel in dB für unterschiedliche Schallquellen

Der Pegel des leisesten, gerade noch wahrnehmbaren reinen Sinustons von 1000 Hz beträgt im Mittel 6 dB. Diese *Ruhehörschwelle* ist allerdings frequenzabhängig; generell werden Schallwellen gleichen Pegels bei unterschiedlichen Frequenzen subjektiv nicht als gleich lautstark empfunden. Das Diagramm in Abbildung 2.17 zeigt die Linien gleicher Lautstärkewahrnehmung (*Isophone*) in der Pegel-Frequenz-Ebene für reine Töne. Als psychoakustisches Maß für die menschliche Lautstärkeempfindung wurde von Barkhausen das *phon* eingeführt [Zwi67]. Die Phonzahl eines Teststimulus ergibt sich demzufolge als Pegel (in dB) des als gleichlaut beurteilten 1 kHz Tones. Für einen Standardschall dieser Frequenz stimmen also Pegel und Lautstärke quantitativ überein.

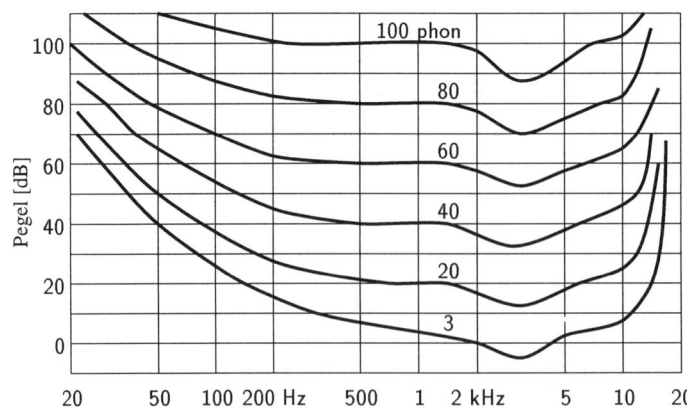

Abbildung 2.17:
Linien gleicher Lautstärke in der Schallebene
(nach [Zwi67, S. 121])

Eine weitere psychoakustische Größe, die *Lautheit*, berücksichtigt das wahrgenommene Lautstärkeverhältnis zweier Töne. Die Lautheit eines 1 kHz Tones von 40 phon beträgt 1 sone; ein L-mal so laut wahrgenommener Vergleichston wird auf L sone festgelegt. Nach

[Ste57b] verhält sich die Lautheit proportional zu $I^{0.3}$; ähnliche Potenzgesetze finden wir auch bei anderen Autoren [Vog75].

Die Intensität von Tönen kürzerer Dauer ($t < 200$ ms) wird vom Gehör zeitlich integriert. Für die Hörschwelle I eines Tonimpulses der Dauer t gilt mit guter Näherung $(I - I_L) \cdot t = const$, wenn I_L das Intensitätsminimum des entsprechenden Dauertones ist [Gar47]. Ist das Gehör einem Schallreiz für längere Zeit ausgesetzt, spielt der Integrationseffekt keine Rolle mehr, dafür nimmt die scheinbare Reizstärke spürbar ab, und die Hörschwelle wird kurzzeitig heraufgesetzt. Diese Phänomene werden als *Adaption* bzw. *Ermüdung* bezeichnet.

Die kleinste wahrnehmbare Intensitätsänderung ΔI folgt dem Weberschen Gesetz $\Delta I/I = const$, falls wir es mit breitbandigem Rauschen zu tun haben. Die entsprechende Pegeldifferenz $10 \log((I + \Delta I)/I)$ ist damit auch näherungsweise eine Konstante und beträgt knapp 1 dB. Bei reinen Tönen wächst unsere Diskriminierungsleistung mit der Lautstärke; bereits bei 40 phon genügt eine Pegeldifferenz von 0.7 dB zur Unterscheidung, und bei 80 phon sind es 0.3 dB [Rie28].

2.3.3 Frequenzgruppen- und Tonhöhenwahrnehmung

Die Schallfrequenz wird vom Gehör durch deren bevorzugte Auslenkungsregion auf der Basilarmembran kodiert. Für nahe beieinanderliegende Frequenzen überschneiden sich diese Regionen, und die Schallkomponenten verschmelzen perzeptiv zu einem Gesamteindruck. Die Wahrnehmung komplexer Schalle fällt unterschiedlich aus, je nachdem ob die spektralen Reizkomponenten innerhalb einer *kritischen Bandbreite* (diese werden auch *Frequenzgruppe* genannt) liegen oder aber über mehrere solcher Bänder verstreut sind. Diese Sichtweise wird von einer Fülle psychoakustischer Befunde untermauert; die Verdeckung reiner Töne durch schmalbandiges Rauschen [Fle40], die Sensitivität gegenüber Phasenverschiebungen [Zwi52] und die Integration der Schallintensität von Klängen oder Schmalbandrauschen [Zwi67, S. 70] finden wir ausschließlich innerhalb von Frequenzgruppen. Die Bandbreite B_g einer Frequenzgruppe ist eine Funktion ihrer Mittenfrequenz F_g; sie beträgt etwa 100 Hz falls $F_g \leq 1000$ Hz, oberhalb dieser Grenze dann ungefähr 15 % der Mittenfrequenz. Der Bereich wahrnehmbarer Frequenzen (16–20 000 Hz) läßt sich in 24 nichtüberlappende Frequenzgruppen kritischer Bandbreite aufteilen. Die so gewonnene gehörorientierte Frequenzskala wird als *bark*-Skala bezeichnet (Abbildung 2.18).

Die Frequenzgruppenbildung kann vom Gehör an jeder beliebigen Stelle der Frequenzskala vorgenommen werden und hat daher keinen direkten Einfluß auf die Fähigkeit zur Tonhöhenunterscheidung. Im mittleren Frequenzbereich beträgt die Unterschiedsschwelle $\Delta F/F$ für Dauertöne etwa 0.1 % – 0.3 %, z.B. ist bei 1000 Hz eine Tonhöhendifferenz von 3 Hz gerade noch wahrnehmbar. Diese überraschend hohe Leistung ist mit der Ortsgenauigkeit der überschwellig erregten Nervenfasern allein nicht zu erklären; wenigstens im Bereich niedriger Frequenzen scheint auch das „Periodizitätshören" [Lic52] mit Hilfe der Schallphasenkodierung (s.o.) eine Rolle zu spielen. Tatsächlich bricht unser Differenzierungsvermögen

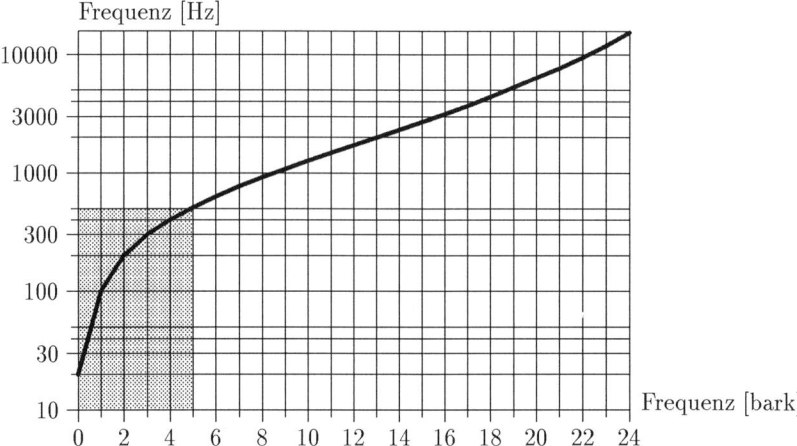

Abbildung 2.18: Frequenzskala in *bark*. Die kritische Bandbreite zu jeder Mittenfrequenz beträgt 1 *bark* (nach Daten aus [Zwi67, S. 121])

immer dann dramatisch ein, wenn der phase-locking-Mechanismus unscharf wird, nämlich bei sehr hochfrequenten oder bei sehr kurzdauernden Tönen. Die Unterschiedsschwellen für reine Töne dürfen keinesfalls auf komplexere Schallereignisse verallgemeinert werden; Formantfrequenzen sind beispielsweise rund 40 mal schlechter diskriminierbar als diejenigen reiner Töne [Hol91].

Wir hatten die Lautheit als ein Maß für das Verhältnis von Lautstärkeempfindungen in Abhängigkeit von der physikalischen Größe „Intensität" kennengelernt. Ganz analog wird die *Tonheit*, gemessen in der Einheit *mel*, als psychoakustische Größe für die Tonhöhenempfindung definiert. Einem Ton von 131 Hz, entsprechend der Note c_0, wird willkürlich die Tonheit 131 mel zugewiesen, Töne anderer Frequenzen erhalten die doppelte mel-Zahl wie ein halb so hoch perzipierter Ton. Über den gesamten wahrnehmbaren Bereich hinweg gilt zwischen der Frequenzgruppenskala und der *mel*-Skala die frappierend einfache mathematische Beziehung 1 *bark* = 100 mel [Zwi67].

Die spektrale Zusammensetzung eines komplexen Klanges ist durch die Amplituden der auftretenden Sinuskomponenten und deren Phaseneigenschaften charakterisiert. Die Phasenbeziehungen machen sich durch eine unterschiedliche Empfindung von *Rauhigkeit* [Ter74] bemerkbar, jedoch nur, wenn sie spektrale Komponenten innerhalb einer Frequenzgruppe betreffen. Der Einfluß der Phasenverschiebung auf die Lautwahrnehmung scheint eher gering zu sein.

2.4 Zusammenfassung

Zum Verständnis des lautsprachlichen Kommunikationsprozesses ist es notwendig, Einsichten in die artikulatorischen Vorgänge bei der Sprachproduktion und die entsprechenden

Wahrnehmungsmechanismen zu gewinnen. Von besonderem Interesse für die automatische Sprachverarbeitung sind Funktionsmodelle, welche die Artikulations- und Perzeptionsprozesse in Beziehung zum akustischen Signal setzen.

Auf der Grundlage artikulatorischer Parameter kann die unendliche Vielfalt möglicher Sprachlaute in ein endliches System phonetischer Klassen (Phone) gruppiert werden. Mit dem Inventar der kleinsten bedeutungsunterscheidenden Lauteinheiten (Phoneme) wiederum können wir alle Wörter einer Sprache sicher voneinander unterscheiden. Die Auswahl eines konkreten Phons zur Realisierung eines Phonems hängt jedoch insbesondere bei fließend gesprochenen Sätzen von kontextuellen und sprecherbedingten Faktoren ab.

Das durch die Aktivitäten unserer Artikulationsorgane erzeugte Sprachsignal kann mit guter Näherung als Ergebnis einer linearen Filterung $F(z) = S(z) \cdot H(z)$ aufgefaßt werden. Dabei ist $S(z)$ die z-Transformierte eines stimmhaften oder stimmlosen Anregungssignals, und $H(z)$ verkörpert im wesentlichen das Resonanzverhalten des Vokaltrakts bei der weiteren Lautformung. $H(z)$ trägt auch die relevante Information zur lautlichen Identifikation des Gesprochenen.

In der Fachliteratur treffen wir auf eine Vielzahl von Publikationen, welche die menschliche Lautheits- und Tonhöhenwahrnehmung sowie das zeitliche und spektrale Auflösungsvermögen in Abhängigkeit von den physikalischen Eigenschaften des auslösenden Schallsignals studieren. Die substantiellen Befunde führen zur Definition psychoakustischer Frequenz- und Intensitätsskalen, die im signalnahen Bereich maschineller Sprachverarbeitung mit Erfolg eingesetzt werden.

Kapitel 3

Merkmalgewinnung

Der erste Verarbeitungsblock des in Abbildung 1.5 skizzierten Spracherkenners dient der Transformation der akustischen Spracheingabe in eine für die weiteren Verarbeitungsschritte geeignete parametrische Darstellung. Die Extraktion einer diskreten zeitlichen Folge von Merkmalvektoren $\boldsymbol{x}(m)$ aus dem analogen Sprachsignal $\tilde{f}(t)$ verfolgt mehrere Ziele:

- die digitale Repräsentation des Sprachschalls

- die Reduktion der Datenmenge

- die Hervorhebung von Variabilitäten, die zur Identifikation des Äußerungsinhaltes (der gesprochenen Laute und Wörter) hilfreich sind

- die Ausblendung von Variabilitäten, welche den Sprecher, die Sprechweise, Umgebungseinflüsse sowie akustische und elektrische Übertragungseigenschaften charakterisieren

Generell sollen die Merkmalvektoren relevanter Musterklassen des Anwendungsbereiches kompakte Gebiete des Merkmalraumes einnehmen, und die Gebiete unterschiedlicher Musterklassen wünschen wir uns möglichst scharf voneinander getrennt (vgl. Postulat 3 der Musteranalyse in [Nie90, S. 9]). Die gegenwärtigen Techniken zur Merkmalgewinnung beruhen vorwiegend auf der Kombination einschlägiger Verfahren der digitalen Signalverarbeitung (einen umfassenden Überblick gibt die Monographie [Rab78]), insbesondere Reihenentwicklungen, mit Funktionsmodellen für die Sprachproduktion oder -perzeption (siehe Abschnitte 2.2, 2.3). Eine datengetriebene, automatische Optimierung dieser Verarbeitungsschritte hinsichtlich der Spracherkennungsleistung des Gesamtsystems liegt vermutlich noch in ferner Zukunft.

Das Thema des ersten Abschnitts ist die *Diskretisierung* des kontinuierlichen, reellwertigen Zeitsignals $\tilde{f}(t)$. Im zweiten Abschnitt werden Verfahren zur zeitfensterweisen Gewinnung von Merkmalvektoren $\boldsymbol{x}(m)$ aus den Signalabtastwerten f_n vorgestellt; wir beschränken uns dabei auf die *spektrale* und *cepstrale* Analyse sowie die *lineare Vorhersage*. Ein weiterer Abschnitt beschäftigt sich mit der Erfassung dynamischer Aspekte des Sprachsignals mittels fensterübergreifender Merkmale. Auf der Grundlage der beschriebenen Verfahren werden schließlich einige typische Merkmalsätze spracherkennender Systeme zusammengestellt.

3.1 Diskretisierung

Nach der Aufnahme liegt die Schallwelle in Form eines elektrischen Signals vor, das durch die reellwertige, kontinuierliche Zeitfunktion $\tilde{f}(t)$ beschrieben wird. Zur Weiterverarbeitung auf einem Digitalrechner müssen Definitions- und Wertebereich des Signals *diskretisiert* werden. Dieser zweistufige Prozeß ist in Abbildung 3.1 veranschaulicht.

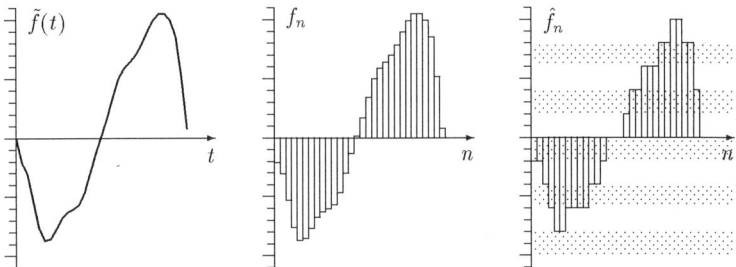

Abbildung 3.1: Abtastung und Quantisierung des Sprachsignals $\tilde{f}(t)$

Das Signal wird an einer endlichen Zahl äquidistanter Stützstellen nT, $n = 1, 2, \ldots$ abgetastet; wir bezeichnen T [s] als *Abtastperiode* bzw. $f_A = 1/T$ [Hz] als *Abtastfrequenz*. Die resultierende Folge von Abtastwerten $f_n := \tilde{f}(nT)$ wird anschließend quantisiert, d.h. jedes f_n wird durch den Repräsentanten $\hat{f}_n$ seiner zugehörigen Quantisierungsstufe angenähert. Es steht nur eine endliche Zahl 2^B von Stufen zur Verfügung, so daß jeder Abtastwert mit B bit kodiert und folglich jedes Sprachsignal von einer Sekunde Dauer in $f_A B$ Bits abgespeichert werden kann.

3.1.1 Abtastung

Durch die Abtastung der kontinuierlichen Funktion $\tilde{f}(t)$ an diskreten Stützstellen geht offensichtlich Information verloren. Gehorcht $\tilde{f}(t)$ jedoch einer spektralen Bandbegrenzung, so ist die Funktion bei hinreichend groß gewählter Abtastfrequenz aus ihren Abtastwerten rekonstruierbar. Ist

$$\tilde{F}(\omega) = \int_{-\infty}^{\infty} \tilde{f}(t) \cdot e^{-i\omega t} dt \tag{3.1}$$

die Fourier-Transformierte von $\tilde{f}(t)$ und ist

$$F(e^{i\omega}) = F(z) \mid_{z=e^{i\omega}} = \sum_{n=-\infty}^{\infty} f_n e^{-i\omega n} \tag{3.2}$$

die Fourier-Transformierte der Abtastfolge f_n (sie ergibt sich durch Auswertung der z-Transformierten $F(z)$ auf dem Einheitskreis), so können wir das periodische Spektrum als unendliche Summe

$$F(e^{i\omega T}) \;=\; \frac{1}{T} \sum_{n=-\infty}^{\infty} \tilde{F}(\omega - \frac{2\pi n}{T}) \tag{3.3}$$

schreiben. Verschwinden nun alle Frequenzanteile mit $|\omega| \geq \pi/T$, so stimmen die beiden Fourier-Transformierten auf diesem Intervall bis auf einen konstanten Faktor überein:

$$F(e^{i\omega T}) \;=\; \frac{1}{T}\tilde{F}(\omega) \tag{3.4}$$

Diese Tatsache und eine explizite Rekonstruktionsvorschrift für das Zeitsignal ist Gegenstand des Abtasttheorems von Shannon und Someya [Sha49, MI91]:

Abtasttheorem: Sei $\tilde{f}(t)$ eine Funktion, für deren Fourier-Transformierte die Bandbegrenzung $\tilde{F}(2\pi\omega) = 0$ für $|\omega| \geq f_G$ gilt. Für Abtastfrequenzen oberhalb der doppelten Grenzfrequenz ($f_A = 1/T \geq 2f_G$) ist $\tilde{f}(t)$ aus den Abtastwerten $f_n = \tilde{f}(nT)$, $n = 0, \pm 1, \pm 2, \ldots$ vermöge der Interpolationsformel

$$\tilde{f}(t) \;=\; \sum_{n=-\infty}^{\infty} f_n \frac{\sin(\pi(t-nT)/T)}{\pi(t-nT)/T} \tag{3.5}$$

vollständig rekonstruierbar. $\square$

Reale Sprachsignale müssen also vor der Abtastung tiefpaßgefiltert werden, da die Anwesenheit von Spektralkomponenten oberhalb $f_A/2$ sonst unweigerlich zu einer Überschneidung (*„spectral aliasing"*, [Cou86, S. 315]) der Summationsbeiträge in Gleichung (3.3) führt. Für Sprache ist eine Bandbreite von 8 kHz oder 10 kHz völlig hinreichend [Fur89, S. 47]; es kann daher ohne weiteres mit 16 kHz oder 20 kHz abgetastet werden. Die (analoge) Übertragung im öffentlichen Telefonnetz ist dagegen auf das Frequenzband 300 Hz–3.4 kHz beschränkt, so daß eine Abtastung mit 8 kHz opportun ist.

3.1.2 Quantisierung

Gilt für die reellwertigen Abtastwerte eine Beschränkung $|f_n| \leq f_{max}$ und sind die f_n auf diesem Intervall annähernd gleichmäßig verteilt, so bietet sich eine *uniforme* Quantisierung an. Der Wertebereich wird dazu in 2^B Streifen der Breite $\Delta f = 2f_{max}/2^B$ zerlegt, und jedes f_n wird wie in Abbildung 3.2 dargestellt auf die nahegelegenste Intervallmitte $\hat{f}_n$ abgebildet. Dabei tritt ein *Quantisierungsfehler* $e_n = \hat{f}_n - f_n$ auf, dessen Signal-Rausch-Abstand

$$r \;=\; 10\log_{10}\frac{\mathcal{E}[f_n^2]}{\mathcal{E}[e_n^2]} \quad [\mathrm{dB}] \tag{3.6}$$

sich unter gewissen idealisierenden Annahmen geschlossen angeben läßt [Fur89, S. 47–50]. Ist der Fehler nämlich (1) ein stationäres weißes Rauschen, (2) unabhängig von den Abtastwerten

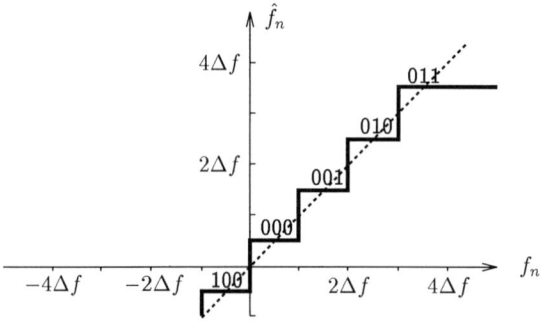

Abbildung 3.2:
Uniforme Quantisierung,
$2^B = 2^3 = 8$

und (3) gleichmäßig im Intervall $[-\Delta f, \Delta f]$ verteilt, so gilt

$$r = 6B + 4.77 - 20\log_{10}\frac{f_{max}}{\sigma_f}, \quad \text{wobei } \sigma_f^2 = \sqrt{\mathcal{E}[f_n^2]} \tag{3.7}$$

Setzen wir den Wert f_{max} sicherhaltshalber auf die vierfache Standardabweichung σ_f der Eingabewerte, dann ergibt sich $r = 6B - 7.2$. Der Dynamikbereich gesprochener Sprache liegt bei 50–60 dB; im Fall einer optimalen Aussteuerung des Quantisierers sollten also 10–12 bit ausreichend sein.

Die Amplitudenwerte von Sprachsignalen sind alles andere als gleichmäßig, sondern vielmehr *exponentiell* um ihren Mittelwert verteilt. Die informationstheoretische Effizienz der Signalkodierung kann daher mittels logarithmischer *Kompandierung* der Amplitudenwerte erhöht werden. Eine vielverwendete Kompandierungsvorschrift ist das „*μ-law*" [Smi57]

$$f_n^{(\mu)} = f_{max} \cdot \text{sgn}(f_n) \cdot \frac{\log(1 + \mu\frac{|f_n|}{f_{max}})}{\log(1 + \mu)}, \quad \mu = 100, \ldots, 500, \tag{3.8}$$

das der uniformen Quantisierung vorangeschaltet wird und eine näherungsweise Gleichverteilung der $f_n^{(\mu)}$ bewirkt. Die Abbildung erhält den Wertebereich von f_n, erhöht jedoch die Auflösung betragsmäßig kleiner Amplituden und komprimiert die Bereiche darüber.

3.2 Kurzzeitanalyse

Schallwellen stellen offenkundig nichtstationäre Signale dar; ihre spektralen Eigenschaften ändern sich wenigstens von Laut zu Laut. Selbst intraphonemisch bewirkt die Dynamik der Artikulationsgesten kontinuierliche (bei Diphthongen) und abrupte (bei Plosiven und Affrikaten, siehe Abschnitt 2.1) Veränderungen der Schallstruktur. Nur über sehr kurze, etwa 5–30 ms andauernde Zeitabschnitte hinweg dürfen wir das Signal als näherungsweise stationär ansehen.

Zur Kurzzeitanalyse blenden wir durch Multiplikation mit einer geeigneten *Fensterfunktion* w_n Bereiche dieser Größenordnung aus f_n aus. Zu jedem Zeitpunkt m ergibt sich ein modifiziertes Signal $f^{(m)}$ mit

$$f_n^{(m)} = f_n \cdot w_{m-n} \, , \tag{3.9}$$

welches in einer kleinen Umgebung von m eine gewichtete Version von f_n darstellt und außerhalb gewöhnlich verschwindet. Beispiele endlicher Fensterfunktionen sind (für $n < 0$ und $n \geq N$ sei jeweils $w_n = 0$):

Zeitfunktion	Dämpfung	
$w_n^R = 1$	13 dB	(Rechteckfenster)
$w_n^M = 0.54 - 0.46\cos(\frac{2\pi n}{N-1})$	43 dB	(Hamming-Fenster)
$w_n^N = 0.50 - 0.50\cos(\frac{2\pi n}{N-1})$	32 dB	(Hanning-Fenster)
$w_n^G = e^{-0.5(\frac{n-N/2}{\sigma N/2})^2}$	58 dB	(Gauß-Fenster, $\sigma = 3$)
$w_n^P = 4\frac{n}{N}(1 - \frac{n}{N})$	22 dB	(Parabel-Fenster)

Das *Kurzzeitspektrum* zum Zeitpunkt m ergibt sich aus der Anwendung der Fourier-Transformation auf die gewichteten Abtastwerte:

$$F^{(m)}(e^{i\omega}) = \sum_{n=-\infty}^{\infty} f_n w_{m-n} e^{-i\omega n} \tag{3.10}$$

Sind $F(e^{i\omega})$ und $W(e^{i\omega})$ die gewöhnlichen Fourier-Transformierten der Folgen f_n und w_n, so können wir das Kurzzeitspektrum in die Form eines Faltungsintegrals

$$F^{(m)}(e^{i\omega}) = \frac{1}{2\pi} \int_{-\pi}^{\pi} W(e^{-i\phi}) e^{-i\phi m} F(e^{i(\omega-\phi)}) d\phi \tag{3.11}$$

bringen. Diese Darstellung zeigt unmittelbar den Einfluß, den das Zeitfenster auf den Frequenzgang des Kurzzeitspektrums ausübt: die Faltung des Originalspektrums mit $W(e^{i\omega})$ bewirkt eine *Verschmierung*, die umso dramatischer ausfällt je weniger kompakt sich die Energie von $W(e^{i\omega})$ um $\omega = 0$ herum konzentriert.

Die Frequenzgänge von Rechteck- und Hamming-Fenstern sowie ihre Auswirkungen im Zeit- und Frequenzbereich sind in Abbildung 3.3 illustriert. Obwohl f_n lediglich aus drei Sinuskomponenten (bei 1000, 3000 und 3500 Hz) besteht, wird das zu erwartende Linienspektrum wie abgebildet verschmiert. Das schmalere Hauptband des Rechteckfensters bewirkt eine schärfere Trennung der beiden oberen Spektralkomponenten von f_n. Das Hamming-Spektrum wiederum ist kontrastreicher, denn die Dämpfung des ersten Seitenbandes beträgt etwa 43 dB statt 13 dB wie bei Rechteckfenster. Wegen seines vorteilhaften Abklingverhaltens im Zeit- und Frequenzbereich wird in der Praxis überwiegend vom Hamming-Fenster Gebrauch gemacht.

Der Frequenzauflösung einer Fensterfunktion, d.h. der Nullpunktkonzentration ihres Frequenzgangs sind aufgrund eines *Unschärfeprinzips* enge Grenzen gesetzt. Dieses Prinzip besagt, daß die Ausdehnungen von w_n und $W(e^{i\omega})$ (im Sinne der Varianzen σ_w^2 und σ_W^2 oder der effektiven Bandbreiten [Cou86, S. 249 ff.]) umgekehrt proportional sind. Insbesondere gilt die untere Schranke $1/(4\pi) \leq \sigma_w \sigma_W$, die vom Gauß-Fenster w_n^G auch erreicht wird.

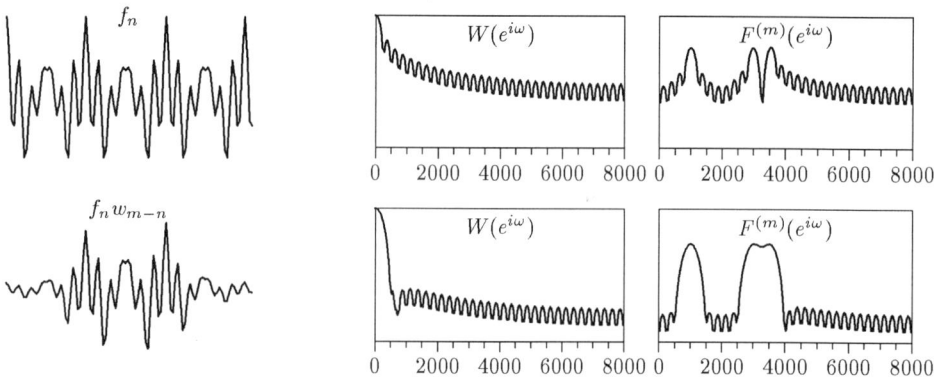

Abbildung 3.3: Ausgeblendetes Zeitsignal (links) und logarithmierte Betragsquadratspektren für Fenster (Mitte) und Kurzzeitsignal (rechts) bei Verwendung eines Rechteck- (oben) oder Hamming-Fensters (unten)

Kurzzeitmerkmale müssen nicht zu jedem Abtastzeitpunkt m berechnet werden. Da sich die effektive Zeitdauer eines abgerundeten Fensters jedoch gegenüber der nominellen Dauer NT um etwa die Hälfte reduziert, empfiehlt sich ein *Fortschalten* mit $M < N$, d.h., nur die Kurzzeitsignale $f_n^{(m)}$, $m = 0, \pm m, \pm 2m, \ldots$ werden analysiert. Typische Auslegungen für Fensterbreite und Fortschaltzeit sind $NT = 25$ ms und $MT = 10$ ms.

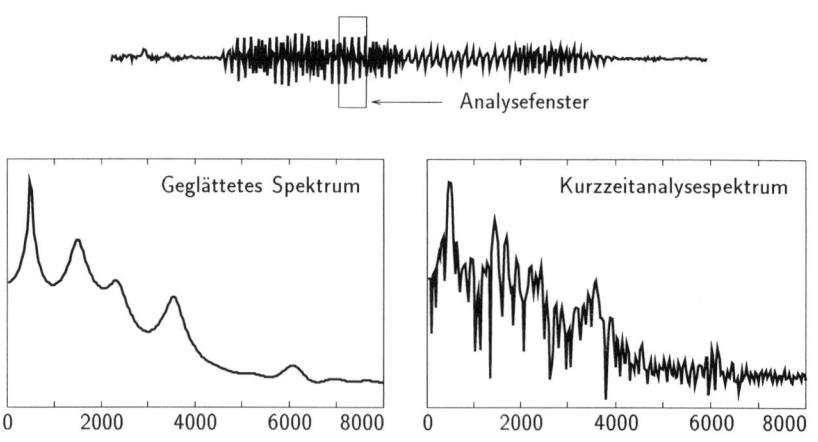

Abbildung 3.4: Zeitsignal und Leistungsdichtespektrum für eine Realisierung des Lautes /ø:/

Die spektrale Energieverteilung einer Lautrealisierung resultiert, wie in Abschnitt 2.2 diskutiert, aus der glottalen Anregung des Sprachschalls und seiner weiteren Ausformung im Vokaltrakt. Der (für stimmhafte Laute) periodische Anregungsschall geht idealiter als *Linienspektrum* ein, dessen nichtverschwindende Komponenten die Stimmbandfrequenz F_0 und deren Obertöne („Harmonische") $j \cdot F_0$ identifizieren. Diesen Anteil bezeichnen wir als *harmonische-* oder *Feinstruktur* des Spektrums; er macht sich im Leistungsdichtespektrum in Gestalt schnell aufeinanderfolgender, äquidistanter Spitzen bemerkbar (siehe dazu Abbildung 3.4).

Die Vokaltraktkonfiguration ist durch ihre charakteristischen Resonanzen und Antiresonanzen gekennzeichnet, die sich im Spektrum als relative Maxima oder Minima manifestieren. Ihre ungefähre Lage ergibt sich aus der Umhüllenden bzw. dem geglätteten Verlauf des Kurzzeitspektrums. Die wesentlichen Komponenten dieses groben Spektralverlaufs sind die *Formantstruktur* und die spektrale *Neigung*. Die Neigung (*„tilt"*) des Spektrum gesprochener Sprache beträgt im Durchschnitt etwa 6 dB/Oktave; das Gefälle ist steiler für stimmhafte Laute und flacher für stimmlose Laute.

Neigung und Formantstruktur, allgemein der Grobverlauf des Signalspektrums stellen die relevante Information zur Identifikation von Lauten bereit, während die Feinstruktur offensichtlich eher Form als Inhalt einer Äußerung oder gar Artefakte der gewählten Analyseform repräsentiert. Die nachfolgend beschriebenen Merkmalextraktionsverfahren teilen daher ganz folgerichtig das gemeinsame Anliegen, diese Feinstruktur zu eliminieren.

3.2.1 Zeitbereichsmerkmale

Direkt aus dem Zeitsignal berechenbare Merkmale spielen heute in der Spracherkennung eine untergeordnete Rolle. Eine Ausnahme ist die *Kurzzeitenergie* des Signals, die ebenso wie die Nulldurchgangsrate (siehe hierfür [Rab78, S. 127 ff.]) brauchbare Hinweise zur Unterscheidung stimmhafter von stimmlosen Lauten liefert.

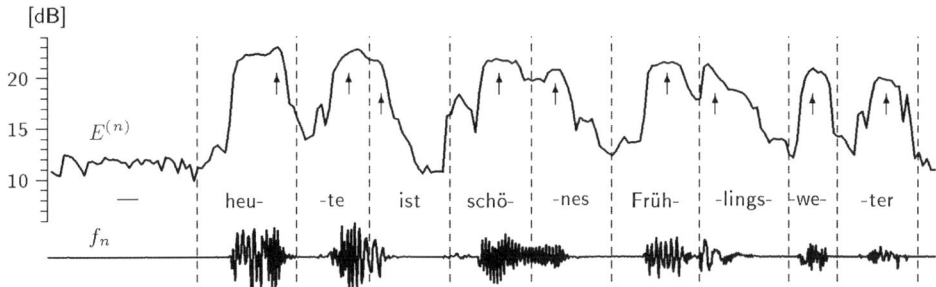

Abbildung 3.5: Amplituden- und Kurzzeitenergieverlauf einer gelesenen Äußerung — die Silbengrenzen und -kerne sind durch strichlierte Senkrechte bzw. durch Pfeile markiert

Die Kurzzeitenergie ergibt sich nach derselben Berechnungsvorschrift wie die *Langzeitenergie*

$$E = \sum_{n=-\infty}^{\infty} |f_n|^2 \, , \tag{3.12}$$

nur daß die jeweilige Kurzzeitvariante des Signals eingesetzt wird:

$$E^{(m)} = \sum_{n=-\infty}^{\infty} \left| f_n^{(m)} \right|^2 = \sum_{n=-\infty}^{\infty} \left| f_n w_{m-n} \right|^2 , \quad m = 0, \pm 1, \pm 2, \ldots \tag{3.13}$$

Für ein endliches Fensters der Länge N ergibt sich die Darstellung

$$E^{(m)} = \sum_{n=0}^{N-1} \alpha_n |f_{m+n}|^2 \tag{3.14}$$

mit positiven Koeffizienten $\alpha_n = w_{-n}^2$, was im wesentlichen auf eine arithmetische Mittelbildung hinausläuft.

Das Energieprofil einer Sprachäußerung gibt uns Aufschluß über die Positionen der Sprache- und Stilleanteile des Zeitsignals, und es gestattet auch bereits eine grobe Detektion der Silbengrenzen und -kerne (Abbildung 3.5).

Zum Aufspüren von Periodizitäten des Signals eignet sich die *Autokorrelationsfunktion* (AKF)

$$r_k = \sum_{n=-\infty}^{\infty} f_n f_{n+k} , \quad k = 0, \pm 1, \pm 2, \ldots, \tag{3.15}$$

deren Kurzzeitform zum Zeitpunkt m

$$r_k^{(m)} = \sum_{n=-\infty}^{\infty} f_n^{(m)} f_{n+k}^{(m)} = \sum_{n=-\infty}^{\infty} f_n w_{m-n} f_{n+k} w_{m-n-k} \tag{3.16}$$

lautet. Nach geeigneter Wahl eines Rechteckfensters erhält Gleichung (3.16) die Gestalt

$$r_k^{(m)} = \sum_{n=m}^{m+N-k-1} f_n f_{n+k} . \tag{3.17}$$

Die $r_k^{(m)}$ nehmen ihr Maximum hinsichtlich k bei Null an und entsprechen dort der Kurzzeitenergie $E^{(m)}$. Ist das diskrete Signal f_n periodisch mit der Periode k_0, so auch die Langzeit-AKF, d.h. $r_k = r_{k+jk_0}$ für alle ganzzahligen j. Insbesondere erreichen alle r_{jk_0} den Maximalwert $E^{(m)}$. Diese Aussagen gelten für die Kurzzeit-AKF wegen des Fenstereinflusses nicht; dennoch machen periodische Signalanteile als AKF-Gipfel auf sich aufmerksam. Die Abbildung 3.6 verdeutlicht das unterschiedliche Aussehen der Kurzzeit-AKF stimmhafter und stimmloser Signalausschnitte.

Eine der Kurzzeit-AKF verwandte Signalrepräsentation ist die *normierte Kreuzkorrelation* (NKK, [DM92]). Für jede Fensterposition m und jeden Zeitversatz k betrachten wir die Vektoren $\boldsymbol{f}[m-k,m] = (f_{m-k}, \ldots, f_m)$ und $\boldsymbol{f}[m,m+k] = (f_m, \ldots, f_{m+k})$ der $k+1$ links bzw. rechts vom Analysezeitpunkt liegenden Abtastwerte und berechnen den Kosinus ihres eingeschlossenen Winkels:

$$\rho_k^{(m)} = \frac{(\boldsymbol{f}[m-k,m], \boldsymbol{f}[m,m+k])}{|\boldsymbol{f}[m-k,m]| \cdot |\boldsymbol{f}[m,m+k]|} \; ; \tag{3.18}$$

dabei bezeichne $(\boldsymbol{f}, \boldsymbol{g})$ das innere Produkt zweier Vektoren und $|\boldsymbol{f}|$, $|\boldsymbol{g}|$ ihre Länge. Die NKK-Merkmale wurden mit großem Erfolg zur hochauflösenden Grundfrequenzbestimmung eingesetzt [Med91].

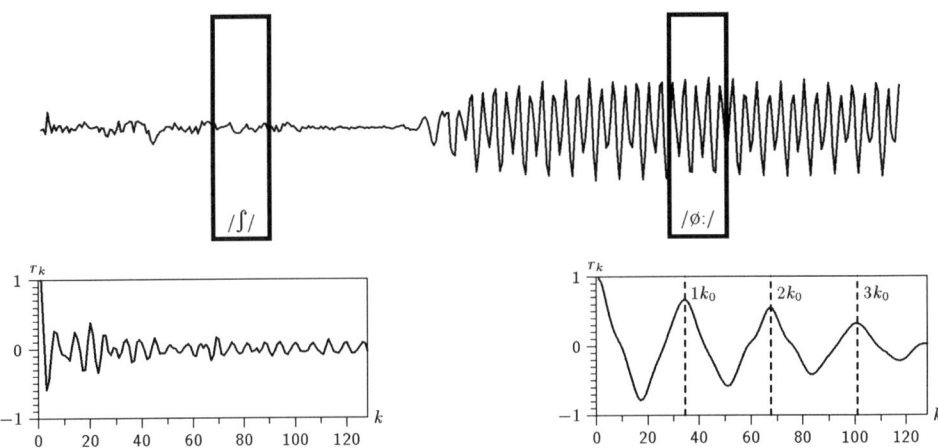

Abbildung 3.6: Die Kurzzeitautokorrelationsfunktion eines stimmlosen ($/\int/$) und eines stimmhaften ($/\text{ø:}/$) Lautes

3.2.2 Spektrumanalyse

Ist $\mathrm{FT}\{f_n\} = F(e^{i\omega})$ die Fourier-Transformierte von f_n (siehe Gleichung (3.2)), so läßt sich die diskretisierte Abtastfolge mit Hilfe der inversen Transformation $\mathrm{FT}^{-1}\{F(e^{i\omega})\}$

$$f_n = \frac{1}{2\pi} \int_{-\pi}^{\pi} F(e^{i\omega}) e^{i\omega n} d\omega \tag{3.19}$$

als Integral gewichteter trigonometrischer Funktionen schreiben. Wir ignorieren nun die Phasenbeziehungen und gehen zum *Betragsquadratspektrum* $|F(e^{i\omega})|^2$ über; nach dem Parsevalschen Theorem [Opp89, S. 297] können wir die Verteilung der Signalenergie über die Frequenzachse nun wie folgt formulieren:

$$E(f) = \sum_{n=-\infty}^{\infty} |f_n|^2 = \frac{1}{2\pi} \int_{-\pi}^{\pi} |F(e^{i\omega})|^2 d\omega \tag{3.20}$$

Das Betragsquadratspektrum stellt daher eine erstrebenswerte, aber unglücklicherweise noch kontinuierliche Parametrisierung dar. Ist die Folge f_n jedoch N-periodisch, d.h. $f_n = f_{n+jN}$

für beliebige n und j, so verschwinden fast alle Spektralkomponenten — nur an den äqui-distanten Frequenzstützstellen $f_A k/N$, $k = 0, \pm 1, \pm 2, \ldots$ finden wir positive Energieanteile vor — und das resultierende *Linienspektrum* ergibt sich aus den Koeffizienten der *Diskreten Fourier-Transformation* (DFT)

$$F_\nu = \sum_{n=0}^{N-1} f_n e^{-2\pi i \nu n/N} . \qquad (3.21)$$

Die Abtastwerte können periodenweise aufgrund der *inversen* DFT rekonstruiert werden:

$$f_n = \frac{1}{N} \sum_{\nu=0}^{N-1} F_\nu e^{2\pi i \nu n/N} \qquad (3.22)$$

Nun ist unser Sprachsignal f_n ganz sicher nicht periodisch, wohl aber können wir uns das Kurzzeitsignal $f_n^{(m)}$ über den Fensterausschnitt hinaus *periodisch fortgesetzt* denken und Gleichung (3.21) im Sinne einer Kurzzeitanalyse modifizieren:

$$F_\nu^{(m)} = \sum_{n=0}^{N-1} f_{m-n} w_n e^{-2\pi i \nu n/N} \qquad (3.23)$$

Die periodische Fortsetzung im Zeitbereich entspricht der Abtastung des kontinuierlichen Spektrums im Frequenzbereich. Bei stimmhaften Signalpartien ist dies nur solange unproble-matisch, wie das Abtastraster und die oberwellenbedingte Kammstruktur des Leistungsdich-tespektrums synchron verlaufen. Diese Synchronität kann im Prinzip durch eine dynamische Adaption der Fensterbreite an die Grundperiode gewährleistet werden (*pitch-synchronous analysis* [Mat61]).

Der ν-te Fourier-Koeffizient bezieht sich auf eine Frequenz von $\nu(NT)^{-1} = f_A \nu/N$ Hz, und wegen Gleichung (3.3) ist die Folge $\{F_\nu\}$ N-periodisch. Die nominelle Frequenzauflösung beträgt daher f_A/N Hz. Da Sprachsignale reellwertig sind, gilt zudem die Symmetrieeigen-schaft $|F_\nu|^2 = |F_{-\nu}|^2$. Da $F_0 = \sum_{n=0}^{N-1} f_n$ für unsere Zwecke irrelevant ist, erhalten wir aus der DFT insgesamt die $N/2$ Kurzzeitmerkmale $x_\nu^{(m)} = |F_\nu^{(m)}|^2$, $\nu = 1, \ldots, N/2$ je Zeitfenster.

Die praktische Berechnung der DFT erfordert N^2 komplexe Multiplikationen. Durch den Einsatz der *Schnellen Fourier-Transformation* ([Coo65]) reduziert sich der Aufwand auf $O(N \log N)$. Eine weitere Einsparung erbringt das Ausnutzen der Reellwertigkeit von f_n mit Hilfe der *Schnellen Hartley-Transformation* [Bra90].

Bandspektren. Eine gehörorientierte Energieintegration innerhalb der kritischen Fre-quenzbänder (siehe Abschnitt 2.3.3) ist als Bank von Bandpaßfiltern modellierbar (siehe dazu die Abbildung 3.7). Die Frequenzgruppenfilter sind gewöhnlich durch ihre Mittenfre-quenz und ihre Bandbreite charakterisiert. Das Ausfiltern der Signalanteile von f_n in die-sen Bändern werde durch lineare Systeme mit Impulsantworten $h_n^{(k)}$ und Frequenzgängen $H^{(k)}(e^{i\omega})$ realisiert; uns interessieren nun die Kurzzeitenergien $E^{(m)}\{g^{(k)}\}$ der gefilterten Si-

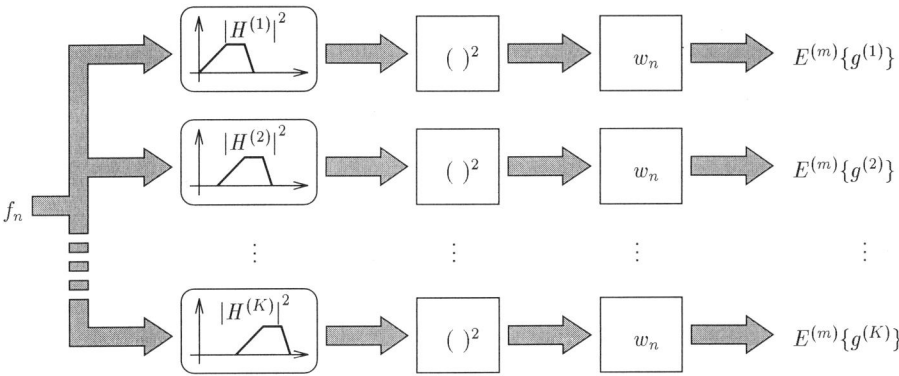

Abbildung 3.7: Eine Bank von Bandpaßfiltern mit identischen Kurzzeitenergiefenstern

gnalkomponenten $g^{(k)} = f \star h^{(k)}$. Wegen des Faltungssatzes

$$g^{(k)} = f \star h^{(k)} \quad \Longrightarrow \quad G^{(k)} = F \cdot H^{(k)} \tag{3.24}$$

liefern die Linearkombinationen

$$e_k^{(m)} = \sum_{\nu=0}^{N-1} \eta_{k\nu} |F_\nu^{(m)}|^2 \tag{3.25}$$

eine recht gute Näherung für die Bandpaßenergien $E^{(m)}\{g^{(k)}\}$ [Rab78, S. 303 ff.], wenn die Gewichte $\eta_{k\nu} = |H^{(k)}(e^{i2\pi\nu/N})|^2$ gesetzt werden.

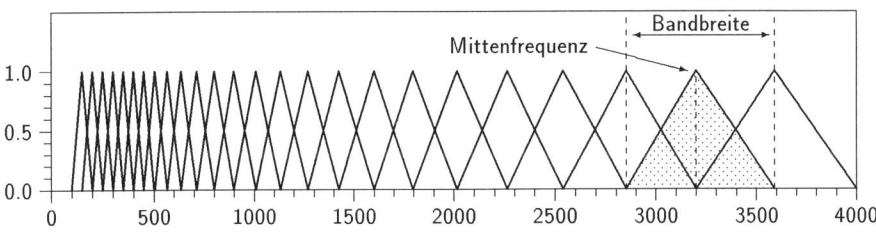

Abbildung 3.8: Dreieckfilterbank für 25 Frequenzgruppen

Zur Nachbildung der basilaren Erregungsverteilung wählen die meisten Autoren Bänke von Dreieck-, Rechteck- oder Trapezfiltern [Dav80, Her86, Sen86], die auf der mel-skalierten Frequenzachse äquidistant liegen und identische Bandbreiten von etwa 1 *bark* aufweisen. Die daraus resultierenden Kurzzeitmerkmale $e_k^{(m)}$ bezeichnen wir als *mel-Spektrumkoeffizienten*. Eine ganz ähnliche Aufteilung des Frequenzbereiches bieten 1/3-Oktavfilter, die auf einer logarithmisch verzerrten Frequenzskala basieren [Plo67, Pol77].

Eine typische Auslegung der Filtergewichte $\eta_{k\nu}$ zeigt die Abbildung 3.8. Sieben Dreieck-filter sind um die Mittenfrequenzen $150, 200, \ldots, 450$ Hz gruppiert; die drei Oktaven von 500 Hz bis 4000 Hz sind durch je sechs Bänder abgedeckt. Jedes Band endet bei den Mittenfrequenzen seiner Nachbarbänder.

Die spektrale Summation innerhalb der kritischen Bänder bedingt nicht notwendigerweise eine tonheitorientierte Anordnung der Bandmitten; die Energiemessung kann ebensogut aufgrund von Frequenzgruppen vorgenommen werden, deren Mittenfrequenzen äquidistant auf der Hertz-Skala plaziert sind (*bark-Spektrumkoeffizienten* [Rie92a]). Die filterungsbedingte Glättung des Spektralverlaufs zerstört die harmonische Struktur stimmhafter Signale und läßt die Vokaltraktresonanzen deutlicher hervortreten (siehe Abbildung 3.9).

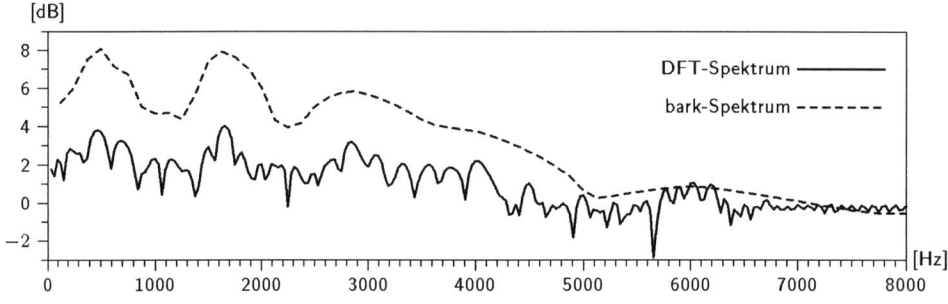

Abbildung 3.9: DFT- und *bark*-Spektrum des Vokals /ə/

Lautheitstransformation. Die Kanalenergien $e_\nu^{(m)}$ selbst werden nicht als Merkmale verwendet; stattdessen gehen wir mittels Logarithmierung zu einem pegelähnlichen Maß $L_k^{(m)} = 10\log_{10} e_k^{(m)}$ über oder nähern durch Anwendung eines Potenzgesetzes $L_k^{(m)} = (e_k^{(m)})^{0.23}$ [sone] (siehe Abschnitt 2.3.2) die frequenzgruppenspezifische Lautheit an [Rus88, S. 14]. Durch die Lautheitssummationen

$$L^{(m)} \;=\; \sum_{k\in\mathcal{K}} L_k^{(m)} \quad\text{und}\quad L_{\mathrm{SF}}^{(m)} \;=\; \sum_{k\in\mathcal{K}_\downarrow} L_k^{(m)} - \sum_{k\in\mathcal{K}_\uparrow} L_k^{(m)} \tag{3.26}$$

aller Frequenzgruppenfilter bzw. der Kontrastierung niedriger und hoher Frequenzbereiche bildet G. Ruske [Rus84] die Gesamtlautheit $L^{(m)}$ und eine schallfülleartige Größe $L_{\mathrm{SF}}^{(m)}$, die sich hervorragend zur automatischen Silbensegmentierung eignet.

Das Funktionsmodell von J.R. Cohen für die Lautheitskomponenten läuft auf ein Potenzgesetz mit dem Exponenten 1/3 hinaus; er berücksichtigt in seiner Arbeit jedoch adaptive, frequenzgruppenspezifische Schmerz- und Ruhehörschwellen $\theta_{k\uparrow}^{(m)}$, $\theta_{k\downarrow}^{(m)}$ zur Lautstärkemodellierung [Coh89]:

$$\ell_k^{(m)} \;=\; 120\cdot\frac{10\log_{10} e_k^{(m)} - \theta_{k\downarrow}^{(m)}}{\theta_{k\uparrow}^{(m)} - \theta_{k\downarrow}^{(m)}} \quad [\text{phon}] \tag{3.27}$$

und gewinnt die Lautheitskomponenten vermöge

$$L_k^{(m)} \;=\; \text{const}\cdot\sqrt[3]{10^{\ell_k^{(m)}/10}} \quad [\text{sone}]\,. \tag{3.28}$$

Die Schwellen $\theta_{k\uparrow}^{(m)}$, $\theta_{k\downarrow}^{(m)}$ berechnet er aus den 0.975- bzw. 0.01-Quantilen zeit- und frequenz-
abhängiger Pegelhistogramme.

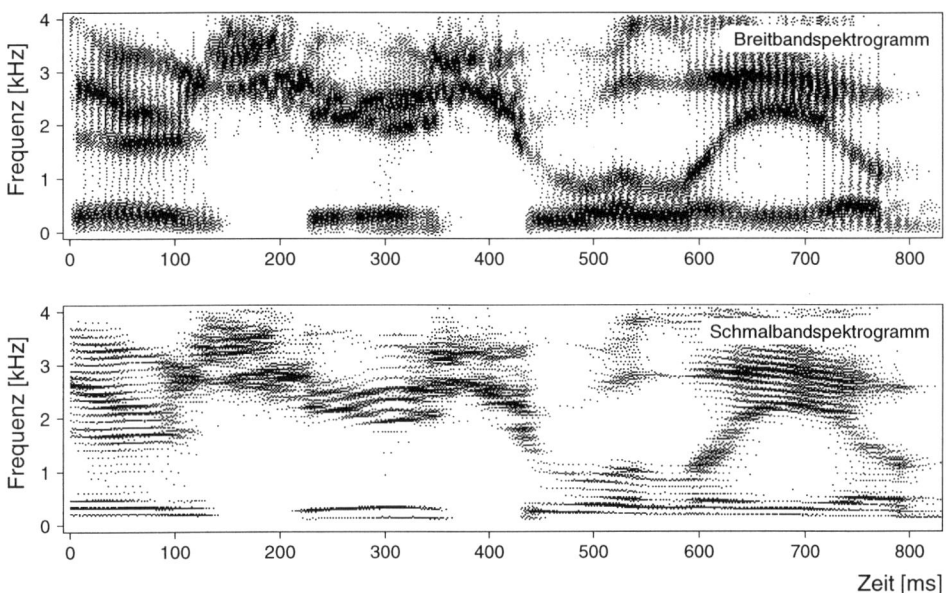

Abbildung 3.10: Breitband- und Schmalbandspektrogramm (Frequenzauflösung 125 Hz bzw.
19 Hz)

Die Kurzzeit-DFT ist nur ein Spezialfall einer allgemeineren Klasse spektraler Kurzzeitrepräsentationen [Hla92, Ril89] und zeichnet sich durch eine konstante Zeit- und Frequenzauflösung aus. Wegen des bereits erwähnten Unschärfeprinzips läßt sich die erstere
nur auf Kosten der letzteren erhöhen, wie die Frequenzverschmierung des Breitband- und
die zeitliche Verschmierung des Schmalbandspektrogramms in Abbildung 3.10 veranschaulichen. Die Analyse von Sprachsignalen erfordert *entweder* ein hohe Zeitauflösung — etwa zur
Detektion der kurzdauernden Plosivphasen — *oder* eine hohe Frequenzauflösung — um nahe
beieinanderliegende Formanten zu unterscheiden — jedoch nie beides zugleich. Gut gedient
ist uns demzufolge mit Spektralrepräsentationen wie der FTT (Fourier-*t*-Transformation
[Ter85]), deren Frequenzauflösung proportional zu ω verläuft. Die FTT berechnet sich nach
Gleichung (3.10), jedoch ist die Fensterfunktion frequenzabhägig gestaltet und zum Beispiel
von der Form eines Tiefpaßfilters 3. Ordnung [Beh91]

$$w_n(\omega) = c_\omega^3 (nT)^2 e^{-c_\omega nT} , \qquad (3.29)$$

mit geeigneten Konstanten c_ω. Zeit-Frequenz-Darstellungen mit einer ähnlich variablen
Auflösungscharakteristik sind die *Wavelet*- und die *Gabor*-Transformation [Rio91, Dou92].

3.2.3 Cepstrumkoeffizienten

Das Fant'sche *source-filter*-Modell der Spracherzeugung (Abschnitt 2.2) ging von einer Faltungsdarstellung $f_n = e_n \star h_n$ des Sprachsignals aus, wobei e_n die Anregung und h_n die Impulsantwort eines verschiebungsinvarianten linearen Systems repräsentierte, das gleichzeitig der Modellierung der Vokaltraktresonanzen sowie der Glottissignalform und der Lippenabstrahlung diente. Die *Cepstralanalyse* macht nun Gebrauch von den Zusammenhängen

$$
\begin{aligned}
\mathrm{FT}\{f_n\} &= \mathrm{FT}\{e_n\} \cdot \mathrm{FT}\{h_n\} \\
\log \mathrm{FT}\{f_n\} &= \log \mathrm{FT}\{e_n\} + \log \mathrm{FT}\{h_n\} \\
\mathrm{FT}^{-1}\{\log \mathrm{FT}\{f_n\}\} &= \mathrm{FT}^{-1}\{\log \mathrm{FT}\{e_n\}\} + \mathrm{FT}^{-1}\{\log \mathrm{FT}\{h_n\}\}
\end{aligned}
$$

um das Signal in seine Faltungskomponenten e_n und h_n zu zerlegen. Die Transformierte $\mathrm{FT}^{-1}\{\log \mathrm{FT}\{f_n\}\}$ heißt *komplexes Cepstrum* [Opp75, Chi77] und ist ein Spezialfall der Klasse *homomorpher* Analyseverfahren [Opp68a, Opp68b]. Die Dekonvolutionseigenschaft der Transformation bleibt offensichtlich erhalten, wenn $\mathrm{FT}\{f_n\}$ durch das Betragsspektrum $|\mathrm{FT}\{f_n\}|$ und der komplexe durch den reellen Logarithmus ersetzt wird. Die resultierende Abbildung $\mathrm{FT}^{-1}\{\log |\mathrm{FT}\{f_n\}|\}$ wird einfach als (reelles) *Cepstrum* bezeichnet [Bog63].

Die praktische Berechnung der (Näherungswerte für) Cepstrumkoeffizienten geschieht durch Anwendung der inversen DFT (Gleichung (3.22)) auf das logarithmierte Betragsspektrum:

$$
c_q^{(m)} = \frac{1}{N} \sum_{\nu=0}^{N-1} \log |F_\nu^{(m)}| e^{i 2\pi \nu q / N} \, , \quad q = 0, \dots, N-1 \tag{3.30}
$$

Das Betragsspektrum bzw. seine periodische Fortsetzung ist reell und symmetrisch, das Gleiche gilt daher auch für die $c_q^{(m)}$, und somit können wir die $c_q^{(m)}$ ebensogut durch die diskrete *Kosinus*transformation [Ahm75, S. 169] der Ordnung $N/2$ berechnen, einer Reihenentwicklung nach speziellen *Tschebyschev*-Polynomen:

$$
\begin{aligned}
c_0^{(m)} &= \sqrt{2/N} \sum_{\nu=0}^{N/2-1} \log |F_\nu^{(m)}| \\
c_q^{(m)} &= \sqrt{4/N} \sum_{\nu=0}^{N/2-1} \log |F_\nu^{(m)}| \cos \frac{\pi q(2\nu + 1)}{N} \quad \text{für } q = 1, \dots, N/2
\end{aligned} \tag{3.31}
$$

Die Basisvektoren dieser Transformation sind nahezu identisch mit den Eigenvektoren einer *Toeplitz*-Matrix

$$
\boldsymbol{\Psi}_\rho = \begin{pmatrix} 1 & \rho & \rho^2 & \dots & \rho^{N-1} \\ \rho & 1 & \rho & \dots & \rho^{N-2} \\ \vdots & & & \dots & \vdots \\ \rho^{N-1} & \rho^{N-2} & \rho^{N-3} & \dots & 1 \end{pmatrix} \tag{3.32}
$$

für gewisses $0 < \rho < 1$. Unter der — freilich idealisierten — Annahme, daß die statistische

Abhängigkeit zwischen zwei logarithmierten Spektralkoeffizienten $\log|F_\nu^{(m)}|$, $\log|F_\mu^{(m)}|$ exponentiell mit dem Frequenzunterschied $|\nu - \mu|$ schwindet, nehmen die Kovarianzmatrizen für den erzeugenden Prozeß die Form $\boldsymbol{\Psi}_\rho$ an, und die Kosinustransformation ist im Sinne einer Hauptachsen- oder Faktorenanalyse interpretierbar [Ahm74].

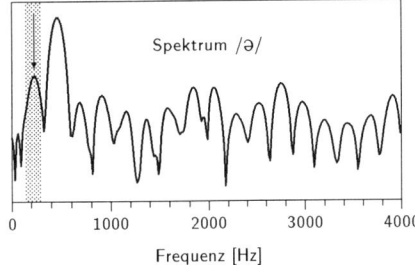 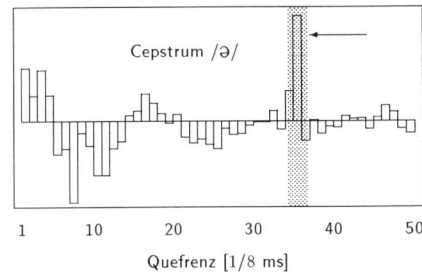

Abbildung 3.11: Logarithmiertes Leistungsdichtespektrum $\log|F_\nu^{(m)}|$ und Cepstralkoeffizienten $c_q^{(m)}$, $q = 1, \ldots, 50$ einer vokalischen Sprachprobe

Die Abbildung 3.11 demonstriert das Dekonvolutionsvermögen des reellen Cepstrums am Beispiel einer Realisierung des Lautes /ə/. Das logarithmierte Vokalspektrum zur Linken weist deutliche Resonanzen bei 500, 2000 und 2700 Hz auf; die Formantstruktur ist jedoch von den periodischen Spitzen der zur Grundfrequenz von etwa 230 Hz gehörenden Harmonischen überlagert. Die Gleichung (3.30) formuliert nun aber gerade eine „Spektralanalyse des Spektrums": die Koeffizientenfolge $\log|F_\nu^{(m)}|$ (von der aus Symmetriegründen nur eine halbe Periode abgebildet ist) wird mit Hilfe der inversen DFT auf sinusförmige Anteile hin analysiert, und ein cepstraler Gipfel bei $c_q^{(m)}$ ist ein Indiz für eine spektrale Schwingungsbewegung mit der Hertz-Periode f_A/q.

So finden wir die langsamen Anteile des Spektralverlaufes in den Cepstrumgliedern niedriger Ordnung repräsentiert, während die anregungsbedingte harmonische Struktur unter günstigen Voraussetzungen in einem prägnanten cepstralen Gipfel kulminiert [Nol67] — im abgebildeten Beispiel bei einer *Quefrenz* (so bezeichnen wir traditionell den Definitionsbereich des Cepstrums) von 35 Einheiten zu 1/8 ms, entsprechend einer Grundfrequenz von rund 230 Hz.

Für die automatische Spracherkennung sind daher nur die Koeffizienten niedriger Quefrenzen von Belang; die restlichen Parameter werden nicht als Merkmale verwendet. Bezeichnet $\hat{c}_q^{(m)}$ die nach Ausblendung, d.h. Nullsetzen der höherquefrenten Anteile verbleibende Koeffizientenfolge, und kehren wir mittels diskreter Fouriertransformation $\{\hat{C}_\nu^{(m)} = DFT\{\hat{c}_q^{(m)}\}$ in den Spektralbereich zurück, haben wir eine der Tiefpaßfilterung von Zeitsignalen analoge Operation durchgeführt, die im Kontext der Cepstralanalyse als *Lifterung* bekannt ist.

Die beiden Lifterungsergebnisse in Abbildung 3.12 stellen eine additive Zerlegung von $\log|F_\nu^{(m)}|$ in die spektrale Grob- und Feinstruktur dar; sie wurden durch Rücktransformation der unterhalb (Tiefpaß-Lifter) bzw. oberhalb (Hochpaß-Lifter) einer Grenzquefrenz von

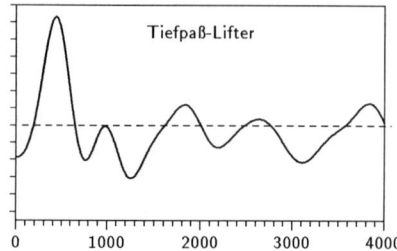 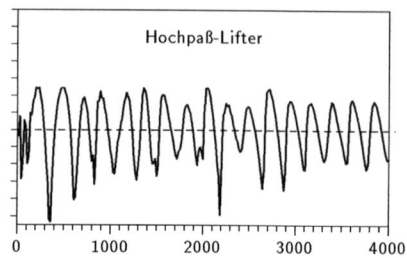

Abbildung 3.12: Gelifterte Leistungsdichtespektren der Sprachprobe aus Abbildung 3.11; Grenzquefrenz war $q = 20$ ms

20 ms — das entspricht einer Schwingungsfrequenz von 400 Hz — gelegenen Cepstrumkoeffizienten gewonnen. Aufgrund der Tiefpaßlifterung weist das linksstehende Spektrum sehr deutliche Maxima bei den Vokaltraktresonanzen auf, während die Einflüsse der Anregungskomponente weitgehend unterdrückt wurden.

mel-**Cepstrum.** Die heute meistverwendete Form cepstraler Merkmale (unter anderem in [Cho87, Mur88, Pau88, Fis91b, Nie88a]) sind seit ihrer Einführung um 1980 die *mel-Cepstrum*-Parameter [Dav80]. Wir erhalten sie mittels Kosinustransformation aus dem logarithmierten mel-Spektrum:

$$c_q^{(m)} = \sum_{k=1}^{K} \log e_k^{(m)} \cos \frac{\pi q(2k+1)}{2K} \ , \quad q = 1, 2, \ldots \tag{3.33}$$

Die Kurzzeitenergie des Sprachsignals geht nur in die Berechnung des nullten Koeffizienten ein, allerdings (vgl. Gleichung (3.31)) werden die tonhöhenspezifischen Pegel statt der Energien aufsummiert. Aus diesem Grunde wird das Kurzzeitmerkmal $c_0^{(m)}$ gewöhnlich durch eine der Lautstärke- oder Lautheitsgrößen des vorangegangenen Abschnitts substituiert.

Die Logarithmierung in Gleichung (3.33) bewirkt im wesentlichen eine Kompression der Energieskala; alternativ zu $\log e_k^{(m)}$ werden daher auch Kompandierungsfunktionen der Gestalt $(e_k^{(m)})^{1/p}$ eingesetzt, z.B. mit $p = 4$ (*root cepstrum*, [Wu91]).

Eine dem mel-Cepstrum sehr ähnliche Signalrepräsentation wurde bereits 1977 publiziert [Pol77]; das mel-Spektrum wurde in der zitierten Arbeit nicht der Kosinus-, sondern einer Hauptachsentransformation unterworfen. Die dabei auftretenden Eigenvektoren wiesen ganz im Sinne der oben wiedergegebenen Argumentation aus [Ahm74] eine frappierende Ähnlichkeit mit den Basisfunktionen aus Gleichung (3.33) auf.

Modellcepstrum. Unter der Annahme, daß die Spracherzeugung dem autoregressiven Modell aus Gleichung (2.8) gehorcht und uns die Polynomkoeffizienten $\left\{a_0^{(m)}, a_1^{(m)}, \ldots, a_p^{(m)}\right\}$ für das m-te Kurzzeitanalysefenster bekannt sind, können wir die Cepstrumparameter unter Umgehung der DFT auch exakt aus den Rekursionsgleichungen

$$
\begin{aligned}
\hat{c}_1^{(m)} &= -a_1^{(m)} \\
\hat{c}_q^{(m)} &= -a_q^{(m)} - \sum_{n=1}^{q-1}(1 - n/q) \cdot a_n^{(m)} \hat{c}_{q-n}^{(m)} && 2 \le q \le p \\
\hat{c}_q^{(m)} &= - \sum_{n=1}^{p}(1 - n/q) \cdot a_n^{(m)} \hat{c}_{q-n}^{(m)} && q > p
\end{aligned}
\tag{3.34}
$$

von Steiglitz [Ste77] bestimmen. Eine ausführliche Herleitung dieser Tatsache findet sich in [Hua90b, S. 64 ff.]. Wir werden im nächsten Abschnitt zeigen, wie die Polynomkoeffizienten für ein Kurzzeitfenster des Sprachsignals geschätzt werden.

3.2.4 Lineare Vorhersage

Die Methode der linearen Vorhersage (*linear prediction* (LP), [Wie66]) von Abtastwerten eines Zeitsignals mit Hilfe einer Linearkombination vorangegangener Werte ermöglicht eine äußerst kompakte Kurzzeitrepräsentation bei vergleichsweise bescheidenem Rechenaufwand. Im Kontext der Sprachsignalverarbeitung besitzen die Vorhersagekoeffizienten zudem eine sehr anschauliche Bedeutung als Näherungswerte für die freien Parameter des autoregressiven Spracherzeugungsmodells unter verschiedenen Gütekriterien (Korrelationsvergleich [Mak73], Spektralverflachung [Gra74], Maximum-Likelihood-Schätzung [Ita71]). LP-Koeffizienten wurden sehr erfolgreich zur Kodierung, Synthese und Erkennung von Sprache eingesetzt [Ata70, Ata71, Ita75]. Eine sehr ausführliche Darstellung der mathematischen Grundlagen dieser Technik bietet die Monographie von J.D. Markel [Mar76].

Wir gehen davon aus, daß die Abtastwerte hinreichend stationärer Signalabschnitte durch eine lineare Vorhersageformel

$$
\hat{f}_n = -\sum_{j=1}^{p} \alpha_j f_{n-j}
\tag{3.35}
$$

der Ordung p abgeschätzt werden können. Selbst bei geeignet gewählten Vorhersagekoeffizienten α_j wird sich im allgemeinen ein Fehler

$$
e_n = f_n - \hat{f}_n = \sum_{j=0}^{p} \alpha_j f_{n-j}
\tag{3.36}
$$

ergeben; den Summenausdruck auf der rechten Seite erhalten wir aufgrund der Festlegung $\alpha_0 = 1$. Nach z-Transformation der Gleichung (3.36) erhalten wir die Beziehungen

$$
E(z) = F(z) \cdot A(z) \quad \text{und} \quad F(z) = E(z) \cdot \frac{1}{A(z)},
\tag{3.37}
$$

d.h. f_n und das Fehlersignal gehen auseinander durch lineare Filterung mit den Systemen $A(z)$ bzw. $1/A(z)$ hervor. Vergleichen wir nun das Vorhersagefilter mit dem AR-Modell:

Lineare Vorhersage $\left(e_n\right)$ $\Longrightarrow$ $\boxed{\dfrac{1}{A(z)} = \dfrac{1}{\sum\limits_{j=0}^{p} \alpha_j z^{-j}}}$ $\Longrightarrow$ $\left(f_n\right)$

AR-Modell $\left(s_n\right)$ $\Longrightarrow$ $\boxed{H(z) = \dfrac{\sigma}{\sum\limits_{j=0}^{p} a_j z^{-j}}}$ $\Longrightarrow$ $\left(f_n\right)$

Unter den Voraussetzungen, daß unser AR-Modell für den Spracherzeugungsprozeß zutrifft und ferner die Vorhersagekoeffizienten α_j mit den Modellparametern a_j übereinstimmen, können wir das Fehlersignal vermöge der Identität

$$e_n = \sigma s_n \tag{3.38}$$

in Relation zum Verstärkungsfaktor und dem normierten Anregungssignal setzen.

Bestimmung der Vorhersagekoeffizienten. Wir suchen nun reelle Zahlen $\alpha_1, \ldots, \alpha_p$, so daß der akkumulierte quadratische Fehler

$$\varepsilon = \sum_{n=n_0}^{n_1} e_n^2 = \sum_{n=n_0}^{n_1} \left(\sum_{j=0}^{p} \alpha_j f_{n-j} \right)^2 \tag{3.39}$$

innerhalb eines rechteckigen Kurzzeitanalysefensters minimal wird. Mithilfe der Komponenten einer geeigneten $p \times p$-Matrix $\boldsymbol{\Phi}$ läßt sich der Fehler ε auch kompakter als quadratische Form

$$\varepsilon = \sum_{j=0}^{p} \sum_{k=0}^{p} \alpha_j \phi_{jk} \alpha_k \quad \text{mit} \quad \phi_{jk} = \sum_{n=n_0}^{n_1} f_{n-j} f_{n-k} \tag{3.40}$$

schreiben. Wir setzen nun die partiellen Ableitungen $\partial \varepsilon / \partial \alpha_k = 2 \sum_{j=0}^{p} \alpha_j \phi_{jk}$ gleich Null und erhalten ein lineares Gleichungssystem

$$\sum_{j=1}^{p} \alpha_j \phi_{jk} = -\phi_{0k}, \quad k = 1, \ldots, p \tag{3.41}$$

in den Variablen $\alpha_1, \ldots, \alpha_p$. Die genaue Lösung des Gleichungssystems hängt von der konkreten Gestalt der Koeffizientenmatrix $\boldsymbol{\Phi}$ ab. Je nach Wahl der Summationsgrenzen n_0, n_1 ergeben sich unterschiedliche Werte für die ϕ_{jk} und folglich auch für die α_j. Es seien wieder m der Anfangsindex und N die Ausdehnung des aktuellen Datenfensters.

Die *Kovarianzmethode* bedient sich in Gleichung (3.39) und 3.40 der Grenzen $n_0 = m + p$, $n_1 = m + N - 1$, so daß wir mit

$$\phi_{jk}^{(m)} = \sum_{n=m+p}^{m+N-1} f_{n-j} f_{n-k} = \sum_{n=p}^{N-1} f_{m+n-j} f_{m+n-k} \tag{3.42}$$

eine (nicht notwendig positiv-definite) symmetrische Matrix $\boldsymbol{\Phi}^{(m)}$ erhalten. Die Vorhersagekoeffizienten werden durch die Cholesky-Zerlegung von $\boldsymbol{\Phi}^{(m)}$ bestimmt, was insgesamt
$(p^3 + 3p^2 - 4p)/6$ Punktoperationen je Zeitfenster erfordert [Wer75, S. 149].

Die *Autokorrelationsmethode* summiert über alle ganzen Zahlen $-\infty < n < \infty$, geht
jedoch von einem ausgestanzten Kurzzeitsignal $f_n^{(m)} = f_n$ für $m \leq n < m + N$ und $f_n^{(m)} = 0$
sonst aus. Die Komponenten

$$\phi_{jk}^{(m)} = r_{|j-k|}^{(m)} \tag{3.43}$$

von $\boldsymbol{\Phi}^{(m)}$ entsprechen nun den Werten der Kurzzeit-Autokorrelationsfunktion aus Gleichung (3.16), $\boldsymbol{\Phi}^{(m)}$ hat die Form einer Toeplitzmatrix, d.h. der Wert der Elemente $\phi_{jk}^{(m)}$
hängt nur von ihrer Entfernung zur Hauptdiagonalen ab [Gre58], und Gleichung (3.41) geht
in ein System sogenannter Yule-Walker-Gleichungen über. Aufgrund seiner speziellen Gestalt
kennen wir Lösungsverfahren (Levinson- oder Durbin-Rekursion [Lev47, Mak75], Robinson-
Algorithmus [Rob67, S. 274]), deren Rechenaufwand nur $O(p^2)$ Punktoperationen beträgt.

Die *Durbin-Rekursion* bestimmt die Koeffizienten zur Vorhersageformel der Ordnung p
unter der Voraussetzung, daß diejenigen der Ordnung $p-1$ bereits bekannt sind. Nach der
Initialisierung $\varepsilon_0 = r_0$ werden für $n = 1, \ldots, p$ die folgenden Berechnungsschritte iteriert
(wir lassen die Positionsvariable m des Zeitfensters aus Gründen der Übersichtlichkeit im
folgenden weg):

$$k_n = \frac{1}{\varepsilon_{n-1}} \cdot \sum_{j=0}^{n-1} \alpha_j^{(n-1)} r_{|n-j|} \tag{3.44}$$

$$\varepsilon_n = \varepsilon_{n-1} \cdot (1 - k_n^2) \tag{3.45}$$

$$\alpha_j^{(n)} = \begin{cases} 1 & j = 0 \\ \alpha_j^{(n-1)} - k_n \alpha_{n-j}^{(n-1)} & 1 \leq j \leq n \\ 0 & j = n+1 \end{cases} \tag{3.46}$$

Dann sind $\left\{ \alpha_1^{(n)}, \ldots, \alpha_n^{(n)} \right\}$ die Vorhersagekoeffizienten n-ter Ordnung und ε_n der zugehörige quadratische Fehler. Das Gleichungssystem (3.41) wird demnach durch $\alpha_j = \alpha_j^{(p)}$,
$j = 1, \ldots, p$ gelöst, und $\varepsilon = \varepsilon_p$ ist der damit verbundene minimale Fehler.

Das Modellspektrum. Wir verknüpfen jetzt durch die idealisierte Annahme $H(z) = \sigma/A(z)$ das Vorhersage- mit dem Produktionsmodell. In der Tat läßt sich zeigen, daß die
Prädiktorkoeffizienten $\{\alpha_1, \ldots, \alpha_p\}$ eines (unendlich lang andauernden) Signals f_n, welches
durch Anregung des Systems $H(z)$ mittels stationären weißen Rauschens oder eines Ein-
heitsimpulses erzeugt wurde, identisch mit den AR-Parametern $\{a_1, \ldots, a_p\}$ sind [Rab78,
S. 399].

Die PARCOR-Koeffizienten (partielle Korrelation) k_n des obigen Rekursionsschemas
entsprechen dann den Reflexionskoeffizienten aus Gleichung (2.4), und die Querschnittflächen
der Ansatzrohrzylinder des Produktionsmodells (siehe Abbildung 2.11) sind daraus mit der

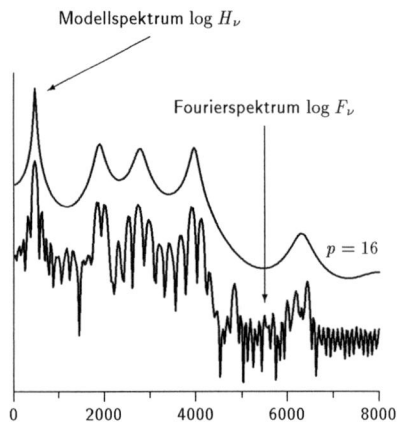
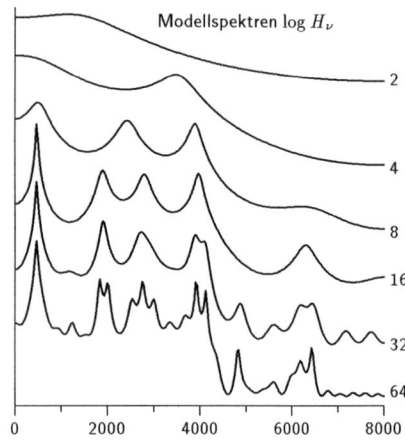

Abbildung 3.13: DFT-Spektrum und Modellspektren verschiedener Ordnungen zu einem gesprochenen Vokalphonem

Iteration

$$A_{j+1} = \frac{1 - k_j}{1 + k_j} A_j \tag{3.47}$$

rekonstruierbar. Wir erhalten mit dem *Modellspektrum*

$$H_\nu = H(e^{2\pi i\nu/N}) = \frac{\sigma}{A(e^{2\pi i\nu/N})} = \frac{\sigma}{A_\nu} \tag{3.48}$$

eine Schätzung des Vokaltraktfrequenzgangs; die Funktionswerte A_ν von $A(z)$ auf dem Einheitskreis berechnet man durch diskrete Fouriertransformation des verlängerten Vorhersagekoeffizientenvektors

$$(1, \alpha_1, \ldots, \alpha_p, \underbrace{0, \ldots, 0}_{N - p - 1 \text{ Nullen}}) . \tag{3.49}$$

Der Verstärkungsfaktor läßt sich mit Hilfe der Autokorrelationsfunktion ausdrücken [Rab78, S. 406]:

$$\sigma^2 = \sum_{j=0}^{p} \alpha_j r_j \qquad\qquad 1 \tag{3.50}$$

Wenn $H(z)$ als Modell des Vokaltrakts allein gelten soll, müssen vorher die Einflüsse der Glottiswellenform und der Lippenabstrahlung (siehe Gleichung (2.1)) eliminiert werden. Die Dämpfungseigenschaften der Glottis (ca. -12 dB/Oktave, vgl. Abbildung 2.10) und die Hochpaßfilterung an den Lippen (ca. 6 dB/Oktave, siehe Gleichung (2.3)) können durch eine *Präemphase* des Sprachsignals mit dem System $1 - z^{-1}$ kompensiert werden [Wak73], was im Zeitbereich der Differenzenbildung $f'_n = f_n - f_{n-1}$ entspricht.

Wie die Beispiele in Abbildung 3.13 illustrieren, bildet das Modellspektrum eine geglättete Näherung an das DFT-Spektrum; mit zunehmender Ordnung p schmiegt sich H_ν näher an

F_ν an. Offensichtlich steht und fällt die LP-Analyse mit der Wahl des Parameters p — wird die Ordnung zu niedrig angesetzt ($p = 8$), kommt es zu einer Verschmelzung benachbarter Formanten; ist p zu groß ($p = 64$), wird bereits die harmonische Struktur mitmodelliert. Zur Wahl von p wurde unter anderem die Faustformel $p = f_A + 4$ vorgeschlagen [Mar72]; die Abtastfrequenz f_A ist in kHz anzugeben.

Vorhersagebezogene Kurzzeitmerkmale. Neben den Vorhersagekoeffizienten α_j, den PARCOR-Koeffizienten k_j und der Flächenfunktion A_j können noch eine Reihe weiterer Merkmalsätze für die Spracherkennung aus der linearen Prädiktionsanalyse abgeleitet werden.

Aus den Polstellen der Vokaltraktübertragungsfunktion, also näherungsweise aus den Nullstellen des Polynoms $A(z)$ lassen sich die Frequenzen und Bandbreiten der Formanten bestimmen [McC74, Mar72, Dun88]. Zieht man je Formant vereinfachend nur einen Partner $z_j = \rho_j e^{i\omega_j}$ eines komplex-konjugierten Polpaares zur Berechnung heran, ergibt sich die Mittenfrequenz $f_j = f_A \frac{\omega_j}{2\pi}$ und die 3 dB-Bandbreite $\beta_j = |\frac{f_A}{2\pi} \ln \rho_j|$.

Wird das Polynom $A(z)$ in seinen ungeraden Anteil $P(z) = A(z) - z^{-(p+1)} A(z^{-1})$ und seinen geraden Anteil $Q(z) = A(z) + z^{-(p+1)} A(z^{-1})$ zerlegt, so liegen die Nullstellen von $P(z)$ und $Q(z)$ paarweise nebeneinander auf dem Einheitskreis und werden als *Linienspektrumpaare* bezeichnet [Omo89]. Die Nullstellen häufen sich um die Formantfrequenzen herum (siehe dazu die Abbildung 3.14), und die wechselseitige Distanz formantbezogener Nullstellen korreliert mit Bandbreite dieses Formanten. Die Linienspektrumpaare wurden bereits mit Erfolg als Sprecherkennungsmerkmale eingesetzt [Pal90a].

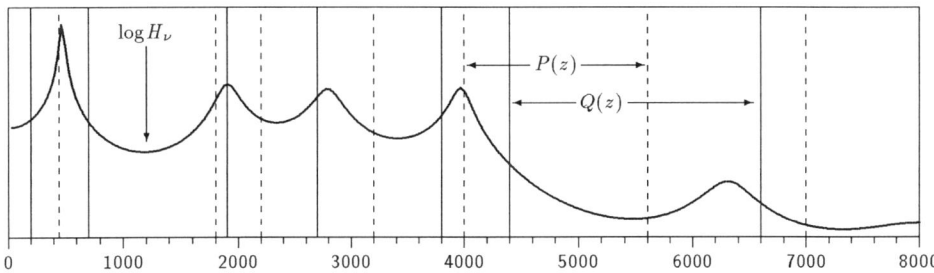

Abbildung 3.14: Linienspektrumpaare: Frequenzgang von $H(z)$ und paarweise verschränkte Nullstellen von $P(z)$ und $Q(z)$

Schließlich lassen sich auch auf Grundlage der Vorhersageparameter cepstrale Merkmale berechnen [Lee90a, Ace91]. Das *LP-* oder *Vorhersage-Cepstrum* erhalten wir ohne den Umweg über das logarithmierte Modellspektrum nebst anschließender Kosinustransformation (wie es die Gleichung (3.30) nahelegt), sondern stattdessen direkt durch Einsetzen der $\{\alpha_1, \ldots, \alpha_p\}$ in die Steiglitz-Gleichungen (3.34).

Verzerrung der Frequenzachse. Wie bei der spektralen und cepstralen Analyse hat sich auch bei den Vorhersageverfahren das Zwischenschalten einer gehörrichtigen Frequenz-achsenverzerrung zur Modellierung der kritischen Bänder und der Tonhöhenempfindung als vorteilhaft erwiesen. Wir geben drei Vorgehensweisen an, wie die mel-Skalierung in die Be-rechnung des LP-Cepstrum integriert werden kann. Die Abfolge der Verarbeitungsschritte ist zusammenfassend in Abbildung 3.15 veranschaulicht.

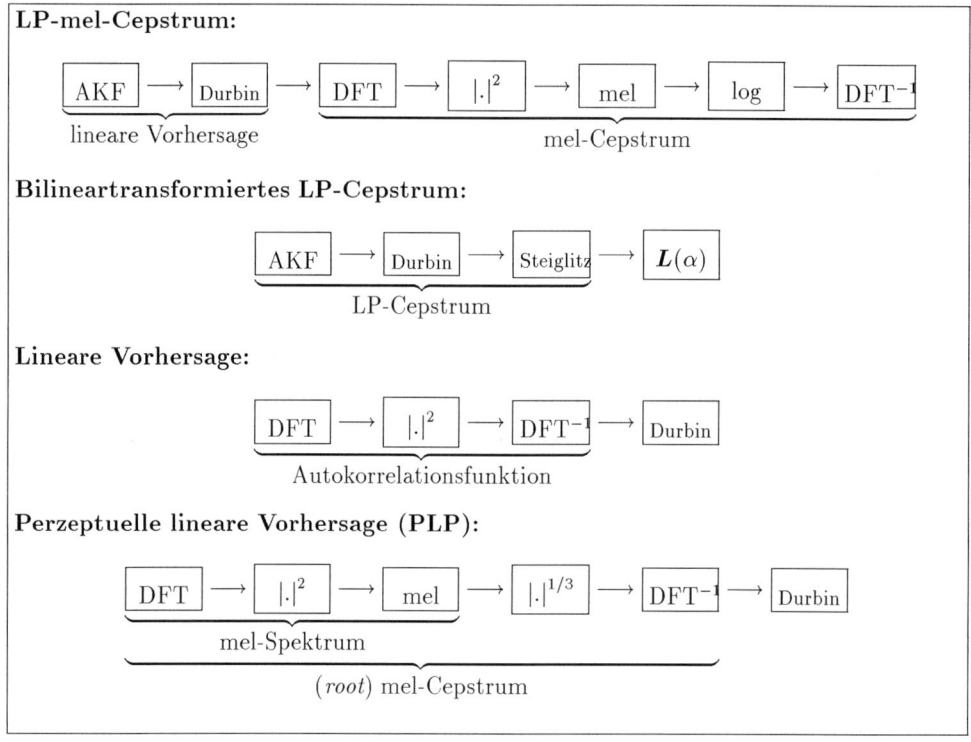

Abbildung 3.15: Integration der mel-Skalierung in die Berechnung linearer Vorhersagemerkmale

Das *LP-mel-Cepstrum* erhalten wir durch Einsetzen des Modellspektrums für das DFT-Spektrum bei der Berechnung des mel-Cepstrums. Das Verfahren entspricht also der Hin-tereinanderschaltung von Vorhersage- und mel-Cepstrum-Analyse und ist dementsprechend rechenzeitaufwendig.

Sind wir hingegen mit einer eingeschränkten Klasse von Skalenverzerrungen der funktio-nalen Form

$$\omega' = \omega + 2\arctan\left(\frac{\alpha\sin\omega}{1 - \alpha\cos\omega}\right) \ , \quad -1 < \alpha < 1 \tag{3.51}$$

zufrieden, so kann die Abbildung im Quefrenzbereich vorgenommen werden. Die Glei-chung (3.51) entsteht durch die Substitutionen $z = e^{i\omega}$, $z' = e^{i\omega'}$ aus der *Bilineartran-*

formation [Opp72]

$$z'^{-1} \ = \ \frac{z^{-1} - \alpha}{1 - \alpha z^{-1}} \tag{3.52}$$

und es gilt: sind $\hat{c}_q$ und $\hat{c}'_q$ die zu $H(z)$ bzw. dem nach Gleichung (3.51) verzerrten Modell-spektrum $H'(z)$ gehörenden Cepstrumkoeffizienten nach Gleichung (3.34), dann erhalten wir $\hat{c}'_q$ aus $\hat{c}_q$ durch Multiplikation mit einer nur von der Konstanten α abhängende *Verzerrungs-matrix* $\boldsymbol{L}(\alpha)$ [Shi86]. Eine recht grobe Näherung erhalten wir mit dem Ausdruck [Ace90a, S. 119]:

$$\hat{c}'_q \ = \ -(q-1)\alpha \hat{c}_{q-1} + \hat{c}_q + (q+1)\alpha \hat{c}_{q+1} \ , \quad q = 0,\dots,p \tag{3.53}$$

Das bilineartransformierte LP-Cepstrum mit $\alpha = 0.6$ — dann stimmt die Verzer-rung (3.51) recht gut mit der *bark*-Skala überein — wird unter anderem im SPHINX-Spracherkennungssystem verwendet [Lee89b].

Eine dritte Variante, die *perzeptuelle lineare Prädiktion* (PLP, [Her86, Jun91]) bezieht die Frequenzverzerrung schon in die Vorhersageanalyse ein. Nach dem Satz von Wiener und Khintchine [Sch90a, S. 246]

$$\mathrm{FT}\{r_n\} \ = \ |\mathrm{FT}\{f_n\}|^2 \quad \text{bzw.} \quad \{r_n\} \ = \ \mathrm{FT}^{-1}\{|\mathrm{FT}\{f_n\}|^2\} \tag{3.54}$$

besitzt die Autokorrelationsfunktion r_n eines diskreten Signals f_n eine formale Darstellung, die bis auf das Fehlen der spektralen Logarithmierung der des reellen Cepstrums in Glei-chung (3.30) gleicht. Damit ist in der aus AKF-Berechnung und Durbin-Rekursion bestehen-den Vorhersageanalyse der geeignete Punkt zum Einbringen der Frequenzverzerrung gefun-den. Überraschenderweise entspricht das PLP-Verfahren — sieht man von der abweichenden Kompandierungsvorschrift $|.|^{1/3}$ einmal ab — einer Anwendung der Durbin-Gleichungen auf die mel-Cepstrum-Parameter (siehe Abbildung 3.15).

3.2.5 Sonstige Ansätze

Es sind über das bis hierher Gesagte hinaus eine Fülle von Studien zur Gewinnung von Kurzzeitmerkmalen bekannt, in denen teils die signaltheoretischen Grundlagen, teils die Funktionsmodelle der physiologischen und neuronalen Sprachverarbeitung weiterentwickelt wurden.

Die Arbeiten über die Kurzzeitkohärenzfunktion [GM91] und die lineare Vorhersage auf-grund der einseitigen AKF [Her91b] oder mit Hilfe zeitvarianter Basisfunktionen [Bou86] stellen Verallgemeinerungen der LP-Analyse dar. Weitere gehörorientierte Spektralrepräsen-tationen finden sich in [Amb91], [Gal91a] und [Bee90], während die in [Sch89] und [Köh87] vorgeschlagenen Merkmaldetektoren eher an artikulatorische bzw. akustische Kategorien an-knüpfen.

Eine ganze Reihe neuerer Untersuchungen teilen das Anliegen, über die Energievertei-lung hinsichtlich der Frequenzgruppen hinaus auch deren zeitliches Entladungsverhalten zu erfassen. Formal bedeutet dies, die Information der komplexen Fourierkoeffizienten

$$F(e^{i\omega}) \;=\; |F(e^{i\omega})| \cdot e^{i\phi(e^{i\omega})} \tag{3.55}$$

nicht auf das Betragsspektrum zu reduzieren, was im übrigen einer Beschränkung auf die statistischen Signaleigenschaften erster und zweiter Ordnung gleichkommt [Nik90, Mor92], sondern auch den *Phasengang* $\phi(e^{i\omega})$ bzw. die *Gruppenlaufzeit* $\partial\phi(e^{i\omega})/\partial\omega$ in die Merkmalberechnung miteinzubeziehen [Ita87, Mur91, Tso91].

Die *Synchronitätsdetektoren* von S. Seneff [Sen86, Sen88] und die *Periodengruppenhistogramme* von O. Ghitza [Ghi86] suchen die menschliche Schallphasenkodierung (siehe Abschnitte 2.3.1 und 2.3.3) nachzuempfinden, indem sie die Ausgangssignale der Frequenzgruppenfilter (32 bei S. Seneff, 85 bei O. Ghitza) auf immanente Periodizitäten untersuchen. Die Synchronitätsdetektoren stützen ihre Entscheidung auf das Verhältnis

$$r_n^{(k)} \;=\; \frac{|u_n^{(k)} + u_{n-\tau(k)}^{(k)}|}{|u_n^{(k)} - u_{n-\tau(k)}^{(k)}|} \;; \tag{3.56}$$

Das zeitliche Entladungsmuster $u_n^{(k)}$ ist ein Maß für die Wahrscheinlichkeit neuronaler Entladungen in den zur k-ten Frequenzgruppe gehörigen Nervenfasern und wurde durch Gleichrichtung und Glättung des entsprechenden Filterausgangs gewonnen. $\tau(k)$ ist die Periodendauer der k-ten Mittenfrequenz. Die Kurzzeitenergie der Größe $r_n^{(k)}$ wird nur dann Spitzenwerte erreichen, wenn der korrespondierende Kanal ein energiereiches und annähernd $\tau(k)$-periodisches Ausgangssignal aufweist. Die dazu synchronen Entladungsmuster in den Nachbarkanälen lösen hingegen kein markantes Echo aus, da sie die gruppenspezifischen Periodendauern verfehlen.

Die Signalanalyse Ghitzas verfolgt ähnliche Ziele, nur werden die Synchronitäten durch Vergleich von Histogrammen über Amplitudenschwellendurchgänge detektiert. Beide Verfahren liefern Kurzzeitrepräsentationen, die in Bezug auf ungestörte Sprachsignale von ähnlicher Güte sind wie traditionelle Cepstrum- oder Vorhersagemerkmale, jedoch bei stark verrauschten Daten eine überlegene Rekonstruktion der Formantstruktur ermöglichen [Hun86, Coo92].

3.3 Zeitliche Veränderung des Sprachsignals

Die im letzten Abschnitt eingeführten Merkmaltypen sind sämtlich statischer Natur, d.h. sie beschreiben momentane spektrale Eigenschaften des Signals. Für die menschliche Sprachwahrnehmung jedoch scheinen nicht die momentanen akustischen Daten, sondern vielmehr deren zeitliche Veränderungen die relevanten Indikatoren phonetischer Ereignisse zu sein [Str83, Rus82]. Beispielsweise wird die Wahrnehmung einer Äußerung nicht oder nur unwesentlich durch die vorangegangene inverse Filterung mit konstanten Vokalspektren beeinträchtigt [Her91a] — eines von vielen Indizien für unsere Unempfindlichkeit gegenüber langfristigen, d.h. im Sekundenbereich und darüber angesiedelten Verschiebungen der Signalparameter. Auf der anderen Seite sind wir bei der Identifikation von Lauten mit kontinuierlicher oder abrupter spektraler Änderung auf die Detektion kurzfristiger Dynamikeigenschaften angewiesen (vgl. Abbildung 3.16).

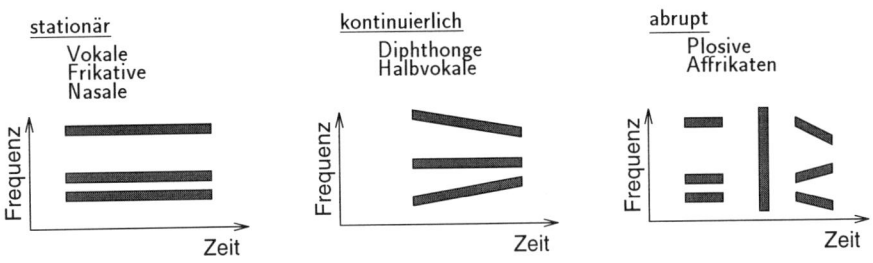

Abbildung 3.16: Stationäres, kontinuierliches und abruptes Spektralverhalten verschiedener Lautklassen

Eine Sensibilisierung gegenüber schnellen sowie eine Immunisierung gegenüber langsamen Parameterbewegungen kann durch Hinzunahme *dynamischer* Merkmale in den Erkennungsprozeß gefördert werden; dynamische Merkmale kennzeichnen den zeitlichen Verlauf der Kurzzeitparameter in einer Nachbarschaft des Analysefensters. Bezeichnet

$$\boldsymbol{x}^{(m)} \; = \; \left(x_1^{(m)}, \ldots, x_d^{(m)}\right)^{\top} \tag{3.57}$$

den d-dimensionalen Vektor statischer Kurzzeitmerkmale für das m-te Analysefenster, so besteht das generelle Vorgehen darin, aus der Parametermatrix einer zeitlichen Nachbarschaft einige neue Merkmale zu berechnen und diese mit $\boldsymbol{x}^{(m)}$ zu einem neuen Merkmalvektor $\boldsymbol{y}^{(m)}$ zusammenzufassen. Die neuen Parameter werden dabei durch Analysieren der dynamischen Eigenschaften der Zeitfolgen

$$\ldots, x_k^{(m-\tau)}, \ldots, x_k^{(m)}, \ldots, x_k^{(m+\tau)}, \ldots, \quad k = 1, \ldots, d \tag{3.58}$$

gewonnen; als Analyseverfahren fungieren die polynomiale Interpolation, aber auch Filterung und Fouriertransformation.

Der Durchbruch dieser Techniken — heute finden wir kein Spracherkennungssystem, das nicht in der einen oder anderen Form Gebrauch von dynamischen Merkmalen macht — datiert erst um 1986 mit der Einführung zeitlicher Ableitungen von Cepstrumparametern [Fur86]. S. Furui selbst hatte diese Merkmale allerdings schon sechs Jahre früher zum Zweck der Sprecherverifikation eingesetzt [Fur80], und bereits in zwei praktisch vergessenen Arbeiten der späten Siebziger Jahre [Tap77, Ish79] finden wir Hinweise auf die Verwendung der Steigung spektraler Bahnen in der Spracherkennung.

Erweiterung. Das wohl einfachste Verfahren der Berücksichtigung zeitlichen Kontextes besteht in einer Erweiterung des Merkmalvektors um einen oder mehrere Nachbarvektoren, z.B.

$$\boldsymbol{y}^{(m)} = (\boldsymbol{x}^{(m)}, \boldsymbol{x}^{(m-\tau)}) \, . \tag{3.59}$$

Ein solcher, einseitig erweiterter Merkmalvektor fand in [Ney88] Verwendung; $\tau \Delta T_f$ (ΔT_f ist die Fortschaltzeit der Kurzzeitanalyse) entsprach 30 ms.

Erste Ableitungen. Wir betrachten die $\boldsymbol{x}_k^{(m)}$ als diskrete Abtastwerte eines zeitkontinuierlichen Merkmals $\tilde{x}_k(t)$ und interessieren uns für die Steigung zum Analysezeitpunkt. Eine einfache Näherung bilden die *ersten Differenzen*

$$\Delta x_k^{(m)} = x_k^{(m+\tau)} - x_k^{(m-\tau)} \, , \quad \text{für alle } k, m \tag{3.60}$$

Als Zeitabstand $\tau \Delta T_f$ wurden zum Beispiel 40 ms gewählt [Hua90a]; ergänzend dazu kann auch ein zweiter Satz von Differenzen mit abweichendem Subtraktionsintervall (80 ms) bestimmt werden [Hon91].

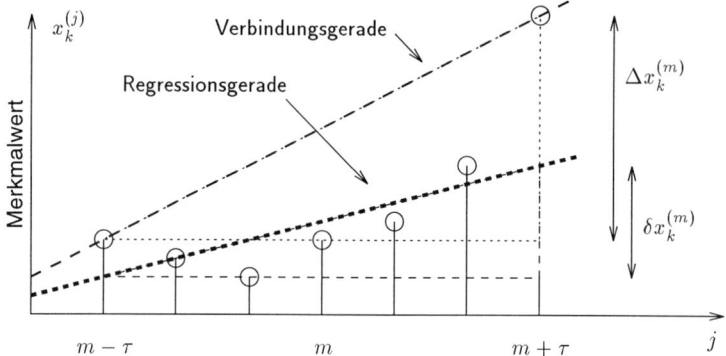

Abbildung 3.17: Näherung der ersten Ableitung von $x_k^{(j)}$ durch Differenz und Regressionsgerade

Stattdessen können wir aber auch den Merkmalverlauf im Intervall $m - \tau \le j \le m + \tau$ durch eine Regressionsgerade approximieren und die Geradensteigung als dynamisches Merkmale einsetzen. Dieses ist das von S. Furui vorgeschlagene Verfahren [Fur86], und für die Steigungskoeffizienten gilt die geschlossene Berechnungsvorschrift

$$\delta x_k^{(m)} = \frac{\sum\limits_{j=-\tau}^{\tau} j \cdot x_k^{(m+j)}}{\sum\limits_{j=-\tau}^{\tau} j^2} \, , \quad \text{für alle } k, m \, . \tag{3.61}$$

Die Regressionsmethode und die Differenzenbildung führen im allgemeinen auf unterschiedliche Ableitungswerte, wie Abbildung 3.17 verdeutlicht. Die Werte $y_k^{(m)}$, welche der gesuchten

Steigung bis auf die Konstante im Nenner von Gleichung (3.61) entsprechen, lassen sich wesentlich effizienter durch die Doppelrekursion

$$y_k^{(m)} \;=\; y_k^{(m-1)} + \tau(x_k^{(m+\tau)} - x_k^{(m-\tau-1)}) - z_k^{(m-1)} \tag{3.62}$$

$$z_k^{(m)} \;=\; z_k^{(m-1)} + (x_k^{(m+\tau)} - x_k^{(m-\tau)}) \tag{3.63}$$

mit der Initialisierung $y_k^{(\tau)} = z_k^{(\tau)} = 0$ ausrechnen [Rei89].

Höhere Ableitungen. Diskrete Approximationen für die Ableitungen zweiter Ordnung erhalten wir am einfachsten mittels iterierter Anwendung der obigen Gleichungen. Die zweiten Differenzen haben also die Form

$$\Delta^2 x_k^{(m)} \;=\; \Delta x_k^{(m+\tau)} - \Delta x_k^{(m-\tau)} \;, \quad \text{für alle } k, m \;, \tag{3.64}$$

und nach demselben Prinzip nähern wir auch Ableitungen dritter und höherer Ordnung an [Hua91] oder iterieren die Gleichung (3.61), um $\delta^2 x_k^{(m)}$ zu berechnen.

Etwas eleganter lassen sich die r-ten Ableitungen aus den Koeffizienten der Regressionspolynome entsprechenden Grades herleiten [App91]:

$$\delta^r x_k^{(m)} \;=\; \frac{\sum\limits_{j=-\tau}^{\tau} \rho_r(j, 2\tau + 1) \cdot x_k^{(m+j)}}{\sum\limits_{j=-\tau}^{\tau} \rho_r^2(j, 2\tau + 1)} \;, \quad \text{für alle } k, m \tag{3.65}$$

Die ρ_r entstammen einem orthogonalen Polynomsystem [Dra81]; die vier ersten Polynome lauten:

$$\begin{aligned}
\rho_0(t, \alpha) &= 1 \\
\rho_1(t, \alpha) &= t \\
\rho_2(t, \alpha) &= t^2 - \frac{1}{12}(\alpha^2 - 1) \\
\rho_3(t, \alpha) &= t^3 - \frac{1}{20}(3\alpha^2 - 7) \cdot t
\end{aligned}$$

Filterung. Die Grundidee des *Relativspektrum*-Verfahrens (RASTA, [Her91a, Her92]) besteht darin, nicht etwa das logarithmierte Betragsspektrum $\boldsymbol{x}^{(m)}$ um den Ableitungsvektor $\delta\boldsymbol{x}^{(m)}$ zu erweitern, sondern durch die „re-integrierten" Steigungsparameter

$$y_k^{(m)} \;=\; \delta x_k^{(m)} + \alpha y_k^{(m-1)} \tag{3.66}$$

zu ersetzen. Die Abfolge der Ableitungsbildung (in einer kausalen Variante der Gleichung (3.61) mit $\tau = 2$) und anschließender Integration ist äquivalent zu einer Bandpaßfilterung mit dem System

$$H(z) \;=\; 0.1 \cdot \frac{2 + z^{-1} - z^{-3} - 2z^{-4}}{z^{-4} \cdot (1 - \alpha z^{-1})} \; ; \tag{3.67}$$

die Zeitkonstante α ist für die Justierung der unteren Grenzfrequenz verantwortlich. Andere Arbeiten [Hir91, Mur92] begnügen sich mit der einfacheren Hochpaßfilterung

$$H(z) \;=\; \frac{1 - z^{-1}}{1 - \alpha z^{-1}} \quad \text{entsprechend} \quad y_k^{(m)} \;=\; x_k^{(m)} - x_k^{(m-1)} + \alpha y_k^{(m-1)} \; ; \tag{3.68}$$

die Grenzfrequenz liegt bei allen Autoren in der Größenordnung von 0.25 Hz – 5 Hz, also unterhalb der Schwankungsfrequenzen lautabhängiger spektraler Dynamik.

Zweidimensionales Cepstrum. Eine recht naheliegende Vorgehensweise demonstriert Y. Ariki [Ari87] mit der trigonometrischen Zerlegung der zeitlichen Merkmalbahnen (3.58) mit Hilfe einer Fouriertransformation. Die (nach der ursprünglichen Formulierung des Cepstrums in Gleichung (3.30) inverse) DFT in Frequenzrichtung und die dynamikorientierte zweite DFT in Zeitrichtung können wir als zweidimensionale Transformation

$$c_{qp}^{(m)} \;=\; \frac{1}{NM} \sum_{\nu=0} N - 1 \sum_{\mu=0}^{M-1} \log |F_\nu^{(m+\mu)}| \cdot e^{-2\pi i (\frac{q\nu}{N} + \frac{p\mu}{M})} \; , \quad 0 \le q < N, \, 0 \le p < M \tag{3.69}$$

einer Matrix aufeinanderfolgender, logarithmierter Kurzzeitspektren auffassen, deren Resultat $c_{qp}^{(m)}$ in der oben zitierten Arbeit als *2D-Cepstrum* bezeichnet wird. Die Cepstralmatrix (siehe Abbildung 3.18, aus Symmetriegründen betrachten wir nur ein Viertel der Komponenten) läßt sich der anschaulichen Bedeutung ihrer Einträge nach in q- wie in p-Richtung in drei Streifen unterschiedlicher Breite zerteilen, welche für die Mittelung, die grobe sowie die feine spektrale oder dynamische Struktur des Kurzzeitsignals stehen.

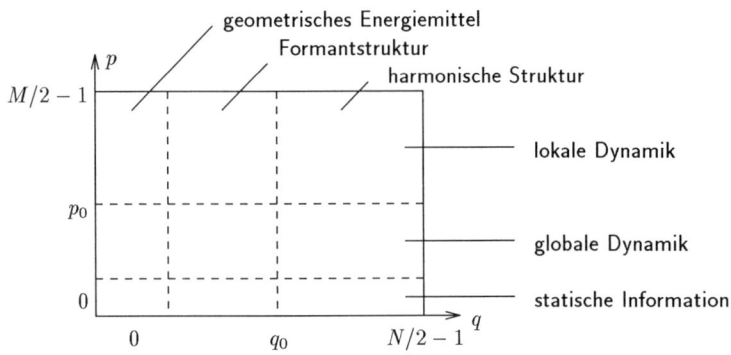

Abbildung 3.18: Die anschauliche Bedeutung der Komponenten des 2D-Cepstrums

Merkmale dieses Typs wurden mit Erfolg zur Einzelworterkennung verwendet; Untersuchungen mit kontinuierlicher Sprache konnten eine Überlegenheit des 2D-Cepstrums im Vergleich zu Steigungsmerkmalen nicht bestätigen [Nic90].

Problemabhängige Reihenentwicklung. Die mit dynamischer Information angereicherten Merkmalvektoren $\boldsymbol{y}^{(m)}$ sind von hoher Dimension und besitzen stark korrelierte Komponenten. Es ist daher zweckmäßig, durch problemabhängige Reihenentwicklungen der Merkmale eine Datenreduktion unter weitgehender Informationserhaltung durchzuführen. Derartige Reihenentwicklungen sind beispielsweise in [Nie83, S. 108 ff.] und [Rus88, S. 67 ff.] beschrieben; die im Kontext automatischer Spracherkennung besonders oft auftretende Karhunen-Loève-Transformation (KLT) und die lineare Diskriminanzanalyse (LDA) werden in Abschnitt 4.5 des folgenden Kapitels eingeführt.

Karhunen-Loève-transformierte Filterbankausgänge werden in [Bro91a] vorgeschlagen. Die IMELDA-Technik (Integration des mel-Cepstrums durch LDA, [Bat92]) transformiert ein Bündel von mel-Cepstrum- und Ableitungsparametern in den 12-dimensionalen Raum; die Vektoren erzielten in der Studie [Hun91, Bat92] bessere Erkennungserfolge als gewöhnliche mel-Cepstrum-Koeffizienten und PLP-Merkmale.

Sämtliche Berechnungsvorschriften für Ableitungen erster und höherer Ordnung sind Linearkombinationen der statischen Merkmalwerte in einer zeitlichen Nachbarschaft; für eine lineare Merkmaltransformation sollte die Vorgabe der Nachbarschaftsmerkmale daher der Vorgabe statischer und dynamischer Merkmale mindestens gleichwertig sein. Dieser naheliegende Verdacht wurde experimentell bestätigt [Rie92a]: Erkennungsleistung bei Verwendung eines LDA-transformierten Fensters (190 ms Dauer) cepstraler Merkmale konnte auch durch die explizite Bereitstellung von Ableitungsparametern nicht weiter verbessert werden.

3.4 Zusammenfassung

Zur digitalen Weiterverarbeitung muß das kontinuierliche Sprachsignal tiefpaßgefiltert und abgetastet werden; die Amplitudenwerte sind in endlich viele Stufen zu quantisieren.

Anschließend werden in schneller Fortschaltung (etwa alle 10 ms) überlappende Datenfenster aus der Abtastwertfolge ausgeblendet und auf ihre spektralen oder periodischen Eigenschaften hin analysiert. Das Ziel der meisten Merkmalextraktionsverfahren ist eine parametrische Repräsentation der momentanen Vokaltraktübertragungsfunktion unter Ausschaltung der störenden Einflüsse des Anregungsspektrums.

Ein Weg besteht darin, mit Hilfe einer diskreten Fouriertransformation das Betragsspektrum zu berechnen und durch die Integration der spektralen Energieanteile innerhalb kritischer Frequenzbänder zu glätten. Durch eine weitere Transformation in den Cepstralbereich hinein können die durch Faltung vermengten Anregungs- und Übertragungskomponenten des Sprachsignals weitgehend entflochten werden.

Ein alternatives Verfahren ist die lineare Vorhersage; sie setzt ein autoregressives Modell für den Vorgang der Spracherzeugung an und bestimmt dessen freie Parameter. Auch vom

Vorhersagepolynom führt ein direkter Weg zu spektralen und cepstralen Repräsentationen.

Die im Verlaufe der Kurzzeitanalyse gewonnenen Merkmalvektoren verkörpern erst die statische spektrale Information; sie wird noch durch dynamische Parameter ergänzt, welche den zeitlichen Verlauf der Merkmale charakterisieren.

Kapitel 4
Klassifikation

Unter *numerischer Klassifikation* verstehen wir eine automatische Kategorisierung von Merkmalvektoren; jedem Vektor x wird dabei genau einer von insgesamt k Klassennamen zugeordnet. Bei den *Klassen* handelt es sich entweder um anschauliche Kategorien des Anwendungsbereiches, etwa Laute oder Buchstaben bei der Sprach- bzw. Schrifterkennung, oder
aber um Ballungsgebiete (*„Cluster"*) des Merkmalraumes.

Der *Klassifikator*, also die gewünschte mathematische Zuordnungsvorschrift, steht im allgemeinen nicht a priori zur Verfügung sondern muß auf Grundlage statistischer Eigenschaften
der Merkmalvektoren dimensioniert werden. Die Klassifikatordimensionierung stützt sich, da
die wahren Verteilungen nicht bekannt sein werden, auf eine möglichst repräsentative *Lernstichprobe*. Sind die Klassenzugehörigkeiten der Stichprobenelemente bekannt, sprechen wir
von *überwachtem Lernen*; das Ziel besteht nun im Auffinden einer Zuordnungsvorschrift,
die auch bislang ungesehene Vektoren möglichst oft auf die richtige Klasse abbildet. Damit
die auftretende Fehlklassifikationsrate in tolerablen Grenzen bleibt, muß der Merkmalge-
winnungsprozeß Vektoren mit ausreichendem Informationsgehalt hinsichtlich der Klassenzugehörigkeit erzeugen. Die Aufgabe des *unüberwachten Lernens* besteht hingegen darin, eine
geeignete Aufteilung in Klassengebiete vorzunehmen — Kriterien hierbei sind Kompaktheit und Trennbarkeit der Musterklassen im Merkmalraum — und damit einander ähnliche
Muster im Sinne einer Datenreduktion zusammenzufassen.

Welchen Stellenwert hat nun die Klassifikation im Kontext der Spracherkennung? Eine automatische Lautkategorisierung der Kurzzeitanalysevektoren ist aus Gründen der in
Abschnitt 1.4 diskutierten Signalvariabilität wenig erfolgversprechend; darüberhinaus sind
wir nicht an einer phonetischen, sondern einer textuellen Repräsentation des Gesprochenen
interessiert. Folgerichtig sehen heutige Spracherkennerarchitekturen grundsätzlich keine Ver-
arbeitungsstufen mehr vor, die harte phonetische Entscheidungen im Kurzzeitanalyseraster
treffen. Vielmehr beschränkt man sich auf die Zuordnung der Vektoren zu Ballungsgebie-
ten — dieser Vorgang wird im Bereich der Spracherkennung traditionell, aber ungenau als
Vektorquantisierung bezeichnet — oder verschiebt die Transformation von Vektoren nach

Klassennamen bis zur Analyse auf Wort- oder Satzebene. Im ersten Fall wird der klassifikationsbedingte Informationsverlust abgefedert, indem eine wesentliche feinere Gebietsaufteilung als die phonetische angesetzt wird; Vektorquantisierer arbeiten zu diesem Zweck typischerweise mit einigen Hunderten von Klassen. Im zweiten Fall erweitern wir die Entscheidungsgrundlage um zeitlich benachbarte Merkmalvektoren und schränken den Lösungsraum auf akzeptable Wörter oder Wortfolgen ein.

Wir untergliedern die Darstellung der Theorie numerischer Klassifikation in drei Teile. Zuerst werden gängige Klassifikatortypen vorgestellt; die daran anschließenden Abschnitte widmen sich den Verfahren überwachten und unüberwachten Lernens. Im Hinblick auf das Spracherkennungsproblem und die dort überwiegend eingesetzten Techniken wird der Schwerpunkt des Kapitels beim Entwurf von Vektorquantisierern liegen, und wir werden der statistischen Modellierung unter Normalverteilungsannahme den Vorrang einräumen. Im Zentrum der Darstellung wird ein sehr allgemeines, iteratives Schätzverfahren (der *EM-Algorithmus*) stehen, der als Spezialfälle die Identifikation von Mischverteilungen sowie die Optimierung der Parameter von Markovmodellen (siehe Kapitel 5) beinhaltet. In zwei kurzen Abschnitten werden schließlich Verfahren zur Beschleunigung des Klassifikationsvorgangs sowie zur Dimensionsverminderung des Merkmalraumes vorgestellt.

Zu den Themen dieses Kapitels liegt ein außerordentlich reichhaltiger Literaturbestand vor; an dieser Stelle sei exemplarisch auf Arbeiten zur Mustererkennung und Klassifikation [Dev82, Nie83, Wat85, Fuk90], zu konnektionistischen Verfahren [Lip87a, Kem88, Mor91] und zur Analyse von Häufungsgebieten [And73, Dud73, Har75, Nie82] hingewiesen.

4.1 Numerische Klassifikatoren

Nach der Definition einiger Grundbegriffe werden wir, ausgehend von einer statistischen Betrachtungsweise des Merkmalraumes und seiner Klassen, die Entscheidungsregel eines hinsichtlich der Fehlerrate optimalen Klassifikators herleiten. Unglücklicherweise setzt eine Realisierung dieses Klassifikators die genaue Kenntnis aller für den Anwendungsbereich relevanten Wahrscheinlichkeitsfunktionen voraus. Diese Informationen liegen in aller Regel nicht vor; deswegen zieht man sich notgedrungen auf Näherungslösungen zurück. Einige wichtige Vertreter *statistischer*, *verteilungsfreier* und *nichtparametrischer* Klassifikatortypen werden im Verlauf des Abschnitts vorgestellt.

4.1.1 Der optimale Klassifikator

Wir betrachten im folgenden ausschließlich D-dimensionale, reelle Merkmalvektoren

$$\boldsymbol{x} = (x_1, \ldots, x_D) \in \mathbb{R}^D \;, \tag{4.1}$$

und wir nehmen an, daß die Vektoren durch einen zweistufigen Zufallsprozeß erzeugt wurden. Der initiale, diskrete Prozeß wählt mit den *a priori* Wahrscheinlichkeiten $P(\Omega_\kappa)$,

$\kappa = 1, \ldots, K$ die κ-te unter insgesamt K Musterklassen $\{\Omega_1, \ldots, \Omega_K\}$ aus; es gilt die Stochastizitätsbedingung $\sum_{\kappa=1}^{K} P(\Omega_\kappa) = 1$. Wir schreiben auch $\boldsymbol{x} \in \Omega_\kappa$ oder $\kappa(\boldsymbol{x}) = \kappa$, falls
$\boldsymbol{x}$ zur Klasse Ω_κ gehört. Ein zweiter, multivariat-kontinuierlicher Prozeß erzeugt sodann in
Abhängigkeit von der Klassenzugehörigkeit den Merkmalvektor $\boldsymbol{x}$; dies geschieht nach dem
statistischen Gesetz einer *bedingten Wahrscheinlichkeitsdichtefunktion* (WDF)

$$P(\boldsymbol{x} \mid \Omega_\kappa) \quad \text{mit} \quad \int_{\mathrm{I\!R}^D} P(\boldsymbol{y} \mid \Omega_\kappa) d\boldsymbol{y} = 1 \ . \tag{4.2}$$

Als Klassifikationsvorschrift setzen wir eine *Entscheidungsregel* der Gestalt

$$\delta(\Omega_\kappa \mid \boldsymbol{x}) \quad \text{mit} \quad \sum_{\kappa=1}^{K} \delta(\Omega_\kappa \mid \boldsymbol{x}) = 1 \quad \text{für alle } \boldsymbol{x} \in \mathrm{I\!R}^D \tag{4.3}$$

an; diese Vorschrift ist unscharf, d.h. sie ordnet einen Vektor $\boldsymbol{x}$ nicht genau einer Klasse zu,
sondern entscheidet sich mit Wahrscheinlichkeit $\delta(\Omega_\kappa \mid \boldsymbol{x})$ für die Klasse Ω_κ.

Um zu einem Gütemaß für die Klassifikation und letztlich zu einer optimalen Entscheidungsregel zu gelangen, setzen wir eine $K \times K$ Kostenmatrix an, deren Koeffizienten $r_{\kappa\lambda}$ den
Verlust oder Schaden quantifizieren, welcher uns bei der Zuordnung eines Vektors der Klasse
Ω_κ zur Klasse Ω_λ entsteht (etwas allgemeinere Formulierungen der Kostenfunktion sind in
[Nie83, S. 161] und [Hua90b, S. 17] angeführt). Der Erwartungswert der bei Verwendung
einer Regel δ anfallenden Kosten, in der Entscheidungstheorie als *Risiko* bezeichnet, beträgt

$$R(\delta) = \sum_{\kappa=1}^{K} P(\Omega_\kappa) \sum_{\lambda=1}^{K} r_{\kappa\lambda} \int_{\mathrm{I\!R}^D} \delta(\Omega_\lambda \mid \boldsymbol{x}) P(\boldsymbol{x} \mid \Omega_\kappa) d\boldsymbol{x} \ . \tag{4.4}$$

Die Minimierung des Risikos läßt sich für jeden Vektor $\boldsymbol{x}$ separat vornehmen, und die optimale Entscheidungsregel

$$\delta^*(\Omega_\kappa \mid \boldsymbol{x}) = \begin{cases} 1 & \text{falls } u_\kappa(\boldsymbol{x}) = \min_\lambda u_\lambda(\boldsymbol{x}) \\ 0 & \text{sonst} \end{cases} \tag{4.5}$$

mit den *Prüfgrößen* (sie werden auch oft als *Trennfunktionen* bezeichnet)

$$u_\lambda(\boldsymbol{x}) = \sum_{\kappa=1}^{K} r_{\kappa\lambda} P(\Omega_\kappa) P(\boldsymbol{x} \mid \Omega_\kappa) \quad \text{für } \lambda = 1, \ldots, K \tag{4.6}$$

erzwingt nunmehr offensichtlich eine deterministische Zuordnung.

Setzen wir speziell $r_{\kappa\lambda} = 0$ für $\kappa = \lambda$ und andernfalls $r_{\kappa\lambda} = 1$, so geht das Risiko $R(\delta)$
der Gleichung (4.4) in die Wahrscheinlichkeit einer Fehlklassifikation (oder die erwartete
Fehlerrate) über. Die optimale Klassifikationsvorschrift δ^* entscheidet sich dann für die Klasse

mit der maximalen *a posteriori* Wahrscheinlichkeit

$$u_\lambda(\boldsymbol{x}) = P(\Omega_\lambda \mid \boldsymbol{x}) = \frac{P(\boldsymbol{x} \mid \Omega_\lambda)P(\Omega_\lambda)}{P(\boldsymbol{x})} = \frac{P(\boldsymbol{x} \mid \Omega_\lambda)P(\Omega_\lambda)}{\sum_{\kappa=1}^{K} P(\boldsymbol{x} \mid \Omega_\kappa)P(\Omega_\kappa)} \,. \tag{4.7}$$

Dieser Klassifikator besitzt die kleinstmögliche Fehlerwahrscheinlichkeit und wird als *Bayes-* oder *MAP-Klassifikator* (Maximum a posteriori) bezeichnet; der Nenner der Prüfgröße in Gleichung (4.7) hängt nicht vom Klassenindex λ ab, trägt daher zur Urteilsfindung nicht bei und kann folglich unberücksichtigt bleiben.

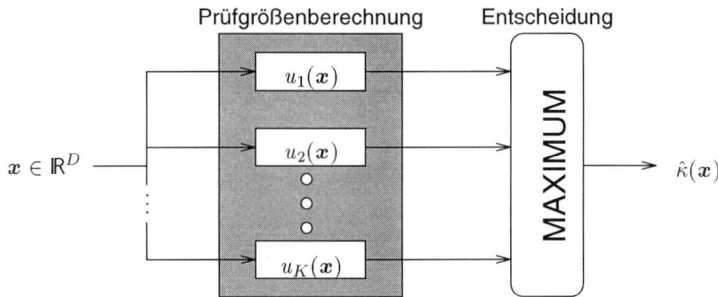

Abbildung 4.1: Schematischer Aufbau eines Klassifikationssystems

Der optimale Klassifikator ist von einfacher Struktur (siehe Abbildung 4.1); die konkrete Berechnung der Prüfgrößen stützt sich allerdings auf die Werte der Verteilung $\{P(\Omega_\kappa)\}$ und der klassenbedingten WDFen $P(\boldsymbol{x} \mid \Omega_\kappa)$, $\kappa = 1, \ldots, K$. Die genannten Verteilungsfunktionen sind im allgemeinen a priori unbekannt; stattdessen liegt eine endliche *Lernstichprobe* $\omega \subseteq \mathbb{R}^D$ von Mustervektoren zur Dimensionierung des Klassifikators vor. Wir nehmen an, daß die Vektoren aus ω unabhängig voneinander durch den uns interessierenden Zufallsprozeß hervorgebracht wurden — die Genauigkeit, mit der die unbekannten Verteilungen durch ω repräsentiert werden, hängt dann im wesentlichen vom Stichproben*umfang* ab[Moo74, S. 219 ff.]. Sind die wahren Klassenzugehörigkeiten der Stichprobenelemente bekannt, sprechen wir von einer *gekennzeichneten* Lernstichprobe und bezeichnen die Ω_κ-spezifische Teilstichprobe von ω mit ω_κ.

Zur Approximation des Bayes-Klassifikators unter Verwendung einer Lernstichprobe kennen wir drei grundsätzliche Vorgehensweisen:

- *statistische Klassifikatoren* — unter der freilich bestenfalls näherungsweise zutreffenden Annahme, daß die WDFen $P(\boldsymbol{x} \mid \Omega_\kappa)$ zu einer Familie $\{P(\boldsymbol{x} \mid \boldsymbol{\theta}) \mid \boldsymbol{\theta} \in \mathcal{M}_{\boldsymbol{\theta}}\}$ parametrischer Dichtefunktionen gehören, werden die aus einer geeigneten Mannigfaltigkeit $\mathcal{M}_{\boldsymbol{\theta}}$ stammenden klassenbedingten Parametervektoren $\boldsymbol{\theta}_\kappa$ unter Zuhilfenahme der Lernstichprobe geschätzt.

- *verteilungsfreie Klassifikatoren* — wir verzichten vorsichtigerweise auf jegliche Vertei-

lungsannahme, legen aber die Klassifikatorstruktur der Abbildung 4.1 zugrunde und
setzen parametrische Formen $u_\kappa(\boldsymbol{x} \mid \boldsymbol{\theta})$ für die Prüfgrößen an. Der Parametervektor $\boldsymbol{\theta}$
wird aus der Lernstichprobe geschätzt.

- *nichtparametrische Klassifikatoren* — es erfolgt keine Reduktion der ω innewohnenden
  statistischen Information; zu jeder Klassenentscheidung muß im Prinzip die gesamte
  Lernstichprobe herangezogen werden.

4.1.2 Parametrische Verteilungsdichtefunktionen

Die verbreiteteste Verteilungsannahme für multivariate Zufallsprozesse besteht im Ansetzen
einer *Gauß-* oder *Normalverteilungsdichte*

$$P(\boldsymbol{x} \mid \boldsymbol{\mu}_\kappa, \boldsymbol{\Sigma}_\kappa) = \mathcal{N}(\boldsymbol{x} \mid \boldsymbol{\mu}_\kappa, \boldsymbol{\Sigma}_\kappa) = \frac{1}{\sqrt{|2\pi\boldsymbol{\Sigma}_\kappa|}} \cdot e^{-\frac{1}{2}(\boldsymbol{x}-\boldsymbol{\mu}_\kappa)^\top \boldsymbol{\Sigma}_\kappa^{-1}(\boldsymbol{x}-\boldsymbol{\mu}_\kappa)} \tag{4.8}$$

mit dem klassenbedingten Mittelwertvektor $\boldsymbol{\mu}_\kappa$ und der symmetrischen, positiv-definiten
Kovarianzmatrix $\boldsymbol{\Sigma}_\kappa$. Der entscheidende Zählerausdruck der Bayes-Prüfgröße (4.7) lautet
nach Logarithmierung und Multiplikation mit -2

$$u_\kappa(\boldsymbol{x}) = \underbrace{-2\log p_\kappa + \log|2\pi\boldsymbol{\Sigma}_\kappa|}_{=:\gamma_\kappa} + (\boldsymbol{x}-\boldsymbol{\mu}_\kappa)^\top \boldsymbol{\Sigma}_\kappa^{-1}(\boldsymbol{x}-\boldsymbol{\mu}_\kappa) \tag{4.9}$$

und muß für die Klassenentscheidung minimiert werden; der resultierende Klassifikator heißt
Normalverteilungsklassifikator (NVK). Die Parameter p_κ seien konkrete Werte für die a prio-
ri Wahrscheinlichkeiten. Die Trennflächen $\mathcal{H}_{\kappa\lambda} = \{\boldsymbol{x} \mid u_\kappa(\boldsymbol{x}) = u_\lambda(\boldsymbol{x})\}$ zweier durch diese Prüfgröße aufgespannter Klassengebiete werden durch Polynome zweiten Grades in den
Merkmalen $x_1, \ldots, x_D$ charakterisiert und haben daher die Form allgemeiner Kegelschnitte
wie Hyperbeln oder Hyperellipsoide.

Aus der Literatur (z.B. [Nie83, S. 177–178] oder [Rus88, S. 23 ff.]) sind eine Reihe vereinfachter Varianten der Trennfunktionen (4.9) bekannt; so geht der NVK beispielsweise durch
Weglassen des Ausdrucks γ_κ in den *Mahalanobis-* oder *modifizierten Minimumabstand*-
Klassifikator über. Der gewöhnliche *Minimumabstand*-Klassifikator entsteht, wenn wir
darüberhinaus alle bedingten Kovarianzmatrizen als identisch ($\boldsymbol{\Sigma}_\kappa = \boldsymbol{\Sigma}$ für alle κ) voraussetzen; der Anteil $\boldsymbol{x}^\top \boldsymbol{\Sigma}^{-1} \boldsymbol{x}$ der quadratischen Form in Gleichung (4.9) ist nunmehr klassenu-
nabhängig, und die Prüfgrößen (und damit auch die Trennflächen $\mathcal{H}_{\kappa\lambda}$) erhalten hinsichtlich
$\boldsymbol{x}$ lineare Gestalt:

$$u_\kappa(\boldsymbol{x}) = -2\boldsymbol{x}^\top \boldsymbol{\Sigma}^{-1} \boldsymbol{\mu}_\kappa + \boldsymbol{\mu}_\kappa^\top \boldsymbol{\Sigma}^{-1} \boldsymbol{\mu}_\kappa \tag{4.10}$$

Fordern wir schließlich, daß $\boldsymbol{\Sigma}$ die Einheitsmatrix ist, so gelangen wir zum *euklidischen*

Abstandsklassifikator, der gemäß

$$u_\kappa(\boldsymbol{x}) = (\boldsymbol{x} - \boldsymbol{\mu}_\kappa)^\top (\boldsymbol{x} - \boldsymbol{\mu}_\kappa) = \sum_{i=1}^{D}(x_i - \mu_{\kappa i})^2 \qquad (4.11)$$

entscheidet. Die Trennfläche $\mathcal{H}_{\kappa\lambda}$ ist nunmehr durch die Normalenebene gegeben, welche die Verbindungsstrecke zwischen $\boldsymbol{\mu}_\kappa$ und $\boldsymbol{\mu}_\lambda$ in ihrem Mittelpunkt schneidet.

Eine andere Möglichkeit, die Parameterzahl und den Berechnungsaufwand eines NVK drastisch einzuschränken besteht in der Annahme statistisch unabhängiger Merkmale. In diesem Falle werden die $\boldsymbol{\Sigma}_\kappa$ zu Diagonalmatrizen mit den klassenweisen Merkmalvarianzen $\sigma_{\kappa i}^2$, und die Prüfgröße

$$u_\kappa(\boldsymbol{x}) = -2\log p_\kappa + \sum_{i=1}^{D}\log(2\pi\sigma_{\kappa i}^2) + \sum_{i=1}^{D}\frac{(x_i - \mu_{\kappa i})^2}{\sigma_{\kappa i}^2} \qquad (4.12)$$

besteht im wesentlichen aus einem mit Varianzen gewichteten euklidischen Abstand.

Die Normalverteilungsannahme stellt eine gravierende Einschränkung des statistischen Modells dar: $\mathcal{N}(\boldsymbol{x} \mid \boldsymbol{\mu}, \boldsymbol{\Sigma})$ ist unimodal mit Zentrum $\boldsymbol{x} = \boldsymbol{\mu}$, elliptisch-symmetrisch, d.h. der Dichtewert hängt nur von dem Mahalanobis-Abstand $d = (\boldsymbol{x} - \boldsymbol{\mu})^\top \boldsymbol{\Sigma}^{-1}(\boldsymbol{x} - \boldsymbol{\mu})$ ab, und er verringert sich exponentiell mit d. Eine Gaußsche *Mischverteilungsdichte*

$$P(\boldsymbol{x} \mid \boldsymbol{c}_\kappa, \{\boldsymbol{\mu}_{\kappa\nu}, \boldsymbol{\Sigma}_{\kappa\nu}\}_\nu) = \sum_{\nu=1}^{N_\nu} c_{\kappa\nu}\mathcal{N}(\boldsymbol{x} \mid \boldsymbol{\mu}_{\kappa\nu}, \boldsymbol{\Sigma}_{\kappa\nu}) \qquad (4.13)$$

ist eine Linearkombination gewöhnlicher Normalverteilungsdichten; sie besitzt bis zu N_κ Moden, aber auch dementsprechend viele Mittelwert- und Kovarianzparameter. Für die Mischungsgewichte $c_{\kappa\nu}$ muß die Normierungsbedingung $\sum_{\nu=1}^{N_\nu} c_{\kappa\nu} = 1$ gefordert werden. Das Beispiel einer Mischung skalarer ($\boldsymbol{x} \in \mathbb{R}^1$) Gaußdichten mit ausgeprägten Moden bei den drei Mittelwerten der Mischungskomponenten sehen wir in Abbildung 4.2. Mit Gleichung (4.13) können beliebige Verteilungsdichten approximiert werde, vorausgesetzt, die Anzahl N_ν der Mischungskomponenten wird hinreichend groß gewählt. Mischverteilungsdichten haben bei der Spracherkennung große Bedeutung erlangt [Jua85a, Wel92, Pie91a, Mer85, Wil91a], denn gerade die in der Normalverteilungsannahme implizite Unimodalitätsforderung ist angesichts der Dichotomie weiblicher und männlicher Vokaltrakteigenschaften nicht akzeptierbar.

Eine Klasse parametrischer Familien unimodaler WDFen mit nicht notwendig exponentiellem Abklingverhalten finden wir in den *elliptisch-symmetrischen* Dichten [Sch77, S. 89 ff.]

$$P(\boldsymbol{x} \mid \boldsymbol{\mu}_\kappa, \boldsymbol{\Sigma}_\kappa, f(\cdot)) = \frac{1}{\sqrt{|\boldsymbol{\Sigma}_\kappa|}} \cdot f((\boldsymbol{x} - \boldsymbol{\mu}_\kappa)^\top \boldsymbol{\Sigma}_\kappa^{-1}(\boldsymbol{x} - \boldsymbol{\mu}_\kappa)) \;; \qquad (4.14)$$

die Abklingfunktion $f(\cdot)$ wird allerdings als bekannt vorausgesetzt, was die praktische Anwendbarkeit dieser Funktionenklasse schmälert. Nach dem Fan'schen Darstellungssatz [Fan50] lassen sich die Dichtefunktionen vom Typ (4.14) als kontinuierliche Linearkombina-

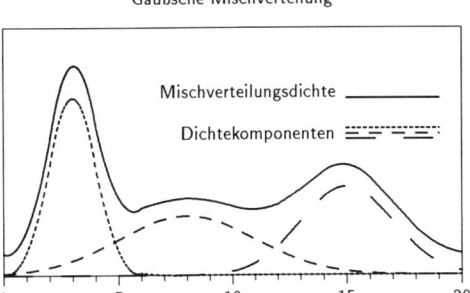
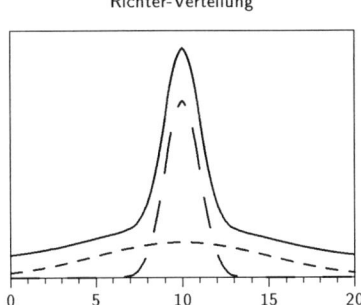

Abbildung 4.2: Dichtefunktionen eindimensionaler Misch- und Richter-Verteilungen

tion

$$P(\boldsymbol{x} \mid \boldsymbol{\mu}_\kappa, \boldsymbol{\Sigma}_\kappa, g(\cdot)) = \int_0^\infty g(\sigma) \cdot \mathcal{N}(\boldsymbol{x} \mid \boldsymbol{\mu}_\kappa, \sigma^2 \boldsymbol{\Sigma}_\kappa)\, d\sigma \qquad (4.15)$$

konzentrischer Normalverteilungen mit einer passenden Gewichtsfunktion $g(\cdot)$ schreiben. Durch Diskretisierung des Integrationsbereiches kommen wir unmittelbar zu den *Richter-* Mischverteilungen [Bah87, Ric86]

$$P(\boldsymbol{x} \mid \boldsymbol{\mu}_\kappa, \boldsymbol{\Sigma}_\kappa, \boldsymbol{c}_\kappa, \boldsymbol{\rho}_\kappa) = \sum_{\nu=1}^{N_\nu} c_{\kappa\nu} \mathcal{N}(\boldsymbol{x} \mid \boldsymbol{\mu}_\kappa, \rho_{\kappa\nu} \boldsymbol{\Sigma}_\kappa)\,, \qquad (4.16)$$

die nur unwesentlich mehr Parameter als die einfache Gaußdichte besitzen, nämlich den Gewichtsvektor $\boldsymbol{c}_\kappa$ und den *Konzentrationszahlenvektor* $\boldsymbol{\rho}_\kappa$. Aufgrund des flexibleren Abklingverhaltens weisen die Richter-Dichten unter Umständen entscheidende Vorteile bei der Modellierung sogenannter „Ausreißer", also untypisch weit von Klassenzentrum liegender Vektoren auf. Die aus der Überlagerung einer sehr steilen und einer sehr flachen Glockenkurve hervorgehende skalare Richter-WDF in Abbildung 4.2 beschreibt ein kompaktes Klassengebiet mit weitgreifenden Flanken, das durch eine einfache Normalverteilung nur unzureichend modelliert wäre.

4.1.3 Verteilungsfreie Klassifikatoren

Wenn die Annahme klassenbedingter parametrischer Verteilungsdichten zu gewagt erscheint, bleibt die Möglichkeit, die Trennfunktionen selbst in parametrischer Form $u_\kappa(\boldsymbol{x} \mid \boldsymbol{\theta})$ anzusetzen. Auch in diesem Fall können wir auf Strukturannahmen hinsichtlich der mathematischen Form der Prüfgrößen nicht verzichten, damit das Variationsproblem, die $u_\kappa(\cdot)$ zu optimieren, in eine geschlossen oder numerisch lösbare Parameterschätzaufgabe übergeht. Im Gegensatz zu den statistischen Klassifikatoren werden hier jedoch nicht die Klassengebiete modelliert, sondern deren Trennflächen; dieses Vorgehen wird daher auch als *diskriminativ* bezeichnet.

Lineare Trennfunktionen. Ausgehend von einer Entscheidungsregel, welche die Klasse mit maximaler Prüfgröße auswählt, unterscheiden wir je nach ihrer parametrischen Form drei Typen von Klassifikatoren. Den einfachsten Fall stellen die *linearen* Trennfunktionen

$$u_\kappa(\boldsymbol{x} \mid \boldsymbol{A}) = a_{\kappa 0} + \sum_{\nu=1}^{D} a_{\kappa\nu} x_\nu \tag{4.17}$$

dar; dabei sei $\boldsymbol{A}$ eine $D \times (D+1)$ Koeffizientenmatrix. Dieser Klassifikator läßt nur Hyperebenen als Trennflächen zu und kann infolgedessen nur bei entsprechend gelagerten Erkennungsproblemen empfohlen werden. Er führt uns jedoch sofort auf eine sehr mächtige Verallgemeinerung, den Klassifikator mit *generalisiert-linearen* Trennfunktionen [Sch77]:

$$u_\kappa(\boldsymbol{x} \mid \boldsymbol{A}) = \sum_{\nu=1}^{N} a_{\kappa\nu} \varphi_\nu(\boldsymbol{x}) = \boldsymbol{A}^\top \boldsymbol{\varphi}(\boldsymbol{x}) \tag{4.18}$$

Mit $\boldsymbol{\varphi}()$ bezeichnen wir einen Vektor von N reellwertigen Funktionen (*Merkmaltermen*)

$$\varphi_\nu : \quad \begin{cases} \mathbb{R}^D \longrightarrow \mathbb{R} \\ \boldsymbol{x} \mapsto \varphi_\nu(\boldsymbol{x}) \end{cases} \quad, \quad \nu = 1, \ldots, N \tag{4.19}$$

und $\boldsymbol{A}$ ist jetzt eine $D \times N$-dimensionale Matrix. Der generalisiert-lineare Ansatz läßt sich mit Hilfe der Definition des transformierten Merkmalvektors $\boldsymbol{y} = \boldsymbol{\varphi}(\boldsymbol{x})$ ohne weiteres auf den linearen zurückführen. Andererseits gestattet Gleichung (4.18) eine außerordentlich flexible Modellierung der Trennfunktion; beispielsweise können für den Funktionenvektor Polynomterme zweiten

$$\boldsymbol{y} = \left(1, x_1, \ldots, x_D, x_1^2, x_1 x_2, \ldots, x_1 x_D, x_2 x_1, \ldots, x_2 x_D, \ldots, x_D^2\right)^\top \tag{4.20}$$

oder höheren Grades angesetzt werden [Kal85, Kat88]; bereits die oben angegebenen quadratischen Terme reichen im übrigen zur Beschreibung der NVK-Trennfunktionen in Gleichung (4.9) aus.

Nichtlineare Trennfunktionen. Verteilungsfreie Klassifikatoren, deren Prüfgrößen sich nicht der Form (4.18) schreiben lassen, werden in den letzten Jahren zumeist unter dem Begriff *Künstliche Neuronale Netze* (KNN) subsumiert. Detaillierte Darstellungen neuronal (oder *konnektionistisch*) orientierter Ansätze finden sich in der eingangs zitierten Literatur, insbesondere was den Bezug dieser Techniken zur Informationsverarbeitung im menschlichen Zentralnervensystem angeht. Wir werden uns auf einige grundsätzliche Anmerkungen hinsichtlich der funktionalen Form der mit Hilfe Neuronaler Netze realisierbaren Klassifikatoren beschränken.

Ein KNN besteht aus einer endlichen Menge elementarer Verarbeitungseinheiten, *Neuronen* oder *Knoten* genannt; das i-te Neuron faßt die reellen Ausgabewerte o_j (*Ausgangs-*

erregungen oder *Aktivierungsgrade*) einer Menge $\mathcal{K}_i^-$ eingangsseitig benachbarter Neuronen mittels einer parametrisierten Funktion zu einer skalaren *Eingangserregung* σ_i zusammen und transformiert diese mit einer monoton wachsenden *Aktivierungsfunktion* $f(\cdot)$ in die Ausgangserregung $o_i = f(\sigma_i)$, welche anschließend an alle Nachfolgerneuronen aus $\mathcal{K}_i^+$ weitergegeben wird.

Zu Klassifikationszwecken wird explizit eine Menge $\mathcal{K}^-$ von D Eingabeneuronen vorgesehen, die statt der Ausgangspotentiale benachbarter Knoten lediglich die Merkmalvektorkomponenten $(x_1, \ldots, x_D)$ als Eingabe empfangen, sowie eine Menge $\mathcal{K}^+$ von K Ausgabeneuronen, deren Aktivierungsgrade wir mit den Prüfgrößenwerten $u_\kappa(\boldsymbol{x})$ identifizieren.

Die Funktionsweise eines KNN und damit die Abbildungseigenschaften der induzierten Prüfgrößen sind nach Spezifikation der Netztopologie und der beiden Funktionen zur Berechnung der Eingangs- und Ausgangserregungen vollständig charakterisiert. Die Eingangserregung wird gewöhnlich in Form eines Skalarproduktes

$$\sigma_i = \sum_{j \in \mathcal{K}_i^-} w_{ij} o_j \tag{4.21}$$

oder einer euklidischen Distanz

$$\sigma_i = \sum_{j \in \mathcal{K}_i^-} (w_{ij} - o_j)^2 \tag{4.22}$$

realisiert; in jedem Fall ist die Abbildung der Eingangspotentiale durch die Koeffizienten der *Gewichtsmatrix* $\boldsymbol{W} = \{w_{ij}\}$ bestimmt.

Stufenfunktion
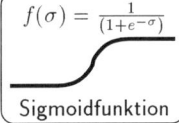
$f(\sigma) = \frac{1}{(1+e^{-\sigma})}$
Sigmoidfunktion
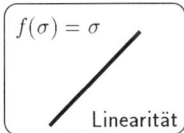
$f(\sigma) = \sigma$
Linearität
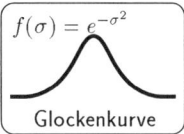
$f(\sigma) = e^{-\sigma^2}$
Glockenkurve

Abbildung 4.3: Unterschiedliche Aktivierungsfunktionen neuronaler Verarbeitungseinheiten

Die Aktivierungsfunktion $f(\cdot)$ führt im Prinzip eine Schwellwertentscheidung durch; der entsprechenden Stufenfunktion wird meistens eine differenzierbare Näherung vorgezogen. Die gebräuchlichsten Auslegungen sind in Abbildung 4.3 zu sehen; die Glockenkurve fokussiert die Ausgangserregung nicht auf eine Schwellwertüberschreitung, sondern einen konkreten Sollwert des Eingangspotentials.

Die Verbindungstopologie des Netzes bezeichnen wir als *rekurrent*, falls Erregungszyklen auftreten. Ein wichtiger Spezialtypus nicht-rekurrenter Netze ist das Mehrschichtenperzeptron (*multi-layer perceptron*, MLP); die Neuronen des MLP sind in einer Folge von Schichten organisiert, innerhalb derer keine lateralen Kopplungen erlaubt sind. Eine Aktivierungsübertragung gibt es nur zwischen den Neuronen je zweier benachbarter Schichten, und zwar immer in Richtung der Ausgabeschicht (siehe Abbildung 4.4).

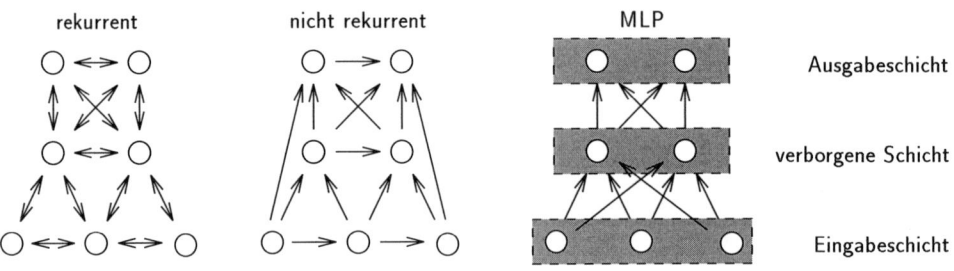

Abbildung 4.4: Neuronale Netze zur Klassifikation dreidimensionaler Vektoren in zwei Klassen

Das klassische *Perzeptron* [Ros62, Min69] ist ein einschichtiges Netz mit der Eingangserregung (4.21) und stufenförmiger Aktivierungsfunktion. Das Einschichtenperzeptron berechnet allerdings nur lineare Trennfunktionen; erst die Erweiterung auf zwei bzw. drei Schichten erschließt die Möglichkeit, auch konvexe oder sogar unzusammenhängende Klassengebiete voneinander zu trennen [Iri88, Bar89, Ara89]. Typische KNN-Architekturen aus dem Bereich der Spracherkennung sind:

- zwei- oder dreischichtige Perzeptren mit Eingangserregung (4.21) und sigmoider Aktivierung [Bri87, McC88, Bou89, Pee88] — für das Lernen der Gewichtsmatrix solcher MLPs wurde Mitte der achtziger Jahre ein einfaches Gradientenabstiegs-Verfahren gefunden (siehe Unterabschnitt 4.2.3)

- einschichtige Netze mit Gaußscher Aktivierung und abstandsmessender Eingangserregung (4.22) — sie werden als RBF-Netze (*radial basis function* [Nir90, Bra91, Sin92, Ren91]) bezeichnet und entsprechen strukturell etwa dem euklidischen Abstandsklassifikator aus Gleichung (4.11)

- einschichtige Netze, deren Parametermatrix W unüberwacht gelernt wird — sie werden als *selbstorganisierende Merkmalkarten* bezeichnet [Koh88, Koh90, Tor91, Kim91]

- rekurrente Mehrschichtennetze wie das TDNN (*time-delay neural network* [Wai89a, Wai89b, Haf91]) die in der Lage sind, zeitlich benachbarte Merkmalvektoren simultan zu analysieren

4.1.4 Nichtparametrische Klassifikatoren

Lassen sich weder für die bedingten WDFen noch für die Prüfgrößen sinnvolle strukturelle Einschränkungen finden, so muß jeder Dichtewert $P(x \mid \Omega_\kappa)$ aufgrund der lokalen Häufungseigenschaften der Lernstichprobe $\omega_\kappa = (y_{\kappa 1}, \ldots, y_{\kappa N_\kappa})$ abgeschätzt werden. Ein derartiges Vorgehen erfordert noch im Klassifikationsschritt die Präsenz der gesamten Lernstichprobe und ist dementsprechend rechen- und speicherplatzaufwendig.

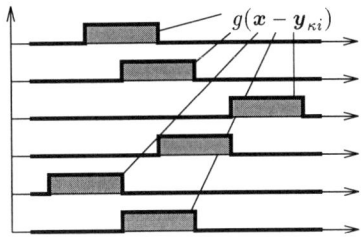 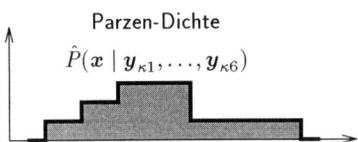

Abbildung 4.5: Skalare Parzen-Dichte mit uniformen Potentialfunktionen

Die Grundidee [Fuk90, S. 254 ff.] besteht darin, $P(\boldsymbol{x} \mid \Omega_\kappa)$ in Proportion zur relativen Häufigkeit von Trainingsmustern in einer kleinen Umgebung von $\boldsymbol{x}$ zu setzen. Eine Formalisierung dieser Vorgehensweise ist die *Parzen*-Schätzung [Par62]

$$\hat{P}(\boldsymbol{x} \mid \omega_\kappa) = \frac{1}{N_\kappa} \sum_{i=1}^{N_\kappa} g(\boldsymbol{x} - \boldsymbol{y}_{\kappa i}) \tag{4.23}$$

mit einer geeigneten Potentialfunktion $g(\cdot)$, deren gesamte Wahrscheinlichkeitsmasse $\int g(\boldsymbol{x})\,d\boldsymbol{x} = 1$ in einem kompakten Bereich um den Ursprung konzentriert liegt. Zum Beispiel kann $g(\cdot)$ als uniforme Dichte vereinbart werden, die innerhalb eines Hyperwürfels oder einer Hyperkugel $\mathcal{U}$ mit Volumen V um den Ursprung den Wert $1/V$ und sonst 0 hat (siehe Abbildung 4.5). Die Gleichung (4.23) vereinfacht sich dann zur *uniformen* Parzen-Schätzung

$$\hat{P}(\boldsymbol{x} \mid \omega_\kappa) = \frac{n_\kappa(\boldsymbol{x})}{N_\kappa \cdot V} \quad \text{mit} \quad n_\kappa(\boldsymbol{x}) = \langle \text{Anzahl der } \boldsymbol{y} \in \omega_\kappa \text{ mit } \boldsymbol{y} - \boldsymbol{x} \in \mathcal{U} \rangle; \tag{4.24}$$

es werden also die zur Klasse Ω_κ gehörigen Stichprobenvektoren in der um $\boldsymbol{x}$ verschobenen Nullpunktumgebung $\mathcal{U}$ gezählt. Statt die Umgebungsvolumina festzuhalten und die Trefferzahl $n_\kappa(\boldsymbol{x})$ als davon abhängige Variable zu bestimmen können wir ebensogut $n_\kappa(\boldsymbol{x})$ für alle κ, $\boldsymbol{x}$ gleich einer Konstanten k setzen und anschließend eine $\boldsymbol{x}$-Umgebung mit minimalem Volumen $V_\kappa(\boldsymbol{x})$ konstruieren, die (mindestens) k Elemente aus ω_κ enthält. Die Auswahl kann zum Beispiel unter allen Hyperkugeln $\mathcal{U}_\delta(\boldsymbol{x}) = \{\boldsymbol{y} \mid (\boldsymbol{y} - \boldsymbol{x})^{\top}(\boldsymbol{y} - \boldsymbol{x}) < \delta\}$ um $\boldsymbol{x}$ erfolgen. Wir erhalten mit

$$\hat{P}(\boldsymbol{x} \mid \omega_\kappa) = \frac{k}{N_\kappa \cdot V_\kappa(\boldsymbol{x})} \tag{4.25}$$

die kNN-Schätzung („k nächste Nachbarn", [Fuk73]) der Verteilungsdichten; die zugehörige Entscheidungsregel ordnet $\boldsymbol{x}$ also derjenigen Klasse mit minimalem Rauminhalt $V_\kappa(\boldsymbol{x})$ zu.

Sehr eng verwandt damit ist die kNN-Klassifikationsregel [Fuk72]: es werden zunächst die k nächsten Nachbarn des Eingabevektors $\boldsymbol{x}$ in der Gesamtstichprobe $\omega_1, \dots, \omega_K$ aufgesucht; zu diesem Zweck wird ein geeignetes Abstandsmaß $d(\cdot, \cdot)$ — z.B. die euklidische Metrik — vorausgesetzt. Danach entscheidet sich der kNN-Klassifikator für die Klasse, welche die meisten Vertreter in der Nachbarmenge stellt. Im speziellen Fall $k = 1$ sprechen wir von der *NN-Regel* (Nächster-Nachbar-Regel, [Cov67]); ein zu klassifizierender Vektor wird einfach der

Klasse des nächstliegenden Stichprobenelements zugeschlagen. Die NN-Regel ist im übrigen gleichbedeutend mit der Minimierung der Prüfgröße

$$u_\kappa(\boldsymbol{x} \mid \omega_\kappa) = \min\{d(\boldsymbol{x}, \boldsymbol{y}_{\kappa i}) \mid i = 1, \ldots, N_\kappa\} \ . \tag{4.26}$$

4.1.5 Die Schätzung der Fehlerrate

Für ein gegebenes Klassifikationsproblem und einen dimensionierten Klassifikator mit der Entscheidungsregel δ_0 liefert uns die Gleichung (4.4) Erwartungswerte $\varepsilon^* = R(\delta^*)$ und $\varepsilon_0 = R(\delta_0)$ der Fehlerraten des theoretisch optimalen und des vorliegenden Klassifikators, für die offensichtlich $\varepsilon^* \leq \varepsilon_0$ gilt.

Zur praktischen Bestimmung von ε_0 nehmen wir in Unkenntnis der wahren Verteilungen Zuflucht zu einer *Teststichprobe* $\tilde{\omega}$ von Vektoren mit bekannter Klassenzugehörigkeit und ersetzen in (4.4) die Erwartungswertbildung durch Summation über die Elemente von $\tilde{\omega}$. Ein Schätzwert $\hat{\varepsilon}_0$ für die Fehlerrate ist dann die Proportion N_F/N falsch klassifizierter Vektoren in der Teststichprobe.

Damit $\hat{\varepsilon}_0$ eine realistische Bewertung der Erfolgsaussichten des Klassifikators bei Konfrontation mit neuen, während der Lernphase nicht verfügbaren Mustern liefert, muß die Teststichprobe allerdings zwei Voraussetzungen erfüllen:

- $\tilde{\omega}$ sollte unabhängig von der Lernstichprobe akquiriert worden sein, denn andernfalls fiele die Schätzung $\hat{\varepsilon}_0$ zu optimistisch aus;

- $\tilde{\omega}$ sollte umfangreich genug für eine statistisch zuverlässige Schätzung der Fehlerrate sein.

Die erforderliche Teststichprobengröße ergibt sich aus der Überlegung, daß die Anzahl falsch klassifizierter Vektoren gemäß

$$P(N_F = n) = \binom{N}{n} \cdot \varepsilon_0^n \cdot (1 - \varepsilon_0)^{N-n} \tag{4.27}$$

binomialverteilt ist, sofern wir annehmen, daß die Testvektoren vom zugrundeliegenden Zufallsprozeß statistisch unabhängig voneinander produziert wurden. Bei vorgegebenem Signifikanzniveau kann jetzt ein Mindestumfang der Stichprobe berechnet werden; zum Beispiel benötigen wir mindestens 1000 Testvektoren, um im Falle einer wahren Fehlerrate von 5% mit 95% Sicherheit einen Schätzwert zu erhalten, der wenigstens zwischen 4% und 6% liegt [Nie83, S. 257].

Die Bayes-Fehlerrate ε^* kann auf diese Weise natürlich nicht ermittelt werden. Es ist lediglich ein Zusammenhang mit der asymptotischen Fehlerrate ε_{NN} des Nächster-Nachbar-Klassifikators bekannt [Dev82, S. 98]:

$$\varepsilon^* \leq \varepsilon_{NN} \leq \varepsilon^*(2 - \varepsilon^*\frac{K}{K-1}) \qquad (K = \text{Anzahl der Klassen}) \tag{4.28}$$

Unter der Voraussetzung einer sehr großen Lernstichprobe und einer kleinen Fehlerrate können wir daraus $\varepsilon_{NN}/2 \leq \varepsilon^* \leq \varepsilon_{NN}$ folgern; da der NN-Klassifikator praktisch realisierbar ist, können die Schranken mittels einer Fehlerschätzung $\hat{\varepsilon}_{NN}$ approximiert werden.

4.2 Überwachtes Lernen

Wir gehen von einer hinsichtlich der zugrundeliegenden Klassen partitionierten Lernstichprobe $\omega_1, \ldots, \omega_K$ aus. Da wir den nichtparametrischen Fall nicht weiter verfolgen wollen, formulieren wir die Aufgabe der Klassifikatordimensionierung als Suche nach einem geeigneten Parametervektor $\boldsymbol{\theta}$. Mit $P(\boldsymbol{x} \mid \boldsymbol{\theta}, \Omega_\kappa)$ bzw. $u_\kappa(\boldsymbol{x} \mid \boldsymbol{\theta})$ bezeichnen wir die klassenbedingten Dichte- oder Prüfgrößenwerte bei gegebenen Parametern; zerfällt der Parametersatz in klassenspezifische Teilvektoren $\boldsymbol{\theta}_1, \ldots, \boldsymbol{\theta}_K$, schreiben wir auch $P(\boldsymbol{x} \mid \boldsymbol{\theta}_\kappa, \Omega_\kappa)$, $u_\kappa(\boldsymbol{x} \mid \boldsymbol{\theta}_\kappa)$ oder kürzer $P(\boldsymbol{x} \mid \boldsymbol{\theta}_\kappa)$.

In den folgenden Unterabschnitten werden drei grundsätzliche Dimensionierungsverfahren behandelt:

- die Schätzung der klassenbedingten Wahrscheinlichkeitsdichten,

- die informationstheoretische Optimierung der Dichtefunktionen und

- die Quadratmittelapproximation der idealen Trennfunktionen.

4.2.1 Schätzung der Verteilungsdichteparameter

Die a priori Wahrscheinlichkeiten $p_\kappa = P(\Omega_\kappa)$ und die Dichteparameter $\boldsymbol{\theta}_\kappa$ des Klassifikationsproblems sind unbekannt und können nur indirekt in Gestalt der Lernstichprobe beobachtet werden. Wir betrachten $\boldsymbol{\theta}$ als Zufallsvariable mit einer (uns ebenfalls unbekannten) a priori Verteilung $P(\boldsymbol{\theta})$.

Die Dichtewerte haben nun die etwas unhandliche Darstellung

$$P(\boldsymbol{x} \mid \Omega_\kappa) = \int_{\boldsymbol{\theta}_\kappa} \frac{P(\boldsymbol{x} \mid \boldsymbol{\theta}_\kappa) P(\omega_\kappa \mid \boldsymbol{\theta}_\kappa) P(\boldsymbol{\theta}_\kappa)}{P(\omega_\kappa)} \, d\boldsymbol{\theta}_\kappa \; ; \qquad (4.29)$$

diese Bayes-Schätzung des Dichtewertes kann jedoch durch den einfacheren Ausdruck

$$P(\boldsymbol{x} \mid \Omega_\kappa) = \frac{\max_{\boldsymbol{\theta}_\kappa}(P(\boldsymbol{x} \mid \boldsymbol{\theta}_\kappa) \prod_{i=1}^{N_\kappa} P(\boldsymbol{y}_{\kappa i} \mid \boldsymbol{\theta}_\kappa))}{\max_{\boldsymbol{\theta}_\kappa} \prod_{i=1}^{N_\kappa} P(\boldsymbol{y}_{\kappa i} \mid \boldsymbol{\theta}_\kappa)} \; , \qquad (4.30)$$

angenähert werden, ohne das asymptotische Schätzfehlerverhalten zu beeinträchtigen [Mer91a, Eph92b, Eph92a]. In der Bayes-Approximation (4.30) tritt die a priori Dichte $P(\boldsymbol{\theta})$ nicht mehr auf, wohl aber gehen alle Stichprobenvektoren in die Berechnung ein.

Wir ziehen es daher vor, die statistischen Parameter durch konkrete numerische Werte $\hat{\boldsymbol{\theta}}_\kappa$, $\hat{p}_\kappa$ abzuschätzen und diese daraufhin anstelle der wahren Werte in die Prüfgrößen (4.7) einzusetzen: $u_\kappa(\boldsymbol{x}) = \hat{p}_\kappa \cdot P(\boldsymbol{x} \mid \hat{\boldsymbol{\theta}}_\kappa)$.

Es ist naheliegend, sich für diejenigen Parameter mit der maximalen a posteriori Wahrscheinlichkeit $P(\boldsymbol{p}, \boldsymbol{\theta} \mid \omega_1, \dots, \omega_K)$ nach vorheriger Beobachtung der Lernstichprobe zu entscheiden. Dieses Vorgehen, die *Bayes-Schätzung* der Parameter, setzt wieder statistische Annahmen über deren a priori Verteilung voraus und ist äquivalent zur Maximierung des Ausdruckes

$$\mathcal{L}_{\mathrm{BA}}(\boldsymbol{p}, \boldsymbol{\theta}) = \log(P(\boldsymbol{p}, \boldsymbol{\theta})P(\omega \mid \boldsymbol{p}, \boldsymbol{\theta})) \quad \text{mit} \quad P(\omega \mid \boldsymbol{p}, \boldsymbol{\theta}) = \prod_{\kappa=1}^{K} \prod_{i=1}^{N_\kappa} p_\kappa P(\boldsymbol{y}_{\kappa i} \mid \boldsymbol{\theta}_\kappa) \ . \quad (4.31)$$

Ist über die Verteilungsdichte $P(\boldsymbol{p}, \boldsymbol{\theta})$ nichts bekannt, wird sie nach dem Prinzip maximaler Entropie als uniform vorausgesetzt; Gleichung (4.31) geht nun in die Zielfunktion der *Maximum-Likelihood-Schätzung* (ML-Schätzung) über:

$$\mathcal{L}_{\mathrm{ML}}(\boldsymbol{p}, \boldsymbol{\theta}) = \log P(\omega \mid \boldsymbol{p}, \boldsymbol{\theta}) = \underbrace{\sum_{\kappa=1}^{K} N_\kappa \log p_\kappa}_{=:\mathcal{L}_{\mathrm{ML}}(\boldsymbol{p})} + \sum_{\kappa=1}^{K} \underbrace{\left(\sum_{i=1}^{N_\kappa} \log P(\boldsymbol{y}_{\kappa i} \mid \boldsymbol{\theta}_\kappa) \right)}_{=:\mathcal{L}_{\mathrm{ML}}(\boldsymbol{\theta}_\kappa)} \quad (4.32)$$

Mithilfe der ML-Schätzwerte $\hat{\boldsymbol{\theta}}_\kappa$ aufgrund der Vektoren in ω_κ und $\tilde{\boldsymbol{\theta}}_\kappa$ aufgrund der erweiterten Menge $\omega_\kappa \cup \{\boldsymbol{x}\}$ läßt sich die Bayes-Approximation (4.30) umformulieren

$$P(\boldsymbol{x} \mid \Omega_\kappa) = P(\boldsymbol{x} \mid \tilde{\boldsymbol{\theta}}_\kappa) \prod_{i=1}^{N_\kappa} \frac{P(\boldsymbol{y}_{\kappa i} \mid \tilde{\boldsymbol{\theta}}_\kappa)}{P(\boldsymbol{y}_{\kappa i} \mid \hat{\boldsymbol{\theta}}_\kappa)} \ , \quad (4.33)$$

und es wird deutlich, daß Gleichung (4.30) bei wachsender Lernstichprobe, wenn die beiden Schätzungen $\tilde{\boldsymbol{\theta}}_\kappa$ und $\hat{\boldsymbol{\theta}}_\kappa$ einander immer ähnlicher werden, einfach in den ML-Dichtewert übergeht.

ML-Schätzung der Normalverteilungsparameter. Die Maximierung des ML-Ausdruckes (4.32) zerfällt additiv in die $K + 1$ voneinander entkoppelten Optimierungsprobleme für den Vektor $\boldsymbol{p}$ der a priori Wahrscheinlichkeiten und die K klassenbedingten Parametervektoren $\boldsymbol{\theta}_\kappa$.

Schätzwerte für die p_κ erhalten wir bereits ohne weitere Verteilungsannahme durch Nullsetzen der partiellen Ableitungen von $\mathcal{L}_{\mathrm{ML}}(\boldsymbol{p}) + \lambda(\sum_\kappa p_\kappa - 1)$; die Gültigkeit der Stochastizitätsbedingung wird durch den Term mit dem Lagrange-Multiplikator λ erzwungen [Kra83, S. 131]:

$$\hat{p}_\kappa = N_\kappa \ / \ \sum_{\kappa=1}^{K} N_\kappa \quad (4.34)$$

Wir nehmen nun an, daß $P(\boldsymbol{x} \mid \boldsymbol{\theta}_\kappa)$ die Gestalt einer multivariaten Gaußdichte besitzt (siehe Gleichung (4.8)), setzen die partiellen Ableitungen $\partial \mathcal{L}_{\mathrm{ML}}(\boldsymbol{\theta}_\kappa)/\partial \mu_{\kappa i}$ und $\partial \mathcal{L}_{\mathrm{ML}}(\boldsymbol{\theta}_\kappa)/\partial \sigma_{\kappa i j}$

hinsichtlich der Mittelwertvektorkomponenten und der Kovarianzen gleich Null und erhalten

$$\hat{\boldsymbol{\mu}}_{\kappa} \;=\; \frac{1}{N_{\kappa}} \sum_{i=1}^{N_{\kappa}} \boldsymbol{y}_{\kappa i} \qquad\qquad (4.35)$$

$$\hat{\boldsymbol{\Sigma}}_{\kappa} \;=\; \frac{1}{N_{\kappa}} \sum_{i=1}^{N_{\kappa}} (\boldsymbol{y}_{\kappa i} - \hat{\boldsymbol{\mu}}_{\kappa})(\boldsymbol{y}_{\kappa i} - \hat{\boldsymbol{\mu}}_{\kappa})^{\top} \qquad\qquad (4.36)$$

Die ML-Schätzung ist erwartungstreu, d.h. die Parameterschätzwerte konvergieren für eine repräsentative Lernstichprobe wachsenden Umfanges gegen die wahren Parameter [Moo74, S. 359].

Bayes-Schätzung der Normalverteilungsparameter. Die Zielgröße (4.31) der Bayes-Schätzung in Komponenten $\partial \mathcal{L}_{\mathrm{BA}}(\boldsymbol{\theta}_{\kappa})/\partial \mu_{\kappa i}$ und $\partial \mathcal{L}_{\mathrm{BA}}(\boldsymbol{\theta}_{\kappa})/\partial \sigma_{\kappa i j}$ zu zerlegen, gelingt uns nur, wenn die bedingten Dichten $P(\boldsymbol{x} \mid \boldsymbol{\theta}_{\kappa})$ eine suffiziente Statistik besitzen (das ist bei Normalverteilungen der Fall) und formal mit der a priori Verteilung $P(\boldsymbol{p}, \boldsymbol{\theta})$ harmonieren; hinsichtlich der Details zur diesbezüglichen statistischen Theorie sei auf [DeG70, Moo74] verwiesen. Eine Möglichkeit besteht darin, die a priori Verteilung der p_{κ}, $\boldsymbol{\mu}_{\kappa}$, $\boldsymbol{\Sigma}_{\kappa}^{-1}$ durch Dirichlet-, Gauß- und Wishart-Dichtefunktionen zu   modellieren [Gau92b]:

$$
\begin{aligned}
P(\boldsymbol{p}, \boldsymbol{\theta}) \;=\;& \mathcal{D}(\boldsymbol{p} \mid \boldsymbol{q}) \cdot \prod_{\kappa=1}^{K} \left(\mathcal{N}(\boldsymbol{\mu}_{\kappa} \mid \boldsymbol{m}_{\kappa}, \tau_{\kappa}^{-1} \boldsymbol{\Sigma}_{\kappa}) \cdot \mathcal{W}(\boldsymbol{\Sigma}_{\kappa}^{-1} \mid \alpha_{\kappa}, \boldsymbol{K}_{\kappa}) \right) \\
\propto\;& \prod_{\kappa=1}^{K} \left(p_{\kappa}^{q_{\kappa}-1} \cdot |\boldsymbol{\Sigma}_{\kappa}|^{(D-\alpha_{\kappa})/2} \right. \\
& \left. \cdot e^{-\frac{\tau_{\kappa}}{2}(\boldsymbol{\mu}_{\kappa}-\boldsymbol{m}_{\kappa})^{\top}\boldsymbol{\Sigma}_{\kappa}^{-1}(\boldsymbol{\mu}_{\kappa}-\boldsymbol{m}_{\kappa})} \cdot e^{-\frac{1}{2}spur(\boldsymbol{K}_{\kappa}\boldsymbol{\Sigma}_{\kappa}^{-1})} \right)
\end{aligned}
\qquad (4.37)
$$

Die Skalare $q_{\kappa} > 0$, die Vektoren $\boldsymbol{m}_{\kappa} \in \mathbb{R}^{D}$ und die positiv-definiten $D \times D$-Matrizen $\boldsymbol{K}_{\kappa}$ stellen unsere Vorerwartungen hinsichtlich der klassenspezifischen a priori Wahrscheinlichkeiten, Mittelwerte und invertierten Kovarianzmatrizen dar; die reellen Zahlen $\tau_{\kappa} > 0$ und $\alpha_{\kappa} > D - 1$ quantifizieren den Grad der *Konzentration* der Verteilungsparameter $\boldsymbol{\mu}_{\kappa}$ und $\boldsymbol{\Sigma}_{\kappa}^{-1}$ um ihre hypothetischen Mittelwerte. Unter diesen Voraussetzungen lauten die Bayes-Schätzwerte:

$$
\begin{aligned}
\hat{p}_{\kappa} \;=\;& \frac{q_{\kappa} - 1 + N_{\kappa}}{\sum_{\kappa=1}^{K} q_{\kappa} - K + N} \\
\hat{\boldsymbol{\mu}}_{\kappa} \;=\;& \frac{1}{\tau_{\kappa} + N} \left(\tau_{\kappa} \boldsymbol{m}_{\kappa} + \sum_{j=1}^{N_{\kappa}} \boldsymbol{y}_{\kappa j} \right) \\
\hat{\boldsymbol{\Sigma}}_{\kappa} \;=\;& \frac{\boldsymbol{K}_{\kappa} + \tau_{\kappa}(\boldsymbol{\mu}_{\kappa} - \boldsymbol{m}_{\kappa})(\boldsymbol{\mu}_{\kappa} - \boldsymbol{m}_{\kappa})^{\top} + \sum_{j=1}^{N_{\kappa}}(\boldsymbol{y}_{\kappa i} - \hat{\boldsymbol{\mu}}_{\kappa})(\boldsymbol{y}_{\kappa i} - \hat{\boldsymbol{\mu}}_{\kappa})^{\top}}{\alpha_{\kappa} - D + N_{\kappa}}
\end{aligned}
\qquad (4.38)
$$

Es handelt sich im wesentlichen um gewichtete Mittel zwischen den a priori Annahmen $\boldsymbol{q}$, $\boldsymbol{m}_{\kappa}$, $\boldsymbol{K}_{\kappa}$ und den vorangegangenen ML-Schätzwerten, und die Gleichungen (4.38) gehen für sehr große Lernstichproben — aber auch im Falle uninformativer a priori Dichten, d.h. $q_\kappa = 1$, $\tau_\kappa = 0$, $\alpha_\kappa = D$ und $\boldsymbol{K}_\kappa = \boldsymbol{0}$ — in die ML-Schätzgleichungen über. Eine Bayes-Schätzung kommt also immer dann in Betracht, wenn die statistische Robustheit der Schätzung infolge unzureichenden Stichprobenumfangs gefährdet erscheint und überdies gesicherte a priori Informationen über die ungefähre Lage der Verteilungsparameter vorliegen.

4.2.2 Informationstheoretische Optimierung

Solange unsere parametrischen Verteilungsannahmen gerechtfertigt sind und die Schätzwerte $\hat{\boldsymbol{\theta}}$ genau mit den tatsächlichen Werten übereinstimmen, realisieren wir mit den Prüfgrößen $u_\kappa(\boldsymbol{x}) = \hat{p}_\kappa P(\boldsymbol{x} \mid \hat{\boldsymbol{\theta}}_\kappa)$ den optimalen Klassifikator. Gehen die Annahmen jedoch fehl — das ist bei realen Anwendungen die Regel — macht es keinen Sinn mehr, die „wahren" Parameter schätzen zu wollen, obwohl das Maximieren der ML- oder Bayes-Zielgrößen rein technisch immer noch möglich ist. Es ist vielmehr zu vermuten, daß von diesen statistischen Schätzwerten abweichende Parameterkombinationen existieren, mit denen eine geringere Fehlklassifikationsrate zu erzielen ist. Die Fehlerrate selbst ist wegen ihrer komplexen mathematischen Form für eine direkte Minimierung nicht geeignet. Es sind jedoch einfacher gestaltete Zielgrößen bekannt, die nichtsdestoweniger in engem Zusammenhang mit der Fehlerrate stehen. Ein wichtiges Verfahren, das aus dieser Motivation erwuchs, ist die Maximierung der Transinformation oder wechselseitigen Information (*maximum mutual information*, MMI); die informationstheoretischen Details findet man zum Beispiel in [Bro87, Bah87, Nor91] beschrieben.

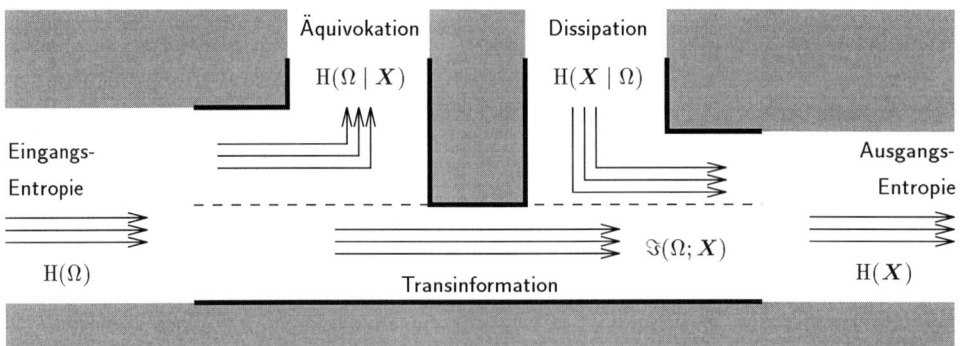

Abbildung 4.6: Der Informationskanal und seine Entropiemaße

Wir betrachten einen *Informationskanal* (Abbildung 4.6), an dessen *Quelle* die wahren Klassenzugehörigkeiten Ω_κ und an dessen *Senke* die korrespondierenden Merkmalvektoren $\boldsymbol{x}$ beobachtet werden. Das Verhalten des Kanals ist vollständig durch die Verbundverteilungsdichte $P(\Omega = \Omega_\kappa, \boldsymbol{X} = \boldsymbol{x}) = P(\Omega_\kappa, \boldsymbol{x})$ und die daraus ableitbaren marginalen und bedingten Verteilungen determiniert; Ω und $\boldsymbol{X}$ seien Zufallsvariablen, die sich über die diskreten bzw. kontinuierlichen Wertebereiche von Informationsquelle und -senke erstrecken.

Der zentrale Begriff des Kanalmodells ist die *Information*

$$\Im(\Omega_\kappa) = \log \frac{1}{P(\Omega_\kappa)} = -\log P(\Omega_\kappa) \,, \quad \Im(\boldsymbol{x}) = \log \frac{1}{P(\boldsymbol{x})} = -\log P(\boldsymbol{x}) \qquad (4.39)$$

die dem Beobachter der Ausgabe eines diskreten oder kontinuierlichen Zufallsprozesses [Sha49, Sha76] zukommt. Die Information ist ein Maß für die beseitigte Unsicherheit über den Ausgang eines Zufallsexperiments. Sie ist umso größer, je unwahrscheinlicher das tatsächlich produzierte Ergebnis a priori war, und ihre Einheit ist das *bit*, falls der Logarithmus in ihrer Definition zur Basis 2 gebildet wurde. Den Erwartungswert für den Informationsgehalt eines Zufallsprozesses bezeichnet man als *Entropie*; zum Beispiel ist

$$\mathrm{H}(\Omega) = \sum_{\kappa=1}^{K} P(\Omega_\kappa) \Im(\Omega_\kappa) = - \sum_{\kappa=1}^{K} P(\Omega_\kappa) \log P(\Omega_\kappa) \qquad (4.40)$$

die *Eingangsentropie* des Kanals oder auch die *a priori Entropie* von Ω und

$$\mathrm{H}(\Omega \mid \boldsymbol{x}) = \mathcal{E}[\Im(\Omega_\kappa) \mid \boldsymbol{X} = \boldsymbol{x}] = - \sum_{\kappa=1}^{K} P(\Omega_\kappa \mid \boldsymbol{x}) \log P(\Omega_\kappa \mid \boldsymbol{x}) \qquad (4.41)$$

die *a posteriori Entropie* der Quelle, falls der Ausgabevektor am anderen Kanalende bereits feststeht. Durch Erwartungswertbildung hinsichtlich des gesamten Merkmalraumes gelangen wir zur *bedingten* Eingangsentropie oder *Äquivokation*

$$\mathrm{H}(\Omega \mid \boldsymbol{X}) = \mathcal{E}[\mathrm{H}(\Omega \mid \boldsymbol{x})] = - \int_{\mathrm{I\!R}^D} \sum_{\kappa=1}^{K} P(\Omega_\kappa, \boldsymbol{x}) \log P(\Omega_\kappa \mid \boldsymbol{x}) \, d\boldsymbol{x} \,, \qquad (4.42)$$

welche offensichtlich den durchschnittlichen Grad unserer Unsicherheit in Bezug auf die Klassenzugehörigkeit eines beobachteten Vektors quantifiziert. Umgekehrt gibt die *wechselseitige-* oder *Transinformation*

$$\Im(\Omega; \boldsymbol{X}) = \mathrm{H}(\Omega) - \mathrm{H}(\Omega \mid \boldsymbol{X}) = \int_{\mathrm{I\!R}^D} \sum_{\kappa=1}^{K} P(\Omega_\kappa, \boldsymbol{x}) \log \frac{P(\Omega_\kappa, \boldsymbol{x})}{P(\Omega_\kappa) P(\boldsymbol{x})} \qquad (4.43)$$

den Umfang der am Kanalausgang über die wahren Klassennamen noch verfügbaren Restinformation an.

Der Kanalausgang ist nun der geometrische Punkt des informationstheoretischen Modells, an dem der noch zu dimensionierende Klassifikator operiert. Nur die erzeugten Merkmalvektoren, nicht aber die Klassennamen sind von dort aus zu „beobachten", und eine zuverlässige Klassenentscheidung setzt eine möglichst hohe Transinformation voraus.

Statt der wahren Verteilungsdichten stehen uns aber zur Klassifikatorkonstruktion bekanntlich nur geschätzte Näherungen zur Verfügung, die wir mit $P(\boldsymbol{x} \mid \Omega_\kappa, \boldsymbol{\theta})$ bezeichnen —

wir nehmen der Einfachheit an, daß uns die Werte der $P(\Omega_\kappa)$ vorliegen. Für die Entropiewerte

$$\Im_{\boldsymbol{\theta}}(\Omega; \boldsymbol{X}) = \mathrm{H}(\Omega) - \mathrm{H}_{\boldsymbol{\theta}}(\Omega \mid \boldsymbol{X}) = \int_{\mathrm{I\!R}^D} \sum_{\kappa=1}^{K} P(\Omega_\kappa, \boldsymbol{x}) \log \frac{P(\Omega_\kappa, \boldsymbol{x} \mid \boldsymbol{\theta})}{P(\Omega_\kappa) P(\boldsymbol{x} \mid \boldsymbol{\theta})} \tag{4.44}$$

bezüglich der angenäherten Dichtefunktionen läßt sich die Jensen-Ungleichung (vgl. auch Seite 102)

$$\mathrm{H}_{\boldsymbol{\theta}}(\Omega \mid \boldsymbol{X}) \geq \mathrm{H}(\Omega \mid \boldsymbol{X}) \tag{4.45}$$

und damit auch $\Im_{\boldsymbol{\theta}}(\Omega; \boldsymbol{X}) \leq \Im(\Omega; \boldsymbol{X})$ herleiten [Bro87, S. 5]. Auch unter dem Gesichtspunkt der Transinformationsmaximierung stellt der Bayes-Klassifikator also die optimale Lösung dar: keine Dichtefunktion stellt im Mittel soviel Information über die Klassenidentität eines Merkmalvektors bereit wie die wahre WDF.

Unter der realistischen Voraussetzung, daß die exakten Dichteverläufe nicht im Rahmen der Funktionenfamilie $P(\Omega_\kappa, \boldsymbol{x} \mid \boldsymbol{\theta})$ repräsentierbar sind, gelangen wir jedoch zu einer neuen Zielfunktion

$$\mathcal{L}_{\mathrm{MMI}}(\boldsymbol{\theta}) = \sum_{\kappa=1}^{K} \sum_{i=1}^{N_\kappa} \log \frac{P(\Omega_\kappa, \boldsymbol{y}_{\kappa i} \mid \boldsymbol{\theta})}{P(\Omega_\kappa) P(\boldsymbol{y}_{\kappa i} \mid \boldsymbol{\theta})} \tag{4.46}$$

für die Optimierung des Parametervektors $\boldsymbol{\theta}$, welche sich aus Gleichung (4.44) ergibt, wenn der Erwartungsoperator durch Summierung über die Muster der Lernstichprobe ersetzt wird. Die Maximierung von $\mathcal{L}_{\mathrm{MMI}}(\boldsymbol{\theta})$ läuft, da wir die a priori Klassenwahrscheinlichkeiten vorsorglich festgehalten haben, auf eine Maximierung (des Produkts) der a posteriori Wahrscheinlichkeiten $P(\Omega_\kappa \mid \boldsymbol{x}, \boldsymbol{\theta})$ korrespondierender Klassen-Vektor-Paare hinaus. Die MMI-Schätzung maximiert daher die Prüfgrößen der jeweils korrekten Musterklasse, und gleichzeitig werden die Prüfgrößen der falschen Klassen infolge der Stochastizitätsbedingung zwangsläufig minimiert. Die Legitimation dieses Optimierungskriteriums ist also völlig unabhängig von der Akzeptabilität der vorausgeschickten Verteilungsannahmen.

Ein entscheidender Nachteil der MMI-Optimierung besteht allerdings darin, daß wir selbst unter Normalverteilungsannahme keine geschlossenen Schätzformeln für die Parameter der Dichtefunktionen angeben können. Mit

$$\log \frac{P(\Omega_\kappa, \boldsymbol{y}_{\kappa i} \mid \boldsymbol{\theta})}{P(\Omega_\kappa) P(\boldsymbol{y}_{\kappa i} \mid \boldsymbol{\theta})} = \log P(\boldsymbol{y}_{\kappa i} \mid \Omega_\kappa, \boldsymbol{\theta}) - \log P(\boldsymbol{y}_{\kappa i} \mid \boldsymbol{\theta}) \tag{4.47}$$

und

$$P(\boldsymbol{y}_{\kappa i} \mid \boldsymbol{\theta}) = \sum_{\lambda=1}^{K} P(\Omega_\lambda) P(\boldsymbol{y}_{\kappa i} \mid \Omega_\lambda, \boldsymbol{\theta}) \tag{4.48}$$

erhalten die partiellen Ableitungen der Zielfunktion nach dem i-ten Parameter $\theta_{\kappa i}$ der κ-ten Prüfgröße nach kurzer Rechnung die etwas verwickelte Form:

$$\frac{\partial \mathcal{L}_{\mathrm{MMI}}(\boldsymbol{\theta})}{\theta_{\kappa i}} = \sum_{j=1}^{N_\kappa} \left[\frac{\partial P(\boldsymbol{y}_{\kappa j} \mid \Omega_\kappa, \boldsymbol{\theta})}{\partial \theta_{\kappa i}} \left(\frac{1}{P(\boldsymbol{y}_{\kappa j} \mid \Omega_\kappa, \boldsymbol{\theta})} - \frac{P(\Omega_\kappa)}{P(\boldsymbol{y}_{\kappa j} \mid \boldsymbol{\theta})} \right) \right]$$
$$- P(\Omega_\kappa) \sum_{\lambda \neq \kappa} \sum_{j=1}^{N_\lambda} \left(\frac{1}{P(\boldsymbol{y}_{\lambda j} \mid \boldsymbol{\theta})} \cdot \frac{\partial P(\boldsymbol{y}_{\lambda j} \mid \Omega_\kappa, \boldsymbol{\theta})}{\partial \theta_{\kappa i}} \right) \tag{4.49}$$

Die Formel legt ein Gradientenaufstiegsverfahren nahe, dessen Schrittweiten zu bestimmen allerdings nicht ganz einfach ist, zumal eine Bestimmung der Hesse-Matrix aufgrund der Gestalt von (4.49) wohl kaum in Betracht kommt [Nor91, S. 101]. Es ist jedoch instruktiv, die Gradientenrichtung von $\mathcal{L}_{\mathrm{MMI}}(\boldsymbol{\theta})$ zu analysieren; der erste Ausdruck markiert dieselbe Aufstiegsrichtung wie der Gradient der ML-Zielfunktion und hängt insbesondere nur von Stichprobenelementen der Klasse Ω_κ ab, während im zweiten Ausdruck auch die Ableitungen von Prüfgrößenwerten für die Muster der übrigen Klassen auftreten. In die MMI-Schätzung einer jeden bedingten Verteilungsdichte gehen also alle Trainingsvektoren ein; die Vektoren der konkurrierenden Klassen bewirken dabei, daß die Klassengebiete schärfer voneinander getrennt werden. Aufgrund dieser Eigenschaften bezeichnet man die MMI-Schätzung als *diskriminatives* Lernverfahren [Dod89].

4.2.3 Verteilungsfreie Verfahren

Auch die hier betrachteten verteilungsfreien Klassifikatoren bedienen sich eines diskriminativen Lernverfahrens. Die Prüfgrößen haben in diesem Fall jedoch zunächst keinerlei statistische Interpretation. Wir orientieren uns daher am Entwurfsziel korrekter Klassenzuweisung, die — wir setzen eine Maximum-Entscheidungsregel voraus — große Prüfgrößenwerte für die korrekte Klasse bei gleichzeitig kleinen Werten für die unzutreffenden Klassen erfordert. Exakt dieses Verhalten charakterisiert den Vektor der *idealen Trennfunktionen*

$$\boldsymbol{\delta}(\boldsymbol{x}) = \begin{pmatrix} \delta_1(\boldsymbol{x}) \\ \vdots \\ \delta_K(\boldsymbol{x}) \end{pmatrix} \quad \text{mit} \quad \delta_\kappa(\boldsymbol{x}) = \begin{cases} 1 & \boldsymbol{x} \in \Omega_\kappa \\ 0 & \boldsymbol{x} \notin \Omega_\kappa \end{cases} . \tag{4.50}$$

Die naheliegendste und vor allem problemlos differenzierbare Zielfunktion ist die zu erwartende quadratische Abweichung zwischen den idealen und den zu optimierenden Trennfunktionen:

$$\varepsilon = \mathcal{E}[\|\boldsymbol{\delta}(\boldsymbol{X}) - \boldsymbol{u}(\boldsymbol{X})\|^2] = \mathcal{E}[(\boldsymbol{\delta}(\boldsymbol{X}) - \boldsymbol{u}(\boldsymbol{X}))^\top (\boldsymbol{\delta}(\boldsymbol{X}) - \boldsymbol{u}(\boldsymbol{X}))] \tag{4.51}$$

Die Minimierung dieses *Rekonstruktionsfehlers* ist gleichbedeutend zur Quadratmittelapproximation der idealen Trennfunktionen durch die Mitglieder einer vorgegebenen Funktionenfamilie; wird die letztere nicht weiter eingeschränkt, so ergibt sich ein überraschender Zusammenhang mit dem Bayes-Klassifikator:

Optimale Rekonstruktion: Der Funktionenvektor $\boldsymbol{u}^*(\boldsymbol{x})$, der das Quadratmittelkriterium (4.51) minimiert, hat die Form einer *Regressionsfunktion*

$$\boldsymbol{u}^*(\boldsymbol{x}) = \mathcal{E}[\boldsymbol{\delta}(\boldsymbol{X}) \mid \boldsymbol{X} = \boldsymbol{x}] \; . \tag{4.52}$$

Aufgrund der speziellen Struktur der idealen Trennfunktionen folgt zudem unmittelbar der einfache Zusammenhang

$$u^*_\kappa(\boldsymbol{x}) = P(\Omega_\kappa \mid \boldsymbol{x}) \tag{4.53}$$

mit den (wahren) Verteilungsdichten des zugrundeliegenden Zufallsprozesses. $\square$

Der Beweis dieses Satzes ist in [Sch77, S. 164] nachzulesen. Insbesondere können wir folgern, daß die Quadratmittelprüfgrößen auch unter eingeschränkter Optimierung exakt mit den wahren a posteriori Verteilungen $P(\Omega_\kappa \mid \boldsymbol{x})$ übereinstimmen, vorausgesetzt, diese waren Elemente der vorgegebenen Funktionenfamilie; das ist beispielsweise für den verallgemeinert-linearen Ansatz (4.18) mit Polynomtermen zweiten Grades der Fall, wenn die Merkmalvektoren klassenweise normalverteilt sind und die Bayes-Trennfunktionen folglich quadratische Form hinsichtlich der Merkmalkomponenten besitzen.

Verallgemeinert-lineare Prüfgrößen. Mit den Bezeichnungen von Unterabschnitt 4.1.3 lauten die partiellen Ableitungen von (4.51) in Matrixschreibweise

$$\frac{\partial \varepsilon}{\partial \boldsymbol{A}} = \underbrace{\mathcal{E}[\boldsymbol{\varphi}(\boldsymbol{X})\boldsymbol{\varphi}^\top(\boldsymbol{X})]}_{\boldsymbol{B}} \boldsymbol{A} - \underbrace{\mathcal{E}[\boldsymbol{\varphi}(\boldsymbol{X})\boldsymbol{\delta}^\top(\boldsymbol{X})]}_{\boldsymbol{C}} \tag{4.54}$$

und das Optimierungsproblem hat die geschlossene Lösung $\boldsymbol{A} = \boldsymbol{B}^{-1}\boldsymbol{C}$, falls $\boldsymbol{B}$ invertierbar ist. Realiter werden $\boldsymbol{B}$ und $\boldsymbol{C}$ mit Hilfe einer gekennzeichneten Lernstichprobe geschätzt:

$$
\begin{aligned}
\hat{\boldsymbol{B}} &= \frac{1}{N} \sum_{\kappa=1}^{K} \sum_{i=1}^{N_\kappa} \boldsymbol{\varphi}(\boldsymbol{y}_{\kappa i})\boldsymbol{\varphi}^\top(\boldsymbol{y}_{\kappa i}) \\
\hat{\boldsymbol{C}} &= \frac{1}{N} \sum_{\kappa=1}^{K} \sum_{i=1}^{N_\kappa} \boldsymbol{\varphi}(\boldsymbol{y}_{\kappa i})\boldsymbol{e}_\kappa^\top = (\hat{p}_1\hat{\boldsymbol{\mu}}_1, \ldots, \hat{p}_K\hat{\boldsymbol{\mu}}_K)
\end{aligned} \tag{4.55}
$$

Es sind $\boldsymbol{e}_\kappa$ die κ-ten K-dimensionalen Einheitsvektoren, $\hat{p}_\kappa$ die geschätzten a priori Wahrscheinlichkeiten sowie $\hat{\boldsymbol{\mu}}_\kappa$ und $\hat{\boldsymbol{B}}$ die empirischen Mittelwertvektoren bzw. die zweite Momentenmatrix bezüglich der Vektoren $\boldsymbol{z}_{\kappa i} = \boldsymbol{\varphi}(\boldsymbol{y}_{\kappa i})$. Es sind Lösungsverfahren bekannt, die unter Ausnutzung der speziellen Gestalt von $\boldsymbol{B}$ und $\boldsymbol{C}$ wesentlich schneller zum Ziel führen als die Inversion von $\boldsymbol{B}$ [Sch77, S. 196]. Diese Techniken beruhen wesentlich darauf, die Merkmalterme $\boldsymbol{\varphi}(\boldsymbol{x})$ in der Reihenfolge ihres quantitativen Beitrags zur Verminderung des Rekonstruktionsfehlers zu bearbeiten; erreicht die Reststreuung schließlich einen sehr kleinen Wert, können die restlichen Terme sogar unberücksichtigt bleiben.

Nichtlineare Prüfgrößen. Auch die nichtlinearen Prüfgrößen eines Neuronalen Netzes sollen im quadratischen Mittel an die idealen Trennfunktionen herangeführt werden; die freien Parameter sind jetzt die Elemente der synaptischen Gewichtsmatrix $\boldsymbol{W}$. Neben der Nichtlinearität besteht ein wesentlicher Unterschied zum vorhergehenden Ansatz darin, daß jeder Klassifikatorparameter im Prinzip in jede Prüfgrößenberechnung involviert sein kann. Für die optimalen Gewichte $\{w_{ij}\}$ existiert im allgemeinen keine geschlossene Lösung. Es gibt jedoch einfache Iterationsalgorithmen zum Auffinden lokaler Optima auf Grundlage standardmäßiger Gradientenabstiegsverfahren, die bereits früh in einer wenig beachteten Harvard-Dissertation [Wer74] publiziert aber erst Mitte der achtziger Jahre einer breiteren Öffentlichkeit zugänglich gemacht wurden [Rum86].

Wir illustrieren das Fehlerrückführungsverfahren (*backward error propagation*, BEP) am Beispiel eines Mehrschichtenperzeptrons mit skalarproduktförmiger Eingangserregung und sigmoider Aktivierungsfunktion (vgl. Unterabschnitt 4.1.3). Zu maximieren ist die mittlere quadratische Abweichung

$$\varepsilon = -\sum_{\kappa=1}^{K}\sum_{i=1}^{N_\kappa}\varepsilon(\boldsymbol{y}_{\kappa i}\mid\boldsymbol{W}) = -\sum_{\kappa=1}^{K}\sum_{i=1}^{N_\kappa}\sum_{\lambda=1}^{K}(\delta_\lambda(\boldsymbol{y}_{\kappa i})-u_\lambda(\boldsymbol{y}_{\kappa i}))^2 \tag{4.56}$$

zwischen idealer und neuronaler Trennfunktion. Die iterative Auffrischung der Parameter besteht beim Gradientenaufstieg in einer Verschiebung von $\boldsymbol{W}$ in Richtung der Gradientenmatrix $\{\partial\varepsilon/\partial w_{ij}\}$.

Wir führen die Differentiation nur für ein einzigen Merkmalvektor $\boldsymbol{x}$ durch; die o_i seien die anläßlich der Eingabe von $\boldsymbol{x}$ zu beobachtenden neuronalen Aktivierungsgrade. Die interessierenden partiellen Ableitungen $\partial\varepsilon/\partial w_{ij}$ lassen sich mit Hilfe der Kettenregel mühelos in die beiden Faktoren $\partial\varepsilon/\partial o_j$ und $\partial o_j/\partial w_{ij}$ zerlegen. Unter Einsetzung der Ableitung

$$\frac{df(\sigma_j)}{d\sigma_j} = f(\sigma_j)(1-f(\sigma_j)) = o_j(1-o_j) \tag{4.57}$$

der Sigmoidfunktion erhält der zweite Faktor die Form

$$\frac{\partial o_j}{\partial w_{ij}} = \frac{df(\sigma_j)}{d\sigma_j}\cdot\frac{\partial\sigma_j}{\partial w_{ij}} = o_j(1-o_j)o_i \ . \tag{4.58}$$

Der erste Faktor beschreibt die Fehlerkomponente in der Aktivität des j-ten Neurons und kann vermöge erneuter Anwendung der Kettenregel auf die Fehleranteile der Neuronen in der Nachfolgeschicht zurückgeführt werden (daher der Name des Verfahrens):

$$\underbrace{\frac{\partial\varepsilon}{\partial o_j}}_{\beta_j} = \sum_{k\in\mathcal{K}_j^+}\frac{\partial\varepsilon}{\partial o_k}\cdot\frac{\partial o_k}{\partial o_j} = \sum_{k\in\mathcal{K}_j^+}\frac{\partial\varepsilon}{\partial o_k}\cdot\frac{df(\sigma_k)}{d\sigma_k}\cdot\frac{\partial\sigma_k}{\partial o_j} = \sum_{k\in\mathcal{K}_j^+}\underbrace{\frac{\partial\varepsilon}{\partial o_k}}_{\beta_k}\cdot o_k(1-o_k)w_{jk} \tag{4.59}$$

Mit dieser Rekursionsformel und der speziellen Beziehung $\partial\varepsilon/\partial o_j = 2(d_j-o_j)$ für Neuronen der Ausgabeschicht — d_j entspreche dem Wert $\delta_\kappa(\boldsymbol{x})$ der idealen Trennfunktion, falls das j-te Neuron der Ausgabeknoten für die Klasse Ω_κ war — lautet der BEP-Algorithmus:

Backward Error Propagation

Für jeden Merkmalvektor $\boldsymbol{x}$ der Lernstichprobe:

(1) Berechne die Aktivierungsgrade o_j aller Neuronen bei Eingabe von $\boldsymbol{x}$

(2) Berechne den Fehleranteil der Ausgabeneuronen: $\beta_j = 2(d_j - o_j)$

(3) Berechne die Fehleranteile in den übrigen Schichten: $\beta_j = \sum_k \beta_k o_k (1 - o_k) w_{jk}$

(4) Berechne die Korrekturterme $\Delta w_{ij} = \eta \cdot o_i o_j (1 - o_j) \beta_j$

Das Verändern der Gewichtsmatrix $\boldsymbol{W}$ kann entweder nach jedem einzelnen Merkmalvektor oder aber nach Durchlauf der gesamten Stichprobe geschehen.

Die Größe η, die im letzten Schritt an den Korrekturterm multipliziert wird, bestimmt die Schrittweite und damit auch speziell die Konvergenzeigenschaften des Gradientenaufstiegs und wird im Kontext Neuronaler Netze als *Lernrate* bezeichnet.

4.3 Unüberwachtes Lernen

Im Zusammenhang mit der unüberwachten Dimensionierung eines Klassifikators, also der Optimierung seiner Parameter aufgrund einer Stichprobe von Merkmalvektoren unbekannter Klassenzugehörigkeit, drängt sich unmittelbar die Frage nach dem Entwurfsziel auf, denn ohne vorgegebene Klassengebiete gibt es weder Fehlerraten noch klassenbedingte Verteilungsdichten oder ideale Trennfunktionen.

Wir werden in diesem Abschnitt nicht datenexplorative Gesichtspunkte des unüberwachten Lernens, also die Analyse von Häufungsgebieten innerhalb der Stichprobe, sondern den Aspekt informationserhaltender Datenreduktion in den Vordergrund stellen.

Fassen wir die Zuordnung eines Vektors $\boldsymbol{x}$ zu einem Klassennamen als diskretwertige Kodierung von $\boldsymbol{x}$ auf und sind die Vektoren tatsächlich im Sinne eines zweistufigen Zufallsprozesses auf Grundlage der a priori Verteilung $\{P(\Omega_\kappa)\}$ und der klassenbedingten Dichten $P(\boldsymbol{x} \mid \Omega_\kappa)$, $\kappa = 1, \ldots, K$ generiert worden, verfängt das Kanalmodell der Abbildung 4.6 und es ist die Transinformation zu maximieren. Das wiederum können wir unter der Voraussetzung korrekter Verteilungsannahmen und festgehaltener a priori Wahrscheinlichkeiten wegen der Jensen-Ungleichung (4.45) durch eine Schätzung der Dichteparameter realisieren. Diese Problemstellung läuft auf die *Identifikation einer Mischverteilung* hinaus; mit dem EM-Algorithmus werden wir in diesem Abschnitt ein Hilfsmittel zur Bewältigung dieser Aufgabe bereitstellen.

Zuvor aber werden wir als spezielle Variante unüberwachten Lernens den Entwurf von Vektorquantisierern studieren.

4.3.1 Vektorquantisierung

Ein *Vektorquantisierer* [Ger83, Jua82] ist ein Operator

$$q \; : \; \begin{cases} \mathrm{I\!R}^D & \longrightarrow & \mathcal{Z} = \{z_1, \ldots, z_K\} \\ x & \longmapsto & q(x) \end{cases} , \tag{4.60}$$

der jeden Vektor des Merkmalraumes auf ein Element eines endlichen Vorrates $\mathcal{Z}$ sogenannter *Prototypvektoren* abbildet; die Menge $\mathcal{Z}$ wird gemeinhin als *Kodebuch* des Quantisierers bezeichnet. Die Abbildung $q(\cdot)$ ist durch eine disjunkte Zerlegung oder *Partition*

$$\mathrm{I\!R}^D = \mathcal{Y}_1 \uplus \cdots \uplus \mathcal{Y} , \qquad \mathcal{Y}_\kappa = \{x \mid q(x) = z_\kappa\} \tag{4.61}$$

des Merkmalraumes in *Zellen* repräsentiert; die Arbeitsweise eines Vektorquantisierers ist offensichtlich durch sein Kodebuch und seine Partition eindeutig festgelegt. Informell gesprochen besteht das Ziel der Quantisierung darin, Vektoren x durch ihre Repräsentanten $\tilde{x} = q(x)$ im Mittel möglichst genau zu approximieren. Zur Formalisierung dieses Gütekriteriums setzen wir eine Abstandsfunktion $d(\cdot, \cdot)$ zwischen Merkmalvektoren voraus und nehmen ferner an, daß die Vektoren gemäß einer kontinuierlichen Dichte $P(x)$ verteilt sind. Wir nennen $q(\cdot)$ einen *optimalen* Vektorquantisierer, wenn die zu erwartende *Verzerrung* (der *Quantisierungsfehler*)

$$\varepsilon = \mathcal{E}[d(X, q(X))] = \sum_{\kappa=1}^{K} \int_{x \in \mathcal{Y}_\kappa} d(x, z_\kappa) P(x) \, dx \tag{4.62}$$

minimal ist.

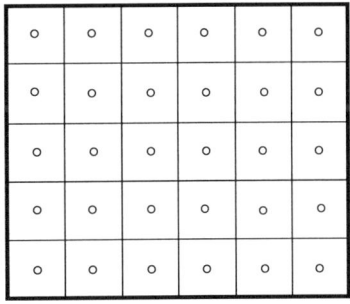 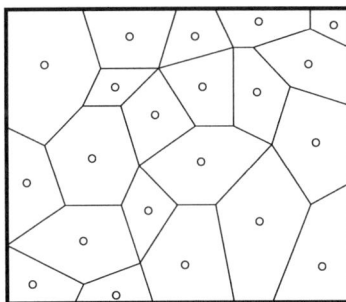

Abbildung 4.7: Uniforme (links) und nicht-uniforme (rechts) Quantisierungen der Ebene

Zwei mögliche Zerlegungen eines rechteckigen Ausschnitts der zweidimensionalen reellen Zahlenebene in Zellen sowie die durch kleine Kreise markierten Prototypvektoren sind in Abbildung 4.7 zu sehen; die Quantisierung mittels quadratischer Gitterstruktur ist nur unter der Voraussetzung einer uniformen Musterverteilung optimal. Zwischen Vektorquantisierung und numerischer Klassifikation besteht offensichtlich ein sehr enger Zusammenhang:

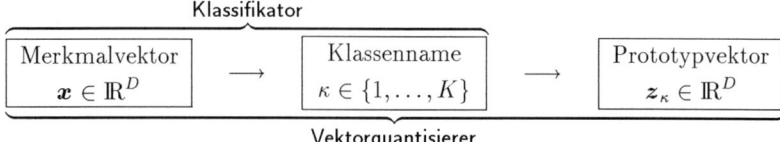

Jeder Quantisierer induziert einen Klassifikator, und jeder Klassifikator kann nach Wahl geeigneter Klassenrepräsentanten zu einem Quantisierer erweitert werden.

Es gibt keine geschlossene Lösung für den optimalen Quantisierer; die kombinatorische Struktur des Problems aufgrund der beteiligten unbekannten Merkmalraumzerlegungen legten eine solche Vermutung auch schon nahe. Gleichung (4.62) impliziert jedoch zwei notwendige Bedingungen für das Kodebuch und die Zellenstruktur des minimal verzerrenden Quantisierers [Ger82]:

- Der Quantisierer wählt stets den hinsichtlich der Abstandsfunktion nächstliegenden Kodebuchvektor aus, d.h. $q(\cdot)$ partitioniert den Merkmalraum in die Zellen $\hat{\mathcal{Y}}_1(\mathcal{Z}), \ldots, \hat{\mathcal{Y}}_K(\mathcal{Z})$ mit

$$\hat{\mathcal{Y}}_\kappa(\mathcal{Z}) = \{ \boldsymbol{x} \in \mathbb{R}^D \mid d(\boldsymbol{x}, \boldsymbol{z}_\kappa) = \min_\lambda d(\boldsymbol{x}, \boldsymbol{z}_\lambda) \} \ . \tag{4.63}$$

Für ein gegebenes Kodebuch $\mathcal{Z}$ ruft die Klassenzerlegung $\hat{\mathcal{Y}}_1(\mathcal{Z}), \ldots, \hat{\mathcal{Y}}_K(\mathcal{Z})$ den kleinsten Quantisierungsfehler hervor.

- Als Prototypvektor $\boldsymbol{z}_\kappa$ fungiert immer das *Klassenzentroid* $\boldsymbol{z}(\mathcal{Y}_\kappa)$, also derjenige Vektor $\hat{\boldsymbol{y}}$ mit minimaler erwarteter Abweichung von den Zellenelementen [Koh85]:

$$\mathcal{E}[d(\boldsymbol{X}, \hat{\boldsymbol{y}}) \mid \boldsymbol{X} \in \mathcal{Y}_\kappa] = \min_{\boldsymbol{y}} \mathcal{E}[d(\boldsymbol{X}, \boldsymbol{y}) \mid \boldsymbol{X} \in \mathcal{Y}_\kappa] \tag{4.64}$$

Bei gegebener Partition $\mathcal{Y}_1, \ldots, \mathcal{Y}_K$ ist $(\boldsymbol{z}(\mathcal{Y})_\kappa \mid \kappa = 1, \ldots, K)$ das verzerrungsminimale zugehörige Kodebuch. Für metrisch-quadratische Abstandsmaße der Form $d(\boldsymbol{x}, \boldsymbol{y}) = (\boldsymbol{x} - \boldsymbol{y})^\top \boldsymbol{\Sigma}^{-1} (\boldsymbol{x} - \boldsymbol{y})$ entspricht das Zentroid einer Menge $\mathcal{M}$ einfach dem bedingten Erwartungswert $\mathcal{E}[\boldsymbol{X} \mid \boldsymbol{X} \in \mathcal{M}]$.

Es drängt sich daher ein iteratives Verfahren auf, das abwechselnd eine kodebuchbedingte Zerlegungsoptimierung und eine zerlegungsbedingte Kodebuchoptimierung durchführt. Da die Verteilungsdichte $P(\boldsymbol{x})$ nicht verfügbar ist, sondern der Quantisierer stattdessen aufgrund der endlichen Stichprobe $\omega \subset \mathbb{R}^D$ dimensioniert wird, geht die Zentroidberechnung in eine Mittelwertbildung über und es muß auch nur ω statt $\mathbb{R}^D$ partitioniert werden. Die eindimensionale Variante des Verfahrens ist unter dem Namen *Lloyd*-Algorithmus bekannt [Llo57]. Das nichtskalare Verfahren wird als K-means-Iteration [McQ67] oder LBG-Algorithmus (nach den Autoren Linde, Buzo und Gray [Lin80]) bezeichnet, je nachdem ob die Korrektur der Klassenzentroide *sequentiell*, d.h. unmittelbar nach jedem Trainingsvektor, oder *schub-weise* nach Abarbeitung der Stichprobe geschieht. Der LBG-Algorithmus für quadratische Metriken lautet:

LBG-Algorithmus (Linde-Buzo-Gray)

▷ Wähle die Anzahl K der Kodebuchklassen
▷ Wähle initiale Prototypenvektoren $\mathcal{Z}^{(0)} = (\boldsymbol{z}_\kappa^{(0)} \mid \kappa = 1, \ldots, K)$.
▷ Für $i = 1, 2, 3, \ldots$:

(1) Klassifiziere alle Trainingsvektoren $\boldsymbol{x} \in \omega$ und bestimme daraus die neue Zerlegung

$$\mathcal{Y}_\kappa^{(i)} = \hat{\mathcal{Y}}_\kappa(\mathcal{Z}^{(i-1)}) \,, \quad \kappa = 1, \ldots, K$$

(2) Berechne das neues Kodebuch $\mathcal{Z}^{(i)}$ mit den Klassenzentroiden

$$\boldsymbol{z}_\kappa^{(i)} = \frac{1}{N_\kappa^{(i)}} \sum_{\boldsymbol{x} \in \mathcal{Y}_\kappa^{(i)}} \boldsymbol{x} \, ;$$

$N_\kappa^{(i)}$ ist die Anzahl der Vektoren in Zelle $\mathcal{Y}_\kappa^{(i)}$.

(3) Wenn das Abbruchkriterium erfüllt ist → ENDE, sonst setze $i = i + 1$ und → (1).

Das gesuchte Kodebuch ist $\mathcal{Z}^{(i)}$, und der Vektorquantisierer entscheidet gemäß der Minimumabstandsregel.

Der LBG-Algorithmus ist ein reines Austauschverfahren, d.h. die Klassenzahl bleibt während der Iterationen konstant und muß anfangs vorgegeben werden. Der theoretisch minimale Quantisierungsfehler reduziert sich mit wachsendem K, weil jeder K-Quantisierer auch gleichzeitig schon ein $K + 1$-Quantisierer ist, und bildet deswegen kein geeignetes Auswahlkriterium für die günstigste Kodebuchgröße. Das ISODATA-Verfahren [Bal65] ist eine Erweiterung von K-means und macht auch die Klassenzahl zum Gegenstand der Optimierung.

Der Quantisierungsfehler aufgrund des Kodebuchs $\mathcal{Z}^{(i)}$ fällt *per constructionem* monoton mit i, ist positiv und daher notwendig konvergent. Die schrittweise Fehlerreduktion ist ein geeignetes Abbruchkriterium für den LBG-Algorithmus. Da ω als endliche Menge nur endlich viele verschiedene Zerlegungen besitzt, erreicht die iterative Kodebuchauffrischung aber ohnehin schließlich einen Fixpunkt oder gerät in einen Zyklus von Quantisierern mit konstantem Verzerrungswert.

Das Kodebuch am Ende der Iterationsfolge ist nur *lokal optimal*, d.h. kleine Änderung der Prototypvektoren bedingen eine Zunahme des Quantisierungsfehlers; die Existenz gleichgroßer Kodebücher mit geringerer Verzerrung kann jedoch nicht ausgeschlossen werden.

Welches der vorhandenen lokalen Optima angenommen und welcher Quantisierungsfehler damit erzielt wird entscheidet letztlich die Wahl des initialen Kodebuchs. Der LBG-

Algorithmus führt, sarkastisch formuliert, das Problem der Kodebuchoptimierung auf das der Startwerteoptimierung zurück. Eine Reihe von Ansätzen zur Kodebuchinitialisierung wurde in [Boe91] untersucht; die Studie kam zu dem Schluß, das sich auch systematische Verfahren — u.a. die Analyse von Hauptstreuungsrichtungen — einer zufallsgesteuerten Auswahl der Startprototypen im Mittel nicht überlegen zeigten.

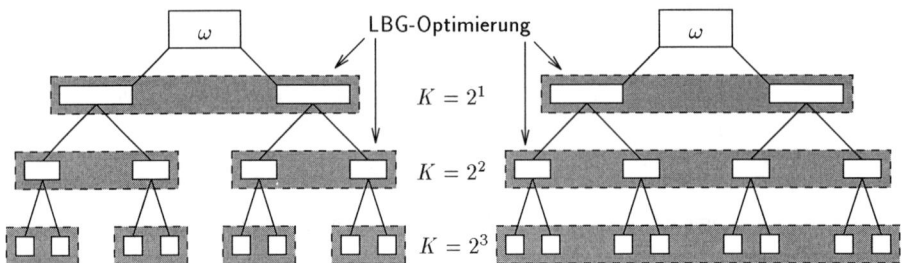

Abbildung 4.8: Hierarchischer Entwurf von 8-Klassen-Kodebüchern durch zellenpaar- bzw. zellenschichtweise Anwendung des LBG-Algorithmus

Der Einfluß der Initialisierung kann durch die Einbettung des LBG-Algorithmus in einen *hierarchisch-divisiven* Ansatz reduziert werden. Abbildung 4.8 zeigt schematisch die schrittweise binäre Zerlegung der Lernstichprobe in $K = 2^B$ Zellen. Die gestrichelt umrandeten Subpartitionen — Zellenpaare für Baumquantisierer [Boe91] und Zellenschichten im *splitting*-Algorithmus [Lin80] — werden jeweils mit Hilfe des LBG-Algorithmus optimiert.

Durch die Überlagerung des LBG-Algorithmus mit einem Zufallsprozeß zunehmender Entropie (*simulated annealing* [Aar87]) kann sogar die globale Optimalität des Ergebnisquantisierers garantiert werden; die entsprechenden Verfahren [Sel91, Yai92, Zeg92, Coc92] sind jedoch äußerst rechenzeitaufwendig.

4.3.2 Identifikation von Mischverteilungen (Teil A)

Da beim unüberwachten Lernen die Klassengebiete bzw. die Klassenzugehörigkeit der Stichprobenvektoren unbekannt sind, liefert eine Verteilungsannahme hier lediglich die Aussage, daß die Gesamtheit aller Merkmalvektoren gemäß der Mischung oder *marginalen* Dichte

$$P(\boldsymbol{x} \mid \boldsymbol{p}, \boldsymbol{\theta}) = \sum_{\kappa=1}^{K} p_\kappa \cdot P(\boldsymbol{x} \mid \boldsymbol{\theta}_\kappa) \tag{4.65}$$

verteilt ist. Es stellt sich sofort die grundsätzliche Frage nach der *Identifizierbarkeit* dieser Mischung [Kie52]: lassen sich die Parameterwerte $\boldsymbol{p}$, $\boldsymbol{\theta}$ eindeutig bestimmen, sofern der genaue Funktionsverlauf von $P(\boldsymbol{x} \mid \boldsymbol{p}, \boldsymbol{\theta})$ bekannt ist?

Aus funktionalanalytischer Sicht ist dafür allein entscheidend, ob die angesetzte Familie von Verteilungsdichten eine Basis des aufgespannten Funktionsraumes bildet; wenn ja, so existiert eine Darstellung von $P(\boldsymbol{x})$ als Linearkombination, ist eindeutig und entspricht somit derjenigen in Gleichung (4.65). Von der Familie $\{\mathcal{N}(\boldsymbol{x} \mid \boldsymbol{\mu}, \boldsymbol{\Sigma})\}$ multivariater Normalverteilungsdichten ist bekannt, daß sie eine Orthogonalbasis darstellt [Yak70]. Für uns sind diese Resultate nur von begrenztem Nutzen, denn erstens kennen wir keine explizite Konstruktionsvorschrift zur Berechnung der Funktionalbasisdarstellung (4.65), und zweitens beschränkt sich unsere Information über den Verlauf von $P(\boldsymbol{x})$ auf die Kenntnis einer Lernstichprobe $\omega = (\boldsymbol{y}_1, \ldots, \boldsymbol{y}_N)$.

Abbildung 4.9:
Zufällig erzeugte Vektoren einer vierkomponentigen Gaußschen Mischverteilung im $\mathbb{R}^2$

Die Abbildung 4.9 verdeutlicht das Problem am Beispiel einer Mischung aus vier ebenen Normalverteilungskomponenten; die Mittelwertvektoren und Streuungsmatrizen der vier Häufungsgebiete — die Klassenidentitäten sind zur Veranschaulichung eingezeichnet, stehen dem Lernprozeß aber nicht zur Verfügung — müssen allein aufgrund der Musterkonstellationen geschätzt werden. Die Zielgröße einer Maximum-Likelihood-Schätzung ist die logarithmierte Wahrscheinlichkeit für die Produktion aller Stichprobenelemente:

$$\mathcal{L}_{\mathrm{MIX}}(\boldsymbol{p}, \boldsymbol{\theta}) = \log P(\omega \mid \boldsymbol{p}, \boldsymbol{\theta}) = \log \prod_{i=1}^{N} P(\boldsymbol{y}_i \mid \boldsymbol{p}, \boldsymbol{\theta}) = \sum_{i=1}^{N} \log \left(\sum_{\kappa=1}^{K} p_\kappa P(\boldsymbol{y}_i \mid \boldsymbol{\theta}_\kappa) \right) \qquad (4.66)$$

Die Maximierung von $\mathcal{L}_{\mathrm{MIX}}(\boldsymbol{p}, \boldsymbol{\theta})$ unter der Nebenbedingung $\sum_\kappa p_\kappa = 1$ durch Nullsetzen der partiellen Ableitungen führt selbst unter Normalverteilungsannahme auf ein System gekoppelter transzendenter Gleichungen für die Schätzwerte $\hat{p}_\kappa$, $\hat{\boldsymbol{\mu}}_\kappa$ und $\hat{\boldsymbol{\Sigma}}_\kappa$ [Nie83, S. 251]. Die unerwünschte Verkopplung der Schätzgleichungen verdanken wir dem expliziten Auftreten der a posteriori Wahrscheinlichkeiten; beispielsweise lauten die Schätzformeln für die $\hat{p}_\kappa$:

$$\hat{p}_\kappa = \frac{1}{N} \sum_{i=1}^{N} P(\Omega_\kappa \mid \boldsymbol{y}_i, \hat{\boldsymbol{p}}, \hat{\boldsymbol{\theta}}) \qquad (4.67)$$

Bei gekennzeichneter Lernstichprobe hätte $P(\Omega_\kappa \mid \boldsymbol{y}_i, \hat{\boldsymbol{p}}, \hat{\boldsymbol{\theta}})$ einfach einen der Werte 1 oder 0, je nachdem ob $\boldsymbol{y}_i \in \Omega_\kappa$ zuträfe oder nicht. Beim unüberwachten Lernen sind wir zwar ebenfalls mit einem Zufallsprozeß konfrontiert, der Wertepaare $(\kappa, \boldsymbol{x})$ der Zufallsvariablen $(\Omega, \boldsymbol{X})$ mit Wahrscheinlichkeit $P(\kappa, \boldsymbol{x})$ produziert; nur sind diesmal die Werte der diskreten Zufallsvariablen Ω nicht der Beobachtung zugänglich.

4.3.3 Der EM-Algorithmus

Die Identifikation von Mischverteilungen ist ein Spezialfall des Problems, die Parameter eines Zufallsprozesses (X, U) mit Verteilungsdichte $P(x, u \mid \theta)$ unter der erschwerenden Bedingung zu schätzen, daß wir zwar die Werte x beobachten können, die u hingegen unsichtbar bleiben. Jeder Versuch einer ML-Schätzung, d.h. Maximierung der Größe

$$\mathcal{L}_{\text{EM}}(\theta) = \log P(x \mid \theta) = \log \int_u P(x, u \mid \theta) \, du \qquad (4.68)$$

stößt unweigerlich auf das Huhn-Ei-Problem: zur Optimierung von θ benötigen wir den Wert oder wenigstens die Verteilung der unsichtbaren Zufallsvariablen, und die Verteilung von U hängt wiederum von θ ab. Der EM-Algorithmus (*expectation-maximization* [Dem77, Mei89]) weist uns einen iterativen Ausweg aus dem Dilemma; er kann zur Parameteroptimierung von Mischverteilungen und Markovmodellen (siehe Kapitel 5) eingesetzt werden und liegt letztlich auch dem LBG-Algorithmus auf Seite 99 zugrunde.

Unser Ziel ist eine schrittweise Parameterverbesserung in Bezug auf die ML-Zielfunktion; wir bringen deshalb $\mathcal{L}_{\text{EM}}(\hat{\theta})$ in eine gefälligere Form:

$$
\begin{aligned}
\mathcal{L}_{\text{EM}}(\hat{\theta}) &= \log P(x \mid \hat{\theta}) = \int_u \log P(x \mid \hat{\theta}) P(u \mid x, \theta) \, du \\
&= \mathcal{E}[\log P(x \mid \hat{\theta}) \mid x, \theta] \\
&= \underbrace{\mathcal{E}[\log P(x, u \mid \hat{\theta}) \mid x, \theta]}_{=:\text{Q}(\theta, \hat{\theta})} - \underbrace{\mathcal{E}[\log P(u \mid x, \hat{\theta}) \mid x, \theta]}_{=:\text{H}(\theta, \hat{\theta})}
\end{aligned}
\qquad (4.69)
$$

Die bedingten Erwartungswerte wurden über die kompletten Daten (x, u) gebildet; der Übergang zur letzten Zeile geschah aufgrund der Beziehung

$$P(x, u \mid \hat{\theta}) = P(u \mid x, \hat{\theta}) P(x \mid \hat{\theta}) \implies \log P(x \mid \hat{\theta}) = \log P(x, u \mid \hat{\theta}) - \log P(u \mid x, \hat{\theta})$$

Für die bedingte Entropie $\text{H}(\theta, \hat{\theta})$ gilt wegen $\log q \leq q - 1$ die Jensen-Ungleichung

$$
\begin{aligned}
\text{H}(\theta, \hat{\theta}) - \text{H}(\theta, \theta) &= \int_u \left(\log \frac{P(u \mid x, \hat{\theta})}{P(u \mid x, \theta)} \right) P(u \mid x, \theta) \, du \\
&\leq \int_u \left(\frac{P(u \mid x, \hat{\theta})}{P(u \mid x, \theta)} - 1 \right) P(u \mid x, \theta) \, du \\
&= \int_u P(u \mid x, \hat{\theta}) \, du - \int_u P(u \mid x, \theta) \, du \\
&= 1 - 1 = 0 .
\end{aligned}
\qquad (4.70)
$$

Nun sind wir in der Lage, ein hinreichendes Kriterium für die Parameterverbesserung allein mit Hilfe der *Kullback-Leibler*-Statistiken $\text{Q}(\cdot, \cdot)$ [Kul51] zu formulieren:

$$\text{Q}(\theta, \hat{\theta}) \geq \text{Q}(\theta, \theta) \implies \mathcal{L}_{\text{EM}}(\hat{\theta}) \geq \mathcal{L}_{\text{EM}}(\theta) \qquad (4.71)$$

Insbesondere werden diejenigen Parameter $\hat{\boldsymbol{\theta}}$ einen verbesserten ML-Schätzwert darstellen, für die $Q(\boldsymbol{\theta}, \cdot)$ den Maximalwert annimmt. Der folgende EM-Algorithmus nähert sich asymptotisch einer oder mehreren lokal optimalen Lösungen der ML-Schätzaufgabe; genauere Konvergenzaussagen finden sich in [Dem77, Mei89].

EM-Algorithmus

$\triangleright$ Bestimme geeignete Startparameter $\boldsymbol{\theta}^{(0)}$.

$\triangleright$ Für $i = 1, 2, 3, \ldots$:

    (E) Schätze die Funktionswerte der Kullback-Leibler-Statistik $Q(\boldsymbol{\theta}^{(i)}, \boldsymbol{\theta})$.

    (M) Maximiere $Q(\boldsymbol{\theta}^{(i)}, \boldsymbol{\theta})$ hinsichtlich $\boldsymbol{\theta}$; $\boldsymbol{\theta}^{(i+1)}$ sei der optimale Parametersatz. Prüfe eine geeignete Abbruchbedingung.

Anschaulich läuft der Algorithmus darauf hinaus, statt $P(\boldsymbol{x} \mid \cdot)$ die Funktion $P(\boldsymbol{x}, \boldsymbol{u} \mid \cdot)$ zu maximieren; weil die darin auftretenden Daten $\boldsymbol{u}$ der direkten Beobachtung jedoch nicht zugänglich sind, gehen wir zu einem bedingten Erwartungswert bezüglich der a posteriori Dichte $P(\boldsymbol{u} \mid \boldsymbol{x}, \boldsymbol{\theta})$ über, die unter Verwendung der „alten" Verteilungsparameter $\boldsymbol{\theta}$ aus der vorangegangenen Iteration evaluiert wird.

Der EM-Algorithmus bietet sich immer dann an, wenn die Funktion $Q(\boldsymbol{\theta}, \cdot)$ aufgrund ihrer parametrischen Form leichter zu maximieren ist als $\mathcal{L}_{\text{EM}}(\cdot)$. Ist problemspezifisches a priori Wissen in Gestalt einer Wahrscheinlichkeitsverteilung $P(\boldsymbol{\theta})$ vorhanden, kann der EM-Algorithmus im Sinne einer Bayes-Schätzung modifiziert werden, indem wir die schrittweise zu maximierende Q-Funktion durch den Ausdruck $Q(\boldsymbol{\theta}, \hat{\boldsymbol{\theta}}) + \log P(\hat{\boldsymbol{\theta}})$ substituieren [Gau92b].

Potentielle Anwendungen sind grundsätzlich alle mehrstufigen Zufallsprozesse mit verborgenen Zwischenebenen; dazu zählen neben Mischverteilungen auch Markovprozesse, die Varianz- und Faktorenanalyse [Cor76, Jör69] sowie die Modellierung partiell akquirierbarer Daten [Orc72] und parametrisch kombinierter Zufallsvariablen.

Eine stark vereinfachte, *entscheidungsüberwachte* Variante des EM-Algorithmus besteht darin, während jeden Iterationsschrittes zunächst die wahrscheinlichste Konstellation $\boldsymbol{u}^*$ unbekannter Daten auf Grundlage von $\boldsymbol{x}$ und $\boldsymbol{\theta}$ zu bestimmen, den Vektor $\boldsymbol{u}^*$ daraufhin als den wahren Wert der Zufallsvariablen $\boldsymbol{U}$ auszugeben und neue ML-Parameter $\hat{\boldsymbol{\theta}}$ hinsichtlich $P(\boldsymbol{x}, \boldsymbol{u}^* \mid \cdot)$ zu schätzen. Das dergestalt modifizierte Verfahren garantiert offensichtlich eine monotone Vergrößerung der Zielfunktion

$$\mathcal{L}_{\text{EM}}^*(\boldsymbol{\theta}) = \log \max_{\boldsymbol{u}} P(\boldsymbol{x}, \boldsymbol{u} \mid \boldsymbol{\theta}) \; ; \tag{4.72}$$

der entscheidungsüberwachte EM*-Algorithmus lautet:

▷ Bestimme geeignete Startparameter $\boldsymbol{\theta}^{(0)}$.

▷ Für $i = 1, 2, 3, \ldots$:

(1) Bestimme die wahrscheinlichsten Werte der verborgenen Zufallsvariablen:

$$\boldsymbol{u}^{(i)} = \operatorname*{argmax}_{\boldsymbol{u}} P(\boldsymbol{x}, \boldsymbol{u} \mid \boldsymbol{\theta}^{(i-1)})$$

(2) Berechne die ML-Schätzwerte für die vollständigen Daten $(\boldsymbol{x}, \boldsymbol{u}^{(i)})$:

$$\boldsymbol{\theta}^{(i)} = \operatorname*{argmax}_{\boldsymbol{\theta}} P(\boldsymbol{x}, \boldsymbol{u}^{(i)} \mid \boldsymbol{\theta})$$

Prüfe eine geeignete Abbruchbedingung.

4.3.4 Identifikation von Mischverteilungen (Teil B)

Die Anwendung des EM-Algorithmus auf Mischverteilungen wird unter anderem in [Red84] und [Hua90b, S. 33] beschrieben. Der nicht beobachtbare Teil des erzeugenden Mischungsprozesses besteht nur aus dem eindimensionalen, diskretwertigen Vektor $u \in \{\Omega_1, \ldots, \Omega_K\}$, der die unbekannten Klassennamen repräsentiert. Zur Schätzung machen wir explizit von einer Lernstichprobe $\omega = (\boldsymbol{y}_1, \ldots, \boldsymbol{y}_N)$ Gebrauch, so daß die Zielfunktion nach Einsetzen der noch nicht weiter spezifizierten Mischverteilungsannahme $P(\boldsymbol{y}_i, \Omega_\kappa \mid \boldsymbol{\theta}) = p_\kappa P(\boldsymbol{y}_i \mid \boldsymbol{\theta}_\kappa)$ in

$$\mathcal{L}_{\mathrm{EM}}(\boldsymbol{\theta}) = \sum_{i=1}^{N} \log P(\boldsymbol{y}_i \mid \boldsymbol{\theta}) = \sum_{i=1}^{N} \log \sum_{\kappa=1}^{K} p_\kappa P(\boldsymbol{y}_i \mid \boldsymbol{\theta}_\kappa) \tag{4.73}$$

übergeht. Dabei bezeichne $\boldsymbol{\theta}$ den Vektor der Parameter $\boldsymbol{p}, \boldsymbol{\theta}_1, \ldots, \boldsymbol{\theta}_K$. Die korrespondierende Kullback-Leibler-Statistik kann ganz ähnlich wie bei der überwachten ML-Schätzung 4.32 in $K + 1$ separate Maximierungsaufgaben zerlegt werden:

$$\begin{aligned} \mathrm{Q}(\boldsymbol{\theta}, \hat{\boldsymbol{\theta}}) &= \sum_{\kappa_1=1}^{K} \cdots \sum_{\kappa_N=1}^{K} \sum_{i=1}^{N} \log \hat{p}_{\kappa_i} P(\boldsymbol{y}_i \mid \hat{\boldsymbol{\theta}}_{\kappa_i}) \prod_{j=1}^{N} \underbrace{\frac{p_{\kappa_j} P(\boldsymbol{y}_j \mid \boldsymbol{\theta}_{\kappa_j})}{\sum_\lambda p_\lambda P(\boldsymbol{y}_j \mid \boldsymbol{\theta}_\lambda)}}_{=:\gamma_{j\kappa_j}} \\ &= \sum_{\kappa=1}^{K} \left(\sum_{i=1}^{N} \gamma_{i\kappa} \right) \log \hat{p}_\kappa \quad + \quad \sum_{\kappa=1}^{K} \left(\sum_{i=1}^{N} \gamma_{i\kappa} \log P(\boldsymbol{y}_i \mid \hat{\boldsymbol{\theta}}_\kappa) \right) \end{aligned} \tag{4.74}$$

Unter Normalverteilungsannahme bekommen wir die folgenden Schätzgleichungen für einen EM-Schritt:

$$\hat{p}_\kappa = \frac{1}{N} \sum_{i=1}^{N} \gamma_{i\kappa}$$

$$\hat{\boldsymbol{\mu}}_\kappa = \frac{1}{\sum_i \gamma_{i\kappa}} \sum_{i=1}^{N} \gamma_{i\kappa} \cdot \boldsymbol{y}_i \qquad (4.75)$$

$$\hat{\boldsymbol{\Sigma}}_\kappa = \frac{1}{\sum_i \gamma_{i\kappa}} \sum_{i=1}^{N} \gamma_{i\kappa} \cdot (\boldsymbol{y}_i - \hat{\boldsymbol{\mu}}_\kappa)(\boldsymbol{y}_i - \hat{\boldsymbol{\mu}}_\kappa)^\top$$

Der Ausdruck für die a priori Wahrscheinlichkeiten $\hat{p}_\kappa$ ist unabhängig von der gewählten parametrischen Dichtefunktionsfamilie richtig. Bei bekannter Klassenzugehörigkeit nehmen die a posteriori Wahrscheinlichkeiten $\gamma_{i\kappa} = P(\Omega_\kappa \mid \boldsymbol{y}_i)$ die Werte 0 bzw. 1 an, und der EM-Schritt geht in eine überwachte ML-Schätzung über. Berechnungsvorschriften für die Parameter der eindimensionalen Poisson-, Binomial- und Exponentialverteilungsdichten werden in [Red84] angegeben. Die Bayes-Schätzformeln für gemischte Normalverteilungsdichten unter denselben a priori Annahmen wie auf Seite 89 finden sich in [Gau92a].

Der EM-Algorithmus für Mischverteilungen beschert uns drei ernste Konvergenzprobleme. Zum einen müssen wir damit rechnen, nur lokal statt global optimaler Dichteparameter zu erhalten. Zum anderen ist ein zyklisch-alternierendes Konvergenzverhalten nicht unwahrscheinlich, da die Zielfunktion $\mathcal{L}_{\mathrm{EM}}(\cdot)$ symmetrisch in den Klassenindizes ist. Die bizarrste Komplikation besteht aber darin, daß $\mathcal{L}_{\mathrm{EM}}(\cdot)$ im allgemeinen nicht nach oben beschränkt ist — man denke an nullvariante Gaußdichtekomponenten, deren Mittelwertvektor genau einem $\boldsymbol{y}_i \in \omega$ gleicht. Eine solche „optimale" Lösung $\boldsymbol{\theta}^*$ mit $\mathcal{L}_{\mathrm{EM}}(\boldsymbol{\theta}^*) = \infty$ ist mehr als unerwünscht; wir befinden uns daher in der skurrilen Situation, den Wert $\mathcal{L}_{\mathrm{EM}}(\cdot)$ einerseits maximieren zu wollen, gleichzeitig aber zu hoffen, daß ebendies uns niemals gelingt [Bro87]. Einen Ausweg bietet die Einführung von Nebenbedingungen für die Kovarianzmatrizen oder, allgemeiner, eine Bayes-Schätzung mit geeigneten a priori Bedingungen.

Zum Entwurf eines Vektorquantisierers durch Identifikation Gaußscher Mischdichten kann der EM-Algorithmus auf verschiedene Weisen variiert werden:

- Statt des EM- wird der oben beschriebene EM*-Algorithmus durchgeführt. Die Klassenentscheidung für $\boldsymbol{y}_i$ kann ferner auch *randomisiert* auf Grundlage der a posteriori Verteilung $\gamma_{i\kappa}$ erfolgen [Agr70, Ima76].

- Durch spezielle Annahmen über die Gestalt der beteiligten Kovarianzmatrizen erhält der Vektorquantisierer wahlweise die Form eines Mahalanobis-, Abstands- oder euklidischen Klassifikators (vgl. Seite 79). Werden alle $\boldsymbol{\Sigma}_\kappa$ als Einheitsmatrizen vorausgesetzt, ist der EM*-Entwurf eines Quantisierers äquivalent zum (entropiegesteuerten, falls die p_κ Berücksichtigung finden) LBG-Algorithmus [Cho89]. Werden die weichen Klassenentscheidungen des EM-Algorithmus eingesetzt, gelangen wir zur *weichen* Vektorquantisierung (*fuzzy clustering* [Cla92, Sel84, Tse87]).

- Wenn die Auffrischung der Dichteparameter sequentiell, also bereits nach jedem einzelnen Stichprobenvektor geschieht, geht EM in einen weichen K-means-Algorithmus über, der im wesentlichen gleichwertig [Hua90b, S. 129] zu Kohonens selbstorganisierenden *Merkmalkarten* ist [Koh88, Koh90].

Hinsichtlich phonotopischer Merkmalkarten und deren zahlreicher, teilweise überwacht lernender Varianten (*lernende* Vektorquantisierung, LVQ) sei auf die umfangreiche Literatur zum Thema verwiesen [McD89, McD90, Fri91, McD92, Cho92].

4.4 Suchverfahren

Die Klassifikation oder Quantisierung eines Merkmalvektors ist mit erheblichem Rechenaufwand verbunden. Wie aus der Abbildung 4.1 auf Seite 78 hervorgeht, sind dazu K Prüfgrößenberechnungen sowie eine K-stellige Optimumbildung erforderlich. Die Prüfgröße (4.9) der vollständigen Normalverteilungsdichte läßt sich unschwer in die Form

$$u_\kappa(\boldsymbol{x}) = \underbrace{-2\log p_\kappa + \log|2\pi\boldsymbol{\Sigma}_\kappa| + \boldsymbol{\mu}_\kappa^\mathsf{T}\boldsymbol{\Sigma}_\kappa^{-1}\boldsymbol{\mu}_\kappa}_{=:\zeta_\kappa} - 2\boldsymbol{x}_\kappa^\mathsf{T}\boldsymbol{\Sigma}_\kappa^{-1}\boldsymbol{\mu}_\kappa + \boldsymbol{x}_\kappa^\mathsf{T}\boldsymbol{\Sigma}_\kappa^{-1}\boldsymbol{x}_\kappa \tag{4.76}$$

eines Skalarproduktes zwischen dem Termvektor des quadratischen Polynomansatzes der Gleichung (4.20) und den aus obiger Darstellung zu entnehmenden klassenabhängigen Koeffizienten bringen. Allein die Prüfgrößenberechnung — sie stellt allerdings auch den Löwenanteil des Aufwandes dar — erfordert also bei Gaußscher Quantisierung eines Merkmalvektors je

$$K \cdot \left(1 + D + D \cdot \frac{D+1}{2}\right) \tag{4.77}$$

Multiplikationen und Additionen. Legen wir ein für die automatische Spracherkennung typisches Szenario von $K = 256$ Klassen und $D = 24$ Merkmalen zugrunde, entspricht das 83 200 Multiplikationen; dieser Wert reduziert sich angesichts diagonaler Kovarianzmatrizen auf $K(1 + 2D) = 12\,544$ und beim euklidischen Abstandsklassifikator auf $K(1 + D) = 6\,400$.

Es wurden in der Vergangenheit zahlreiche *Suchverfahren* zur Beschleunigung von Klassifikatoren publiziert; eine sehr ausführliche Übersicht gibt die Studie [Bie92]. Allen Verfahren gemeinsam ist das Anliegen, die explizite Berechnung einer möglichst großen Anzahl von $u_\kappa(\boldsymbol{x})$ entweder ganz zu vermeiden oder wenigstens durch stark vereinfachte Operationen anzunähern. Die Auswahl der zu ignorierenden Musterklassen wird dynamisch inmitten der Klassifikationsphase von $\boldsymbol{x}$ oder in einem globalen Vorauswahlschritt getroffen. Einige der bekannteren Verfahren, nach ihren grundsätzlichen Vorgehensweisen gruppiert, sind in Abbildung 4.10 zusammengestellt.

Suchverfahren werden als *zulässig* bezeichnet, wenn der beschleunigte Klassifikator exakt die selben Klassenentscheidungen trifft wie die exhaustive Suche. Wird die prinzipielle Zulässigkeit geopfert, also ein möglicherweise praktisch ganz unbedeutender Prozentsatz inkorrekt zugewiesener Klassennamen in Kauf genommen, kann die suchbedingte Einsparung an Verarbeitungsaufwand oft erheblich gesteigert werden.

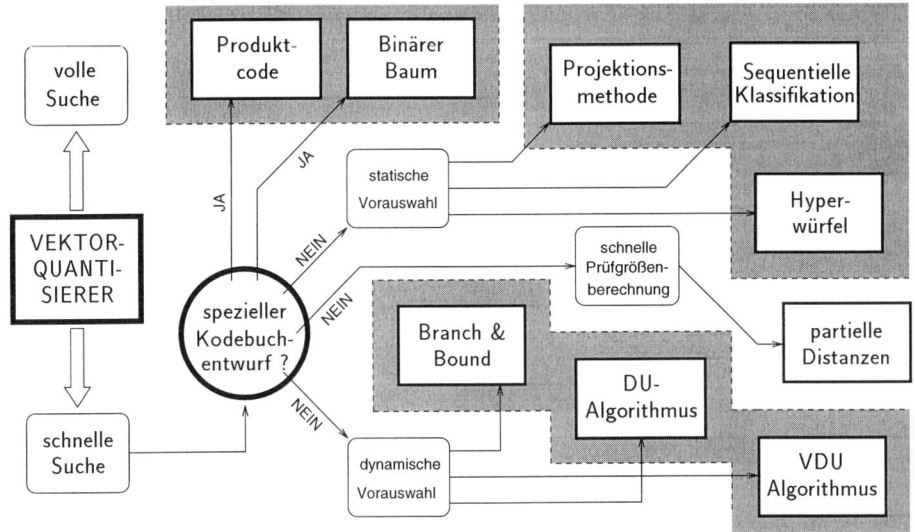

Abbildung 4.10: Taxonomie einschlägiger Suchverfahren zur Vektorquantisierung

Spezialisierte Klassifikatorstruktur. Die Kodebuchklassen der in [Wu90, Che86] beschriebenen Quantisierer sind in Form eines Entscheidungsbaumes angeordnet. Die Klassifikation durch Traversieren eines binären Baumes erfordert dann nur noch $\lceil \log_2 K \rceil$ Prüfgrößenberechnungen [Bre84].

Eine andere Möglichkeit ist die Zerlegung des Quantisierers in zwei (oder mehr) zueinander orthogonale Teilquantisierer mit K_1 bzw. K_2 Klassen, wobei $K_1 K_2 = K$ gilt [Ger83]. Den Klassennamen $\Omega_{\kappa_1 \kappa_2}$ erhalten wir als Kombination zweier voneinander unabhängiger Klassifikationen, deren Trennfunktionen üblicherweise verschiedene Teilmengen des Merkmalsatzes nutzen [Gup87].

Vereinfachte Prüfgrößen. Das Verfahren der *partiellen Distanzen* [Bei85] beruht auf der speziellen Form gewichteter euklidischer Abstände als Summe nichtnegativer Distanzkomponenten (siehe Gleichung (4.12)); das Aufsummieren der Größe $u_\kappa(\boldsymbol{x})$ kann deshalb sofort eingestellt werden, wenn die Teilsumme das bis dahin registrierte Minimum $\min_\lambda u_\lambda(\boldsymbol{x})$ unterschreitet.

Statische Auswahlverfahren. Unter der Annahme euklidischer Abstände kennen wir zahlreiche höchst effiziente Maßnahmen, um das Kodebuch auf eine kleine Menge von Prototypvektoren auszudünnen, unter denen sich (mit großer Sicherheit) auch der dem Eingabevektor nächstgelegene befindet: bekannte Verfahren basieren auf der Umschreibung des aktuellen Testvektors durch *Hyperwürfel* [Sol87], der *Projektion der Quantisierer-Zellen* auf die Koordinatenachsen [Che84] oder einer groben Schätzung der Abstände durch die schneller zu berechnende Distanz bezüglich der *Maximumnorm* $\| \cdot \|^\infty$ [Sol89].

Auch die initialen Stufen *sequentieller Klassifikatoren* [Fu68, Wal57] treffen eine Vorauswahl unter den Kodebuchklassen auf Grundlage eingeschränkter Information und zählen daher zu der hier betrachteten Verfahrensgruppe.

Dynamische Auswahlverfahren. Wenn die Prüfgrößenwerte einiger Klassen bereits vorliegen, gelingt unter Umständen eine noch wirksamere Einengung der Kandidatenliste. Eine dynamische Suchraumbeschneidung liegt bei der *branch&bound*-Suche [Nie88b] sowie bei Klassenausschluß nach Anwendung der Dreiecksungleichung [Orc91] vor.

Die in Spracherkennungssystemen eingesetzten Vektorquantisierer werden durchweg auf der Basis lernender Verfahren wie dem LBG- oder dem EM-Algorithmus dimensioniert, liegen daher weder als binärer Baum noch in orthogonaler Dekomposition vor [Bou84, Cia87, Ros87]. Ferner wollen wir uns wegen der komplexen Struktur der von Sprachdaten aufgespannten Merkmalräume in dieser Arbeit auf den allgemeinen Fall Gaußscher Vektorquantisierer konzentrieren, so daß die meisten der oben skizzierten Verfahren infolge ihrer einschränkenden Voraussetzung, $u_\kappa(\boldsymbol{x})$ habe die Gestalt einer Metrik, nicht verwertbar sind.

4.4.1 Metrische Nächster-Nachbar-Suche

Wir werden nun den oben zitierten DU-Algorithmus (dynamische Vorauswahl mit Hilfe der Dreiecksungleichung [Orc91]) kurz vorstellen und anschließend eine Verallgemeinerung herleiten, die auch nichtmetrische Distanzmaße wie die Trennfunktionen Gaußscher Vektorquantisierer abdeckt. Der verallgemeinerte DU-Algorithmus (VDU) ist detailliert in [ST93b] und [Bie92] beschrieben.

Das DU-Verfahren setzt Prüfgrößen der Gestalt $u_\kappa(\boldsymbol{x}) = d(\boldsymbol{x}, \boldsymbol{\mu}_\kappa)$ voraus, wobei die Distanzfunktion $d(\cdot, \cdot)$ die *metrischen Axiome* [Fra73, S. 11] erfüllt; diese Annahme trifft gerade für die Minimum-Abstand-Klassifikatoren (Seite 79) zu. Insbesondere gilt dann auch die *Dreiecksungleichung*

$$u_\kappa(\boldsymbol{x}) + u_\lambda(\boldsymbol{x}) \quad = \quad d(\boldsymbol{x}, \boldsymbol{\mu}_\kappa) + d(\boldsymbol{x}, \boldsymbol{\mu}_\lambda) \quad \geq \quad d(\boldsymbol{\mu}_\kappa, \boldsymbol{\mu}_\lambda) \tag{4.78}$$

und wir sind in der Lage, mit Hilfe des Schwellwertes $U_{\kappa\lambda} := d(\boldsymbol{\mu}_\kappa, \boldsymbol{\mu}_\lambda)/2$ die *Ausschlußregel*

$$\boxed{\begin{array}{c} \underline{\text{WENN}}\ u_\kappa(\boldsymbol{x}) < U_{\kappa\lambda} \\[2mm] \underline{\text{DANN}}\ \text{tilge}\ \Omega_\lambda\ \text{aus der Kandidatenliste} \end{array}} \tag{4.79}$$

zu formulieren. In der Tat kann unter diesen Umständen Ω_λ von der aufwendigen Prüfgrößenberechnung ausgeschlossen werden, denn im Falle $\boldsymbol{x} \in \Omega_\lambda$ wäre ja wegen $u_\lambda(\boldsymbol{x}) \leq u_\kappa(\boldsymbol{x})$

$$u_\kappa(\boldsymbol{x}) + u_\lambda(\boldsymbol{x}) \quad \leq \quad 2 \cdot u_\kappa(\boldsymbol{x}) \quad < \quad 2 \cdot U_{\kappa\lambda} \quad = \quad d(\boldsymbol{\mu}_\kappa, \boldsymbol{\mu}_\lambda) \tag{4.80}$$

im Widerspruch zur Dreiecksungleichung (4.78).

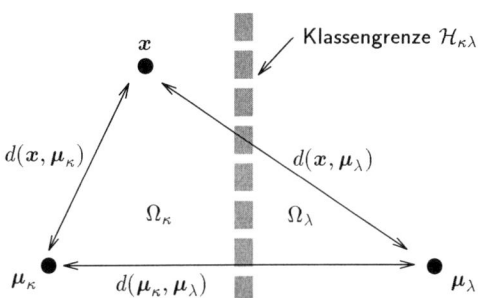 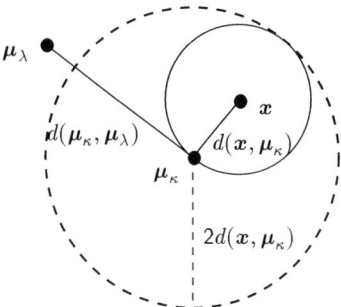

Abbildung 4.11: Klassenausschluß in metrischen Räumen mit Hilfe der Dreiecksungleichung

Das Punktedreieck $(\boldsymbol{\mu}_\kappa, \boldsymbol{x}, \boldsymbol{\mu}_\lambda)$, die beteiligten Distanzen sowie die Klassengrenze sind in Abbildung 4.11 veranschaulicht. Aus der Situation auf der rechten Bildseite wird deutlich, daß ausschließlich Vektoren innerhalb des $2d(\boldsymbol{x}, \boldsymbol{\mu}_\kappa)$-Kreises um $\boldsymbol{\mu}_\kappa$ potentiell näher bei $\boldsymbol{x}$ liegen als $\boldsymbol{\mu}_\kappa$ selbst. Alle ferneren Prototypen scheiden als Bewerber für den nächsten Nachbarn von $\boldsymbol{x}$ bereits aus, ohne daß ihre Distanz explizit berechnet werden muß.

Die $K \times K$-Schwellwertmatrix $\boldsymbol{U} = (U_{\kappa\lambda})$ wird in einem Vorverarbeitungsschritt direkt im Anschluß an den Vektorquantisiererentwurf aus den Kodebuchzentroiden berechnet. Das untenstehende dynamische Suchverfahren unter Ausnutzung der Ausschlußregel (4.79) ist zulässig und reduziert dabei den Rechenaufwand metrischer Quantisierung um etwa eine Größenordnung.

DU-Algorithmus zur metrischen Vektorquantisierung

▷ Berechne die Schwellwertmatrix $\boldsymbol{U}$: $U_{\kappa\lambda} = d(\boldsymbol{\mu}_\kappa, \boldsymbol{\mu}_\lambda)/2$

▷ Für alle Eingabevektoren $\boldsymbol{x}$:

  (1) Initialisiere die Kandidatenliste als Keller $\mathcal{C} = (1, \ldots, K)$.

  (2) Entferne den obersten Klassenindex (κ) aus der Kandidatenliste.

  (3) Berechne die Prüfgröße $u_\kappa(\boldsymbol{x})$.

  (4) $\forall \lambda \in \mathcal{C}$: <u>wenn</u> $u_\kappa(\boldsymbol{x}) < U_{\kappa\lambda}$ <u>dann</u> entferne λ aus $\mathcal{C}$.

  (5) Falls $\mathcal{C} \neq \emptyset$, so $\rightarrow$ (2).

  (6) Wähle die Klasse κ^* mit dem minimalen Prüfgrößenwert.
      (Für getilgte Klassen λ nehmen wir $u_\lambda(\boldsymbol{x}) = \infty$ an.)

4.4.2 Nichtmetrische Nächster-Nachbar-Suche

Wir lassen nun jegliche Beschränkungen hinsichtlich der Größen $u_\kappa(\boldsymbol{x})$ fallen, außer daß diese zum Zweck der Klassenentscheidung zu minimieren seien. Unter diesen neuen Randbedingungen streben wir eine geeignete Modifikation der Matrix $\boldsymbol{U}$ an, so daß der DU-Algorithmus mit der Ausschlußregel (4.79) applizierbar bleibt. Folgende Varianten wurden in [ST93b] diskutiert:

$$
\begin{aligned}
U_{\kappa\lambda}^{(1)} &= \min\{u_\kappa(\boldsymbol{x}) \mid \boldsymbol{x} \in \tilde{\Omega}_\lambda\} \\
U_{\kappa\lambda}^{(2)} &= \min\{u_\kappa(\boldsymbol{x}) \mid \boldsymbol{x} \in \tilde{\Omega}_\lambda \cap \omega\} \quad \text{mit Lernstichprobe } \omega \\
U_{\kappa\lambda}^{(3)} &= \min\{u_\kappa(\boldsymbol{x}) \mid \boldsymbol{x} \in \mathbb{R}^D\} \text{ mit } u_\lambda(\boldsymbol{x}) \le u_\kappa(\boldsymbol{x}) \\
U_{\kappa\lambda}^{(4)} &= \min\{u_\kappa(\boldsymbol{x}) \mid \boldsymbol{x} \in \mathcal{H}_{\kappa\lambda}\} \quad \text{mit} \quad \mathcal{H}_{\kappa\lambda} = \{\boldsymbol{x} \mid u_\kappa(\boldsymbol{x}) = u_\lambda(\boldsymbol{x})\}
\end{aligned}
\tag{4.81}
$$

$\tilde{\Omega}_\kappa$ bezeichne die klassifikatorbedingte Zerlegung des Merkmalraumes, d.h. es gilt $\boldsymbol{x} \in \tilde{\Omega}_\kappa$ falls $u(\boldsymbol{x})_\kappa = \min_\lambda u(\boldsymbol{x})_\lambda$; $\mathcal{H}_{\kappa\lambda}$ ist die trennende Hyperfläche $\{\boldsymbol{x} \mid u_\kappa(\boldsymbol{x}) = u_\lambda(\boldsymbol{x})\}$. Beachte, daß $\tilde{\Omega}_\kappa \cap \tilde{\Omega}_\lambda \subseteq \mathcal{H}_{\kappa\lambda}$ nicht notwendig leer ist; die Vektoren dieser Schnittmenge dürfen wahlweise der Klasse Ω_κ oder Ω_λ zugeschlagen werden.

Die *optimalen* Schwellwerte $U_{\kappa\lambda}^{(1)}$ zeichnen sich durch zwei leicht nachprüfbare Eigenschaften aus: die Ausschlußregel bezüglich $\boldsymbol{U}^{(1)}$ ist *per definitionem* zulässig, und sie sind auch nicht weiter verbesserbar — jede weitere Verkleinerung führt unweigerlich zum Verlust der Zulässigkeit. Unglücklicherweise ist kein Verfahren zur praktischen Berechnung der optimalen Schwellwerte bekannt.

In der Definition der *empirischen* Schwellwerte $U_{\kappa\lambda}^{(2)}$ erstreckt sich die Minimierungsaufgabe nur über die endliche Menge der zum Gebiet $\tilde{\Omega}_\lambda$ gehörenden Stichprobenvektoren. Diese Berechnung ist praktisch durchführbar und wegen $\tilde{\Omega}_\lambda \cap \omega \subseteq \tilde{\Omega}_\lambda$ gilt für alle Klassenpaare κ, λ die Beziehung $U_{\kappa\lambda}^{(1)} \le U_{\kappa\lambda}^{(2)}$. Folglich kann der Ausschluß gemäß $\boldsymbol{U}^{(2)}$ nicht zulässig sein; der resultierende DU$^{(2)}$-Algorithmus spart dafür im Mittel mehr Prüfgrößenberechnungen ein. Allerdings ist bei realistischen Werten von K und D zur Dimensionierung der Matrix $\boldsymbol{U}^{(2)}$ eine Lernstichprobe erheblichen Umfangs notwendig, deren Elemente vorher mit Hilfe des unbeschleunigten Quantisierers klassifiziert werden müssen.

Die *geometrischen* Schwellwerte $U_{\kappa\lambda}^{(3)}$ sind als Mininmum mit (im allgemeinen) nichtlinearer Nebenbedingung formuliert und können demzufolge mit Standardmethoden der nichtlinearen Optimierung bestimmt werden [Hor79, Kra79, Kra83]. Weil $\boldsymbol{x} \in \tilde{\Omega}_\lambda$ notwendig $u_\lambda(\boldsymbol{x}) \le u_\kappa(\boldsymbol{x})$ bedingt, gilt für alle κ, λ die Ungleichung $U_{\kappa\lambda}^{(3)} \le U_{\kappa\lambda}^{(1)}$; der DU$^{(3)}$-Algorithmus ist also zulässig, aber im Mittel weniger effizient als die Ausschlußstrategien aufgrund der Matrizen $\boldsymbol{U}^{(1)}$ und $\boldsymbol{U}^{(2)}$. Als Vorteil der $U_{\kappa\lambda}^{(3)}$ ist zu werten, daß sie ohne Rückgriff auf eine Lernstichprobe allein aufgrund unserer Kenntnis der Trennfunktionen gewonnen werden.

Zur praktischen Berechnung der geometrischen Schwellwerte setzen wir einen Normalverteilungsklassifikator mit Prüfgrößen der Gestalt (4.9) voraus. Unter dieser Annahme können wir die Schwellwertbestimmung im wesentlichen auf die Berechnung der $U_{\kappa\lambda}^{(4)}$ — durch quadratische Optimierung mit einer Nebenbedingung in Form einer quadratischen Gleichung, siehe Gleichung (4.81) — zurückführen. Es kann nämlich gezeigt werden [Bie92], daß unter „gewöhnlichen" Umständen die Äquivalenz $U_{\kappa\lambda}^{(3)} = U_{\kappa\lambda}^{(4)}$ gilt; falsch wird diese Aussage lediglich im Fall einer *pathologischen* Konstellation

$$\boldsymbol{\mu}_\kappa \notin \tilde{\Omega}_\kappa \quad \text{oder} \quad \boldsymbol{\mu}_\lambda \notin \tilde{\Omega}_\lambda \tag{4.82}$$

der beteiligten Klassengebiete. Die Schwellwerte $U_{\kappa\lambda}^{(4)}$ werden mit dem iterativen Verfahren des *projizierten Gradienten* numerisch berechnet [Ros60, Ros61]; die Iterationsformeln für Normalverteilungsprüfgrößen finden sich in [Jäp80].

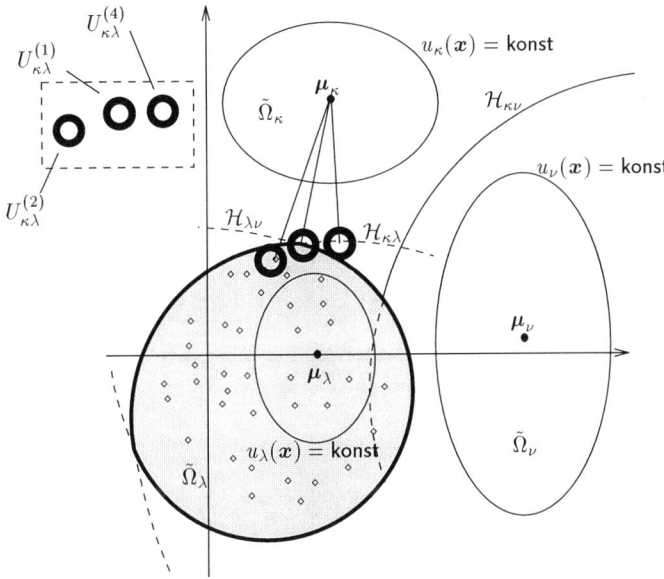

Abbildung 4.12: Geometrische Bedeutung der Ausschlußschwellen eines zweidimensionalen Gauß-klassifikators

Die gesamte Situation ist zusammenfassend in Abbildung 4.12 dargestellt. Die zu erwartenden unterschiedlichen Schwellwerte $U_{\kappa\lambda}^{(q)}$, $q = 1, 2, 4$ korrespondieren mit den fett eingekreisten Positionen des $\mathbb{R}^2$, in denen die betreffenden Minima angenommen werden. Bei den optimalen Schwellen $U_{\kappa\lambda}^{(1)}$ ist das die Grenze des Klassengebiets $\tilde{\Omega}_\lambda$, bei den empirischen Schwellen $U_{\kappa\lambda}^{(2)}$ ein Lernstichprobenvektor aus $\tilde{\Omega}_\lambda$ und bei den geometrischen Schwellen $U_{\kappa\lambda}^{(4)}$ die bilaterale Klassengrenze $\mathcal{H}_{\kappa\lambda}$.

Vor der abschließenden Formulierung des verallgemeinerten DU-Algorithmus ist noch eine Bemerkung zur Reihenfolge der Prüfgrößenberechnungen angebracht. Die zeitlich aufeinanderfolgenden Kurzzeitmerkmalvektoren gesprochener Sprache ändern ihre Werte wegen der relativen Trägheit der Artikulationsorgane nur recht langsam. Nun ist es während der DU-gesteuerten Analyse eines Eingabevektors unbedingt von Vorteil, wenn die hochwahrschein-

lichen Klassen zuerst bearbeitet werden — denn je geringer die berechneten Prüfgrößenwerte
ausfallen, desto mehr Ausschlüsse können vermutlich getätigt werden. Die Kandidatenliste
wird deshalb im VDU-Algorithmus mit einem „Gedächtnis" ausgestattet, um sicher zu stellen, daß die Siegerklassen der jüngeren Vergangenheit ganz vorn in der Verarbeitungsabfolge
zu stehen kommen.

VDU-Algorithmus zur Gaußschen Vektorquantisierung

▷ Berechne die Schwellwertmatrix vermöge $U = U^{(2)}$ oder $U = U^{(3)}$
▷ Initialisiere die Kandidatenlisten mittels $C = C_0 = (1, \ldots, K)$.
▷ Für alle Eingabevektoren x:

   (1) Entferne den obersten Klassenindex (κ) aus der Kandidatenliste.

   (2) Berechne die Prüfgröße $u_\kappa(x)$.

   (3) $\forall \lambda \in C :$ <u>wenn</u> $u_\kappa(x) < U_{\kappa\lambda}$ <u>dann</u> entferne λ aus C.

   (4) Falls $C \neq \emptyset$, so $\rightarrow$ (1).

   (5) Wähle die Klasse κ^* mit dem minimalen Prüfgrößenwert.
       (Für getilgte Klassen λ nehmen wir $u_\lambda(x) = \infty$ an.)

   (6) Schiebe κ^* an den Anfang von C_0; reinitialisiere $C = C_0$.

4.4.3 Sequentielle Klassifikation

Die *sequentielle* Klassifikation ist ein mehrstufiger Prozeß, der schrittweise immer kleinere
Kandidatenmengen mutmaßlicher Klassennamen für den Eingabevektor x herausfiltert. Eine
Beschleunigung gegenüber der vollständigen Suche wird dadurch erzielt, daß die Original-
prüfgrößen erst in der letzten Klassifikatorstufe und folglich nur für eine kleine Teilmenge aller
Klassennamen berechnet werden. In den vorangehenden Stufen, die umfangreichere Kandida-
tenmengen zu bewältigen haben, kommen hingegen zunehmend unaufwendiger strukturierte
Prüfgrößen zum Einsatz. In allen außer der letzten Stufe kann der Fall auftreten, daß der
Index des korrekten Klassengebietes $\tilde{\Omega}_\kappa$ fälschlicherweise verworfen wird; dieser Irrtum kann
nachfolgend nicht mehr korrigiert werden und resultiert in einer suboptimalen Klassenentscheidung. Sequentielle Klassifikatoren sind also im allgemeinen nicht zulässig.

Beim Entwurf ist die Anzahl R der Klassifikatorstufen festzulegen, für alle $r = 1, \ldots, R$
sind geeignete Trennfunktionen $u_\kappa^{(r)}(\cdot)$ zu spezifizieren, und es sind Parameter B_r für die
Stringenz der Kandidatenreduktion (siehe unten) in der r-ten Stufe anzugeben.

Bei der Wahl stufenbedingter Trennfunktionen ist darauf zu achten, daß die Präzision
der Klassifikatorstufen — bezogen auf die Klasseneinteilung der finalen Stufe — sowie auch
ihre Verarbeitungskomplexität mit wachsendem r zunehmen. Naheliegend ist eine Klassifikatorstruktur [ST93b] wie die in Abbildung 4.13 exemplifizierte: die Stufen sind durch

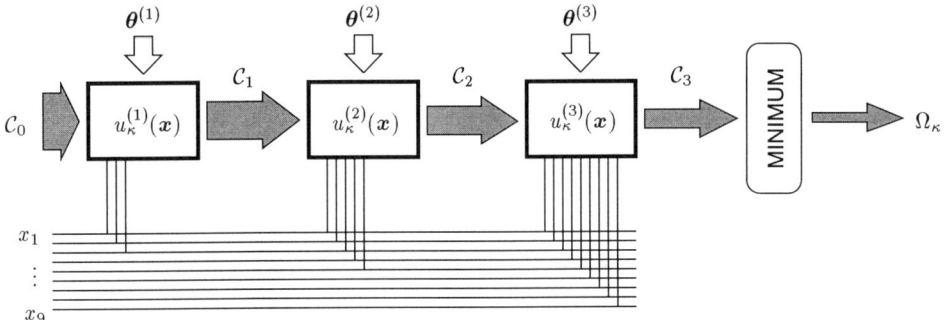

Abbildung 4.13: Dreistufiger Vektorquantisierer des $\mathbb{R}^9$

die zunehmende Anzahl D_r der de facto in die Prüfgröße eingehenden Merkmalkomponenten charakterisiert. Diese Vorgehensweise ist gerade für Gaußsche Quantisierer insofern attraktiv, weil der Rechenaufwand nach Gleichung (4.77) quadratisch mit D_r ansteigt. Die Parametervektoren $\boldsymbol{\theta}^{(r)}$ der partiellen Normalverteilungsklassifikatoren erhalten wir einfach durch Projektion der D-dimensionalen Mittelwertvektoren und Kovarianzmatrizen auf den D_r-dimensionalen Unterraum.

Abschließend geben wir den Algorithmus zur sequentiellen Klassifikation eines einzelnen Vektors $\boldsymbol{x}$ an; es sei $\mathcal{C}_0 = \{1, \ldots, K\}$ die vollständige Kandidatenliste:

Sequentielle Klassifikation

▷ Für $r = 1, \ldots, R$:

    (1) Berechne minimalen Prüfgrößenwert der aktuellen Stufe

$$u_r^* = \min_{\lambda \in \mathcal{C}_{r-1}} u_\lambda^{(r)}(\boldsymbol{x})$$

    (2) Erhalte nur solche Kandidaten am Leben, deren Prüfgrößenwert hinreichend nahe beim Optimum liegt:

$$\mathcal{C}_r = \left\{ \lambda \in \mathcal{C}_{r-1} \mid u_\lambda^{(r)}(\boldsymbol{x}) \leq u_r^* + B_r \right\}$$

▷ Wähle (ein) κ mit $u_\kappa^{(r)}(\boldsymbol{x}) = u_R^*$ als Klassifikationsergebnis aus.

4.5 Merkmaltransformationen

Wir hatten bereits am Ende des Abschnitts 3.3 auf die Notwendigkeit einer informationserhaltenden, die Dimensionalität des Merkmalraumes reduzierenden Transformation hingewiesen. Die Frage nach den günstigsten Merkmalteilmengen beim Entwurf eines sequentiellen

Klassifikators liefern eine zusätzliche Motivation zur Behandlung von Merkmalreduktions-verfahren.

Generell handelt es sich dabei um eine Abbildung

$$\varphi \; : \; \begin{cases} \mathbb{R}^D & \to & \mathbb{R}^d \\ \boldsymbol{x} & \mapsto & \boldsymbol{y} = \varphi(\boldsymbol{x}) \end{cases} \quad \text{mit } d \leq D \; , \qquad (4.83)$$

die zwischen Merkmalgewinnung und Klassifikation angesiedelt ist. Das Ziel ist letztlich eine Minimierung der Fehlerrate des nachgeschalteten Erkenners; eine direkte Optimierung dieses Kriteriums ist aber im allgemeinen nicht möglich. Realistischer ist der Versuch, eine strukturerhaltende Abbildung auf einen Unterraum zu finden, welche die Verteilungseigen-schaften der Datenvektoren — besser noch der einzelnen Musterklassen — bewahrt. Um zu einer geschlossenen Lösung des Problems zu gelangen, zerlegen wir φ, wie in Abbildung 4.14 angedeutet, in einen Reihenentwicklungs- und einen Selektionsteil.

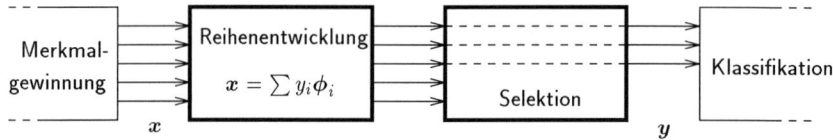

Abbildung 4.14: Merkmalredunktion mittels orthonormaler Reihenentwicklungen

Eine große Zahl unterschiedlicher problemabhängiger Reihenentwicklungen werden in [Dev82, Wat85, Nie83, Rus88, ST95b] beschrieben; wir beschränken uns hier auf eine kur-ze Darstellung der Karhunen-Loève-Transformation (KL-Transformation) und der linearen Diskriminanzanalyse, welche im Kontext der Spracherkennung große Verbreitung fanden [LeC92, HU92, Bro91a, Dod89, Rie92a].

4.5.1 Karhunen-Loève-Transformation

Es sei $\boldsymbol{\Phi}$ eine $D \times D$-Matrix, deren Zeilenvektoren $\phi_i \in \mathbb{R}^D$ eine Orthonormalbasis des $\mathbb{R}^D$ bilden, d.h. $\phi_i^\mathsf{T} \phi_j = 1$ für $i = j$ und $\phi_i^\mathsf{T} \phi_j = 0$ für $i \neq j$. Dann ist

$$\boldsymbol{x} = \sum_{i=1}^{D} y_i \phi_i \quad \text{bzw.} \quad \tilde{\boldsymbol{x}} = \sum_{i=1}^{d} y_i \phi_i \; , \quad d < D \qquad (4.84)$$

mit den Koeffizienten $y_i = \phi_i^\mathsf{T} \boldsymbol{x}$ eine (un)vollständige Entwicklung von $\boldsymbol{x}$ nach dieser Ba-sis. Bei Verwendung der d-dimensionalen Approximation $\tilde{\boldsymbol{x}}$ von $\boldsymbol{x}$ entsteht im Mittel der quadratische Fehler

$$\varepsilon_d = \mathcal{E}[\|\boldsymbol{x} - \tilde{\boldsymbol{x}}\|^2] = \mathcal{E}[\| \sum_{i=d+1}^{D} y_i \phi_i \|^2] = \sum_{i=d+1}^{D} \phi_i^\mathsf{T} \underbrace{\mathcal{E}[\boldsymbol{x}\boldsymbol{x}^\mathsf{T}]}_{=:\boldsymbol{S}} \phi_i \; ; \qquad (4.85)$$

S ist die Matrix der *zweiten Momente* für die dem Vektorerzeugungsprozeß zugrundeliegende Verteilungsdichte. Sie wird bei Vorliegen einer repräsentativen Lernstichprobe mittels

$$\hat{S} = \frac{1}{N} \sum_{j=1}^{N} x_j x_j^\top \;, \quad \omega = (x_1, \ldots, x_N) \tag{4.86}$$

geschätzt und entspricht der totalen Kovarianzmatrix Σ der Stichprobe, falls deren Mittelwertvektor μ der Nullvektor ist. Die Minimierung des Rekonstruktionsfehlers ε_d bezüglich der Transformationsmatrix Φ führt auf die Eigenwertaufgabe $S\phi_i = \lambda_i \phi_i$, deren Eigenwerte und -vektoren λ_i, ϕ_i zum Beispiel mit dem von-Mises-Algorithmus [Wer75, S. 222] ermittelt werden können; die symmetrisch positiv-definite Momentenmatrix S besitzt dann die Zerlegung

$$S = \Phi^\top \Lambda \Phi \;, \quad \Lambda = \begin{pmatrix} \lambda_1 & & 0 \\ & \ddots & \\ 0 & & \lambda_D \end{pmatrix} \tag{4.87}$$

mit durchgehend positiven Eigenwerten. Der zu erwartende Fehler der unvollständigen Entwicklung beträgt aufgrund der Orthonormalitätseigenschaft des Basissystems

$$\varepsilon_d = \sum_{i=d+1}^{D} \phi_i^\top S \phi_i = \sum_{i=d+1}^{D} \phi_i^\top \Phi^\top \Lambda \Phi \phi_i = \sum_{i=d+1}^{D} e_i^\top \Lambda e_i = \sum_{i=d+1}^{D} \lambda_i \;. \tag{4.88}$$

Wenn wir uns die Eigenwerte in Λ gemäß $\lambda_1 \geq \cdots \lambda_D$ in absteigender Größe geordnet denken, hat der Rekonstruktionsfehler ε_d den kleinstmöglichen Wert.

Die Koordinatentransformation $y = \Phi^\top x$ wird als *Karhunen-Loève*-Transformation bezeichnet [Tou67, Wat69]; für mittelwertfrei verteilte Vektoren ist sie äquivalent zur *Hauptachsentransformation*, bei der die Eigenvektoren nicht auf Grundlage der Momentenmatrix S sondern der Kovarianzmatrix Σ bestimmt werden. Die transformierten Vektoren y haben dann die diagonale Kovarianzmatrix Λ; die Merkmale sind demzufolge unkorreliert. Die Merkmalvarianzen verringern sich mit zunehmendem Index i, so daß sich die unvollständige Entwicklung auch durch ihre Eigenschaft maximaler Varianzerhaltung charakterisieren läßt.

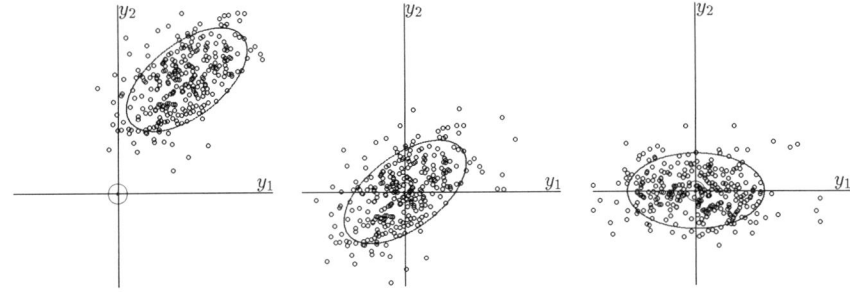

Abbildung 4.15: Translation und Rotation einer 2D-Punktwolke mittels KL-Transformation

In der Spracherkennung verwendet man meistens die *zentrierte* Karhunen-Loève- oder Hauptachsentransformation

$$y = \Phi^{\top}(x - \mu) \quad \text{mit} \quad \Sigma = \Phi^{\top} \Lambda \Phi \,, \tag{4.89}$$

deren Wirkungsweise in Abbildung 4.15 am Beispiel einer normalverteilten, zweidimensionalen Punktmenge illustriert ist. Durch die Translation $x - \mu$ wird die Punktmenge in den Koordinatenursprung geschoben und anschließend in einer Weise rotiert, daß die Richtung maximaler Varianz mit der y_1-Achse zur Deckung gebracht wird.

4.5.2 Klassenbezogene Transformationen

Die KL-Transformation stellt eine vorteilhafte Maßnahme im Fall normalverteilter Mustervektoren dar, zumal beim Abbildungsentwurf mit μ und Σ die vollständige Verteilungsinformation zur Verfügung stand. Zur sauberen Klassentrennung ist die KL-Transformation aber nur bedingt geeignet, wie das *Adidas-Problem* (Abbildung 4.16) eindrucksvoll demonstriert: die drei eingezeichneten Punktwolken wären nach Rotation in Senkrechtlage durch das Merkmal der Hauptachse y_1 nahezu perfekt trennbar, würden durch die KL-Transformation jedoch zwecks Varianzmaximierung in Horizontallage gedreht.

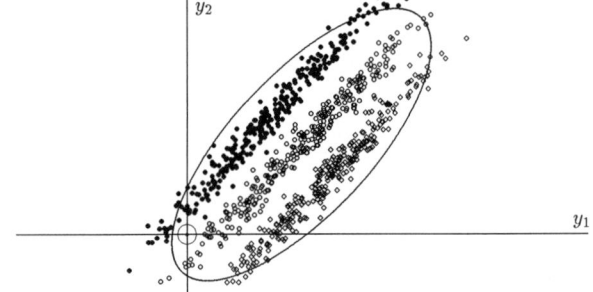

Abbildung 4.16:
Das Adidas-Problem der Klassendiskriminierung

In den Entwurf der Transformation muß daher statistische Klasseninformation in Gestalt einer gekennzeichneten Lernstichprobe eingebracht werden, um trennscharfe Merkmale im Hinblick auf den nachfolgenden Klassifikationsvorgang zu erhalten. Wir streben eine Abbildung an, welche die Ballungsgebiete kompakt hält, ihre Zentren voneinander entfernt und in eine der Klassentrennung förderliche Lage dreht. Die geeigneten Größen zur Formulierung eines Gütekriteriums sind die *Intraklassen*-Streuungsmatrix S_w und die *Interklassen*-Streuungsmatrix S_b

$$S_w = \sum_{\kappa=1}^{K} p_\kappa \Sigma_\kappa \tag{4.90}$$

$$S_b = \sum_{\kappa=1}^{K} p_\kappa (\mu_\kappa - \mu)(\mu_\kappa - \mu)^{\top} \tag{4.91}$$

die eine additive Zerlegung der Gesamtkovarianz darstellen, d.h. es gilt $\boldsymbol{\Sigma} = \boldsymbol{S}_w + \boldsymbol{S}_b$. Schätzwerte für die benötigten Verteilungsparameter p_κ, $\boldsymbol{\mu}_\kappa$, $\boldsymbol{\Sigma}_\kappa$, $\boldsymbol{\mu}$ lassen sich aus einer gekennzeichneten Lernstichprobe $\omega_1, \ldots, \omega_K$ berechnen.

Zur Aufspreizung der Klassenzentren ohne Vergrößerung der Intraklassenstreuung wurde eine zweistufige Transformation vorgeschlagen [Kit73]:

(1) Mit der Abbildung $\tilde{\boldsymbol{x}} = \boldsymbol{\Phi}_1^\top \boldsymbol{x}$ wird die Intraklassenstreuung der transformierten Vektoren $\tilde{\boldsymbol{x}}$ zur Einheitsmatrix und damit invariant gegenüber orthonormalen Transformationen. Zu diesem Zweck löst man die Eigenwertaufgabe $\boldsymbol{S}_w \boldsymbol{U} = \boldsymbol{\Lambda}_w \boldsymbol{U}$ und definiert die erste Transformationsmatrix als $\boldsymbol{\Phi}_1 = \boldsymbol{U} \boldsymbol{\Lambda}_w^{-1/2}$. Danach gilt *per constructionem*

$$\tilde{\boldsymbol{S}}_w = (\boldsymbol{U} \boldsymbol{\Lambda}_w^{-1/2})^\top \boldsymbol{S}_w (\boldsymbol{U} \boldsymbol{\Lambda}_w^{-1/2}) = \boldsymbol{\Lambda}_w^{-1/2} \underbrace{\boldsymbol{U}^\top \boldsymbol{S}_w \boldsymbol{U}}_{= \boldsymbol{\Lambda}_w} \boldsymbol{\Lambda}_w^{-1/2} = \boldsymbol{E}$$

(2) Mit der Abbildung $\tilde{\boldsymbol{x}} = \boldsymbol{\Phi}_2^\top \boldsymbol{x}$ ziehen wir die Klassenzentren auseinander, ohne Gefahr zu laufen, dabei die Kompaktheit der Klassengebiete zu zerstören. Dazu bestimmen wir die Eigenvektormatrix $\boldsymbol{V}$ mit $\tilde{\boldsymbol{S}}_b \boldsymbol{V} = \boldsymbol{\Lambda}_b \boldsymbol{V}$ und setzen $\boldsymbol{\Phi}_2 = \boldsymbol{V}$.

In [Dev82, S. 330] wurde gezeigt, daß die resultierende Gesamttransformation $\boldsymbol{\Phi} = \boldsymbol{\Phi}_1 \boldsymbol{\Phi}_2$ genau mit der Abbildungsmatrix der *linearen Diskriminanzanalyse* (LDA) übereinstimmt; diese Technik findet bereits in [Fis36] Erwähnung und ist ausführlich in [Wil62] beschrieben. Die lineare Transformation $\boldsymbol{\Phi}$ wird durch das Optimierungsproblem

$$spur(\boldsymbol{\Phi}^\top \underbrace{(\boldsymbol{S}_w + \boldsymbol{S}_b)}_{\boldsymbol{\Sigma}} \boldsymbol{\Phi}) \overset{!}{\longrightarrow} \text{Max} \tag{4.92}$$

mit der Nebenbedingung $spur(\boldsymbol{\Phi}^\top \boldsymbol{S}_w \boldsymbol{\Phi}) = \mathsf{konstant}$ charakterisiert, d.h. im Zielraum wird bei gleichbleibender Klassenkompaktheit die Gesamtvarianz maximiert, um das Verhältnis von Inter- zu Intraklassenabständen auf ein möglichst hohes Niveau zu bringen. Die optimale Lösungsmatrix gehorcht der Eigenwertgleichung $\boldsymbol{S}_w^{-1} \boldsymbol{S}_b \boldsymbol{\Phi} = \boldsymbol{\Phi} \boldsymbol{\Lambda}$; die optimale Merkmalselektion besteht wieder in der Auswahl derjenigen durch das Orthogonalsystem $\boldsymbol{\Phi}$ bestimmten Achsen, die zu den d größten Eigenwerten λ_i gehören. Die Interklassenmatrix $\boldsymbol{S}_w$ ist als Summe von K dyadischen Produkten — siehe Gleichung (4.91) — höchstens vom Rang $K-1$; dasselbe gilt dann auch für die Produktmatrix $\boldsymbol{S}_w^{-1} \boldsymbol{S}_b$, so daß bestenfalls $K-1$ von Null verschiedene Eigenwerte existieren.

Zum selben Achsensystem führt auch die Lösungsgleichung $\boldsymbol{S}_w^{-1} \boldsymbol{\Sigma} \tilde{\boldsymbol{\Phi}} = \tilde{\boldsymbol{\Phi}} \tilde{\boldsymbol{\Lambda}}$; während $\tilde{\boldsymbol{\Phi}} = \boldsymbol{\Phi}$ gilt, sind im Unterschied zu obengenanntem Vorgehen nunmehr wegen $\tilde{\lambda}_i = \lambda_i + 1$ nur noch Eigenwerte $\tilde{\lambda}_i \geq 1$ zu erwarten. Analog zur KL-Transformation findet im Bereich der Spracherkennung die *zentrierte LDA-Transformation* [Hun91]

$$\boldsymbol{y} = \boldsymbol{\Phi}^\top (\boldsymbol{x} - \boldsymbol{\mu}) \quad \text{mit} \quad \boldsymbol{S}_w^{-1} \boldsymbol{S}_b \boldsymbol{\Phi} = \boldsymbol{\Phi} \boldsymbol{\Lambda} \tag{4.93}$$

die meiste Anwendung. Diese Abbildung besteht aus einer Translation, einer Drehung und einer Reskalierung; sie ist invariant gegenüber allen informationserhaltenden (also: nichtsingulären) linearen Transformation [Fri67]. Wenn der merkmalerzeugende Prozeß von einer Gaußschen Mischverteilungsdichte regiert wird, maximiert die LDA-Transformation zudem die Transinformation zwischen den Klassennamen κ und den reduzierten Merkmalvektoren y [Mer86].

Auf die Gleichwertigkeit zwischen LDA und autoassoziativen Dreischichtenperzeptren mit linearer Aktivierungsfunktion wurde in [Bou88] hingewiesen; nach Übergang zu sigmoider Aktivierung ergibt sich als naheliegende Verallgemeinerung der LDA-Technik die *nichtlineare Diskriminanzanalyse* (NLDA, [Web90, Gal91b]).

4.6 Zusammenfassung

Das Anliegen der numerischen Klassifikation ist die Abbildung von Merkmalvektoren auf einen — von endlich vielen — Klassennamen; damit stellt sie im Prinzip die Schnittstelle zwischen numerischer und symbolischer Sprachverarbeitung dar.

Die Klassifikation eines Eingabevektors wird durch die Berechnung klassenbedingter Prüfgrößen nebst anschließender Minimum- oder Maximumentscheidung realisiert.

Ist eine anwendungsbezogene Klassenzuordnung der Merkmalvektoren gegeben, besteht das Entwurfsziel in einer Minimierung der Klasifikationsfehlerrate; nur die nach maximaler a posteriori Wahrscheinlichkeit entscheidende Bayes-Regel erfüllt diese Bedingung.

Weil die tatsächlichen Verteilungsgesetze der Merkmalvektoren in aller Regel nicht bekannt sind, werden die klassenbedingten Dichtefunktionen oder die Prüfgrößen als Angehörige einer geeigneten Funktionenfamilie aufgefaßt, deren freie Parameter während einer Lernphase auf Grundlage einer Lernstichprobe geschätzt werden. Im Bereich der Spracherkennung geht man oft von klassenweise normalverteilten Vektoren oder verallgemeinert linearen Trennfunktionen aus.

Beim überwachten Lernen sind die Klassenzugehörigkeiten der Trainingsvektoren bekannt, und für die Bayes- oder ML-Schätzwerte der Normalverteilungsparameter sowie für die Koeffizienten linearer Quadratmittelklassifikatoren existieren geschlossene Lösungen.

Beim unüberwachten Lernen ist die Stichprobe nicht gekennzeichnet, so daß geeignete Klassengebiete erst noch aus den Ballungseigenschaften der Trainingsdaten erschlossen werden müssen. Diese Problemstellung entspricht der Identifikation einer Mischverteilung; auch wenn es dafür keine geschlossene Lösung gibt, so existiert doch ein iteratives Gradientabstiegsverfahren (EM-Algorithmus), daß gegen einen lokal optimalen Parametersatz strebt. Ein Spezialfall davon ist der bekannte LBG-Algorithmus zum Entwurf eines Vektorquantisierers gegebener Kodebuchgröße mit minimaler Verzerrung.

Vorbehaltlich einer Normalverteilungsannahme verhält sich der Rechenaufwand bei der Klassifikation eines Vektors im wesentlichen linear zur Klassenzahl und quadratisch zur Dimension des Merkmalraumes. Zur Reduktion der überbordenden Verarbeitungskomplexität stehen schwellwertgesteuerte Klassenausschlußverfahren zur Beschneidung der aufwendigen Prüfgrößenberechnung sowie sequentiell ausgelegte Klassifikatorstrukturen zur Verfügung.

Auch die Abbildung der Merkmale auf einen Unterraum bewirkt — neben einer drastischen Verringerung der Zahl von Klassifikatorparametern — eine Entschärfung des Aufwandsproblems. Derartige Transformationen werden als problemabhängige Reihenentwicklungen realisiert, deren Basisvektoren aufgrund einer Lernstichprobe dimensioniert werden. Während die varianzmaximierende KL- oder Hauptachsentransformation eine nur unbefriedigende Klassentrennungsfähigkeit aufweist, gelingt es der linearen Diskriminanzanalyse, die Zentren der Klassengebiete unter Beibehaltung ihrer Kompaktheit auseinanderzuziehen.

Kapitel 5

Markovmodelle

Im Anschluß an die Kurzzeitanalyse liegt die gesprochene Äußerung — je nachdem ob eine Vektorquantisierung zwischengeschaltet wurde — als Folge reellwertiger Merkmalvektoren oder diskreter Klassenindizes vor. Die Erkennung der gesprochenen Wörter erfordert eine über die Klassifikationsmethoden des vorangegangenen Kapitels hinausgehende Analysetechnik, denn die zu identifizierenden Wortmuster besitzen je nach Aussprache eine unterschiedliche zeitliche Struktur. Zur qualitativen Variabilität sprachlicher Realisierungen, welche wir mittels multivariater Verteilungsdichten für einzelne Merkmalvektoren modellieren konnten, tritt nun die quantitative Variabilität, nämlich die zeitliche Verzerrung von Vektorfolgen.

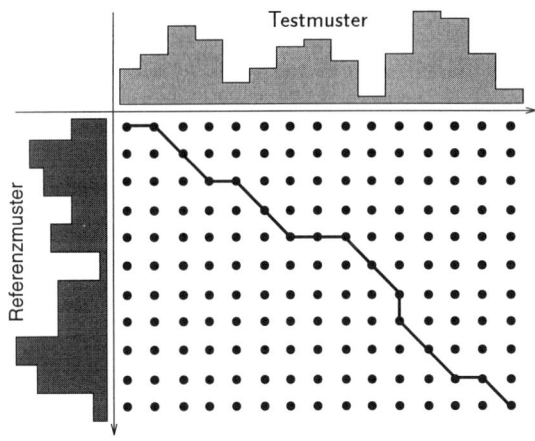

Abbildung 5.1:
Nichtlineare zeitliche Verzerrung zwischen unterschiedlichen Realisierungen zweier Wörter

Die Problematik ist in Abbildung 5.1 verdeutlicht; die waagerecht bzw. senkrecht aufgetragenen (eindimensionalen) Merkmalfolgen entsprechen zwei Realisierungen desselben Wortes. Die unterschiedliche zeitliche und artikulationsgeometrische Strukturierung der beiden Wortproduktionen schlägt sich in der relativen Verzerrung ihrer Zeitskalen nieder; eine mutmaßliche Zuordnung zwischen Zeitpunkten korrespondierender Artikulationsgesten ist als Pfad im Produktgitter der Skalen markiert.

Die bekanntesten Verfahren, die für die Klassifikation zeitverzerrter Folgen konzipiert wurden, sind der Mustervergleich durch *Dynamische Zeitverzerrung*, welcher die Spracherkennungswelt bis etwa 1980 beherrschte, und die statistische Modellierung durch *Markovmodelle*. Dieses zweite Verfahren ist bis in die Gegenwart tonangebend, und seine theoretischen Grundlagen werden Gegenstand dieses Kapitels sein.

Nach der Einführung des mathematischen Formalismus der Markovmodelle machen wir uns zunächst mit Algorithmen zur Berechnung der im Klassifikationsprozeß auftretenden Wahrscheinlichkeitsausdrücke vertraut. Anschließend präsentieren wir den Baum-Welch-Algorithmus, ein iteratives Verfahren zur Schätzung der statistischen Modellparameter; zur Herleitung der Schätzformeln greifen wir auf die Eigenschaften des EM-Algorithmus aus Abschnitt 4.3.3 zurück. Beim praktischen Einsatz von Markovmodellen zur Worterkennung werden wir gewöhnlich mit dem Problem konfrontiert, viele Tausende oder gar Millionen freier Parameter zuverlässig aus einer Lernstichprobe schätzen zu müssen; einige gegensteuernde Präventivmaßnahmen wie die Parameterreduktion, -interpolation und -glättung werden vorgestellt. Den Abschluß bilden einige Bemerkungen zu aktuellen Weiterentwicklungen des Markovmodellkonzepts, die einer verfeinerten Erfassung der beteiligten Zufallsprozesse dienen.

Erst in den weiterführenden Kapiteln 6 und 8 befassen wir uns mit dem lautstrukturorientierten Entwurf von Wortmodellen und gehen von der Einzelwort- zur Satzerkennung über.

Die Methode der dynamischen Zeitverzerrung wird hier nur kurz gestreift; stattdessen sei auf die ausführlichen Darstellungen [Sak78, Moo85] und den Sammelband [San83] verwiesen. Markovmodelle werden detailliert in den Artikeln [Jel76, Lev83a, Rab86a, Rab89] sowie in der Monographie [Hua90b] beschrieben.

5.1 Das Einzelworterkennungsproblem

Ist ein Wortschatz $\mathcal{W} = \{W_1, \ldots, W_L\}$ vom Umfang L sowie eine kurzzeitanalysierte Einwortäußerung in Gestalt der Merkmalvektorfolge $\boldsymbol{X} = \boldsymbol{x}_1, \ldots, \boldsymbol{x}_T$ gegeben, so besteht die *Einzelworterkennungsaufgabe* darin, die Identität des mutmaßlich gesprochenen Wortes zu ermitteln; dabei stehen nur Elemente des *Erkennungswortschatzes* $\mathcal{W}$ zur Debatte. Das Ziel der Auslegung eines Worterkenners ist die Minimierung der *Wortfehlerrate*, also der zu erwartenden Häufigkeit falscher Wortentscheidungen.

Mustervergleich. Die frühesten Worterkennungssysteme folgten der Architektur des Abstandsklassifikators (siehe Abbildung 5.2). Jeder Wortschatzeintrag W_l wurde durch ein *Referenzmuster* $\boldsymbol{Y}_l$ (auch Prototyp oder Schablone genannt) repräsentiert. Jedes $\boldsymbol{Y}_l$ ist die Merkmalvektorfolge einer ausgewählten Realisierung des Wortes W_l, die während der Systemdimensionierungsphase akquiriert wurde. Um die potentiellen Aussprachevariationen angemessener zu erfassen, kann jedes Wort auch durch mehrere Prototypen $\boldsymbol{Y}_{l,1}, \ldots, \boldsymbol{Y}_{l,M_l}$

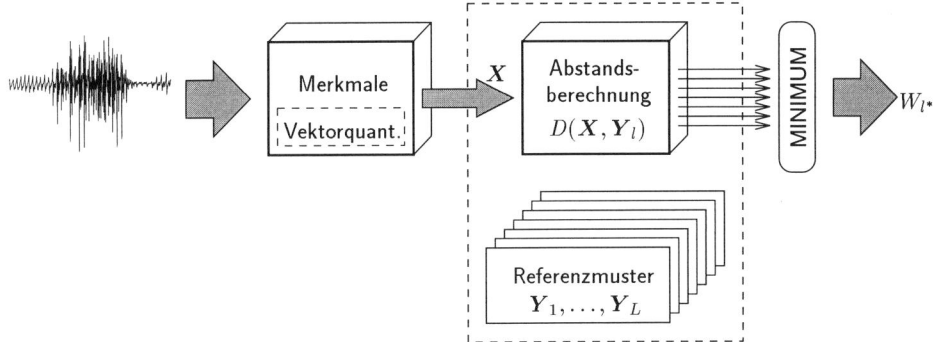

Abbildung 5.2: Einzelworterkennung durch Mustervergleich

vertreten werden [Rab79, Arc86]. Die Wortentscheidung erfolgt dann auf Grundlage der NN-Regel

$$l^* = \operatorname*{argmin}_l \min_m D(\boldsymbol{X}, \boldsymbol{Y}_{l,m})$$

zugunsten des Wortes W_{l^*} mit dem bestpassenden Referenzmuster.

Den Abstand $D(\boldsymbol{X}, \boldsymbol{Y})$ zwischen der Eingabesequenz und einer Referenzfolge $\boldsymbol{Y} = \boldsymbol{y}_1 \ldots \boldsymbol{y}_S$ unterschiedlicher Dauer $S \neq T$ bestimmen wir als Summe lokaler Distanzen $d_{ij} = d(\boldsymbol{x}_i, \boldsymbol{y}_j)$ entlang eines geeigneten Zeitverzerrungspfades zwischen den Vektorfolgen; die lokale Abstandsfunktion $d(\cdot, \cdot)$ wird meistens durch die euklidische Metrik realisiert. Die geeignete Verzerrungsfunktion für diesen Zweck sollte $\boldsymbol{X}$ in seiner ganzen Länge auf $\boldsymbol{Y}$ abbilden, gewissen Monotonie- und Stetigkeitseigenschaften in der t-Skala und der s-Skala gehorchen und natürlich den geringsten Gesamtabstand verursachen. Diese an und für sich hochkomplexe diskrete Optimierungsaufgabe — auch unter den genannten Einschränkungen wächst die Zahl der kombinatorisch möglichen Pfade exponentiell mit der Prototypenlänge — gehorcht dem Optimalitätsprinzip und läßt sich daher durch *Dynamische Programmierung* lösen [Bel57, Min57]. Für die *kumulativen Distanzen* $D_{ij} = D(\boldsymbol{x}_1 \ldots \boldsymbol{x}_i, \boldsymbol{y}_1 \ldots \boldsymbol{y}_j)$ zwischen Anfangsstücken der Vektorfolgen $\boldsymbol{X}, \boldsymbol{Y}$ gelten die Rekursionsformeln

$$D_{ij} = \begin{cases} 0 & i = j = 0 \\ \min\{D_{i-1,j-1}, D_{i-1,j}, D_{i,j-1}\} + d_{ij} & i > 0,\ j > 0 \\ \infty & \text{sonst} \end{cases} , \qquad (5.1)$$

und die Gesamtdistanz $D(\boldsymbol{X}, \boldsymbol{Y}) = D_{TS}$ ist daher mit einem Aufwand von nur $O(T \cdot S)$ Rechenoperationen zu bestimmen [Mas83].

Die Matrizen der lokalen und der kumulativen Distanzen sind in Abbildung 5.3 für ein einfaches Beispiel veranschaulicht. Der optimale, d.h. abstandsminimale Verzerrungspfad ist durch die einbeschriebenen Quadrate hervorgehoben; er kann durch Setzen von Zeigern in einer Rückverfolgungsmatrix gemäß der Minimumentscheidung in Gleichung (5.1) simultan mit dem Gesamtabstand ermittelt werden. Die Anzahl und Form der Terme im Minimu-

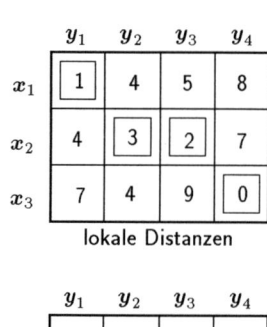

lokale Distanzen

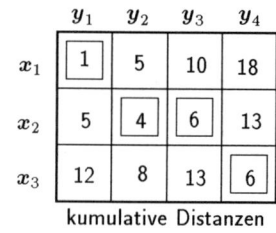

kumulative Distanzen

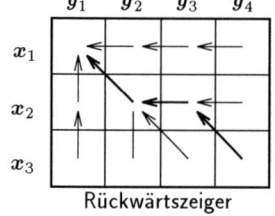

Rückwärtszeiger

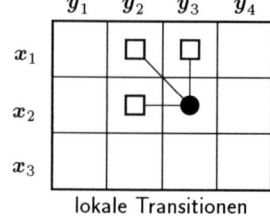

lokale Transitionen

Abbildung 5.3:
Das Prinzip der Dynamischen
Zeitverzerrung

mausdruck der Rekursionsformel (5.1) hängen von den erlaubten *lokalen Transitionen* der Verzerrungsfunktion ab; neben der im Beispiel gewählten Struktur wurde eine große Zahl modifizierter Pfadeinschränkungen vorgeschlagen [Mye80].

Dieser effiziente Algorithmus zur zeitelastischen Abstandsberechnung heißt Dynamische Zeitverzerrung (*dynamic time warping*, DTW) und wurde seit etwa 1970 in zahlreichen Varianten zur Worterkennung eingesetzt [Vel70, Bri73, Ita75, Gla85]; das Verfahren ermöglichte erstmalig die Realisierung einfacher Ziffern- oder Befehlsworterkenner und erlangte eine derartige Bedeutung, daß eine große Zahl von Hardwareimplementierungen des DTW-Algorithmus vorgenommen wurden [Wes83, Kit85].

Statistische Modellierung. Auch für das Einzelworterkennungsproblem besteht die theoretisch optimale Lösung in der Entscheidung zugunsten desjenigen Wortes W_{l^*} mit der maximalen a posteriori Wahrscheinlichkeit

$$P(W_l \mid \boldsymbol{X}) = \frac{P(\boldsymbol{X} \mid W_l) \cdot P(W_l)}{P(\boldsymbol{X})} \ . \tag{5.2}$$

Der Marginaldichtewert im Nenner ist unabhängig von der Wortidentität l und wird deswegen bei der Maximumbildung ignoriert. Die a priori Wahrscheinlichkeiten $P(W_l)$ dienen der bevorzugten Auswahl häufig auftretender Wörter; konkrete Werte können aus einer anwendungsspezifischen Textprobe abgeschätzt werden. Ist über die Wortverteilung nichts bekannt, legen wir die nichtinformative, gleichförmige Verteilung $P(W_l) = 1/L$ zugrunde, welche wie $P(\boldsymbol{X})$ keinen Beitrag zur Klassenentscheidung leistet und folglich in Gleichung (5.2) unberücksichtigt bleiben darf.

Die Bayes-Regel bleibt insofern akademisch, als daß uns die wahren Werte der wortbedingten Verteilungsdichten $P(\boldsymbol{X} \mid W_l)$ unbekannt sind. Ähnlich wie beim Normalverteilungsklassifikator (Seite 79) werden die Dichten durch Mitglieder $P(\boldsymbol{X} \mid \boldsymbol{\lambda}_l)$ einer geeigneten Funktionenfamilie mit einem zur Musterklasse W_l passenden Parametersatz $\boldsymbol{\lambda}_l$ angenähert. Die Struktur der Wortmuster $\boldsymbol{X}$ und der Dichteparameter sowie die Berechnungsvorschrift zur Auswertung von $P(\cdot \mid \cdot)$ gestalten sich jedoch wesentlich komplizierter als es beim NVK der Fall war, zumal die Länge der Merkmalvektorfolgen und auch die Dimension der $\boldsymbol{\lambda}_l$ nunmehr variabel sind. Die wichtigste Klasse solcher Dichtefunktionen sind die nachstehend beschriebenen Markovmodelle.

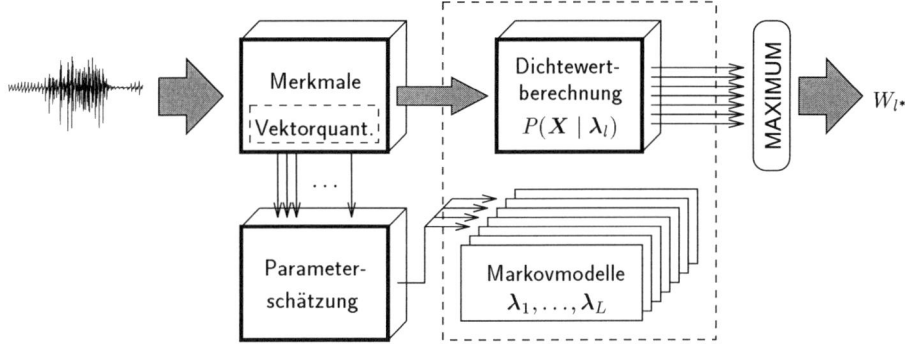

Abbildung 5.4: Einzelworterkennung mit Markovmodellen

Der Aufbau des statistischen Worterkennungssystems (Abbildung 5.4) stimmt mit dem eines abstandsmessenden weitgehend überein; es kommt allerdings eine Komponente zum automatischen Schätzen der Wortmodelle $\boldsymbol{\lambda}_l$ hinzu. Diese Möglichkeit, eine beliebige Anzahl von Beispieläußerungen eines Wortes durch ein vorgeschaltetes statistisches Lernverfahren zu einer kompakten parametrischen Repräsentation zu verdichten, war die Hauptursache der Verdrängung des DTW-Algorithmus durch die Markovmodelle als Basistechnologie spracherkennender Systeme.

5.2 Markovmodelle

Bei der sprachlichen Produktion eines Wortes werden die konstituierenden Laute mit variabler Dauer und in unterschiedlicher spektraler Zusammensetzung realisiert. Abhängig von Sprechtempo und -rhythmus entfällt auf jedes einzelne phonetische Segment der Äußerung eine nicht vorhersagbare Anzahl von Merkmalvektoren; jeder Vektor umfaßt neben seinem phonetischen Gehalt auch sprecher-, umgebungs- und verschleifungsbedingte Informationsanteile, die eine lautliche Identifikation außerordentlich erschweren.

Diese Verhältnisse lassen sich vereinfachend durch einen zweistufigen Prozeß modellieren, wie die Abbildung 5.5 am Beispiel des Wortes „haben" demonstriert. Für die Phoneme des Wortes sind im Modell eine entsprechende Zahl von Zuständen reserviert, die zur Sprachproduktion in Pfeilrichtung durchlaufen werden. Zu jedem Zeittakt ist ein Verbleib im aktuellen Zustand sowie ein Übergang zu dem des Nachfolgephonems möglich; das System verhält sich

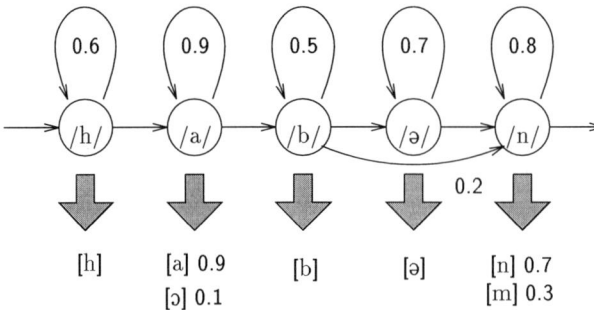

Abbildung 5.5:
Statistisches Modell der Sprachproduktion für das Wort „haben"

statistisch und wird von den eingezeichneten Übergangswahrscheinlichkeiten regiert. So wird beispielsweise der zum Phonem /a/ gehörende Zustand über mehrere — im Mittel zehn — aufeinanderfolgende Kurzzeitanalyseintervalle hinweg eingenommen; die Realisierungen des Plosivs /b/ sind mit einer geringeren Dauer angegeben.

Während die erste Stufe des Zufallsprozesses die zeitliche Verzerrung unterschiedlicher Wortaussprachen modelliert, dient die zweite Stufe der Erfassung spektraler Variation. An jeden Zustand des Wortmodells ist eine statistische Ausgabefunktion gebunden, welche die phonetischen Realisierungsalternativen gewichtet. Im Beispiel werden zur Produktion der Phoneme /a/ und /n/ mit positiver Wahrscheinlichkeit auch die Phonklassen [ɔ] bzw. [m] zugelassen. Schließlich erlaubt uns der Formalismus sogar die Beschreibung einer optionalen Lautelimination, wie die „Überbrückung" des Zentrallautes /ə/ durch einen direkten Übergang zwischen seinen beiden Nachbarphonemen verdeutlicht.

Das abgebildete Wortmodell präsentiert die Idee der statistisch orientierten Spracherkennung in stark vereinfachter Form und dient lediglich der Motivation der nachfolgenden Definitionen. Dennoch lassen sich mit seiner Hilfe die drei grundsätzlichen Fragestellungen illustrieren, welche uns im weiteren Verlauf dieses Kapitels beschäftigen werden:

- Gegeben sei eine Wortrealisierung und ihre phonetische Kurzzeitdarstellung, zum Beispiel die Phonsequenz [hhaaaɔɔbbmmm]. Wie groß ist die Wahrscheinlichkeit dafür, daß diese Artikulationsfolge von obenstehendem Modell produziert wurde?

- Unter der Annahme, die Folge wurde vom Modell produziert — welches war die wahrscheinlichste Sequenz eingenommener Zustände? Eine Beantwortung dieser Frage klärt unter anderem, ob der Laut [ɔ] zwangsläufig eine Realisierung des zweiten Modellzustandes (für das Phonem /a/) darstellt.

- Wie müssen die aufgeführten Wahrscheinlichkeitsparameter justiert werden, damit das Modell die typischerweise auftretenden Realisierungen des Wortes „haben" möglichst genau voraussagt?

5.2.1 Definitionen

Wir betrachten eine endliche Menge

$$\mathcal{Q} = \{s_1, \ldots, s_N\} \tag{5.3}$$

von Zuständen sowie einen *diskreten stochastischen Prozeß* [Chu67] über $\mathcal{Q}$, also eine Folge

$$\boldsymbol{q} = q_1, \ldots, q_T , \quad q_t \in \mathcal{Q} \tag{5.4}$$

von Zufallsvariablen, die Werte aus der Zustandsmenge $\mathcal{Q}$ annehmen. Der Prozeß heißt *kausal*, falls die Verteilung der Variablen q_t nur von vergangenen Zuständen abhängt, er heißt *stationär*, wenn dabei die absolute Zeit t keine Rolle spielt, und er heißt *einfach*, falls ausschließlich der unmittelbar vorangehende Zustand einen Einfluß ausübt. Für einen einfachen, kausalen und stationären Prozeß haben die *Übergangswahrscheinlichkeiten* die Form

$$P(q_t \mid q_1 \ldots q_{t-1}) = P(q_t \mid q_{t-1}) \tag{5.5}$$

und können zu einer $N \times N$-Parametermatrix

$$\boldsymbol{A} = [a_{ij}]_{N \times N} \quad \text{mit} \quad a_{ij} = P(q_t = s_j \mid q_{t-1} = s_i) \tag{5.6}$$

zusammengefaßt werden, für deren Einträge a_{ij} die *Stochastizitätsbedingungen* $a_{ij} \geq 0$ und $\sum_j a_{ij} = 1$ gelten. Die Wahrscheinlichkeiten

$$\pi_i = P(q_1 = s_i) , \quad \sum_{i=1}^{N} \pi_i = 1 \tag{5.7}$$

für die Einnahme eines Anfangszustandes werden in dem N-dimensionalen Vektor $\boldsymbol{\pi}$ vereinigt. Diskrete Prozesse dieser speziellen Art heißen *Markovketten* [And57, Bil61]; ihr statistisches Verhalten ist vollständig durch die Parameter $\boldsymbol{\pi}$ und $\boldsymbol{A}$ charakterisiert.

Wir nehmen ferner an, daß ein zweiter Prozeß zu jedem Zeittakt abhängig von aktuell eingenommenen Zustand ein Zeichen aus einem endlichen *Ausgabealphabet*

$$\mathcal{K} = \{v_1, \ldots, v_K\} \tag{5.8}$$

erzeugt. Einem potentieller Beobachter dieses Erzeugungsvorgangs offenbare sich lediglich die diskrete Symbolfolge

$$\boldsymbol{O} = O_1 \ldots O_T , \tag{5.9}$$

während die Folge $\boldsymbol{q}$ der inneren Zustände im Dunkeln bleibe. Die Zeichenproduktion gehorche der Gesetzmäßigkeit

$$P(O_t \mid O_1 \ldots O_{t-1}, q_1 \ldots q_t) = P(O_t \mid q_t) , \tag{5.10}$$

hänge also nur vom aktuellen Zustand ab. Die diskrete *Ausgabeverteilung* läßt sich dann gemäß

$$b_{jk} \;=\; b_j(v_k) \;=\; P(O_t = v_k \mid q_t = s_j) \quad \text{und} \quad \boldsymbol{B} = [b_{jk}]_{N \times K} \qquad (5.11)$$

als Matrix schreiben, wobei für alle j, k die stochastischen Normierungsbedingungen $b_{jk} \geq 0$ und $\sum_k b_{jk} = 1$ gefordert werden.

Der gesamte doppelt stochastische Prozeß ist damit durch die Zahl N der Zustände, den Umfang K des Ausgabealphabets und einen Parametersatz

$$\boldsymbol{\lambda} = (\boldsymbol{\pi}, \boldsymbol{A}, \boldsymbol{B}) \qquad (5.12)$$

bestimmt und wird in der deutschsprachigen Literatur als *Markovmodell* bezeichnet; es hat sich gleichzeitig das Akronym HMM etabliert, welches auf den englischen Fachterminus *hidden Markov model* [Lev83a] zurückgeht — das in der deutschen Übersetzung unterdrückte Adjektiv weist auf die vor dem Betrachter verborgenen Werte der Zufallsvariablen q_t hin. In der Anfangsphase der Entwicklung waren ebenfalls die Begriffe *stochastischer Automat* oder *Markovquelle* gebräuchlich [Bah83, Bah74]. Die Markovmodelle der IBM-Welt [Bah75] beruhen auf einer leicht modifizierten Definition, welche die Ausgabeverteilungen in Abhängigkeit von Zustands*übergängen* betrachtet und durch eine erhöhte Zahl von Wahrscheinlichkeitsparametern

$$b_{ijk} \;=\; b_{ij}(v_k) \;=\; P(O_t = v_k \mid q_{t-1} = s_i, q_t = s_j) \qquad (5.13)$$

charakterisiert.

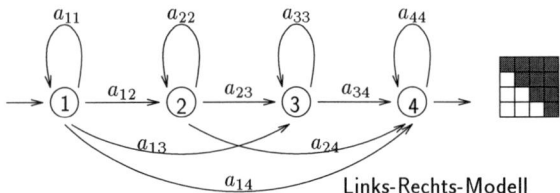

Links-Rechts-Modell

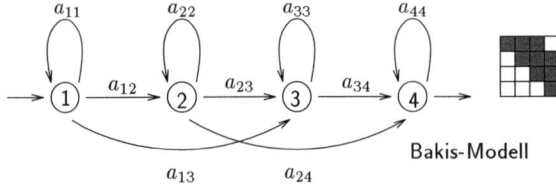

Bakis-Modell

Lineares Modell

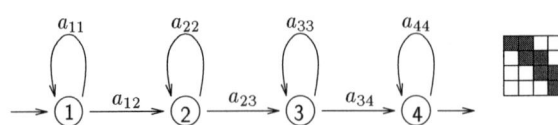

Abbildung 5.6:
Geeignete Modelltopologien für die Spracherkennung. Die nichtverschwindenden Einträge der Übergangsmatrix sind grau unterlegt.

Im Aufgabenbereich der Worterkennung dienen Markovmodelle der Repräsentation zeitlicher Abfolgen artikulatorischer Gesten oder akustischer Ereignisse. Zur Wortmodellierung
eignen sich also Modelltopologien mit ausgezeichneten Anfangs- und Endzuständen sowie einer expliziten zeitlichen Ordnung. Typische Vertreter sind *Bakis-Modelle* der Abbildung 5.6,
deren Übergangswahrscheinlichkeiten a_{ij} für alle Indexkombinationen i, j mit $j < i$ oder
$j > i + 2$ verschwinden, also ausschließlich Transitionen der Art $s_i \rightarrow s_i$, $s_i \rightarrow si + 1$ und
$s_i \rightarrow s_{i+2}$ zulassen. Zusätzlich wird mittels $\boldsymbol{\pi} = (1, 0, \ldots, 0)^\mathsf{T}$ sichergestellt, daß der Zufallsprozeß zwingend im Modellzustand s_1 startet. Bei *linearen* Modellen wird obendrein das
einfache Überspringen $s_i \rightarrow s_{i+2}$ des Nachfolgezustands s_{i+1} verboten. Generell spricht man
von (echt) zyklenfreien oder *Links-Rechts*-Modellen, falls $\boldsymbol{A}$ von der Gestalt einer oberen
Dreiecksmatrix ist, also zeitlich retrovertierte Transitionen nicht möglich sind. In allen Fällen
kann der letzte, *absorbierende* Zustand s_N wegen $a_{NN} = 1$ nicht mehr verlassen werden.
Markovketten mit vollbesetzter Übergangsmatrix $\boldsymbol{A}$ werden häufig als *ergodische* Prozesse
bezeichnet [Rab89].

Markovmodelle mit diskreten Ausgabeverteilungen sind ein probates Hilfsmittel zur Verarbeitung vektorquantisierter Sprachdaten. Zur Analyse von Merkmalvektorfolgen benötigen
wir indes HMMs, deren zustandsbedingte Ausgaben durch *kontinuierliche Verteilungsdichten*

$$P(O_t = \boldsymbol{x} \mid q_t = j) = b_j(\boldsymbol{x}) \tag{5.14}$$

gesteuert werden; die Dichtefunktionen $b_j(\cdot)$ erfüllen dabei die Normierungsbedingung
$\int_{\boldsymbol{x}} b_j(\boldsymbol{x}) \, d\boldsymbol{x} = 1$, wobei sich das Integral über den Vektorraum $\mathbb{R}^D$ erstreckt. Die getroffenen
Aussagen des laufenden Abschnitts werden sich gleichermaßen auf diskrete wie kontinuierli-
che Modelle beziehen; wir wählen *pars pro toto* die diskrete Notation, um uns die überflüssige
Verdopplung der Darstellung zu ersparen. Bei der Behandlung der Lernverfahren spielt die
Natur der Ausgabeverteilung hingegen eine so zentrale Rolle, daß wir die Parameterschätz-
methoden in zwei voneinander getrennten Abschnitten darstellen werden.

5.2.2 Produktionswahrscheinlichkeiten

Wir nehmen an, die Parameter $\boldsymbol{\lambda}$ eines Markovmodells seien vollständig spezifiziert und es
läge ferner eine Beobachtungsfolge $\boldsymbol{O}$ der Dauer T vor. Wie groß ist nun die Wahrscheinlich-
keit $P(\boldsymbol{O} \mid \boldsymbol{\lambda})$ dafür, daß ausgerechnet $\boldsymbol{O}$ vom Modell $\boldsymbol{\lambda}$ erzeugt wurde?

Zunächst drücken wir die Wahrscheinlichkeit, daß eine konkrete Zustandsfolge $\boldsymbol{q}$ durchlaufen wurde, mit Hilfe der Markoveigenschaft (5.5) als Produkt

$$P(\boldsymbol{q} \mid \boldsymbol{\lambda}) = P(q_1 \ldots q_T \mid \boldsymbol{\lambda}) = \pi_{q_1} \cdot \prod_{t=2}^{T} a_{q_{t-1} q_t} \tag{5.15}$$

von Anfangs- und Übergangswahrscheinlichkeiten aus; die Zufallsvariablenwerte q_t identifizieren wir bei Bedarf mit den Zustands*indizes*, um die Formeln übersichtlicher zu halten. Die

bedingte Produktionswahrscheinlichkeit für O, wenn das modellinterne Verhalten q bereits feststeht, lautet infolge der Unkorreliertheitsannahme (5.10)

$$P(O \mid q, \lambda) \;=\; P(O_1 \dots O_T \mid q_1 \dots q_T, \lambda) \;=\; \prod_{t=1}^{T} b_{q_t}(O_t) \;. \tag{5.16}$$

Die Verbundwahrscheinlichkeit für das gemeinsame Eintreten der Folgen q und O ist demzufolge

$$P(O, q \mid \lambda) \;=\; P(O \mid q, \lambda) \cdot P(q \mid \lambda) \;=\; \pi_{q_1} b_{q_1}(O_1) \cdot \prod_{t=2}^{T} a_{q_{t-1} q_t} b_{q_t}(O_t) \;, \tag{5.17}$$

so daß wir die gesuchte *Produktionswahrscheinlichkeit*

$$P(O \mid \lambda) \;=\; \sum_{q \in \mathcal{Q}^T} P(O, q \mid \lambda) \;=\; \sum_{q \in \mathcal{Q}^T} \pi_{q_1} b_{q_1}(O_1) \cdot \prod_{t=2}^{T} a_{q_{t-1} q_t} b_{q_t}(O_t) \tag{5.18}$$

durch Summierung über alle denkbaren Zustandsfolgen des T-fachen kartesischen Produkts $\mathcal{Q}^T$ der Zustandsmenge erhalten.

Unter Ausnutzung der zuvor geforderten Stochastizitätsbedingungen läßt sich problemlos nachweisen, daß die Funktion $P(O \mid \lambda)$ eine diskrete Wahrscheinlichkeitsverteilung (oder gegebenenfalls eine kontinuierliche Verteilungsdichte) auf der Menge aller Zeichen- oder Vektorfolgen der Länge T ist. Entscheidend ist hierfür die Normiertheitsaussage für die Mehrfachsumme bzw. das Mehrfachintegral

$$\sum_{O_1 \in \mathcal{K}} \cdots \sum_{O_T \in \mathcal{K}} P(O \mid \lambda) \;=\; 1 \;=\; \int_{\boldsymbol{x}_1 \in \mathbb{R}^D} \cdots \int_{\boldsymbol{x}_T \in \mathbb{R}^D} P(X \mid \lambda) d\boldsymbol{x}_1 \dots d\boldsymbol{x}_T \;. \tag{5.19}$$

Vorwärts- und Rückwärtswahrscheinlichkeiten. In der Gleichung (5.18) ist über N^T Zustandsfolgen zu summieren, so daß die Anzahl benötigter Multiplikationen zur Bestimmung von $P(O \mid \lambda)$ in etwa gleich $2T \cdot N^T$ ist, also exponentiell mit der Dauer der Eingabe wächst; schon für ein kleines Modell mit fünf Zuständen und eine Äußerung von zwölf Zeittakten Dauer — das entspricht ungefähr der zeitlichen Ausdehnung eines Lautes — wären ca. $5.8 \cdot 10^9$ Multiplikationen erforderlich. Eine wesentlich effizientere Methode, deren Aufwand sich linear in T verhält, stützt sich auf die rekursive Berechnung der *Vorwärtswahrscheinlichkeiten*

$$\alpha_t(j) \;=\; P(O_1 \dots O_t, q_t = j \mid \lambda) \tag{5.20}$$

oder der *Rückwärtswahrscheinlichkeiten*

$$\beta_t(i) \;=\; P(O_{t+1} \dots O_T \mid q_t = i, \lambda) \;. \tag{5.21}$$

Sowohl die $\alpha_t(j)$ als auch die $\beta_t(i)$ bilden eine $T \times N$-Matrix, die mit Hilfe von je $2N^2T$ Multiplikationen mit Werten gefüllt wird; Zur Bestimmung von $P(\boldsymbol{O} \mid \boldsymbol{\lambda})$ werden entweder die Werte $\alpha_t(j)$ *oder* die Werte $\beta_t(i)$ benötigt; die beiden Algorithmen unterscheiden sich hauptsächlich durch die zeitliche Richtung der Rekursion.

Vorwärts- und Rückwärtswahrscheinlichkeiten

▷ **Initialisierung:**

Für alle $j = 1, \ldots, N$ setze

$$\alpha_1(j) = \pi_j b_j(O_1)$$

Für alle $i = 1, \ldots, N$ setze

$$\beta_T(i) = 1$$

▷ **Rekursion:**

Für $t > 1$ und alle $j = 1, \ldots, N$ setze

$$\alpha_t(j) = \left(\sum_{i=1}^{N} \alpha_{t-1}(i) a_{ij} \right) b_j(O_t)$$

Für $t < T$ und alle $i = 1, \ldots, N$ setze

$$\beta_t(i) = \sum_{j=1}^{N} a_{ij} b_j(O_{t+1}) \beta_{t+1}(j)$$

▷ **Terminierung:**

Berechne

$$P(\boldsymbol{O} \mid \boldsymbol{\lambda}) = \sum_{j=1}^{N} \alpha_T(j)$$

Berechne

$$P(\boldsymbol{O} \mid \boldsymbol{\lambda}) = \sum_{j=1}^{N} \pi_j b_j(O_1) \beta_1(j)$$

Bei Links-Rechts-Modellen initialisiert man lediglich $\alpha_1(1) = b_1(O_1)$, $\beta_T(N) = 1$ und setzt alle weiteren $\alpha_1(j)$, $\beta_T(i)$ zu Null. Die Vorwärts- und Rückwärtswahrscheinlichkeiten genügen zu jedem Zeitpunkt t den Beziehungen

$$\alpha_t(j)\beta_t(j) = P(\boldsymbol{O}, q_t = j \mid \boldsymbol{\lambda}) \quad \text{und} \quad P(\boldsymbol{O} \mid \boldsymbol{\lambda}) = \sum_{j=1}^{N} \alpha_t(j)\beta_t(j) ; \qquad (5.22)$$

daraus und aus den Initialisierungsvorschriften ergeben sich die Terminierungsformeln an den Zeitpunkten $t = T$ und $t = 1$.

Das Rechenschema der Vorwärtsgleichungen ist in Abbildung 5.7 illustriert; die $\alpha_t(j)$ können spaltenweise parallel von links nach rechts, also in Richtung fortschreitender Zeit bestimmt werden. Handelt es sich um ein Links-Rechts-Modell, so kann dank des Fehlens echter Zyklen auch zeilenweise verfahren werden, weil die HMM-Struktur dann keine Übergänge aus niedriger indizierten Zuständen erlaubt.

5.2.3 Die verborgene Zustandsfolge

Auch wenn die Folge der von einem HMM eingenommenen Zustände unserer Beobachtung nicht zugänglich ist, läßt die Kenntnis der Ausgabe $\boldsymbol{O}$ und der Modellparameter $\boldsymbol{\lambda}$ dennoch

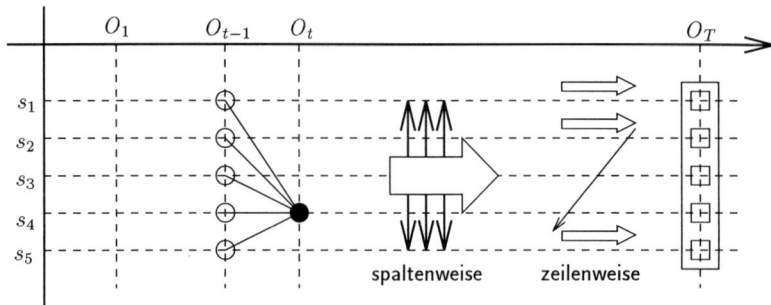

Abbildung 5.7: Rechenschema zur Bestimmung der Vorwärtsmatrix $[\alpha_t(j)]$

einige statistische Rückschlüsse zu. Wir sind in der Lage, die a posteriori Wahrscheinlichkeiten einzelner Zustände zu definierten Zeitpunkten sowie vollständiger Zustandsfolgen zu bestimmen; aus diesen Verteilungen lassen sich dann Entscheidungen im Sinne der Bayes-Regel treffen. Die wahrscheinlichste Zustandsfolge wird im allgemeinen mit der Folge der wahrscheinlichsten Zustände nicht übereinstimmen.

Der Viterbi-Algorithmus. Wir nehmen einen deterministischen Standpunkt ein und postulieren, daß O durch genau eine der möglichen Zustandsfolgen $q \in \mathcal{Q}^T$ der Länge T generiert wurde. Als Verursacherfolge kommen damit all jene q in Betracht, welche die ausgabebezogene a posteriori Wahrscheinlichkeit

$$P(q \mid O, \lambda) = \frac{P(O, q \mid \lambda)}{P(O \mid \lambda)} \tag{5.23}$$

maximieren. Da der Nenner nicht von der Lösung abhängt, suchen wir eine *optimale Zustandsfolge* q^* mit

$$P(O, q^* \mid \lambda) = \max_{q \in \mathcal{Q}^T} P(O, q \mid \lambda) =: P^*(O \mid \lambda) ; \tag{5.24}$$

es können im allgemeinen mehrere Folgen mit dieser Eigenschaft existieren. Mit dem *Viterbi-Algorithmus* [Vit67, For73], einer Variante des Verfahrens zur Berechnung der Vorwärtsmatrix, läßt sich das Optimierungsproblem effizient lösen. Statt der $\alpha_t(j)$ werden jetzt die maximal erzielbaren Wahrscheinlichkeiten

$$\vartheta_t(j) = \max\{P(O_1 \ldots O_t, q_1 \ldots q_t \mid \lambda) \mid q \in \mathcal{Q}^T \text{ mit } q_t = j\} \tag{5.25}$$

für die Erzeugung der Teilausgabe $O_1 \ldots O_t$ unter der Nebenbedingung berechnet, daß der Produktionsvorgang im Zustand s_j endet. Gleichzeitig wird wie beim DTW-Algorithmus eine Rückverzeigerungsmatrix $[\psi_t(j)]$ zur abschließenden Extraktion der gesuchten Folge aufgebaut.

▷ **Initialisierung:** Setze $\vartheta_1(j) = \pi_j b_j(O_1)$ und $\psi_1(j) = 0.$ für alle $j = 1, \ldots, N$

▷ **Rekursion:** Für alle $j = 1, \ldots, N$ setze

$$\vartheta_t(j) = \max_i(\vartheta_{t-1}(i) a_{ij}) b_j(O_t) \quad \text{und} \quad \psi_t(j) = \operatorname*{argmax}_i \vartheta_{t-1}(i) a_{ij}$$

▷ **Terminierung:** Setze

$$P^*(O \mid \lambda) = \max_j \vartheta_T(j) \quad \text{und} \quad q_T^* = \operatorname*{argmax}_j \vartheta_T(j)$$

▷ **Rückverfolgung:** Für $t = T-1, \ldots, 1$ ergibt sich eine optimale Folge mittels

$$q_t^* = \psi_{t+1}(q_{t+1}^*)$$

Die Produktionswahrscheinlichkeiten $P(O \mid \lambda)$ und die Viterbi-Bewertungen $P^*(O \mid \lambda)$ unterscheiden sich voneinander, sobald es mehr als ein q mit nichtverschwindendem $P(O, q \mid \lambda)$ gibt; nichtsdestoweniger sind die Größen sehr stark korreliert [Mer91b], und $P^*(O \mid \lambda)$ wird in den meisten Worterkennern ersatzweise als Prüfgröße verwendet [Whi78, Spo80]. Ein Blick auf die Rekursionsgleichungen (5.1) der Dynamischen Zeitverzerrung zeigt eine frappierende Übereinstimmung zwischen DTW- und Viterbi-Algorithmus; insbesondere gehen nach einer negativen Logarithmustransformation alle Wahrscheinlichkeitswerte des Viterbi-Algorithmus in Distanzmaße und die Multiplikationen in Additionen über, so daß die Verfahren praktisch zur Deckung kommen.

Kontextuelle Klassifikation. Der zweite Weg zur Bestimmung mutmaßlicher Modellzustände besteht darin, zu den fraglichen Zeitpunkten voneinander unabhängige Entscheidungen — im Sinne einer Klassifikation hinsichtlich des Inventars $\mathcal{Q} = \{s_1, \ldots, s_N\}$ — vorzunehmen, dabei jedoch die Kenntnis der Modellausgaben in einer zeitlichen Umgebung miteinzubeziehen. Diese Vorgehensweise fällt in das Gebiet der *kontextuellen* Klassifikation [Han76, Tou78, Har83] und stellt eine unmittelbare Verallgemeinerung der im Kapitel 4 ausgeführten Methoden dar. Je nach Umfang des zur Klassifikation genutzten zeitlichen Kontextes unterscheiden wir drei Verfahrensvarianten.

Dient stets die gesamte Folge O als Entscheidungsgrundlage, identifizieren wir den zur Zeit t eingenommenen Zustand durch Maximierung der a posteriori Wahrscheinlichkeit

$$P(q_t = j \mid O, \lambda) = \frac{P(O, q_t = j \mid \lambda)}{P(O \mid \lambda)} = \frac{\alpha_t(j)\beta_t(j)}{\sum_i \alpha_t(i)\beta_t(i)} . \tag{5.26}$$

Konnten hingegen zum Zeitpunkt der Klassifikation von q_t nur die ersten t Glieder von O beobachtet werden, beschränken wir uns auf eine *kausale* Klassifikationsregel [Eph92a] und maximieren

$$P(q_t = j \mid O_1 \ldots O_t, \boldsymbol{\lambda}) \;=\; \frac{P(O_1 \ldots O_t, q_t = j \mid \boldsymbol{\lambda})}{P(O_1 \ldots O_t \mid \boldsymbol{\lambda})} \;=\; \frac{\alpha_t(j)}{\sum_i \alpha_t(i)} \;. \tag{5.27}$$

Die kausale Zustandsdekodierung erfordert offenbar nur die schritthaltende Berechnung der Matrix $[\alpha_t(j)]$, während sich die globale Kontextberücksichtigung darüberhinaus auf die Werte $\beta_t(i)$ der Rückwärtsmatrix stützt. Ein weiteres schritthaltendes, aber gleichzeitig *vorausschauendes* Vorgehen, dessen Entscheidungshorizont zur Zeit t alle Folgenglieder bis einschließlich $O_{t+\tau}$ für eine konstante Prospektionsdauer τ („*lookahead*") involviert, bedient sich der Prüfgröße

$$P(q_t = j \mid O_1 \ldots O_{t+\tau}, \boldsymbol{\lambda}) \tag{5.28}$$

und wurde in [Rav67] vorgeschlagen.

Die optimalen Zustände q_t^* im Sinne der kontextuellen Klassifikation weisen im Mittel eine minimale Fehlerrate auf, falls das Markovmodell $\boldsymbol{\lambda}$ die wahren Wahrscheinlichkeitsverteilungen des Zufallsprozesses liefert. Die Folge $\boldsymbol{q}^*$ der optimalen Zustände q_t^* ist jedoch nicht notwendigerweise eine zulässige Folge des Modells, d.h. es kann unter Umständen $P(\boldsymbol{q}^* \mid \boldsymbol{\lambda}) = 0$ gelten.

5.2.4 Skalierung und Logarithmierung

Die Berechnung der Wahrscheinlichkeiten $P(\boldsymbol{O} \mid \boldsymbol{\lambda})$ und $P^*(\boldsymbol{O} \mid \boldsymbol{\lambda})$ besteht im wesentlichen in der Multiplikation einer großen Zahl von Faktoren, deren Werte meistens sehr nahe bei Null liegen. Um den daraus resultierenden gewaltigen Dynamikbereich mit der beschränkten numerischen Präzision eines realen Rechenautomaten in den Griff zu bekommen, müssen wir die relevanten Größen des Vorwärts-, Rückwärts- und Viterbi-Algorithmus entweder *skalieren* oder *logarithmieren*.

Skalierung. Die numerische Größenordnung der $\alpha_t(j)$ verringert sich exponentiell mit t; es liegt also nahe, zeittaktbezogene Skalierungsfaktoren C_t anzusetzen. Eine Option besteht in der Normierung [Dev85]

$$\tilde{\alpha}_t(j) \;=\; C_t \cdot \alpha_t(j) \;=\; \frac{\alpha_t(j)}{\sum_i \alpha_t(i)} \;=\; P(q_t = j \mid O_1 \ldots O_t, \boldsymbol{\lambda}) \tag{5.29}$$

auf die kausale a posteriori Wahrscheinlichkeit. Da wir mit den normierten Zahlenwerten $\tilde{\alpha}_t(j)$ auch in die Rekursion des $\alpha_t(j)$-Algorithmus (Seite 131) gehen, ergibt sich zur Zeit t *in toto* der Normierungsfaktor $C_t' = C_t/C_{t-1}$.

Logarithmierung. Der Viterbi-Algorithmus enthält nur Maximum- und Produktbildungen, seine Rekursionsgleichungen gehen also nach Logarithmierung der Größen $\vartheta_t(j)$, a_{ij} und

$b_j(\cdot)$ zur Basis u in die Form

$$\tilde{\vartheta}_t(j) \;=\; \max_i(\tilde{\vartheta}_{t-1}(i) + \tilde{a}_{ij}) + \tilde{b}_j(O_t) \tag{5.30}$$

über. Wenn wir uns gemäß der Transformation $\tilde{p} = -\lfloor \log_u p + 0.5 \rfloor$ auf eine ganzzahlige Darstellung von Wahrscheinlichkeitswerten p beschränken, beträgt der relative Quantisierungsfehler im schlimmsten Fall $\sqrt{u} - 1$; bei Vorgabe des maximal tolerablen Fehlers δ ist folglich die Basis $u = 1 + 2\delta$ zu verwenden. Dann gehen angesichts der Beziehung $\tilde{p} \approx \log_{10} p/(2\delta \cdot \log_{10} e)$ die Genauigkeit linear und die Dynamik logarithmisch in die Quantisierungsrate ein. Zum Beispiel beträgt die Dynamik einer 16 bit Darstellung der Wahrscheinlichkeiten bei einem maximalen Fehler von einem Promille ($\delta = 10^{-3}$) etwa 57 Dezimalstellen. Quantitative Abschätzungen des Einflusses endlicher Rechengenauigkeit auf die Präzision der Ergebnisgrößen wurden in [Yan90] hergeleitet.

Die Transformierung der $\alpha_t(j)$- und $\beta_t(i)$-Algorithmen versetzt uns in die delikate Situation, logarithmisch repräsentierte Wahrscheinlichkeiten addieren zu müssen. Einen Lösungsweg bietet die *Kingsbury-Rayner*-Formel [Kin71]

$$\log_u(p_1 + p_2) \;=\; \log_u p_1 + \log_u(1 + u^{\log_u p_2 - \log_u p_1}) \; ; \tag{5.31}$$

den rechten Summanden schlägt man in Abhängigkeit von der Differenz $d = \log_u p_2 - \log_u p_1$ in einer Tabelle für die Funktion $\log_u(1 + u^d)$ nach. Das Tabellenwerk ist von endlicher Ausdehnung, da wir einerseits o.B.d.A. $p_2 \geq p_1$ annehmen dürfen, andererseits den Wert $p_1 + p_2$ durch p_2 annähern, sobald p_1/p_2 unter die Genauigkeitsschranke δ fällt. Die Tabelle endet daher beim Maximalwert $d = \log_{10}(1/\delta)/(2\delta \cdot \log_{10} e)$.

5.3 ML-Schätzung der Modellparameter

Wir wollen nun die statistischen Parameter des Markovmodells $\boldsymbol{\lambda}$ unter Zuhilfenahme einer Lernstichprobe schätzen. Dazu setzen wir in diesem Abschnitt zunächst ein HMM mit diskreten Ausgabeverteilungen voraus (siehe Abbildung 5.8), dessen „Dimensionen" N und K anwendungsbedingt festgelegt sind, und nehmen an, daß nur eine Trainingssequenz $\boldsymbol{O}$ der Dauer T zur Verfügung stünde. Gesucht ist dann ein Parametersatz $\hat{\boldsymbol{\lambda}}$, der die ML-Zielfunktion

$$\mathscr{L}_{\mathrm{HMM}}(\boldsymbol{\lambda}) \;=\; \log P(\boldsymbol{O} \mid \boldsymbol{\lambda}) \;=\; \log \sum_{\boldsymbol{q} \in \mathcal{Q}^T} P(\boldsymbol{O}, \boldsymbol{q} \mid \boldsymbol{\lambda}) \tag{5.32}$$

maximiert; da $\hat{\boldsymbol{\lambda}}$ zur Befriedigung der Stochastizitätsbedingungen der konvexen Mannigfaltigkeit

$$\mathcal{M}_{\boldsymbol{\lambda}} \;=\; \{(\boldsymbol{\pi}, \boldsymbol{A}, \boldsymbol{B}) \mid \pi_i, a_{ij}, b_{jk} \geq 0 \text{ und } \sum_i \pi_i = \sum_j a_{ij} = \sum_k b_{jk} = 1\} \tag{5.33}$$

entstammt, handelt es sich bei der Schätzung um ein nichtlineares Optimierungsproblem unter linearen Nebenbedingungen.

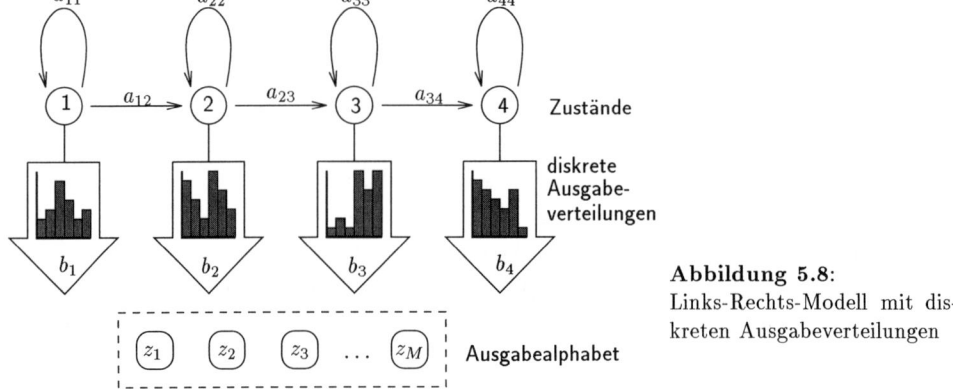

Abbildung 5.8:
Links-Rechts-Modell mit diskreten Ausgabeverteilungen

Die Zielgröße $P(O \mid \lambda)$ ist das Marginal der gemeinsamen Verteilung $P(O, q \mid \lambda)$ beobachtbarer und verborgener Zufallsvariablen O und q, so daß die Voraussetzungen des EM-Algorithmus erfüllt sind und wir damit über ein iteratives Verfahren zur schrittweisen Verbesserung der Modellparameter verfügen. Die entsprechenden Schätzformeln fanden zuerst in [Bau66, Bau67] Erwähnung und werden seither unter der Bezeichnung *Baum-Welch-* oder *forward-backward*-Algorithmus zitiert. Die Folge $\lambda^{(0)}, \lambda^{(1)}, \lambda^{(2)}, \ldots$ der sukzessiv verbesserten Schätzwerte besitzt laut [Bau72] eine konvergente Teilfolge, sofern $\mathcal{L}_{\mathrm{HMM}}(\lambda)$ nur endlich viele lokale Maxima in $\mathcal{M}_\lambda$ besitzt; ob das Grenzmodell die ML-Zielfunktion auch global optimiert, hängt wie immer von der Wahl des Startmodells $\lambda^{(0)}$ ab.

Wir geben den Baum-Welch-Algorithmus an, skizzieren den Beweis für die Wachstumseigenschaft der Schätztransformation und stellen kurz den Zusammenhang mit Gradientenaufstiegsverfahren her. Abschließend wird noch die entscheidungsüberwachte Variante des Baum-Welch-Algorithmus vorgestellt.

5.3.1 Baum-Welch-Algorithmus

Die Konstruktion eines verbesserten Modells $\hat{\lambda}$ beruht ganz wesentlich auf den $\alpha_t(j)$- und $\beta_t(i)$-Wahrscheinlichkeiten zur Bestimmung des Wertes $P(O \mid \lambda)$ für die Trainingsfolge O und das Vorgängermodell λ. Wir leiten daraus den zentralen Term

$$
\begin{aligned}
\xi_t(i,j) &= P(q_t = i, q_{t+1} = j \mid O, \lambda) = \frac{P(q_t = i, q_{t+1} = j, O \mid \lambda)}{P(O \mid \lambda)} \\
&= \frac{\alpha_t(i) a_{ij} b_j(O_{t+1}) \beta_{t+1}(j)}{\sum_{i=1}^{N} \alpha_t(i) \beta_t(i)}, \quad 1 \leq t < T
\end{aligned} \tag{5.34}
$$

für die a posteriori Wahrscheinlichkeit eines Übergangs $s_i \rightarrow s_j$ zum Zeitpunkt t her. Ferner bezeichne

$$\gamma_t(i) \;=\; P(q_t = i \mid O, \lambda) \tag{5.35}$$

die Zustandswahrscheinlichkeit aus Gleichung (5.26); für alle $t < T$ gilt offensichtlich der Zusammenhang $\gamma_t(i) = \sum_j \xi_t(i,j)$. Wenn wir die $\xi_t(i,j)$ oder die $\gamma_t(i)$ über alle Zeittakte der Trainingsfolge hinweg aufsummieren, ergeben sich die λ-bedingten Erwartungswerte für Transitionen $s_i \to s_j$ bzw. für den Aufenthalt in s_i. Diese a posteriori Schätzungen für das Innenleben des alten Modells λ während der Produktion der Zeichenfolge O liefern nun die Parametertransformation des Baum-Welch-Algorithmus:

$$\hat{\pi}_i \;=\; \gamma_1(i) \;=\; \frac{\alpha_1(i)\beta_1(i)}{\displaystyle\sum_{i=1}^{N} \alpha_t(i)\beta_t(i)}$$

$$\hat{a}_{ij} \;=\; \frac{\displaystyle\sum_{t=1}^{T-1} \xi_t(i,j)}{\displaystyle\sum_{t=1}^{T-1} \gamma_t(i)} \;=\; \frac{\displaystyle\sum_{t=1}^{T-1} \alpha_t(i)a_{ij}b_j(O_{t+1})\beta_{t+1}(j)}{\displaystyle\sum_{t=1}^{T-1} \alpha_t(i)\beta_t(i)} \tag{5.36}$$

$$\hat{b}_{jk} \;=\; \frac{\displaystyle\sum_{t=1}^{T} \gamma_t(j)\chi_{[O_t=v_k]}}{\displaystyle\sum_{t=1}^{T} \gamma_t(j)} \;=\; \frac{\displaystyle\sum_{t=1}^{T} \alpha_t(j)\beta_t(j)\chi_{[O_t=v_k]}}{\displaystyle\sum_{t=1}^{T} \alpha_t(j)\beta_t(j)}$$

Unter $\chi_{[\cdot]}$ verstehen wir die charakteristische Funktion, welche für zutreffende Aussagen den Wert 1 annimmt, in allen anderen Fällen jedoch 0. Die Schätzgleichungen (5.36) machen deutlich, daß der Aufwand eines Verbesserungsschritts $\lambda \to \hat{\lambda}$ nur unwesentlich über den der Berechnung der Vorwärts- und der Rückwärtsmatrix hinausgeht.

Anwendung des EM-Algorithmus. Wir wissen aus Abschnitt 4.3.3, daß jeder Parametersatz $\hat{\lambda}$, der den λ-bedingten Erwartungswert von $P(O, q \mid \hat{\lambda})$ vergrößert, auch schon $P(O \mid \hat{\lambda})$ vergrößert. Gesucht sind also neue Parameter, welche die Kullback-Leibler-Statistik

$$Q(\lambda, \hat{\lambda}) \;=\; \frac{1}{P(O \mid \lambda)} \sum_{q \in \mathcal{Q}^T} P(O, q \mid \lambda) \cdot \log P(O, q \mid \hat{\lambda}) \tag{5.37}$$

gegenüber λ vergrößern; insbesondere tut das ein Modell, das $Q(\lambda, \cdot)$ global maximiert. Tatsächlich führt diese Maximierung genau auf die Schätzgleichungen Gleichung (5.36). Eine Herleitung des Baum-Welch-Algorithmus mit Hilfe der $Q(\cdot, \cdot)$-Funktion tauchte zuerst in [Bau70] auf.

Die Division durch $P(O \mid \lambda)$ in $Q(\lambda, \hat{\lambda})$ kann bei der Maximierung unberücksichtigt bleiben. Wir setzen die logarithmierte Form

$$\log P(\boldsymbol{O}, \boldsymbol{q} \mid \hat{\boldsymbol{\lambda}}) \;=\; \log \hat{\pi}_{q_1} + \sum_{t=1}^{T-1} \log \hat{a}_{q_t q_{t+1}} + \sum_{t=1}^{T} \log \hat{b}_{q_t}(O_t) \tag{5.38}$$

der Verbundverteilung des neuen Modells in die Definitionsgleichung von $Q(\boldsymbol{\lambda}, \hat{\boldsymbol{\lambda}})$ ein und gruppieren die zahlreichen Summanden nach Parametern um. Daraus resultiert eine additive Zerlegung

$$Q(\boldsymbol{\lambda}, \hat{\boldsymbol{\lambda}}) \;=\; Q_{\hat{\boldsymbol{\pi}}}(\boldsymbol{\lambda}, \hat{\boldsymbol{\pi}}) + \sum_{i=1}^{N} Q_{\hat{\boldsymbol{a}}_{i\cdot}}(\boldsymbol{\lambda}, \hat{\boldsymbol{a}}_{i\cdot}) + \sum_{j=1}^{N} Q_{\hat{\boldsymbol{b}}_{j\cdot}}(\boldsymbol{\lambda}, \hat{\boldsymbol{b}}_{j\cdot}) \tag{5.39}$$

der Zielfunktion in $2N + 1$ separate Optimierungsaufgaben mit linearer Nebenbedingung:

$$
\begin{aligned}
Q_{\hat{\boldsymbol{\pi}}}(\boldsymbol{\lambda}, \hat{\boldsymbol{\pi}}) &= \sum_{i=1}^{N} \gamma_1(i) \log \hat{\pi}_i \\
Q_{\hat{\boldsymbol{a}}_{i\cdot}}(\boldsymbol{\lambda}, \hat{\boldsymbol{a}}_{i\cdot}) &= \sum_{j=1}^{N} \left(\sum_{t=1}^{T-1} \xi_t(i,j) \right) \log \hat{a}_{ij} \\
Q_{\hat{\boldsymbol{b}}_{j\cdot}}(\boldsymbol{\lambda}, \hat{\boldsymbol{b}}_{j\cdot}) &= \sum_{t=1}^{T} \gamma_t(j) \log \hat{b}_j(O_t) = \sum_{k=1}^{K} \left(\sum_{t=1}^{T} \gamma_t(j) \chi_{[O_t = v_k]} \right) \log \hat{b}_{jk}
\end{aligned}
\tag{5.40}
$$

Jeder einzelne der zu maximierenden Ausdrücke ist von der allgemeinen Form $\sum_i c_i \log \theta_i$; die Koeffizienten c_i entsprechen dem Term $\gamma_1(i)$ bzw. den eingeklammerten Summen. Die logarithmiert vorliegenden Parameter θ_i haben darüberhinaus die Normierungsbedingung $\sum_i \theta_i = 1$ zu erfüllen. Bekanntermaßen wird dieses einfache Optimierungsproblem durch die Zahlen $\theta_i = c_i / \sum_j c_j$ gelöst. Nach Einsetzen der Klammerausdrücke der Gleichungen (5.40) in das Lösungsschema stoßen wir unmittelbar auf die Baum-Welch-Formeln.

Der allererste Beweis des Baum-Welch-Algorithmus [Bau68] ging völlig andere Wege: er benutzte die Tatsache, daß die Produktionswahrscheinlichkeit $P(\boldsymbol{O} \mid \boldsymbol{\lambda})$ von der Struktur eines *homogenen* Polynoms — alle Polynomterme besitzen denselben Grad — bezüglich der Parameter $\boldsymbol{\lambda}$ ist. Dann kommt der folgende Satz ins Spiel (eine ausführliche Herleitung findet sich in [ST87, S. 20–23]):

Satz über homogene Polynome. Sei $P(\boldsymbol{\Theta})$ ein homogenes Polynom in den Variablen $\boldsymbol{\Theta} = [\theta_{ij}]$ mit ausschließlich positiven Koeffizienten und $\mathcal{M}_{\boldsymbol{\Theta}}$ die Mannigfaltigkeit

$$\mathcal{M}_{\boldsymbol{\Theta}} = \{ \boldsymbol{\Theta} \mid \forall i,j : \theta_{ij} \geq 0 \text{ und } \forall i : \sum_{k=1}^{N_i} \theta_{ik} = 1 \} \, .$$

Die Abbildung $\tau : \boldsymbol{\Theta} \to \hat{\boldsymbol{\Theta}}$ mit

$$\hat{\theta}_{ij} \;=\; \frac{\theta_{ij} \cdot \dfrac{\partial P(\boldsymbol{\Theta})}{\partial \theta_{ij}}}{\displaystyle\sum_{k=1}^{N_i} \theta_{ik} \cdot \dfrac{\partial P(\boldsymbol{\Theta})}{\partial \theta_{ik}}} \tag{5.41}$$

ist eine Wachstumstransformation auf $\mathcal{M}_{\boldsymbol{\Theta}}$, d.h. es gilt für alle $\boldsymbol{\Theta} \in \mathcal{M}_{\boldsymbol{\Theta}}$

$$\hat{\boldsymbol{\Theta}} \in \mathcal{M}_{\boldsymbol{\Theta}} \quad \text{und} \quad P(\boldsymbol{\Theta}) \leq P(\hat{\boldsymbol{\Theta}}) \; ;$$

die Gleichheit $P(\boldsymbol{\Theta}) = P(\hat{\boldsymbol{\Theta}})$ tritt lediglich im Fall $\boldsymbol{\Theta} = \hat{\boldsymbol{\Theta}}$ auf. $\square$

Es wurde in [Bau67] und [Bau68] gezeigt, daß das Einsetzen der Zielgröße und der Parameter des HMM-Schätzproblems in die Gradientengleichung (5.41) wieder auf die Baum-Welch-Formeln (5.36) führt. Nun ist allgemein bekannt, daß jeder Funktionswert in Richtung seines Gradienten erst einmal anwächst. Die Selektion einer konkreten Schrittweite in Gradientenrichtung, welche einen Anstieg garantiert, erfordert jedoch normalerweise die Berechnung aller zweiten partiellen Ableitungen der Zielfunktion. Ganz ohne diesen Mehraufwand konstatiert der obenstehende Satz nun sogar einen Zuwachs auf der gesamten „Strecke" zwischen dem alten Modell $\boldsymbol{\lambda}$ und den Baum-Welch-Schätzwerten $\hat{\boldsymbol{\lambda}}$. Als Konsequenz daraus halten wir fest, daß auch die *interpolierenden* Parameter $\hat{\boldsymbol{\lambda}}_r = r\boldsymbol{\lambda} + (1-r)\hat{\boldsymbol{\lambda}}$ als Neuschätzung des iterativen Lernverfahrens fungieren können, sofern $0 \leq r < 1$ gilt.

5.3.2 Viterbi-Training

Die Übertragung des EM*-Algorithmus auf das HMM-Schätzproblem ergibt eine entscheidungsüberwachte Variante des Baum-Welch-Algorithmus, die unter dem Namen *Viterbi-Training* oder *segmentweiser K-means* bekannt wurde [Ney85, Pla92, Lee90a]. Das iterative Verfahren verbessert schrittweise die Modellparameter hinsichtlich der Viterbi-Bewertung $P^*(\boldsymbol{O} \mid \boldsymbol{\lambda})$.

▷ Wähle ein Startmodell $\boldsymbol{\lambda}^{(0)}$ aus.

▷ Für $n = 1, 2, \ldots$:

   (1) Bestimme eine optimale Zustandsfolge $\boldsymbol{q}^*$ mit

$$P(\boldsymbol{O}, \boldsymbol{q}^* \mid \boldsymbol{\lambda}^{(n-1)}) = \max_{\boldsymbol{q}} P(\boldsymbol{O}, \boldsymbol{q} \mid \boldsymbol{\lambda}^{(n-1)})$$

   mit Hilfe des Viterbi-Algorithmus.

   (2) Berechne die zu $\boldsymbol{q}^*$ gehörigen Start-, Übergangs- und Ausgabehäufigkeiten

$$\bar{\pi}_i = \chi_{[q_1 = s_i]}, \quad \bar{a}_{ij} = \sum_{t=1}^{T-1} \chi_{[q_t^* = s_i, q_{t+1}^* = s_j]} \quad \text{und} \quad \bar{b}_{jk} = \sum_{t=1}^{T} \chi_{[q_t^* = s_j, O_t = v_k]}$$

   (3) Normiere $\hat{\pi}_i = \bar{\pi}_i / \sum_i \bar{\pi}_i$, $\hat{a}_{ij} = \bar{a}_{ij} / \sum_j \bar{a}_{ij}$ und $\hat{b}_{jk} = \bar{b}_{jk} / \sum_k \bar{b}_{jk}$

   (4) Setze $\boldsymbol{\lambda}^{(n)} = (\hat{\pi}_i, \hat{a}_{ij}, \hat{b}_{jk})$

Der Iterationsschritt des Viterbi-Trainings entspricht wörtlich den Baum-Welch-Gleichungen (5.36), wenn die modifizierten Größen

$$\gamma_t^*(i) = \chi_{[q_t^* = s_i]} \quad \text{und} \quad \xi_t^*(i, j) = \chi_{[q_t^* = s_i, q_{t+1}^* = s_j]} \tag{5.42}$$

für die Originale substituiert werden. Die konstruierte Modellfolge verbessert sukzessiv die Zielgröße, denn es gilt die Ungleichungskette

$$P^*(\boldsymbol{O} \mid \boldsymbol{\lambda}^{(n-1)}) = P(\boldsymbol{O}, \boldsymbol{q}^* \mid \boldsymbol{\lambda}^{(n-1)}) \leq P(\boldsymbol{O}, \boldsymbol{q}^* \mid \boldsymbol{\lambda}^{(n)}) \leq P^*(\boldsymbol{O} \mid \boldsymbol{\lambda}^{(n)}), \tag{5.43}$$

weil $\boldsymbol{q}^*$ optimal für das Modell $\boldsymbol{\lambda}^{(n-1)}$ war und $\boldsymbol{\lambda}^{(n)}$ die Funktion $P(\boldsymbol{O}, \boldsymbol{q}^* \mid \cdot)$ global maximiert. Die Schätzwerte $\hat{\boldsymbol{\pi}}$ für die Einstiegsverteilung erscheinen wenig aussagekräftig, wenn nur eine einzelne Trainingsfolge vorliegt; bei den zur Worterkennung vorrangig verwendeten Links-Rechts-Modellen sind diese Parameter glücklicherweise obsolet. Das Viterbi-Training genießt gegenüber dem Baum-Welch-Algorithmus den Vorteil deutlich verringerten Rechenaufwandes; die mit den resultierenden Modellen erzielbare Erkennungsgenauigkeit reicht an diejenige des Konkurrenzverfahrens heran, wenn ausreichendes Trainingsmaterial zur Verfügung steht [Mer91b].

5.4 Kontinuierliche Zustandsausgabefunktionen

Die Analyse gesprochener Sprache durch diskretwertige Markovmodelle erfordert das Zwischenschalten eines Vektorquantisierers, um die Merkmalvektorfolge $\boldsymbol{X} = \boldsymbol{x}_1 \ldots \boldsymbol{x}_T$ in eine Folge $\boldsymbol{O} = O_1, \ldots, O_T$ diskreter Zeichen zu transformieren. Durch die mit der Quantisierungsoperation unweigerlich verbundene Verzerrung der Eingabedaten handelt man sich einen Informationsverlust ein, der von keiner der nachfolgenden Glieder der Verarbeitungskette zu kompensieren ist. Dieser unerwünschte Effekt kann durch eine nahtlose Weiterverarbeitung der Eingabevektoren durch Markovmodelle mit *kontinuierlichen Ausgabeverteilungsdichten* $b_j(\boldsymbol{x})$, $\boldsymbol{x} \in \mathbb{R}^D$ umgangen werden (siehe Abbildung 5.9), deren Gesamtverhalten durch die Verbundverteilungsdichte $P(\boldsymbol{X}, \boldsymbol{q} \mid \boldsymbol{\lambda})$ charakterisiert ist.

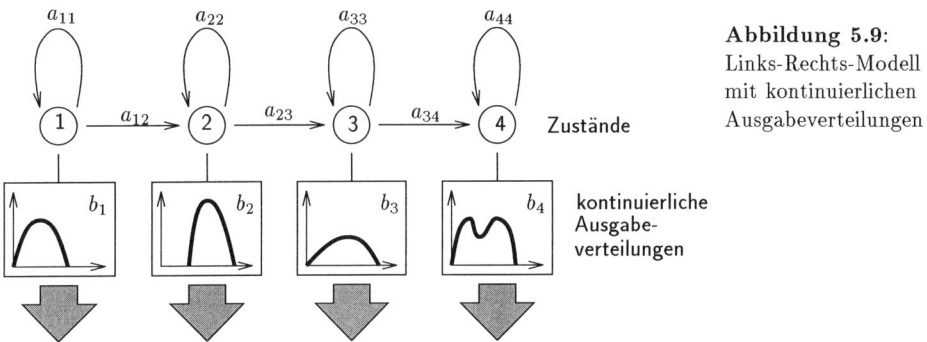

Abbildung 5.9:
Links-Rechts-Modell
mit kontinuierlichen
Ausgabeverteilungen

Wie bei der Problemstellung der numerischen Klassifikation müssen die Dichtefunktionen $b_j(\boldsymbol{x})$ als Mitglieder parametrischer Familien vorausgesetzt werden, so daß die kontinuierlichen Modelle mit einer — neben der Markoveigenschaft (5.5) und der Unkorreliertheitsbedingung (5.10) — dritten, fehlerverdächtigen Annahme belastet werden. *Summa summarum* bleibt beim Entwurf die Qual der Wahl, die ungerechtfertigten Idealisierungen im Einzugsbereich des Vektorquantisierers oder aber des Markovmodells zu plazieren.

Die Definitionen und Berechnungsweisen aller genannten Wahrscheinlichkeitsausdrücke einschließlich der Schätzformeln für die Anfangs- und Übergangswahrscheinlichkeiten sind wörtlich auf kontinuierliche Modelle übertragbar; einzig die Schätzung der Ausgabedichteparameter stellt uns vor neue Probleme. Lernverfahren für Normal-, Binomial- und Poissonverteilungsdichten, die sich der Maximierung der Kullback-Leibler-Statistik bedienen, sind seit 1970 bekannt [Bau70]. Für Gamma- und elliptisch-symmetrische Dichten (siehe Gleichung (4.14)) verstrichen hingegen zehn Jahre zwischen dem Existenzbeweis einer geeigneten Parametertransformation [Bau72] und der Publikation eines expliziten Berechnungsverfahrens [Lip82]. Nach Bekanntwerden der EM-Technik wurden in rascher Folge Schätzverfahren für Gaußsche und autoregressive Mischverteilungen [Jua85b, Jua85a], Richter-Verteilungen [Bro87] und semikontinuierliche Modelle [Hua88a] entwickelt.

5.4.1 Normalverteilungsdichten

Die Ausgabeaktivitäten des Zustandes s_j sind durch die multivariate Gaußdichte

$$b_j(\boldsymbol{x}) = \mathcal{N}(\boldsymbol{x} \mid \boldsymbol{\mu}_j, \boldsymbol{\Sigma}_j) \tag{5.44}$$

gekennzeichnet. Normalverteilungsdichten sind mathematisch leicht handhabbar, besitzen eine übersichtliche multivariate Form und bieten sich daher für den Einsatz in kontinuierlichen HMMs an. Aufgrund der Aussage des Zentralen Grenzwertsatzes der Statistik sind viele natürliche Zufallsprozesse näherungsweise normalverteilt; aber auch im gegenteiligen Fall besitzt die Glockenkurve (Abbildung 5.10, links) den Vorteil maximaler Entropie bei gegebener Varianz.

Die Dekomposition der $Q(\cdot, \cdot)$-Funktion auf Seite 138 verlangt die Maximierung des Terms

$$Q_{\hat{\boldsymbol{b}}_j}(\boldsymbol{\lambda}, \hat{\boldsymbol{\mu}}_j, \hat{\boldsymbol{\Sigma}}_j) \;=\; \sum_{t=1}^{T} \gamma_t(j) \log \hat{b}_j(\boldsymbol{x}_t) \;=\; \sum_{t=1}^{T} \gamma_t(j) \log \mathcal{N}(\boldsymbol{x} \mid \hat{\boldsymbol{\mu}}_j, \hat{\boldsymbol{\Sigma}}_j) \;. \tag{5.45}$$

Diese Aufgabenstellung hatten wir aber bereits im Rahmen der Mischverteilungsidentifikation (Seite 105) gelöst:

$$
\begin{aligned}
\hat{\boldsymbol{\mu}}_j \;&=\; \frac{1}{\sum_t \gamma_t(j)} \sum_{t=1}^{T} \gamma_t(j) \boldsymbol{x}_t \\
\hat{\boldsymbol{\Sigma}}_j \;&=\; \frac{1}{\sum_t \gamma_t(j)} \sum_{t=1}^{T} \gamma_t(j)(\boldsymbol{x}_t - \hat{\boldsymbol{\mu}}_j)(\boldsymbol{x}_t - \hat{\boldsymbol{\mu}}_j)^{\mathsf{T}} \\
\;&=\; \frac{1}{\sum_t \gamma_t(j)} \sum_{t=1}^{T} \gamma_t(j)\boldsymbol{x}_t \boldsymbol{x}_t^{\mathsf{T}} \;-\; \hat{\boldsymbol{\mu}}_j \hat{\boldsymbol{\mu}}_j^{\mathsf{T}}
\end{aligned}
\tag{5.46}
$$

Die große Ähnlichkeit dieser Schätzformeln mit den Gleichungen (4.75) sollte uns nicht erstaunen, denn mit der Festlegung $a_{ij} = p_j$ für alle j geht das Markovmodell in einen Mischverteilungsprozeß über.

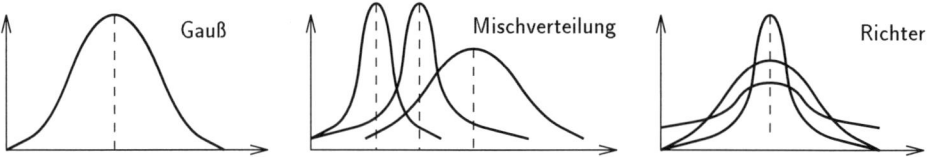

Abbildung 5.10: Kontinuierliche Ausgabeverteilungsdichten von Markovmodellen ($D = 1$)

5.4.2   Gaußsche Mischverteilungsdichten

Mit der Ausgabeverteilung

$$b_j(\boldsymbol{x}) \;=\; \sum_{k=1}^{K} c_{jk} g_{jk}(\boldsymbol{x}) \;=\; \sum_{k=1}^{K} c_{jk} \mathcal{N}(\boldsymbol{x} \mid \boldsymbol{\mu}_{jk}, \boldsymbol{\Sigma}_{jk}) \;, \quad \sum_{k=1}^{K} c_{jk} = 1 \tag{5.47}$$

kompensieren wir die einschränkende Unimodalitätseigenschaft der Normalverteilung. Durch die gewichtete Überlagerung einer hinreichenden Anzahl von Normalverteilungen (Abbildung 5.10, Mitte) können im Prinzip beliebige Dichtefunktionen approximiert werden

[Yak70]; Modelle dieser Art haben daher in der Spracherkennung beträchtliche Verbreitung gefunden [Zha91, Wil91a, Mer85, Pie91a].

Markovmodelle mit mischverteilter Ausgabe stellen dreistufige Zufallsprozesse dar: zu jedem Zeitpunkt t wird ein Zustand $q_t \in \mathcal{Q}$ eingenommen, in Abhängigkeit davon eine Mischungskomponente $k_t \in \mathcal{K}$ ausgewählt — wir identifizieren der Einfachheit halber die Menge der Komponentenindizes eines kontinuierlichen Modells mit dem Ausgabealphabet eines diskreten Modells — und schließlich ein Ausgabevektor $\boldsymbol{x}_t$ erzeugt. Neben dem Zustandsprozeß $\boldsymbol{q}$ ist auch der Komponentenprozeß $\boldsymbol{k} = k_1 \ldots k_T$ verborgen; die Verbundverteilungsdichte des Markovmodells lautet

$$P(\boldsymbol{X}, \boldsymbol{q}, \boldsymbol{k} \mid \boldsymbol{\lambda}) \;=\; \pi_{q_1} \cdot \prod_{t=2}^{T} a_{q_{t-1} q_t} \cdot \prod_{t=1}^{T} c_{q_t k_t} g_{q_t k_t}(\boldsymbol{x}_t) \;, \tag{5.48}$$

und die Produktionswahrscheinlichkeit hat die doppelt marginale Form

$$P(\boldsymbol{X} \mid \boldsymbol{\lambda}) \;=\; \sum_{\boldsymbol{q} \in \mathcal{Q}^T} \sum_{\boldsymbol{k} \in \mathcal{K}^T} P(\boldsymbol{X}, \boldsymbol{q}, \boldsymbol{k} \mid \boldsymbol{\lambda}) \;. \tag{5.49}$$

Für den eingeschobenen Prozeß definieren wir die Wahrscheinlichkeit der Selektion von Komponente k im Zustand j zur Zeit t vermöge

$$
\begin{aligned}
\zeta_t(j, k) \;&=\; P(q_t = j, k_t = k \mid \boldsymbol{X}, \boldsymbol{\lambda}) \\
&=\; \begin{cases} \dfrac{1}{P(\boldsymbol{X} \mid \boldsymbol{\lambda})} \displaystyle\sum_{i=1}^{N} \alpha_{t-1}(i) a_{ij} c_{jk} g_{jk}(\boldsymbol{x}_t) \beta_t(j) & \text{falls } t > 1 \\[2ex] \dfrac{1}{P(\boldsymbol{X} \mid \boldsymbol{\lambda})} \displaystyle\sum_{i=1}^{N} \pi_j c_{jk} g_{jk}(\boldsymbol{x}_1) \beta_1(j) & \text{falls } t = 1 \end{cases}
\end{aligned} \;. \tag{5.50}
$$

Auch die a posteriori Terme $\zeta_t(j, k)$ lassen sich genau wie $\xi_t(i, j)$ und $\gamma_t(i)$ problemlos unter Verwendung der Vorwärts- und Rückwärtsmatrizen bestimmen. Die Baum-Welch-Formeln für $\hat{\boldsymbol{\pi}}$ und $\hat{\boldsymbol{A}}$ entnehmen wir Gleichung (5.36), während die Mischungsgewichte, Mittelwertvektoren und Kovarianzmatrizen gemäß

$$
\begin{aligned}
\hat{c}_{jk} \;&=\; \frac{1}{\sum_t \gamma_t(j)} \sum_{t=1}^{T} \zeta_t(j, k) \\[1.5ex]
\hat{\boldsymbol{\mu}}_{jk}^{\,\centerdot} \;&=\; \frac{1}{\sum_t \zeta_t(j, k)} \sum_{t=1}^{T} \zeta_t(j, k) \boldsymbol{x}_t \\[1.5ex]
\hat{\boldsymbol{\Sigma}}_{jk} \;&=\; \frac{1}{\sum_t \zeta_t(j, k)} \sum_{t=1}^{T} \zeta_t(j, k) \boldsymbol{x}_t \boldsymbol{x}_t^{\mathsf{T}} \;-\; \hat{\boldsymbol{\mu}}_{jk} \hat{\boldsymbol{\mu}}_{jk}^{\mathsf{T}}
\end{aligned} \tag{5.51}
$$

transformiert werden. Die entscheidungsüberwachte Variante dieses Lernverfahrens findet sich in [Wel92] beschrieben.

5.4.3 Semikontinuierliche Markovmodelle

Markovmodelle mit *semikontinuierlichen* Ausgabedichten

$$b_j(\boldsymbol{x}) \;=\; \sum_{k=1}^{K} c_{jk} g_k(\boldsymbol{x}) \;=\; \sum_{k=1}^{K} c_{jk} \mathcal{N}(\boldsymbol{x} \mid \boldsymbol{\mu}_k, \boldsymbol{\Sigma}_k)\,, \quad \sum_{k=1}^{K} c_{jk} = 1 \qquad (5.52)$$

schließen die begriffliche Lücke zwischen diskreten und kontinuierlichen Modellen. Die Linearkombinationen (5.47) und (5.52) unterscheiden sich lediglich durch die Indizierung der auftretenden Mischungskomponenten; es unterstehen nämlich die Gaußdichten $g_{j1}(\cdot), \ldots, g_{jK}(\cdot)$ exklusiv dem Zustand s_j des Mischverteilungsmodells, während die semikontinuierlichen Komponenten $g_1(\cdot), \ldots, g_K(\cdot)$ allen Modellzuständen als Mischungsmaterial dienen, was dem SCHMM (*semi-continuous HMM*, [Hua89, Hua90b]) auch die alternative Bezeichnung „*tied-mixture model*" [Bel89, Pau91] eintrug. Unter dieser Sichtweise (siehe dazu auch Abbildung 5.11) erscheint das SCHMM als Modell, daß die ausgezeichnete Approximationsfähigkeit der Mischverteilungsdichten nutzt, dabei aber wesentlich ökonomischer bei der Wahl des Parameterraums vorgeht.

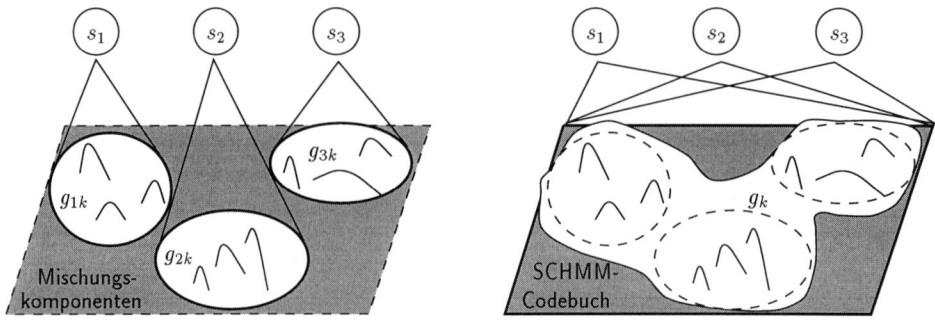

Abbildung 5.11: Gruppen von Mischverteilungskomponenten (links) und gemeinsames Dichtereservoir eines SCHMM (rechts)

Eine zweite Interpretationsmöglichkeit besteht darin, die SCHMM-Komponenten $g_k(\cdot)$ als Dichtefunktionen eines Vektorquantisierers und die Mischungsgewichte c_{jk} als Ausgabewahrscheinlichkeiten eines diskreten Markovmodells aufzufassen. Aus diesem Blickwinkel fallen gleich zwei innovative Aspekte des semikontinuierlichen Modells ins Auge:

- Während im konventionellen Modell $b_j(\boldsymbol{x}) = c_{jk}$ für die bestpassende Klasse k gesetzt worden wäre, evaluiert das SCHMM *alle* Kodebuchklassen und benutzt ihre Dichtewerte $g_k(\boldsymbol{x})$ zur Gewichtung der diskreten Ausgabewahrscheinlichkeiten. Dieser Verzicht auf eine „harte" — *ergo* unumkehrbare und damit risikobehaftete — Klassenentscheidung wurde bereits von zahlreichen Autoren unter dem Schlagwort *weicher* oder *unscharfer* Vektorquantisierung bzw. Klassifikation [ST86b, Tse87, Cla92] propagiert.

- Der Vektorquantisierer ist *Bestandteil* des semikontinuierlichen Markovmodells. Als

entscheidende Konsequenz dieses Umstandes werden wir die Kodebuchparameter mit
Hilfe des Baum-Welch-Algorithmus unter Maximierung des ML-Kriteriums lernen, was
einer getrennten Optimierung von Kodebuch und HMM unbedingt vorzuziehen ist.

Das SCHMM genießt mit seinem kompakten Parameterraum und dem Fehlen gefährlicher
Verteilungsannahmen die Privilegien eines diskreten Markovmodells, entschärft aber die Ri-
siken quantisierungsbedingter Verzerrung durch den Einbezug des Vektorquantisierers in den
Prozeß der Modelloptimierung.

Für die iterative Neuschätzung der π_i, a_{ij} und c_{jk} verwendet man die Gleichungen (5.36)
und (5.51); die Mittelwerte und Kovarianzen der globalen Mischungskomponenten werden
gemäß

$$
\begin{aligned}
\hat{\boldsymbol{\mu}}_k &= \frac{1}{\sum_t \sum_j \zeta_t(j,k)} \sum_{t=1}^{T} \sum_{j=1}^{N} \zeta_t(j,k) \boldsymbol{x}_t \\
\hat{\boldsymbol{\Sigma}}_k &= \frac{1}{\sum_t \sum_j \zeta_t(j,k)} \sum_{t=1}^{T} \sum_{j=1}^{N} \zeta_t(j,k) \boldsymbol{x}_t \boldsymbol{x}_t^\top - \hat{\boldsymbol{\mu}}_k \hat{\boldsymbol{\mu}}_k^\top
\end{aligned}
\tag{5.53}
$$

geschätzt. Diese Baum-Welch-Formeln unterscheiden sich von den Mischverteilungsglei-
chungen (5.51) einzig durch die zustandsübergreifende Summation der Dichtestatistiken;
die Wachstumseigenschaft dieser Modelltransformation wurde zum Beispiel ausführlich in
[Hua90b, S. 200] hergeleitet.

Es besteht weitgehender Konsens in der Auffassung, daß SCHMMs im Mittel günstigere
Spracherkennungsresultate liefern als (gemischt) kontinuierliche Modelle [Hua88b, Hua90c,
Pau91, ST92b] und die letzteren ihrerseits den diskreten HMMs überlegen sind [Rab85a,
Por86, Bro87]. Die Fähigkeit des semikontinuierlichen Lernverfahrens, VQ-Kodebücher au-
tomatisch an das vorgegebene Datenmaterial anzupassen, macht derartige Modelle insbe-
sondere zum Zweck der Sprecher- oder Kanaladaption interessant [Rie92b, Cla92].

5.5 Lernstichprobe und Parameterraum

Wir haben bis hierher stillschweigend darüber hinweggesehen, daß für den Aufbau eines
spracherkennenden Systems — dem Erkennungswortschatz entsprechend — mehrere Markovmodelle anstelle eines einzigen zu dimensionieren sind. Spätestens dann türmt sich vor
uns das Problem auf, eine viel zu große Zahl statistischer Parameter aus einer Stichprobe begrenzten Umfangs schätzen zu müssen. Die garantierte Erwartungstreue der ML-Schätzung
ist schließlich eine Aussage asymptotischer Natur, deren Wert bei unzureichendem Umfang
der Lernstichprobe schwindet, und die mit der Parameterzahl zunehmende Zerklüftung der
ML-Zielfunktion $\mathcal{L}_{\mathrm{HMM}}(\boldsymbol{\lambda})$ kann uns wegen der nur lokalen Optimalitätseigenschaften der
Baum-Welch-Iteration keinesfalls gleichgültig sein.

Die vielleicht augenfälligste Folge mangelhafter Materialdecke ist das Verschwinden ge-
wisser Übergangs- und Ausgabewahrscheinlichkeiten $\hat{a}_{ij}$, $\hat{b}_{jk}$ bzw. von Varianzen in $\hat{\boldsymbol{\Sigma}}_k$, $\hat{\boldsymbol{\Sigma}}_{jk}$,

weil die korrespondierenden Statistiken $\xi_t(i,j)$ oder $\zeta_t(j,k)$ keine diesbezüglichen Ereignisse in der Lernstichprobe registrieren. Das Verschwinden dieser Parameter im iterativen Lernprozeß ist irreversibel, denn die Vorgängerwerte a_{ij}, b_{jk} tauchen als Faktoren in den Bestimmungsgleichungen (5.36) der $\hat{a}_{ij}$, $\hat{b}_{jk}$ auf. Wird dem Erkennungssystem während des Betriebs dann eine akustische Eingabe präsentiert, die „ungesehene" statistische Ereignisse dieser Art aufweist, wird deren Produktionswahrscheinlichkeit Null und eine korrekte Wortklassifikation ist nicht mehr möglich.

Zur Linderung ergreifen wir — abgesehen von der quantitativen Aufstockung des Trainingsmaterials — Maßnahmen zur Reduktion der Anzahl unabhängiger Modellparameter:

- das Festhalten von Parameterwerten,

- die Verklebung von Parametern ähnlicher Modellierungsfunktion,

- die Interpolation sensibler mit robusten Parameterwerten,

- die Glättung von Wahrscheinlichkeitsverteilungen,

- das Einarbeiten von Werteschranken für sensible Verteilungsparameter.

5.5.1 Mehrfache Modelle — mehrfache Trainingsbeispiele

Wir lösen zunächst das Problem, mehrere Wortmodelle gleichzeitig zu schätzen und dabei je Wort eine größere Anzahl von Beispieläußerungen als Trainingsmaterial zu gebrauchen.

Es seien Wortmodelle $\boldsymbol{\lambda}_l$ für alle Wörter W_l, $l = 1, \ldots, L$ der Lernstichprobe vereinbart sowie $\boldsymbol{\Lambda}$ als Notation für deren gemeinsamen Parametersatz $\{\boldsymbol{\lambda}_1, \ldots, \boldsymbol{\lambda}_L\}$. Zu jedem Wort W_l stehe ein Block von M_l Trainingsbeispielen $\boldsymbol{O}^{(l,1)}, \ldots, \boldsymbol{O}^{(l,M_l)}$ zur Disposition; die Sequenzen $\boldsymbol{O}^{(l,m)}$ seien paarweise statistisch unabhängig, und ihre zeitliche Dauer betrage $T_{l,m}$.

Die Modellparameter $\boldsymbol{\Lambda}$ sind nun offensichtlich bezüglich der modifizierten ML-Funktion

$$\mathcal{L}_{\mathrm{HMM}}(\boldsymbol{\Lambda}) = \sum_{l=1}^{L} \sum_{m=1}^{M_l} \log P(\boldsymbol{O}^{(l,m)} \mid \boldsymbol{\lambda}_l) \tag{5.54}$$

zu maximieren, und die Kullback-Leibler-Statistik mutiert in die Form

$$Q(\boldsymbol{\Lambda}, \hat{\boldsymbol{\Lambda}}) = \sum_{l=1}^{L} \sum_{m=1}^{M_l} \sum_{\boldsymbol{q} \in \mathcal{Q}^{T_{l,m}}} \sum_{\boldsymbol{k} \in \mathcal{K}^{T_{l,m}}} \frac{P(\boldsymbol{O}^{(l,m)}, \boldsymbol{q} \mid \boldsymbol{\lambda}_l)}{P(\boldsymbol{O}^{(l,m)} \mid \boldsymbol{\lambda}_l)} \cdot \log P(\boldsymbol{O}^{(l,m)}, \boldsymbol{q} \mid \hat{\boldsymbol{\lambda}}_l). \tag{5.55}$$

Wenn wir die Vorwärts- und Rückwartswahrscheinlichkeiten sowie die a posteriori Statistiken des Modells $\boldsymbol{\lambda}_l$ bei Produktion der Trainingsäußerung $\boldsymbol{O}^{(l,m)}$ mit $\alpha_t^{(l,m)}(i)$, $\beta_t^{(l,m)}(i)$, $\gamma_t^{(l,m)}(i)$,

$\xi_t^{(l,m)}(i,j)$ und $\zeta_t^{(l,m)}(j,k)$ bezeichnen, erhalten wir zum Beispiel die Schätzformel

$$\hat{a}_{ij} = \frac{\sum\limits_{l=1}^{L}\sum\limits_{m=1}^{M_l}\left(\sum\limits_{t=1}^{T_{l,m}-1}\xi_t^{(l,m)}(i,j)\right)}{\sum\limits_{l=1}^{L}\sum\limits_{m=1}^{M_l}\left(\sum\limits_{t=1}^{T_{l,m}-1}\gamma_t^{(l,m)}(i)\right)} \tag{5.56}$$

für die neuen Übergangswahrscheinlichkeiten der Modelle; eine analoge Modifikation — also das Implantieren der äußeren Doppelsumme über alle Wörter und ihre Trainingsmuster in Zähler und Nenner — ist auch bei den übrigen Schätzgleichungen vorzunehmen.

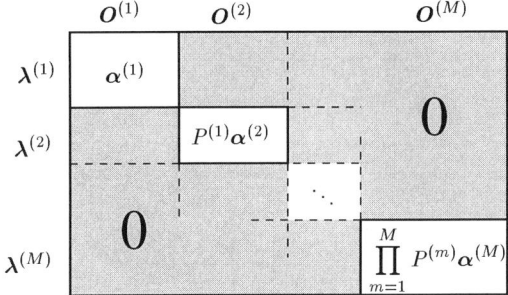

Abbildung 5.12:
Die Vorwärtsmatrix des verketteten Gesamtprozesses

Die Abbildung 5.12 veranschaulicht die Grundidee der Herleitung obenstehender Schätzformel [Lev83a, ST87]. Dazu werden die Lernstichprobenblöcke einerseits und die korrespondierenden Modellinkarnationen andererseits miteinander verkettet. Mithilfe dieser Modellund Datenkette wird das Problem unter Berücksichtigung der zuordnungsbedingten zeitlichen Restriktionen — diese bewirken die ausgedehnten Bereiche verschwindender Einträge in der globalen Vorwärtsmatrix der Abbildung — auf den gewöhnlichen Baum-Welch-Algorithmus für einelementige Stichproben zurückgeführt. Entscheidend ist hierbei, daß die nichtverschwindenden Submatrizen zwischen den zeitlichen Kulminationspunkten aus den $\alpha_t^{(l,m)}(i)$ durch Multiplikation mit einem Skalar hervorgehen.

5.5.2 Parameterverklebung

Mit der Gleichschaltung oder *Verklebung* („*tying*", [Bah83, You92]) von Modellparametern wird eine Technik zur Reduktion der Freiheitsgrade eines HMM formalisiert, die uns bereits in Gestalt der zustandsübergreifenden Identifikation von Mischungskomponenten semikontinuierlicher Ausgabeverteilungen begegnete. Der Grundgedanke besteht darin, zwischen den Parametern eines Modells eine Äquivalenzrelation aufzustellen; durch eine geeignete Abänderung der Baum-Welch-Formeln wird dann während der Lernphase die Wertegleichheit dergestalt identifizierter Parameter erzwungen. Beispielsweise können alle Kovarianzmatrizen einer Mischverteilung miteinander verklebt werden [Pie91a] oder die zu gleichen Phonemen [Kun90] oder akustischen Ereignissen [Bah88b] gehörenden Ausgabeverteilungen

unterschiedlicher Wortmodelle. Das einfache Beispiel in Abbildung 5.13 demonstriert, wie
bei der Modellierung zweier ähnlich lautender Wörter vier von zehn Ausgabeverteilungen
eingespart werden.

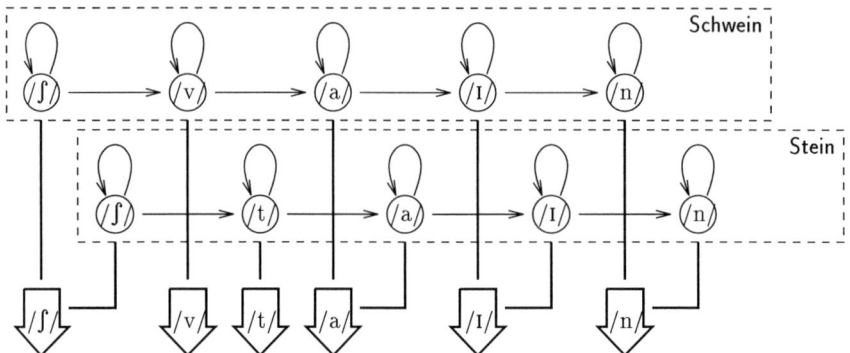

Abbildung 5.13: Verklebte Phonemausgabedichten der Wortmodelle für „*Schwein*" und „*Stein*"
(Verklebungen sind durch ungerichtete Kanten veranschaulicht)

Wir wollen exemplarisch aufzeigen, wie die Übergangs- und Ausgabeverteilungen miteinander verklebter Zustände geschätzt werden. Ist $\mathcal{T}_i$ die Menge aller mit s_i verklebten
Zustände, so werden im Falle $l \in \mathcal{T}_i$ die Verteilungen $\pi_i = \pi_l$, $a_{ij} = a_{il}$ und $b_i(O_t) = b_l(O_t)$
miteinander identifiziert. Die Verklebung der Ausgabeverteilungen zweier Zustände s_i, s_l
läuft bei diskreten Modellen auf $b_{ik} = b_{lk}$ und bei semikontinuierlichen auf $c_{ik} = c_{lk}$ hinaus; die Mischungskomponenten waren ja bereits laut Definition des SCHMM miteinander
verklebt. Nach geeigneter Modifikation der Funktionale $\mathcal{L}_{\mathrm{HMM}}(\cdot)$ und $Q(\cdot,\cdot)$ folgert man auf
dem üblichen Wege die Schätzgleichungen

$$
\hat{a}_{ij} = \frac{\displaystyle\sum_{l\in\mathcal{T}_i}\sum_{t=1}^{T-1}\xi_t(l,j)}{\displaystyle\sum_{l\in\mathcal{T}_i}\sum_{t=1}^{T-1}\gamma_t(l)} \;,\quad
\hat{b}_{jk} = \frac{\displaystyle\sum_{l\in\mathcal{T}_j}\sum_{t=1}^{T}\gamma_t(l)\chi_{[O_t=v_k]}}{\displaystyle\sum_{l\in\mathcal{T}_j}\sum_{t=1}^{T}\gamma_t(l)}\quad\text{und}\quad
\hat{c}_{jk} = \frac{\displaystyle\sum_{l\in\mathcal{T}_j}\sum_{t=1}^{T}\zeta_t(l,k)}{\displaystyle\sum_{l\in\mathcal{T}_j}\sum_{t=1}^{T}\gamma_t(l)}\;.
\tag{5.57}
$$

Entsprechende Ausdrücke gelten für die Dichteparameter einfacher oder gemischter Normalverteilungen.

Ein sehr wichtiger Spezialfall ist die Verklebung von Parametern mit einer Konstanten,
was ebenfalls eine Reduktion der Freiheitsgrade des Modells bewirkt. Ein Beispiel für diese
Taktik der *Parameterfixierung* — das Nullsetzen gewisser Übergangswahrscheinlichkeiten bei
der Vereinbarung von Links-Rechts- oder Bakis-Modellen — begegnete uns bereits weiter
oben.

Datengetriebene Verklebung. Es ist ein sicher vielversprechender Gedanke, die Äquivalenzrelation nicht allein auf Grundlage heuristischer Kriterien zu bilden sondern eine daten-

getriebene Gruppierung der Modellzustände anzustreben [Hua91, Asa92, Hwa92b]. Zur Messung der Ähnlichkeit zweier Verteilungsfunktionen sind eine ganze Reihe nützlicher Kriterien bekannt [Nie83, S. 131]; für diskrete Ausgabeverteilungen von Markovmodellen wird gerne die *gemischte Entropie* $H_{i,j} = -\sum_{k=1}^{K} b_{ik} \log b_{jk}$, deren symmetrische Variante $H_{i,j} + H_{j,i}$ oder aber der *Informationsverlust*

$$H_{i,i} + H_{j,j} - H_{i\oplus j, i\oplus j} \tag{5.58}$$

verwendet [Lee89b]. Hierbei ist $b_{i\oplus j}(\cdot)$ die aus der Verklebung von $b_i(\cdot)$ mit $b_j(\cdot)$ resultierende Verteilung.

Ein Blick auf die Gleichungen (5.57) zeigt, daß sich die Schätzwerte verklebter aus den unverklebten Parametern auch a posteriori rekonstruieren lassen, wenn wir den Vektor $\hat{p}$ der *Besuchshäufigkeiten*

$$\hat{p}_i = \sum_{t=1}^{T} \gamma_t(i) \tag{5.59}$$

als bekannt voraussetzen. Zu einer gegebenen Äquivalenzklasse $\mathcal{T}$ identifizierter Zustände bilden wir die verklebten Parameter diskreter und kontinuierlicher Ausgabeverteilungen durch gewichtete Mittelwertbildung:

$$\hat{b}_{\mathcal{T}k} = \frac{\sum\limits_{j\in\mathcal{T}} \hat{p}_j \hat{b}_{jk}}{\sum\limits_{j\in\mathcal{T}} \hat{p}_j} \,, \quad \hat{\boldsymbol{\mu}}_{\mathcal{T}} = \frac{\sum\limits_{j\in\mathcal{T}} \hat{p}_j \hat{\boldsymbol{\mu}}_j}{\sum\limits_{j\in\mathcal{T}} \hat{p}_j} \,, \quad \hat{\boldsymbol{\Sigma}}_{\mathcal{T}} = \frac{\sum\limits_{j\in\mathcal{T}} \hat{p}_j \left(\hat{\boldsymbol{\Sigma}}_j + \hat{\boldsymbol{\mu}}_j \hat{\boldsymbol{\mu}}_j^\mathsf{T} \right)}{\sum\limits_{j\in\mathcal{T}} \hat{p}_j} - \hat{\boldsymbol{\mu}}_{\mathcal{T}} \hat{\boldsymbol{\mu}}_{\mathcal{T}}^\mathsf{T} \tag{5.60}$$

5.5.3 Interpolation

Durch die Verklebungstechnik der Abbildung 5.13 lassen sich robust trainierbare, aber dafür wenig detaillierte Modelle konstruieren. Grob gesprochen erhalten wir eine sehr genaue Schätzung $\hat{\boldsymbol{\lambda}}_R$ eines recht ungenauen Modells $\boldsymbol{\lambda}_R$. Ein verklebungsfreies Modell $\boldsymbol{\lambda}_S$ hingegen wird seinen sprachlichen Gegenstand mit hoher Trennschärfe erfassen, das Lernverfahren kann sich jedoch mangels Generalisierungsmöglichkeit nur auf eine kleine Stichprobe stützen und wird dementsprechend unzuverlässig ausfallen; $\hat{\boldsymbol{\lambda}}_S$ ist der schlechte Schätzwert eines guten Modells. Es liegt daher nichts näher als eine bilaterale *Interpolation*

$$P(\boldsymbol{O} \mid \boldsymbol{\lambda}_R, \boldsymbol{\lambda}_S, r_R, r_S) = r_R \cdot P(\boldsymbol{O} \mid \boldsymbol{\lambda}_R) + r_S \cdot P(\boldsymbol{O} \mid \boldsymbol{\lambda}_S) \,, \quad r_R + r_S = 1 \tag{5.61}$$

der konkurrierenden Verteilungsfunktionen. Die resultierende Gesamtverteilung ist ihrerseits als Markovmodell realisierbar, wie der Abbildung 5.14 zu entnehmen ist.

In der Abbildung ist darüberhinaus als wichtiger Spezialfall die Interpolation von Modellen mit nur einem einzigen Zustand skizziert. Die Bildmitte zeigt zwei Links-Rechts-Modelle mit je drei Zuständen, welche paarweise miteinander interpoliert werden. Eine ganz typische Anwendungssituation zeigt die rechte Bildseite: die Markovmodelle der Wörter „*Fisch*"

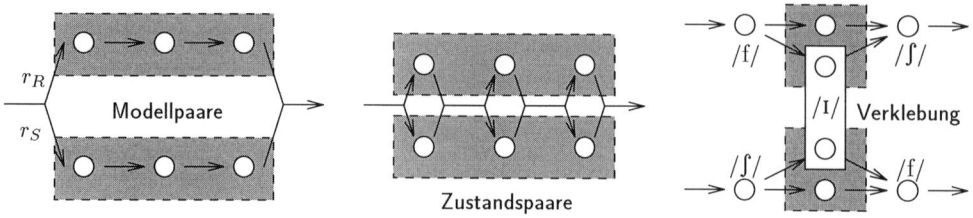

Abbildung 5.14: Interpolation von Modellen und Zuständen

und „*Schiff*" repräsentieren den gemeinsamen Vokal „/ɪ/" jeweils durch ein interpoliertes Zustandspaar (strichlierte Quadrate). Der eine Zustand steht für den Vokal im fraglichen Wortkontext, der andere hingegen für ein „/ɪ/" in beliebiger lautlicher Umgebung. Die beiden kontextunabhängigen Zustände sind miteinander verklebt (durchgezogenes Rechteck).

Sollen zwei oder mehrere Einzelzustände diskreter oder semikontinuierlicher Ausgabeverteilung miteinander interpoliert werden, so ist eine starke Vereinfachung der Modellstruktur möglich. Wegen

$$b_{\mathcal{T}}(\boldsymbol{x}) \;=\; \sum_{j \in \mathcal{T}} r_{j,\mathcal{T}} \cdot b_j(\boldsymbol{x}) \;=\; \sum_{j \in \mathcal{T}} r_{j,\mathcal{T}} \left(\sum_{k=1}^{K} c_{jk} \cdot g_k(\boldsymbol{x}) \right) \;=\; \sum_{k=1}^{K} \underbrace{\left(\sum_{j \in \mathcal{T}} r_{j,\mathcal{T}} c_{jk} \right)}_{=:c_{\mathcal{T}k}} \cdot g_k(\boldsymbol{x}) \quad (5.62)$$

kann das gesamte Zustandsbüschel — $\mathcal{T}$ sei die Menge der beteiligten Zustände und $r_{j,\mathcal{T}}$ seien die Interpolationsgewichte — äquivalent durch einen einzigen Zustand mit der Ausgabeverteilung $[c_{\mathcal{T}\cdot}]$ vertreten werden. Ihre ökonomische Interpolierbarkeit gilt heute als der entscheidende Vorzug semikontinuierlicher gegenüber Mischverteilungsmodellen [Pau91].

Die Interpolationsgewichte können aufgrund heuristischer Überlegungen gesetzt werden; sinnvoll ist die Vergabe relativ großer Werte zur Betonung der detaillierten Modelle und ein nullnaher Sicherheitssockel für die robusteren Modelle zur Abfederung des Schätzrisikos. Angesichts des engen Zusammenhangs zwischen Materiallage und Robustheit bietet sich durchaus ein Rückgriff auf die Besuchshäufigkeiten (5.59) zur Definition der Gewichte an, namentlich durch

$$r_{i,\mathcal{T}} \;=\; \frac{\hat{p}_i}{\sum_{j \in \mathcal{T}} \hat{p}_j} \;. \quad (5.63)$$

Weil sich die Gewichte, wie in Abbildung 5.14 belegt, in die Architektur von Markovmodellen einpassen, ist sogar ein automatisches Lernen möglich. Zur Optimierung der r_R, r_S des Eingangsbeispiels wird die Größe

$$\sum_{m=1}^{M} \log P(\boldsymbol{O}^{(m)} \mid \boldsymbol{\lambda}_R, \boldsymbol{\lambda}_S, r_R, r_S) \quad (5.64)$$

mit Hilfe des Baum-Welch-Algorithmus unter der Nebenbedingung $r_R + r_S = 1$ iterativ maximiert, wobei die Parameter $\boldsymbol{\lambda}_R$, $\boldsymbol{\lambda}_S$ der eigentlichen Modelle künstlich festgehalten werden. Die Interpolationsstichprobe $\boldsymbol{O}^{(1)}, \ldots, \boldsymbol{O}^{(M)}$ repräsentiert den „Ernstfall" bislang ungesehener Daten; sie darf keinesfalls mit der Lernstichprobe eines der beiden Ausgangsmodelle übereinstimmen, weil das unweigerlich zu der trivialen Lösung $r_R = 1$ oder $r_S = 1$ führen würde. Das automatische Lernverfahren für die Interpolationsgewichte wurde unter der Bezeichnung *deleted interpolation* publiziert [Jel80, Bah91b].

Zwischen der Interpolation und der Verklebung besteht neben der gemeinsamen Zielsetzung ein enger formaler Zusammenhang. Die erste Technik dient der gewichteten Mittelung von Verteilungsfunktionen, während zweitere das zum fraglichen Zustand gehörende Trainingsmaterial — gemessen durch die a posteriori Statistiken der Baum-Welch-Prozedur — mengentheoretisch vereinigt. Die Verfahren leben von ihrer wechselseitigen Verzahnung: die materialintensiveren, robusteren Interpolationspartner werden durch die Verklebungsstrategie erst erzeugt. Für diskrete Ausgabedichten stimmen Verklebung und Interpolation formal überein.

5.5.4 Glättung

Unter *Glättung* verstehen wir die autonome Manipulation von Übergangs- oder Ausgabeverteilungen ohne Bezugnahme auf konkurrierende Systemparameter. Die praktischen Auswirkungen solcher Glättungsverfahren bestehen im Anheben sehr kleiner Wahrscheinlichkeitsbzw. Varianzwerte. Sowohl Parzen- als auch Bayes-Schätzverfahren sind in diesem Sinne interpretierbar.

Parzen-Glättung. Die skalaren oder vektorwertigen additiven Schätzbeiträge in den Baum-Welch-Formeln werden gemäß einer geeigneten Potentialfunktion verschmiert (vgl. Seite 85). Bei diskreten Verteilungen — wir betrachten exemplarisch die SCHMM-Mischungsgewichte $\hat{c}_{jk}$ — wird jede a posteriori Wahrscheinlichkeit $\zeta_t(j, k)$ auf einen Anteil $r \cdot \zeta_t(j, k)$, $1/K \le r \le 1$ gestutzt; die verbleibende Wahrscheinlichkeitsmasse $(1 - r) \cdot \zeta_t(j, k)$ wird nach dem Gießkannenprinzip auf die restlichen Statistiken $\zeta_t(j, l)$, $l \ne k$ verteilt. Die geglätteten Werte lassen sich dann vermöge

$$\tilde{c}_{jk} = \left(r - \frac{1-r}{K-1}\right) \cdot \hat{c}_{jk} + \underbrace{\left(\frac{1-r}{K-1}\right)}_{=:\rho} \tag{5.65}$$

auf die gewöhnlichen ML-Schätzwerte zurückführen. Die $\tilde{c}_{jk}$ erfüllen die Stochastizitätsbedingungen und liegen oberhalb des Wertes ρ. Nachteilig an diesem Verfahren ist die willkürliche Wahl eines geeigneten Proportionalitätsfaktors r. Die Produktionswahrscheinlichkeit $P(\boldsymbol{O} \mid \tilde{\boldsymbol{\lambda}})$ der Lernstichprobe hinsichtlich des geglätteten Modells $\tilde{\boldsymbol{\lambda}}$ wird im allgemeinen unterhalb von $P(\boldsymbol{O} \mid \hat{\boldsymbol{\lambda}})$ liegen; was uns bleibt, ist die nicht ganz unberechtigte Hoffnung, daß sich $\tilde{\boldsymbol{\lambda}}$ in der Analyse unbekannter Äußerungen stabiler als $\hat{\boldsymbol{\lambda}}$ verhält. Es bleibt anzumerken, daß die Parzen-Glättung äquivalent zu einer Interpolation von $\hat{c}_{jk}$ mit der uniformen

Verteilung unter dem Gewicht $K\rho$ ist.

Bayes-Schätzung. In [Gau92b] und [Mer91a] wurde gezeigt, wie der Baum-Welch-Algorithmus im Sinne einer Bayes-Schätzung modifiziert werden kann. Im kompliziertesten Fall des Mischverteilungs-HMMs verwendet man als statistische a priori Annahmen die konjugierten Dichten aus Gleichung (4.37) sowie die Dirichlet-Verteilungen

$$P(\{\pi_i\}) \propto \prod_{i=1}^{N} \pi_i^{\eta_i-1} \ , \quad P(\{a_{ij}\}) \propto \prod_{i=1}^{N}\prod_{j=1}^{N} a_{ij}^{\eta_{ij}-1} \ , \quad P(\{c_{jk}\}) \propto \prod_{j=1}^{N}\prod_{k=1}^{K} c_{jk}^{\nu_{jk}-1} \tag{5.66}$$

für die diskreten Modellanteile mit den Konstanten η_i, η_{ij}, $\nu_{jk} > 0$. Die Parametertransformation zur iterativen Verbesserung der Bayes-Zielfunktion $P(\boldsymbol{\lambda} \mid \boldsymbol{O})$ lautet dann:

$$
\begin{aligned}
\tilde{\pi}_i &= \frac{\eta_i - 1 + \gamma_1(i)}{\displaystyle\sum_{i=1}^{N}\eta_i - N + \sum_{i=1}^{N}\gamma_1(i)} \\[2em]
\tilde{a}_{ij} &= \frac{\eta_{ij} - 1 + \displaystyle\sum_{t=1}^{T-1}\xi_t(i,j)}{\displaystyle\sum_{j=1}^{N}\eta_{ij} - N + \sum_{t=1}^{T-1}\gamma_t(i)} \\[2em]
\tilde{c}_{jk} &= \frac{\nu_{jk} - 1 + \displaystyle\sum_{t=1}^{T}\zeta_t(j,k)}{\displaystyle\sum_{k=1}^{K}\nu_{jk} - K + \sum_{t=1}^{T}\gamma_t(j)} \\[2em]
\tilde{\boldsymbol{\mu}}_{jk} &= \frac{\tau_{jk}\boldsymbol{m}_{jk} + \displaystyle\sum_{t=1}^{T}\zeta_t(j,k)\boldsymbol{x}_t}{\tau_{jk} + \displaystyle\sum_{t=1}^{T}\zeta_t(j,k)} \\[2em]
\tilde{\boldsymbol{\Sigma}}_{jk} &= \frac{\boldsymbol{K}_{jk} + \tau_{jk}(\boldsymbol{m}_{jk} - \tilde{\boldsymbol{\mu}}_{jk})(\boldsymbol{m}_{jk} - \tilde{\boldsymbol{\mu}}_{jk})^{\mathsf{T}} + \displaystyle\sum_{t=1}^{T}\zeta_t(j,k)(\boldsymbol{x}_t - \tilde{\boldsymbol{\mu}}_{jk})(\boldsymbol{x}_t - \tilde{\boldsymbol{\mu}}_{jk})^{\mathsf{T}}}{\alpha_k - D + \displaystyle\sum_{t=1}^{T}\zeta_t(j,k)}
\end{aligned}
\tag{5.67}
$$

Wir zeigen am Beispiel der Mischungsgewichte, wie die a posteriori Schätzwerte durch Interpolation der ML-Parameter mit den voreingestellten Modellparametern entstehen:

$$\tilde{c}_{jk} = \underbrace{\frac{\displaystyle\sum_{k=1}^{K}\nu_{jk} - K}{\displaystyle\sum_{k=1}^{K}\nu_{jk} - K + \sum_{t=1}^{T}\gamma_t(j)}}_{=:\,(1-\rho_j)} \cdot \underbrace{\frac{\nu_{jk} - 1}{\displaystyle\sum_{k=1}^{K}\nu_{jk} - K}}_{=:\,\hat{\nu}_{jk}} + \underbrace{\frac{\displaystyle\sum_{t=1}^{T}\gamma_t(j)}{\displaystyle\sum_{k=1}^{K}\nu_{jk} - K + \sum_{t=1}^{T}\gamma_t(j)}}_{=:\,\rho_j} \cdot \hat{c}_{jk} \tag{5.68}$$

Während das Summationsgewicht der a priori Schätzung $\hat{\nu}_{jk}$ für c_{jk} eine Konstante ist, finden wir als Zähler von ρ_j die wohlbekannte Besuchshäufigkeit $\hat{p}_j$ des j-ten Zustandes. Je üppiger also — im Sinne der a posteriori Erwartung — das Trainingsmaterial zur Statistik c_{jk} gesät ist, desto enger schmiegen sich die $\tilde{c}_{jk}$ den ML-Schätzwerten an. Wir halten daher fest, daß die Bayes-Schätzung diskreter Verteilungen unter Verwendung konjugierter a priori Dichten einer häufigkeitsgesteuerten Interpolation gleichkommt.

Es bleibt zu klären, auf welche Weise eine geeignete a priori-Verteilung $\hat{\nu}_{jk}$ aufzufinden ist; einige Hinweise darauf gibt die oben zitierte Arbeit [Gau92b]. Darüberhinaus bietet sich angesichts des iterativen Charakters des Baum-Welch-Algorithmus eine *abklingende Verankerung* der Bayes-Schätzung an. Es liegt nämlich nahe, den Transformationsschritt $\boldsymbol{\lambda} \to \tilde{\boldsymbol{\lambda}}$ der Gleichungen (5.67) unter Verwendung des Vorgängermodells $\boldsymbol{\lambda}$ als Voreinstellung zu betreiben. Diese Schätzpolitik erzwingt ein exponentielles Abklingen der a priori Annahmen während des iterativen Lernprozesses, dessen Zeitkonstante individuell für alle Modellstatistiken durch die Materiallage kontrolliert wird. Die exponentiell abklingende Glättung zeichnet sich zudem durch eine ganz besonders attraktive theoretische Eigenschaft aus: aufgrund der Bemerkungen im Anschluß an den Satz über homogene Polynome (Seite 139) und der Zerlegungseigenschaft der $Q(\cdot,\cdot)$-Maximierung (5.40) verbessert $\tilde{\boldsymbol{\lambda}}$ nicht nur laut Konstruktion die Bayes-, sondern gleichzeitig als Interpolierende zwischen alten und neuen Modellparametern die ML-Zielgröße.

Untere Schranken.   Das irreparable Absinken diskreter Verteilungsparameter auf den Wert Null kann auch durch entsprechende Modifikation — es werden zusätzliche Restriktionen der Form π_i, a_{ij}, $c_{jk} \geq \varepsilon$ eingebaut — der Lösungsmannigfaltigkeit $\mathcal{M}_{\boldsymbol{\lambda}}$ (siehe Gleichung (5.33)) unterbunden werden. Dadurch ist ein Optimierungsproblem mit veränderten Nebenbedingungen definiert; die Berechnung der gesuchten Parameterschätzwerte besitzt eine sehr einfache algorithmische Lösung [Lev83a]. Nach Ausführung der standardmäßigen Transformation $\boldsymbol{\lambda} \to \hat{\boldsymbol{\lambda}}$ werden alle Parameter, die sich unterhalb der Schranke befinden, auf ε angehoben. Danach werden alle Parameter proportional verkürzt, so daß die Stochastizitätsbedingungen wieder gelten. Fallen dadurch Parameterwerte abermals unter die Schranke, wird der Vorgang noch ein- oder mehrmals wiederholt. Die ML-Schätzung mit eingeschränktem Wertebereich ist gleichwertig zur Bayes-Schätzung mit geeignet gewählten uniformen a priori Verteilungen [Bro83].

5.6   Verallgemeinerte Modellkonzepte

5.6.1   Dauermodellierung

Jeder Zustand eines Wortmodells ist für die Produktion eines oder mehrerer aufeinanderfolgender Merkmalvektoren gleicher statistischer Verteilung verantwortlich. Die Intention eines Einzelzustandes ist die Erfassung gewisser spektral stationärer, akustischer Ereignisse, z.B. Vokale, Nasale, Frikative sowie die artikulatorisch differenzierbaren Phasen nichtstationärer

Laute wie Plosive und Diphthonge.

Die Zeitdauer der Realisierungen einer derartigen Spracheinheit steht in Abhängigkeit von zahlreichen kontextuellen Faktoren und gehorcht einer charakteristischen Verteilung. Die Verweildauer der Zustände eines Markovmodells hingegen gehorcht — dies ist eine unerwünschte Konsequenz der Markoveigenschaft (5.5) — notwendigerweise der *Exponentialverteilung*

$$d_i(\tau) \;=\; P(q_{t-\tau+1} = \ldots = q_{t-1} = s_i, q_t \neq s_i \mid q_{t-\tau} = s_i, \boldsymbol{\lambda}) \;=\; a_{ii}^{\tau-1} \cdot (1 - a_{ii}) \qquad (5.69)$$

Offensichtlich erreicht $d_i(\tau)$ die Maximalwahrscheinlichkeit bei $\tau = 1$ und fällt danach mit wachsendem τ monoton ab. Für die meisten Spracheinheiten ist ein solches Dauerverhalten extrem unplausibel [Nor90].

Semi-Markovmodelle. Prinzipielle Abhilfe gegen die Dissonanz zwischen tatsächlichen und modellbedingten Verweilwahrscheinlichkeiten bietet die *explizite Dauermodellierung* eines jeden Zustandes s_i durch eine diskrete Verteilungsfunktion $d_i(\tau)$, $\tau = 1, \ldots, \tau_{\max}$. Die maximale Verweildauer $\tau_{\max}$ muß hinreichend groß gewählt werden, um die real auftretenden Zeitspannen abzudecken. Das *Semi-Markovmodell* [Fer80, Rus85, Lev86] besitzt diese Eigenschaft und gehorcht den modifizierten Vorwärts- und Rückwärtswahrscheinlichkeiten

$$\begin{aligned}
\alpha_t(j) &= \sum_{\tau} \sum_{i \neq j} \alpha_{t-\tau}(i) a_{ij} d_j(\tau) \prod_{l=1}^{\tau} b_j(O_{t-\tau+l}) \\
\beta_t(i) &= \sum_{\tau} \sum_{j \neq i} a_{ij} d_j(\tau) \prod_{l=1}^{\tau} b_j(O_{t+l}) \beta_{t+\tau}(j) \,.
\end{aligned} \qquad (5.70)$$

Die zustandsbedingte Verweildauer τ wird als neue Zufallsvariable in den EM-Algorithmus integriert; es resultieren die erweiterten a posteriori Wahrscheinlichkeiten

$$\xi_{t,\tau}(i,j) \;=\; \alpha_t(i) a_{ij} d_j(\tau) \prod_{l=1}^{\tau} b_j(O_{t+l}) \beta_{t+\tau}(j) \qquad (5.71)$$

und $\gamma_{t,\tau}(i) = \sum_j \xi_{t,\tau}(i,j)$. Die Baum-Welch-Schätzformeln ergeben sich aus der Standardform (5.36) durch eine zusätzliche Summation über τ, und die Dauerverteilung wird mittels

$$\hat{d}_j(\tau) \;=\; \frac{\displaystyle\sum_{t=1}^{T} \gamma_{t,\tau}(j)}{\displaystyle\sum_{t=1}^{T} \sum_{\tau} \gamma_{t,\tau}(j)} \qquad (5.72)$$

geschätzt. Beispiele für den praktischen Einsatz von Semi-Markovmodellen zur maschinellen Spracherkennung sind rar gesät [Gue90], denn der Berechnungsaufwand für die $\alpha_t(j)$ liegt um einen Faktor $\tau_{\max}^2$ über dem der Standardmodelle.

Inhomogene Markovmodelle. Dieser Faktor läßt sich auf τ_{max} reduzieren, wenn man sich mit der eingeschränkteren Dauermodellierung *inhomogener* (nichtstationärer) Markovketten begnügt [Ram92]. Dazu werden die Übergangsstatistiken a_{ij} stationärer Markovketten durch die verweildauerbezogenen Parameter

$$a_{ij}(\tau) \;=\; P(q_{t+1} = s_j \mid q_t = \ldots = q_{t-\tau+1} = s_i, q_{t-\tau} \neq s_i) \qquad (5.73)$$

ersetzt. Die Vorwärtswahrscheinlichkeiten $\alpha_t(j, \tau)$ bilden infolge ihrer Abhängigkeit von der Verweildauer τ im letzthin eingenommenen Zustand s_j einen Wertewürfel und sind durch die Rekursionsgleichungen

$$\alpha_t(j, \tau) \;=\; \begin{cases} \pi_j b_j(O_1) & t = \tau = 1 \\ 0 & t = 1, \tau > 1 \\ \displaystyle\sum_{\tau=1}^{\tau_{max}} \sum_{i=1}^{N} \alpha_{t-1}(i, \tau) a_{ij}(\tau) b_j(O_t) & t > 1, \tau = 1 \\ \alpha_{t-1}(j, \tau - 1) a_{jj}(\tau - 1) b_j(O_t) & t > 1, \tau > 1 \end{cases} \qquad (5.74)$$

bestimmt. Die modifizierten Schätzgleichungen erhält man aufgrund naheliegender Verallgemeinerungen; sie sind in [Ram92] nachzulesen.

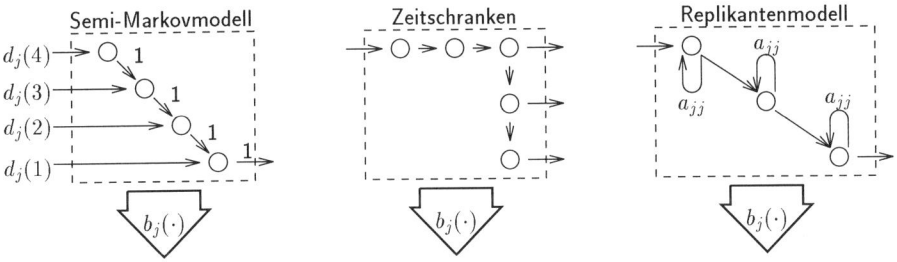

Abbildung 5.15: HMM-Topologien zur Dauermodellierung

Modelltopologien. Die Funktionalität eines Semi-HMM-Zustandes läßt sich auch mit Standardmitteln simulieren, wie das Aggregat ausgabeverklebter Zustände auf der linken Seite der Abbildung 5.15 beweist.

Durch geschickte Anordnung verklebter Zustände lassen sich Dauermodelle mit unteren und oberen Zeitschranken realisieren; das mittlere Modell der Abbildung 5.15 erlaubt nur Aufenthaltsdauern von 3–5 Zeiteinheiten.

Das ganz rechts abgebildete Modell linear verketteter Zustandsreplikanten geht noch sparsamer vor. Die Verweilwahrscheinlichkeiten einer Folge von l hinsichtlich der Übergangswahrscheinlichkeiten verklebten Zuständen betragen

$$d_{j,l}^*(\tau) \;=\; a_{jj}^{\tau-l} \cdot (1 - a_{jj})^l \quad \text{bzw.} \quad d_{j,l}(\tau) \;=\; \binom{\tau-1}{l-1} \cdot a_{jj}^{\tau-l} \cdot (1 - a_{jj})^l \,.$$

Jede Folge, welche das Modell in genau τ Zeittakten durchläuft, wird ihren Momentanzustand l mal verlassen und $\tau - l$ mal beibehalten und folglich mit Wahrscheinlichkeit $d^*_{j,l}(\tau)$ auftreten. Die Gesamtwahrscheinlichkeit für alle $\binom{\tau-1}{l-1}$ Folgen mit dieser Eigenschaften beträgt $d_{j,l}(\tau)$.

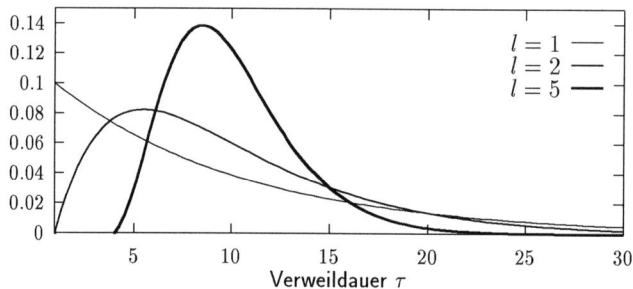

Abbildung 5.16: Dauerverteilung von Replikantenmodellen mit $l = 1, 2, 5$ Zuständen

Die Verteilung $d_{j,l}(\tau)$ ist auf ihrem Definitionsbereich $\tau \geq l$ proportional zu einer Binomialverteilung. Sie ist unimodal, und mit zunehmender Modellgröße l nähert sich die Gipfelposition dem Erwartungswert $l/(1 - a_{jj})$ der Verteilung, wobei die Moden eine immer kompaktere Kontur annehmen. Die Verteilungsfunktionen mit Mittelwert $\tau = 10$ in der Abbildung 5.16 belegen, daß bereits Replikantenmodelle mit zwei Zuständen über sehr günstige Verteilungscharakteristiken verfügen. Durch Variation der beiden Parameter l und a_{jj} können Mittelwert und Varianz des Replikantenmodells an die entsprechenden Statistiken der wahren Dauerverteilung angepaßt werden.

5.6.2 Korrelierte Ausgabedichten

Die zweite Grundannahme für Markovmodelle (5.10) konstatiert die statistische Unabhängigkeit aufeinanderfolgender Modellausgaben. Die Observablen im Bereich gesprochener Sprache befinden sich jedoch in krassem Widerspruch zu diesem Postulat. Zwar weichen die Merkmalvektoren akustischer Ereignisse varabilitätsbedingt beträchtlich von ihren Sollwerten ab; sie tun dies aber sprecher- oder kontextbedingt in konsistenter Art und Weise. Die aufeinanderfolgenden zustandsbedingten Ausgaben — insbesondere wenn der Zustand nicht gewechselt wird — sind einander viel ähnlicher, als das Modell prophezeit.

Ist $\boldsymbol{\mu}_j$ ein Mittelwertvektor für das Phonem „/ɔ/" und sind $O_t, O_{t+1}, \ldots$ dementsprechende Realisierungen, so mögen die Differenzvektoren $O_t - \boldsymbol{\mu}_j$ und $O_{t+1} - \boldsymbol{\mu}_j$ von erheblichem Betrage sein, ihre Richtungen werden aber infolge der Ähnlichkeit zwischen O_t und O_{t+1} weitgehend übereinstimmen. Im Markovmodell werden diese kohärenten Abweichungen fatalerweise mehrfach bestraft; das Produkt $\prod_t b_{q_t}(O_t)$ stellt daher eine gewaltige Unterschätzung des wahren Wertes $P(\boldsymbol{O} \mid \boldsymbol{q}, \boldsymbol{\lambda})$ dar. Eine gewisse Kompensation dieses Effektes verspricht die Berücksichtigung höherer Statistiken wie

$$P(O_t \mid O_{t-1}, q_{t-1}, q_t, \boldsymbol{\lambda}) \quad \text{oder} \quad P(O_t \mid O_{t-1}, q_t, \boldsymbol{\lambda}) \ . \tag{5.75}$$

Selbst der zweite Ausdruck führt in dieser Allgemeinheit offensichtlich zu einem sintflutartigen Anwachsen der Parameterzahl; für einfach normalverteilte und für diskrete Ausgabeverteilungen wurden jedoch realistische Vereinfachungen vorgeschlagen [Bro87, S. 56–66].

Aus einer gemeinsamen Normalverteilung je zwei aufeinanderfolgender Merkmalvektoren $\boldsymbol{x}_{t-1}$, $\boldsymbol{x}_t$ ergibt sich eine bedingte Verteilungsdichte $P(\boldsymbol{x}_t \mid \boldsymbol{x}_{t-1}, q_{t-1} = s_i, q_t - s_j)$ der Form $\mathcal{N}(\boldsymbol{x} \mid \boldsymbol{\mu}, \boldsymbol{\Sigma})$ mit dem Mittelwertvektor

$$\boldsymbol{\mu} \;=\; \boldsymbol{\mu}_j + \boldsymbol{C}(\boldsymbol{x}_{t-1} - \boldsymbol{\mu}_i) \ ; \tag{5.76}$$

die Matrix $\boldsymbol{C}$ hängt von der Kovarianzmatrix der gemeinsamen Verteilung von $\boldsymbol{x}_{t-1}$, $\boldsymbol{x}_t$ ab. Die benötigten Modellparameter werden mit einem modifizierten EM-Algorithmus geschätzt.

Bei diskreten Modellen ist es zum einen möglich, den Umfang des Parameterkubus

$$b_{jmk} \;=\; P(O_t = k \mid O_{t-1} = v_m, q_t = s_j) \tag{5.77}$$

durch geschickte Verklebung hinsichtlich der Identität v_m des Vorgängersymbols O_{t-1} drastisch zu reduzieren [Fur92, Tak92]. Eine wesentlich sparsamere Vorgehensweise, die *Lauflängenkompensation* [Bro87], ist durch folgende Beobachtung motiviert: produziert der Zustand s_j eine Folge von l identischen Ausgabezeichen v_k, so erhalten diese Emissionen im konventionellen HMM die Gesamtwahrscheinlichkeit b_{jk}^l; im Extremfall maximaler Ausgabekorrelation wäre jedoch der Wert b_{jk} das erstrebenswerte Resultat. Dieses Mißverhältnis können wir nun durch die Exponentiation jedes Ausgabeverteilungsterms b_{jk} mit den Korrekturgewichten

$$r_{jk} = \frac{\text{vorausgesagte mittlere Dauer von } k \text{ in Zustand } j}{\text{beobachtete mittlere Dauer von } k \text{ in Zustand } j} \tag{5.78}$$

kompensieren. Das Lauflängenmodell benötigt nur eine moderate Anzahl ($N \cdot K$) zusätzlicher Parameter, bietet allerdings auch nur eine sehr rudimentäre statistische Erfassung der Ausgabekorreliertheit.

Eine theoretisch zufriedenstellende Behandlung des Phänomens verspricht das *stochastische Segmentmodell* (SSM, [Lee89a, Dig90, Dig91]). Ein dreistufiger Zufallsprozeß selektiert nacheinander einen Modellzustand, eine Produktionsvorschrift und schließlich die Ausgabedaten selbst. Die Produktionsvorschrift gibt die Dauer l des zu erzeugenden Datensegments sowie die gemeinsamen Verteilungsparameter der Ausgabezeichen oder Ausgabevektoren $O_{t+1} \ldots O_{t+l}$ an. Die verteilungsgenerierenden Dichten an den SSM-Zuständen sind von ähnlicher Natur wie die a priori Dichten für die Parameter einer Bayes-Schätzung. Beispielsweise wird bei Betreten von s_j gemäß $\mathcal{N}(\boldsymbol{\mu} \mid \boldsymbol{m}_j, \boldsymbol{K}_j)$ ein Mittelwertvektor $\boldsymbol{\mu}^*$ ausgewählt, welcher die anschließende Datenproduktion durch den dritten Zufallsprozeß $\mathcal{N}(\boldsymbol{x} \mid \boldsymbol{\mu}^*, \boldsymbol{\Sigma}_j)$ kontrolliert. Wenn die Verteilungsfamilien des zweiten und des dritten Zufallsprozesses formal miteinander harmonieren, können die freien Parameter eines stochastischen Segmentmodells mit dem EM-Algorithmus optimiert werden.

5.6.3 Kartesische Produktmodelle

Unter gewissen Bedingungen erscheint es vorteilhafter, die Observablen $\boldsymbol{x}_t$ sprachlicher Äußerungen als Kombination $\boldsymbol{f}(\boldsymbol{y}_t, \boldsymbol{z}_t)$ der Ausgabevektoren zweier unabhängiger Produktionsprozesse zu begreifen. Beispielszenarien sind die additive Überlagerung des Sprachsignals durch Umgebungsgeräusche, seine spektrale Beeinträchtigung durch zeitveränderliche Kanalübertragungseigenschaften oder die Überformung durch intonatorische Effekte.

Mit dem Hilfsmittel kartesischer Produktmodelle (*composed HMM*, [Kad91]) wurde in jüngster Zeit die automatische Trennung des Nutzsignals von störendem Rauschen [Gal92, Eph92a], diffusem Hintergrundstimmengemisch [Wan92] oder prägnant konkurrierenden Sprachäußerungen [Var91] untersucht.

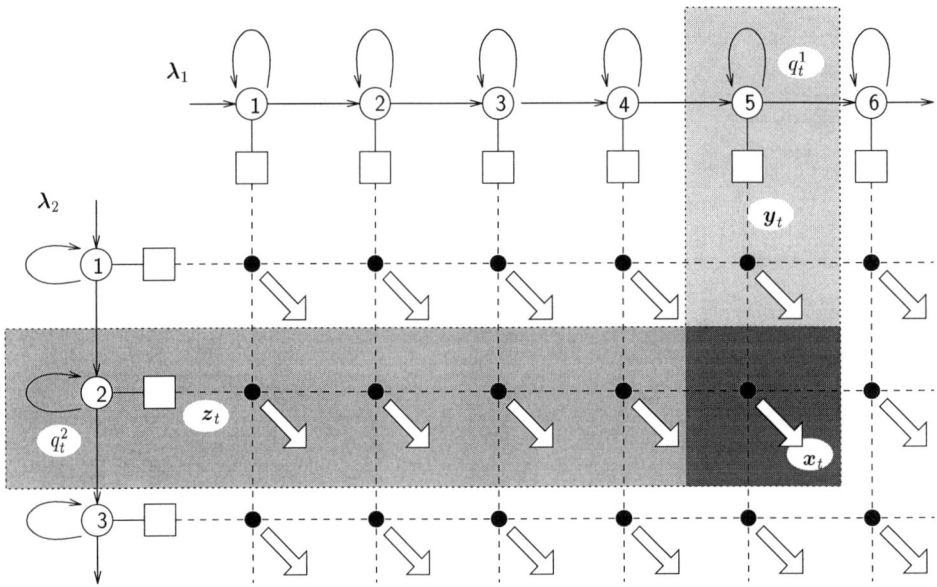

Abbildung 5.17: Ein kartesisches Produkt-HMM mit 6×3 Zuständen

Gegeben seien zwei kontinuierliche Markovmodelle $\boldsymbol{\lambda}^1$, $\boldsymbol{\lambda}^2$, die voneinander unabhängig unsichtbare Zustandsfolgen $\boldsymbol{q}^1$, $\boldsymbol{q}^2$ und unsichtbare Ausgaben $\boldsymbol{Y}$, $\boldsymbol{Z}$ der Dauer T produzieren. Dem Beobachter erschließen sich die Modellaktivitäten nur in Form der Produktfolge $\boldsymbol{x}_t = \boldsymbol{f}(\boldsymbol{y}_t, \boldsymbol{z}_t)$; es ist $\boldsymbol{f}(\boldsymbol{y}, \boldsymbol{z})$ eine beliebige vektorwertige Funktion. Die Funktionsweise eines kartesischen Modells mit 6×3 Zuständen ist in Abbildung 5.17 dargestellt.

Der Zustand des Gesamtmodells ist zu jedem Zeitpunkt durch ein Paar (q_t^1, q_t^2) aus dem kartesischen Produkt $\mathcal{Q}_1 \times \mathcal{Q}_2$ gekennzeichnet, und die Verteilungsdichte der sichtbaren Ausgabevektoren lautet

$$b_{j_1 j_2}(\boldsymbol{x}) = \int \int \chi_{[\boldsymbol{x} = \boldsymbol{f}(\boldsymbol{y}, \boldsymbol{z})]} \cdot b_{j_1}^1(\boldsymbol{y}) \cdot b_{j_2}^2(\boldsymbol{z}) \, d\boldsymbol{y} d\boldsymbol{z} \; ; \tag{5.79}$$

$b_j^1(\cdot)$, $b_j^2(\cdot)$ sind die Ausgabeverteilungen der Modelle $\boldsymbol{\lambda}_1$, $\boldsymbol{\lambda}_2$. Man definiert bzw. berechnet die Vorwärtswahrscheinlichkeiten des kartesischen Modells durch

$$\begin{aligned}
\alpha_t(j_1, j_2) &= P(\boldsymbol{x}_1 \ldots \boldsymbol{x}_t, q_t^1 = j_1, q_t^2 = j_2 \mid \boldsymbol{\lambda}) \\
&= \sum_{i_1=1}^{N_1} \sum_{i_2=1}^{N_2} \alpha_{t-1}(i_1, i_2) a_{i_1 j_1}^1 a_{i_2 j_2}^2 b_{j_1 j_2}(\boldsymbol{x}_t)
\end{aligned} \tag{5.80}$$

und erhält schließlich die Produktionswahrscheinlichkeit als Doppelsumme

$$P(\boldsymbol{X} \mid \boldsymbol{\lambda}) = \sum_{i_1=1}^{N_1} \sum_{i_2=1}^{N_2} \alpha_T(i_1, i_2) \; . \tag{5.81}$$

Erfolgen die unsichtbaren Ausgaben der beiden Modellkomponenten aufgrund einfacher Normalverteilungsdichten, ist eine globale Maximierung der wohlbekannten $Q(\cdot, \cdot)$-Funktion geschlossen durchführbar, und wir erhalten für alle Modellparameter geeignete Schätzformeln; der modifizierte Baum-Welch-Algorithmus einschließlich einer Herleitung ist in [Kad91] angegeben. Die Gestalt der Kombinationsvorschrift $\boldsymbol{f}(\boldsymbol{y}, \boldsymbol{z})$ übt erstaunlicherweise keinen Einfluß auf die Struktur des Schätzalgorithmus aus, obwohl es ja diese Funktion $\boldsymbol{f}(\boldsymbol{y}, \boldsymbol{z})$ ist, die letztlich „entflochten" wird; nichtsdestoweniger ist natürlich sicherzustellen, daß die Doppelintegrale der Gleichung (5.79) für die Verteilung der sichtbaren Ausgabe lösbar sind.

Eine asymmetrische Verkopplung zweier diskreter Markovmodelle, bei dem die Übergänge und Ausgaben des zweiten Modells statistisch auch vom aktuellen Zustand des ersten Modells abhängen (*paralleles HMM*, [Bru91]), kann ebenfalls als kartesisches Modellprodukt mit geeignet verklebten Parametern interpretiert werden.

5.6.4 Weitere Lernverfahren

Automatische Spracherkennung mit semikontinuierlichen oder mischverteilten, seltener diskreten Ausgabeverteilungen entspricht dem aktuellen Stand der Forschung, d.h. die zur Zeit erkennungsgenauesten Systeme arbeiten fast durchweg mit diesen Techniken. Dennoch weisen Markovmodelle und ihre Lernverfahren eine Reihe evidenter Schwachpunkte auf, deren Überwindung ein zentrales Thema gegenwärtiger Spracherkennungsforschung ist.

Globale Optimierung der Modellparameter. Der Baum-Welch- als Spezialfall des EM-Algorithmus kann uns infolge seiner ausschließlich lokalen Optimalitätseigenschaften nicht das Auffinden der tatsächlichen ML-Schätzwerte garantieren. Welches lokale Maximum der Zielgröße $\mathcal{L}_{\mathrm{HMM}}(\boldsymbol{\lambda})$ am Ende der Baum-Welch-Iteration steht, bestimmt allein die Wahl der Startparameter; diese zufällig zu variieren und aus mehreren Iterationsläufen das beste Endergebnis auszuwählen ist eine naheliegende Verbesserungsstrategie. Nichtdeterministische Optimierungsverfahren wie die *Monte-Carlo*-Simulation oder *simuliertes Ausfrieren* [Aar87] garantieren das globale Maximum mit Wahrscheinlichkeit 1, sind aber selbst unter erheblichen Rechenzeitopfern nur auf unrealistisch kleine Markovmodelle anwendbar [Pau85]. Mit ähnlich ausuferndem Rechenaufwand ist auch die Parameteroptimierung mit Hilfe *genetischer Algorithmen* [Mon92] verbunden.

Eine geschlossene Lösung der globalen Optimierung linearer, diskretwertiger Modelle wird in [Tou91] angegeben. Zunächst läßt sich ganz generell zeigen, daß wir für die Koeffizienten des charakteristischen Polynoms der Eigenwerte von $\boldsymbol{A}$ (der Matrix der Übergangswahrscheinlichkeiten) zahlreiche Bestimmungsgleichungen aufstellen können. Das trainingsdatenabhängige Gleichungssystem ist im allgemeinen stark überbestimmt und kann im Sinne des kleinsten quadratischen Fehlers gelöst werden. Im Fall von Links-Rechts-Modellen hat $\boldsymbol{A}$ Dreiecksgestalt, und die Eigenwerte entsprechen gerade den Diagonalelementen a_{ii}, $i = 1, \ldots, N$. Ist das Markovmodell zudem linear (vgl. Seite 128), so sind wegen $a_{ii}+a_{i,i+1} = 1$ auch die restlichen Transitionswahrscheinlichkeiten determiniert.

Diskriminatives Lernen.   Entscheiden wir uns dafür, die zahlreichen Unabhängigkeitspostulate und Verteilungsannahmen, die mit dem Einsatz von Markovmodellen verknüpft sind, nicht zu akzeptieren, tritt die Argumentation des Abschnitts 4.2.2 in Kraft: die ML-Schätzung liefert uns die wahren Parameter eines falschen Modells!

Weitsichtiger erscheint dann die Optimierung einer aussagefähigeren Zielgröße wie der Transinformation, der Trennungs- oder Kreuzentropie; eine MMI-Schätzung gemäß Gleichung (4.46) verlangt zum Beispiel die Maximierung der Funktion

$$\mathcal{L}_{\mathrm{MMI}}(\boldsymbol{\Lambda}) \;=\; \mathcal{E}[\log \frac{P(\boldsymbol{O},W)}{P(\boldsymbol{O}) \cdot P(W)}] \;=\; \sum_{l=1}^{L} \sum_{m=1}^{M_l} \log \frac{P(\boldsymbol{O}^{(l,m)} \mid \boldsymbol{\lambda}_l)}{\sum\limits_{\ell=1}^{L} P(\boldsymbol{O}^{(l,m)} \mid \boldsymbol{\lambda}_\ell) \cdot P(W_\ell)} \qquad (5.82)$$

mit den Bezeichnungen des Abschnitts 5.5.1. Die gesuchten Parameter $\hat{\boldsymbol{\Lambda}}$ berechnet man durch Gradientenaufstieg [Bah86]; im Fall diskreter Markovmodelle verfängt zudem eine Verallgemeinerung des Satzes über homogene Polynome (Seite 139) auf *gebrochen-rationale* Zielfunktionen $P(\boldsymbol{\Theta})$ [Gop89], welche besagt, daß die Parametertransformation

$$\hat{\theta}_{ij} \;=\; \frac{\theta_{ij} \cdot \left(\dfrac{\partial \log P(\boldsymbol{\Theta})}{\partial \theta_{ij}} + \rho \right)}{\sum\limits_{k=1}^{N_i} \theta_{ik} \cdot \left(\dfrac{\partial \log P(\boldsymbol{\Theta})}{\partial \theta_{ik}} + \rho \right)} \qquad (5.83)$$

für alle Konstanten ρ oberhalb einer gewissen unteren Schranke $\rho(\boldsymbol{\Theta})$ die gewünschte Wachs-

tumseigenschaft besitzt. Allerdings ist $\rho(\boldsymbol{\Theta})$ im allgemeinen derartig groß, daß letztlich nur
die Wahl zwischen einer quälend langsamen Konvergenz oder einer Iteration ohne Mono-
toniegarantie bleibt.

Zu jeder Trainingsäußerung $\boldsymbol{O}^{(l,m)}$ sind nicht nur die Vor- und Rückwärtswahrschein-
lichkeiten bezüglich des zutreffenden Modells $\boldsymbol{\lambda}_l$ zu berechnen wie beim Baum-Welch-
Algorithmus; vielmehr ist $\boldsymbol{O}^{(l,m)}$ wegen des entsprechenden Nennerausdrucks in Gleichung (5.82) hinsichtlich aller Wortmodelle $\boldsymbol{\lambda}_\ell$ auszuwerten, was offensichtlich einen L-fachen
Mehraufwand bedingt. Es überrascht daher wenig, daß erfolgreiche Anwendungen der MMI-
Schätzung bisher hauptsächlich im Zusammenhang mit sehr kleinen Wortschätzen bzw. pho-
nembasierten Modellinventaren vermeldet wurden [Bah87, Mer88b, Nor91].

Es tragen *realiter* nur einige wenige Modelle einen Term signifikanten Wertes zu dem kritischen Nennerausdruck bei. Dieser Tatbestand wird von einigen heuristischen Schätztechniken
(*korrektives* Training, [Bah88a, Lee89c]) zu einer substantiellen Aufwandsreduktion genutzt;
diese Verfahren beschränken sich auf die Evaluierung der Produktionswahrscheinlichkeit des
korrekten Wortmodells $\boldsymbol{\lambda}_l$ sowie aller Konkurrenten mit noch höherer oder gefährlich knapp
darunterliegender Wahrscheinlichkeit. Diskriminatives Training kann zu einer eindrucksvol-
len Verbesserung der Erkennungsgenauigkeit gegenüber der ML-Schätzweise beitragen, sofern ungerechtfertigte Modellannahmen zu kompensieren sind wie etwa beim einfach kontinuierlichen Markovmodell [Fra91a]; diskrete Modelle sind diesbezüglich weniger belastet,
und es kommen dementsprechend geringere Performanzunterschiede zustande [Bro87].

HMM-KNN-Hybride. Wir haben uns in Abschnitt 4.2.3 davon überzeugt, daß die Quadratmittelapproximation der idealen Trennfunktion des K-Klassen-Problems dem Vektor
der a posteriori Wahrscheinlichkeiten zustrebt. Aus diesem Grunde können die Ausgabedichten $b_j(\boldsymbol{x})$ auch durch die Prüfgrößen eines Polynomansatzes oder eines Neuronalen Netzes angenähert werden [Ren92]. Es sind HMM-KNN-Hybride mit radialen Basisfunktionen
oder Mehrschichtenperzeptren zur Dichteberechnung bekannt [Sin92, Ben92]. In jedem Fall
werden die zur Initialisierung der Fehlerrückführung in der Ausgabeschicht (vgl. den BEP-
Algorithmus auf Seite 96) benötigten partiellen Ableitungen aus den gewöhnlichen $\alpha_t(j)$-
und $\beta_t(i)$-Matrizen berechnet; die konnektionistischen Varianten des Baum-Welch- und des
Viterbi-Trainings wurden unter anderem in [Bou91] bzw. [Fra91b] beschrieben.

5.6.5 Integrierte Merkmaltransformation.

Die Abbildung 5.18 zeigt noch einmal den prinzipiellen Aufbau eines Einzelworterkennungs-
systems mit semikontinuierlichen Markovmodellen. Während der Lernphase müssen drei
verschiedene Parametersätze dimensioniert werden. Zuerst wird eine Transformationsmatrix $\boldsymbol{\Phi}$ bestimmt, daraufhin erzeugt man ein initiales Kodebuch der Mischungskomponenten
mit Hilfe des LBG-Algorithmus. Schließlich werden simultan Markovmodelle und Mischungskomponenten durch mehrere Iterationen der semikontinuierlichen Variante des Baum-Welch-

Algorithmus optimiert.

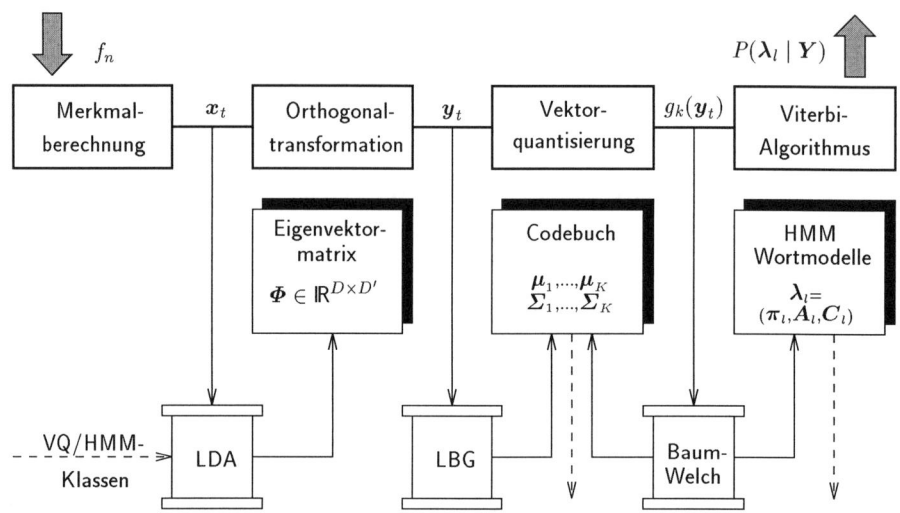

Abbildung 5.18: Architektur eines SCHMM-basierten Worterkenners

Es fällt ins Auge, daß mit der linearen Diskriminanzanalyse zwar ein theoretisch fundiertes Lernverfahren zur Verfügung steht, dieses aber von der SCHMM-Optimierung völlig entkoppelt zum Einsatz gelangt. Infolge der Transformation $\boldsymbol{y}_t = \boldsymbol{\varPhi}^\top \boldsymbol{x}_t$ befindet sich unser Erkenner in der Situation, die wahren Produktionswahrscheinlichkeiten der Abtastfolge $\{f_n\}$ durch den Ausdruck $P(\boldsymbol{\varPhi}^\top \boldsymbol{X} \mid \boldsymbol{\lambda}_l)$ statt $P(\boldsymbol{X} \mid \boldsymbol{\lambda}_l)$ anzunähern. Damit ist auf der einen Seite ein positiver Effekt verbunden, weil die Transformationsmatrix $\boldsymbol{\varPhi}$ die Vektordimension und damit auch den Parameterraum reduziert und so zu einer stabileren Schätzung der SCHMM-Parameter $\boldsymbol{\varLambda}$ beiträgt. Auf der anderen Seite muß der informationsverlustbedingte Schaden begrenzt werden; es stellt sich unmittelbar die — einer Lösung harrende — Frage, ob eine gemeinsame ML-Schätzung von $(\boldsymbol{\varPhi}, \boldsymbol{\varLambda})$ wohl im Bereich des Machbaren liegt.

Ein heuristischer Versuch, das LDA-Verfahren in den Lernprozeß zu integrieren, ist in der Abbildung 5.18 durch gestrichelte Pfeile angedeutet: als Klassensystem für die Diskriminanzanalyse bieten sich nämlich sowohl die K von den Mischungskomponenten $g_k(\cdot)$ als auch die N von den Modellzuständen s_j aufgespannten Klassengebiete an. In beiden Fällen wird $\boldsymbol{\varPhi}$ in Abhängigkeit von einem gegebenen Modellsystem $\boldsymbol{\varLambda}$ dimensioniert. Die zur LDA erforderlichen Statistiken der Klassengebiete werden anhand einer Lernstichprobe $\boldsymbol{X}$ geschätzt. Die Klassenzugehörigkeit eines Vektors hinsichtlich des Ausgabealphabets $\mathcal{K}$ kann durch Vektorquantisierung, hinsichtlich des Zustandsraumes $\mathcal{Q}$ durch kontextuelle Klassifikation (Seite 133) bestimmt werden. Geht man von unscharfen Klassenzugehörigkeiten aus, findet man die geeigneten Schätzgleichungen der Mittelwertvektoren und Kovarianzmatrizen für das Ausgabealphabet in (5.53) und für den Zustandsraum in (5.46).

5.7 Zusammenfassung

Nach der Merkmalberechnung liegt ein gesprochenes Wort als Folge reellwertiger Vektoren vor. Sowohl die zeitliche Struktur als auch die spektrale Zusammensetzung des zugrundeliegenden Zeitsignals weisen erhebliche realisierungsbedingte Verzerrungen auf, die von der Entscheidungsregel eines Worterkennungssystems in geeigneter Form berücksichtigt werden müssen. Der statistische Lösungsansatz entscheidet nach der Bayes-Regel und benötigt dafür die wortspezifischen Wahrscheinlichkeitsverteilungen der beobachteten Datenfolgen.

Die Markovmodelle postulieren einen zweistufigen Zufallsprozeß für die Datenproduktion während der Artikulation eines Wortes. In der ersten Phase wird die zeitliche Struktur der Realisierung in Gestalt einer Markovkette unsichtbarer Zustände determiniert, in der zweiten Phase wird daraus gemäß einer zustandsbezogenen Ausgabeverteilung eine beobachtbare Sequenz von Symbolen (diskrete HMMs) oder Vektoren (kontinuierliche HMMs) erzeugt.

Die wortmodellbezogenen Produktionswahrscheinlichkeiten einer Datenfolge, aber auch die für deren Erzeugung mutmaßlich verantwortliche Zustandsfolge können mit Hilfe des Vorwärts- bzw. Viterbi-Algorithmus bestimmt werden. Das Verhalten eines Markovmodells ist durch eine größere Zahl statistischer Parameter charakterisiert; diese werden mit dem Baum-Welch-Algorithmus bezüglich der Maximum-Likelihood-Zielgröße einer Lernstichprobe iterativ verbessert.

Die Ausgabeverteilungen kontinuierlicher Modelle können als Gaußsche Mischdichten ausgelegt werden. Ein HMM heißt semikontinuierlich, falls die Mischungskomponenten seiner Ausgabeverteilungen über alle Zustände hinweg miteinander identifiziert werden; semikontinuierliche Modelle sind als diskrete Modelle mit integriertem Vektorquantisierer interpretierbar.

Wenn viele freie Parameter mit einem naturgemäß begrenzten Vorrat an Trainingsmustern geschätzt werden sollen, sind Vorkehrungen gegen eine Überadaption zu treffen. Die statistische Robustheit des Lernverfahrens wird durch die Glättung, Interpolation oder Verklebung der Verteilungsparameter gesteigert.

Zur Kompensation der zahlreichen idealisierenden Verteilungsannahmen können erweiterte Modellarchitekturen definiert werden, welche die Zustandsverweildauer oder die Korrelation zeitlich aufeinanderfolgender Daten genauer erfassen. Bei erheblichen Zweifeln an der Zulässigkeit der Modellstruktur sollte das ML-Kriterium durch eine diskriminativ orientierte Zielgröße substituiert werden.

Durch eine kodebuch- oder zustandsraumbezogene Diskriminanzanalyse der Merkmalvektoren kann die Kurzzeitanalyse zu einem gewissen Grade in die automatische Optimierung des Gesamterkenners miteinbezogen werden.

Kapitel 6

Akustisch-phonetische Wortmodellierung

In ihrer wahrscheinlichkeitstheoretischen Formulierung lautet die Aufgabe der automatischen Spracherkennung: berechne — ausgehend von einer Merkmalrepräsentation $\boldsymbol{X}$ der akustischen Eingabedaten — eine möglichst gute Schätzung $\hat{\boldsymbol{w}}$ für die Folge $\boldsymbol{w} = w_1 \ldots w_m$ der tatsächlich geäußerten Wörter. Der Raum $\mathcal{W}^*$ potentieller Lösungen umfasse die Menge aller Wortfolgen des zugrundeliegenden Erkennungsvokabulars $\mathcal{W}$. Die theoretisch optimale Entscheidung liefert uns die *Fundamentalformel der Spracherkennung*:

$$
\hat{\boldsymbol{w}} = \operatorname*{argmax}_{\boldsymbol{w} \in \mathcal{W}^*} P(\boldsymbol{w} \mid \boldsymbol{X})
$$

mit den a posteriori Wahrscheinlichkeiten

$$
P(\boldsymbol{w} \mid \boldsymbol{X}) = \frac{\overbrace{P(\boldsymbol{X} \mid \boldsymbol{w})}^{\text{ASM}} \cdot \overbrace{P(\boldsymbol{w})}^{\text{LSM}}}{P(\boldsymbol{X})}
$$

(6.1)

Wie bei der Gleichung (5.2) zum Einzelworterkennungsproblem, welche wir zur Motivation der Einführung von Markovmodellen im vorangegangenen Kapitel herangezogen haben, so handelt es sich auch bei (6.1) um eine Anwendung der Bayes-Entscheidungsregel (vgl. S. 78). Die praktische Verwertbarkeit der Fundamentalformel ist ganz offensichtlich an drei Vorbedingungen geknüpft:

1. Die bedingten Verteilungsdichten $P(\boldsymbol{X} \mid \boldsymbol{w})$ der akustischen Realisierungen von Wortketten sind uns bekannt.

   Tatsächlich sind uns diese Größen nicht direkt zugänglich, sondern wir werden sie durch die Produktionswahrscheinlichkeiten $P(\boldsymbol{X} \mid \boldsymbol{\lambda})$ geeigneter Markovmodelle annähern. Die Summe unseres strukturellen und parametrischen Wissens über die relevanten sprachlichen Einheiten und ihre akustische Korrelate bezeichnen wir als *akustisches* oder *akustisch-phonetisches Sprachmodell* (ASM).

2   Die a priori Verteilung $P(\boldsymbol{w})$ möglicher Wortfolgen ist bekannt.

Die Wahrscheinlichkeiten $P(\boldsymbol{w})$ verstehen sich als statistisches Maß für die syntaktische, semantische und pragmatische Plausibilität der Satzkonstruktion $\boldsymbol{w}$ im Rahmen eines vorgegebenen Anwendungsbereichs. Somit repräsentiert diese Verteilung ein *grammatisches* oder *linguistisches Sprachmodell* (LSM) der fraglichen Diskursdomäne.

3   Es ist ein effizientes Suchverfahren zur Bewältigung des kombinatorischen Maximierungsproblems verfügbar.

Die Dekodierung von $\boldsymbol{X}$ spielt sich in dem abzählbar unendlichen Suchraum $\mathcal{W}^*$ ab; die Anzahl kombinatorisch möglicher Wortketten wächst exponentiell mit ihrer maximalen Länge und erreicht selbst für moderate Wortschatzgrößen sehr schnell astronomische Dimensionen.

Die Erzeugung des akustischen Sprachmodells, des grammatischen Sprachmodells sowie das Dekodierungsproblem sind die zentralen Anliegen der Kapitel 6–8.

Nach einigen grundsätzlichen Anmerkungen zum Entwurf und zur Schätzung statistischer Wortmodelle mit Hilfe textannotierter Stichproben kontinuierlicher Sprache im ersten Abschnitt setzt sich dieses Kapitel ausführlich mit der Thematik geeigneter Spracheinheiten zur Wortmodellsynthese auseinander. Die Diskussion potentieller phonetisch und akustisch motivierter Wortuntereinheiten findet im zweiten Abschnitt statt und wird im dritten Abschnitt auf kontextabhängige Phoneme fokussiert. Besondere Beachtung findet dabei die Modellierung mit verallgemeinerten Triphonen, die Ende der achtziger Jahre einen bahnbrechenden Fortschritt auf dem Gebiet der Spracherkennung einleitete, und die Einführung einer neuen Modellierungseinheit — des Polyphons — mit dem die Definition des Triphons auf Kontexte beliebiger Länge ausgedehnt wird. Die beiden letzten Abschnitte sind der Behandlung wortübergreifender Koartikulation und der dynamischen Erweiterung des Erkennungsvokabulars gewidmet. Insbesondere wird ein neues Paradigma der Wortmodellierung präsentiert, das die Wortmodellsynthese unter die Kontrolle der Rechtschrift statt der Lautschrift stellt.

Umfassende Darstellungen dieser speziellen Materie sind rar; dennoch sei der Übersichtsartikel [Lee90d] hervorgehoben, welcher sehr ausführlich über die Techniken der Triphonmodellierung informiert.

Die illustrierenden Beispiele dieses Kapitels sind durchgehend in der maschinenlesbaren phonetisch-phonematischen SAMPA-Notation [Fou89, S. 141–159] abgefaßt. Eine Tabelle mit der Zuordnung zum Transkriptionsstandard der *International Phonetic Association* (IPA) sowie veranschaulichenden Aussprachebeispielen befindet sich im Anhang auf Seite 396.

6.1 Wortmodelle

Das Grundprinzip maschineller Spracherkennung mit Markovmodellen besteht darin, die bedingte Verteilungsdichte $P(\boldsymbol{X} \mid \boldsymbol{w})$ einer jeden Wortfolge durch die Produktionswahrscheinlichkeit eines passenden HMMs $\boldsymbol{\lambda}(\boldsymbol{w})$ zu approximieren. Wegen der praktisch unbegrenzten Anzahl verschiedener Wortfolgen konstruiert man die Modelle $\boldsymbol{\lambda}(\boldsymbol{w})$ durch geeignete Verkettung der entsprechenden *Wortmodelle* $\boldsymbol{\lambda}(w_1), \ldots, \boldsymbol{\lambda}(w_m)$ für $\boldsymbol{w} = w_1 \ldots w_m$. Nach Bereitstellung von Markovmodellen $\boldsymbol{\lambda}(W_l)$ zu jedem Eintrag W_l des Erkennungsvokabulars $\mathcal{W}$ ist dann die Existenz eines HMMs für jede Wortkette aus $\mathcal{W}^*$ gesichert.

6.1.1 Die Schätzung von Wortmodellen

Es ist das Ziel der Schätzung von $\boldsymbol{\lambda}(W_l)$, die Produktionswahrscheinlichkeit des Modells möglichst exakt mit der wahren Verteilung $P(\boldsymbol{X} \mid W_l)$ zur Deckung zu bringen. Die zu diesem Behufe erforderlichen Maßnahmen wurden bereits ausführlich im vorangegangenen Kapitel 5 erläutert: zunächst wird eine angemessene Modellstruktur für $\boldsymbol{\lambda}(W_l)$ entworfen, deren statistische Parameter daraufhin in geeigneter Weise vorzubesetzen sind. Das Startmodell wird schließlich iterativ — zum Beispiel im Sinne des ML-Kriteriums — verbessert; dieser Lernvorgang setzt die Verfügbarkeit einer Stichprobe repräsentativer Beispieläußerungen des Wortes W_l voraus.

Modellstruktur: Die Geometrie der Zustandsübergänge orientiert sich meistens an einer der Grundtopologien — lineare, Bakis- oder allgemeine Links-Rechts-Modelle — der Abbildung 5.6 auf Seite 128. Das generelle Verbot echter Zustandszyklen, das den drei genannten Basisstrukturen gemeinsam ist, reduziert die Anzahl der Freiheitsgrade in der Übergangsmatrix $\boldsymbol{A}$ und legt eine (zumindest anschauliche) Identifikation der HMM-Zustände mit den realisierungstypischen Artikulationsgesten des Referenzwortes W_l nahe. Freilich geht die Einsparung freier Parameter immer auf Kosten der Modellflexibilität. Beispielsweise gestatten zwar Bakis- und Links-Rechts-Modelle, nicht jedoch das kompaktere lineare HMM die gleichzeitige Berücksichtigung der Aussprachevarianten /ha:b@n/ und /ha:bm/ des Verbs „haben", wie ein Rückblick auf die Abbildung 5.5 zeigt.

Nach der Wahl des Modelltyps bleibt noch die Anzahl N der Zustände festzulegen. Das Vokabular der zehn (englischen) Ziffern wurde von vielen Autoren mit linearen oder Bakis-Modellen konstanter Länge, zum Beispiel $N = 5$ [Wil91a, Lev83b, Rab86b] erfaßt. Im Falle umfangreicherer und weniger gleichförmiger Wortschätze empfiehlt es sich hingegen, der individuellen segmentalen Wortstruktur durch die Vergabe wortabhängiger Modelldimensionen $N_l = N(W_l)$ Rechnung zu tragen. Die Entwurfsparameter N_l werden am besten unter Beachtung der phonemischen Wortumschriften bestimmt; oft wählt man N_l proportional zur Anzahl der Phoneme in W_l.

Initialisierung: Je nach Gattung der Ausgabeverteilungen sind neben den Übergangswahrscheinlichkeiten des Startmodells auch diskrete Verteilungsparameter, Mischungsgewichte sowie Mittelwerte und Kovarianzmatrizen kontinuierlicher Ausgabedichten oder eines Vektorquantisierers vorzubesetzen. Zum Design eines Kodebuchs hatten wir bereits den
LBG- und den EM-Algorithmus kennengelernt (vgl. Seiten 99 und 103); die Parameter $[a_{ij}]$
sind unkritisch und können — selbstverständlich unter Berücksichtigung der geforderten
HMM-Topologie — in Form einer Gleichverteilung initialisiert werden.

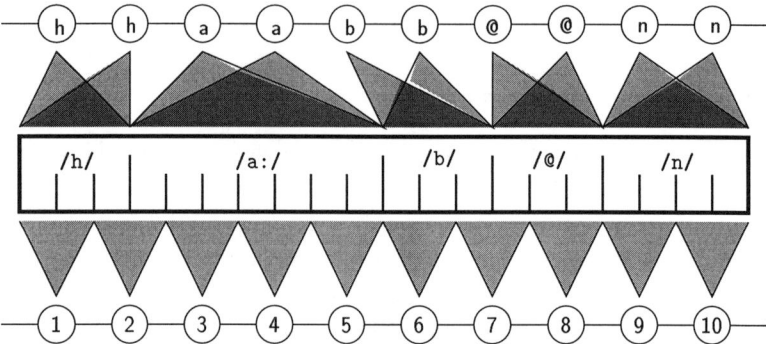

Abbildung 6.1: Parametervorbesetzung mit Hilfe einer phonetischen Segmentierung (oben) oder
durch lineare Zeitverzerrung (unten) für das HMM des Wortes „*haben*"

Während eine solche uniforme Vorbesetzung auch bei den Ausgabewahrscheinlichkeiten
$[b_{jk}]$ eines diskreten und den Mischungskoeffizienten $[c_{jk}]$ eines semikontinuierlichen Modells
infrage kommt, kennen wir keine analoge Vorgehensweise für kontinuierliche HMMs, denn
es existieren bekanntlich keine gleichförmigen Gaußverteilungsdichten. Deswegen sollte die
Anschubparametrisierung der Ausgabedichten besser aus der *phonetischen Segmentierung*
einiger Beispieläußerungen gespeist werden, wie der obere Teil der Abbildung 6.1 veranschaulicht. Aus den Merkmalvektoren oder Quantisierersymbolen aller zu einer Lautklas-
se gehörenden Zeitscheiben werden die lautbedingten Verteilungsparameter berechnet und
den entsprechenden HMM-Zuständen als Anfangswerte zugespielt. Voraussetzung dafür ist
allerdings eine Markierung aller Zustände mit denjenigen Lautklassen, deren statistische
Erfassung an dieser Modellposition intendiert ist.

Die manuelle Erstellung einer phonetischen Segmentierung von Sprachsignalen ist zweifellos ein mühevolles Unterfangen. Mittlerweile sind aber zahlreiche interaktive [Bar92]
sowie vollautomatische Verfahren auf Grundlage des DTW- oder Viterbi-Algorithmus'
[Leu84, Wöh90] zur klartextgesteuerten Lautsegmentierung von Sprachproben bekannt.

Falls kein lautsegmentiertes Sprachmaterial zur Verfügung steht oder keine a priori Annahmen hinsichtlich der „phonetischen Bedeutung" der Wortmodellzustände geduldet werden, partitioniert man ein (oder mehrere) Initialisierungsmuster in N_l Abschnitte gleicher
Dauer und gewinnt daraus die Vorbesetzungsstatistiken (Abbildung 6.1, unten).

Die Qualität der Startparameter übt in der Regel einen eminenten Einfluß auf die Leistungsfähigkeit des resultierenden Erkennungssystems aus, denn das initiale Modell entscheidet darüber, gegen welches lokale Maximum der ML- oder MMI-Zielfunktion das nachgeschaltete iterative Optimierungsverfahren konvergieren wird. Deswegen wird eine sprachprobengestützte Parameterinitialisierung kontinuierlicher wie auch diskreter Modelle dringend empfohlen [Ney85, Pei91].

Die Lernstichprobe: Algorithmen zur iterativen Verbesserung von Markovmodellen — der Viterbi- und der Baum-Welch-Algorithmus — wurden in Kapitel 5 detailliert behandelt. Das automatische Lernen der Parameter $\lambda(W_l)$ setzt eine repräsentative Stichprobe von Beispieläußerungen des Wortes W_l voraus. Zur Erfassung der einzelsprecherbedingten Aussprachevariation sollten allerwenigstens zehn, besser fünfzig bis hundert Muster akquiriert werden [Lev83b]. Bei der Konfiguration sprecherunabhängiger Systeme ist dafür Sorge zu tragen, daß genügend Sprachmaterial möglichst aller auftretenden Sprechertypen — es ist eine weitgehende Ausgewogenheit hinsichtlich Sprechercharakteristiken wie Geschlecht, Vokaltraktanatomie, Dialekt, Ideolekt und Soziolekt anzustreben — in der Lernstichprobe vertreten ist; eine Trainingspopulation von etwa hundert männlichen und weiblichen Sprechern gilt hier als Minimalforderung [Lee89b]. Die Anzahl der herangezogenen Probanden und der Umfang des je Sprecher aufgezeichneten Materials können einander bis zu einem gewissen Grade kompensieren. So wird in [Kub90] ein sprecherunabhängiges System beschrieben, welches mit Sprachproben von nur zwölf sorgsam ausgewählten Sprechern eine ähnlich gute Erkennungsleistung erzielte wie das mit 109 Sprechern trainierte Referenzsystem; die Gesamtsumme verwendeter Sprachdaten war in beiden Fällen etwa gleich.

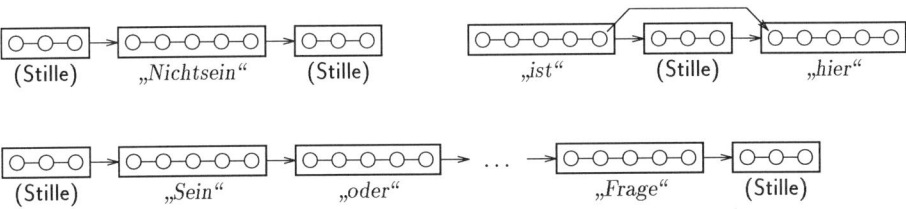

Abbildung 6.2: Modellierung eingebetteter Wörter, Wortketten und Sprechpausen am Beispiel des bekannten Shakespeare-Zitats (Erläuterungen siehe Text)

Eingebettete Trainingsmuster: Die iterative Schätzung von $\lambda(W_l)$ verlangt die Vorlage von Trainingsmustern, die exakte akustische Korrelate von W_l darstellen. Selbst im Einzelwortmodus aufgezeichnete Sprachproben von W_l enthalten jedoch verfahrensbedingt neben der eigentlichen Wortrealisierung auch die umgebenden *Stilleanteile* des Signals. Bei Datensammlungen kontinuierlicher Sprache finden wir das Zielwort in seinem Äußerungskontext eingebettet vor.

Statt nun eine umständliche und fehleranfällige Wort-Stille-Segmentierung durchzuführen — von dem nahezu aussichtslosen Versuch ganz zu schweigen, die Wort-Wort-Grenzen in kontinuierlicher Sprache zu detektieren — gehen wir gemäß Abbildung 6.2 vor: nicht die Trainingsmuster, sondern das zu schätzende HMM wird modifiziert. Die drei skizzierten Strukturen demonstrieren, wie man durch einfaches Zusammenschalten von Wort-HMMs und Stille-HMMs Sprachproben mit eingebetteten Einzelwörtern (links oben) und Wortketten (unten) modelliert oder sogar optional zwischen Äußerungsteilen eingeschobene Sprechpausen (rechts oben) erfassen kann.

In den drei abgebildeten Beispielen wurden Modelle mit $N = 5$ ($N = 3$) Zuständen für die Wörter (Stille) gewählt; nicht alle Zustandsübergänge sind in der Zeichnung wiedergegeben. Die lineare *Verkettung* (Hintereinanderschaltung, Konkatenation) zweier Markovmodelle, die wir symbolisch mit $\lambda_1 \circ \lambda_2$ bezeichnen wollen, ist in Abbildung 6.2 durch einen Verbindungspfeil wiedergegeben. Formal wird eine Transition der Wahrscheinlichkeit 1 vom Endzustand des λ_1 zum Anfangszustand des λ_2 eingeführt; die Zustandsmenge des verketteten Modells ergibt sich — geeignete Umnumerierung vorausgesetzt — durch Vereinigung der Zustandsmengen der Ausgangsmodelle. Wegen der erforderlichen Eindeutigkeit von Anfangs- und Endzustand müssen λ_1, λ_2 unbedingt Links-Rechts-Modelle sein; diese Eigenschaft vererbt sich dann offensichtlich auch auf $\lambda_1 \circ \lambda_2$.

Ähnliches gilt auch für die optionale Stilleeinfügung zwischen dem „ist"- und dem „hier"-Modell. Die beiden Übergänge am Ausgang des vorderen Wortmodells müssen allerdings mit einer geeigneten, der Stochastizitätsbedingung gehorchenden Wahrscheinlichkeitsbewertung ausgestattet werden.

Es ist zusammenfassend hervorzuheben, daß der Akquisitionsaufwand zur Erstellung der Lernstichprobe durch die beschriebene Modellierungstechnik auf ein Minimum reduziert wird: neben den Abtastwerten der Sprachproben wird über die textuelle Darstellung des geäußerten Wortlauts hinaus keine zusätzliche Datenannotation benötigt.

6.1.2 Ganzwortmodelle und Wortuntereinheiten

Unter der Prämisse, daß praktisch unerschöpfliche Resourcen in Gestalt von Trainingsmaterial, Speicherplatz und Rechenleistung zur Verfügung stehen, repräsentieren *Ganzwortmodelle* — d.h. jedes Wort des Erkennungsvokabulars wird exklusiv mit einem Markovmodell ausgestattet — eine kaum zu übertreffende Lösung des Spracherkennungsproblems, wie zum Beispiel die Studien [Lip87b, Rab88] anhand vergleichender Untersuchungen zur Ziffernworterkennung belegen. Einzig die aus heutiger Sicht illusionäre Vorstellung, komplette Satzmodelle zur Erkennung zu verwenden, um die gesamte Vielfalt wortübergreifend kontextabhängiger Realisierungsvarianten mit statistischen Mitteln zu erfassen, verspricht noch eine weitere Steigerung.

Sobald wir allerdings von einer wirklichkeitsnäheren Einschätzung der verfügbaren Resourcen ausgehen, drängen sich sofort eine Reihe massiver Einwände gegen das Wort als Modellierungseinheit auf:

- Die Menge erforderlichen Trainingsmaterials verhält sich bei Ganzwortmodellen proportional zum Umfang des Erkennungswortschatzes. Zur Schätzung der Modelle eines sprecherunabhängigen Systems mit großem Vokabular ($L \geq 1\,000$) würden immense Sprachdatensammlungen benötigt; die Anlernphase eines sprecherabhängigen Erkenners überschritte jenseits von $1\,000$ Wörtern ganz sicher die Grenze des für die Zielperson Zumutbaren.

- Die enorme Zahl freier Parameter hat katastrophale Konsequenzen für die statistische und numerische Robustheit der geschätzten Wahrscheinlichkeitsverteilungen. Darüberhinaus verursacht die große Komplexität des akustischen Sprachmodells — namentlich die unzähligen voneinander verschiedenen Ausgabeverteilungen — einen erheblichen Rechenaufwand sowohl während der Lern- als auch der Erkennungsphase.

- Infolge der mangelhaften Flexibilität des Modellinventars kommt jede Modifikation des Erkennungssystems, etwa seine Anpassung an bisher unbekannte Sprecher oder veränderte Aufnahmebedingungen einer Neukonstruktion ab initio gleich.

- Die monolithische Gestalt von Ganzwortmodellen erzwingt prinzipiell die Übereinstimmung von Trainings- und Erkennungsvokabular und erschwert dadurch die Hinzunahme neuer Wörter sowie allgemein die Erfassung umfangreicher, offener Wortklassen wie Zahlwörtern, Eigennamen oder Nominalkomposita.

- Gleichfalls auf das Konto ihrer geringen Modularität geht die Unfähigkeit der Ganzwortmodelle zur Berücksichtigung all jener Ausspracheverschleifungen, die am Wortrand unter dem Einfluß satzphonetischer Mechanismen auftreten.

Ganz generell verletzt die Ganzwortmodellierung das grundlegende Ökonomieprinzip, Spracheinheiten, deren Realisierungen einem ähnlichen Verteilungsgesetz gehorchen, auch gemeinsam zu repräsentieren. So gibt es gute Gründe zu der Annahme, die Aussprache des Zahlmorphems „neun" folge im Kontext „neunundzwanzig" wie „neunundsechzig" im wesentlichen denselben Gesetzmäßigkeiten und sei infolgedessen auch in beiden Fällen durch dasselbe HMM zu vertreten.

Diese Sichtweise liegt dem Paradigma der *Analyse durch Synthese* [Kla80, Kla86] zugrunde, welches den Fortgang der Entwicklung im Bereich der Wortmodellierung seit nunmehr zwei Jahrzenten bestimmt. Das gesprochene Wort wird als lineare Folge sauber voneinander abgrenzbarer Segmente begriffen, welche einem endlichen Vorrat sogenannter *Wortuntereinheiten* entstammen und im Erkenner durch separate Modelle repräsentiert werden; das Segment- und demzufolge auch das Modellinventar ist jetzt wortübergreifend zu verstehen.

Das Vorgehen sei am Beispiel phonemorientierter Modelle verdeutlicht. Ein Markovmodell für das Nomen „Torte" wird mittels linearer Verkettung

$$\lambda(/\text{tOrt@}/) = \lambda(/\text{t}/) \circ \lambda(/\text{O}/) \circ \lambda(/\text{r}/) \circ \lambda(/\text{t}/) \circ \lambda(/\text{@}/)$$

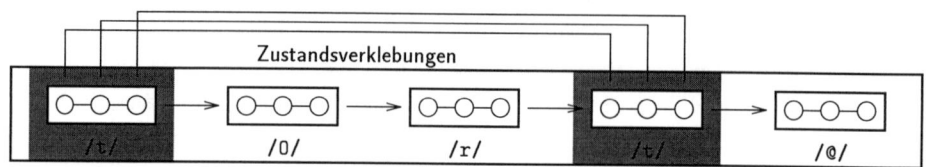

Abbildung 6.3: Synthese eines HMM für das Wort „*Torte*" durch Hintereinanderschaltung von Lautmodellen

der beteiligten Phonemmodelle konstruiert (Abbildung 6.3). Man beachte, daß die erste und die vierte Modellkomponente, beide zum Phonem /t/ korrespondierend, völlig identische Struktur und wertgleiche Wahrscheinlichkeitsparameter aufweisen; ihre Zustände sind — in der Sprechweise von Abschnitt 5.5.2 — miteinander verklebt (vgl. dazu auch das Beispiel der Abbildung 5.13 auf Seite 148).

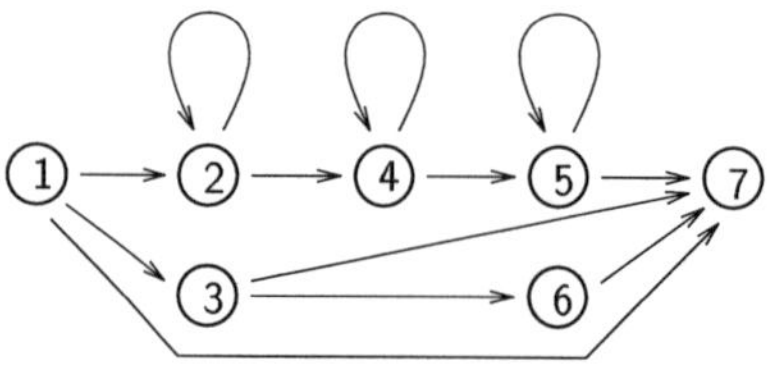

$$
A \;=\; \begin{pmatrix}
0 & a_{12} & a_{13} & 0 & 0 & 0 & a_{17} \\
0 & a_{22} & 0 & a_{24} & 0 & 0 & 0 \\
0 & 0 & 0 & 0 & 0 & a_{36} & a_{37} \\
0 & 0 & 0 & a_{44} & a_{45} & 0 & 0 \\
0 & 0 & 0 & 0 & a_{55} & 0 & a_{57} \\
0 & 0 & 0 & 0 & 0 & 0 & 1 \\
0 & 0 & 0 & 0 & 0 & 0 & 0
\end{pmatrix}
$$

Abbildung 6.4: Das Phonem-HMM des SPHINX-Erkenners: Verbindungsstruktur und Übergangsmatrix des „Dreimasters"

Für lautorientierte Wortuntereinheiten verwendet man meistens lineare oder Bakis-Modelle mit zwei bis fünf Zuständen; die genaue Anzahl kann in Abhängigkeit vom Phonemtyp festgelegt werden. Noch etwas flexibler sind die Lautmodelle des SPHINX-Erkenners [Lee90a] gestaltet; der obere Bereich des segelschiffähnlichen Modells (Abbildung 6.4) gleicht einem linearen HMM mit fünf Zuständen, während der parallelgeschaltete untere Teil für die Repräsentation artikulatorischer Kurzrealisierungen von einem ($s_1 \rightarrow s_7$), zwei ($s_1 \rightarrow s_3 \rightarrow s_7$) oder drei ($s_1 \rightarrow s_3 \rightarrow s_6 \rightarrow s_7$) Übergängen zuständig ist. Der reichen Verbindungsstruktur zum Trotz besitzt die Übergangsmatrix A des SPHINX-Modells nur sechs Freiheitsgrade.

Die phonemorientierte Modellierung nach Façon der Abbildung 6.3 löst mit einem Schlag all jene Probleme, die wir eingangs gegen das Ganzwortsystem ins Feld geführt haben. Selbst ein vollständiges Repertoire von Phonemmodellen besitzt eine vergleichsweise geringe Anzahl freier Parameter, die schon mit Hilfe wenig umfangreicher Sprachproben zuverlässig geschätzt bzw. adaptiert werden können. Das Markovmodell eines beliebigen Wortes läßt sich allein aufgrund der Kenntnis seiner Lautumschrift aufbauen, und wortübergreifende Ausspracheverschleifungen werden auf die bereits erwähnten phonologischen Assimilations- und Elisionsregeln (Seite 31) zurückgeführt.

Unglücklicherweise bewirkt die außerordentlich starke Kontextabhängigkeit der Phonemartikulation und die dadurch hervorgerufene Fokussierungsschwäche diesbezüglicher HMMs, daß sich die unbestreitbaren Vorzüge der Analyse-durch-Synthese-Strategie nicht mit der Wortuntereinheit „Phonem" realisieren lassen.

6.2 Kontextunabhängige Wortuntereinheiten

Das erwähnte Ökonomieprinzip postuliert für die akustische Modellierung ein „Zusammenwachsen dessen, was zusammengehört". Es gilt nunmehr, ein Inventar gemeinsam zu modellierender Spracheinheiten zu entwickeln, das den Ansprüchen des nachstehenden Forderungskataloges möglichst weitgehend gerecht wird.

Präzision: Die gesuchte Spracheinheit sollte in hohem Grade *spezifisch* hinsichtlich ihrer Aussprache sein; d.h. wir wünschen uns die unterschiedlichen Mitglieder des Inventars durch prägnante akustische Korrelate charakterisiert. Nur dadurch wird eine befriedigende Trennschärfe zwischen den Mustern (beziehungsweise Modellen) konkurrierender Klassen gewährleistet.

Robustheit: Für die statistische Qualität der geschätzten Modelle ist in erster Linie der Umfang der verfügbaren Lernstichprobe verantwortlich. Entscheidend ist aber auch die Anwendbarkeit von robustheitsteigernden Stabilisierungsmaßnahmen wie die Interpolation von Modellen unterschiedlichen Spezialisierungsgrades (siehe Abschnitt 5.5.3).

Modularität: Die Repräsentation von Wörtern durch Untereinheiten hat sich auf ein festes, *endliches* Inventar moderater Größe zu stützen. Im Idealfall lassen sich alle potentiellen Sprechakte einer Sprachgemeinschaft durch geeignete Verschaltung der selektierten Einheiten erfassen.

Transfer: Es sind effektive Verfahren zur Synthese *neuer* Wortmodelle aus dem vorliegenden Fundus von Untereinheitenmodellen bekannt. Dabei genießen solche Konstruktionsvorschriften den Vorzug, die auf eine orthografische Wortdarstellung rekurrieren statt auf eine phonetische Umschrift oder gar ein oder mehrere Aussprachebeispiele.

Die angeführten Gütekriterien finden sich in dieser oder ähnlicher Form in den meisten Referenzen zum Thema [Lee89b, Fin91]. Der naheliegende und oft zitierte Aspekt der automatischen *Segmentierbarkeit* sprachlicher Einheiten [Sho80] ist in diesem Zusammenhang hingegen von untergeordneter Bedeutung, weil das Analyse-durch-Synthese-Paradigma sich der Wortuntereinheiten zwar als Modellbausteine bedient, nicht aber auf deren *explizite* Segmentierung im Sprachsignal abzielt.

Der Rest dieses Abschnitts ist der Suche nach Wortuntereinheiten von hoher Präzision, also geringer umgebungsbedingter Verschleifungsanfälligkeit gewidmet. Die Strategien zur inventarbildenden Unterteilung des akustischen Ereignisraumes sind entweder an die phonologische Wortstruktur geknüpft oder aber rein *datengetrieben*. Im ersten Fall rekrutiert sich das gesuchte Modellinventar aus den klassischen linguistischen Beschreibungseinheiten; im zweiten Fall entspringt die Klassenbildung einer Häufungsanalyse realer Sprachdaten.

6.2.1 Phonologisch orientierte Wortuntereinheiten

Die Grundidee besteht darin, sich die Vorteile synthetischer Wortmodelle zunutze zu machen und sich bei der schwierigen Suche nach geeigneten Grundbausteinen von strukturellem a priori Wissen über gesprochene Sprache leiten zu lassen. Dem Entwurfsziel größtmöglicher Präzision wird dabei durch die Hinwendung zu längerdauernden, zum Beispiel silbenorientierten Einheiten nähergerückt; die unerwünschte Aussprachevariabilität wird also gewissermaßen in ihrer lautlichen Umgebung *eingefroren*.

Ein typisches Phoneminventar umfaßt je nach Sprache 20–60 Einträge [Sho80]; für das Deutsche wird eine Zahl von 48 Phonemen angegeben [Mei82]. Wegen des kompakten Bestandes sind Phonemmodelle besonders robust und modular, und der Transfer gelingt allein aufgrund der phonematischen Umschrift. Ihre Aussprache ist allerdings dermaßen kontextabhängig, daß im Vergleich zu Ganzwortmodellen mit einer erheblich verminderten Erkennungsleistung zu rechnen ist, wie zahlreiche Studien belegen [Bah80, Mer87b, Den88, Pau88, Bah88b]. Bei wachsendem Wortschatz, aber konstanter Trainingsmaterialdecke schlägt jedoch zunehmend die überlegene Robustheit des Phonemansatzes zu Buche, und der Ganzworterkenner wird schließlich an Akkuratheit übertroffen [Sve89].

Ein *phonetisches* oder *phonetisch-allophonisches* Alphabet besteht je nach Differenzierungsgrad aus ca. 40–200 universellen Einheiten [Reg88]. Es stellt infolge seiner sprachenübergreifenden Natur den Extremfall an Modularität dar, enthält im allgemeinen mehr als eine phonetische Ausprägung je Phonem und ist letzterem daher an Präzision geringfügig überlegen. Es gilt als nachteilig, daß die phonetische Notation unter Einschluß freier Varianten nicht mehr eindeutig ist.

Die *Sprechsilbe* gilt als artikulatorische Grundgeste und primäre Perzeptionseinheit [Cut87, Alt89] und hat als Synthesebaustein der maschinellen Spracherzeugung große Bedeutung erlangt [Fuj82, Det84]. Die englische Sprache verfügt über ca. 20 000 Silben [Mer75, Hun80]; das Japanische besitzt infolge seiner stark eingeschränkten phonotaktischen Struktur nur etwa 100 [Tan86] und das Italienische immer noch weniger als Tausend [DM83]. Im Deutschen sind phonotaktisch fast 500 000 Silben kombinierbar, von denen aber nur ein Bruchteil wirklich auftritt. Trotzdem ist es um die Modularität eher schlecht bestellt: nach [Ort80] braucht es zur Repräsentation eines durchschnittlichen deutschen 1000-Wort-Vokabulars deutlich mehr als 1000 voneinander verschiedene Silben. Die Trennschärfe von Silbenmodellen ist allerdings hervorragend; man kann davon ausgehen, daß sich der Löwenanteil koartikulatorischer Effekte *innerhalb* silbischer Segmente abspielt und nicht über deren Ränder fortwirkt.

Nach Auftrennung entlang ihrem vokalischen Nukleus zerfällt die Silbe in eine *initiale* und eine *terminale Halbsilbe*. Die Halbsilben bieten bei drastisch reduziertem Bestand eine ähnliche Immunität gegenüber Verschleifungen wie die Silben selbst. Untersuchungen im englischsprachigen Raum ergaben Inventare von je 1000 Anfangs- und Endhalbsilben [Ros81] sowie eine fast zur Ganzwortmethode aufschließende Erkennungsleistung [Ros83]. Im Deutschen lassen sich aus Vokalkernen und phonotaktisch zulässigen Konsonantverbindungen etwa $800 = 50 \times 16$ initiale und $2560 = 16 \times 160$ terminale Halbsilben kombinieren [Sch72].

Der augenscheinlich beste Kompromiß zwischen der Robustheit eines kleinen und der Detailgenauigkeit eines großen Inventars wird mit einer Dreiteilung der Sprechsilbe erzielt. Die Gesamtheit aller deutschsprachigen Wörter erfordert lediglich 47 verschiedene Anfangskonsonantenfolgen, 20 Vokalkerne und 159 Endkonsonantenfolgen [Rus84]. In einer Studie zur sprecherabhängigen Einzelworterkennung konnte gezeigt werden, daß die silbenteilbezogene Bündelung der Trainingsdaten den Präzisionsvorsprung von Ganzwortmodellen wieder wettmacht, sobald sich der Wortschatzumfang dem vierstelligen Bereich nähert [Rus81].

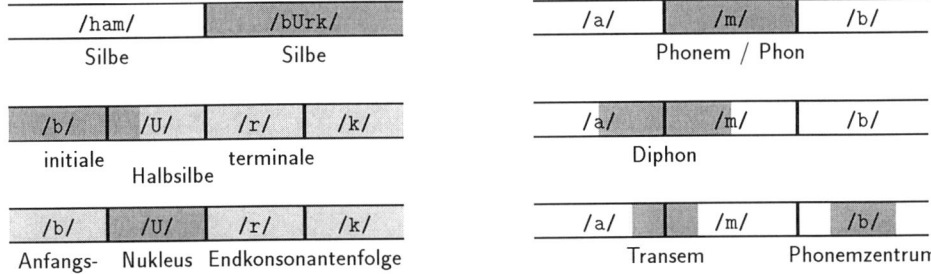

Abbildung 6.5: Lautsprachliche Einheiten und ihre zeitlichen Korrelate

Auch das *Diphon* wurde sowohl zur Spracherkennung [Rus79, Col84] wie zur Sprachsynthese [Sch80, Kla86] eingesetzt. Es handelt sich dabei um den Übergangsbereich vom Zentrum eines Phonems bis zum Zentrum des Nachbarphonems. Die Anzahl der kombinatorisch möglichen Diphone wächst quadratisch mit der Größe des zugrundeliegenden Phonemalphabets. Im Englischen werden davon 1200–1500 tatsächlich realisiert [Kla80], im Italienischen etwa 1000 [Cra86]. Als Nachteil des Diphons — insbesondere aus der Perspektive der Sprachsynthese — ist die ungünstige Aufspaltung der Einzellaute und die dadurch implizierte Unstetigkeit an den Nahtstellen der Diphonrepräsentation zu werten.

Diesem Einwand kann mit der Definition des *Transems* [Dix77] begegnet werden, das für den Lautübergang *unter Aussparung* des eigentlichen Phonemzentrums steht und folglich nur im Verein mit dem Phonemalphabet ein vollständiges Modellinventar bildet (siehe Abbildung 6.5). Viele Lautkombinationen treten außerordentlich selten auf, so daß ihre Übergangsmodelle nicht sehr zuverlässig zu schätzen sind. Mit einem Mischinventar aus Phonemen und einigen vorkommensstarken Transemen werden daher bessere Erfolge erzielt als mit dem kompletten Diphonvorrat [Cra86].

Auch die kompakteste aller Repräsentationsformen gesprochener Sprache, das System *distinktiver Merkmale* [Hei61], wurde schon zu Spracherkennungszwecken eingesetzt [ST88].

Die *autosegmentale* Eigenschaft solcher Distinktionssysteme — die phonologischen Merkmale produzieren ein Geflecht voneinander unabhängiger, nichtsynchroner Sprachschallsegmentierungen [Gol76] — harmoniert allerdings wenig mit dem linearen Verkettungsprinzip synthetischer Wortmodellierung.

6.2.2 Hierarchische Wortrepräsentationen

Resümierend halten wir fest, daß sich durch das Einfrieren artikulatorischer Variabilität in den Kontext längerdauernder Spracheinheiten statistische Modelle hoher Präzision gewinnen lassen, wenn man von den verbleibenden Koartikulationseffekten an den Nahtstellen einmal absieht. Weniger Genugtuung bereitet uns die Einsicht, daß dies immer zu Lasten der Robustheit geht. Je detaillierter die Wortuntereinheit, desto länger ihre Dauer, und desto weniger Einzelmuster ergibt das verfügbare Trainingsmaterial. Überdies wachsen auch die Inventare aus Gründen der Kombinatorik mit der Dauer ihrer Spracheinheiten, und es verbleiben dementsprechend weniger Muster je Modell.

Doch damit nicht genug: die Verteilung der Auftretenshäufigkeiten der Spracheinheiten einer Abstraktionsebene besitzt eine geringe Entropie und gehorcht näherungsweise dem Zipf'schen Gesetz, das einen exponentiellen Zusammenhang zwischen Rang und mittlerer Häufigkeit linguistischer Einheiten konstatiert [Alt80, S. 143 ff.]. Insbesondere folgt, daß wir in jeder Lernstichprobe, selbst der umfangreichsten, mit dem Auftreten zahlreicher *seltener Spracheinheiten* zu rechnen haben.

Um den Teufelskreis zwischen den beiden Forderungen nach Präzision und Robustheit zu durchbrechen, müssen wir von seiner ursächlichen Voraussetzung abgehen, nur Modelle einer einzigen Abstraktionsebene zu konsultieren. Eine *hierarchische* Wortmodellierung wurde unter anderem in [Fuj86] gefordert und erstmals unter der Bezeichnung CFU (*context-freezing units*) in ein Spracherkennungssystem integriert [ST92b].

Das zu modellierende Ausgangswort wird dort zunächst einmal sukzessiv in seine phonetischen Bestandteile — Silben, Halbsilben, Nuklei, Konsonantverbindungen und Phoneme — zerlegt. Alle auftretenden Spracheinheiten repräsentieren wir durch geeignete Links-Rechts-Modelle, aus denen dann das stark verzweigte Wortmodell gemäß Abbildung 6.6 (rechts) zusammengesetzt wird.

Nun steht aber nicht für alle Einheiten hinreichend Sprachmaterial für eine zuverlässige Modellschätzung bereit. Deshalb werden *de facto* nur solche Modelle realisiert, für die genügend Trainingsmuster vorhanden sind; die Zustände dieser HMMs sind in der Abbildung schwarz hervorgehoben. Im vorliegenden Beispiel konnten Modelle für alle Bestandteile außer dem Wort „*Dresden*" selbst, seiner ersten Silbe „*Dres-*" und deren initialem Part „*Dre-*" etabliert werden. Die Entscheidung *pro* oder *contra* Modellerzeugung richtet sich nach der Anzahl zugänglicher Trainingsmuster.

Die CFU-Modelle sind gleichzeitig hochdetailliert und statistisch robust. Die simple Gleichung „*viele Modelle = labile Schätzwerte*" geht jetzt nicht mehr auf, da nunmehr einund-

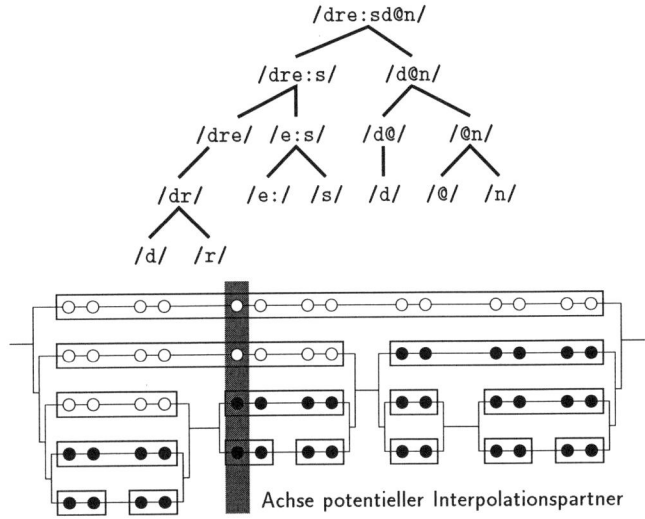

Abbildung 6.6:
Hierarchische Zerlegung
(oben) und verzweigtes
Markovmodell (unten)
für das Wort „Dresden"

dasselbe Muster wegen der parallelgeschalteten Basismodelle mehrfach in den Schätzprozeß involviert ist. Jede Wortregion wird mit einer Präzision modelliert, die sich im Einklang mit den Vorkommensverhältnissen der beteiligten Spracheinheiten befindet; durch diese automatische Adaption der Modellstruktur im Rahmen der vorgegebenen Hierarchie wird der größtmögliche Nutzen aus den verfügbaren Sprachproben gezogen.

Die Robustheit der geschätzten Modelle steht und fällt mit der Quantität des Materials, profitiert aber auch von der Möglichkeit zur Parameterinterpolation, welche im Kontext der hierarchischen Modellkonstruktion aus Abbildung 6.6 durchaus gegeben ist. Geeignete Interpolationspartner sind die jeweils vertikal übereinander positionierten Modellzustände; diese repräsentieren offenbar identische Wortsegmente, jedoch auf unterschiedlichen phonetischen Abstraktionsniveaus. Die interpolierten Modelle bilden einen vorteilhaften Kompromiß zwischen den stabilen, aber übergeneralisierenden Parametern am unteren Ende der abgebildeten Zustandsachse und den trennscharfen, aber statistisch sensiblen Charakterisierungen an ihrem oberen Ende.

Ein ganz wichtiger Gesichtspunkt zugunsten hierarchischer Modelle ist schließlich deren Transfer- oder Generalisierungsleistung, wenn es gilt, Markovmodelle von Wörtern aufzubauen, die nicht Bestandteil der Lernstichprobe waren. Die eingleisig silben- oder diphonbezogene Modellierung wird an dieser Aufgabe kläglich scheitern, denn früher oder später wird uns einer der zur Wortmodellsynthese benötigten Grundbausteine fehlen. Dieses Risiko des Fehlbestands wird durch die tiefe Staffelung der CFU-Repräsentationen abgefedert — schlimmstenfalls wird das neukonstruierte, verzweigte Modell lediglich auf der phonemorientierten „Grundlinie" mit expliziten HMMs ausgestattet sein.

6.2.3   Akustisch orientierte Wortuntereinheiten

Wer Zweifel daran hat, daß die phonologische Struktur eines Wortes eine adäquate Beschreibung seiner artikulatorischen Realisierung darstellt, wird die Partitionierung lautsprachlicher
Schallereignisse lieber auf eine empirische Grundlage stellen. Dazu werden die einander ähnlichen Segmente einer Sprachprobe zu Klassen modellgleicher akustischer Ereignisse gruppiert. Jedes Wort kann jetzt als Sequenz seiner akustischer Bausteine repräsentiert werden.
Die betreffenden Bausteine bilden ein geschlossenes Inventar von Wortuntereinheiten und
werden als *Fenone* bezeichnet [Bah88b]; die symbolische Wortdarstellung $\mathfrak{F} = \mathfrak{f}_1 \ldots \mathfrak{f}_m$ heißt
fenonische Grundform.

Das sprecherabhängige Diktiersystem TANGORA [Jel85] arbeitet mit einem Fenonalphabet von 200 Klassen. Zur Modellierung eines Wortes wird ein gesprochenes Referenzmuster
$X = x_1 \ldots x_T$ benötigt. Zu jedem Merkmalvektor x_t bestimmt man den Index O_t der bestpassenden Klasse eines Vektorquantisierers mit 200 Kodebucheinträgen. Die Symbolfolge
$O_1 \ldots O_T$ — Abschnitte aufeinanderfolgender, gleichlautender Indizes werden erforderlichenfalls zu einem Symbol verschmolzen — fungiert dann als fenonische Grundform. Nach diesem
Bauplan entsteht dann das Wortmodell durch die Verkettung der entsprechenden Fenonmodelle. Jedes der 200 Fenone korrespondiert mit einem quasistationären Signalausschnitt; die
Struktur eines Fenon-HMMs kann also sehr einfach gehalten werden. In [Bah88b] entschied
man sich für ein Fenon-HMM, das im wesentlichen die Produktion einer Observablen in beliebiger Wiederholung erlaubt, sowie eine komplexere Variante, die durch Parallelschaltung
mehrerer Basismodelle entsteht und in der Arbeit als *Multon*-HMM bezeichnet wurde.

Um einen leistungsstärkeren Erkenner zu erhalten, geht man dazu über, *mehrere* Referenzmuster $X^{(1)}, \ldots, X^{(M)}$ bei der Grundformbestimmung zu berücksichtigen. Ein sehr
einfaches Verfahren ist in [Bah91a] angegeben. Zuerst wird mit den vektorquantisierten
Aussprachebeispielen ein Links-Rechts-HMM mit diskreten Ausgabeverteilungen trainiert;
die Anzahl seiner Zustände sei N. Jedem Zustand wird dasjenige Fenon zugewiesen, dessen
korrespondierende Kodebuchklasse am wahrscheinlichsten erzeugt wird, also:

$$\mathfrak{f}_j = \operatorname*{argmax}_{k \in \mathcal{K}} P(O_t = k \mid q_t = j) = \operatorname*{argmax}_{k \in \mathcal{K}} b_{jk} \qquad (6.2)$$

Die fenonische Grundform wird dann von links nach rechts aus dem HMM herausgelesen
und lautet $\mathfrak{f}_1 \ldots \mathfrak{f}_N$.

Eine wesentlich allgemeinere Vorgehensweise besteht darin, das gesuchte Fenonsystem
vom Klassensystem des Vektorquantisierers zu entkoppeln. Wie vorhin werden Ganzwortmodelle für alle Einträge des Erkennungsvokabulars geschätzt. Die Gesamtheit der statistischen Parameter aller Ausgabeverteilungen unterzieht man anschließend einer Häufungsanalyse; jedem Modellzustand wird auf diesem Wege die Identifikation seines Häufungsgebietes
als Fenonsymbol zugeordnet. Mit Hilfe dieser Fenonfolge werden schließlich die eigentlichen
Wortmodelle entworfen.

Die rigideste Formulierung der Fenonisierungsaufgabe finden wir wieder in einem Artikel
über das TANGORA-System [Bah92]. Dort wird die Existenz eines Vorrats an Fenonmodellen vorausgesetzt, so daß zu jeder fenonischen Umschrift unmittelbar ein Modell konstruiert werden kann. Die optimale Fenonsequenz eines Wortes mit den Aussprachebeispielen
$\boldsymbol{X}^{(1)}, \ldots, \boldsymbol{X}^{(M)}$ sollte die Produktionswahrscheinlichkeit

$$\prod_{m=1}^{M} P(\boldsymbol{X}_m \mid \boldsymbol{\lambda}(\mathfrak{F})) \;=\; \prod_{m=1}^{M} P(\boldsymbol{X}_m \mid \boldsymbol{\lambda}(\mathfrak{f}_1) \circ \ldots \circ \boldsymbol{\lambda}(\mathfrak{f}_m)) \qquad (6.3)$$

maximieren. Dieses nicht ganz einfache Optimierungsproblem wird durch den Baum-Welch-
Algorithmus nebst einer überlagerten heuristischen Suche gelöst. Die eingangs genannte Forderung nach einem a priori vorliegenden Modellinventar ist nicht als schwerwiegende Einschränkung des Verfahrens zu werten; vielmehr kann der Prozeß der Wortfenonisierung mit
der Schätzung der Fenonmodelle iterativ verschachtelt werden.

Viele weitere Ansätze zum automatischen Lernen der optimalen Wortmodellstruktur lassen sich gleichfalls im Sinne einer akustisch orientierten Wortdarstellung interpretieren. So
beabsichtigt [Cha90], durch den Einsatz ergodischer Wortmodelle auch alternativen Aus-
spracheformen Raum zu geben. Dasselbe Ziel verfolgen Konstruktionsverfahren, welche
die Sprachproben mittels dynamischer Zeitverzerrung [Fal90] oder grammatischer Inferenz-
algorithmen [San91] zu einem kompakten Zustandsgraphen verdichten.

Akustische Wortuntereinheiten sind definitionsgemäß modular, und die Trennschärfe war
sogar die explizite Zielgröße bei ihrem Entwurf. Infolge ihrer kurzen zeitlichen Dauer — Fenone besitzen nur einen Bruchteil der Ausdehnung eines Phonems — lassen sich die Markovmodelle akustischer Einheiten exzellent trainieren, so daß uns auch das Fehlen einer Interpo-
lationsgelegenheit nicht weiter anficht. Zur effektiven Konstruktion eines neuen Wortmodells
bedarf es jedoch der fenonischen Umschrift und damit eines oder mehrerer Aussprachebeispiele; insofern sind die Transfereigenschaften von Fenonmodellen, die im übrigen eine frappierende Ähnlichkeit mit den Wortschablonen von DTW-Erkennern besitzen, letzten Endes
genauso unerfreulich wie die der Ganzwortmodelle.

6.3 Kontextabhängige Wortuntereinheiten

Das Einfrieren von Koartikulationseffekten in Spracheinheiten größerer Ausdehnung beschert
uns, wie die Ausführungen des vorangegangenen Abschnitts zeigen, beträchtliche Robustheitsprobleme bei der HMM-Schätzung. Ist es in Anbetracht dieser Tatsache nicht vorzuziehen, eine segmentelle Basisspracheinheit *kurzer* Dauer auszuwählen und diese unter Kontextbedingungen zu modellieren, wie bereits in [Bah80] angeregt wurde? Die Extension eines
Phons oder Phonems — also die Menge seiner Realisierungen — zerfällt abhängig von seinem
lautlichen Kontext in ein System akustisch kompakter Teilklassen; kontextabhängige Phone
werden daher auch gerne unter dem phonologischen Begriff des *Allophons* (vgl. die Defini-

tion in Abschnitt 2.1.2, Seite 27) subsumiert [Den90]. Allophonische Markovmodelle traten
zuerst in dem späteren BYBLOS-Spracherkenner auf [Sch84]; der entscheidende Durchbruch
erfolgte ein halbes Jahrzent später, als die Wortfehlerrate des SPHINX-Systems durch eine
Kombination verallgemeinerter Triphone und funktionswortabhängiger Phone auf die Hälfte
reduziert werden konnte [Lee90d].

6.3.1 Phoneme in Kontext

Die Basiseinheit kontextueller Modellierung ist das Phonem oder das Phon; der Ausgangspunkt der Modellsynthese ist eine phonematische oder eine weite phonetische Wortumschrift.
Die Aufgliederung eines Phonems in allophonische Klassen mit scharf umrissenen artikulatorischen oder akustischen Eigenschaften geschieht unter Kontrolle seiner unmittelbaren lautlichen Nachbarschaft, welche durch die angrenzenden Phoneme der Transkription repräsentiert
werden.

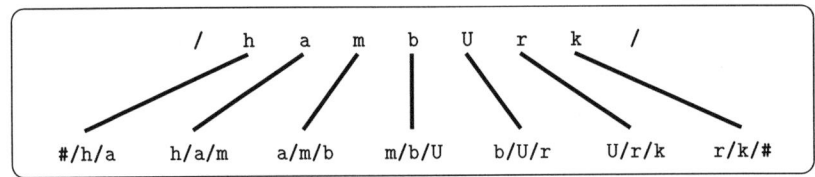

Abbildung 6.7: Triphonrepräsentation des Wortes „Hamburg"

Die naheliegendste Umsetzung dieses Konzepts ist das *Triphon* [Sch85]. Unter der idealisierenden Annahme, daß nur das linke und das rechte Nachbarphonem eine entscheidende
Rolle beim Prozeß der Koartikulation spielen, werden alle kontextuelle Einflüsse über längere
Distanz hinweg ausgeklammert. Wir notieren das Triphon als Phonemtripel, dessen Kernphonem durch Schrägstriche von den Symbolen für die lautliche Umgebung abgesetzt ist.
Die Transformation der Wortumschrift in eine Triphonfolge ist denkbar einfach und wird
in Abbildung 6.7 am Beispiel des Städtenamens „Hamburg" demonstriert. Das Symbol '#'
markiert die Wortgrenze und vertritt in den Randtriphonen das fehlende Kontextphonem.
Speziell die Ersetzung

$$r \quad \longrightarrow \quad U/r/k$$

macht die Stärke des Ansatzes deutlich: in postvokalischer Position wird ein überwälti-
gender Anteil der /r/-Realisierungen zum zentralisierten a-Laut (einem [6] in SAMPA-
Schreibweise) tendieren, der zudem noch in Richtung des nachfolgenden palatalen Plosivs
koartikuliert.

Wird die Teilklassenbildung durch wahlweises Ignorieren des linken oder rechten Kontextes noch weiter vergröbert, kommt man zu den *Biphon*-Einheiten. Die linksseitigen Biphone
wie U/r/ berücksichtigen ausschließlich die progressive Koartikulation, die rechtsseitigen wie

/r/k hingegen modellieren gerade die rückwärtsgerichteten Effekte. Biphone werden oft anstelle der oben erwähnten Randtriphone eingesetzt [Lee92]. Das gewöhnliche Phonem ist als Lauteinheit mit leerem Kontext ein weiterer Spezialfall des Triphons und wird deshalb auch als *Monophon* bezeichnet.

Die erzielte Leistungssteigerung beim Übergang von Monophon- zu Triphonmodellen fällt deutlich geringer aus, wenn sich die Wortschätze der Lern- und der Teststichprobe nur schwach überlappen [Der87]; diese Tatsache wurde als Indiz für die Hypothese gewertet, daß für Verschleifungsphänomene auch längere Kontexte als die durch Triphone berücksichtigten relevant sind. Diese Vermutung konnte durch Experimente mit *wortabhängigen Phonemen* erhärtet werden [Cho86]. Modelle dieser Spracheinheiten dienen exklusiv der Erkennung von Phonemrealisierungen, die im Kontext des betreffenden Wortes auftreten und werden nur mit diesen trainiert. Wortabhängige Phoneme eignen sich zur Modellierung häufig auftretender Wörter und übertreffen dort Biphone und sogar Triphone an Erkennungsgenauigkeit [Cho86, Mur88]. Ihr wichtigstes Anwendungsgebiet stellt die Klasse der *Funktions-* oder *Strukturwörter* dar — darunter versteht man Wörter mit primär grammatischer Funktion wie Artikel, Pronomen, Präpositionen und Konjunktionen [Buß90, Seite 260]. Die Analyse der Äußerungen eines typisches Auskunftsszenarios ergab, daß Funktionswörter zwar nur 3 % des Vokabulars, aber 30 % der Wortvorkommen ausmachte und für 50 % der Erkennungsfehler verantwortlich zeichneten [Lee90d]. In der Studie [Lee92] betrafen sogar 60–75 % der Fehler die Funktionswortklasse. Funktionswörter sind in der Regel kurz, tragen keinen Satzakzent und haben einen geringen Informationsgehalt; damit sind sie prädestiniert, eine überdurchschnittlich stark verschliffene Artikulation zu erleiden.

Statt Lautumgebung und Wortidentität lassen sich auch *prosodische Faktoren* zur Allophonkonstruktion heranziehen. Die erhöhte Funktionslast betonter bzw. starker Silben im Dienste der menschlichen Sprachwahrnehmung ist inzwischen hinlänglich bekannt [Cut87, Alt89]; in einer Studie zur maschinellen Lauterkennung kontrastierten Fehlerraten von 20 % und Auslassungshäufigkeiten von 21 % bei Vorlage unbetonter Vokale mit Werten von nur 10 % bzw. 5 %, wenn betonte Vokale analysiert wurden [Hie92]. Beispiele für die Einbeziehung suprasegmentaler Kontexteigenschaften in die Definition der Wortuntereinheiten sind die Verwendung betonungsabhängiger Lautmodelle [AD92] und Berücksichtigung der Position von Silben-, Wort- und Morphemgrenzen [ST93d].

6.3.2   Modelle kontextabhängiger Phoneme

Das materielle Korrelat eines Triphon-, Biphon- oder Monophonmodells, also der Produktionsbereich seiner Verteilungsfunktion, umfaßt jeweils genau eine Lautrealisierung, nämlich die seines Kernphonems, während der Bereich des relevanten Kontextes weit darüber hinausgeht. Diese Verhältnisse sind am Beispiel des Triphons b/U/r in Abbildung 6.8 veranschaulicht; eine Gegenüberstellung mit den kontextunabhängigen Spracheinheiten der Abbildung 6.5 führt im übrigen auch den subtilen Unterschied zwischen einem Diphon und einem

Biphon vor Augen.

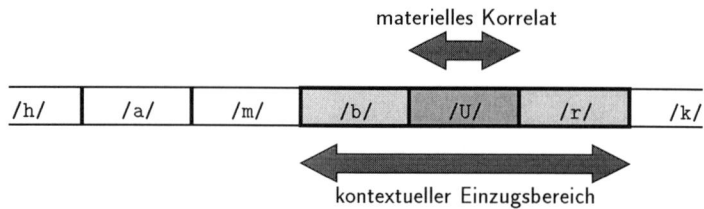

Abbildung 6.8: Kontextrahmen und Korrelat des Triphons b/U/r

Für Triphone eignen sich dieselben Markovmodelltypen wie für Phoneme. Zur Initialisierung werden gewöhnlich in einem Vorlauf die Modelle kontextunabhängiger Laute (Monophone) erzeugt; jedes Triphonmodell wird anschließend mit den Parametern des Monophon-HMMs vorbesetzt, das zu seinem Kernphonem gehört. Die zentrale Schwierigkeit liegt im Transfer: normalerweise sind nicht alle Wörter des Anwendungsbereiches in der Lernstichprobe vertreten, und sehr häufig werden nicht einmal die zu ihrer Synthese benötigten Triphone in ausreichender Zahl vorliegen. Eine sehr einfache Lösung bietet die folgende Rückgriffstrategie [Gia91]:

$$ \boxed{\lambda(\mathtt{b/U/r})} \quad \leadsto \quad \boxed{\lambda(\mathtt{/U/r})} \quad \leadsto \quad \boxed{\lambda(\mathtt{b/U/})} \quad \leadsto \quad \boxed{\lambda(\mathtt{/U/})} $$

Ist beispielsweise kein Modell zum Triphon b/U/r des Wortes „Hamburg" vorrätig, so greifen wir nacheinander auf das rechte Biphon, das linke Biphon und das Monophon zurück, bis ein als Wortmodellbaustein nutzbares HMM gefunden ist.

Allgemein sind mit den Triphonen sehr präzise, aber eher unsolide geschätzte Modelle verknüpft, während die der Monophone statistisch robust, doch in ihren Eigenschaften verwaschen sind; die Biphonmodelle liegen tendenziell dazwischen. Durch die Interpolation kontextabhängiger mit kontextunabhängigen Modellen können die Vorteile beider Gattungen bis zu einem gewissen Grade kombiniert werden.

Das Interpolieren betrifft die Ausgabeverteilungsparameter der jeweils korrespondierenden Modellzustände zweier oder mehrerer Spracheinheiten; die theoretischen Grundlagen wurden bereits in Abschnitt 5.5.3 beschrieben. Die Interpolationsgewichte werden entweder von Hand justiert [Sch85], zum Beispiel mit identischen Koeffizienten für alle beteiligten Modelle [Cho86], oder aber in Abhängigkeit von der Zahl der Trainingsmuster variiert [ST92b]; als gesuchte „Kopfzahl" je Zustand läßt sich dessen geschätzte a posteriori Auftrittswahrscheinlichkeit (siehe Gleichung (5.59)) verwenden. Die Gewichte des SPHINX-Erkenners wurden durch Kreuzvalidierung mit einer zusätzlichen Kontrollstichprobe optimiert [Jel80]. Schließlich kann eine Spezialform bilateraler Interpolation durch Bayes-Schätzung der HMM-Parameter in Verbindung mit der oben erwähnten Monophon-Initialisierung provoziert werden [Den90]; die Parameter des kontextabhängigen Modells werden dabei dynamisch mit den Monophonparametern gemittelt, deren Werte mit einer häufigkeitsabhängigen Zeitkonstante „vergessen" werden.

Die Interpolierbarkeit von Triphonmodellen mit ihren Verallgemeinerungen — und damit die Möglichkeit, im Konflikt zwischen den konkurrierenden Forderungen nach Präzision und Robustheit erfolgreich zu vermitteln — gilt als entscheidender Vorzug kontextabhängiger Modellierung. Die Interpolierbarkeit macht auch den folgenreichen Unterschied zwischen Ganzwortmodellen und wortabhängigen Phonemmodellen aus.

6.3.3 Verallgemeinerte Triphone

Kontextabhängigkeit, Rückgriffstrategie und Parameterinterpolation machen Triphone zu einer trennscharfen und robust modellierbaren Spracheinheit. Doch die Interpolation mildert nur das Problem seltener Triphone und ihrer statistisch labilen Markovmodelle, statt es bereits im Vorfeld zu unterbinden. Unter der Annahme, daß ein Phonem unter ähnlichen Kontextbedingungen auch ähnlich realisiert wird, erscheint es sinnvoll, geeignete Gruppen kerngleicher Triphone mit verwandten akustischen Eigenschaften zu neuen allophonischen Klassen zu bündeln, um einer Zersplitterung der Lernstichprobe entgegenzuwirken. Die resultierenden Spracheinheiten heißen *verallgemeinerte* oder *generalisierte Triphone* [Lee89b] und bieten eine weitere Verfeinerung der qualitativen Abstufung zwischen Triphonen, Biphonen und Monophonen.

Die gewünschte Gruppenbildung ähnlicher Triphone stützt sich auf die strukturelle Information der Wortumschriften, das vorhandene Sprachdatenmaterial oder eine Kombination von beidem. Typisch für einen transkriptionsgetriebenen Ansatz ist die Unterteilung der denkbaren linken und rechten Kontextphoneme in fünf grobe Klassen, die in [Den88, Den90] vorgenommen wird, und zwar separat für vokalische und konsonantische Kernphoneme:

VOKALE:

▷ *Wortgrenze, Aspiration oder* /h/
▷ *labiale Konsonanten*
▷ *dentale, alveolare oder palatale Konsonanten*
▷ *velare Konsonanten*
▷ *Vokale*

KONSONANTEN:

▷ *Wortgrenze oder Aspiration*
▷ *palatale Vokale oder* /j/
▷ *gerundete Vokale oder* /w/
▷ *ungerundete Vokale*
▷ *Konsonanten*

Dank der vergröberten Kontextklassen wird die Kombinatorik der Triphonbildung offensichtlich stark eingeschränkt; je Monophon haben wir mit maximal $25 = 5 \times 5$ Triphonen und je 5 linken und rechten Biphonen zu rechnen. Ein ähnliches Gruppensystem, das allerdings ausschließlich zur Kontrolle des rechtsseitigen Kontextes von Plosivlauten diente, wurde im Hinblick auf die französische Sprache entwickelt [Der87].

Das Klassensystem

$$HV \approx hintere\ Vokale \qquad NA \approx Nasale \qquad SV \approx sonst.\ Vokale \qquad SK \approx sonst.\ Konsonanten$$

ergab sich als viertletzte Agglomerationsstufe eines Lautklassendendrogramms (Abbildung 6.9), welches aus einem hierarchischen Clusterverfahren unter Maximierung der Transinformation (Gleichung (4.44) auf Seite 92) eines Gaußschen Lautklassifikators hervorging

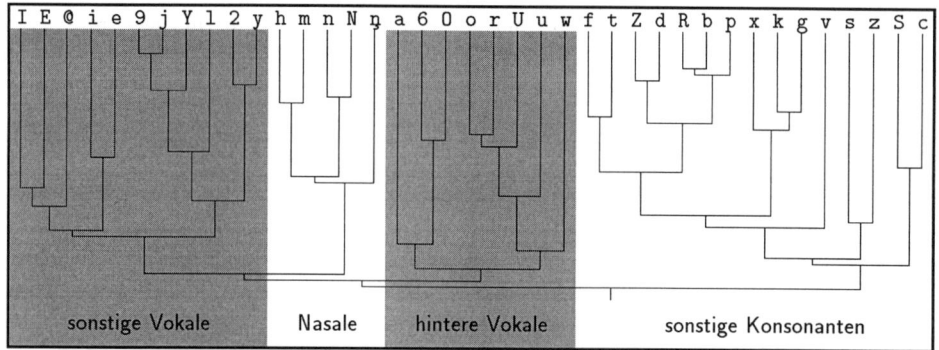

Abbildung 6.9: Dendrogramm der agglomerativen Häufungsanalyse von 39 deutschen Lautklassen unter Maximierung der Transinformation

[ST86a, ST87]. Unter der idealisierenden Annahme, daß leicht verwechselbare Phone auch ähnliche Koartikulationseffekte in ihrer lautlichen Umgebung bewirken, wurden die vier Klassen zur Spezifikation deutscher Triphonkontexte benutzt [Fin91, ST92b]. Die Raute auf der rechten Seite von Abbildung 6.10 zeigt das Triphon a/m/b und seine acht Generalisierungen, die als Kombinationen der Vergröberungsreihen

$$/a/ \rightsquigarrow \text{HV} \rightsquigarrow \$ \qquad\qquad /b/ \rightsquigarrow \text{SK} \rightsquigarrow \$$$

seines linken bzw. rechten Kontextphons entstehen (das Symbol '$' bezeichnet den leeren Kontext). Je zwei durch Pfeil verbundene Einheiten befinden sich in einer *Generalisierungs-Spezialisierungs*-Relation, das heißt jede Realisierung der weiter oben stehenden Spracheinheit ist auch eine Realisierung der Unteren. Die Generalisierungen einer Einheit sind die geeigneten Kandidaten bei der Rückgriffstrategie und der Modellinterpolation. Die minimalen Vergröberungsreihen /a/ $\rightsquigarrow$ $ und /b/ $\rightsquigarrow$ $ ergeben die uns bereits wohlbekannte Generalisierungsraute der linken Abbildungsseite, die nur zwei Biphone und ein Monophon als Verallgemeinerungen beinhaltet.

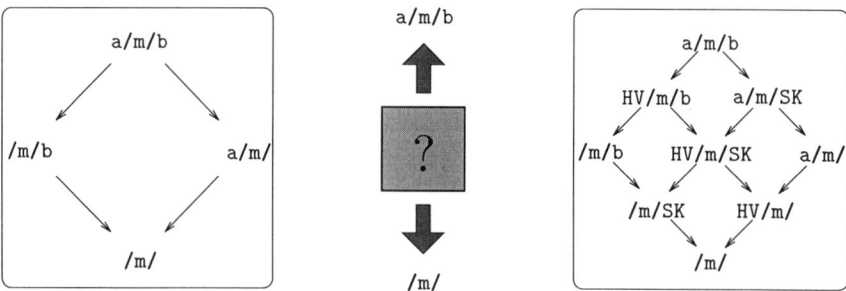

Abbildung 6.10: Verallgemeinerung des Triphons a/m/b durch sukzessive Unterdrückung (links) oder Vergröberung (rechts) des Kontextes

Die rein *datengetriebenen* Methoden, verallgemeinerte Spracheinheiten zu konstruieren,

beginnen mit der Schätzung gewöhnlicher Triphonmodelle. Auf der Menge der Modelle —
genauer: ihrer konstituierenden Parametervektoren — wird anschließend ein Abstands- oder
Ähnlichkeitsmaß definiert und eine Häufungsanalyse durchgeführt. Die zu einem Ballungs-
gebiet gehörenden Triphone werden fortan miteinander identifiziert und bekommen in der
Hauptlernphase ein gemeinsames Markovmodell, in dessen Schätzung dann die Vereinigungs-
menge aller ihrer Aussprachebeispiele eingeht.

Die Berechnung der Ähnlichkeit zweier Modelle wird auf die vorwiegend informationstheoretischen Distanzfunktionen zwischen Ausgabeverteilungen zurückgeführt, die uns bereits im Abschnitt 5.5.2 begegneten; beispielsweise beschrieb Gleichung ˙(5.58) den Informationsverlust, der als Folge einer Verschmelzung zweier Markovmodelle auftritt. Agglomera-
tive Verfahren starten mit den Triphonmodellen und vereinigen diese schrittweise, bis die
gewünschte Anzahl verschiedener Modelle unterschritten wird [Lee89b, Lee90b]. Alternativ
dazu kann der Modellraum auch mit dem LBG-Algorithmus partitioniert werden.

Die Gruppierung ähnlicher Triphone zielt zwar auf die Erzeugung robusterer Modelle,
stützt sich aber ihrerseits auf unzureichend trainierte HMM und kommt damit dem Versuch gleich, den Teufel mit dem Beelzebub auszutreiben. Divisive Verfahren wie der PEC-
Algorithmus (*phoneme environment clustering*, [Sag89]) beginnen deshalb mit den Monophonmodellen und führen dann eine fortgesetzte Binärzerlegung des Musterraums durch.
Die kombinatorische Vielfalt möglicher Dichotomien wird dabei durch die Bedingung eingeschränkt, daß die beiden Zerfallsprodukte in kompakter Weise durch ihre Kontextbedingungen charakterisierbar sind.

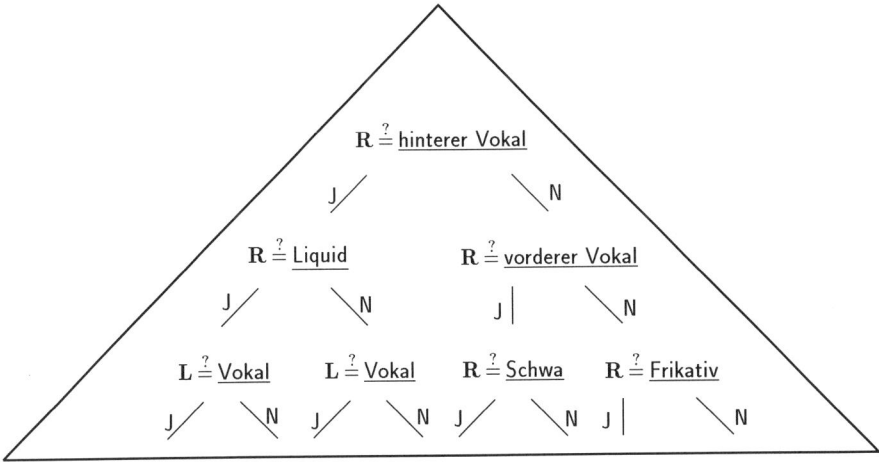

Abbildung 6.11: Entscheidungsbaum mit JA/NEIN-Fragen an den linken oder rechten Phonemkontext

Im einfachsten Fall geschieht das wie in Abbildung 6.11 durch JA/NEIN-Fragen an den
linken und rechten Phonemkontext [Lee90b, Bah91d]. Derartige Entscheidungsbäume werden
nach dem CART-Verfahren (*classification and regression tree* [Bre84]) konstruiert. Dazu wird

in jedem Knoten aus einem festen Vorrat erlaubter Fragen diejenige ausgewählt, welche die
Aufspaltung mit dem maximalen Informationsgewinn nach sich zieht.

Ein Urteil allein nach Abwägen der theoretischen Vorzüge und Risiken der skizzierten
Generalisierungsverfahren zu fällen ist sicher heikel; glücklicherweise finden sich einige ver-
gleichende Untersuchungen in der Fachliteratur. So wird in [Lee90b] berichtet, daß mit den
Modellen der CART-Analyse etwa die gleichen Erkennungsergebnisse erzielt wurden wie
nach agglomerativer Maximierung der Transinformation. In [Fis91a] hat man verschiedene
Gütekriterien zur Triphonhäufung verglichen und kam zu dem überraschenden Ergebnis, daß
die besten Worterkenner aus der Maximierung des mittleren *modellbezogenen Stichprobenumfangs* hervorgingen.

6.3.4 Polyphone

Dieselbe Studie [Fis91a] enthüllt aber auch, daß sich praktisch der gleiche Erfolg bereits
als Konsequenz einer kruden Schwellwertentscheidung einstellte: aus der Fülle denkbarer
Wortuntereinheiten wurde ein Inventar von 27 Monophonen, 113 Biphonen, 108 Triphonen
und 57 funktionswortabhängigen Phonen in Anwendung des Kriteriums minimaler Auftretenshäufigkeit selektiert; die untere Schranke betrug $r_{min} = 500$. Tatsächlich sprechen einige
Gesichtspunkte dafür, daß häufige Spracheinheiten nicht nur robust modellierbar sind sondern auch *modellierungsbedürftig*, denn je höher die Redundanz eines Mitteilungsabschnittes
ist, desto geringer fällt unserer Beobachtung in Abschnitt 1.4 zufolge die Qualität seiner
artikulatorischen Darbietung aus.

Die statistische Analyse eines größeren Textkorpus ergab, daß sich auch unter den Sprach-
einheiten mit ausgedehnteren Kontextbedingungen als den triphonischen — also Tetra-,
Penta-, Hexa-, Heptaphone *et cetera* — solche mit einer hohen Anzahl von Vorkommen
befanden [ST93e]. Die Berücksichtigung kontextueller Faktoren über das linke und rechte
Nachbarphonem hinaus wurde schon vielfach angeregt [Sag89, Mer87a] und floß auch in die
Konstruktion von Entscheidungsbäumen ein [Bah91d].

Die Abbildung 6.12 zeigt die Modellierung eines Wortes mit Hilfe sogenannter *Polyphone* — darunter verstehen wir die Gesamtheit allophonischer Spracheinheiten, deren Kontext allein durch eine Abfolge vorangegangener und nachfolgender Phoneme spezifiziert ist
[ST93c]. Das Wort „*Hannover*" wird zunächst gemäß seiner Lautumschrift in eine Folge
maximal kontextabhängiger Phone — bei „*Hannover*" sind das Hexaphone — zerlegt; diese entsprechen genau den bereits erwähnten wortabhängigen Phonemen. Jedes Hexaphon
verallgemeinert dann Schritt für Schritt durch das Abschälen je eines Kontextsymbols zu
Polyphonen geringerer Präzision, bis das Monophon des Kernphonems erreicht ist; die sukzessive Kontextunterdrückung erfolgt *balanciert* von außen nach innen, das heißt, es wird
eine übereinstimmende Länge der linken und der rechten Kontextsequenzen angestrebt.

Viele der abgebildeten Polyphone bleiben für die Wortmodellierung wirkungslos; nur diejenigen Einheiten, deren Vorkommen eine untere Schranke r_{min} überschreiten, werden schließ-

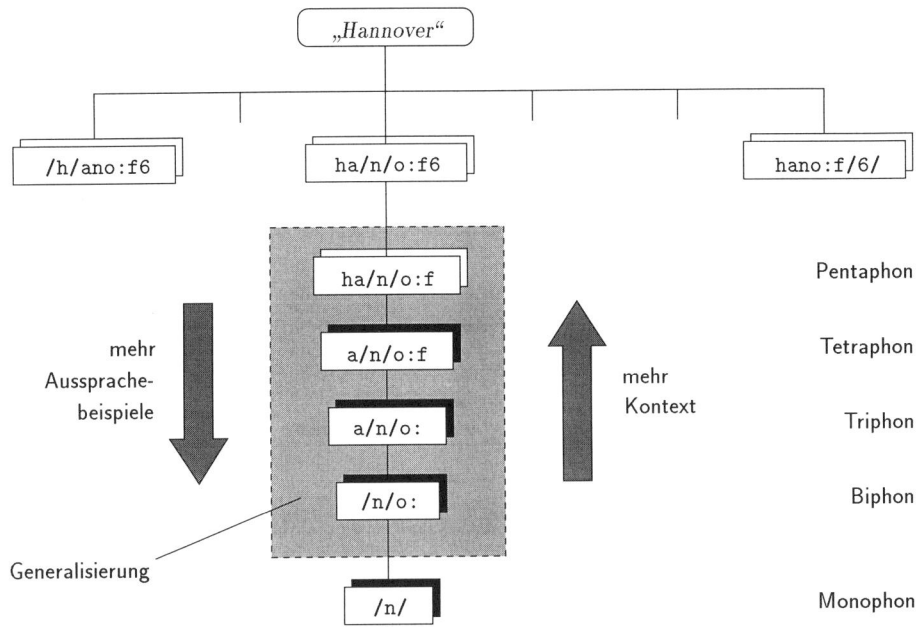

Abbildung 6.12: Polyphonrepräsentation des Phonems /n/ in „Ha<u>nn</u>over"

lich durch ein HMM repräsentiert. Im Beispiel sind das die schwarz schattierten Einheiten vom Monophon /n/ bis hinauf zum Tetraphon a/n/o:f. Polyphone bilden eine hierarchische Repräsentationsform und besitzen deren günstige Ökonomieeigenschaften; so fließt *ein* Exemplar des betrachteten Phonems /n/ gleichzeitig in die Schätzung von *vier* verschiedenen Markovmodellen ein.

Polyphonmodelle ziehen wie CFU-Modelle in jeder Wortregion den maximalen Nutzen aus der Lernstichprobe; liegt insbesondere die Anzahl der Vorkommen eines Wortes oberhalb der kritischen Schranke r_{min}, dann werden sogar die Modelle der wortabhängigen Phoneme erzeugt. Die Einbeziehung der kontextuellen Einflüsse wird beim Polyphon jedoch für jede Phonemposition eines Wortes von neuem geregelt, so daß die CFU-typische Schwäche bei der Modellierung des Randes einer Untereinheit nicht zu befürchten ist.

Als Nachteil der Polyphone — wie auch der Triphone — ist die konservative weil phonemsegmentbedingte Struktur der resultierenden Wortmodelle zu werten. Zur Behandlung *harter*, die Segmentstruktur verändernder Aussprachvarianten, wie der Elision des Zentrallautes in der Variante /ha:bm/ des Wortes „haben", dürfte sich diese Eigenschaft nämlich eher ungünstig auswirken.

6.3.5 Subphonemische Modellierung

Wir haben bis jetzt Phoneme und ihre Modelle in monolithischer Weise behandelt, obwohl ihre akustischen Korrelate — denken wir nur an Diphthonge oder Obstruenten — keineswegs stationärer Natur sind. Selbst die Realisierung eines Sonoranten zerfällt in eine charakteristische Aufeinanderfolge von Artikulationsphasen wie den stark kontextabhängigen Randbereichen des lautlichen *Anglitts* und *Abglitts* [Buß90, Seite 84] sowie der minder variablen Zentralregion. Diese Feinstrukturelemente werden im Sinne „kleinster akustischer Einheiten" [Sch85] durch die Zustände des Phonemmodells repräsentiert (siehe Abbildung 6.13). Die explizite Berücksichtigung der *subphonemischen* Ebene erweist sich oft als hilfreich, wenn es darum geht, die Dimension des Parameterraumes zu reduzieren.

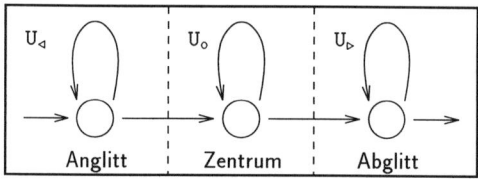

Abbildung 6.13:
Zustände und subphonemische Feinstruktur eines Phonem-HMMs

Eine erste Technik besteht darin, die bekannte Triphonbildung auf die Folge der subphonemischen statt der phonemischen Wortsegmente zu beziehen. Jedes Lautsegment zerfällt auf diese Weise in eine Folge dreier *Semiphone* [Pau90], die den Anglitt, das Zentrum und den Abglitt repräsentieren (Abbildung 6.14). Das Anglittsemiphon ist nur vom Vorgängerphonem, das Abglittsemiphon nur vom Nachfolgerphonem und das Zentralsemiphon von keinerlei Kontext abhängig; im Sinne vorangegangener Terminologie handelt es sich bei den Randsemiphonen um Transemhälften. Mit Semiphonmodellen konnte die Erkennungsgenauigkeit eines Triphonerkenners reproduziert, die Anzahl der Systemparameter jedoch gleichzeitig um fast 80 % vermindert werden [Pau91]. Die Grundidee dieser Vorgehensweise wurde bereits früher an anderer Stelle [Ney84b, Ney86] publiziert.

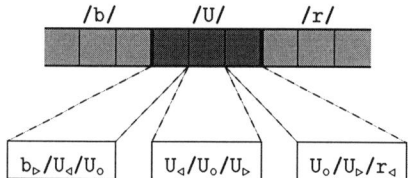

Abbildung 6.14:
Semiphondarstellung des Phonems /U/ in der Lautumgebung b/U/r

In einer weiteren Arbeit dienen die subphonemischen Einheiten einer Vereinfachung der Triphongeneralisierung. Das Phonem wird diesmal in zwei Teilbereiche, sogenannte *Phonikel* aufgespalten, die anschließend separat verallgemeinert werden:

vorderes Phonikel	*hinteres Phonikel*
s/i$_\lhd$/k	s/i$_\rhd$/k
s/i$_\lhd$/VELAR	ALVEO/i$_\rhd$/k
s/i$_\lhd$/\$	\$/i$_\rhd$/k
ALVEO/i$_\lhd$/\$	\$/i$_\rhd$/VELAR
\$/i$_\lhd$/\$	\$/i$_\rhd$/\$

Im Beispiel [Woo91] werden die beiden subphonemischen Anteile des /i/ in der Umgebung s/i/k durch Vergröberung der Kontextphoneme auf die artikulationsortbezogenen Oberklassen VELAR und ALVEO generalisiert; der Gewinn gegenüber traditionellen Triphonen manifestiert sich in der Entkopplung der Kontextbezüge von initialen und terminalen Phonemhälften.

Ist die Phonikelmethode das subphonemische Analogon zur umschriftgetriebenen Triphongeneralisierung, so bildet die Konstruktion von *Senonen* [Hwa92a] das datengetriebene Gegenstück dazu. Ausgangspunkt des Verfahrens sind gewöhnliche Triphonmodelle, deren Zustände einer transinformationsbezogenen Häufungsanalyse unterzogen werden. Jedes der resultierenden Ballungsgebiete repräsentiert eine Äquivalenzklasse einander ähnlicher akustischer Lautabschnitte, die als *Senon* bezeichnet wird. Alle Wörter werden nun mit Hilfe des Senoninventars retranskribiert, und eine zweite Trainingsphase mit Senon-HMMs der Länge 1 beginnt.

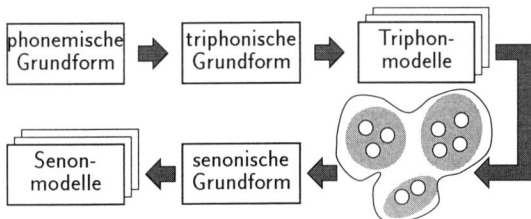

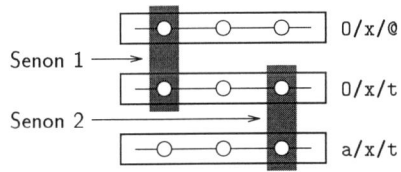

Abbildung 6.15:
Die Konstruktion von Senonen (oben) und die flexibel verzahnte Verklebung von Triphon-HMM-Zuständen (links)

Letztlich läuft das Verfahren darauf hinaus, daß Triphon-HMM-Zustände stark korrelierender Ausgabeverteilungen miteinander verklebt werden. Im Gegensatz zur agglomerativen Triphongeneralisierung findet die Korrespondenzbildung jedoch auf dem subphonemischen Raster statt. Das eröffnet die Möglichkeit einer wesentlich geschmeidigeren Identifikation ähnlicher Zustände, wie das Beispiel senonisch miteinander verschränkter Triphone in Abbildung 6.15 veranschaulicht. Die zum /O/ hin koartikulierten Anglittzustände der O/x/@- und O/x/t-Modelle einerseits und die zum /t/ hin koartikulierten Abglittzustände der O/x/t- und a/x/t-Modelle andererseits werden — sofern sich der verschmelzungsbedingte Informationsverlust in tolerablen Grenzen hält — miteinander verklebt (Abschnitt 5.5.2).

Das Senon ist ein Hybrid aus phonemischer und akustischer Wortuntereinheit; es verhält sich zum Triphonmodell wie das Fenon zum Ganzwortmodell. Die kaum signifikante Steigerung der Worterkennungsraten durch Senon- gegenüber Triphonmodellen [Hwa92b] läßt allerdings noch kein abschließendes Urteil darüber zu, ob sich im Senon die Vorteile oder die

Nachteile phonemischer und akustischer Wortuntereinheiten vereinigen.

Die Grundidee der Senonkonstruktion — akustische Einheiten zu definieren, doch dabei das sichere Terrain phonemisch gesteuerter Wortmodellsynthese nicht zu verlassen — wurde bereits in der Arbeit [Mer85] entwickelt. Auch der Spracherkennungsblock des DRAGONDICTATE-Systems bedient sich senonähnlicher Spracheinheiten, die als PELs (*phonetic elements*) bezeichnet werden [Lee90a, Bak92]. Die wechselseitige Verklebung bleibt dort allerdings den akustischen Segmenten von Triphonen *gleichen* Kernphonems vorbehalten; insgesamt werden bis zu 63 PELs je Phonem erzeugt.

6.4 Wortgrenzenmodellierung

Während der Produktion einer gesprochenen Äußerung treten Koartikulationseffekte nicht nur innerhalb einzelner Wörter auf, sondern üben ihren Einfluß, wie das Beispiel

> „*in München*"   /In/ + /mYnc@n/   ⟶   /ImYnc@n/

zeigt, auch über Wortgrenzen hinweg aus. Besonders die auf Phrasenebene unbetonten Wörter werden durch wortübergreifende Verschleifung in Mitleidenschaft gezogen; kurze Funktionswörter können bis zur Unkenntlichkeit verstümmelt werden:

> „*Roß und Reiter*"   /rOs/ + /Unt/ + /raIt6/   ⟶   /rOsnraIt6/

Die akustische Modellierung wortübergreifender Koartikulation ist grundsätzlich nur mit kontextabhängigen Lautmodellen zu bewältigen. Wir haben bei der Methodenwahl zwischen harter und weicher Aussprachevariation zu unterscheiden, je nachdem ob eine Veränderung der phonemischen Segmentstruktur erfolgt. Den harten Varianten rückt man vorzugsweise durch eine Transformation der phonemischen Wortgrundformen zu Leibe, die *vor* der Wortmodellsynthese ausgeführt wird. Sie stützt sich auf Systeme phonologischer Verschleifungsregeln, wie sie unter anderem ausführlich in [Coh75, Osh75, Woo76, Müh86] beschrieben wurden.

Unser Anliegen ist hier jedoch die Erfassung weicher — und erforderlichenfalls auch harter — Koartikulationsphänomene mittels *wortübergreifender Triphonmodelle*. Zu diesem Zweck müssen lediglich die beiden rechten und linken Biphone am Wortbeginn und am Wortende (vgl. dazu die Abbildung 6.7) durch reguläre Triphone ersetzt werden. Während der Lernphase ist der jeweilige lexikalische Kontext aller gesprochenen Wörter bekannt, und es können die Markovmodelle kompletter Mehrwortäußerungen in derselben Weise synthetisiert werden wie ein Einzelwort-HMM. Wie aus Abbildung 6.16 zu ersehen, müssen wir dabei eingeschobene Stilleintervalle und einlautige Wörter als Sonderfälle berücksichtigen [Gia92].

An der Nahtstelle zweier Wörter sind wesentlich mehr Lautkombinationen zu erwarten als im Wortinneren, wo die Gesetze der Phonotaktik eine ungebremste Kombinatorik vereiteln [Lam84]. Zum Beispiel wird in [Lee92] von einer Verdreifachung der Zahl verschiedener Triphone von 1800 auf 5500 berichtet, wenn man die wortübergreifenden Exemplare hinzufügt.

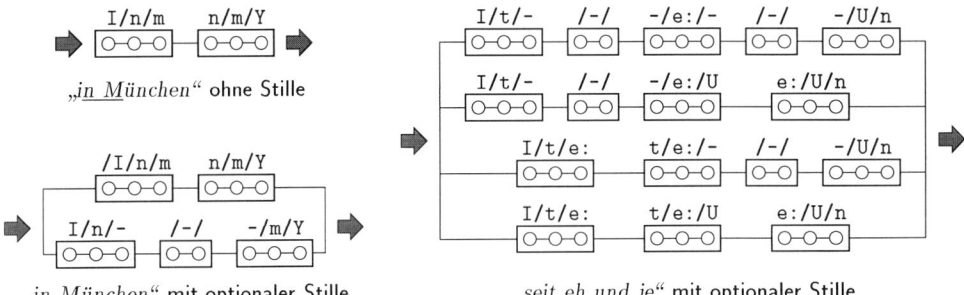

Abbildung 6.16: Wortübergreifende Triphonmodellierung der Lernstichprobendaten unter Berücksichtigung optionaler Stilleintervalle (*/-/*)

Indessen sind die Neuhinzugekommenen vorwiegend von rarem Vorkommen; konzentriert man nämlich die Betrachtung auf wohlverbreitete Triphone — in der oben zitierten Arbeit wurde $F \geq 30$ gefordert — so reduziert sich der relative Zuwachs auf weniger als ein Zehntel.

Der kombinatorischen Flut neuer Triphone, die an den Nahtstellen willkürlich verketteter Wörter des Erkennungsvokabulars gebildet werden können, steht also im wesentlichen das bekannte Modellinventar wortinterner Triphone gegenüber. Der notwendige Transfer muß mittels Generalisierung und Interpolation geleistet werden.

In der Erkennungsphase sind die Nachbarn der zu modellierenden Wörter und damit deren kontextuelle Einflüsse aus naheliegenden Gründen nicht von vornherein bekannt. Diesem Problem kann auf verschiedene Weise begegnet werden:

- Den zahlreichen hypothetischen Koartikulationseffekten am Wortrand wird durch ein stark verästeltes HMM Rechnung getragen [Gia91].

- Die fraglichen Kontextbezüge werden nach Einbettung der Modelle in eine Wortgrammatik disambiguiert [Pie90].

- Der Einsatz wortübergreifender Triphone wird auf eine spätere Analysephase verschoben, in welcher die Eingabedaten bereits zu einer Zwischenrepräsentation alternativer Wortketten oder -graphen verdichtet vorliegen [Sch92].

- Die Modellierung an den Worträndern wird auf *kausale* Triphone oder Polyphone — das sind solche mit leerem rechten Kontext — eingeschränkt. Unter dieser Voraussetzung kann die kontextuelle Mehrdeutigkeit simultan mit dem objektzeitlichen Fortschreiten der Suche aufgelöst werden [All92, Kuh94a].

Das Konstruktionsprinzip für ein Wortmodell des Wortes „*Wort*" mit ambiguitätsbedingt aufgefächerten Rändern zeigt die Abbildung 6.17. Am Wortanfang befindet sich ein Büschel von /v/-Triphonen und /v/-Biphonen mit unterschiedlichen linken Kontextphonemen; $\mathfrak{P} = \{\mathfrak{p}_1, \ldots, \mathfrak{p}_m\}$ bezeichne das zugrundeliegende Phoneminventar.

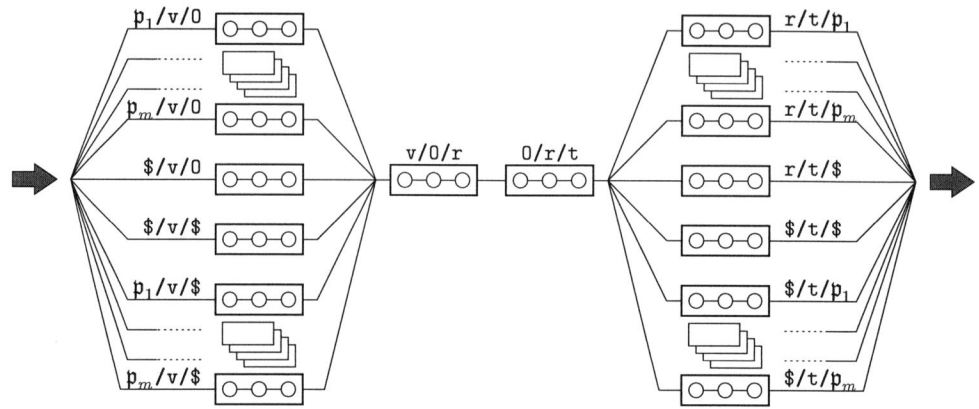

Abbildung 6.17: Wortmodell zu dem Wort „*Wort*" mit kontextbedingt verästeltem initialen und terminalen Triphon

Modelle dieser Art finden sich zum Beispiel bei [Lee90c, Gia91] und bewirkten eine Senkung der Wortfehlerrate gegenüber wortinternen Triphonmodellen um bis zu 20 % [Lee92]; für italienische Sprachdaten ergab dasselbe Verfahren weniger beeindruckende Verbesserungen [Fis91a].

6.5 Nichtwörter, unbekannte Wörter und neue Wörter

Bei der Konfrontation eines spracherkennenden Systems mit einer realen Anwendungssituation müssen wir mit *spontansprachlichen Phänomenen* [War91] wie Umgebungsgeräuschen, extralinguistischen Äußerungen, Wörtern außerhalb des aktuellen Anwendungsvokabulars und (von der Systemgrammatik) unvorhergesehenen Satzkonstruktionen rechnen. Werden hinsichtlich dieser Effekte keine Vorkehrungen getroffen, so versucht der überforderte Erkenner mangels geeigneter Alternativen, auch Schallereignisse wie Hustengeräusche oder die Realisierung unbekannter Wörter mit den Ausdrucksmitteln des Anwendungswortschatzes zu interpretieren.

Die Performanzlücke, welche sich zwischen der Verarbeitung fehlerfrei gelesener und spontan hervorgebrachter Sprachproben auftut — für das amerikanische Flugauskunftskorpus ATIS wird eine Veranderthalbfachung der Wortfehlerrate angegeben [But92] — geht zu einem Teil auf das Konto von benutzerseitigen Störungsproduktionen wie Räuspern, Husten, Lachen, Atemgeräuschen oder Schmatzlauten, aber auch Interjektionen, ungefüllten und gefüllten Pausen, die den Strom gesprochener Wörter unterbrechen [Lic91]. Steht spontansprachliches Material zur Verfügung, das genügend Realisierungen obengenannter Phänomene enthält und auch diesbezüglich transkribiert ist, kommt eine Markovmodellierung in Betracht. So wurde der BYBLOS-Erkenner mit einem guten Dutzend HMMs typischer Spontanproduktionen angereichert. Das statistische Grammatikmodell ließ Störproduktionen in

beliebiger Zahl, aber mit geringen Wahrscheinlichkeiten an allen Wortfugen zu; das Resultat
— es waren mehr Fehlalarme als korrekte Detektionen der gesuchten Ereignisse zu verzeichnen — war allerdings eher entmutigend [Bat93].

Detektion unbekannter Wörter. Zum Aufspüren unbekannter Wörter bedient man
sich sogenannter *Rückweisungsmodelle* oder *Füllmuster* [Ros91]; das sind Markovmodelle
mit einer sehr diffusen Wahrscheinlichkeitsverteilung für die akustische Eingabe. Für ihre
Produktionswahrscheinlichkeit $P(\boldsymbol{X} \mid \boldsymbol{\lambda}_\emptyset)$ hinsichtlich einer Realisierung des Wortes w gelten idealerweise die Ungleichungen

$$
\begin{aligned}
P(\boldsymbol{X} \mid \boldsymbol{\lambda}_\emptyset) &\leq P(\boldsymbol{X} \mid \boldsymbol{\lambda}(w)) \quad \text{und} \\
P(\boldsymbol{X} \mid \boldsymbol{\lambda}_\emptyset) &\geq P(\boldsymbol{X} \mid \boldsymbol{\lambda}(v)) \quad \text{für alle } v \neq w,
\end{aligned}
\tag{6.4}
$$

so daß $\boldsymbol{\lambda}_\emptyset$ genau dann alle Konkurrenzmodelle an Wahrscheinlichkeit übertrifft, wenn das
korrekte Modell der aktuellen Wortrealisierung fehlt. Zur Erzeugung eines Rückweisungsmo-
dells mit den angestrebten Eigenschaften kennen wir zwei grundsätzliche Vorgehensweisen.

Die erste geht von einem gewöhnlichen Links-Rechts-HMM von der Art eines Ganzwort-
modells aus, dessen Parameter jedoch unter Vorlage *aller* Wortmuster der Lernstichprobe
geschätzt werden. Als Konsequenz dieser Trainingspolitik entsteht ein Modell, das sich wegen der geringen Entropie seiner Ausgabeverteilungen hervorragend für die ihm zugedachte
Aufgabe qualifiziert [Wil91b].

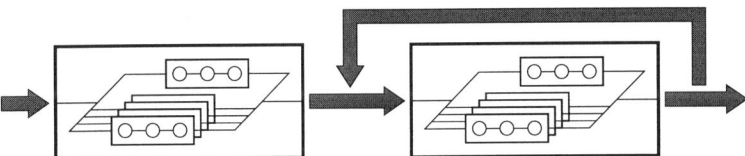

Abbildung 6.18: Rückweisungsmodell als Verkettung parallelgeschalteter Lautmodellblöcke
[Asa91]

Die zweite Möglichkeit besteht darin, unbekannte Wörter unter Verwendung der
verfügbaren Monophonmodelle als unrestringierte Phonemfolgen zu repräsentieren. Die Abbildung 6.18 zeigt das (2+)-Rückweisungsmodell des BYBLOS-Erkenners, welches aus zwei In-
karnationen des parallelgeschalteten Lautmodellinventars besteht. Jede gültige Zustandsfolge
des Modells durchläuft *genau* einmal den vorderen, sodann *mindestens* einmal den hinteren
Lautmodellblock und produziert mithin eine Sequenz von zwei oder mehr Phonemrealisierungen. Auch das (2+)-HMM ist, was seine globale Produktionswahrscheinlichkeit betrifft,
aufgrund der reichen inneren Verbindungsstruktur ein Modell von sehr geringer Entropie.
Im sprecherabhängigen (sprecherunabhängigen) Betrieb registrierte das (2+)-Modell 71 %
(50 %) aller unbekannten Wörter korrekt; demgegenüber wurde allerdings bei 1 % (2 %) der
überhaupt gesprochenen Wörter ein falscher Alarm ausgelöst [Asa91].

Zwischen den beiden genannten Extremen, Rückweisungsmodelle zu *trainieren* oder zu *synthetisieren* gibt es zahlreiche Kompromißlösungen, die vorwiegend im Hinblick auf die maschinelle Schlüsselwortdetektion entwickelt wurden [Fal91, Wil92].

Modellierung neuer Wörter. Eine weitergehende Herausforderung besteht darin, neue Wörter dynamisch in den Anwendungswortschatz zu integrieren. Viele verschiedene Szenarien sind vorstellbar, in denen neue Wörter ins Spiel gebracht werden; die Ursache kann beispielsweise die Benutzerin sein, die einen bis dato unbekannten Orts-, Firmen- oder Personennamen in die Debatte wirft, der im weiteren Verlauf des Diskurses erforderlichenfalls referenziert werden soll. Es kann aber auch eine geographische, betriebswirtschaftliche oder medizinische Datenbank sein, deren spontane oder turnusmäßige Auffrischung einen flankierenden Ausbau des Erkennungsvokabulars gebietet. Im ersten Fall verfügen wir über ein oder mehrere Aussprachebeispiele, im zweiten Fall vermutlich nur über die orthographische Wortform, um das neue akustische Modell zu entwickeln, das zur Erkennung oder Wiedererkennung des lexikalischen Neuzugangs dringend benötigt wird. Eine phonemische Wortumschrift ist in keinem der Fälle zur Hand, so daß die einschlägigen Verfahren zur umschriftgesteuerten Wortmodellsynthese hier nicht zum Zuge kommen.

Zur Modellsynthese auf der Grundlage von Aussprachebeispielen sind unterschiedliche Techniken bekannt, je nachdem ob phonemische, fenonische oder senonische Synthese betrieben wird:

- Mit dem Viterbi-Algorithmus wird die wahrscheinlichste Zustandsfolge zur Produktion des Aussprachebeispiels mit dem (2+)-Modell der Abbildung 6.18 bestimmt. Die Folge der dabei traversierten Lautmodelle dient als Näherung — im Mittel wird eine Übereinstimmung von 84.4 % erzielt — der phonemischen Wortumschrift für die Modellsynthese [Asa91].

- Das gesuchte Wortmodell wird nach dem Bauplan derjenigen Fenonfolge $\mathfrak{F}$ konstruiert, welche für die Produktion des Aussprachebeispiels mit der größten Wahrscheinlichkeit $P(\boldsymbol{X} \mid \mathfrak{F})$ verantwortlich zeichnet [Bah91c]. Liegen mehrere Aussprachebeispiele vor, wird bezüglich des entsprechenden Wahrscheinlichkeitsprodukts maximiert.

- Mit dem Baum-Welch-Algorithmus wird ein Ganzwortmodell geschätzt und jedem Zustand ein Senonsymbol gemäß seiner Ausgabeverteilung zugeordnet. Damit ist die senonische Grundform des neuen Wortes bekannt und das gesuchte Wortmodell wohldefiniert [Hwa92a].

Die Modellerzeugung aufgrund der orthographischen Wortform kann im Prinzip auf die umschriftgetriebene Synthese zurückgeführt werden. Benötigt wird dazu eine automatische Text-Phonem-Abbildung, die jedoch Bestandteil eines jeden Sprachvollsynthesesystems ist und auf phonologischen Regelsystemen und Ausnahmeverzeichnissen basiert [Kla87, Cos87].

Die Rekonstruktionsgenauigkeit solcher Transformationen ist allerdings begrenzt; für das DECtalk-System wurde eine Phonemübereinstimmung von 88.4 % ermittelt [Asa91].

Eine auf den ersten Blick recht gewagte Alternative besteht darin, die Wortmodellsynthese durch die Schriftform zu steuern. Die Grundbausteine einer solchen Konstruktion wären demnach Markovmodelle für die Aussprache einzelner Buchstaben [Kal90]; riskant erscheint dieses Unternehmen insofern, als daß die akustischen Korrelate von Buchstaben außerordentlich stark von der „orthographischen Nachbarschaft" beeinflußt werden, wie die Beispiele

„Ku*sch*eltier"   ⤳   /kUS@lti:6/
„Ga*sch*romatographie"   ⤳   /ga:*sk*roma:tografi:/

belegen. Werden die Buchstaben jedoch eingebettet in ihren Kontext modelliert, besteht begründete Hoffnung auf eine weitgehende Disambiguierung der umgebungsbedingten Aussprachevariation.

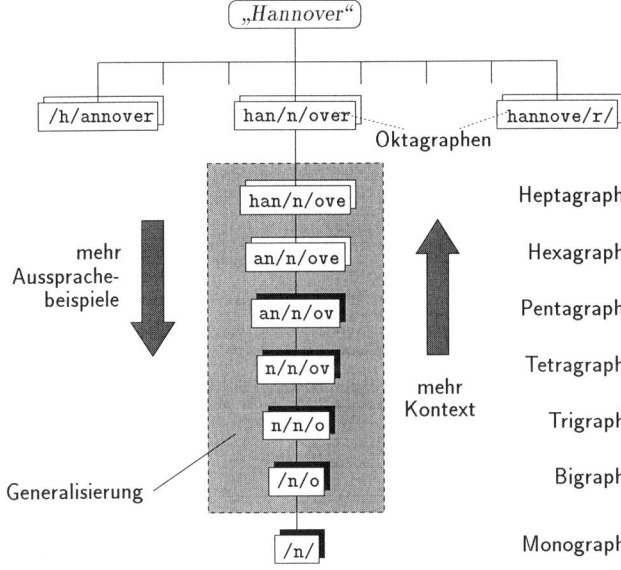

Abbildung 6.19: Polygraphrepräsentation des Phonems /n/ in „Ha*nn*over"

Diesem Gedankengang folgend wurde — in Analogie zum Polyphon — unter der Bezeichnung „*Polygraph*" der kontextabhängige Buchstabe als Wortuntereinheit vorgeschlagen [ST93e]. Der rechtschriftgesteuerte Aufbau eines polygraphischen Wortmodells ist in Abbildung 6.19 dargestellt. Er unterscheidet sich von der polyphonischen Konstruktion (Seite 187) nur hinsichtlich der verwendeten Wortgrundform. Das Polygraphverfahren repräsentiert ein neues Wort nur unter Einbeziehung von dessen Schriftform; das Wissen um die Interdependenz zwischen Schriftform und akustischer Form liegt in Gestalt kontextabhängiger Buchstaben-HMMs vor und konnte dank des Baum-Welch-Algorithmus automatisch aus der globalen Lernstichprobe akquiriert werden. Die Worterkennungsrate von Polygraph-Wortmodellen liegt etwa auf halber Strecke zwischen denjenigen, die mit Polyphonen und die mit Monophonen erreicht werden.

Unter der Prämisse, daß neben der Schriftform $\mathfrak{G}_w$ auch gleichzeitig ein Aussprachebeispiel $\boldsymbol{X}_w$ des neuen Wortes zur Hand ist, läßt sich die akustische und die strukturelle Grundformbestimmung miteinander kombinieren. Die präzise Formulierung der neuen Problemstellung [Bah91c] lautet unter Voraussetzung fenonischer Modellierung

$$\mathfrak{F}^* \;=\; \operatorname*{argmin}_{\mathfrak{F}} P(\mathfrak{F} \mid \mathfrak{G}_w, \boldsymbol{X}) \;\approx\; \operatorname*{argmin}_{\mathfrak{F}} P(\boldsymbol{X} \mid \mathfrak{F}) \;\cdot\; P(\mathfrak{F} \mid \mathfrak{G}_w) \;; \qquad (6.5)$$

die optimale Fenonsequenz $\mathfrak{F}^*$ berechnet man wie die der Gleichung (6.3). Die diskrete Wahrscheinlichkeitsverteilung $P(\mathfrak{F} \mid \mathfrak{G})$ repräsentiert unser Wissen bezüglich adäquater Text-Phonem-Umsetzungen und wird formal durch einen *probabilistischen, syntaxgetriebenen Übersetzer* [Luc84] realisiert. Anschaulich wird von $P(\mathfrak{F} \mid \mathfrak{G})$ ein Raum mutmaßlicher Fenonumschriften für w aufgespannt, aus dem mit Hilfe der Realisierung $\boldsymbol{X}_w$ die bestpassende Folge $\mathfrak{F}^*$ selektiert wird. Demselben Prinzip, aber in sequentialisierter Form folgt auch ein dreistufiges Verfahren zur phonemischen Wortformbestimmung, das in [Asa91] angegeben wird.

6.6 Zusammenfassung

Das Problem maschineller Spracherkennung zerfällt in die Teilbereiche akustische Modellierung, grammatische Modellierung und Suche.

Markovmodelle zur akustischen Wortrepräsentation werden auf Grundlage einer textannotierten Lernstichprobe kontinuierlich gesprochener Äußerungen geschätzt.

Ganzwortmodelle garantieren eine maximale Erkennungsleistung, sofern genügend Trainingsmaterial für eine robuste Schätzung vorliegt. Genau das ist bei sprecherunabhängigen Systemen mit großem Erkennungswortschatz nicht gewährleistet, so daß Wortmodelle aus Modellen kleinerer Spracheinheiten zusammengesetzt werden müssen.

Die ideale Wortuntereinheit sollte sich akustisch präzis und statistisch robust modellieren lassen. Um die geforderte Trennschärfe zu erzielen, die beim Phonem infolge seiner kontextbedingten Aussprachevariabilität nicht gewährleistet ist, geht man dazu über, die koartikulatorischen Effekte in längerdauernde Spracheinheiten wie Halbsilben oder Diphone einzufrieren oder aber kontextabhängig mehrere allophonische Modelle eines Phonems zu trainieren.

Die Aufspaltung in allophonische Klassen mit möglichst kompakten liegenden akustischen Korrelaten wird über eine Häufungsanalyse von Sprachdaten (Fenone) oder mit Hilfe der phonemischen Wortstruktur (Triphone, Polyphone) gesteuert.

Die hohe Zahl kombinatorisch gebildeter Klassen führt zu einer unerwünschten Zersplitterung der Lernstichprobe und verringert dadurch die Zuverlässigkeit der geschätzten Parameter; dieser Tendenz wird durch die Vereinigung ähnlicher Allophone, durch eine hierarchische Wortrepräsentation mit fein abgestuften Graden von Kontextabhängigkeit, durch Interpolation präziser mit robusten Modellen und schließlich durch Modellierung im subphonemischen Raster entgegengewirkt.

Auch eine Modellierung wortübergreifender koartikulatorischer Phänomene ist mit Triphonen möglich; sie bringt erhebliche Vorteile bei der Erkennung kurzer Funktionswörter, bewirkt indes eine beträchtliche Verkomplizierung der Erkennungsphase.

Eine dynamische Erweiterung des Erkennungswortschatzes setzt voraus, daß die Schriftform und/oder ein Aussprachebeispiel des neu zu modellierenden Wortes zugänglich sind.

Kapitel 7
Grammatische Sprachmodelle

Wenn man die Ausgabe eines automatischen Spracherkenners analysiert, der bei seiner Suche nach der akustisch bestpassenden Wortkette durch keinerlei grammatische Plausibilitätskriterien geleitet wurde, so stößt man beim Vergleich mit den tatsächlich realisierten Eingabetexten auf vier grobe Fehlerkategorien, in die sich der überwiegende Teil aller aufgetretenen Probleme mühelos einordnen läßt:

(1) „den <u>nächsten</u> Zug"   ↝   „den <u>nächste</u> Zug"   Kongruenzfehler

(2) „um sechs <u>in</u> Bonn"   ↝   „um sechs <u>den</u> Bonn"   Vertauschung, Auslassung oder Einfügung von Funktionswörtern

(3) „von <u>Essen</u> nach Kiel"   ↝   „von <u>ist in</u> nach Kiel"   Parkettierung von Inhaltswörtern durch ein oder mehr Funktionswörter

(4) „nach <u>Köln</u> fahren"   ↝   „nach <u>Ulm</u> fahren"   grammatisch unauffällige Vertauschungen

Offensichtlich genügt bereits ein Verbot syntaktisch nicht akzeptabler Sätze, um Fehler der Kategorien (1) bis (3) zu vermeiden; nur im Falle der Verwechslung (4) wird der ratsuchende Fahrgast aller Wahrscheinlichkeit nach in die Irre geschickt werden.

Lassen sich unsere Erwartungen hinsichtlich des Satzbaus akzeptabler Benutzeräußerungen angemessen formalisieren und mit moderatem Aufwand in die akustische Suche integrieren, dann sind die Aussichten auf eine nachhaltige Verbesserung der Erkennungsleistung ausgesprochen gut. Der exemplarische Satzbauplan in Abbildung 7.1 charakterisiert eine

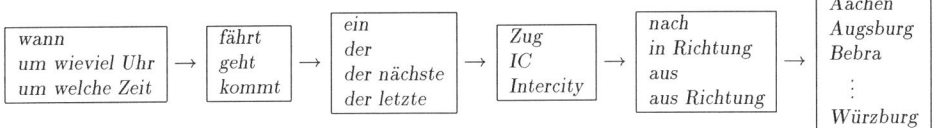

Abbildung 7.1: Endliche Wortgrammatik in Gestalt eines „Satzschaltkastens" für einfache Anfragesätze aus dem Intercityauskunftsbereich

einfache Klasse typischer Informationsabfragen im Intercity-Verkehr und reduziert die Anzahl möglicher Lösungen von $(20 + L_S)^6$ Wortketten — wir betrachten nur Sätze mit genau sechs Wörtern, und L_S sei die Anzahl der verfügbaren Städtenamen — auf lediglich $540 \cdot L_S$ Wortketten. Bereits bei $L_S = 154$ verschiedenen Ortsnamen differiert die Kardinalität beider Suchräume um mehr als acht Größenordnungen; das grammatische Sprachmodell entscheidet also darüber, ob wir zum Zweck der korrekten Erkennung eine Nadel im Heuhaufen oder aber im brasilianischen Urwald finden müssen.

Ohne die Restriktionen eines Sprachmodells wäre die Suche gezwungen, an jeder lexikalischen Leerstelle der Eingabeäußerung alle Wörter des Erkennungsvokabulars als Lösungskandidaten in Betracht zu ziehen. Mit einer geeigneten Grammatik verringert sich der Grad der zu erwartenden Unsicherheit — diese Maßzahl wird als *Perplexität* bezeichnet — je nach Anwendung typischerweise um einen Faktor zwischen 10 und 100, und die Wortfehlerrate sinkt einer häufig kolportierten Daumenregel zufolge etwa um die Quadratwurzel des Reduktionsfaktors [Kim86].

Nach einer kurzen Charakterisierung des Anliegens linguistisch gesteuerter Spracherkennung im ersten Abschnitt konzentrieren sich die Ausführungen dieses Kapitels auf die grammatische Modellierung mit Hilfe stochastischer Prozesse. Diesbezügliche Grundbegriffe sowie die wichtigsten parametrischen Familien — n-Gramm-Grammatiken, Kategorie-n-Gramme und adaptive Modelle — werden im zweiten Abschnitt eingeführt. Der umfangreichere dritte Abschnitt widmet sich dann ausführlich dem Problem, trotz notorischer Knappheit an Trainingsmaterial große Mengen statistischer Parameter zuverlässig abzuschätzen. Es werden Glättungs-, Rückgriff- und Interpolationsverfahren angegeben, um aus den schwach besetzten empirischen Häufigkeitsstatistiken möglichst robuste Werte für die benötigten bedingten n-Gramm-Wahrscheinlichkeiten abzuleiten. Insbesondere werden Verfahren zur unüberwachten Optimierung des Wortkategoriensystems formuliert.

Die Theorie stochastischer Grammatiken und Parser wird ausführlich in [Ney92a] behandelt; eine Zusammenstellung der wesentlichen Eigenschaften von n-Gramm-Modellen findet sich in [Jel82, Jel90]. Grundlegende Begriffe aus dem Gebiet nichtprobabilistischer Sprachen, Grammatiken und Automaten, die vereinzelt in die Argumentation des ersten Abschnitts einfließen, sind in den Monographien [Sal78, Hop79] beschrieben; die Querverbindungen zum Modellierungsproblem natürlicher Sprache werden unter anderem in [Par90] diskutiert.

7.1 Linguistisch gesteuerte Spracherkennung

Die Spezies stochastischer n-Gramm-Grammatiken, welche das Thema des vorliegenden Kapitels bildet, repräsentiert mitnichten den einzig denkbaren Formalismus, um die Flut kombinatorisch möglicher Lösungen einer Spracherkennungsaufgabe unter Zuhilfenahme linguistischer Strukturbeschränkungen einzudämmen. Einige Argumente, die bei der Entscheidung zwischen statistischer Modellierung und traditionellen Kettengrammatik *in diesem Kontext* von Bedeutung sind, sollen hier noch einmal einführend zusammengetragen werden.

Mit der bereits vertrauten Notation eines Vokabulars $W = \{W_1, \ldots, W_L\}$ von L Wörtern und der unendlichen Menge W^* aller Folgen $\boldsymbol{w}$ von Wörtern aus W definieren wir eine *stochastische Sprache über* $\mathcal{W}$ als diskrete Verteilungsfunktion

$$P : \mathcal{W}^* \longrightarrow [0,1] \quad \text{mit} \quad \sum_{\boldsymbol{w} \in \mathcal{W}^*} P(\boldsymbol{w}) = 1 \; . \tag{7.1}$$

Demgegenüber wollen wir die zu den gewöhnlichen Kettengrammatiken [Nie83, S. 268 ff.] gehörigen Sprachen $\mathcal{L} \subseteq \mathcal{W}^*$ zur Unterscheidung als *strikt* bezeichnen. Entsprechend verstehen wir unter einer stochastischen (strikten) *Grammatik* ein endliches Repräsentationssystem für eine stochastische (strikte) Sprache.

Die Funktion linguistischer Sprachmodelle in statistisch orientierten Erkennungssystemen wird durch die Fundamentalformel (6.1) präzisiert; es geht dabei offensichtlich um eine gewichtete Filterung des Lösungsraumes einer Optimierungsaufgabe, nicht jedoch um grammatische Strukturanalyse oder die Erzeugung von Bedeutungsrepräsentationen. Die Rolle der Verteilung $P(\boldsymbol{w})$ kann rein formal auch von der charakteristischen Funktion $\chi_{[\boldsymbol{w} \in \mathcal{L}]}$ einer strikten Sprache $\mathcal{L}$ übernommen werden; das Erkennungsproblem (6.1) geht dann in die Maximierungsaufgabe

$$\hat{\boldsymbol{w}} = \underset{\boldsymbol{w} \in \mathcal{L}}{\operatorname{argmax}} \, P(\boldsymbol{X} \mid \boldsymbol{w}) \tag{7.2}$$

über. Je unvollkommener aber die in (6.1) verwendete Schätzung der wahren Verteilungsdichte $P(\boldsymbol{w})$ ist, desto geringer fällt im Mittel die Erkennungsleistung aus. Die Eignung von $\chi_{[\boldsymbol{w} \in \mathcal{L}]}$ zur Approximation beliebiger Verteilungsfunktionen darf mit Recht bezweifelt werden, so daß bereits ein schlagendes Argument für stochastische Grammatiken gefunden ist.

Der zentrale Gegenstand traditioneller linguistischer Theorie und damit auch Geltungsbereich einschlägiger Grammatikformalismen zur Modellierung natürlicher Sprache ist die Sprachkompetenz des „*idealen Sprecher-Hörers, der in einer völlig homogenen Sprachgemeinschaft lebt, seine Sprache ausgezeichnet kennt und bei der Anwendung seiner Sprachkenntnis in der aktuellen Rede von solchen grammatisch irrelevanten Bedingungen wie*

— begrenztes Gedächtnis

— Zerstreutheit und Verwirrung

— Verschiebung in der Aufmerksamkeit und im Interesse

— Fehler (zufällige oder typische)

nicht affiziert wird" [Cho73, S. 13]. Den spontansprachlichen Äußerungen einer auskunftssuchenden oder diktierenden Person ist mit dem Kriterium des idealen Sprechers freilich nicht beizukommen. Gesprochene Sprache agiert in einem Spannungsfeld von Sparsamkeit und Verschwendung [Sch91a]. Typische (dialogische) Phänomene sind Anaphern und Ellipsen wie

(1)   „*Ist der neu?*"

(2)   „*Nein, [...] mit Perwoll gewaschen.*"

oder die Einfügung satzeinleitender Wörter und Floskeln wie „*also*", „*ja*", „*und zwar*". Der nicht-ideale Sprecher (und auch die Sprecherin) schreckt auch vor außergrammatischen Produktionen wie Kongruenzfehlern, Neuansätzen und Anakoluthen nicht zurück:

(3)   *„Ich wollte mit <u>den</u> nächsten Zug nach Konstanz."*

(4)   *„Ihre Augen sind, äh, <u>was machen Sie heute abend?</u>"*

(5)   *„Das riecht ja scheußlich <u>riecht das ja</u>!"*

Die Meßlatte der Sprachverwendung ist weniger die Dichotomie grammatischer und ungrammatischer Sätze als vielmehr eine fein abgestufte Skala unterschiedlicher Grade von *Akzeptabilität*. So markieren die drei Ausprägungen

(6)   *„die Kraniche <u>des</u> Ibikus"*   (genitivisch)

(7)   *„der BMW <u>vom</u> Chef"*   (präpositional)

(8)   *„<u>dem</u> Montague <u>seiner</u> Theorie <u>ihre</u> Schwachstellen"*   (pronominal)

der Besitzanzeige unterschiedliche Skalenpositionen; ausschlaggebend für die Beurteilung der Akzeptabilität sind Natürlichkeit, leichte Verständlichkeit, geringe Schwerfälligkeit und hohe Produktionswahrscheinlichkeit einer Äußerung.

Die Grammatikalität im Sinne der Sprachkompetenz ist nur einer von sehr vielen Faktoren, deren Zusammenwirken die Akzeptabilität bestimmt; es sind ferner Zweifel darüber angebracht, ob es prinzipiell gelingen kann, die nicht-akzeptablen Sätze mit Hilfe grammatischer Regelsysteme zu charakterisieren [Cho73, S. 23]. Davon abgesehen gliche das manuelle Anhäufen geeigneter Produktionsregeln einem Faß ohne Boden, denn die meisten grammatischen Gesetze scheinen dazu gemacht, um — wenigstens beim Sprechen — verletzt zu werden [Gar87]; schließlich bliebe auch zu klären, mit welchen Mitteln die angestrebte graduelle Abstufung in das Modell zu integrieren wäre und wie die erforderlichen Steuergrößen akquiriert werden könnten.

Im bisherigen Verlauf unserer Diskussion haben wir dem linguistischen Modell implizit die Repräsentation der *Syntax* gesprochener Sprache zugedacht. Dazu besteht jedoch keine Veranlassung; offensichtlich hängt die Wahrscheinlichkeit einer sprachlichen Äußerung ebenso von der semantischen Korrektheit, der Interpretierbarkeit und Plausibilität hinsichtlich des Anwendungskontextes sowie der Adäquatheit bezüglich der aktuellen Dialogsituation ab [HR80, Ehr90, Nie92b]. Insbesondere ist das linguistische Modell wegen seiner Abhängigkeit vom Diskursverlauf eine höchst komplexe Variable, deren Wert von einem kommunikativen Ereignis zum nächsten variiert.

Diesem Tatbestand wird in solchen Erkennungssystemarchitekturen (Abbildung 7.2) Rechnung getragen, die mit dialogschrittabhängigen [Nie92a, Wit92], dynamisch erzeugten [You89, Fin92a, Fin92b] oder adaptiven Sprachmodellen [Kuh90] arbeiten. Wenn aber Sprachmodelle anwendungs-, dialogschritt- und zielgruppenspezifischen Zuschnitts gefordert sind, ist einer automatischen, datengestützten Erzeugung unbedingt der Vorzug zu geben — vorausgesetzt natürlich, daß repräsentative Korpora domänentypischer Texte akquiriert werden können.

Den stochastischen Modellen wurden beachtliche Vorzüge im Umgang mit graduellen Abweichungen von sprachlicher Regelhaftigkeit, bei der Adaption an Fluktuationen sowie

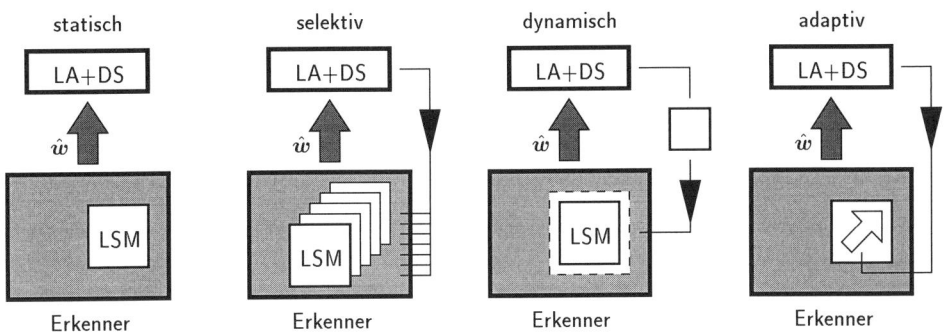

Abbildung 7.2: Architekturen zur Integration des linguistischen Modells (LSM) in die Erkennung, linguistische Analyse (LA) und Dialogsteuerung (DS)

sozio- und dialektale Variationen bescheinigt; wie steht es aber mit der Erfassung der Standardsatzkonstruktionen gewöhnlicher Schriftsprache? Diese Frage ist insofern berechtigt, daß es sich bei den linguistischen Modellen der Spracherkennung größtenteils um wahrscheinlichkeitstheoretische Verallgemeinerungen *endlicher Automaten* [Sal78, Hop79] handelt, also — abgesehen von der statistischen Komponente — um reguläre Grammatiken. Natürliche Sprachen werden jedoch auf entschieden höhergelegenen Sphären der Chomski-Hierarchie angesiedelt. Die *geschachtelten Abhängigkeiten* iterierter Relativsatzkonstruktionen wie

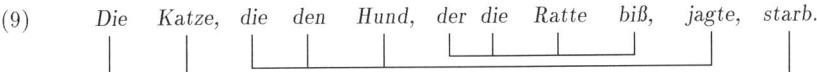

(9)   *Die   Katze,   die   den   Hund,   der   die   Ratte   biß,   jagte,   starb.*

lassen sich bekanntlich kontextfrei formalisieren, nicht jedoch mit einer regulären Grammatik [Par90, S. 480]. Praktisch seit Einführung der hierarchischen Kategorisierung formaler Sprachen [Cho63] herrschte die Ansicht vor, daß selbst kontextfreie Grammatiken zur Beschreibung natürlicher Sprachen nicht ausreichen. Die Jagd nach einer nicht-kontextfreien, natürlichsprachlichen Konstruktion nahm mehr als zwei Jahrzehnte in Anspruch und gipfelte in der Präsentation eines schwyzerdeutschen Beispielschemas *verschränkter Abhängigkeiten* etwa folgender Form [Shi85]:

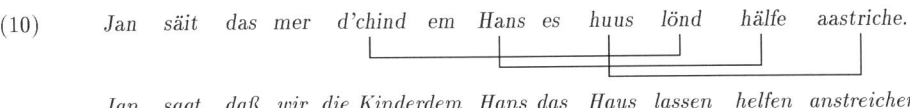

(10)   *Jan   säit   das   mer   d'chind   em   Hans   es   huus   lönd   hälfe   aastriche.*

Jan   sagt   daß   wir   die Kinderdem   Hans   das   Haus   lassen   helfen   anstreichen

Der entscheidende Punkt ist jedoch, daß die Beweisführung mit Hilfe verschachtelter bzw. verschränkter Abhängigkeiten essentiell auf einer *infinitistischen* Argumentation beruht. Beispiel (9) wie auch (10) sind ohne Schwierigkeiten kontextfrei und sogar regulär charakterisierbar; das Problem tritt erst dann auf, wenn wir auf einer *unbeschränkten* Schachtelungsbzw. Verschränkungstiefe der Konstruktionen insistieren. Nun sind Schachtelsätze der Form (9) und (10) — und a fortiori deren noch komplexere Varianten — zwar Äußerungen von perfekter Grammatikalität, der Grad ihrer Akzeptabilität ist jedoch extrem niedrig. Für die hier geführte Adäquatheitsdebatte ist die geringe Mächtigkeit stochastischer Grammatiken im Sinne der Sprachenhierarchie daher von untergeordneter Bedeutung.

7.2 Stochastische Grammatiken

Eine stochastische Sprache ist, wie im vorangegangenen Abschnitt erläutert, eine diskrete Wahrscheinlichkeitsverteilung auf einem *unendlichen* Wertebereich $\mathcal{W}^*$. Eine wichtige Klasse endlicher Beschreibungsmechanismen für solche Sprachen sind die *stochastischen Phrasenstrukturgrammatiken* [Sal69, Sup72], einer Verallgemeinerung der gewöhnlichen Kettengrammatiken mit wahrscheinlichkeitsgewichteten Produktionsregeln. Insbesondere wurden für kontextfreie Grammatiken dieses Typs entsprechende probabilistische Parser entwickelt [Wri90, Ney92a], und die Produktionsgewichte können mit einem modifizierten Baum-Welch-Algorithmus (*inside-outside*-Algorithmus [Bak79, Lar90]) optimiert werden.

Wegen des erheblichen Rechenaufwandes kontextfreier stochastischer Parser und Schätzer hat sich das Interesse im Bereich maschineller Spracherkennung sehr schnell auf geeignete Derivate *regulärer* stochastischer Grammatiken konzentriert, welche im weiteren Verlauf des Kapitels behandelt werden sollen. Alle nachstehend betrachteten Formen sind Spezialfälle diskreter stochastischer Prozesse und werden deshalb auch — dem allgemeinen Gebrauch folgend [Jel82, Jel90] — in deren Terminologie notiert.

7.2.1 Diskrete stochastische Prozesse

Unter einem *diskreten stochastischen Prozeß* über dem Alphabet $\mathcal{W}$ verstehen wir eine unendliche Folge von Zufallsvariablen $O_1 O_2 O_3 \ldots$ mit Werten aus $\mathcal{W}$, für deren Verteilung die kausale Zerlegung

$$
\begin{aligned}
P(\boldsymbol{O} = \boldsymbol{w}) &= P(O_1 \ldots O_m = w_1 \ldots w_m) \\
&= \prod_{i=1}^{m} P(O_i = w_i \mid O_1 \ldots O_{i-1} = w_1 \ldots w_{i-1}) \\
&= P(w_1) \cdot P(w_2 \mid w_1) \cdot P(w_3 \mid w_1 w_2) \cdot \ldots \cdot P(w_m \mid w_1 \ldots w_{m-1})
\end{aligned}
\tag{7.3}
$$

in bedingte Wahrscheinlichkeitsausdrücke gilt. Wie bereits in der letzten Zeile von (7.3) geschehen, werden wir die explizite Nennung der Zufallsvariablen in Zukunft unterdrücken, sofern keine Mehrdeutigkeiten zu befürchten sind.

Es handelt sich bei dem Prozeß $O_1 O_2 O_3 \ldots$ um eine Markovquelle mit unbegrenztem Gedächtnis. Wir fordern für jedes $m \in \mathbb{N}$ und jede *Geschichte* $\boldsymbol{w} \in \mathcal{W}^{m-1}$ der Länge $m-1$ die Normierungsbedingung

$$
\sum_{v \in \mathcal{W}} P(O_m = v \mid O_1 \ldots O_{m-1} = \boldsymbol{w}) = 1 \,,
\tag{7.4}
$$

woraus ähnlich wie bei Markovmodellen für jede potentielle Kettenlänge $m = 1, 2, \ldots$ die Stochastizitätsbedingung

$$\sum_{\boldsymbol{w} \in \mathcal{W}^m} P(O_1 \ldots O_m = \boldsymbol{w}) = 1 \qquad (7.5)$$

folgt; die Menge $\mathcal{W}^0$ enthalte nur die leere Kette $\varnothing$, und die Verteilung $P(v \mid \varnothing)$ mit leerem Bedingungsteil bezeichne die Anfangsverteilung $P(v)$. Zur linguistischen Steuerung eines Spracherkenners wird jedoch genaugenommen eine Verteilung auf der Gesamtheit $\mathcal{W}^*$ *aller* Ketten benötigt. Daher müssen die Produktionswahrscheinlichkeiten entweder in der Form

$$q(\boldsymbol{w}) = P(O_1 \ldots O_m = w_1 \ldots w_m) \cdot P(\ell = m) \qquad (7.6)$$

unter Zuhilfenahme einer a priori Verteilung der Satzlänge ℓ geschrieben werden, oder aber die gesuchte Verteilung wird unter Zuhilfenahme eines absorbierenden Zustandes '\$' formuliert, der die Rolle einer Satzendemarkierung spielt. Zu jeder vorgegebenen Verteilung $q(\boldsymbol{w})$ über $\mathcal{W}^*$ kann nämlich vermöge

$$P(v \mid \boldsymbol{w}) = \begin{cases} q^*(\boldsymbol{w}v)/q^*(\boldsymbol{w}) & \boldsymbol{w} \in \mathcal{W}^*,\ v \in \mathcal{W},\ q^*(\boldsymbol{w}) := \sum_{\boldsymbol{u} \in \mathcal{W}^*} q(\boldsymbol{w}\boldsymbol{u}) \\ q(\boldsymbol{w}) & \boldsymbol{w} \in \mathcal{W}^*,\ v = \$ \\ 0 & \$ \text{ in } \boldsymbol{w} \text{ und } v \neq \$ \\ 1 & \$ \text{ in } \boldsymbol{w} \text{ und } v = \$ \end{cases} \qquad (7.7)$$

ein stochastischer Prozeß definiert werden, der zunächst eine beliebige Folge von Wörtern erzeugt, schließlich jedoch in den absorbierenden Zustand gelangt, aus dem es kein Entrinnen mehr gibt, und daraufhin unentwegt das Endesymbol '\$' produziert. Für alle Ketten $\boldsymbol{w}$ gilt überdies nach Konstruktion die einfache Beziehung $P(\boldsymbol{w}\$^k) = q(\boldsymbol{w})$, d.h., der Prozeß realisiert die vorgegebene Verteilung. Aufgrund dieser Bemerkungen können wir uns bei der Behandlung dieser Klasse von Sprachmodellen in Zukunft auf die Diskussion stochastischer Prozesse beschränken.

Weil die Entropie des endlichen Teilprozesses $O_1 \ldots O_m$ gleich

$$\mathrm{H}_m = -\frac{1}{m} \sum_{\boldsymbol{w} \in \mathcal{W}^m} P(\boldsymbol{w}) \cdot \log_2 P(\boldsymbol{w}) \qquad (7.8)$$

ist und die Statistiken ergodischer Markovquellen durch jede unendliche Beobachtungssequenz $\boldsymbol{u} = u_1 u_2 u_3 \ldots$ vollständig determiniert sind, wird die Entropie des Gesamtprozesses durch den Grenzübergang

$$\begin{aligned} \mathrm{H} = \mathrm{H}_\infty = \lim_{m \to \infty} \mathrm{H}_m &= -\lim_{m \to \infty} \frac{1}{m} \sum_{\boldsymbol{w} \in \mathcal{W}^m} P(\boldsymbol{w}) \cdot \log_2 P(\boldsymbol{w}) \\ &= -\lim_{m \to \infty} \frac{1}{m} \log_2 P(u_1 \ldots u_m) \end{aligned} \qquad (7.9)$$

definiert [Jel90]. Insbesondere besitzt eine Quelle, die L Wörter völlig unabhängig voneinander mit der uniformen Ausgabewahrscheinlichkeit $1/L$ produziert, die maximale Entropie $\log_2 L$. Umgekehrt hat jeder „weiße" Prozeß mit der Entropie H genau die Alphabetgröße 2^H; der Wert 2^H wird als *Perplexität* einer Quelle bezeichnet [Jel82] und gibt anschaulich gesprochen den mittleren oder erwarteten Verzweigungsfaktor des Satzerzeugungsprozesses bei der Ausgabe eines einzelnen Wortes an.

Die Entropie $\hat{H}$ einer Näherung $\hat{P}$ für die wahre Verteilungsfunktion P ist der Jensen-Ungleichung (4.45) zufolge mindestens so groß wie die tatsächliche Unsicherheit H der Quelle. Für eine endliche Trainingssequenz $\boldsymbol{w} = w_1 \ldots w_m$ ergeben sich für Entropie und Perplexität die empirischen Abschätzungen

$$\hat{H} = -\frac{1}{m} \log_2 \hat{P}(\boldsymbol{w}) \quad \text{und} \quad \hat{\wp}_x = 2^{\hat{H}} = \hat{P}(\boldsymbol{w})^{-1/m} . \tag{7.10}$$

Die Optimierung des stochastischen Sprachmodells $\hat{P}$ hinsichtlich einer Lernstichprobe $\boldsymbol{w}$ ist also damit gleichbedeutend, deren Produktionswahrscheinlichkeit $P(\boldsymbol{w})$ zu maximieren.

Basiseinheit	Länge	bit/Z	bit/W
Zeichen	1.0	4.03	21.36
Zeichenpaar	2.0	3.32	17.59
Zeichentripel	3.0	3.10	16.43
Wort	5.3	1.95	10.35
CFG-Phrase	8.5	1.16	6.17
Wortpaar	10.6	1.46	7.77
Worttripel	15.9	1.20	6.36

Tabelle 7.1: Die geschätzten Entropien wort- und zeichenbezogener stochastischer Prozesse zur Erzeugung des APN-Korpus (aus [Sha90])

Auf Grundlage einer mehr als eine Million Wörter umfassenden Textsammlung der *Associated Press Newswire* (APN) wurden in der empirischen Untersuchung [Sha90] die Entropien wortbezogener und zeichenbezogener Prozesse zur Erzeugung englischer Schriftsprache geschätzt. Die mittlere Länge der jeweiligen Basiseinheit (in Buchstaben) sowie die Entropien je Zeichen bzw. je Wort sind in Tabelle 7.1 wiedergegeben. Die Einträge in der fünften Zeile beziehen sich auf die Modellierung mit Hilfe einer kontextfreien stochastischen Grammatik, deren Entropie mit der von Worttripeln vergleichbar ist. Die tatsächliche Entropie des Englischen wird bei etwa 1 bit/Zeichen vermutet [Jel90]; in Anbetracht einer mittleren Wortlänge von 5.3 Zeichen (inklusive Leerzeichen als Trennsymbol) entspricht das einer Wortperplexität von 40. Die gemessenen Wortperplexitäten zweiter oder dritter Ordnung liegen aber je nach Textauswahl erheblich über diesem extrapolierten Wert; für das extrem inhomogene BROWN-Korpus wird $\wp_x = 500$ und für die HANSARD-Sammlung kanadischer Parlamentsdebatten lediglich $\wp_x = 70$ angegeben [Gup92].

7.2.2 Äquivalenzklassenbildung

In seiner allgemeinsten Form besitzt der stochastische Prozeß noch nicht jene Kerneigenschaft einer Grammatik, unendliche Sprachen mit endlichen Mitteln zu beschreiben. Um zu einem endlichen Formalismus zu gelangen, müssen zusätzliche idealisierende Annahmen hinsichtlich des Spracherzeugungsprozesses gemacht werden, die es erlauben, die unendliche Menge möglicher Geschichten $w_1 \ldots w_n$ auf eine handhabbare Menge $\mathcal{Q} = \{s_1, \ldots, s_N\}$ von *Äquivalenzklassen* zu reduzieren. Im einfachsten Falle stellen wir uns unter $\mathcal{Q}$ die Zustandsmenge eines deterministischen endlichen Automaten vor, der bei Produktion der Kette $w_1, w_2, \ldots, w_m$ nacheinander zwingend die Zustände

$$
\begin{aligned}
q_0 &= s[\varnothing] & \in \mathcal{Q} \\
q_1 &= s[w_1] & \in \mathcal{Q} \\
q_2 &= s[w_1 w_2] & \in \mathcal{Q} \\
q_3 &= s[w_1 w_2 w_3] & \in \mathcal{Q} \\
&\vdots \\
q_m &= s[w_1 \ldots w_m] & \in \mathcal{Q}
\end{aligned}
$$

durchläuft. Ein Beispiel ist in Abbildung 7.3 angegeben. Das resultierende Sprachmodell hat dann $N \cdot (L - 1)$ freie Parameter, und die Produktionswahrscheinlichkeiten lauten

$$
P(w_1 \ldots w_m) = \prod_{i=1}^{m} P(w_i \mid s[w_1 \ldots w_{i-1}]) . \tag{7.11}
$$

Es ist aber keineswegs obligatorisch, die aktuell wirksame Äquivalenzklasse deterministisch zu begreifen; der verkürzte Prozeßzustand $s[w_1 \ldots w_{i-1}]$ kann vielmehr als weitere Zufallsvariable q_{i-1} angesehen werden, deren Wert die Geschichte $w_1 \ldots w_{i-1}$ probabilistisch kodiert. Die Satzwahrscheinlichkeiten besitzen dann die Form

$$
P(\boldsymbol{w}) = \prod_{i=1}^{m} \left(\sum_{n=1}^{N} P(w_i \mid q_{i-1} = s_n) \cdot P(s[w_1 \ldots w_{i-1}] = s_n) \right) . \tag{7.12}
$$

Die Klassifikation des Prozeßzustandes in Gleichung (7.11) kann zum Beispiel in Abhängigkeit von den Ableitungskonfigurationen eines Parsers geschehen; die nichtdeterministische Variante (7.12) bietet sogar Raum für die Behandlung mehrdeutiger Satzzergliederungen [Jel90].

Die Identität eines Wortes hängt zwar prinzipiell von allen seinen Vorgängern ab, der statistische Einfluß der jüngeren Vergangenheit ist aber mit Sicherheit höher einzustufen als derjenige seiner ferneren Geschichte. Wir bezeichnen Sprachmodelle, welcher dieser Tatsache

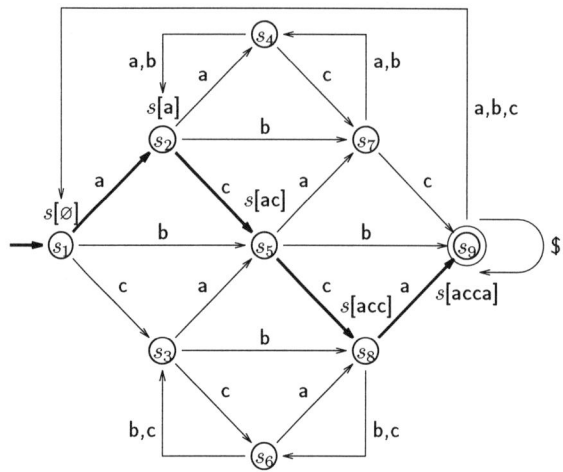

Determ. endlicher Automat
$(\mathcal{Q}, \mathcal{W}, \delta, q_0, \mathcal{F})$
mit

$\mathcal{Q} = \{s_1, \ldots, s_9\}$
$\mathcal{W} = \{\texttt{a},\texttt{b},\texttt{c},\texttt{\$}\}$
$q_0 = s_1$ (Anfangszustand)
$\mathcal{F} = \{s_9\}$ (Endezustände)

und Übergangsfunktion
$\delta \;:\; \mathcal{Q} \times \mathcal{W} \to \mathcal{Q}$

Abbildung 7.3:
Endlicher Automat, der die Menge $\{\texttt{a},\texttt{b},\texttt{c}\}^*$ aller Entstehungsgeschichten in neun Äquivalenzklassen kodiert

durch die Approximation

$$P(w_i \mid w_1 \ldots w_{i-1}) \;\approx\; P(w_i \mid \underbrace{w_{i-n+1} \ldots w_{i-1}}_{(n-1)}) \tag{7.13}$$

Rechnung tragen, als stochastische *n-Gramm*-Grammatiken. Die interessantesten Spezialfälle sind Unigramm-, Bigramm- und Trigramm-Modelle:

$$
\begin{aligned}
P(\boldsymbol{w}) &= \prod_{i=1}^{m} P(w_i) \\
P(\boldsymbol{w}) &= P(w_1) \cdot \prod_{i=2}^{m} P(w_i \mid w_{i-1}) \\
P(\boldsymbol{w}) &= P(w_1) \cdot P(w_2 \mid w_1) \cdot \prod_{i=3}^{m} P(w_i \mid w_{i-2} w_{i-1})
\end{aligned}
\tag{7.14}
$$

Der durch Unigrammwahrscheinlichkeiten beschriebene Prozeß besitzt kein Gedächtnis, berücksichtigt aber die erwarteten Worthäufigkeiten $P(w_i)$. Seine Perplexität liegt deshalb im allgemeinen unterhalb des Wertes L für den weißen Prozeß gleichen Alphabets.

Das Bigramm-Modell ist gleichwertig zu einer Markovquelle $(\boldsymbol{\pi}, \boldsymbol{A})$ erster Ordnung mit den Zuständen $s_1, \ldots, s_m$ und den Parametern

$$\pi_i = P(W_i) \quad \text{und} \quad a_{ij} = P(W_j \mid W_i) \quad \text{für alle } i, j \in \{1, \ldots, m\}, \tag{7.15}$$

die bei jedem Besuch eines Zustandes s_i das korrespondierende Wort W_i produziert. Auch eine Trigramm-Grammatik läßt sich als einfache Markovquelle schreiben; es werden dazu allerdings $L^2 + L$ Zustände benötigt, um die relevanten Entstehungsgeschichten zu kodieren.

Generell besitzt das n-Gramm-Modell bei einem Wortschatzumfang von L genau

$$\sum_{i=0}^{n-1} L^i(L-1) \;=\; L^n - 1 \qquad (7.16)$$

freie Wahrscheinlichkeitsparameter. Obwohl wir also in der Theorie die Verteilung einer Sprache durch Vergrößern der Ordnung n beliebig genau approximieren können — vergleiche dazu
auch die Entropiewerte der Tabelle 7.1 —, sind diesem Brachialverfahren in der Praxis durch
das dramatische Wachstum der Modelldimension enge Grenzen gesetzt. Zur automatischen
Spracherkennung werden daher ausschließlich Wortbigramme oder Worttrigramme eingesetzt
[Ney91, Lee89b, Jel85].

Da eine Trigramm-Grammatik bereits für 1000 Wörter rund 1 Milliarde statistische Parameter beinhaltet, besteht trotz der Existenz wirkungsvoller Glättungs- und Interpolationstechniken ein Handlungsbedarf zur Größenreduktion der Sprachmodelle. Den geeigneten
Ansatzpunkt dafür liefert die paradigmatische Struktur natürlicher Sprache: das Vokabular zerfällt in Klassen oder *Kategorien* von Wörtern mit ganz unterschiedlicher Bedeutung,
aber sehr ähnlichen satzfunktionalen und statistischen Eigenschaften. Gute Beispiele solcher
Klassen sind die Zahlwörter oder charakteristische Gruppen von Eigennamen wie Städte-,
Monats- und Personennamen.

Die Einsparung von Modellparametern wird durch die Verklebung der Statistiken aller
Wörter einer Klasse bewerkstelligt. Wenn ein System *paarweise disjunkter* Kategorien

$$\mathcal{C} \;=\; \{C_1, \ldots, C_N\} \quad \text{mit} \quad \bigcup_{k=1}^{N} C_k \;=\; \mathcal{W} \qquad (7.17)$$

vorausgesetzt wird, kommt jedem Wort eine eindeutige Kategorie $C(w) \in \mathcal{C}$ mit $w \in C(w)$
zu, und die bedingten Wahrscheinlichkeiten des Bigramm-Modells können bequem faktorisiert werden:

$$P(\boldsymbol{w}) \;=\; P(w_1) \cdot \prod_{i=2}^{m} P(w_i \mid C(w_i)) \cdot P(C(w_i) \mid C(w_{i-1})) \qquad (7.18)$$

Es bleiben nach der Verklebung noch $N^2 - 1$ Wahrscheinlichkeiten $P(C_i)$, $P(C_j \mid C_i)$ für
Kategorieübergänge und $L - N$ Kategoriezugehörigkeiten $P(W_k \mid C(W_k))$ zu schätzen; wegen
$N \leq L$ ist damit eine Komplexitätsreduktion verbunden. Bei n-Gramm-Grammatiken mit
$n \neq 2$ erfolgt die kategoriale Verklebung völlig analog.

Die Zerlegung des Wortschatzes in disjunkte Kategorien verkörpert eine höchst anfechtbare Modellannahme. Ein Wort wie „Essen" beispielsweise übt mehrere konkurrierende syntaktische Funktionen aus; in einigen Kontexten wird „Essen" als Eigenname, in anderen als
substantiviertes Verb interpretiert. Lassen wir die Disjunktheit fallen, um dieser Ausdiffe-
renzierung grammatischer Wortfunktionen Rechnung zu tragen, so kann im Prinzip jedes
Wort $w \in \mathcal{W}$ jede Kategorie $c \in \mathcal{C}$ vertreten; die kennzeichnenden Eigenschaften der Wortklassen werden ausschließlich durch die Zugehörigkeitsfunktion $P(w \mid c)$ kontrolliert. Die

einfache Darstellung der Satzproduktion in (7.18) weicht unter diesen Voraussetzungen einer gewichteten Summe über alle kombinatorisch möglichen kategorialen Wortannotationen $\boldsymbol{c} = c_1 \ldots c_m$:

$$P(\boldsymbol{w}) \;=\; \sum_{c \in \mathcal{C}^m} \left(P(w_1 \mid c_1) \cdot P(c_1) \cdot \prod_{i=2}^{m} P(w_i \mid c_i) \cdot P(c_i \mid c_{i-1}) \right) \qquad (7.19)$$

Ein Vergleich mit der Formel (5.18) auf Seite 130 macht deutlich, daß es sich bei einer Bigramm-Grammatik überlappender Kategorien um nichts anderes als ein diskretwertiges Markovmodell handelt, dessen Zustände die Rolle der Kategorien und dessen Ausgabesymbole die Rolle der Wörter eingenommen haben. Dasselbe gilt auch für n-Gramme höherer Ordnung; deren Markovmodelle besitzen allerdings insgesamt $N + \ldots + N^{n-1}$ Zustände zur Kodierung aller Kategoriefolgen bis zur Länge $n - 1$.

Der Unterschied zwischen n-Gramm-Grammatiken mit disjunkten und mit überlappenden Klassensystemen ist fundamental. Der Übergang von Wort-n-Grammen zu disjunkten Kategorie-n-Grammen ist wegen der Parameterverklebung mit einem Informationsverlust aufgrund des reduzierten Freiheitsgrades verbunden; sind $P_w(\cdot)$ und $P_c(\cdot)$ die Maximum-Likelihood-Schätzungen der fraglichen Verteilungen und $\boldsymbol{w}$ die verwendete Trainingssequenz, so gilt zwangsläufig die Ungleichung

$$P_c(\boldsymbol{w}) \;\leq\; P_w(\boldsymbol{w}) \,. \qquad (7.20)$$

Obwohl die wortbasierte Grammatik folglich die geringere Perplexität auf der Lernstichprobe aufweist, kehren sich diese Verhältnisse auf den Test- oder Anwendungsdaten häufig um, weil das kompaktere Kategoriemodell verläßlicher zu schätzen und daher weniger anfällig gegen eine Überanpassung ist.

Ganz anders stellt sich die Situation beim überlappenden Modell (7.19) dar. Eine Bigramm-Grammatik mit $N \geq L$ überlappenden Kategorien ist eine echte Verallgemeinerung des Wortbigramm-Modells und erzielt deswegen eine niedrigere Trainingsperplexität. Schließlich läßt sich mit den Bigrammen eines überlappenden Systems von mindestes $L + \ldots + L^{n-1}$ Kategorien sogar das wortbezogene n-Gramm-Modell simulieren; die parametrische Familie des ersteren umfaßt also diejenige des zweiten Grammatiktyps, und es resultieren wieder die entsprechende Abschätzungen der Trainingskorpusperplexitäten. Die theoretisch interessante Tatsache, daß sich die Perplexität eines jeden Wort-n-Gramm-Modells durch geeignete Kategoriebigramme unterbieten läßt, hat in Anbetracht des Überanpassungsrisikos nur geringe praktische Bedeutung.

7.2.3 Faktorisierung und Adaption des Sprachmodells

Um in den Genuß der vereinfachten Dekodierungsformel (7.18) zu gelangen, beschränken sich viele Spracherkenner auf die Integration disjunkter Kategoriensysteme. Die Klassen orientieren sich vorwiegend an syntaktischen Wortcharakteristiken — also Wortart, Kasus, Numerus, Genus, Tempus etc. — und werden, da vereinzelt auch semantische und pragmatische Gruppierungskriterien einfließen, theorieneutral als *„parts-of-speech"* (POS) bezeichnet [Der84]. Beispielsweise wurden für die englische Sprache Inventare von 40 oder 47 POS-Klassen entworfen [Jel90, Met91], im Deutschen wurden 96 verwendet [Wit92] und im Französischen 103 [Der86]. Es wird wahlweise mit kategorialen Bigrammen [Kne91] oder Trigrammen [CD87] gearbeitet, und die Kategoriezugehörigkeiten $P(w \mid c)$ werden oft durch die bedingten uniformen Verteilungen

$$P(W_k \mid C_j) = \begin{cases} 1/L_j & W_k \in C_j \\ 0 & W_k \notin C_j \end{cases} \qquad (7.21)$$

ersetzt [Wit92], wobei L_j die Mächtigkeit der Wortklasse C_j bezeichne.

Ihre volle Wirkung entfaltet die POS-Modellierung erst in Flexionssprachen wie Deutsch, Französisch und Italienisch. Zum Beispiel besitzen sehr viele französische Adjektive orthographisch abweichende, aber nichtsdestoweniger homophone männliche und weibliche Formen wie *„gracieux"* und *„gracieuse"*. Die Disambiguierung der Äußerung

(11)   *„Adrien est gracieux/se"*   (Adrian ist graziös)

mittels Worttrigrammen scheitert nun unter Umständen daran, daß (11) nicht in der Lernstichprobe auftrat und das Modell daraufhin versucht, den Genus des Adjektivs nach Lage der Bigrammwahrscheinlichkeiten vorherzusagen. Das fragliche Urteil (*„est gracieux/se"*) erscheint jedoch — zu Recht oder nicht — statistisch gesehen weit häufiger in der weiblichen Variante, was zu der Fehlentscheidung **„Adrien est gracieuse"* führt [CD91]. Dieser Effekt ist in einem POS-Modell sicherlich nicht zu befürchten, sofern getrennte Kategorien für die femininen und maskulinen Formen der Eigennamen bzw. Adjektive vorgesehen werden.

Grundsätzlich erscheint es vorteilhaft, wenn sich die statistische Prädiktion des aktuellen Wortes aus seiner Geschichte, die wir zur Abkürzung global mit $\mathcal{H}$ bezeichnen wollen, auf eine Linearkombination konkurrierender Wissensquellen stützen kann, wie sie etwa in [Mal92] vorgeschlagen wird:

$$\tilde{P}(w_i \mid \mathcal{H}) = \underbrace{\rho_w P_w(w_i \mid \mathcal{H})}_{\text{Wörter}} + \underbrace{\rho_c P_c(w_i \mid \mathcal{H})}_{\text{POS}} + \underbrace{\rho_g P_g(w_i \mid \mathcal{H})}_{\text{Lemmata}} . \qquad (7.22)$$

Für die Gewichte gelte $\rho_w + \rho_c + \rho_g = 1$, ferner sei $P_w(w_i \mid \mathcal{H})$ die bedingte Verteilung eines Worttrigramm-Modells und $P_c(w_i \mid \mathcal{H})$ diejenige des POS-Modells. Der letzte Ausdruck steht für eine morphologische Komponente der Grammatik, das *Trilemma*-Modell [Elb90]. Sein Kategoriensystem $\mathcal{G}$ besteht aus Klassen flektierter Wortformen, die zu derselben Grundform gehören, sogenannten *Lemmata*. Genau wie die POS-Kategorie ist auch das Lemma eines Wortes nicht immer eindeutig, wie die Form *„rege"* beweist, die je nach Kontext vom Verb, vom Adjektiv oder vom Adverb herrührt. Die Prädiktorformel

$$P_g(w_i \mid \mathcal{H}) = \sum_{c \in \mathcal{C}} P(c \mid c_{i-2}c_{i-1}) \cdot \left(\sum_{g \in \mathcal{G}} P(g \mid g_{i''}g_{i'}) \cdot P(w_i \mid c,g) \right) \tag{7.23}$$

berücksichtigt deshalb zur Wortvorhersage aus syntaktischen und morphologischen Kategorien alle Kombinationen von c und g. In seiner ursprünglichen Fassung [Elb90] zielte das Trilemma-Modell ausschließlich auf semantische Disambiguierung, und Funktionswörter waren vom Lemmatisierungsprozeß ausgeschlossen; $g_{i'}$ und $g_{i''}$ bezeichneten daher die Lemmata des letzten und vorletzten *Inhalts*wortes. Weil Funktionswörter trotz beschränkten Inventars eine sehr hohe Auftretenshäufigkeit besitzen — in französischen Sprachdaten war jedes zweite Vorkommen ein Funktionswort — und folglich besonders sorgfältig zu modellieren sind, wurde in einer verbesserten Version der Trilemma-Grammatik [CD91] zusätzlich je eine morphologische Klasse für sie angesetzt. Jedes Funktionswort bildet dann sein eigenes Lemma, und $g_{i'}$, $g_{i''}$ gehen in g_{i-1}, g_{i-2} über. Ferner ist eine Wortform aufgrund ihrer syntaktischen *und* ihrer morphologischen Kategorie bereits eindeutig identifiziert, sofern die verwendeten Kategoriensysteme einen hinreichenden Differenzierungsgrad aufweisen, so daß sich der Ausdruck $P(w \mid c,g)$ zu $\chi_{[w_i = w(c,g)]}$ und die Gleichung (7.23) zu

$$P_g(w_i \mid \mathcal{H}) = \sum_{w(c,g)=w_i} P(c \mid c_{i-2}c_{i-1}) \cdot P(g \mid g_{i-2}g_{i-1}) \tag{7.24}$$

vereinfacht. Sprachmodelle mit Trilemma-Komponente sind in der Lage, zwischen den homophonen Lösungsalternativen in

(12) „... weil Mutter blutarm ist/ißt"
(13) „... weil Nastassia fettarm ist/ißt"
(14) „... weil Buttermilch fettarm ist/ißt"

eine zuverlässige Entscheidung herbeizuführen, während mit einem Bilemma-Modell nur Beispiel (12) zu disambiguieren ist. Die Satzfragmente (12–14) machen indessen deutlich, welche immensen Probleme bei einer noch weitergehenden Faktorisierung stochastischer Sprachmodelle unter Einschluß semantischer Klassensysteme zu lösen sind. Die unterschiedliche Vorhersage des Verbs in (13) und (14) stützt sich im Trilemma-Modell noch auf die Individuen „*Nastassia*" und „*Buttermilch*"; von einer semantischen Prädiktion, die ökonomisch mit ihren statistischen Resourcen umgeht, würde man allerdings mit Recht erwarten, daß dies aufgrund semantischer Kategorien wie „⟨*Person*⟩" und „⟨*Lebensmittel*⟩" geschieht.

Die jüngsten Beiträge zur linguistischen Sprachmodellierung beschäftigen sich mit der Erfassung kontextueller Bezüge über größere Distanzen hinweg, mit der Kombination von Vorhersagen konkurrierender Prädiktorvariablen und Klassensysteme sowie mit der Kurzzeitadaption des Modells an Thema und Stil der laufenden Spracheingabe. Die enge Korrelation zwischen Verb und Präposition in dem Äußerungspaar

(15)   „*Der Zug* kommt/fährt *mit zwei Stunden Verspätung* aus/nach *Castrop-Rauxel*"

belegt, daß auch die Eigenschaften eines weit zurückliegenden Wortes eine starke Vorhersagewirkung haben können, welche sogar deutlich über den Einfluß der unmittelbaren Vorgängerwörter hinausgeht. Um lange grammatische Interaktionswege bei Bedarf zu erfassen, das Modell aber gleichzeitig nicht unnötig aufzublähen, ist eine flexible Äquivalenzklassenbildung auf der Geschichte $\mathcal{H}$ vonnöten, wie sie etwa in Gestalt eines Entscheidungsbaumes realisiert wurden [Bah89]. Die Knoten des binären Baumes repräsentieren elementare Fragen $w_{i-j} \in c_k$ nach der Zugehörigkeit eines Vorgängerwortes, das bis zu 20 Positionen vor dem aktuellen Wort w_i liegen darf, zu einer POS-Kategorie aus dem Vorrat $\mathcal{C}$; die Auswahl der Fragen folgt dem Ziel maximaler Transinformation [Bre84]. Die Wurzel des Baumes steht für die Menge $\mathcal{W}^{20}$ aller Geschichten der Länge 20; an jedem Knoten findet eine Aufspaltung statt, und die Teilmengen an den Blättern des Baumes bilden das gesuchte System von Äquivalenzklassen. Das Problem dieses Verfahrens gegenüber Modellen wort- oder POS-bezogener n-Gramme liegt darin, daß zum Entwurf des Entscheidungsbaumes nur suboptimale Verfahren bekannt sind und das Potential dieser Modelle daher in der Praxis nicht ausgeschöpft werden kann [Bah89].

Die statistischen Eigenschaften eines Textes reflektieren in erster Linie die Struktur der verwendeten Sprache, hängen aber auch sehr stark von stilistischen und inhaltlichen Faktoren des Materials ab. In Erkennungssystemen, deren Eingabetexte aus ständig wechselnden Themenbereichen stammen, ist ein Sprachmodell gefordert, das sich den Fluktuationen sprachlicher Charakteristiken möglichst dynamisch anpaßt. Ein Diktiersystem im redaktionellen Bereich einer Nachrichtenagentur wird seine Erkennungsleistung beträchtlich verbessern, wenn es je nach Sujet hohe Wahrscheinlichkeiten für das Auftreten der Namen westlicher Wirtschafts- und Finanzminister, deutscher Bundesligavereine oder südamerikanischer Drogenkartelle vergibt. Besonders Inhaltswörter formieren sich zu thematischen Gruppen, deren Mitglieder bei Auftreten ihre Wahrscheinlichkeiten wechselseitig verstärken, wie zum Beispiel

„*Tanker*" — „*Brand*" — „*Ölpest*" — „*libanesische*" — „*Flagge*"

oder

„*Azoren*" — „*Rückseite*" — „*wetterbestimmend*" — „*strichweise*" — „*ergiebige*" .

Ein mathematisches Modell für diesen *Triggereffekt* wurde in [Lau93] entwickelt; eine dynamische Adaption bedingter Wortwahrscheinlichkeiten findet sich erstmals in [Kuh90] und soll hier kurz erläutert werden. Der Grundgedanke besteht darin, das Phänomen wechselseitiger Wortaktivierungen $W_k \rightsquigarrow W_l$ auf den Spezialfall $k = l$ einzuschränken, also die Wahrscheinlichkeit erst kürzlich gehörter Wörter zu Ungunsten ihrer Mitbewerber zu verstärken. Dies wird durch die Einführung einer *cache-* oder *Kurzzeitgedächtnis*-Komponente

$$P_m(w_i \mid \mathcal{H}) \;=\; \sum_{j=1}^{J} \alpha_j \chi_{[w_i = w_{i-j}]} \quad \text{mit} \quad \sum_{j=1}^{J} \alpha_j \;=\; 1 \qquad (7.25)$$

bewerkstelligt, die zum Beispiel der Linearkombination (7.23) als neuer Summand hinzugefügt werden kann. Mit J ist die Dauer des Gedächtnisses festgelegt, und die Abklingfunktion $[\alpha_j]$ kann wie im Originalartikel [Kuh90] als Konstante $1/J$ gewählt oder aber aus dem
Datenmaterial geschätzt werden [Ess91]. Die Kurzzeitstatistik kann global geführt werden
oder getrennt für jede POS-Kategorie; in Flexionssprachen sollte $P_m(w_i \mid \mathcal{H})$ dahingehend
modifiziert werden, daß jede Wortform nicht nur sich selbst aktiviert, sondern alle Flexi-
onsformen gleichen Stammes. Mit Hilfe morphologischer und adaptiver Modellkomponenten
kann auch die legendäre Stilblüte

(16)   *„Sie standen an den Hängen und Pisten“*

deutscher Sportberichterstattung unter Ausnutzung der Triggerwirkung *„Hängen“* ⟿
„Pisten“ und der adaptionsbedingt erhöhten Auftretenswahrscheinlichkeit von *„Pisten“* gegenüber seinem homophonen Konkurrenten korrekt, d.h. im Sinne der ursprünglich intendierten Bedeutung interpretiert werden.

7.2.4   Konzeptuelle Grammatiken

Während das Analyseziel bei der akustischen Texterfassung der exakte Wortlaut der Spracheingabe ist, können wir es uns bei Informationsabfragen wie

(17)   *„ (Welcher Zug fährt)₁ (am Freitag)₂ (von Paris)₃ (nach Budapest?)₄ “*

offensichtlich leisten, von der Äußerungsoberfläche weitgehend zu abstrahieren. Die zur
Auslösung einer adäquaten Systemreaktion unverzichtbare Kerninformation der Anfrage (17)
läßt sich zum Beispiel — unter stark vereinfachenden Annahmen hinsichtlich der semantisch-
pragmatischen Satzstruktur — auf eine Menge von Paaren $(\mathfrak{k}_j, \mathfrak{v}_j)$ elementarer *Bedeutungskonzepte* $\mathfrak{k}_j$ und ihrer aktuellen *Ausprägungen* $\mathfrak{v}_j$ reduzieren. Die konzeptuelle Repräsentation
des Beispiels (17) besteht aus den vier Bedeutungseinheiten

Segment j	Konzept $\mathfrak{k}_j$	Wert $\mathfrak{v}_j$	Satzoberfläche
1	ANFRAGETYP	Zugverbindung	*„welcher Zug fährt“*
2	ABFAHRTSZEIT	Freitag	*„am Freitag“*
3	ABFAHRTSORT	Paris	*„von Paris“*
4	ANKUNFTSORT	Budapest	*„nach Budapest“*

und besitzt eine besonders einfache Struktur: die textuellen Korrelate der Bedeutungseinheiten bilden eine vollständige, nicht überlappende und nicht verschränkte Dekomposition des
Eingabetextes. Unter dieser einschneidenden Annahme, die für das Deutsche wegen seiner

charakteristischen diskontinuierlichen Verbalphrasen schlichtweg unzulässig ist, wurde ein vielbeachtetes stochastisches Modell *konzeptueller Segmentierung* für englischsprachige Auskunftssysteme entwickelt [Pie91c, Pie92]. Nach Voraussetzung kann jede Eingabe $w_1 \ldots w_m$ in eine Folge konzeptueller Segmente

$$(\mathfrak{k}_j, \mathfrak{v}_j, w_{i_{j-1}+1} \ldots w_{i_j}) , \quad j = 1, \ldots, J, \; i(0) = 0, \; i(J) = m \tag{7.26}$$

zerlegt werden, wobei jede Teilfolge $w_{i_{j-1}+1} \ldots w_{i_j}$ eine Oberflächenrealisierung des Konzepts $\mathfrak{k}_j$ in der aktuellen Ausprägung $\mathfrak{v}_j$ ist. Sind die Oberfläche und das Bedeutungskonzept eines Segmentes bekannt, läßt sich der Füllparameter $\mathfrak{v}_j$ im allgemeinen durch einfache Heuristiken aus dem Text bestimmen [Pie92].

Das Produktionsmodell konzeptueller Wortkettenerzeugung besteht aus einer konzept- und einer wortbezogenen Komponente. Die Aufeinanderfolge von Bedeutungseinheiten wird durch ein Bigramm-Modell $P(\mathfrak{k}_j \mid \mathfrak{k}_{j-1})$ kontrolliert, und auch die textuelle Realisierung dieser konzeptuellen Einheiten gehorcht ihrerseits einer (konzeptabhängigen) Bigramm-Grammatik $P(w_i \mid w_{i-1}, \mathfrak{k}_j)$. Die Produktionswahrscheinlichkeit einer Wortkette erhalten wir aufgrund der Summation

$$\begin{aligned} P(w_1 \ldots w_m) \;=\; & \sum_{J=1}^{\infty} \Bigg[\sum_{\mathfrak{k}_1, \ldots, \mathfrak{k}_J} \sum_{0 \le i_1 \le \ldots \le i_{J-1} \le m} P(\mathfrak{k}_1) \prod_{j=2}^{J} P(\mathfrak{k}_j \mid \mathfrak{k}_{j-1}) \cdot \\ & \cdot \prod_{j=1}^{J} \Bigg(P(w_{i_{j-1}+1} \mid \mathfrak{k}_j) \prod_{i=i_{j-1}+2}^{i_j} P(w_i \mid w_{i-1}, \mathfrak{k}_j) \Bigg) \Bigg] \end{aligned} \tag{7.27}$$

über die Anzahl, den Bedeutungstyp und die Position der konzeptuellen Segmente; $P(\mathfrak{k}_j)$ und $P(w_i \mid \mathfrak{k}_j)$ sind die Unigrammstatistiken der beiden Teilgrammatiken. Das konzeptuelle Sprachmodell (7.27) hat große Ähnlichkeit mit einem HMM; sind alle Grammatikparameter bekannt, so können wir jede Wortkette mit einer Modifikation des Viterbi-Algorithmus hinsichtlich ihrer wahrscheinlichsten konzeptuellen Zerlegung entschlüsseln [Pie91c].

Wird das schwerverdauliche Dekompositionspostulat (siehe oben) fallengelassen, so leistet die Technik der Markovmodelle keine Unterstützung mehr bei der Formalisierung einer konzeptuellen Grammatik. Eine Alternative bietet der Entwurf eines Entscheidungsbaumes mit dem CART-Verfahren, wie in der Arbeit [Kuh92] zur *konzeptuellen Klassifikation* ausgeführt wurde.

7.3 Schätzung der Sprachmodellparameter

Nach der Auswahl eines geeigneten Sprachmodelltyps liegt die funktionale Struktur unserer Schätzung $\hat{P}(\boldsymbol{w})$ der Produktionswahrscheinlichkeiten fest, aber ihre freien statistischen Parameter müssen noch bestimmt werden. Weil eine direkte Optimierung der Erkennungsleistung nicht in geschlossener Form möglich ist, ist man versucht, ersatzweise die Perplexität einer Lernstichprobe $\boldsymbol{w}^L$ zu minimieren oder, was damit gleichbedeutend ist, den Wert $\hat{P}(\boldsymbol{w}^L)$

zu maximieren. Das quantitative Verhältnis zwischen Stichprobengröße und Parameterzahl ist jedoch bei der linguistischen Modellierung grundsätzlich derartig ungünstig, daß ein erheblicher Glättungs- und Interpolationsaufwand getrieben werden muß, um der drohenden Überanpassung des Modells an die Trainingsdaten wirksam zu begegnen.

7.3.1 Glättung relativer Häufigkeiten

Die Schätzung der bedingten n-Gramm-Wahrscheinlichkeiten wird aufgrund der Beziehung $P(w \mid \boldsymbol{v}) = P(\boldsymbol{v}w)/P(\boldsymbol{v})$ auf die a priori Wahrscheinlichkeiten von n-Grammen und $(n-1)$-Grammen zurückgeführt. Deren ML-Schätzwerte ergeben sich unter Binomialverteilungsannahme als relative Häufigkeiten

$$\hat{P}(w_1 \ldots w_n) = \frac{\text{Anzahl der Vorkommen von } w_1 \ldots w_n}{\text{Anzahl der Vorkommen aller } n\text{-Gramme}} = \frac{\#(w_1 \ldots w_n)}{N - n} \ ; \qquad (7.28)$$

die Funktion $\#$ zählt, wie oft die Wortfolge im Argument in der Trainingssequenz auftaucht, und N ist die Anzahl aller Wortvorkommen; die bedingten Wahrscheinlichkeiten werden dann

$$\hat{P}(w_i \mid w_{i-n+1} \ldots w_{i-1}) = \frac{\hat{P}(w_{i-n+1} \ldots w_i)}{\hat{P}(w_{i-n+1} \ldots w_{i-1})} \approx \frac{\#(w_{i-n+1} \ldots w_i)}{\#(w_{i-n+1} \ldots w_{i-1})} \qquad (7.29)$$

abgeschätzt.

Das eigentliche Problem liegt in der spärlichen Versorgung dieses Schätzers mit Trainingsdaten. Beispielsweise werden selbst in einem Textkorpus von einer Million Wörtern maximal $0.1\,\%$ der 10^9 kombinatorisch möglichen Trigramme eines 1000-Wort-Vokabulars überhaupt auftreten. Für die nicht vertretenen Trigramme wird zwangsläufig $\hat{P}(w_1 w_2 w_3) = 0$ — eine gute Wahl, falls die Wortfolge $w_1 w_2 w_3$ unmöglich Bestandteil einer akzeptablen Äußerung sein kann, eine sichere Fehlerquelle jedoch, sobald $w_1 w_2 w_3$ in der Anwendung realisiert wird. Die Untersuchung eines Korpus amerikanischer Patentbeschreibungen ergab, daß selbst nach ausgedehntem Training mit 1.5 Millionen Wörtern nahezu ein Viertel aller Trigramme neuer Patenttexte noch unbekannt war [Jel90]. Bei Verwendung von POS-Kategorien tritt die Sättigung schon bei kleineren Datenmengen ein; von den 10 000 POS-Trigrammen — es wurden insgesamt 47 POS-Klassen unterschieden — einer Textsammlung von *Wall Street Journal* Artikeln mit einer Million Wortvorkommen tauchten zwar nur 60 % in einem Subkorpus von 64 000 Wörtern auf, die neuhinzugekommenen Trigramme waren jedoch so selten, daß sie lediglich 0.4 % der Vorkommen ausmachten [Met91].

Der wohlmeinende Rat „*Dere's no data like mo' data*" [Mer88a] hilft uns in dieser Situation nicht weiter, weil der Mangel prinzipieller Natur ist. Selbst zur Bestimmung der Bigrammwahrscheinlichkeiten können wir nie ausreichend Trainingsdaten akquirieren, denn die Anzahl der Wortpaare steigt quadratisch mit dem Wortschatzumfang L. Mit jeder Vergrößerung des Korpus wird jedoch automatisch der Wortschatz erweitert; der letztere wächst aber aller Erfahrung nach schneller als die Quadratwurzel der Korpusgröße, so daß der Teufelskreis perfekt ist [Gal90].

Die erforderliche Glättung der unsicheren Schätzwerte läuft auf eine Umverteilung der Wahrscheinlichkeitsmassen häufiger n-Gramme zugunsten seltener oder abwesender n-Gramme hinaus. Allgemein formuliert gehen wir von einer unbekannten, diskreten Verteilung einer Zufallsvariablen — dem Auftreten von Wörtern, Wortpaaren, Worttripeln — mit den möglichen Ereignissen $k = 1, \ldots, K$ aus. Auf Grundlage einer Stichprobe von N Beobachtungen, die je N_k Vorkommen des k-ten Ereignisses aufweist, sollen die Auftretenswahrscheinlichkeiten $p_1, \ldots, p_K$ geschätzt werden. Alle bekannten Schätzer sind von der Form

$$\hat{p}_k = \frac{N_k^*}{N^*} = N_k^* \, / \, \sum_{k=1}^{K} N_k^* \qquad (7.30)$$

mit einer geeignet *verfärbten* Zählfunktion N_k^*, die im Gegensatz zur ML-Schätzung ($N_k^* = N_k$) Parameterwerte $\hat{p}_k = 0$ ausschließt. Am einfachsten sind Verfahren wie die *Jeffrey*-Glättung $N_k^* = N_k + 1$, die zur Überbewertung rarer Ereignisse tendiert [Ney91], die uniforme Bayes-Schätzung $N_k^* = N_k + 0.5$ [Box73] und die *Quadratmittel*-Methode $N_k^* = N_k + 0.5\sqrt{N}$, welche das Fehlschätzungsrisiko zu minimieren sucht [Ste57a].

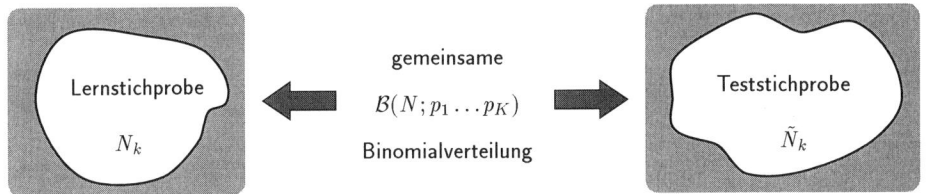

Abbildung 7.4: Identisch und unabhängig binomialverteilte Lern- und Teststichproben gleichen Umfangs N

Eine sehr interessante Klasse von Schätzern, zu der auch die Good-Turing-Formel gehört, führt explizit eine einschränkende Symmetriebedingung in das Problem ein [Nad85]. Danach können nicht alle Wahrscheinlichkeiten $p_1, \ldots, p_K$ wirklich verschieden sein; vielmehr besitzen alle Ereignisse mit der gleichen empirischen Häufigkeit $N_k = r$ — es gibt insgesamt $\eta_r = \#\{k \mid N_k = r\}$ davon — auch die gleiche Auftretenswahrscheinlichkeit q_r. Diese Bedingung ist keineswegs besonders einschneidend oder künstlich, denn wie sollte auch ein Schätzer zwischen zwei Ereignissen mit identischen empirischen Statistiken unterscheiden können? Das weitere Vorgehen orientiert sich an der Situation in Abbildung 7.4, wo eine Lernstichprobe mit bekannten Statistiken N_k und eine hypothetische Teststichprobe mit unbekannten Statistiken $\tilde{N}_k$ dargestellt sind, welche beide vom Umfang N sind und von einunddemselben Binomialprozeß erzeugt wurden. Die Verfärbung der Häufigkeit r erhält man durch die Regression [Chu91]

$$r^* \;=\; \mathcal{E}[\tilde{N}_k \mid N_k = r] \;=\; \frac{r+1}{1 + 1/N} \cdot \frac{\mathcal{E}[\eta_{r+1} \mid \mathcal{B}(N+1; p_1, \ldots, p_K)]}{\mathcal{E}[\eta_r \mid \mathcal{B}(N; p_1, \ldots, p_K)]} \; ; \qquad (7.31)$$

die Erwartungswerte bezüglich der wahren Verteilungsfunktion in Zähler und Nenner des letzten Bruches ersetzen wir durch die Statistiken der Lernstichprobe und erhalten mit $1/N \to 0$ die *Good-Turing*-Formel [Goo53]:

$$r^* \;=\; (r+1) \cdot \frac{\eta_{r+1}}{\eta_r} \qquad (7.32)$$

Weil die Summe aller Häufigkeiten

$$\sum_{k=1}^{K} (N_k)^* \;=\; \sum_{r=0}^{\infty} \eta_r r^* \;=\; \sum_{r=0}^{\infty} (r+1) \eta_{r+1} \;=\; \sum_{r=1}^{\infty} r \eta_r \;=\; N \qquad (7.33)$$

von dieser Färbung nicht betroffen wird, lautet der Good-Turing- oder GT-Schätzer $\hat{p}_k = r^*/N$ mit $r = N_k$. Die geschätzte Wahrscheinlichkeitsmasse (der Gesamtheit) aller Ereignisse, die in der Lernstichprobe *nicht* auftraten, beträgt demnach

$$\sum_{k \mid N_k = 0} \hat{p}_k \;=\; \eta_0 \cdot \frac{0^*}{N} \;=\; \frac{\eta_1}{N} \; , \qquad (7.34)$$

gleicht also genau dem Anteil der *einfachen* Stichprobenvorkommen. Allgemein beläuft sich die Wahrscheinlichkeitsmasse der genau r-maligen Vorkommen auf $r\eta_r/N$ nach ML-Schätzung und auf $(r+1)\eta_{r+1}/N$ nach GT-Schätzung.

Die Symmetriebedingung kann auch mittels Kreuzvalidierung (*held-out-*, *leave-one-out-* oder *deleted-estimate*-Verfahren [Dev82, S. 357]) ausgewertet werden. Bei der *held-out*-Variante [Chu91] werden zwei unabhängige Stichproben mit den Zählungen $N_k^{(1)}$, $N_k^{(2)}$ akquiriert. Die erste Datensammlung wird nur verwendet, um die Statistiken aller Klassen gleicher Häufigkeit $N_k^{(1)} = r$ miteinander zu verkleben; mit der zweiten Sammlung wird dann die Färbung

$$r^* \;=\; \frac{1}{\eta_r^{(1)}} \cdot \sum_{k \mid N_k^{(1)} = r} N_k^{(2)} \qquad (7.35)$$

berechnet. Werden zwischendurch die Rollen der beiden Datensammlungen vertauscht und die resultierenden Statistiken gemittelt, erhält man die *deleted*-Schätzung

$$r^* \;=\; \frac{\sum_{k \mid N_k^{(1)} = r} N_k^{(2)} \;+\; \sum_{k \mid N_k^{(2)} = r} N_k^{(1)}}{\eta_r^{(1)} \;+\; \eta_r^{(2)}} \; ; \qquad (7.36)$$

das aufwendigste Kreuzvalidierungsverfahren schließlich — *leave-one-out* — führt geradewegs zurück auf die Good-Turing-Formel [Nad85].

Ein weiteres Färbungsverfahren [Nad84], auf dessen nähere Beschreibung hier jedoch ver-

zichtet wird, fußt auf einer empirischen Bayes-Schätzung [Rob64] der Binomialverteilungs-
parameter, deren a priori Verteilungsdichte der Beta-Familie [Moo74, S. 115] zugeschrieben
wird.

7.3.2 Rückfall auf vergröberte Statistiken

Die bei Verwendung eines n-Gramm-Sprachmodells benötigten bedingten Wahrscheinlichkeiten $P(w_n \mid w_1 \ldots w_{n-1})$ sollten auch dann einen nichtverschwindenden Schätzwert erhalten, wenn das n-Gramm $w_1 \ldots w_n$ nicht in der Lernstichprobe auftrat. Ist das Zählergebnis
$\#(w_1 \ldots w_n) = 0$ tatsächlich auf die Inakzeptabilität der Satzfortsetzung w_n zurückzuführen
oder nur auf das unzureichende Trainingsmaterial? Wichtige Indizien zur Beantwortung dieser Frage finden wir in den Sprachmodellen niedrigerer Ordnung vor; die *Rückfallstrategie*

$$P_R(w \mid \boldsymbol{v}) \;=\; \begin{cases} \hat{q}(w \mid \boldsymbol{v}) & \text{falls } \#(\boldsymbol{v}w) > 0 \\ \beta(\boldsymbol{v}) \cdot P_R(w \mid \boldsymbol{v}') & \text{falls } \#(\boldsymbol{v}w) = 0 \end{cases} \qquad (7.37)$$

stellt eine nichtlineare, rekursive Lösung des Schätzproblems dar, die einen gewissen Anteil
der Wahrscheinlichkeitsmasse, welche aufgrund der verfärbten Schätzfunktion $\hat{q}(\cdot)$ eingespart
wurde, an die nicht beobachteten Wörter umverteilt. Die Neuverteilung erfolgt proportional
zu den Schätzwerten des nächst gröberen Modells mit dem „abgemagerten" Bedingungteil
$\boldsymbol{v}'$, wobei das Gewicht $\beta(\boldsymbol{v})$ die Stochastizitätsbedingung der bedingten Verteilung $P_R(\cdot \mid \boldsymbol{v})$
sicherstellt.

Bei Trigramm-Grammatiken verfolgt man meistens die naheliegende Strategie, sich von
$P(w_3 \mid w_1 w_2)$ zunächst auf die bedingten Bigramme $P(w_3 \mid w_2)$ und dann auf die Unigramme
$P(w_3)$ zurückfallen zu lassen; das allerletzte Glied in dieser Kette — die Gleichverteilung
$P(w_3) = 1/L$ — dient der Glättung ungesehener Wörter und wird auch als *Zerogramm*-
Statistik bezeichnet. Auch das Trigramm-Modell von Katz [Kat87] gehört in diese Kategorie;
das $\boldsymbol{v}'$ in Gleichung (7.37) steht also für die um das erste Wort verkürzte Geschichte $\boldsymbol{v}$. Die
verfärbte Verteilung spezifiziert Katz in Anwendung der Good-Turing-Formel:

$$\hat{q}(w \mid \boldsymbol{v}) \;=\; \frac{(\#(\boldsymbol{v}w))^*}{\#(\boldsymbol{v})} \qquad (7.38)$$

Der Färbungsoperator $(\,)^*$ bezieht sich auf die Grundgesamtheit aller n-Gramme, wobei n
die Länge der Kette $\boldsymbol{v}w$ sei. Die Normalisierungskonstante berechnet sich unter anderem aus
der umverteilten Wahrscheinlichkeitsmasse η_1/N; dabei ist N die Anzahl aller n-Gramm-
Vorkommen und η_1 die Anzahl aller n-Gramme $\boldsymbol{v}$ mit $\#(\boldsymbol{v}) = 1$.

Die stark vereinfachte, aber ebenso wirksame Verteilung [Pla93]

$$\hat{q}(w \mid \boldsymbol{v}) \;=\; \frac{\#(\boldsymbol{v}w)}{\#(\boldsymbol{v}) + \varrho(\boldsymbol{v})} \quad \text{mit} \quad \varrho(\boldsymbol{v}) \;=\; \#(u \in \mathcal{W} \mid \#(\boldsymbol{v}u) > 0) \qquad (7.39)$$

begnügt sich mit einer proportionalen Verkürzung der Schätzwerte mit positiver Statistik

$\#(\boldsymbol{vw})$. Für die restlichen Wörter verbleibt als Umverteilungsmasse der Wert $\varrho(\boldsymbol{v})/(\#(\boldsymbol{v}) + \varrho(\boldsymbol{v}))$; die Glättung wirkt sich also umso stärker aus, je seltener der Bedingungsteil $\boldsymbol{v}$ zur Auszählung gelangt und je mehr Wörter u mit ihm unverträglich sind, d.h. die Statistik $\#(\boldsymbol{vu}) = 0$ produzieren.

Die bedingten Wahrscheinlichkeiten ungesehener n-Gramme lassen sich auch ohne direkten Rückgriff auf die $(n-1)$-Gramm-Wahrscheinlichkeiten abschätzen, wenn die Good-Turing-Formel unmittelbar zur Glättung der bedingten anstelle der a priori n-Gramm-Statistiken herangezogen wird [Gup92]. Wie beim Katz-Rückfall für $n = 3$ wird die Good-Turing-Masse auf die Parameter ungesehener Trigramme verteilt, diesmal jedoch nicht proportional zu den bedingten Bigrammwahrscheinlichkeiten, sondern dem Regressionsansatz

$$P(w_3 \mid w_1 w_2) \; \cong \; \mathcal{E}[P(w_3|uw_2) \mid \#(uw_2w_3) = 0] \; \approx \; \frac{\sum\limits_{u \in \mathcal{W}'} P(uw_2w_3)}{\sum\limits_{u \in \mathcal{W}'} P(uw_2)} \qquad (7.40)$$

folgend; $\mathcal{W}'$ ist die Menge aller Wörter u, so daß die Kette uw_2w_3 nicht im Trainingskorpus vorkommt. Der Zählerausdruck in Gleichung (7.40) sieht wegen $\#(uw_2w_3)$ auf den ersten Blick gefährlich aus, kann aber durch eine GT-Schätzung bestimmt werden, sofern wenigstens $\#(w_2w_3) > 0$ ist; den Nenner schätzt man direkt. Insgesamt geschieht die proportionale Verteilung der Good-Turing-Masse nach der Fallunterscheidung [Gup92]

$$P_R(w_3 \mid w_1 w_2) \; \propto \; \begin{cases} \#(u \mid \#(uw_2w_3) = 1) \; / \; \#(w_2) & \#(w_2w_3) > 0 \\ \#(u \mid \#(uw_3) = 1) \; / \; N & \#(w_2w_3) = 0, \; \#(w_3) > 0 \\ \#(u \mid \#(u) = 1) \; / \; (N_1 N) & \#(w_3) = 0 \end{cases}$$

$$(7.41)$$

Die Konstanten N und N_1 beziffern die Anzahl der Trigramme bzw. der nicht vorkommenden Wörter in der Lernstichprobe.

7.3.3 Interpolation

Erhebliches Mißtrauen gegen jegliche Form von Rückfallstrategie wird durch die Vermutung geschürt, daß die relative Häufigkeit $\#(\boldsymbol{vw})/\#(\boldsymbol{v})$, die wir fortan kürzer als $h(w|\boldsymbol{v})$ notieren, auch für kleine, aber nicht verschwindende Zählwerte $\#(\boldsymbol{vw})$ äußerst unzuverlässig sein kann — insbesondere, wenn auch der Bezugswert $\#(\boldsymbol{v})$ gering ausfällt.

Lineare Interpolation. Es erweist sich also unter Umständen als gedeihlich, auch im Falle $\#(\boldsymbol{vw}) > 0$ die Statistiken niedrigerer Ordnung in die Schätzung miteinzubeziehen, wie das bei der *linearen Interpolation*

$$P_I(w_n \mid w_1 \ldots w_{n-1}) = \rho_0 \cdot \frac{1}{L} + \rho_1 \cdot h(w_n) + \rho_2 \cdot h(w_n \mid w_{n-1}) + \ldots$$
$$\ldots + \rho_n \cdot h(w_n \mid w_1 \ldots w_{n-1}) \tag{7.42}$$

geschieht. Die Gewichte ρ_i können — unter Einhaltung der Normierungsbedingung $\sum_i \rho_i = 1$; dann gilt auch für die Interpolierte $P_I(\cdot)$ die Stochastizitätseigenschaft — durch Kreuzvalidierung bestimmt werden. Zu diesem Zweck verwendet man zwei disjunkte und unabhängige Lernstichproben; mit der ersten schätzt man die relativen Häufigkeiten $h(w|\boldsymbol{v})$, und mit der zweiten berechnet man die optimalen Gewichte. Die ML-Schätzung der $\hat{\rho}_i$ erfolgt wie bereits in Abschnitt 5.5.3 ausgeführt iterativ nach dem EM-Algorithmus.

Die Gewichte werden nur in den seltensten Fällen global gewählt, denn schließlich wünschen wir uns Werte $\rho_n \approx 1$ ($\rho_n \approx 0$), falls die Wortkette im Bedingungsteil von Gleichung (7.42) eine hohe Auftretensdichte besitzt (nie auftritt). Deswegen bestimmt man die Interpolationsgewichte getrennt in Abhängigkeit von Prädiktorvariablen wie der Identität w_{n-1} des letzten Wortes, seiner POS-Klasse $C(w_{n-1})$ oder auch dem Zählwert $\#(w_{n-2}w_{n-1})$ des vorangehenden Wortbigramms [Der84]. Die feinstmögliche Gewichtung, welche noch die Normierungsbedingung für $P_I(\cdot)$ aufrechterhält, liegt vor, wenn die Koeffizienten $\rho_i = \rho_i(\mathcal{H})$ für jede mögliche Geschichte separat angesetzt werden.

In einem sehr eingeschränkten Spezialfall, nämlich für die bilaterale Interpolation zwischen n-Grammen und Zerogrammen wie

$$P_I(w \mid \boldsymbol{v}) = (1 - \rho_0) \cdot h(w \mid \boldsymbol{v}) + \rho_0 \cdot \frac{1}{L} \tag{7.43}$$

kann das optimale Gewicht $\hat{\rho}_0$ unter Umgehung des EM-Algorithmus geschlossen berechnet werden [Ney91]. Interessanterweise ergibt sich die Näherungslösung $\rho_0 \approx \eta_1/N$, wobei N der Umfang der Lernstichprobe und η_1 die Anzahl der einfach auftretenden n-Gramme ist — ρ_0 gleicht also der Umverteilungsmasse der Good-Turing-Formel.

Polygramm-Grammatiken. Mithilfe der Interpolationsformel (7.42) eröffnet sich auch die Möglichkeit, gemäß einer bereits oft geäußerten Forderung [Jel91] Kontexte $\mathcal{H}$ beliebiger Dauer zu modellieren. Im *Polygramm*-Modell [ST93a, Kuh94b] wird die Prozeßformel (7.3) für die Satzwahrscheinlichkeiten ausgewertet, ohne daß eine explizite Obergrenze, zum Beispiel $n = 3$, für die Ausdehnung der n-Gramme vorgeschrieben ist. Die bedingten n-Gramm-Wahrscheinlichkeiten werden gemäß (7.42) interpoliert; die Gewichtvektoren $\boldsymbol{\rho} = \boldsymbol{\rho}(n)$ werden in Abhängigkeit von der Ansatzlänge n des aktuell zu schätzenden Verteilungsparameters durch Kreuzvalidierung optimiert. Die Polygramm-Produktionswahrscheinlichkeit für eine Wortfolge lautet daher in kompakter Form:

$$P(w_1 \dots w_m) \;\cong\; \prod_{n=1}^{m} \Bigg(\rho_0(n) \cdot \frac{1}{L} \;+\; \rho_1(n) \cdot h(w_n) \;+$$
$$+ \sum_{i=2}^{n} \rho_i(n) \cdot h(w_n \mid w_{n-i+1} \dots w_{n-1}) \Bigg) \tag{7.44}$$

Auch bei größeren Werten von n selektiert der Koeffizientenvektor $\boldsymbol{\rho}(n)$ aus den verfügbaren Statistiken typischerweise diejenigen der Bigramme, Trigramme, Tetragramme und Pentagramme zur Interpolation; die Gewichte der restlichen Anteile liegen hingegen nahe bei Null. Die n-Gramm-Statistiken des Polygramm-Modells stellen im Prinzip eine suffiziente Statistik der Lernstichprobe dar. Der Zugriff auf die dünn gesäten Werte $\#(\boldsymbol{v})$ — für die meisten $\boldsymbol{v} \in \mathcal{W}^*$ ist $\#(\boldsymbol{v})$ gleich Null — mußte deshalb in [ST93a] mittels Hash-Adressierungsverfahren realisiert werden [Sev76].

Nichtlineare Interpolation. Die hervorstechendste Schwäche von Rückfall und linearer Interpolation besteht darin, daß diese Glättungsverfahren einer Statistik $\#(\boldsymbol{v}w)$ auch dann nicht „über den Weg trauen", wenn $\#(\boldsymbol{v})$ sehr groß ist und das Fehlen eines Vorkommens von $\boldsymbol{v}w$ ganz massiv für eine sehr niedrige Wahrscheinlichkeit $P(w|\boldsymbol{v})$ spricht. In verheerender Weise zeigt sich dieser Effekt bei der Schätzung von

$$P(w_3 \mid w_1 w_2) \quad \text{mit} \quad w_1 w_2 w_3 \;=\; \text{„sein sein sein"}$$

oder vergleichbaren Tripeln häufiger Funktionswörter. Da in keinem vernünftigen Trainingskorpus die Ketten „sein sein sein" oder „sein sein" auftauchen werden, fällt die Katz-Formel (7.37) schließlich auf die empirische Unigrammhäufigkeit $h(w_3)$ zurück und liefert einen unangemessen hohen Schätzwert für $P(w_3 \mid w_1 w_2)$.

Eine mögliche Gegenmaßnahme bildet die folgende *nichtlineare* Variante der bilateralen Interpolationsformel (7.43), die ebenfalls in der Arbeit [Ney91] vorgeschlagen wurde:

$$P_I(w \mid \boldsymbol{v}) = \begin{cases} \dfrac{\#(\boldsymbol{v}w) - \rho}{\#(\boldsymbol{v})} + \rho \cdot \dfrac{\varrho(\boldsymbol{v})}{\#(\boldsymbol{v})} \cdot \dfrac{1}{L} & \text{falls } \#(\boldsymbol{v}w) > 0 \\[3mm] \rho \cdot \dfrac{\varrho(\boldsymbol{v})}{\#(\boldsymbol{v})} \cdot \dfrac{1}{L} & \text{falls } \#(\boldsymbol{v}w) = 0 \end{cases} \tag{7.45}$$

Durch den Abzug des Gewichtes ρ, $0 \le \rho \le 1$, wird die n-Gramm-Zählung verfärbt. Anders als bei Katz wird die freigewordene Manövriermasse $\rho\varrho(\boldsymbol{v})/\#(\boldsymbol{v})$ nun aber an alle möglichen Fortsetzungen $w \in \mathcal{W}$ verteilt; damit wird das abrupte Zurückschalten der Modellordnung in (7.37) aufgeweicht. Der Ausdruck $\varrho(\boldsymbol{v})$ bezeichnet wie in Gleichung (7.39) die Anzahl der Wörter, denen die Kette $\boldsymbol{v}$ wenigstens einmal im Trainingsmaterial vorausging.

Kehren wir nun für einen Augenblick zu dem „$3 \times sein$"-Beispiel zurück. Wenn das Wortpaar „sein sein" niemals auftritt, kann ihm auch kein weiteres Wort folgen, und $\varrho(w_1 w_2)$ wird — nebst $P_I(w_3|w_1 w_2)$ — wunschgemäß gleich Null.

Das Prinzip der maximalen Entropie. Die Interpolationsformel (7.42) und auch die Rückfallvorschrift (7.37) stellen Bestimmungsgleichungen für die gesuchte Verteilungsfunktion $P(w|\boldsymbol{v})$ dar, die sich auf Näherungswerte $h(w|\boldsymbol{v}')$ für die marginalen Verteilungen $P(w|\boldsymbol{v}')$ stützen. Diese Situation ist aber der ideale Ausgangspunkt für eine Anwendung des *Prinzips der maximalen Entropie* (PME), dessen Aussage sich im diskreten Fall wie folgt subsumieren läßt [Tri69]:

Es sei $\boldsymbol{p} = [p_k]$ eine diskrete Verteilung über einer Menge $k = 1,\dots,K$; für jedes $i = 1,\dots,I$ sei $\phi_i : \{1,\dots,K\} \to \{0,1\}$ eine Auswahlfunktion, deren Erwartungswerte

$$\mathcal{E}[\phi_i \mid \boldsymbol{p}] = \sum_{k=1}^{K} \phi_i(k) \cdot p_k = \Phi_i \ , \quad i = 1,\dots,I \qquad (7.46)$$

bezüglich der wahren Verteilung bekannt seien. Dann existiert eine Wahrscheinlichkeitsverteilung $\boldsymbol{p}^* = [p_k^*]$, welche den Restriktionen (7.46) gehorcht und von maximaler Entropie ist, und sie besitzt die parametrische Form

$$p_k^* = z_0 \cdot \prod_{i=1}^{I} z_i^{\phi_i(k)} \ , \quad z_0,\dots,z_I \geq 0 \qquad (7.47)$$

Wenn die Konstanten Φ_i auf den rechten Seiten der Restriktionen gegeben sind, lassen sich die reellen Parameter $z_0,\dots,z_I$ der PME-Schätzung $\boldsymbol{p}^*$ mit dem Verfahren *iterativer Skalierung* berechnen, das nachweislich [Dar72] gegen diese Lösung konvergiert, sofern die Bedingungen konsistent sind. *Konsistenz* bedeutet in diesem Kontext, daß wir irgendeine Verteilungsfunktion mit den betreffenden Marginalerwartungen abgeben können; die Konsistenz ist daher konstruktionsbedingt gesichert, wenn für die Φ_i die wahren Erwartungswerte einer real existierenden Verteilung oder aber die ML-Schätzwerte einer Stichprobe eingesetzt werden.

Das Entropieprinzip legt ein elegantes Schätzverfahren für die Parameter von n-Gramm-Modellen nahe, wie im folgenden kurz demonstriert werden soll; ein Vorgehen dieser Art wurde erstmals in [Lau93] zur Glättung der Häufigkeiten von Triggerpaaren (siehe Seite 213) propagiert. Die Grundidee besteht darin, die (wahren) Marginalverteilungen von $P(\boldsymbol{w})$ als Erwartungswerte geeigneter Auswahlfunktionen zu formulieren; die Restriktionen erhält man dann durch Gleichsetzen der Marginale mit ihren ML-Schätzwerten. Die folgenden Systeme von Bedingungsgleichungen sollen diesen Prozeß veranschaulichen:

$$\phi_w(\boldsymbol{w}) = \chi_{[w_n=w]} \qquad \mathcal{E}[\phi_w|P] = \sum_{\boldsymbol{v}\in\mathcal{W}^{n-1}} P(\boldsymbol{v}w) \qquad \overset{!}{=} h(w)$$

$$\phi_{vw}(\boldsymbol{w}) = \chi_{[w_{n-1}w_n=vw]} \qquad \mathcal{E}[\phi_{vw}|P] = \sum_{\boldsymbol{v}\in\mathcal{W}^{n-2}} P(\boldsymbol{v}vw) \qquad \overset{!}{=} h(vw)$$

$$\phi_{uvw}(\boldsymbol{w}) = \chi_{[w_{n-2}w_{n-1}w_n=uvw]} \qquad \mathcal{E}[\phi_{uvw}|P] = \sum_{\boldsymbol{v}\in\mathcal{W}^{n-3}} P(\boldsymbol{v}uvw) \qquad \overset{!}{=} h(uvw)$$

$$\phi_{u..w}(\boldsymbol{w}) = \chi_{[w_{n-3}=u,w_n=w]} \qquad \mathcal{E}[\phi_{u..w}|P] = \sum_{\boldsymbol{v}\in\mathcal{W}^{n-4}} \sum_{\boldsymbol{v'}\in\mathcal{W}^2} P(\boldsymbol{v}uv'w) \overset{!}{=} h(u..w)$$

$$\phi_{GT3}(\boldsymbol{w}) = \chi_{[\#(w_{n-2}w_{n-1}w_n)=0]} \qquad \mathcal{E}[\phi_{GT3}|P] = \sum_{\boldsymbol{v}\in\mathcal{W}^3} P(\boldsymbol{v}) \qquad \overset{!}{=} \eta_1^{(3)}/N^{(3)}$$

Die ersten drei Bedingungen betreffen die Unigramm-, Bigramm- und Trigrammwahrscheinlichkeiten, deren ML-Schätzwerte wir wie immer mit $h(\cdot)$ bezeichnen. Die vierte Bedingung veranschaulicht die ungemeine Flexibilität der Entropiemethode am Beispiel der Statistik $P(w_{n-2}=u, w_n=w)$, deren ML-Schätzwert hier kurz als $h(u.w)$ notiert wird. Die fünfte Bedingung stellt eine Umverteilung der GT-Wahrscheinlichkeitsmasse auf Trigrammebene sicher; $N^{(3)}$ und $\eta_1^{(3)}$ seien die diesbezüglichen Zählergebnisse.

Beim Aufstellen der Bedingungen ist unbedingt die exakte Rekonstruktionsfähigkeit des PME-Verfahrens zu berücksichtigen; unliebsame ML-Schätzwerte — zum Beispiel verschwindende relative Häufigkeiten oder solche, die nur auf einer geringen Zahl positiver Beobachtungen beruhen — dürfen deshalb unter keinen Umständen als Restriktion formuliert werden. Ein anderer Weg, den Glättungsvorgang zu forcieren, besteht in der Einführung inkonsistenter Bedingungen; da keine erfüllende Wahrscheinlichkeitsfunktion existiert, insbesondere von der speziellen Form (7.47), wird die Grenzverteilung der iterativen Skalierung im allgemeinen nur eine Approximation der Marginalschätzungen darstellen. Im obigen Beispiel haben wir die Konsistenz durch die Angabe der ϕ_{GT3}-Bedingung gestört, die zusammen mit ϕ_{uvw} natürlich mehr Wahrscheinlichkeitsmasse verteilt, als die Stochastizitätsbedingung eigentlich erlaubt.

Die geschätzte Produktionswahrscheinlichkeit eines n-Gramms $\boldsymbol{w}$ besitzt eine kompakte, multiplikative Form:

$$\hat{P}(\boldsymbol{w}) = \begin{cases} z_0 \cdot z_{w_n} \cdot z_{w_{n-1}w_n} \cdot z_{w_{n-2}w_{n-1}w_n} \cdot z_{w_{n-3}..w_n} & \#(w_{n-2}w_{n-1}w_n) > 0 \\ z_0 \cdot z_{w_n} \cdot z_{w_{n-1}w_n} \cdot z_{w_{n-2}w_{n-1}w_n} \cdot z_{w_{n-3}..w_n} \cdot z_{GT3} & \#(w_{n-2}w_{n-1}w_n) = 0 \end{cases} \qquad (7.48)$$

Die obigen Gleichungen setzen die Anwesenheit aller in Frage kommenden Restriktionen voraus; fehlt die eine oder andere Bedingung, so tauchen die entsprechenden Faktoren nicht in der Schätzgleichung auf und es wird ein Zurückfallen auf die verbleibenden Statistiken bewirkt.

Koinzidenzglättung. Unser Hauptargument zur Stützung einer Wortkategorienbildung (vgl. Seite 209) bestand in der Einsicht, daß Wörter mit weitgehend identischer sprachlicher Funktion schon aus ökonomischen Erwägungen heraus gemeinsam modelliert werden sollten. Eine Abschwächung dieses Prinzips besteht darin, zur Schätzung einer bedingten Wahrscheinlichkeit $P(w|\boldsymbol{v})$ auch die relativen Frequenzen $h(w'|\boldsymbol{v})$ von Wörtern w' heranzuziehen, die sich in noch zu spezifizierendem Sinne „ähnlich" wie w verhalten. Die *Koinzidenzglättung* ist ein Interpolationsverfahren, welches diese Absicht verwirklicht; es wurde zunächst zur Konsolidierung akustischer Modelle [Sug85] und später auch im Bereich stochastischer Grammatiken [Ess92] eingeführt.

Die dort propagierte Interpolationsformel

$$P_I(w \mid \boldsymbol{v}) = \sum_{u \in \mathcal{W}} \boldsymbol{K}(w \mid u) \cdot h(u \mid \boldsymbol{v}) \tag{7.49}$$

für die bedingten Wahrscheinlichkeiten von w hat die Gestalt einer Linearkombination aller konkurrierenden Wortwahrscheinlichkeiten; die Geschichte $\boldsymbol{v}$ stammt aus $\mathcal{W}^{n-1}$, wenn wir es mit einem n-Gramm-Modell zu tun haben. Als Gewichtvektoren gehen die Zeilen einer $(L \times L)$-Koinzidenzmatrix $\boldsymbol{K}$ ein, deren Koeffizienten

$$\boldsymbol{K}_{ij} = \boldsymbol{K}(W_j \mid W_i) = P(w = W_j \mid w' = W_i, [w] = [w']) \tag{7.50}$$

die funktionale Substituierbarkeit des i-ten durch das j-te Wort des Vokabulars beschreiben. Im Bedingungteil des Wahrscheinlichkeitsausdrucks wird gleichzeitig spezifiziert, unter welchen (identischen) Kontexten $[w] = [w']$ die Ersetzbarkeit ausgewertet werden soll; wir gehen im folgenden von einer s-Gramm-Modellierung der Kontexte aus, d.h. es gilt $[w] \in \mathcal{W}^{s-1}$. Unter diesen Voraussetzungen erhält man nach kurzer Rechnung den Summenausdruck

$$
\begin{aligned}
\boldsymbol{K}_{ij} &= \sum_{\boldsymbol{v} \in \mathcal{W}^{s-1}} \frac{P(w = W_j \mid [w] = \boldsymbol{v}) \cdot P(w' = W_i \mid [w'] = \boldsymbol{v}) \cdot P([w] = \boldsymbol{v})}{P(w' = W_i)} \\
&\approx \sum_{\boldsymbol{v} \in \mathcal{W}^{s-1}} \frac{h(W_j \mid \boldsymbol{v}) \cdot h(W_i \mid \boldsymbol{v}) \cdot h(\boldsymbol{v})}{h(W_i)}
\end{aligned}
\tag{7.51}
$$

für die bedingten Koinzidenzen; konkrete Werte für die Matrixelemente lassen sich problemlos aus einer Lernstichprobe schätzen.

In der Arbeit [Ess92] wurde $n = s = 2$ gewählt, so daß die Grammatik wie auch die Wortkoinzidenzen auf Bigramm-Basis erfaßt wurden, das Sprachmodell sich also in gewissem Sinne selbst glättet.

7.3.4 Kategorien

In einem Sprachmodell mit Wortkategorien sind während der Lernphase sowohl die bedingten Kategorie-n-Gramm-Wahrscheinlichkeiten $P(c \mid \boldsymbol{c})$ als auch die Kategoriezugehörigkeiten $P(w \mid c)$ zu schätzen. Entscheidend für den Schwierigkeitsgrad dieses Unternehmens ist, ob

- das Klassensystem $\mathcal{C}$ a priori bekannt ist oder erst aufgrund der Trainingsdaten optimiert werden soll, und ob

- die Kategorien des Systems $\mathcal{C}$ paarweise disjunkt sind oder nicht.

Systeme disjunkter Kategorien. Ist ein disjunktes System $\mathcal{C}$ gegeben, so legt die Abbildung $C : \mathcal{W} \to \mathcal{C}$ für jede Wortfolge auch die zugehörige kategoriale *Annotation*

$$w_1 \ldots w_m \quad \rightsquigarrow \quad c_1 \ldots c_m \;=\; C(w_1) \ldots C(w_m) \tag{7.52}$$

eindeutig fest. Die Zählfunktion kann deswegen problemlos vermöge

$$\#(c_1 \ldots c_n) \;=\; \sum_{w_1 \in c_1} \cdots \sum_{w_n \in c_n} \#(w_1 \ldots w_n) \tag{7.53}$$

auf Kategorie-n-Gramme erweitert werden, und die gesuchten ML-Schätzwerte lauten

$$h(c_n \mid c_1 \ldots c_{n-1}) \;=\; \frac{\#(c_1 \ldots c_n)}{\#(c_1 \ldots c_{n-1})} \quad \text{und} \quad h(w \mid c) \;=\; \frac{\#(w)}{\#(c)} \,. \tag{7.54}$$

Die Färbungs-, Rückfall- und Interpolationsverfahren der vorangegangenen Unterabschnitte können wörtlich von Wort-n-Grammen auf Kategorie-n-Gramme und Zugehörigkeitsfunktionen übertragen werden.

Für den Spezialfall von Kategorie-Bigrammen sind drei Lernalgorithmen zur datengetriebenen Optimierung des disjunkten Klassensystems bekannt. Die Iterationsverfahren können dazu dienen, bestehende, linguistisch motivierte Wortkategorien weiter zu verbessern oder aber kategoriale Bigramm-Modelle ohne jegliche a priori Vorgaben — außer der Klassenzahl — zu entwickeln. Die beiden ersten Ansätze zielen auf eine iterative Maximierung der Produktionswahrscheinlichkeit

$$P(w_1 \ldots w_m) \;=\; \prod_{i=1}^{m} \underbrace{P(w_i \mid C(w_i)) \cdot P(C(w_i) \mid C(w_{i-1}))}_{=: q(w_i \mid C(w_{i-1}))} \tag{7.55}$$

einer Trainingssequenz $\boldsymbol{w}$ ab, wobei gleichzeitig die Verteilungsparameter und die Wortklassen variiert werden.

Die Zufallsvariablen $w_1, w_2, \ldots$ des Erzeugungsprozesses (7.55) sind beobachtbar, die $c_1, c_2, \ldots$ hingegen verborgen. Es bietet sich daher unmittelbar an, die entscheidungsüberwachte Variante des EM-Algorithmus (Seite 104) auf das vorliegende Problem zuzuschneidern. Die zu maximierende Zielfunktion lautet unter Verwendung der abkürzenden Statistik $q(\cdot)$ und nach Umordnen der Summation:

$$\log P(w_1 \ldots w_m) \;=\; \sum_{v \in \mathcal{W}} \sum_{w \in \mathcal{W}} \#(vw) \cdot \log q(w \mid C(v)) \tag{7.56}$$

Damit können die Schätzungen für $q(w|c)$ und die Kategoriezuordnung $C(v)$ wechselseitig verbessert werden wie in dem folgenden Algorithmus angegeben [Ney91]:

Ney-Algorithmus zur Wortklassenoptimierung

---

(1) Wähle eine Startpartition $C : \mathcal{W} \to \mathcal{C}$.

(2) Bestimme die optimale Verteilung $q(w|c)$ bezüglich $C(v)$ durch

$$q(w|c) \;=\; \frac{\displaystyle\sum_{v \in \mathcal{C}} \#(vw)}{\displaystyle\sum_{v \in \mathcal{C}} \#(v)}$$

(3) Bestimme die optimale Partition $C(v)$ bezüglich $q(w|c)$ durch

$$C(v) \;=\; \operatorname*{argmax}_{c \in \mathcal{C}} \sum_{w \in \mathcal{W}} \#(vw) \log q(w|c)$$

(4) Wenn ein Abbruchkriterium erfüllt ist $\to$ ENDE, sonst $\to$ (2).

Eine Alternative besteht darin, in die logarithmierte Gleichung (7.55) die ML-Schätzwerte für die Verteilungen $P(w|c)$, $P(c|c')$ zu substituieren und den resultierenden Ausdruck

$$\sum_{w \in \mathcal{W}} \#(w) \log \#(w) \;+\; \sum_{c,c' \in \mathcal{C}} \#(c'c) \log \#(c'c) \;-\; 2 \cdot \sum_{c \in \mathcal{C}} \#(c) \log \#(c) \qquad (7.57)$$

durch schrittweise Veränderung der Abbildung $C(v)$ zu optimieren [Kne91]. Zu diesem Zweck wird der gesamte Wortschatz mehrfach zyklisch durchlaufen und dabei jedes Wort von seiner aktuellen Klasse in diejenige transferiert, welche der obigen Zielfunktion den maximalen Wert verschafft.

Die dritte Variante bedient sich des nämlichen Iterationsschemas, geht aber von der etwas verwickelteren Zielfunktion

$$\sum_{i=1}^{N} \sum_{j=1}^{N} \#(C_i C_j) \cdot \log\left(\#(C_i C_j) - 1 - \rho\right) \;+\; \eta_1 \cdot \log\left(\frac{L^2 - \eta_0 - 1}{\eta_0 + 1} \cdot \rho\right)$$
$$-\; 2 \cdot \sum_{i=1}^{N} \#(C_i) \cdot \log\left(\#(C_i) - 1\right) \qquad (7.58)$$

aus [Kne93]; die Statistiken η_0, η_1 beziehen sich hier auf Kategoriebigramme. Den Ausdruck erhält man nach dem Prinzip der rotierenden Kreuzvalidierung *(leave-one-out)*; dabei wird die jeweils größere Datenhälfte für die Schätzung der Wahrscheinlichkeitsverteilungen —

die Bigrammzählfunktion wird zu Glättungszwecken mittels Subtraktion der Konstanten ρ verfärbt — und der Rest für die Optimierung des Klassensystems reserviert.

Systeme überlappender Kategorien. Wie bereits auf Seite 210 erwähnt läßt sich die Verteilung (7.19) eines Bigramm-Sprachmodells mit überlappenden Wortkategorien als Wahrscheinlichkeitsfunktion eines geeigneten diskretwertigen Markovmodells interpretieren; wir definieren das fragliche HMM dazu wie folgt:

$$
\begin{array}{lll}
\text{Parameter:} & \boldsymbol{\lambda} = (\boldsymbol{\pi}, \boldsymbol{A}, \boldsymbol{B}) & \pi_i = P(c_1 = C_i) \\
\text{Zustandsvorrat:} & \mathcal{C} = \{C_1, \ldots, C_N\} & a_{ij} = P(c_n = C_j \mid c_{n-1} = C_i) \\
\text{Ausgabealphabet:} & \mathcal{W} = \{W_1, \ldots, W_L\} & b_{jk} = P(w_n = W_k \mid c_n = C_j)
\end{array}
\tag{7.59}
$$

Dank dieser Einbettung in die wohlausgebaute Theorie der Markovmodelle lassen sich die leistungsfähigen Dekodier- und Schätzalgorithmen der HMM-Welt auch für die linguistische Sprachmodellierung nutzen. Die a priori Wahrscheinlichkeit $P(w_1 \ldots w_m)$ können wir sehr effizient nach der Rekursionsformel (5.20) auf Seite 130 ausrechnen; es sind dafür je nach Verbindungsstruktur des HMM höchstens $m^2 N$ Multiplikationen zu veranschlagen.

Im Gegensatz zu Modellen disjunkter Klassensysteme determiniert $\boldsymbol{\lambda}$ keine eindeutige Kategorieannotation. Die Klassenidentität eines Eingabewortes w_i korrespondiert vielmehr mit dem aktuell konsumierenden Modellzustand und ist daher eine Zufallsgröße. Dennoch können jeder Folge $\boldsymbol{w}$ aufgrund der nachstehenden Maximum-Aposteriori-Klassifikatoren (vgl. dazu auch die Seite 133) charakteristische Annotationen zugeordnet werden. Die Kategoriefolge

$$
\boldsymbol{c}^* = \underset{\boldsymbol{c} \in \mathcal{C}^m}{\operatorname{argmax}} P(\boldsymbol{q} = \boldsymbol{c} \mid \boldsymbol{O} = \boldsymbol{w}, \boldsymbol{\lambda}) = \underset{\boldsymbol{c} \in \mathcal{C}^m}{\operatorname{argmax}} P(\boldsymbol{O} = \boldsymbol{w}, \boldsymbol{q} = \boldsymbol{c} \mid \boldsymbol{\lambda})
\tag{7.60}
$$

mit der höchsten a posteriori Wahrscheinlichkeit wird mit dem Viterbi-Algorithmus bestimmt und garantiert eine kleinstmögliche Fehlentscheidungsrate *auf Satzebene*. Die Folge

$$
c_i^* = \underset{c \in \mathcal{C}}{\operatorname{argmax}} P(q_i = c \mid \boldsymbol{O} = \boldsymbol{w}, \boldsymbol{\lambda}), \quad i = 1, \ldots, m
\tag{7.61}
$$

der wahrscheinlichsten Einzelklassen wiederum ergibt sich als Nebenresultat des Vorwärtsalgorithmus und maximiert die Chancen des *wortweisen* Kategorisierungserfolges; die Vektoren $\boldsymbol{q}$ und $\boldsymbol{O}$ bezeichnen wie gehabt die Zufallsvariablen des Markovmodells $\boldsymbol{\lambda}$. Mit diesen Hilfsmitteln können die Wortvorkommen eines nicht annotierten Textkorpus automatisch mit kategorialer Information versehen werden, falls die Parameter des Sprachmodells bekannt sind [Mer91c].

Was die Schätzung der Sprachmodellparameter $\boldsymbol{\pi}$, $\boldsymbol{A}$, $\boldsymbol{B}$ aus einer Trainingssequenz $\boldsymbol{w}$ betrifft, haben wir zwei Fälle zu unterscheiden. Je nachdem ob eine kategoriale Beschreibung $\boldsymbol{c}$ des Textkorpus verfügbar ist oder nicht kommen *überwachte* oder *unüberwachte* Lernverfahren zum Einsatz. Der überwachte Fall wurde bereits weiter oben abgehandelt; die gesuchten

Verteilungen werden wie in Gleichung (7.54) durch die relativen Häufigkeiten abgeschätzt. Bei der unüberwachten Schätzung muß das Modell ohne Kenntnis der Klassenidentitäten optimiert werden; der Parametersatz $\boldsymbol{\lambda}$ ist so zu wählen, daß die Produktionswahrscheinlichkeit $P(\boldsymbol{w}|\boldsymbol{\lambda})$ der Lernstichprobe maximal und damit ihre Perplexität minimal wird. Zur Lösung dieser Aufgabe stehen zwei Derivate des EM-Algorithmus zur Auswahl: die Baum-Welch-Schätzung sowie deren entscheidungsüberwachte Variante, die Viterbi-Schätzung (Seiten 137 und 140). Der entscheidungsüberwachte Schätzer optimiert allerdings nicht $P(\boldsymbol{w}|\boldsymbol{\lambda})$ selbst, sondern die verwandte Zielgröße $P(\boldsymbol{w}, \boldsymbol{c}^*|\boldsymbol{\lambda})$, wobei $\boldsymbol{c}^*$ die oben beschriebene Viterbi-Annotation der Trainingsdaten bezüglich $\boldsymbol{\lambda}$ ist. Andererseits hat die Viterbi-Variante eine sehr befriedigende anschauliche Deutung: in jedem Iterationsschritt wird zunächst automatisch eine Annotation maximaler Wahrscheinlichkeit erzeugt, welche dem nachfolgenden ML-Schätzer als Überwachungsinstanz für die Bestimmung der HMM-Parameter dient.

In den meisten Publikationen zum Thema wird übereinstimmend berichtet, daß der mit HMM-Sprachmodellen erzielbare Erfolg — je nach Anwendung ist damit die gemessene Akkuratheit eines automatischen Spracherkennungs- oder Annotationssystems gemeint [Mer91c, Cut92, Kup92, Kuh94b] — aufs Engste mit der Qualität des vorgelegten Startmodells verknüpft ist. Die Beschränktheit der Schätzalgorithmen auf *lokale* Optimalität, die bei der Erzeugung akustischer Modelle relativ wenig Sorgen bereitete, erweist sich also in der linguistischen Modellierung als schwere Hypothek. Um den iterativen Lernprozeß schon im Vorfeld auf das globale oder wenigstens ein gutes lokales Optimum zu fokusieren, werden linguistisch motivierte Klassensysteme oder von Expertenhand annotierte Textkorpora in die Initialisierungsphase eingebracht. So wird zum Beispiel die Vorbesetzung

$$
\pi_i = 1/N \ , \quad a_{ij} = 1/N \ , \quad b_{jk} = \begin{cases} 1/|C_j| & W_k \in C_j \\ 0 & W_k \notin C_j \end{cases} \tag{7.62}
$$

empfohlen, falls das a priori Wissen in Gestalt eines Vorrats (im allgemeinen stark überlappender) syntaktisch-semantischer Klassen $C_i \subset \mathcal{W}$ vorliegt [Kup92]. Steht eine gewisse Teilmenge der Textsammlung in annotierter Form zur Verfügung, so wird das Startmodell in überwachtem Modus aus dieser *Anschubstichprobe* geschätzt [Mer91c]. In beiden Fällen sind die initialen Verteilungen b_{jk} anschließend einer Glättung zu unterwerfen, damit eine freie Konfigurierbarkeit des Kategoriensystems gewährleistet ist.

7.4 Zusammenfassung

Die effektive Größe (Perplexität) des Lösungsraumes eines Spracherkennungsproblems kann durch die Gewichtung aller kombinatorisch möglichen Wortketten durch ein linguistisches Sprachmodell entscheidend verringert werden.

Um die syntaktisch-semantischen Eigenheiten der gesprochenen Äußerungen eines geschlossenen Anwendungsbereiches modellhaft zu erfassen, werden heute wegen ihrer automatischen Konfigurierbarkeit vorzugsweise stochastische Grammatiken verwendet.

Ausgehend von einem einstufigen Markovprozeß sequentieller Worterzeugung werden durch Äquivalenzklassenbildung hinsichtlich der Prozeßgeschichte praktisch handhabbare statistische Produktionsmodelle definiert. Ihre bekanntesten Vertreter sind wort- oder kategoriebezogene Bigramm- oder Trigramm-Grammatiken; komplexere Hybridmodelle entstehen durch Linearkombination syntaktischer, semantischer und morphologischer Prädiktoren sowie Komponenten zur Kurzzeitadaption.

Die freien Parameter des Sprachmodells werden auf Grundlage einer umfangreichen Textprobe geschätzt. Dem Fluch der Dimensionen, der sich hier in Gestalt nicht beobachteter, doch keineswegs unmöglicher Wortkombinationen präsentiert, werden statistische Färbungsverfahren entgegengesetzt sowie Rückfalltechniken zur Umschichtung der ML-geschätzten Wahrscheinlichkeitsmassen. Kombiniert man die Hierarchie schrittweise vergröberter n-Gramm-Statistiken durch eine lineare Interpolationsformel, wie es zum Beispiel im Polygramm-Modell geschieht, so lassen sich die Gewichtsvektoren mit dem EM-Algorithmus optimieren.

Nicht nur die Übergangswahrscheinlichkeiten, sondern die kompletten Kategoriensysteme wortklassenbezogener Bigramm-Grammatiken können mit Hilfe modifizierter Häufungsanalyseverfahren oder — wenn es sich um Systeme überlappender Klassen handelt — mit dem Baum-Welch-Algorithmus gelernt werden; der Viterbi-Algorithmus ermöglicht sogar eine automatische Annotation der Wortvorkommen eines Textkorpus mit ihren mutmaßlichen grammatischen Kategorien.

Kapitel 8

Dekodierung kontinuierlicher Sprache

Der Begriff *„Dekodierung"* entstammt der kommunikationstheoretischen Sichtweise des Spracherkennungsproblems. Wie in Abbildung 8.1 veranschaulicht, werden der menschliche Artikulationsprozeß, die Schallübermittlung und die maschinelle Merkmalextraktion zu einem abstrakten *akustischen Kanal* zusammengefaßt. Dieser Kanal kodiert eine textuelle Nachricht w und überträgt sie an den Dekodierer, der die Eingabe X mit Hilfe seiner internen Wissensquellen — dem akustischen und dem linguistischen Sprachmodell — entschlüsselt. Zur Schätzung der senderseitigen Nachricht bedient man sich, wie erwähnt, der Bayes-Regel

$$\hat{w} = \operatorname*{argmax}_{v} P(X \mid v) \cdot P(v) \,,$$

und wählt die Wortkette maximaler a posteriori Wahrscheinlichkeit aus; der Lösung dieser kombinatorischen Optimierungsaufgabe ist das vorliegende Kapitel gewidmet.

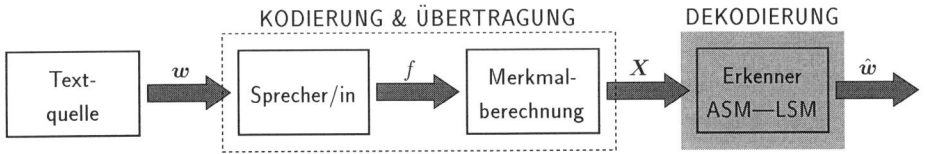

Abbildung 8.1: Kommunikationstheoretisches Modell der Spracherzeugung und -erkennung (nach [Jel82])

Die Dekodierung ist in erster Linie ein Resourcenproblem, denn Dialog- oder Diktiersysteme für kontinuierliche Sprache stellen enorme Anforderungen an die Rechenleistung und die Speicherkapazität ihrer Hardwareplattform:

- die aufwendige Funktionsstruktur der HMM-Ausgabeverteilungen in Verbindung mit dem umfangreichen Vorrat kontextabhängiger Modelle bedingt einen erheblichen Speicherbedarf für die Parameter des akustischen Modells,

- aus den nämlichen Gründen ist während der Verarbeitung eine große Zahl kostspieliger Wahrscheinlichkeitsberechnungen durchzuführen,

- je größer der Wortschatz und je mächtiger das linguistische Modell, desto umfangreicher und zerklüfteter werden Lösungs- und Suchraum,

- in kontinuierlicher Sprache lassen sich die Wortgrenzen nur in Sonderfällen zuverlässig detektieren [Lam84, Har89, Cut90], so daß eine Sequentialisierung des Problems in die Schritte *„Segmentierung"* und *„Wortidentifikation"* keine Erfolgschance besitzt.

Erst in allerjüngster Zeit wurden die algorithmischen Hilfsmittel soweit komplettiert, daß eine grammatikgetriebene Dekodierung fließender Sprache mit großem Wortschatz — mehr als 1 000 Wörter — nunmehr weniger als 100 Millionen Rechnerinstruktionen je Sekunde gesprochener Sprache (MIPSS) erfordert; echtzeitfähige Spracherkenner, welche der genannten Spezifikation genügen, sind infolgedessen heute bereits als reine Softwarelösung auf gewöhnlichen Arbeitsplatzrechnern realisierbar [Bat93]. Der erstaunliche Quantensprung auf dem Gebiet algorithmischer Beschleunigung ist dem Zusammenwirken dreier Verfahrensgruppen zu verdanken —

- der Suchraumverkleinerung durch Umformulierung des Ausgangsproblems, etwa durch die *Rekombinationstechnik* der dynamischen Programmierung,

- der Vermeidung einer vollständigen Entwicklung des Suchraumes durch den Einsatz heuristisch informierter *Graphsuchverfahren* und

- der sequentiellen Dekomposition der Analyse im Sinne einer *schrittweisen Verfeinerung.*

Die konkrete Umsetzung dieser Prinzipien in einen schnellen und kompakten Erkenner erfordert zudem geeignete Implementierungsmaßnahmen zur Speicherverwaltung (zeitliche Überlagerung, impliziter Suchraumaufbau) und Datenflußkontrolle (anforderungsgetriebene Dichtenberechnung mit Zwischenspeicherung).

Umformulierung, Graphsuche und Zerlegung bewirken unter Umständen einen *suboptimalen* Dekodierungsvorgang, dessen Ergebniswortkette $\tilde{w}$ von der Bayes-Lösung $\hat{w}$ abweicht; zum *Modellierungsfehler* $w \neq \hat{w}$ gesellt sich nun der *Dekodierungsfehler* $\hat{w} \neq \tilde{w}$ als zusätzliche Quelle potentieller Erkennungsirrtümer.

Die ersten zwei Abschnitte des Kapitels behandeln die beiden „klassischen" Dekodierungsverfahren automatischer Spracherkennung — den *strahlgesteuerten* Viterbi-Algorithmus und die auf dem A*-Algorithmus begründete *Kellersuche.* Der dritte Abschnitt gibt einen knappen Überblick, was die Beschleunigung des Zugriffs auf aussichtsreiche Wortkandidaten durch eine effiziente *Organisation der akustischen Modelle* anbelangt. Der erwähnten Strategie schrittweiser Verfeinerung widmen wir den vierten Abschnitt; den Schwerpunkt der Ausführungen bilden Algorithmen zur Berechnung der *n besten Lösungen* des Dekodierungsproblems. Das Kapitel schließt mit einigen Anmerkungen zur *Wechselwirkung* zwischen akustischem und linguistischem Sprachmodell während des Entschlüsselungsprozesses.

Detaillierte Ausführungen zur Strahl- und zur Kellersuche findet man in den betreffenden Originalarbeiten [Low76] bzw. [Jel69, Jel75]; die allgemeinere Fragestellung effizienter Graphsuche ist Gegenstand (umfangreicher Abschnitte) der Monographien [Win77, Nil80, Pea84, Pal85, Win92].

8.1 Synchrone Suche

Wenn das linguistische Sprachmodell fehlt oder als stochastischer endlicher Automat geschrieben werden kann, besitzt das Dekodierungsproblem eine spektakulär einfache, wenngleich approximative Lösung, die erfolgreich in den Spracherkennern HARPY, DRAGON sowie etlichen Nachfolgersystemen demonstriert wurde [Bak75b, Low76]. In der Konfigurationsphase einer solchen Systemarchitektur werden akustisches und linguistisches Modell zu einem umfangreichen Übergangsnetzwerk verschmolzen, welches zudem der Definition eines Markovmodells genügt. Dieses *kompilierte Netzwerk* repräsentiert das gesamte Suchproblem, dessen näherungsweise Lösung schließlich als Resultat einer (*„synchronen“*) Verarbeitung der Spracheingabe — die Suche schreitet von links nach rechts in Zeitrichtung voran — gewonnen wird.

8.1.1 Netzwerke von Markovmodellen

Stochastische endliche Automaten gleichen ihrem nichtstochastischen Gegenpart (siehe [Nie83, S. 290] und das Beispiel in Abbildung 7.3) bis auf die modifizierte Übergangsfunktion

$$\delta \; : \; \mathcal{Q} \times \mathcal{W} \times \mathcal{Q} \; \longrightarrow \; [0,1] \quad \text{mit der Normierung} \; \sum_{w \in \mathcal{W}} \sum_{q \in \mathcal{Q}} \delta(q',w,q) = 1 \qquad (8.1)$$

für alle Nicht-Endzustände $q' \in \mathcal{Q} \setminus \mathcal{F}$. Grundsätzlich erfüllen alle wort- oder kategoriebezogenen n-Gramm-Grammatiken des Kapitels 7 die Bedingungen eines stochastischen Automaten; seine explizite Konstruktion ist jedoch nur für kleine n praktikabel, wie aus den betreffenden Anmerkungen des Abschnitts 7.2.2 hervorgeht.

Das akustische Modell wird nun der in Automatengestalt vorliegenden Grammatik einverleibt, indem jede Kante (q',w,q) durch eine Kopie des korrespondierenden Wortmodells $\boldsymbol{\lambda}(w)$ substituiert wird.

Das resultierende Übergangsnetzwerk hat bereits große Ähnlichkeit mit einem traditionellen Markovmodell; es beherbergt allerdings noch gewisse Kulminationspunkte, an denen zwar Modellkanten ein- und auslaufen, die jedoch keine Eingabevektoren $\boldsymbol{x}_t$ konsumieren können. Sie werden als *konfluente* Zustände bezeichnet und sind Bestandteil einer erweiterten HMM-Definition [Lev85], mit der sich insbesondere Dekodierungsvorgänge eleganter formulieren lassen. Die konfluente Zustände lassen sich jedoch durch Ausmultiplizieren der

Abbildung 8.2: Tilgung eines konfluenten HMM-Zustandes durch Ausmultiplizieren

beteiligten Wahrscheinlichkeiten tilgen (siehe Abbildung 8.2), so daß die Anwendbarkeit der HMM-Methodik auch für kompilierte Netzwerke gewahrt bleibt.

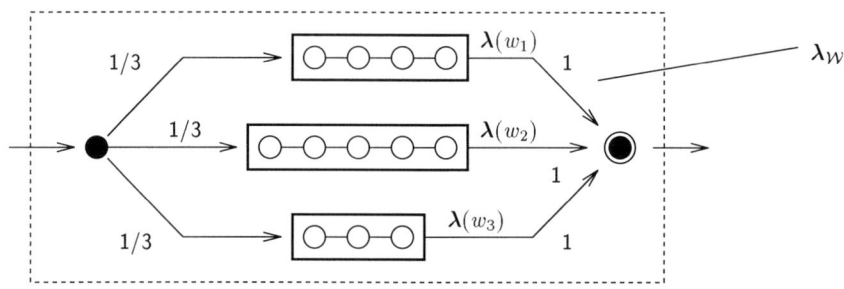

Abbildung 8.3: HMM zur Einzelworterkennung

Das Beispiel eines Einzelworterkenners für den Wortschatz $\mathcal{W} = \{W_1, W_2, W_3\}$ ist in Abbildung 8.3 wiedergegeben. Die Grammatik besteht aus den uniformen Unigrammwahrscheinlichkeiten $P(w_i) = 1/L = 1/3$ und den Terminierungswahrscheinlichkeiten $P(\$|w_i) = 1$, die den Einzelwortcharakter der Sprache sicherstellen. Das kompilierte Netzwerk $\boldsymbol{\lambda}_{\mathcal{W}}$ ist ein HMM mit zwei konfluenten Zuständen, welche den Anfangs- und den einzigen Endzustand des zugehörigen stochastischen Automaten repräsentieren; der Kern des Modells besteht aus der uniform gewichteten Parallelschaltung der drei Wortmodelle.

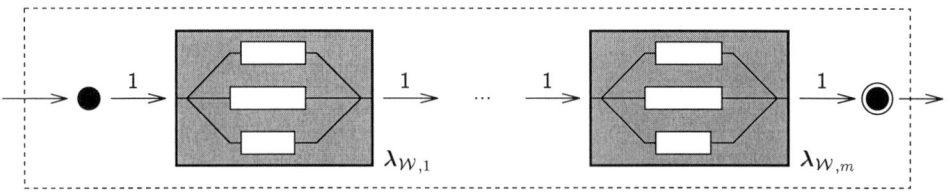

Abbildung 8.4: HMM für Wortketten der Länge m

Die sequentielle Verschaltung von m Kopien des Einzelwortblocks $\boldsymbol{\lambda}_{\mathcal{W}}$, wie in Abbildung 8.4 dargestellt, ergibt das Produktionsmodell für eine Grammatik

$$P(w \mid \boldsymbol{v}) = \begin{cases} 1/L & \text{falls } \ell(\boldsymbol{v}) < m \text{ und } w \in \mathcal{W} \\ 0 & \text{falls } \ell(\boldsymbol{v}) < m \text{ und } w = \$ \\ 0 & \text{falls } \ell(\boldsymbol{v}) = m \text{ und } w \in \mathcal{W} \\ 1 & \text{falls } \ell(\boldsymbol{v}) = m \text{ und } w = \$ \end{cases}, \qquad (8.2)$$

die mit konstanter Wahrscheinlichkeit $(1/L)^m$ ausschließlich Sätze der Länge $\ell(\boldsymbol{w}) = m$ generiert. Das Modell benötigt m-mal soviel Zustände wie der Einzelworterkenner, um die Anzahl der bereits konsumierten Wörter zu kodieren. Kreditkarten- und Versandbestellnummern sind typische Anwendungsgebiete für die Erkennung gesprochener m-Wort-Sätze.

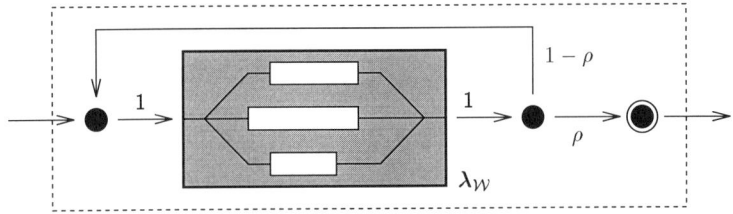

Abbildung 8.5: HMM zur restriktionsfreien Verbundworterkennung

Schließlich finden wir in Abbildung 8.5 einen *rückgekoppelten* Einzelwortblock, der dadurch in der Lage ist, Sätze beliebiger Länge zu produzieren. Formal betrachtet handelt es sich um eine Bigrammgrammatik mit den uniformen Übergangswahrscheinlichkeiten

$$P(W_j \mid W_i) = \frac{1 - \rho}{L} \quad \text{und} \quad P(\$ \mid W_i) = \rho \tag{8.3}$$

für alle Wortindizes $i, j = 1, \ldots, L$; die *Fluchtwahrscheinlichkeit* ρ kontrolliert die Längenverteilung der Sprache. Das Verbundwortmodell ist ein erstklassiges Beispiel für den Nutzen konfluenter Zustände; allein die Tilgung des verzweigenden Zustandes am Ausgang von $\boldsymbol{\lambda}_W$ hätte die Neueinrichtung von L^2 gleichwahrscheinlichen $(W_i \rightarrow W_j)$-Transitionen zur Folge.

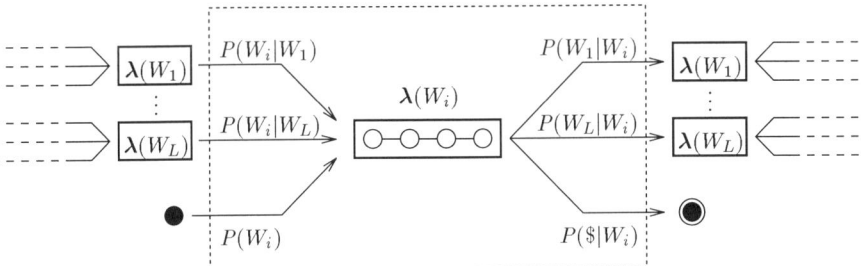

Abbildung 8.6: HMM für Wortbigramme

Das kompilierte Netzwerk einer Wortbigramm-Grammatik besteht wie das gewöhnliche Verbundwortmodell aus genau einer Kopie $\boldsymbol{\lambda}(W_i)$ je Wortschatzeintrag. Die Verbindungsstruktur des Bigrammnetzwerks ist jedoch wesentlich aufwendiger, weil alle L^2 Wort-Wort-Kanten wegen ihrer konfligierenden Übergangswahrscheinlichkeit $P(W_j|W_i)$ separat zu halten sind. Die Abbildung 8.6 zeigt den Aufbau des kompilierten Bigramm-Modells in der unmittelbaren Umgebung eines Wortmodells $\boldsymbol{\lambda}(W_i)$.

Abschließend wird demonstriert, wie Sprachmodelle mit Kategoriebigrammen expandiert werden. Wie bei den Wortbigrammen haben wir es mit einer kombinatorisch vollständigen

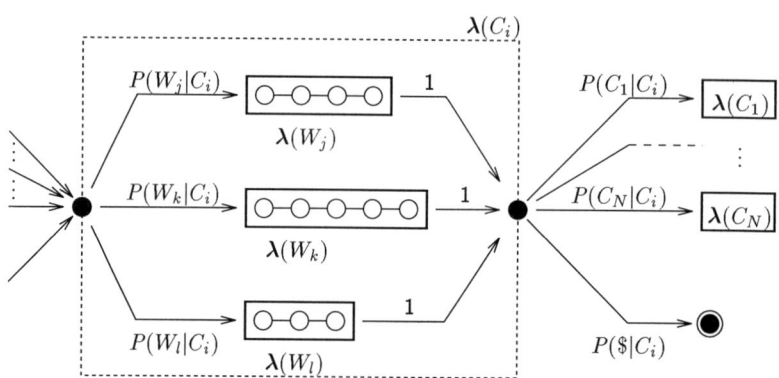

Abbildung 8.7: HMM für Bigramme eines disjunkten Kategoriesystems

Verbindungsstruktur zu tun, diesmal aufgrund der Übergänge $C_i \rightarrow C_j$. Die Rolle der substituierten Wortmodelle übernehmen nun jedoch die kategoriebezogenen Unternetze $\boldsymbol{\lambda}(C_i)$; Abbildung 8.7 zeigt den entsprechenden Modellbaustein für eine Kategorie mit den drei Elementen W_j, W_k, W_l. Während die funktionale Form der Textproduktionswahrscheinlichkeiten — vergleiche die Ausdrücke (7.18) und (7.19) — in entscheidender Weise von der Frage der Kategorieüberlappung abhingen, ist deren Einfluß auf das kombiniert akustisch-linguistische Modell eher gradueller Natur; je ausgeprägter die Klassenüberschneidungen sind, desto größer wird die Zahl der Modellkopien identischer Wörter im Erkennungsmodell.

Schon in den Arbeiten [Bak75a] und [Tap77] wurde den Markovmodellen eine außerordentlich hohe Flexibilität bei der Formulierung stochastischer Dekodierungsaufgaben bescheinigt, insbesondere aufgrund ihrer baukastenartigen Kombinationsmöglichkeiten; neben den vorstehend behandelten Konstruktionsbeispielen wurden dort auch HMM-Netzwerke zur expliziten Segmentierung und zur Wortdetektion als Belege angeführt.

8.1.2 Die beste Wortsegmentierung

Die Funktionsweise eines kompilierten Netzwerkes ist die eines Produktionsmodells: zuerst wird gemäß der Verteilung $P(\boldsymbol{w})$ eine Wortkette produziert, deren Glieder w_i wiederum nach den Wahrscheinlichkeitsgesetzen $P(\boldsymbol{X}|\boldsymbol{\lambda}(w_i))$ in eine Merkmalvektorfolge umgesetzt werden. Wie läßt sich nun der intuitiv klare Sachverhalt, daß ein HMM $\boldsymbol{\lambda}$ — wir dürfen das Netzwerk nach Eliminierung der konfluenten Zustände als HMM auffassen — die Kombination eines akustischen und eines linguistischen Modells realisiert, auch theoretisch befriedigend formalisieren? Obwohl die Fachliteratur um diesen Gegenstand einen weiten Bogen schlägt, soll die Darstellung hier durch eine konsistente Definition abgerundet werden.

Zu jeder Wortfolge $\boldsymbol{w}$ gibt es im Modell viele realisierende Zustandsfolgen $\boldsymbol{q} \in \mathcal{Q}^T$; umgekehrt hingegen determiniert jedes $\boldsymbol{q}$ eindeutig die zugrundeliegende Wortfolge, die wir deshalb $w(\boldsymbol{q})$ nennen dürfen. Wir sagen nun, daß $\boldsymbol{\lambda}$ die Kombination des linguistischen Modells $P(\boldsymbol{w})$ und des akustischen Modells $P(\boldsymbol{X}|\boldsymbol{\lambda}(\boldsymbol{W}_i))$ über dem Wortschatz $\mathcal{W}$ *realisiert*, falls die Äquivalenz

$$P(\boldsymbol{X}, \boldsymbol{w} \mid \boldsymbol{\lambda}) := \sum_{\boldsymbol{q} \in \mathcal{Q}^T} \chi_{[w(\boldsymbol{q}) = \boldsymbol{w}]} \cdot P(\boldsymbol{X}, \boldsymbol{q} \mid \boldsymbol{\lambda}) = P(\boldsymbol{X} \mid \boldsymbol{\lambda}(\boldsymbol{w})) \cdot P(\boldsymbol{w}) \qquad (8.4)$$

für alle Ketten $\boldsymbol{w} \in \mathcal{W}^*$ und alle Vektorfolgen $\boldsymbol{X}$ der Dauer T gültig ist. Für die Konstruktionsbeispiele des vorangegangenen Unterabschnitts ist dies, wie man leicht nachvollzieht, der Fall.

Die partielle Summenbildung in (8.4) ist der Grund dafür, daß sich $\boldsymbol{w}$ nicht ohne weiteres im Sinne der Bayes-Formel maximieren läßt [Kim92]. Statt die wahrscheinlichste Wortkette zu bestimmen, müssen wir mit der wahrscheinlichsten *Wortsegmentierung* der akustischen Eingabe als Näherungslösung vorliebnehmen. Es sei

$$\boldsymbol{t} = t_0 \ldots t_m \quad \text{mit} \quad 0 = t_0 \leq \ldots \leq t_m = T \qquad (8.5)$$

eine vollständige Zerlegung der Eingabefolge in m aneinandergrenzende Intervalle und

$$P(\boldsymbol{X}, \boldsymbol{t} \mid \boldsymbol{w}) = \prod_{i=1}^{m} P(\boldsymbol{x}_{t_{i-1}+1} \ldots \boldsymbol{x}_{t_i} \mid w_i) \qquad (8.6)$$

die Wahrscheinlichkeit dafür, daß die Wortkette durch $\boldsymbol{X}$ realisiert wird und die Wortgrenzen an den zeitlichen Positionen $t_0 \ldots t_m$ verankert sind. Die beste Wortsegmentierung ergibt sich dann aus der Doppelmaximierung

$$(\hat{\boldsymbol{t}}, \hat{\boldsymbol{w}}) = \underset{\boldsymbol{t}, \boldsymbol{w}}{\operatorname{argmax}} \, P(\boldsymbol{t}, \boldsymbol{w} \mid \boldsymbol{X}) = \underset{\boldsymbol{t}, \boldsymbol{w}}{\operatorname{argmax}} \, P(\boldsymbol{X}, \boldsymbol{T} \mid \boldsymbol{w}) \cdot P(\boldsymbol{w}) \, . \qquad (8.7)$$

Die originale wie die abgewandelte Aufgabenstellung können mit einem leicht modifizierten Vorwärts- bzw. Viterbi-Algorithmus näherungsweise gelöst werden.

Viterbi-Dekodierung. Mit dem Viterbi-Algorithmus wird die — genauer: eine — bezüglich $\boldsymbol{X}$ wahrscheinlichste Zustandsfolge $\boldsymbol{q}^*$ bestimmt; die zugehörige Wortfolge $\boldsymbol{w}^* = w(\boldsymbol{q}^*)$ dient uns dann als Erkennungsergebnis.

Die Resultatkette der Viterbi-Dekodierung erfüllt die Gleichung (8.7) unter der Bedingung, daß alle auftretenden Wortwahrscheinlichkeiten $P(\boldsymbol{x}_s \ldots \boldsymbol{x}_t | w_i)$ durch die entsprechenden Viterbi-Prüfgrößen ersetzt werden; zum Für und Wider dieser Approximation vergleiche [Mer91b].

Für die Modelle der Abbildungen 8.5 und 8.6 entspricht die Arbeitsweise der Viterbi-Dekodierung derjenigen des *einstufigen* DTW-Algorithmus zur Verbundworterkennung (*one-stage*-Verfahren), der zuerst in [Vin71] Erwähnung fand und trefflich in [Bri82] und [Ney84a] dokumentiert ist. Die Matrix der Viterbi-Wahrscheinlichkeiten $\vartheta_t(j)$ des Problemmodells wird fortschreitend für $t = 1, \ldots, T$ berechnet; Abbildung 8.8 veranschaulicht die typische Gestalt der optimalen Zustandsfolge am Beispiel der Äußerung *„zwei eins drei zwei zwei"*.

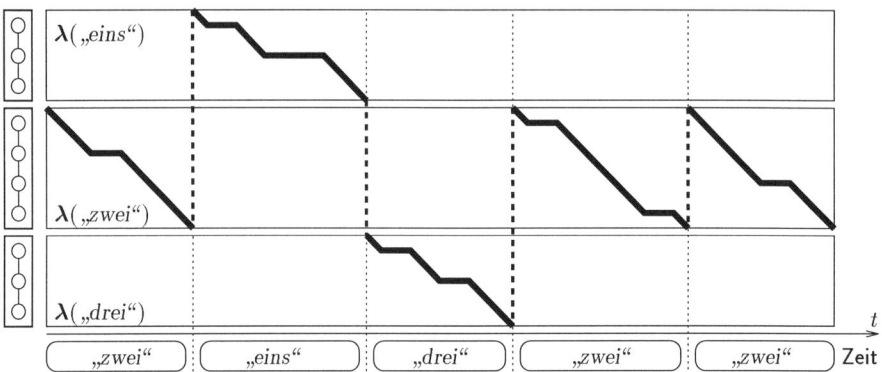

Abbildung 8.8: Der einstufige Algorithmus zur Verbundworterkennung (nach [Ney84a])

Innerhalb der Wortmodelle sind nur die für Links-Rechts-Modelle charakteristischen „kurzen" Sprünge möglich, während nach Verlassen wortterminaler HMM-Zustände die Anfangszustände beliebiger Folgewörter — wenn wir von verschwindenden Bigrammwahrscheinlichkeiten einmal absehen — angesprungen werden dürfen.

Das Netzwerk der Abbildung 8.4 zur Erkennung von Wortketten der Länge m stellt ein Links-Rechts-Analysemodell *ohne* Rückkopplungskanten dar; die Viterbi-Matrix kann daher unserer diesbezüglichen Bemerkung auf Seite 132 zufolge entweder in Zeitrichtung oder in Kantenrichtung ausgewertet werden. Das DTW-Verfahren der letzteren Form wurde unter der Bezeichnung *„level-building"*-Algorithmus bekannt [Mye81, Rab85b]; die synchrone Variante ist in [Lee88] beschrieben.

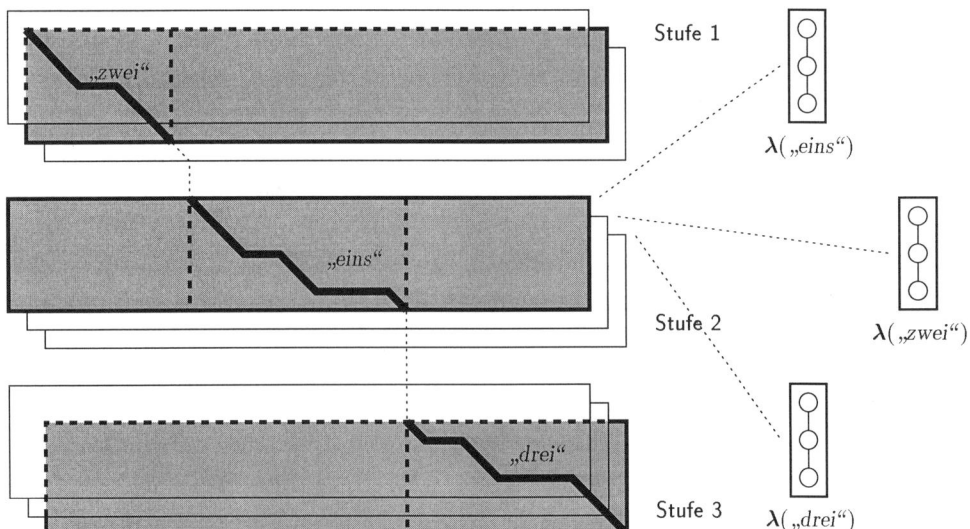

Abbildung 8.9: Der m-stufige Algorithmus zur Verbundworterkennung ($m = 3$)

Abbildung 8.9 verdeutlicht den Erkennungsvorgang im dreistufigen Modell bei Eingabe der Folge „zwei eins drei". Die Wortmodelle der i-ten Stufe sind exklusiv der Verarbeitung des i-ten Äußerungswortes gewidmet; dank der Zyklenfreiheit ist ein Wiedereintritt der optimalen Zustandsfolge in ein Modell der soeben verlassenen Stufe nicht mehr möglich.

Vorwärts-Dekodierung. Das Ersetzen der Vorwärts- durch Viterbi-Wahrscheinlichkeiten bei der Suche nach der besten Wortsegmentierung ist eine zweifellos anfechtbare Maßnahme. In [Sch85] wird der Versuch beschrieben, der eigentlich angestrebten Lösung nach Gleichung (8.7) dadurch ein Stück näherzukommen, daß die Viterbi-typische Maximierung der Vorgängerwahrscheinlichkeiten auf die Wortübergänge beschränkt wird, während im Wortinneren eine Summation stattfindet. Um zu einer Lösungskette zu gelangen, wird jedoch abermals der Umweg über eine ausgezeichnete Zustandsfolge eingeschlagen; der Aufbau der Rückverzeigerungsmatrix geschieht wie beim Viterbi-Algorithmus. Die nachfolgende Darstellung der *Vorwärts-Dekodierung* geht von einem HMM-Netz $\boldsymbol{\lambda}$ mit integriertem Grammatikmodell und dem Anfangs- bzw. Endzustand s_1, s_N aus; für Wortanfangszustände s_j sei der Einfachheit halber $a_{jj} = 0$ vereinbart. der Algorithmus wurde in ähnlicher Form auch zur Wortdetektion eingesetzt [ST87, S. 73].

Vorwärts-Dekodierung

▷ **Initialisierung**: Setze $\vartheta_1(j) = \pi_j b_j(\boldsymbol{x}_1)$ und $\psi_1(j) = 0.$ für alle $j = 1, \ldots, N$

▷ **Rekursion**: Für alle $j = 1, \ldots, N$ setze $\psi_t(j) = \arg\max_i \vartheta_{t-1}(i)a_{ij}$ sowie

$$\vartheta_t(j) = \begin{cases} \max\limits_i \; (\vartheta_{t-1}(i)a_{ij}) \cdot b_j(\boldsymbol{x}_t) & \text{falls } s_j \text{ Wortanfangszustand ist} \\ \sum\limits_i \; (\vartheta_{t-1}(i)a_{ij}) \cdot b_j(\boldsymbol{x}_t) & \text{für alle sonstigen } s_j \end{cases}$$

▷ **Terminierung**: Setze $P^*(\boldsymbol{X} \mid \boldsymbol{\lambda}) = \vartheta_T(N)$ und $q_T^* = \vartheta_T(N)$

▷ **Rückverfolgung**: Für $t = t - 1, \ldots, 1$ setze $q_t^* = \psi_{t+1}(q_{t+1}^*)$

▷ **Lösungswortkette**: Setze $\boldsymbol{w}^* = w(\boldsymbol{q}^*)$.

Schritthaltende Teilentscheidungen. Der Terminierungs- und der Rückverfolgungsschritt des Viterbi-Algorithmus und seiner Derivate können in einer Weise modifiziert werden, daß Anfangspartien der Ergebniswortkette nicht erst am Äußerungsende $t = T$, sondern schon am jeweils frühestmöglichen Zeitpunkt vorliegen. Das Prinzip der *schritthaltenden Rückverfolgung* wird in Abbildung 8.10 veranschaulicht und ist in [Spo80, Bez93] näher erläutert.

Es sei $\boldsymbol{q}(j,t)$ die wahrscheinlichste Folge, welche zum Zeitpunkt t den Zustand s_j erreicht. Betrachten wir nun die Menge

$$Q_{t't''} = \{q_{t'}(j,t'') \mid j = 1, \ldots, N\}, \quad 1 \leq t' \leq t'' \tag{8.8}$$

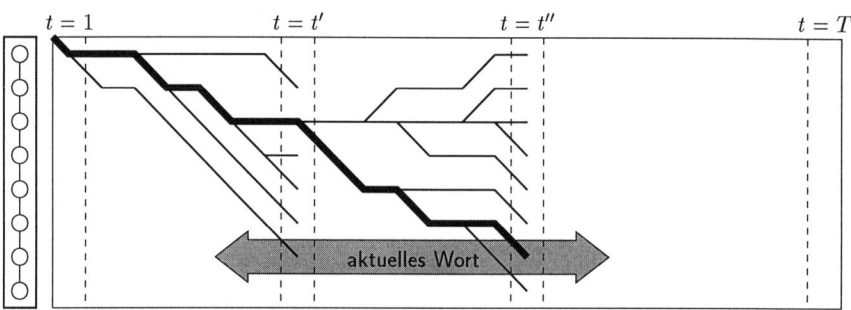

Abbildung 8.10: Optimale Teilfolgen bei der schritthaltenden Rückverfolgung

aller Zustände, die zum Zeitpunkt t' eingenommen wurden und auf einer optimalen, in t'' endenden Folge liegen. Sobald $Q_{t't''}$ nur noch einen einzigen Zustandsindex enthält, stehen die ersten t' Zustände der *global* wahrscheinlichsten Folge q^* bereits unverrückbar fest, und die korrespondierende Teillösung kann bereits zum Zeitpunkt $t'' \leq T$ der Weiterverarbeitung zugeführt werden. Es ist bemerkenswert, daß mit dieser Rückverfolgungstechnik eine zuverlässige Entscheidung bereits *vor* Beendigung der Wortrealisierung getroffen werden kann.

8.1.3 Strahlsuche

Die Strahlsuche (*beam search*) ist ein heuristisches Graphsuchverfahren, unter dessen Kontrolle sich der Aufwand zur näherungsweisen Berechnung der Viterbi- oder der Vorwärtswahrscheinlichkeit um eine oder mehrere Größenordnungen verringern läßt. Je Zeittakt wird ein Bündel vielversprechender Zustände verfolgt; die weniger aussichtsreichen Alternativen werden hingegen unwiderruflich getilgt, um den Suchstrahl möglichst klein zu halten. Das Verfahren, das im Rahmen des HARPY-Systems entwickelt wurde [Low76, Gre82], findet zwar nicht in jedem Fall die exakte Lösung, hat sich aber sowohl in der Spracherkennung wie auch anderen Bereichen der Künstlichen Intelligenz und Mustererkennung als hervorragender Kompromiß zwischen Genauigkeit und Effizienz erwiesen [Rub78, Die81].

Das Strahlsuchverfahren soll am Beispiel des Viterbi-Algorithmus behandelt werden, dessen unbeschleunigte weil exhaustiv auswertende Grundform beim Übergang zwischen t und $t + 1$ die Rechenoperationen

$$\triangleright \quad \text{für alle } j: \quad \vartheta_{t+1}(j) \quad \leftarrow \quad 0$$

$$\triangleright \quad \text{für alle } i, j: \quad \vartheta_{t+1}(j) \quad \leftarrow \quad \max \left\{ \begin{array}{c} \vartheta_{t+1}(j) \\ \vartheta_t(i) \cdot a_{ij} \cdot b_j(\boldsymbol{x}_{t+1}) \end{array} \right\}$$

durchzuführen hat; die $\vartheta_t(j)$ sind in diesem Kontext als numerische Speicherplätze und '$\leftarrow$' als Zuweisungsoperator zu verstehen. Offensichtlich sind von den N^2 Maximumbildungen je Zeittakt all jene obsolet, bei denen wenigstens einer der drei Faktoren $\vartheta_t(i)$, a_{ij}, $b_j(\boldsymbol{x}_{t+1})$ verschwindet. Bei dem Dichtewert $b_j(\boldsymbol{x}_{t+1})$ tritt dieser Fall in der Regel nicht ein, aber die

Matrix der Übergangswahrscheinlichkeiten a_{ij} ist gewöhnlich sehr schwach besetzt, denn Zustände, die nicht zum Wortende gehören, haben je nach Modelltopologie nur zwei oder drei Nachfolger. Schließlich erübrigt sich für alle Indexpaare (i, j) mit $\vartheta_t(i) = 0$ sogar die Überprüfung $a_{ij} \neq 0$. Wir bezeichnen

$$\mathcal{O}_t = \{i \mid \vartheta_t(i) \neq 0\} \tag{8.9}$$

als die Menge der zur Zeit t *aktiven* Zustände; sie dient der Suchbeschneidung im Rekursionsschritt $t \to t+1$ und wird ihrerseits sukzessiv im Laufe des Schrittes $t-1 \to t$ aufgebaut.

Eine nachhaltige Beschleunigung des Viterbi-Algorithmus erfordert einen möglichst kompakten Suchstrahl $\mathcal{O}_t$. Die Versuchung ist also groß, die Mengen $\mathcal{O}_t$ mittels geeigneter Heuristiken noch zusätzlich auszudünnen. Weder globale Kardinalitätsbeschränkungen für $\mathcal{O}_t$ noch konstante untere Schranken für $\vartheta_t(i)$ haben sich dabei als sonderlich wirksam erwiesen; das einschlägige Beschneidungskriterium der Strahlsuche lautet vielmehr

$$\mathcal{O}_t = \{i \mid \vartheta_t(i) \geq B_0 \cdot \Lambda_t\} \quad \text{mit} \quad \Lambda_t = \max_j \vartheta_t(j) \, . \tag{8.10}$$

Dieser zeitabhängige Wahrscheinlichkeitsschwellwert paßt sich automatisch an die Momentanqualität der besten Teillösung an und sorgt für einen stark gelichteten Strahl, wenn sich die Wahrscheinlichkeitsmasse auf den aktuell besten Zustand konzentriert; liegt das Verfolgerfeld hingegen dicht beieinander, wird die Zahl der verbleibenden Kandidaten unter Umständen sehr groß. B_0 ist eine sehr kleine positive Zahl; der günstigste Wert ist leider anwendungsabhängig und muß daher stets aufs Neue ausbalanciert werden.

Inmitten eines Rekursionsschrittes sind die Werte $\vartheta_{t+1}(j)$ erst zum Teil bekannt, so daß die dynamische Erzeugung der neuen Kandidatenliste $\mathcal{O}_{t+1}$ auf Schwierigkeiten stößt, weil die Maxima Λ_{t+1} nicht gebildet werden können. [Blö90] schlägt die ersatzweise Verwendung des *partiellen* Maximums $\tilde{\Lambda}_{t+1}$ bereits ausgewerteter Viterbi-Wahrscheinlichkeiten vor und belegt durch zahlreiche Experimente, daß die Unterschätzung $\tilde{\Lambda}_{t+1} \leq \Lambda_{t+1}$ nur eine recht geringfügige Ausweitung des Strahls verursacht. Eine notwendige Voraussetzung dafür ist die Organisation von $\mathcal{O}_{t+1}$ als wahrscheinlichkeitssortierte Liste, deren bestbewertete Elemente zum nachfolgenden Zeittakt als erste bearbeitet werden und damit die Annäherung der nächsten Schätzung $\tilde{\Lambda}_{t+2}$ an ihren Sollwert schon in einem frühen Stadium vorantreiben.

Der lokale Schwierigkeitsgrad eines konkreten Dekodierungsvorgangs und die aufgewendete Rechenleistung sind durch zwei zeitabhängige Funktionen gekennzeichnet: den *Rang* Rg_t des Zustandes q_t^* der global besten Folge innerhalb des Bewertungsfeldes $\vartheta_t(1), \ldots, \vartheta_t(N)$ all seiner Konkurrenten sowie die *Strahlbreite* Sb_t, also die Anzahl der verbleibenden $\vartheta_t(j)$-Berechnungen zur Zeit t. Von einer strahlgesteuerten Suche erhoffen wir, daß sich ihre Breite Sb_t möglichst eng an die Rangkurve des Problems anschmiegt, ohne diese jedoch zu unterschreiten, was zwangsläufig einer Verfehlung des korrekten $\boldsymbol{q}^*$ gleichkäme. Die Abbildung 8.11 zeigt den Verlauf dieser Kenngrößen während der Lösung eines grammatikgesteuerten Ver-

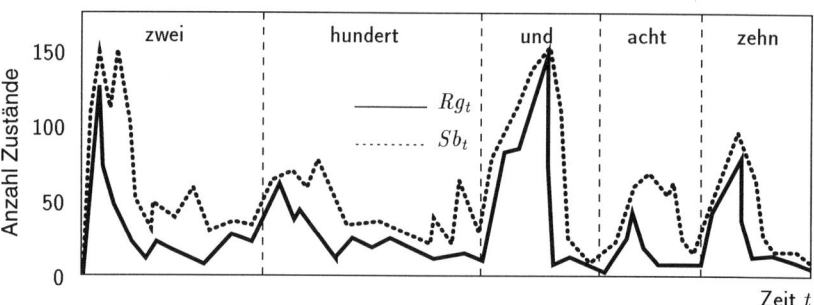

Abbildung 8.11: Strahlbreite und Rang der wahrscheinlichsten Zustandsfolge

bundwortproblems mit der Spracheingabe „*zwei hundert und acht zehn*". Man sieht, daß die
einfache Schwellwertfunktion des Beschneidungskriteriums (8.10) ein erstaunlich effizientes
Suchverhalten nach sich zieht, obwohl die anzupeilende Optimalbreite Rg_t extremen lokalen
Schwankungen unterliegt; der Löwenanteil des Suchaufwandes konzentriert sich auffällig in
den initialen Regionen der hypothetisierten Wortsegmente, also direkt hinter den grammatischen Verzweigungspunkten des akustisch-linguistischen Modells [Ney92b].

Der unten angegebene strahlgesteuerte Viterbi-Algorithmus stammt aus [Blö90] und geht
von einer Listenimplementierung aus, welche das Einfügen neuer Elemente am Kopf und am
Ende von $\mathcal{O}_t$ unterstützt; ähnliche Realisierungen findet man aber auch in [Pie91b, Ney92c].
Hinsichtlich näherer Hinweise zur effizienten Implementierung sei auf die Darstellungen
[Low76, Ney87, All92] verwiesen.

Strahlgesteuerter Viterbi-Algorithmus

Initialisierung: Setze $\mathcal{O}_0 = \{1\}$ und für alle t: $\tilde{\Lambda}_t = 0$

Rekursion:

    Für alle $t = 0, \ldots, T - 1$:

    Für alle $i \in \mathcal{O}_t$ (in Listensortierung):

    Für alle j mit $a_{ij} > 0$:

        ▷ Setze $\vartheta = \vartheta_t(i) \cdot a_{ij} \cdot b_j(\boldsymbol{x}_{t+1})$

        ▷ <u>Wenn</u> $\vartheta < B_0 \cdot \tilde{\Lambda}_{t+1}$ <u>weiter</u>

        ▷ <u>Wenn</u> $j \in \mathcal{O}_{t+1}$ <u>und</u> $\vartheta \leq \vartheta_{t+1}(j)$ <u>weiter</u>

        ▷ Setze $\vartheta_{t+1}(j) = \vartheta$ und $\psi_{t+1}(j) = i$.

        ▷ <u>Wenn</u> $\vartheta > \tilde{\Lambda}_{t+1}$ <u>dann</u> $\tilde{\Lambda}_{t+1} = \vartheta$

        ▷ <u>Wenn</u> $j \notin \mathcal{O}_{t+1}$ <u>dann</u> füge j am Kopf (falls $\vartheta > \tilde{\Lambda}_{t+1}$)

          bzw. am Ende der Liste $\mathcal{O}_{t+1}$ an.

Terminierung: (siehe Viterbi-Algorithmus)

8.1.4 Vorwärts-Rückwärts-Suche

Es verbleibt als Angriffsfläche für eine weitergehende Beschleunigung die hohe Kandidaten-
zahl an den Wortübergängen des Modells; eine zu große Menge von Wortanfangszuständen
werden von der Strahlsuche aktiviert, nur um bereits kurze Zeit danach wieder deaktiviert
zu werden. Als Gegenmaßnahmen wurden getrennte Kandidatenlisten und Strahlkonstanten
auf Wort- und Grammatikebene genannt [All92, Lac93]. Eine weitere Möglichkeit besteht
in einer *schnellen Vorauswahl* mutmaßlicher Fortsetzungswörter mit Hilfe eines schnellen,
approximativen Vergleichsverfahrens; oft werden zu dieser Vorabentscheidung nur die akustischen Daten eines kurzen Zeitintervalls (*„look-ahead"*) konsultiert [Aub89, HU91].

Die theoretisch überzeugendste Lösung ist wohl die *Vorwärts-Rückwärts*-Suche (VR-
Suche), eine zweistufige Prozedur, deren erste Phase eine Grobanalyse des Suchraums erzeugt, um die konkurrierenden Lösungen der zweiten Suchphase wirksam dezimieren zu
können. Es handelt sich dabei im wesentlichen um eine zeitinverse Strahlsuche gekoppelt mit
einer schnellen Vorauswahlfunktion, deren Entscheidungshorizont bis zum Äußerungsanfang
zurückreicht. Dem Verfahren wurde eine Beschleunigung um ein bis zwei Größenordnungen
gegenüber der gewöhnlichen Strahlsuche bescheinigt [Aus91].

In Vorwärtsrichtung berechnet man strahlgesteuert die Wahrscheinlichkeiten $\vartheta_t(i)$, legt
jedoch zum Zweck der Aufwandsreduktion ein resourcenschonendes Erkennungsmodell zugrunde — zum Beispiel eine einfache Bigramm-Grammatik und Wortmodelle auf Basis kontextunabhängiger Phoneme. Nur die Bewertungen

$$\{\vartheta_t(i) \mid i \in \mathcal{O}_t\} \tag{8.11}$$

aktiver Zustände werden für die zweite Phase der VR-Suche aufbewahrt. Zur Bestimmung
der Wahrscheinlichkeiten $\vartheta_t^{\leftarrow}(i)$ des zeitinversen Viterbi-Algorithmus, die ganz ähnlich wie
die $\beta_t(i)$ durch die Rekursionsformel

$$\vartheta_t^{\leftarrow}(i) \;=\; \max_j a_{ij} b_j(\boldsymbol{x}_{t+1}) \vartheta_{t+1}^{\leftarrow}(j) \tag{8.12}$$

definiert werden, tritt das reguläre akustisch-linguistische Modell in Aktion. Es werden nun
auch Zeiger — in diesem Falle Vorwärtszeiger — gesetzt, damit nach Abschluß eine beste
Zustandsfolge nebst Lösungswortkette rekonstruiert werden kann wie im Dekodierungsalgorithmus auf Seite 239.

Die Beschleunigung der Phase II findet an den Rückwärtstransitionen von Zuständen s_j
zu ihren potentiellen Vorgängern s_i statt. Gilt $i \notin \mathcal{O}_t$, so lag die Wahrscheinlichkeit $\vartheta_t(i)$
außerhalb des Suchstrahls $\{\vartheta \mid \vartheta \geq B_0\Lambda_t\}$, und es besteht keinerlei Veranlassung, s_i während
der Rückwärtsanalyse (zur Zeit t) zu aktivieren. Gilt hingegen $i \in \mathcal{O}_t$, so steht der Wert $\vartheta_t(i)$

explizit zur Verfügung, und es kann eine Überprüfung der Bedingung

$$\underbrace{\vartheta_t(i) \cdot a_{ij} \cdot b_j(\boldsymbol{x}_{t+1}) \cdot \overleftarrow{\vartheta}_{t+1}(j)}_{P^*(\boldsymbol{X}, q_t = s_i, q_{t+1} = s_j)} \geq B_0 \cdot \Lambda_T \qquad (8.13)$$

vorgenommen werden; B_0 ist wieder die Strahlkonstante und Λ_T der maximale Wert unter allen $\vartheta_T(i)$. Fällt der Wert der linken Seite von (8.13) unter den angegebenen Schwellwert, dann muß der Zustand s_i zumindest von s_j aus *nicht* aktiviert werden, denn jede Folge durch $q_{t+1} = s_j$, $q_t = s_i$ fiele sowieso früher oder später einer Deaktivierung zum Opfer.

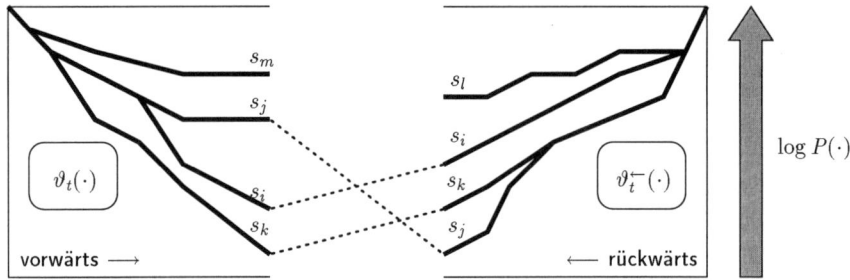

Abbildung 8.12: Bewertungssituation in Phase II der VR-Suche (nach [Aus91])

Die vorfabrizierten $\vartheta_t(i)$-Bewertungen helfen also der Rückwärtssuche dabei, in die „Zukunft" — oder, mit der t-Achse als Bezugssystem: in die „Vergangenheit" — zu schauen, um chancenlose Alternativen bereits im Vorfeld zu eliminieren. Abbildung 8.12 zeigt die VR-Suche auf ihrem Rückweg durch die Sprachdaten; die Vertikalpositionen der linksseitigen Pfade repräsentieren die während der Vorwärtsphase aufgesammelten Bewertungen, auf der rechten Seite finden sich die soeben berechneten Rückwärtswahrscheinlichkeiten. Der bestbewertete Zustand s_l findet keine Entsprechung im Strahl $\mathcal{O}_t$ und darf folglich eliminiert werden. Das weitere Schicksal der drei punktierten Fortsetzungen hängt von der Beschneidungsschranke ab; der Kandidat $q_t = s_k$ besitzt die niedrigsten Überlebenschancen.

Die in der Originalarbeit [Aus91] präsentierte Fassung der VR-Suche bedient sich der modifizierten Viterbi-Bewertung des Dekodierungsalgorithmus auf Seite 239 und appliziert die beschriebene Beschneidungsstrategie nur an den Wort-Übergängen der Rückwärtsanalyse.

8.2 Asynchrone Suche

Sobald die Wahrscheinlichkeitsbewertungen einer Eingabezeitscheibe t vorgenommen wurden, läßt das synchrone Dekodierungsverfahren keine nachträglichen Korrekturen mehr zu. Als Konsequenz dieser rigiden Suchpolitik bleibt letzlich zwischen einer großen Zahl zu prüfender Alternativen und einem hohen Risiko fehlerhafter Entscheidungen zu wählen. Bei der *asynchronen* Dekodierung wird diese Beschränkung gelockert; der implizite Suchraum partieller *Interpretationen* (oder *Theorien*), welche durch eine hypothetische Wortfolge $\boldsymbol{w}$, deren mutmaßliches Realisierungsintervall und die zugehörige a posteriori Bewertung gekennzeichnet sind, wird Schritt für Schritt expandiert, bis eine *vollständige* Theorie — hier ist eine komplette Überdeckung der akustischen Eingabe X zu fordern — mit maximaler Bewertung gefunden ist.

Dekodierungsverfahren, welche diesem Prinzip folgen, sind unter der Bezeichnung *„stack decoding"* in die Spracherkennungsliteratur eingegangen [Jel69, Jel75, Jel82]; als deutsche Übersetzung bietet sich der Terminus *„Kellersuche"* an. Es handelt sich dabei um eine spezielle Ausprägung geordneter Graphsuchverfahren, den A*-Algorithmus.

8.2.1 Der A*-Algorithmus

Der A*-Algorithmus realisiert eine heuristisch informierte Suche nach dem bestbewerteten Zielknoten eines gerichteten Graphen und ist ausführlich in [Nil80, Pea84, Win92] beschrieben.

Das Tripel $(\mathcal{K}, \mathcal{T}, d)$ heißt *bewerteter gerichteter Graph*, falls

$$
\begin{aligned}
\mathcal{K} &= \{k_1, k_2, k_3, \ldots\} &&\text{eine beliebige } \textit{Knotenmenge}, \\
\mathcal{T} &\subseteq \mathcal{K} \times \mathcal{K} &&\text{eine Menge von } \textit{Kanten} \text{ und} \\
d &: \mathcal{T} \longrightarrow \mathbb{R}^+ &&\text{eine nichtnegative } \textit{Kostenfunktion}
\end{aligned}
$$

ist. Wir schreiben $k_1 \prec k_2$, falls eine Kante von k_1 nach k_2 führt ($(k_1, k_2) \in \mathcal{T}$) und bezeichnen $k \in \mathcal{K}$ als *Startknoten (Zielknoten)*, falls er keinen Vorgänger (Nachfolger) bezüglich der Präzedenzrelation '$\prec$' besitzt. Eine Knotenfolge $\boldsymbol{k} \in \mathcal{K}^m$ stellt einen erlaubten *Pfad* durch den Graphen dar, sofern $k_1 \prec \ldots \prec k_m$ gilt. Die kumulativen Kosten $D(\boldsymbol{k})$ dieses Pfades werden mit Hilfe der Summation

$$
D(\boldsymbol{k}) = d(k_1, k_2) + \ldots + d(k_{m-1}, k_m) \tag{8.14}
$$

auf die lokale Kostenfunktion d zurückgeführt. Ferner ist $\boldsymbol{k}$ ein *Lösungspfad*, falls k_1 zur Menge $\mathcal{K}_\alpha$ der Startknoten und k_m zur Menge $\mathcal{K}_\omega$ der Zielknoten gehört.

Das *Graphsuchproblem* besteht nunmehr darin, einen Lösungspfad mit minimalen Kosten zu finden. Zur Steuerung einer *geordneten* Suche (*best-first*) setzen wir die Existenz einer zunächst nicht näher spezifizierten *heuristischen Funktion* $\hat{f}$ voraus, welche die Erfolgschance abschätzt, die mit einer Fortsetzung der Suche beim Knoten k verbunden ist. Im nachfolgenden Algorithmus sei $\mathcal{O}$ die hinsichtlich $\hat{f}(k)$ geordnete Liste aktiver Suchraumknoten.

(0) Setze $\mathcal{O} = \mathcal{K}_\alpha$ (Menge der Startknoten).

(1) Entferne aus $\mathcal{O}$ den bestbewerteten Knoten k.

(2) <u>Wenn</u> $k \in \mathcal{K}_\omega$ <u>dann</u> gib k als Lösung aus; *siehe* NDE.

(3) Berechne $\hat{f}(k')$ für alle $k' \in \mathcal{K}$ mit $k \prec k'$ und sortiere die Knoten in $\mathcal{O}$ ein.

(4) Gehe zurück nach (1).

Die heuristische Funktion sollte eine möglichst genaue Schätzung der Kosten $f(k)$ des günstigsten, k passierenden Lösungspfades sein. Der wahre Wert $f(k)$ läßt sich offensichtlich als Summe der minimalen Kosten $g(k)$ eines Pfades von der Startknotenmenge $\mathcal{K}_\alpha$ nach k und der minimalen Kosten $h(k)$ eines Pfades von k in die Zielmenge $\mathcal{K}_\omega$ schreiben. Nun sind im allgemeinen weder $g(k)$ noch $h(k)$ schon bei Ankunft der Suche im Knoten k bekannt, so daß

$$\hat{f}(k) = \hat{g}(k) + \hat{h}(k) \tag{8.15}$$

als Summe geeigneter Schätzwerte formuliert werden muß. Die Funktion $\hat{h}(k)$ heißt *Restschätzung* und repräsentiert unsere heuristische Information hinsichtlich des zukünftigen Verlaufes der Suche; im Fall $\hat{h}(k) \equiv 0$ gilt die Suche als *uninformiert*. Die Schätzfunktion $\hat{h}_1(k)$ ist *informierter* als $\hat{h}_2(k)$, falls für alle k die Feststellung $\hat{h}_1(k) \geq \hat{h}_2(k)$ zutrifft.

Eine Restschätzung heißt ferner

- *monoton*, falls für benachbarte Knoten $k \prec k'$ stets $\hat{h}(k) - \hat{h}(k') \leq d(k, k')$ gilt und

- *optimistisch*, falls $\hat{h}(k)$ immer eine untere Schranke der wahren Restkosten $h(k)$ ist.

Die *vorläufigen* Kosten $\hat{g}(k)$ ergeben sich bei Ankunft in k aus Richtung des Vorgängerknotens k' durch die Addition von $\hat{g}(k')$ und $d(k', k)$. Da in einem gerichteten Graphen unter Umständen mehrere Pfade von $\mathcal{K}_\alpha$ nach k führen, wird $\hat{g}(k)$ den wahren Wert $g(k)$ systematisch überschätzen, solange ausschließlich suboptimale Pfade nach k expandiert wurden. Um eine drohende kombinatorische Explosion im Keim zu ersticken, sollten Pfade gleichen Endknotens während des Suchvorgangs umgehend rekombiniert werden; das Prinzip der Dynamischen Programmierung stellt bekanntlich sicher, daß überhaupt nur *kostenoptimale* Teilpfade als Bestandteil der globalen Lösung infrage kommen.

Die geordnete Suche mit der heuristischen Funktion (8.15) und einem Mechanismus zur Rekombination konvergierender Pfade trägt die Bezeichnung *A*-Algorithmus* und gehört zu den bekanntesten Standardverfahren der Künstlichen Intelligenz; einige Autoren beziehen die Forderung nach monotonem oder optimistischem Verhalten der gewählten Restschätzung mit in die Definition des A*-Algorithmus ein [Nil80]. Zur Kontrolle des Rekombinationsvorgangs wird eine zusätzliche Liste $\mathcal{G}$ zur Speicherung bereits expandierter Graphknoten eingerichtet.

A*-Algorithmus

---

(0) Setze $\mathcal{O} = \mathcal{K}_\alpha$ und $\mathcal{G} = \emptyset$.

(1) Entferne aus $\mathcal{O}$ den bestbewerteten Knoten k und bringe ihn nach $\mathcal{G}$.

(2) <u>Wenn</u> $k \in \mathcal{K}_\omega$ <u>dann</u> gib k als Lösung aus; *siehe* NDE.

(3) Berechne $\hat{g}(k')$, $\hat{h}(k')$ für alle $k' \in \mathcal{K}$ mit $k \prec k'$.
   <u>Wenn</u> $k' \notin \mathcal{O} \cup \mathcal{G}$ <u>dann</u> sortiere k' in $\mathcal{O}$ ein.
   <u>Wenn</u> $k' \in \mathcal{O} \cup \mathcal{G}$ <u>dann</u> korrigiere die vorläufigen Kosten $\hat{g}(k'')$
   aller betroffenen Knoten $k'' \in \mathcal{O}$.

(4) Gehe zurück nach (1).

Der A*-Algorithmus verfügt über eine Reihe durchaus bemerkenswerter Eigenschaften, falls eine monotone und optimistische Funktion $\hat{h}(k)$ zugrundegelegt wird:

Terminierung: Der Algorithmus terminiert, sofern mindestens ein Lösungspfad existiert.

Monotonie: Sobald k zur Expansion gelangt, gilt $\hat{g}(k) = g(k)$.

Zulässigkeit: Der Algorithmus findet tatsächlich den günstigsten Pfad.

Effizienz: Je *informierter* die Restschätzung, desto weniger Knoten werden expandiert.

Anordnung: Entfernt man in Schritt (2) die Terminierung, erzeugt der Algorithmus Schritt für Schritt die n besten Lösungspfade.

Auf die explizite additive Zerlegbarkeit von $f(k)$, $\hat{f}(k)$, wie sie in der klassischen Form des A*-Algorithmus postuliert wird, kann ohne weiteres verzichtet werden [Sag90]. Eine hinreichende Bedingung für die Zulässigkeit der Suche lautet dann:

$$\left\{ \begin{array}{llll} \hat{f}(k) & \leq & f(k) & \text{für alle } k \in \mathcal{K} \setminus \mathcal{K}_\omega \\ \hat{f}(k) & = & f(k) & \text{für alle } k \in \mathcal{K}_\omega \end{array} \right\} \qquad (8.16)$$

8.2.2 Die Kellersuche

Wir formulieren jetzt das Dekodierungsproblem als heuristisch informierte Graphsuche. Die Funktion der Suchraumknoten übernehmen die partiellen und die vollständigen Lösungsketten $\boldsymbol{w}$ bzw. $\boldsymbol{w}\$$ aus $(\mathcal{W} \cup \{\$\})^*$; die $\boldsymbol{w}\$$ fungieren zudem als Zielknoten, die leere Kette

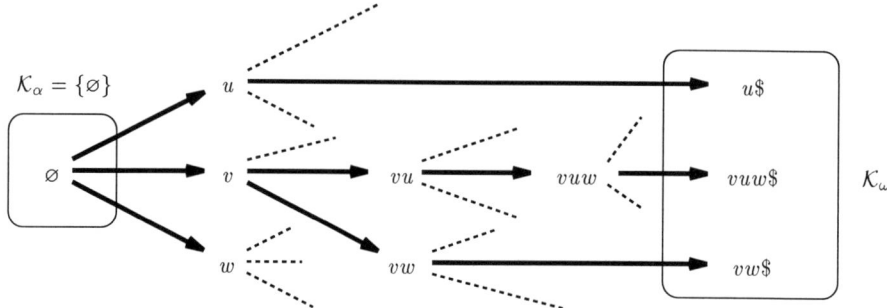

Abbildung 8.13: Der baumförmige Suchgraph für $\mathcal{W} = \{u, v, w\}$

$\varnothing$ als Startknoten. Alle Kanten haben die Gestalt $(\boldsymbol{w}, \boldsymbol{w}v)$ mit $v \in \mathcal{W}$ oder $v = \$$. Offensichtlich besitzt nach dieser Konstruktion jeder Knoten einen eindeutigen Vorgänger und der Suchgraph ist, wie aus Abbildung 8.13 deutlich wird, von der speziellen Form eines Baumes.

Die zu einer partiellen Lösung $\boldsymbol{w}$ gehörenden Knoten verkörpern die Interpretation einer beliebigen Anfangspartie $\boldsymbol{x}_1 \ldots \boldsymbol{x}_t$ der Sprachdaten als Realisierung von $\boldsymbol{w}$, während sich Zielknoten ausschließlich auf komplette Überdeckungen von $\boldsymbol{X}$ beziehen. Die Beschränkung auf initiale Äußerungsintervalle verleiht dem A*-Algorithmus den Charakter einer Links-Rechts-Suche. Eine naheliegende Verallgemeinerung besteht darin, auch innere oder sogar diskontinuierliche Abschnitte als Interpretationskorrelate zuzulassen; derartige *Inselsuchverfahren* finden sich in [Woo77, Woo82, ST86c] beschrieben. Nach diesen Vorüberlegungen gilt es nun,

- eine Knotenbewertungsfunktion zu spezifizieren, deren Optimierung das Dekodierungsproblem löst,

- eine Restschätzung anzugeben, die eine möglichst effiziente und akkurate Suche gewährleistet und

- die zur Expansion eines Suchraumknotens notwendigen Operationen zu beschreiben.

Bewertungsfunktion. Im Kontext statistischer Modellierung erscheint es angemessen, von der Minimierung additiver Kosten zur Maximierung multiplikativer Wahrscheinlichkeiten überzugehen [Ken93a]; darüberhinaus ist in die betreffenden Wahrscheinlichkeitsbewertungen als neue Veränderliche der Überdeckungsendpunkt $t \in [1, T]$ involviert. Die Rolle der bisher angefallenen Kosten übernimmt die Verbundwahrscheinlichkeit

$$g_t(\boldsymbol{w}) \;=\; P(\boldsymbol{w}, \boldsymbol{x}_1 \ldots \boldsymbol{x}_t) \;=\; P(\boldsymbol{w}) \cdot P(\boldsymbol{x}_1 \ldots \boldsymbol{x}_t \mid \boldsymbol{w}) \qquad (8.17)$$

für die gemeinsame Produktion der partiellen Wort- und Eingabedatenfolge. Man beachte, daß im Verlauf einer Kellersuche *nicht* die tatsächlichen von den vorläufigen Werten $\hat{g}_t(\boldsymbol{w})$

unterschieden werden müssen, da der Knoten $\boldsymbol{w}$ grundsätzlich nur auf einem Wege zu erreichen ist. Die günstigstenfalls erzielbare Restwahrscheinlichkeit einer Teillösung erfordert eine Maximierung über alle denkbaren Vervollständigungen $\boldsymbol{u}$ von $\boldsymbol{w}$:

$$h_t(\boldsymbol{w}) = \begin{cases} \max_{\boldsymbol{u}} \ P(\boldsymbol{u} \mid \boldsymbol{w}) \cdot P(\boldsymbol{x}_{t+1} \ldots \boldsymbol{x}_T \mid \boldsymbol{u}) & 1 \le t < T \\ 0 & t = T \end{cases} \qquad (8.18)$$

Bei vollständigen Lösungen selektiert man die Totalüberdeckung mittels $h_t(\boldsymbol{w}) = \chi_{[t=T]}$. Die maximale Wahrscheinlichkeit dafür, daß $\boldsymbol{w}$ durch die akustischen Vektoren $\boldsymbol{x}_1 \ldots \boldsymbol{x}_t$ realisiert und der Äußerungsrest auf unbekannte, aber modellkonforme Weise produziert wurde, beträgt offensichtlich

$$f_t(\boldsymbol{w}) = g_t(\boldsymbol{w}) \cdot h_t(\boldsymbol{w}) \,. \qquad (8.19)$$

Grob gesprochen dient die lokale Restbewertung $h_t(\boldsymbol{w})$ dem Ausbalancieren von Wahrscheinlichkeitswerten für Ereignisse unterschiedlicher Dauer, während die lokale Theoriebewertung $f_t(\boldsymbol{w})$ das Wahrscheinlichkeitsprofil mutmaßlicher Endzeitpunkte für akustische Realisierungen von $\boldsymbol{w}$ darstellt. Mit der naheliegenden Definition der globalen Knotenbewertung als Maximum $f(\boldsymbol{w}) = \max_t f_t(\boldsymbol{w})$ der zeitabhängigen Einzelwahrscheinlichkeiten gilt

$$f(\boldsymbol{w}) = \begin{cases} P(\boldsymbol{w}, \boldsymbol{X}) & \text{falls } \boldsymbol{w} \text{ vollständig ist,} \\ \max_{\boldsymbol{u}} P(\boldsymbol{w}\boldsymbol{u}, \boldsymbol{X}) & \text{falls } \boldsymbol{w} \text{ partiell ist.} \end{cases} \qquad (8.20)$$

Damit ist gesichert, daß die Maximierung von $f(\boldsymbol{w})$ die gestellte Dekodierungsaufgabe löst.

An dieser Stelle ist eine klärende Bemerkung angebracht. Der auf partielle Lösungen bezogene Teil der Aussage (8.20) wird gemäß

$$\begin{aligned} f(\boldsymbol{w}) &= \max_t \left(P(\boldsymbol{w}) \cdot P(\boldsymbol{x}_1 \ldots \boldsymbol{x}_t \mid \boldsymbol{w}) \cdot \max_{\boldsymbol{u}} P(\boldsymbol{u} \mid \boldsymbol{w}) \cdot P(\boldsymbol{x}_{t+1} \ldots \boldsymbol{x}_T \mid \boldsymbol{u}) \right) \\ &= \max_{\boldsymbol{u}} P(\boldsymbol{w}\boldsymbol{u}) \cdot \underbrace{\max_t \left(P(\boldsymbol{x}_1 \ldots \boldsymbol{x}_t \mid \boldsymbol{w}) \cdot P(\boldsymbol{x}_{t+1} \ldots \boldsymbol{x}_T \mid \boldsymbol{u}) \right)}_{P(\boldsymbol{X} \mid \boldsymbol{w}\boldsymbol{u})} \end{aligned} \qquad (8.21)$$

nach Vertauschung der Maximumoperatoren und Kombination der akustischen Bewertungen gefolgert; dazu muß die Wahrscheinlichkeitsdichte $P(\cdot)$ jedoch zwingend als Viterbi-Bewertung vorausgesetzt werden. Alternativ dazu sind auch die Vorwärtswahrscheinlichkeiten einsetzbar [Jel75]; in diesem Fall ist eine additive Knotenbewertung $f(\boldsymbol{w}) = \sum_t f_t(\boldsymbol{w})$ einzuführen, damit das Produkt der Vorwärtswahrscheinlichkeiten rekombiniert werden kann. Die untere Identität in (8.20) wird unter diesen Bedingungen zu der Ungleichung

$$f(\boldsymbol{w}) \ge \max_{\boldsymbol{u}} P(\boldsymbol{w}\boldsymbol{u}, \boldsymbol{X}) \qquad (8.22)$$

abgeschwächt, was der Zulässigkeit der Kellersuche aber keinen Abbruch tut. Einen dritten Typ optimistischer Knotenbewertungen erhalten wir schließlich, wenn auch in der Definition von $h_t(\boldsymbol{w})$ die Maximumbildung durch eine Summation ersetzt wird. Es läßt sich dann unschwer die Eigenschaft

$$f(\boldsymbol{w}) \;=\; \sum_{\boldsymbol{u}} P(\boldsymbol{w}\boldsymbol{u}, \boldsymbol{X}) \tag{8.23}$$

nachweisen, die wiederum hinreichend für ein zulässiges Suchverfahren ist. Die Zulässigkeit geht im allgemeinen verloren, sobald wortübergreifende akustische Modelle ins Spiel kommen und die Rekombinierbarkeit der HMM-Bewertungen zerstören.

Restschätzung. Aufgrund der formalen Eigenschaften des A*-Algorithmus wissen wir, daß nur die korrekte Restschätzung $\hat{h}_t(\boldsymbol{w}) = h_t(\boldsymbol{w})$ eine zulässige und zugleich aufwands-optimale Suche garantiert. Eine exakte Auswertung des Ausdrucks (8.18) ist jedoch unrealistisch und käme dem sprichwörtlichen Gang des Berges zum Propheten gleich. Die eigentliche Schwierigkeit beim Entwurf eines asynchronen Suchverfahrens besteht daher in der Definition einer geeigneten Näherungsfunktion $\hat{h}_t(\boldsymbol{w})$.

In der Urfassung der Kellersuche [Jel82] wurde in (8.18) die explizite Abhängigkeit von der Lösungsfortsetzung $\boldsymbol{u}$ unterdrückt. Der Übergang zum Erwartungswert sowie die Vernachlässigung statistischer Abhängigkeiten höherer Ordnung lieferten die Näherungsformel

$$\hat{h}_t(\boldsymbol{w}) \;=\; \hat{h}_t \;=\; \mathcal{E}[\boldsymbol{x}_{t+1}\ldots\boldsymbol{x}_T \mid \boldsymbol{x}_1\ldots\boldsymbol{x}_t] \;\approx\; \prod_{\tau=t+1}^{T} \mathcal{E}[\boldsymbol{x}_\tau \mid \boldsymbol{x}_{\tau-1}] \,. \tag{8.24}$$

Die bedingten Erwartungswerte auf der rechten Seite lassen sich bei geeignetem parametrischen Ansatz aus einer Lernstichprobe schätzen; noch rigoroser ist die weitergehende Vereinfachung $\hat{h}_t = \rho^{T-t}$.

Die vorangegangenen Approximationen mögen eine leidlich effiziente Suche bewirken, verfehlen aber im allgemeinen das Entwurfsziel einer optimistischen Restschätzung. Eine systematische Strategie zum Entwurf nachweislich optimistischer Näherungen $\hat{h}_t(\boldsymbol{w})$ besteht darin, das Erkennungsmodell durch massive Zustandsverklebungen nebst Abschätzung der Verbundparameter nach oben soweit zu vereinfachen, daß die Evaluierung der Bestimmungsgleichung (8.18) praktikabel wird [Ken93b]. Als besonders anschauliches Beispiel dafür mag die Fehlbetragsschätzung („shortfall")

$$\hat{h}_t \;=\; \prod_{\tau=t+1}^{T} \max_j b_j(\boldsymbol{x}_\tau) \tag{8.25}$$

dienen [Woo77]. Die Maximumbildung erstreckt sich auf alle Zustände des Erkennungsmodells, so daß $\hat{h}_t(\boldsymbol{w})$ tatsächlich eine obere, wenn auch nicht sonderlich scharfe Schranke für $h_t(\boldsymbol{w})$ ist.

Es drängt sich die Vermutung auf, jede Restschätzung müsse quasi von Natur aus entweder ineffizient sein oder die Zulässigkeitsbedingung verletzen, weil die dringend benötigte Bewertungsinformation in der „Zukunft" verborgen liegt und dieser nur mit unvertretbarem

Rechenaufwand zu entlocken ist. Diese Situation ändert sich sofort, wenn man die Restwahr-
scheinlichkeit dynamisch zu extrapolieren bereit ist und dafür auch die Unannehmlichkeit in
Kauf nimmt, die Knotenbewertungen des Kellers $\mathcal{O}$ von Zeit zu Zeit aufzufrischen zu müssen.
Die *dynamische Extrapolation* [Pau92a] geht von der optimistischen Schätzgleichung

$$\hat{f}_t(\boldsymbol{w}) \;=\; g_t(\boldsymbol{w}) \cdot h_t^* \quad \text{mit} \quad h_t^* \;=\; \max_{\boldsymbol{w}} h_t(\boldsymbol{w}) \tag{8.26}$$

aus. Wesentliche Schlüsse der nun folgenden Argumentation gelten in exakter Form allerdings
nur für eine Viterbi-Dekodierung. Wir betrachten die Zeitfunktion

$$f_t^* \;=\; g_t^* \cdot h_t^* \;=\; \max_{\boldsymbol{w}} g_t(\boldsymbol{w}) \cdot \max_{\boldsymbol{u}} h_t(\boldsymbol{u}) \;, \tag{8.27}$$

welche langsam mit t variiert und ihr globales Maximum — den Wert $f(\boldsymbol{w}^*)$ für die optimale
Lösungskette $\boldsymbol{w}^*$ — an den korrekten Wortgrenzen von $\boldsymbol{w}^*$ annimmt. Wir bilden jetzt den
Quotienten

$$\Lambda_t(\boldsymbol{w}) \;=\; \frac{\hat{f}_t(\boldsymbol{w})}{f_t^*} \;=\; \frac{g_t(\boldsymbol{w})}{g_t^*} \quad \text{sowie} \quad \Lambda(\boldsymbol{w}) \;=\; \max_t \Lambda_t(\boldsymbol{w}) \tag{8.28}$$

und halten fest, daß $\Lambda_t(\boldsymbol{w}) \leq 1$ ist und den Wert Eins für alle Teilketten von $\boldsymbol{w}^*$ an den
optimalen Wortgrenzen auch erreicht. Der Pfad zur korrekten Lösung kann daher niemals
blockiert werden, wenn die Größe $\Lambda(\boldsymbol{w})$ als heuristische Knotenbewertung gewählt wird.
Die Suche bleibt also zulässig; ihre Effizienz hängt allein von der Schwankungsstärke des
Wahrscheinlichkeitsprofils f_t^* ab und ist optimal für $f_t^* = \mathsf{konstant}$.

Selbstverständlich sind die wahren Schranken g_t^* im Verlauf der Suche noch garnicht
bekannt. Sie werden daher durch *vorläufige Schranken*

$$\hat{g}_t^* \;=\; \max_{\boldsymbol{w} \in \mathcal{O} \cup \mathcal{G}} g_t(\boldsymbol{w}) \;\leq\; g_t^* \tag{8.29}$$

ersetzt; dazu wird die Maximumbildung auf die Menge der bereits besuchten Knoten zurück-
geschnitten. Jede Wahrscheinlichkeitsbewertung einer neuen Wortkette erweitert den Hori-
zont der Suche und bewirkt potentiell eine Modifikation des kritischen Wahrscheinlichkeits-
vektor $\hat{g}_t^*$. Um die Zulässigkeit des A*-Algorithmus aufrechtzuerhalten, müssen nach jedem
Expansionsschritt alle betroffenen Werte $\Lambda_t(\boldsymbol{w})$ und $\Lambda(\boldsymbol{w})$ der Kellerknoten aktualisiert werden. Insbesondere ist einem Kurzschlußeffekt zu begegnen, der es in seltenen Fällen — wenn
nämlich die vorläufige Schranke $\hat{g}_t^*$ für $g_t(\boldsymbol{w})$ gleichzeitig von mehreren Kombinationen $(t, \boldsymbol{w})$
angenommen wird — einer suboptimalen Theorie gestattet, unaufhaltsam den Prozeß der
Schrankenberechnung zu dominieren und schließlich im Schutze dieser Abschirmung ins Ziel
zu gelangen. Dieser unerwünschte Effekt wird dadurch ausgeschlossen, daß alle Bewertungs-
konflikte bei der Auswahl des besten Kellerknotens zugunsten des Kandidaten mit dem
kleinsten Wert

$$t_{min}(\boldsymbol{w}) \;=\; \min_t \{t \mid \Lambda_t(\boldsymbol{w}) = \Lambda(\boldsymbol{w})\} \tag{8.30}$$

entschieden werden [Pau92a].

Knotenexpansion. In jedem Expansionsschritt des A*-Algorithmus sind die heuristischen Bewertungen etlicher Nachfolgertheorien $\boldsymbol{wv}$ zu berechnen, insbesondere also die Wahrscheinlichkeitswerte

$$g_t(\boldsymbol{wv}) \;=\; P(\boldsymbol{x}_1 \ldots \boldsymbol{x}_t \mid \boldsymbol{wv}) \,, \quad t = 1, \ldots, T. \tag{8.31}$$

Im Prinzip müßte dazu die Vorwärtsmatrix für die Sprachdaten $\boldsymbol{X}$ und das verkettete Modell $\boldsymbol{\lambda}(\boldsymbol{wv})$ erzeugt werden. Die spezielle Struktur dieses Modells — $\boldsymbol{\lambda}(\boldsymbol{wv})$ ist wie seine Verkettungskomponenten ein Links-Rechts- und damit zyklenfreies HMM — erlaubt es jedoch, die $g_t(\boldsymbol{wv})$ mit Hilfe eines modifizierten Vorwärts-Algorithmus bezüglich des viel kleineren Modells $\boldsymbol{\lambda}(v)$ zu ermitteln.

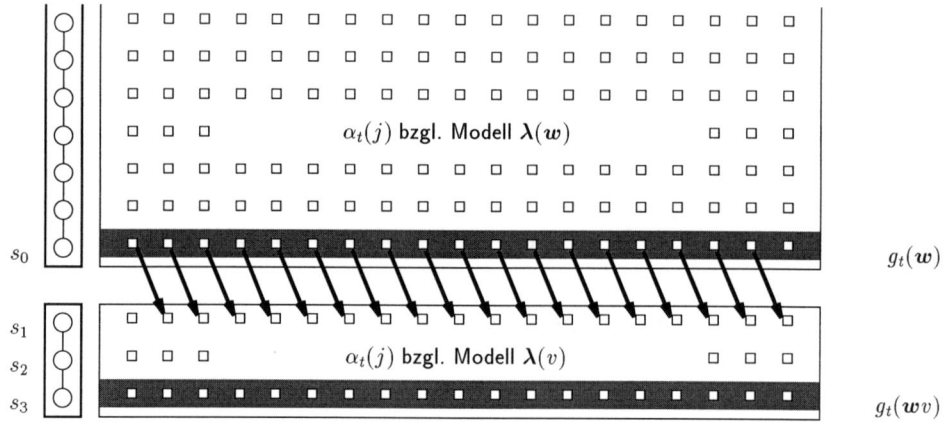

Abbildung 8.14: Modifizierter Vorwärts-Algorithmus zur Expansion einer Teillösung

Das zugrundeliegende Rechenschema zur Rückführung der $g_t(\boldsymbol{wv})$ auf die bereits verfügbaren Werte $g_t(\boldsymbol{w})$ zeigt Abbildung 8.14. Um die Wahrscheinlichkeiten

$$\alpha_t(j) \;=\; P(\boldsymbol{x}_1 \ldots \boldsymbol{x}_t, q_t = s_j \mid \boldsymbol{\lambda}(\boldsymbol{wv})) \,, \quad j = 1, \ldots, N, \ t = 1, \ldots, T \tag{8.32}$$

zu bestimmen, bedient man sich des gewöhnlichen Vorwärts-Algorithmus (Seite 131), integriert jedoch die Einstiegswahrscheinlichkeiten $g_t(\boldsymbol{w})$ in die Rekursionsformel für den Anfangszustand s_1:

$$\alpha_t(1) \;=\; \begin{cases} b_1(\boldsymbol{x}_1) & t = 1 \\ (\alpha_{t-1}(1) \cdot a_{11} + g_{t-1}(\boldsymbol{w}) \cdot a_{01}) \cdot b_1(\boldsymbol{x}_t) & t > 1 \end{cases} \tag{8.33}$$

dabei bezeichne a_{01} die Fluchtwahrscheinlichkeit des terminalen Zustandes von $\boldsymbol{\lambda}(\boldsymbol{w})$. Auf die gleiche Weise erhält man bei Bedarf auch die Viterbi-Wahrscheinlichkeiten $P^*(\boldsymbol{X}|\boldsymbol{\lambda}(\boldsymbol{wv}))$;

das modifizierte Rechenschema wird häufig als *Block-Viterbi-Algorithmus* bezeichnet [Ken93a].

8.3 Wortschatzorganisation

Die Strahl- und Kellersuchverfahren dienten dazu, den erforderlichen Rechenaufwand der De-kodierung bei *gegebenem* Erkennungsmodell möglichst klein zu halten. Eine weitere Maßnah-me zur Effizienzsteigerung besteht darin, schon bei der Konstruktion des kompilierten HMM-Netzwerks auf eine Kompression des Zustandsraumes hinzuwirken. Geeignete Ansatzpunkte dafür sind die zahlreichen Kopien kontextabhängiger oder -unabhängiger Phonmodelle, aus denen die Wortmodelle des Erkennungsvokabulars aufgebaut wurden und die während des Dekodierungsvorgangs Anlaß zu einer Unzahl *redundanter* Berechnungsaktivitäten geben.

Identifikation verklebter Modelle. Der Ausgangspunkt unserer ersten Überlegungen sei das kompilierte Einzelwortnetzwerk der Abbildung 8.3. Das Vokabular bestehe nur aus den drei Wörtern „*Ton*", „*tot*" und „*rot*", welche durch die Verkettung passender Mono-phonmodelle mit je zwei Zuständen repräsentiert seien. Das resultierende Gesamtmodell zeigt Abbildung 8.15.

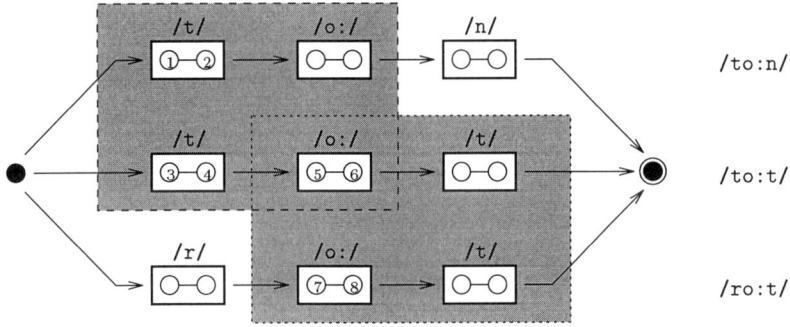

Abbildung 8.15: Einzelworterkennungsblock für monophonbasierte Modelle

Die erste Beobachtung betrifft den gestrichelt umrandeten Teil des Modells; die vier senk-recht übereinander angeordneten Zustandspaare der /t/-Modelle und der /o:/-Modelle sind miteinander verklebt, ihre Übergangs- und Ausgabeverteilungen besitzen also den gleichen Wert. Folglich gilt zwangsläufig für alle $t = 1, \ldots, T$

$$\alpha_t(1) = \alpha_t(3) , \quad \alpha_t(2) = \alpha_t(4) , \quad \ldots \tag{8.34}$$

und desgleichen auch für die entsprechenden Viterbi-Bewertungen. Beginnen zwei oder mehr Wörter mit derselben Anfangsfolge von Spracheinheiten, spricht man von *Präfixäquivalenz*. Die überflüssigen Mehrfachberechnungen innerhalb des gemeinsamen Wortanfangs /to:/

können selbstverständlich eingespart werden, indem man eine getrennte Verarbeitung der
Wörter „Ton" und „tot" erst nach der Bifurkation ihrer Modelle in /n/ und /t/ aufnimmt.

Auch die punktiert gerahmten Zustände der gemeinsamen Wortenderegionen von „to:t"
und „ro:t" sind paarweise miteinander verklebt; ihre α_t- oder ϑ_t-Wahrscheinlichkeiten werden aber im allgemeinen wegen der unterschiedlichen Wortanfänge /t/, /r/ voneinander
abweichen. Denken wir jedoch speziell an eine Viterbi-Dekodierung und beschränken unser Interesse auf die beiden unteren Wortmodelle des Erkennungsblocks, so können wir die
Wahrscheinlichkeit der optimalen Zustandsfolge $\boldsymbol{\mu}^*$ wie folgt umformen ($P^*(\cdot|\cdot)$ bezeichne
wie immer die modellbedingte Viterbi-Bewertung):

$$
\begin{aligned}
P(\boldsymbol{X}, \boldsymbol{\mu}^*) &= \max\left\{\max_{\boldsymbol{\mu}} P(\boldsymbol{X}, \boldsymbol{\mu} \mid /\texttt{to:t}/),\ \max_{\boldsymbol{\nu}} P(\boldsymbol{X}, \boldsymbol{\nu} \mid /\texttt{ro:t}/)\right\} \\
&= \max_t \left(\max\left\{\begin{array}{l} P^*(\boldsymbol{x}_1\ldots\boldsymbol{x}_t \mid /\texttt{t}/) \\ P^*(\boldsymbol{x}_1\ldots\boldsymbol{x}_t \mid /\texttt{r}/) \end{array}\right\} \cdot P^*(\boldsymbol{x}_{t+1}\ldots\boldsymbol{x}_T \mid /\texttt{o:t}/)\right)
\end{aligned}
\tag{8.35}
$$

Die Zerlegung der Maximierung über alle $\boldsymbol{\mu}$ in zeitbezogene Teiloptimierungen verdanken
wir der speziellen Modellstruktur, denn jede Zustandsfolge muß zu irgendeiner Zeit t den Bereich der verklebten Modelle betreten. Nach Umordnung der Maximumoperatoren entsteht
schließlich die untere Formelzeile mit der wichtigen Aussage, daß bereits am Eingang der
Zustände s_5 und s_7 in Abhängigkeit vom Eintrittszeitpunkt die Vorentscheidung zugunsten
„tot" oder „rot" fällt; die Auswertung des /o:t/-Modells dient nur noch der Ermittlung
einer optimalen Zeitgrenze t.

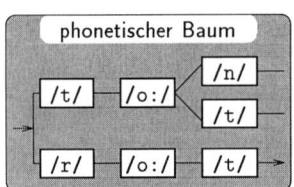 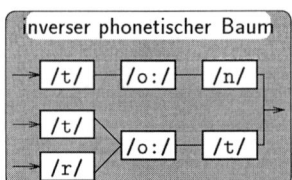 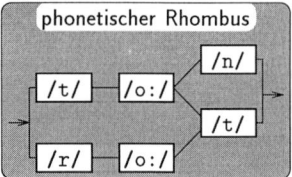

Abbildung 8.16: Organisation akustischer Wortmodelle für „Ton", „tot" und „rot"

Durch konstruktive Ausnutzung der Präfixäquivalenzen gelangt man zu einem *phonetischen Baum* (Abbildung 8.16, links). Die Wurzel des Baumes ist durch den Eingangspfeil,
seine Blätter durch die Ausgangspfeile markiert. Jedes Blatt repräsentiert einen Pfad durch
den Baum; dieser Pfad wiederum kann mit der phonetischen Grundform eines der Wörter aus
dem Erkennungsvokabular identifiziert werden. Die Blätter bilden eigenständige Wortende-
markierungen und werden nicht mit dem terminalen Wortphonem gleichgesetzt; andernfalls
wären keine Wörter darstellbar, die Anfangspartie eines längeren Konkurrenten sind, wie
etwa „rot" von „Rotation".

Zur Einzelwortdekodierung werden die Baumknoten in die entsprechenden Lautmodelle
expandiert; alle Lautübergänge bekommen formal die Wahrscheinlichkeit Eins. Unter diesen

Voraussetzungen ergeben sich an den Blattzuständen des baumförmigen Erkennungsmodells offenbar die gewünschten Wortwahrscheinlichkeiten. Die Matrix der Vorwärts- oder Viterbi-Bewertungen besitzt die in Abbildung 8.17 veranschaulichte Topologie eines „Baumflächlers".

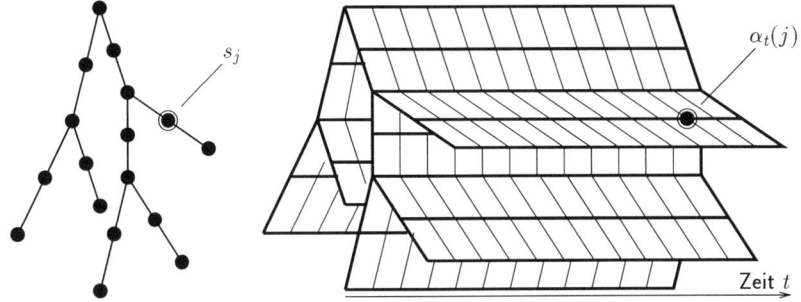

Abbildung 8.17: Der phonetische Baum und sein Suchraum zur Viterbi-Dekodierung

Der Nutzeffekt dieser Wortschatzorganisation, die zuerst in [Klo75] vorgeschlagen wurde, liegt in der Größenreduktion des Suchraums. Im abgebildeten Beispiel konnten durch Verschmelzung zwei Lautmodelle eingespart werden. Bei einem umfangreichen Vokabular ist durch die phonetische Baumdarstellung eine beträchtliche Kompression zu erzielen; je nach Wortschatz und Lautinventar verringert sich die Zahl der Zustände etwa auf die Hälfte [ST87, Ney92b, Lac93].

Die zum phonetischen Baum *inverse* Struktur entsteht, wenn die Verschmelzungsoperationen durch die Postfixäquivalenzen gesteuert werden (Abbildung 8.16, mittlerer Kasten). Zur Dekodierung wird das HMM des inversen Baumes mit dem Viterbi-Algorithmus bewertet; nach Rückverfolgung der besten Zustandsfolge q^* gelingt dann spätestens beim Zustand q_1^* die zweifelsfreie Identifikation des Lösungswortes [Lac91]. Die Affixverschmelzung in und entgegen der Zeitrichtung kann auch in Kombination geschehen; nach Hintereinanderausführung beider Verfahrensvarianten entsteht ein phonetischer Rhombus (Abbildung 8.16, rechts), der bei umfangreichem Wortschatz typischerweise nur ein Drittel der Zustände des Standardmodells beinhaltet. Es ist während der zweiten Verschmelzungsphase zu beachten, daß die beiden /o:/-Modelle des Rhombus trotz des gemeinsamen Nachfolgers /t/ *nicht* mehr zur Deckung gebracht werden dürfen; andernfalls würde eine Brücke zwischen dem initialen Part von „*rot*" und dem terminalen Part von „*Ton*" geschlagen, und das Erkennungsmodell enthielte die wortschatzfremde Phonemfolge /r/–/o:/–/n/.

Die Kompressionsmöglichkeiten sind auch mit der Rhombenbildung nicht erschöpft, wie die Zahlwörter „*neunundsechzig*" und „*zweiundvierzig*" belegen; auch im Wortinneren bietet sich mannigfaltige Gelegenheit zur Einsparung obsoleter Modellzustände. Zum Zweck einer systematischen Minimierung des Erkennungsmodells ist eine grammatikorientierte Sichtweise hilfreich; danach ist der Wortschatz $\mathcal{W}$ als endliche Sprache über dem Phonemalphabet aufzufassen. Die Standard-, Baum- und Rhombusmodelle der Abbildungen 8.15 und 8.16 sind unterschiedliche Vertreter endlicher Automaten, die genau unsere Zielsprache $\mathcal{W}$ er-

kennen. Ohne Zweifel existieren minimale Automaten mit dieser Eigenschaft; diesbezügliche
Optimierungsalgorithmen finden sich in [Hop79] und [Bro91b] beschrieben.

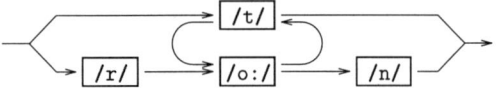

Abbildung 8.18:

Phonotaktisches Bigramm-Modell

Wenn man bereit ist, eine gewisse Übergeneralisierung bei der Organisation akustischer
Modelle in Kauf zu nehmen, ist die gesamte Palette statistischer Verfahren der linguistischen Sprachmodellierung (Kapitel 7) anwendbar. Mit diesen Mitteln läßt sich der Umfang
des Erkennungsmodells drastisch reduzieren; im Extremfall einer Bigramm-Grammatik für
Phoneme enthält es unabhängig vom Wortschatzumfang nur noch eine Modellkopie je Phonem. Im Fall unseres Beispielvokabulars werden gegenüber dem Rhombus noch zwei Modelle
durch die Identifikation der /t/- und /o:/-Kopien eingespart, wie Abbildung 8.18 beweist.
Um die Schärfe, mit welcher der Zielwortschatz durch die Bigramme umrissen wird, ist es allerdings schlecht bestellt: so akzeptiert der abgebildete Automat beispielsweise Phonemfolgen
der Gestalt /ro:to:to:...to:n/, Lösungen also, die selbstverständlich unerwünscht sind.

Eine übergeneralisierende Wortschatzorganisation repräsentiert also weniger das Erkennungsvokabular als dessen lautstatistische Eigenschaften und wird deshalb als *phonotaktische Grammatik* bezeichnet; als annehmbarer Kompromiß zwischen der Schärfe und der
Kompaktheit des Modells gelten phonotaktische Trigramme [Ken93b]. In der Regel wird
die phonotaktische Dekodierung keine gültige Phonemfolge des Vokabulars liefern, und die
Zuordnung eines Lösungswortes aus $\mathcal{W}$ hat in einem nachgeordneten Verarbeitungsschritt
zu geschehen. Zur Erkennung von Wörtern aufgrund einer hypothetisierten Lautfolge kennt
man zahlreiche Verfahren, die teils auf statistischem Mustervergleich [ST87, Kun90], teils
auf assoziativen Zugriffstechniken [ST85, Ito93] beruhen.

Kontextabhängige Wortuntereinheiten.   Die mit Hilfe von Monophonmodellen erzielbare Erkennungsleistung entspricht bei weitem nicht dem Stand der Technik; die beschrie-
benen Verschmelzungsverfahren sind daher unbedingt auf kontextabhängige Wortuntereinheiten zu verallgemeinern. Die oben angegebene Baumkonstruktionen kann dazu wörtlich
übernommen werden, nur ist der Erkennungswortschatz nicht phonemisch, sondern im Sin-
ne der gewählten Spracheinheiten zu transkribieren. Für das Triphoninventar lauten die
Grundformen des Beispielvokabulars:

„Ton"	⤳	/t/o:	t/o:/n	o:/n/
„tot"	⤳	/t/o:	t/o:/t	o:/t/
„rot"	⤳	/r/o:	r/o:/t	o:/t/

Es wird deutlich, daß die stärkere Modellierung mit einer rapiden Abnahme der Kompressionsmöglichkeiten erkauft wird; so sind die drei /o:/-Triphone paarweise unverschmelzbar,
weil die rechten und linken Kontextphone nicht übereinstimmen. Bei 1000 Wörtern enthält

der Triphonbaum etwa die 1.3-fache, ein Polyphonbaum die 1.7-fache Anzahl der Zustände eines Monophonbaumes.

Nicht jede Form von Kontextabhängigkeit allophonischer Modelle macht die Kompressionseigenschaften der Baumstrukturierung zunichte. Offensichtlich werden sowieso nur Modelle mit identischer Vergangenheit verschmolzen, so daß etwaige linkseitige Kontextsymbole den Reduktionsprozeß in keiner Weise behindern. Das Inventar der *Dendrophone* — das sind Phoneinheiten ohne rechten, aber mit beliebig langdauerndem linken Kontext — erhält also den günstigen Kompressionsfaktor der Monophonmodelle, bietet jedoch eine akustische Modellierung deutlich höherer Präzision. Diese Aussage gilt in abgeschwächter Form natürlich auch für Biphone mit linksseitigem Kontext [Pau92b]. Die Dendrophondarstellung des Beispielwortschatzes lautet

„Ton“	$\leadsto$	/t/	t/o:/	to:/n/
„tot“	$\leadsto$	/t/	t/o:/	to:/t/
„rot“	$\leadsto$	/r/	r/o:/	ro:/t/

und zieht eine höhere Anzahl (7 statt 4) verschiedener Wortuntereinheiten nach sich, ohne die topologische Struktur des phonetischen Baumes zu beeinträchtigen; generell entspricht jeder Nichtblattknoten eineindeutig einem Dendrophon.

Baumstruktur und Suche. Zur Dekodierung von Sprachdaten mit Hilfe eines baumförmigen Erkennungsmodells wird entweder eine Strahl- oder eine Kellersuche durchgeführt. Die Kellersuche ist in [Gup88] beschrieben. Als Problemgraph fungiert der phonetische Baum, dessen Wurzel den Startknoten und dessen Blätter die Zielknoten des Graphen bilden.

Die Alternative dazu ist die Strahlsuche. Schon im Zusammenhang mit der Abbildung 8.11 auf Seite 242 wurde konstatiert, daß sich während einer strahlgetriebenen Suche das Gros erforderlicher Kandidatenbewertungen in den Wortanfangsregionen konzentriert. Der Untersuchung [Ney92b] zufolge gehören 79 % aller aktiven Zustände zu einem wortinitialen Phonem und weitere 16 % zu einem Phonem in Wortzweitposition — diese Feststellungen beziehen sich auf eine Strahldekodierung ohne baumstrukturiertes Erkennungsmodell. Nun wissen wir, daß ein Monophonbaum unabhängig vom Wortschatz nur etwa 30–60 Phonmodelle in Erstposition enthalten kann. Tatsächlich entfaltet die Baumorganisation ihre Wirkung genau dort, wo sie vom Standpunkt der Suchökonomie am dringendsten geboten ist; so wird in der oben zitierten Studie — bei einem Kompressionsfaktor von 2.5 — eine siebenfache Beschleunigung der Strahlsuche durch die Baumstrukturierung angegeben.

Kontinuierliche Sprache. Die Verallgemeinerung der baumstrukturierten Viterbi-Dekodierung auf kontinuierliche Sprache geschieht wie in Abbildung 8.5 durch Rückkopplung des Einzelwortblocks, solange kein linguistisches Sprachmodell zu beachten ist. Andernfalls bereitet die Tatsache Probleme, daß an der Wurzel des Baumes noch sämtliche Wortschatzeinträge als Kandidaten zur Debatte stehen, denn die Wortidentitäten offenbaren sich ausschließlich in den Blattknoten. Aus diesem Grunde ist man zu einer *verzögerten Auswertung* des linguistischen Modells [Ste91] gezwungen, d.h. die bedingten n-Gramm-Wahrscheinlichkeiten $P(w|\boldsymbol{v})$ werden nicht beim Eintritt in den Baum hinzumultipliziert, sondern erst nach Erreichen eines Blattknotens, wenn w bekannt ist und ein konkreter Wert $P(w|\boldsymbol{v})$ nachgeschlagen werden kann.

Um die Optimalität des Viterbi-Algorithmus wiederherzustellen, der seine Entscheidungen am Wurzelknoten auf Grundlage unvollständiger Informationen zu treffen hätte und folglich Gefahr liefe, inkorrekte Rückwärtszeiger zu setzen, ist der Aufbau des Suchraumes zu modifizieren. Im Prinzip wird für jede grammatische Geschichte eine Kopie des Baumes bereitgestellt. Beim Bigramm-Sprachmodell haben wir es also mit L Baumkopien zu tun; jeder Blattzustand wird, wie in Abbildung 8.19 angedeutet, mit einer Modellkante an die Wurzel des zugehörigen Baumes geheftet. Damit erübrigt sich die riskante Entscheidung am Wurzelknoten, deren denkbare Ausgänge stattdessen separat weiterverfolgt werden, bis der Bewertungsvergleich unter Einschluß der grammatischen Wahrscheinlichkeiten getätigt werden kann.

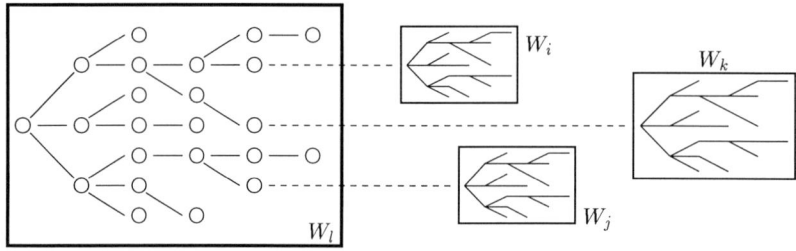

Abbildung 8.19: Der Suchraum bigrammgesteuerter, baumstrukturierter Viterbi-Dekodierung

Der resultierende Problemgraph ist von immensem Umfang, und seine Zustände werden daher nur dann expliziert, wenn sie in den Suchstrahl des Dekodiervorganges geraten; auf diese Weise werden nur wenige Kopien je Zeittakt aktiv. Diese Kombination von Baumstruktur, Grammatik und Strahlsuche ist jedoch nicht völlig unproblematisch, weil die jüngste Bewertung des linguistischen Modells bei der Beschneidung der Kandidatenliste stets ignoriert wird, so daß der wahrscheinlichste Lösungspfad unter Umständen verloren geht.

In [Ste91] findet sich noch ein stark vereinfachtes Dekodierverfahren, das dem obengenannten in der Praxis nichtsdestoweniger fast ebenbürtig zu sein scheint. Unter dem Zugeständnis nämlich, daß nicht nur der Suchstrahl, sondern auch die Wortanfangszeitpunkte auf Grundlage unvollständiger linguistischer Bewertung determiniert werden, kommt die Suche mit einer einzigen Baumkopie aus. Immer wenn zur Zeit t der Blattzustand eines Worteintrages w erreicht ist, wird aus der Rückverzeigerung zunächst die mutmaßliche Endeposition $\hat{t}$ des Vorgängerwortes abgelesen. Nachdem nun aber die Identität von w bekannt ist, kann eine kompetentere Schätzung des wahrscheinlichsten letzten Wortes erfolgen:

$$\hat{v} \;=\; \underset{v}{\operatorname{argmax}} \, \vartheta_{\tilde{t}}(v) \cdot P(w \mid v) \tag{8.36}$$

Die abkürzende Notation $\vartheta_t(v)$ steht für den Wahrscheinlichkeitswert $\vartheta_t(j_v)$, wobei j_v den Wortendezustand von v bezeichne. Die vorläufige Viterbi-Bewertung $\vartheta_t(w)$ von w muß jetzt noch in zweierlei Hinsicht korrigiert werden; erstens multiplizieren wir verzögert den fehlenden linguistischen Beitrag $P(w|\hat{v})$ hinzu, und zweitens ersetzen wir in $\vartheta_t(w)$ die akustische Vergangenheitsbewertung $\vartheta_{\tilde{t}}(\tilde{v})$, die noch zum *vorläufig* besten Vorgängerwort

$$\tilde{v} \;=\; \underset{v}{\operatorname{argmax}} \, \vartheta_{\tilde{t}}(v) \tag{8.37}$$

gehörte, durch den aktualisierten Wert $\vartheta_{\tilde{t}}(\hat{v})$.

8.4 Mehrphasendekodierung

Einige Spielarten akustischer und linguistischer Modellierung sind nicht oder nur mit sehr großem Aufwand in den Dekodierungsprozeß integrierbar, lassen sich aber *a posteriori* — sobald eine Schar konkreter Lösungsalternativen vorliegt — problemlos auswerten. Beispiele dafür sind wortübergreifende allophonische Modelle, Lautdauerverteilungen und Polygramm-Grammatiken.

Gerade anwendungs- oder situationsabhängige Restriktionen widersetzen sich häufig den Standardtechniken grammatischer Modellierung, sind aber nach Vorlage einer Wortkette spielend leicht abzuprüfen. Überzeugende Beispiele dafür treffen wir in den Bereichen telefonischer Liquiditätsnachfrage oder sprachgesteuerter Schachcomputer an. So ist es offensichtlich unzumutbar, eine Grammatik zu entwerfen, die 16-stellige Kreditkartennummern nur dann akzeptiert, wenn die Kontrollbedingung *„Nummer ist durch 127 teilbar"* erfüllt ist; andererseits möchte man auf die damit verbundene Reduktion des Lösungsraumes um mehr als zwei Größenordnungen sicher nur ungern verzichten. Dasselbe gilt für Spielanweisungen der Art

„Springer schlägt Dame auf c3"   ,

die mit dem Ziel einer Perplexitätsminderung hinsichtlich ihrer Vereinbarkeit mit der Partiestellung und den Grundregeln des königlichen Spiels gefiltert werden sollten.

8.4.1 Das Prinzip der schrittweisen Verfeinerung

Die Bewältigung des aufgeworfenen Problems erfordert eine sequentielle Zerlegung des Dekodierungsvorgangs in eine Hypothesenbildungsphase und eine Testphase. Zur Hypothesenbildung bedient man sich einer Modellierung, die *Trennschärfe* für *Effizienz* opfert und erzeugt damit eine Zwischenrepräsentation alternativer Lösungskandidaten. Während der Testphase

werden die Alternativen erneut bewertet, diesmal aber auf der Grundlage eines sehr viel
genaueren Modells. Bei geeigneter Wahl der Modelle für Vorauswahl und Test liefert dieses
Prinzip der schrittweisen Verfeinerung einen sehr schnellen Dekodierer, der auch meistens
die bezüglich des Testmodells optimale Lösung findet.

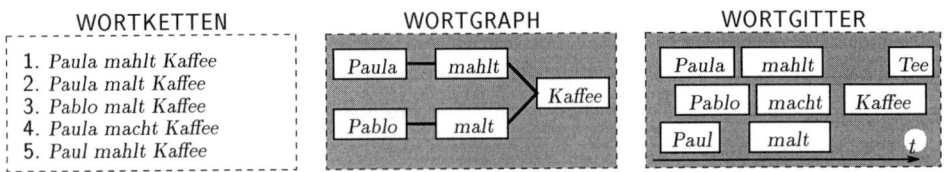

Abbildung 8.20: Potentielle Zwischenrepräsentationen bei der schrittweisen Verfeinerung

Als Zwischenrepräsentation kommt in erster Linie die Menge der *n bestbewerteten Wort-*
ketten oder Wortsegmentierungen in Betracht; als mehr oder minder gute Lösungen desselben
Dekodierungsproblems sind diese Ketten einander (wie in Abbildung 8.20) sehr ähnlich und
unterscheiden sich paarweise oft nur in einer Wortposition. Eine sehr große Zahl bester Ketten, wie sie unter Umständen erforderlich ist, um das „Überleben" der Optimallösung mit
hoher Sicherheit zu gewährleisten, läßt sich daher vorteilhaft in einem gerichteten, zyklenfreien *Wortgraphen* komprimieren, dessen vollständige Wege die besten Lösungsalternativen
verkörpern. In einem *Wortgitter* schließlich ist die Adjazenzinformation zugunsten expliziter
Zeitgrenzen aufgegeben worden; die Einträge eines Wortgitters heißen *Worthypothesen* und
beinhalten außer der Wortidentität auch ein mutmaßliches Zeitintervall und die zugehörige
akustische Bewertung.

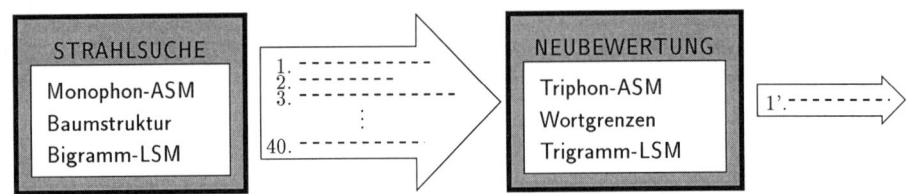

Abbildung 8.21: Die Architektur der *n* besten Ketten im BYBLOS-System

Die Abbildung 8.21 zeigt den zweiphasigen Aufbau des BYBLOS-Erkenners [Aus92,
Sch92]. Mittels Strahlsuche in einem Monophonbaum werden die 40 besten Wortketten
generiert und anschließend unter der Kontrolle einer Trigramm-Grammatik und wortgren-
zenüberspannender Triphonmodelle analysiert. Die Kette mit der höchsten Neubewertung
wird als Erkennungsergebnis weitergereicht.

Eine auf Wortgraphen basierende Variante der schrittweisen Verfeinerung wurde unter
der Bezeichnung „*word-life*-Algorithmus" publiziert [Mur93]; Verfahren zur Wortgraphener-
zeugung finden sich zum Beispiel in [Oer93, Kuh94a] beschrieben.

8.4.2 Die n besten Wortketten

Infolge des starken allgemeinen Interesses an mehrphasigen Spracherkennerarchitekturen wurde in den letzten Jahren eine Fülle unterschiedlicher Algorithmen zur exakten oder näherungsweisen Bestimmung der n besten Wortketten entwickelt. Die Verfahren sind einander recht ähnlich, unterscheiden sich jedoch in Schnelligkeit, Genauigkeit und Zielsetzung: es werden Wortketten oder Wortsegmentierungen behandelt, und ihre Wahrscheinlichkeitsbewertung geht entweder auf den Viterbi- oder auf den Vorwärts-Algorithmus zurück.

Alle nachfolgend beschriebenen Algorithmen erzeugen die (näherungsweise) geordneten Kandidatenlisten in zwei aufeinanderfolgenden Schritten. In der ersten Phase wird durch synchrone Dekodierung eine Datenstruktur von Wahrscheinlichkeitsbewertungen und gegebenenfalls Rückverzeigerungen erzeugt, die in der zweiten, zumeist asynchronen Phase in umgekehrter Zeitrichtung traversiert wird [Ste91].

Den Ausgangspunkt für die synchronen Varianten unter den Kettensuchverfahren bildet die Beobachtung, daß die Gültigkeit des Optimalitätsprinzips auch bei Verallgemeinerung von einem auf die n bestbewerteten Pfade erhalten bleibt [Bay86]; seine Aussage lautet dann, daß jeder Teilpfad eines Pfades vom Rang n seinerseits einen Rang $m < n$ aufweist. Auf Grundlage dieses Prinzips arbeitet ein erweiterter Viterbi-Algorithmus zur Bestimmung der n besten Zustandsfolgen (*zustandsbezogener* NVA), der an jedem Gitterpunkt (t, j) der Viterbi-Matrix n konkurrierende Bewertungen $\vartheta_t^{(k)}(j)$ nebst Rückwärtszeigern zu ermitteln hat; die partiellen Wahrscheinlichkeiten gehorchen der Rekursionsformel

$$\vartheta_t^{(k)}(j) \;=\; \max{}^{(k)} \underbrace{\left\{ \vartheta_{t-1}^{(l)}(i) \cdot a_{ij} \cdot b_j(\boldsymbol{x}_t) \mid 1 \le i \le N,\; 1 \le l \le n \right\}}_{\mathcal{D}_t(j)}, \qquad (8.38)$$

wobei $\max^{(k)}$ denjenigen Wert der Argumentmenge auswählt, welcher den Bewertungsrang k besitzt. Es werden also in (t, j) alle Rekombinationswahrscheinlichkeiten berechnet und sortiert, und der an k-ter Stelle rangierende Wert wird $\vartheta_t^{(k)}(j)$ zugewiesen. Gleichzeitig setzt man die Rückwärtszeiger $\psi_t^{(k)}(j)$; nach Beendigung der Rekursionen läßt sich die Zustandsfolge vom Rang k beginnend bei $\psi_T^{(k)}(j_k)$, $j_k = \mathrm{argmax}_j\, \psi_T^{(k)}(j)$ rekonstruieren.

Der zustandsbezogene NVA ist außerordentlich rechenzeitintensiv — wegen der Sortiermaßnahmen steigt der Aufwand superlinear in n — und produziert in der Hauptsache Zustandsfolgen, die alle zu derselben Wortkette gehören. Das letzte Problem wurde im *satzbezogenen* NVA mit Hilfe einer Detailmodifikation gelöst [Ste89]; in der Rekursion (8.38) werden vor Sortierung der Menge $\mathcal{D}_t(j)$ alle Alternativen rekombiniert, deren Vergangenheit dieselbe Wortfolge beschreibt. Dieses Verfahren bringt exakt die n besten Wortketten im Sinne der Viterbi-Bewertung hervor; die vorwärtsdekodierende Variante ist in [Sch90c] nachzulesen.

Die Vielfalt hypothetisierter Wortketten ist in erster Linie der Kombinatorik an den Wortübergängen zu verdanken. Nur an den grammatischen Verzweigungen des Erkennungsmodells wird die Tiefe der gespeicherten Lösungsalternativen gelegentlich ausgelotet. Im

Wortinneren jedoch ist zu beobachten, daß selbst die Zustandsfolgen von Wortketten mit Rang 100 oder 1000 in der Regel unter den ersten fünf lokalen Alternativen ($k < 5$) plaziert sind; von dieser systematischen Ballung konkurrierender Zustände an den Wortübergängen hatten wir uns schon im Zusammenhang mit der Strahlsuche überzeugt (siehe auch Abbildung 8.11 auf Seite 242). Als Konsequenz daraus präsentiert [Now91] eine abgemagerte Version des satzbezogenen NVA, die trotz massiver Einsparungen hinsichtlich Rechenzeit und Speicherplatz in den meisten Fällen die gesuchten Kandidatenlisten exakt rekonstruierte. Dieser Vorschlag sieht vor, sich im Wortinneren auf die Berücksichtigung einer sehr kleinen Zahl ($m \ll n$) alternativer Teillösungen zu beschränken.

Eine ziemlich radikale Vereinfachung, welche für eine weitere Entlastung der Resourcen sorgt, aber auch deutliche Einbußen von Genauigkeit impliziert, besteht darin, die Haltung alternativer Pfade im Wortinneren völlig zu unterlassen [Mar89b, Ste89]. Die Bewertungsphase unterscheidet sich von dem gewöhnlichen Viterbi-Algorithmus nur darin, daß wir die an den Wortgrenzen verfügbare Information

$$\{\langle w, \ \vartheta_t(w), \ \tau_t(w)\rangle \mid t = 1,\ldots,T, \ w \in \mathcal{W}\} \tag{8.39}$$

für eine nachgeordnete Rückverfolgung aufbewahren. Unter $\tau_t(w)$ verstehen wir den letzten Zeitpunkt vor Eintritt einer zur Optimalbewertung $\vartheta_t(w)$ gehörenden Zustandsfolge in das HMM des fraglichen Wortes w.

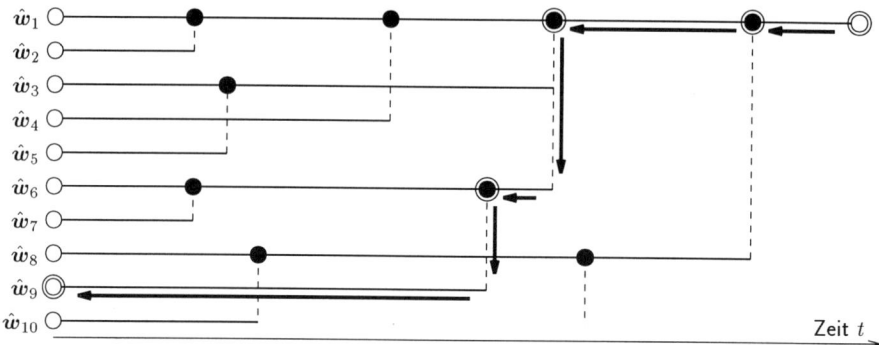

Abbildung 8.22: Rekonstruktion der 10 besten Wortketten aus einem dichten Wortgitter (nach [Sch91b])

Die Hypothesenmenge (8.39) bezeichnet man als *dichtes Wortgitter*; wird der Viterbi-Algorithmus durch ein Strahlkriterium beschnitten, enthält das Gitter nur einen Bruchteil aller kombinatorisch möglichen Worthypothesen. Das Wortgitter ist eine kompakte Darstellung für die Menge

$$\{(\boldsymbol{w},\boldsymbol{t}) \mid \text{für alle } i \text{ ex. Hypothese } (w_i, t_i) \text{ und } \tau_{t_i}(w_i) = t_{i-1} \} \tag{8.40}$$

aller Wortsegmentierungen mit kompatiblen Zeitgrenzen. Die Viterbi-Bewertung einer solchen Segmentierung läßt sich durch die Rekursion

$$P^\star(t_0 \ldots t_i, w_1 \ldots w_i) \;=\; P^\star(t_0 \ldots t_{i-1}, w_1 \ldots w_{i-1}) \cdot \frac{\vartheta_{t_i}(w_i)}{\max_v \vartheta_{t_{i-1}}(v)} \qquad (8.41)$$

aus den Wortgitterdaten ermitteln. Mit der Quotientenbildung führen wir die Wahrschein-lichkeit der Hypothese w_i in den Zeitgrenzen $[t_{i-1}+1, t_i]$ auf die (partiellen) Bewertungen der optimalen, in (w_i, t_i) endenden Wortsegmentierung zurück. Der Suchraum aller erlaubten Wortketten ist schematisch in Abbildung 8.22 dargestellt; zur Bestimmung der n bestbewer-teten Ketten wird eine Traversierung des abgebildeten Baumes vorgenommen. Dafür bieten sich die Dynamische Programmierung oder eine geordnete Suche wie der A*-Algorithmus an; der vergleichsweise bescheidene Umfang des Suchraums läßt sogar eine vollständige Durch-querung des Kettenbaumes zu.

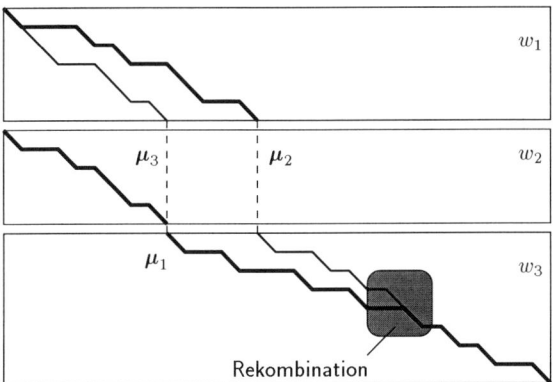

Abbildung 8.23: Der gitterbezogene NVA ist suboptimal

Der beschriebene *gitterbezogene* NVA ist zwar ausgesprochen schnell, weil abgesehen von der wenig aufwendigen Rückverfolgungsphase nur eine gewöhnliche Viterbi-Dekodierung mit etwas zusätzlicher Zwischenergebnisbuchhaltung gefordert ist, er läuft jedoch in etlichen Situationen Gefahr, hochrangige Lösungsketten zu verfehlen. So wird in dem abgebildeten Beispiel 8.23 die Zustandsfolge $\boldsymbol{\mu}_2$ wegen der $\boldsymbol{\mu}_1$–$\boldsymbol{\mu}_2$-Rekombination im Inneren des Wortes w_3 zwangsläufig verdeckt. Selbst unter der Annahme $P(\boldsymbol{X}, \boldsymbol{\mu}_2) > P(\boldsymbol{X}, \boldsymbol{\mu}_3)$ wird die Wortfolge $w_1 w_3$ im Wortgitter fortan durch $\boldsymbol{\mu}_3$ statt $\boldsymbol{\mu}_2$ vertreten, und die Lösung $w_1 w_3$ geht infolge ihrer pessimistischen Bewertung unter Umständen verloren.

Dieses Risiko wird beim *wortbezogenen* NVA weitgehend, wenn auch nicht mit absoluter Sicherheit ausgeschlossen [Sch90b, Sch91b]. Wie bei der satzbezogenen Variante wertet man die Rekursionsgleichung (8.38) aus, rekombiniert dabei jedoch alle Pfade, die zu demselben Vorgängerwort gehören, und bewahrt von den maximal L Alternativen nur die m besten auf ($m \ll n$). Die Hypothesen des erzeugten Wortgitters haben nunmehr die Gestalt

$$\langle w, \; \vartheta_t(v, w), \; \psi_t(v, w) \rangle \qquad (8.42)$$

und können mit den oben erwähnten Rekonstruktionsverfahren auf die n besten Ketten hin
analysiert werden; im Unterschied zu vorhin ist jetzt mit maximal m alternativen Hypothesen
für w je Endezeitpunkt t zu rechnen. Die unerwünschte Situation aus Abbildung 8.23 tritt
jetzt nicht mehr auf, da die Pfade $\boldsymbol{\mu}_1$ und $\boldsymbol{\mu}_2$ abweichende Vorgänger w_2, w_1 besitzen und
folglich nicht rekombiniert werden. Ein gewisses Restrisiko bleibt dennoch bestehen, weil der
wortbezogene NVA von der impliziten Annahme ausgeht, der optimale Startzeitpunkt einer
Teilinterpretation hänge ausschließlich von t, w und dem Vorgängerwort v ab.

Die vorstehenden Algorithmen, selbst der gitterbezogene NVA, sind trotz allem noch
wesentlich rechenzeitintensiver als eine baumorganisierte Strahlsuche. Es ist daher lohnend,
den NVA als Rückwärtsphase in die VR-Dekodierung zu integrieren; die Sprachdaten werden
dann in drei Analysephasen bearbeitet [Aus90, Sch90b]:

1 Mit einem baumorganisierten Viterbi-Dekodierer werden in Zeitrichtung alle Wort-
endewahrscheinlichkeiten des Suchstrahls berechnet.

2 Mit einer der NVA-Varianten wird entgegen der Zeitrichtung ein dichtes Wortgitter
aufgebaut.

3 Das Wortgitter wird nach den n besten Wortketten durchsucht.

Die vorgestellten synchronen Verfahren sind entweder approximativer Natur oder sie verursachen einen prohibitiven Rechen- und Speicheraufwand. Der A*-Algorithmus hingegen
ist für die Lösung des vorgelegten Problems geradezu prädestiniert. Einer Bemerkung auf
Seite 247 zufolge erzeugt er bei ausgesetzter Terminierung Schritt für Schritt weitere Lösungen in der Reihenfolge ihrer Güte; nicht einmal die maximale Anzahl der zu produzierenden
Kandidaten ist a priori zu spezifizieren. Weil die A*-Suche spätestens dann sehr breit wird,
wenn die beste Kette erst einmal gefunden ist, wird — quasi in wörtlicher Befolgung des
bekannten Aperçus „*It is always nice to know the answer before you work the problem*"
[Win92, S. 513] — als optimistische Restschätzung der *exakte* Wert verwendet.

Führt man die asynchrone Suche in entgegengesetzter Zeitrichtung durch und beschränkt
sich auf Bigramme als linguistisches Modell, so garantiert die Restschätzung

$$\hat{h}_t(\boldsymbol{v}) \; = \; h_t(\boldsymbol{v}) \; = \; \vartheta_t(w) \qquad (\boldsymbol{v} = \boldsymbol{u}w) \tag{8.43}$$

gleichermaßen die Zulässigkeit und die optimale Effizienz des Verfahrens; es werden überhaupt nur solche Suchraumknoten expandiert, die auf dem aktuell zu erzeugenden Lösungspfad liegen. Die benötigten Restwahrscheinlichkeiten sind offensichtlich Bestandteil des
Viterbi-Wortgitters, das in einer vorgeschalteten synchronen Dekodierungsphase erstellt werden muß. Das Grundprinzip des *tree-trellis*-Algorithmus [Soo90] ist zusammenfassend in
Abbildung 8.24 dargestellt.

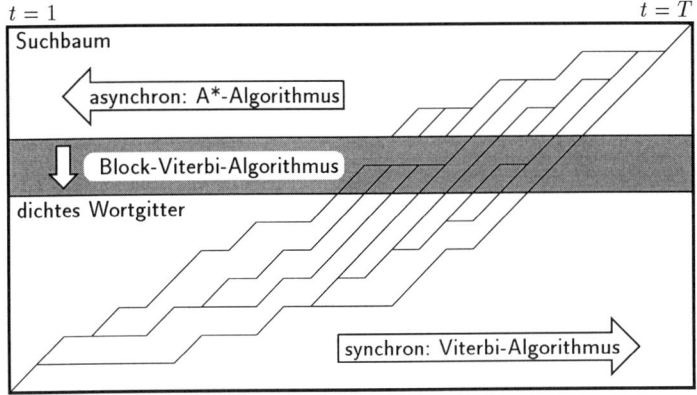

$t = 1$ $t = T$

Suchbaum

asynchron: A*-Algorithmus

Block-Viterbi-Algorithmus

dichtes Wortgitter

synchron: Viterbi-Algorithmus

Abbildung 8.24: Der Gitter-Baum-Algorithmus (nach [Soo91])

8.5 Zur Interaktion zwischen akustischem und linguistischem Modell

Die Bayes-Dekodierungsregel (6.1) beschreibt die Interaktion zwischen der akustischen und
der linguistischen Komponente des Sprachmodells mit Hilfe zweier elementarer Rechenoperationen, der *Multiplikation* und der *Maximierung* von Wahrscheinlichkeiten.

Infolge des Maximumkriteriums ist die Entscheidung des Dekodierers für die bestbewertete Wortkette stets von relativem Charakter und beinhaltet kein Urteil hinsichtlich der
Zuverlässigkeit des Erkennungsresultats. Was immer die akustische Eingabe sein mag, es
wird als Ergebnis ein $w \in \mathcal{W}^*$ produziert, und wenn die von X beigebrachte Information
paraktisch Null ist so entscheidet das linguistische Modell allein. Die legendäre Anekdote
über das sprachgesteuerte Schachprogramm HEARSAY-I [Red73], welches das Geräusch jeder vernehmlich schließenden Tür unweigerlich mit dem Vorrücken des Königsbauern auf 'e4'
quittierte, belegt die Dringlichkeit, wirksame Maßnahmen zur verläßlichen Rückweisung zu
treffen. Untersuchungen zu diesem speziellen Problem sind vergleichsweise rar; ein Katalog
heuristischer Rückweisungskriterien auf Grundlage satz-, wort- und lautbezogener Viterbi-
Bewertungen und Dauerverteilungen ist in [Mor90] angegeben.

Was die Multiplikation in (6.1) anbelangt, so ist die Bayes-Regel bekanntlich nur dann die
optimale Dekodierungsvorschrift, wenn die verwendeten Schätzwerte für die Wahrscheinlichkeitsverteilungen des akustischen und des linguistischen Sprachmodells mit deren tatsächlichen Werten übereinstimmen. Genau das ist unter den gegebenen Bedingungen nicht einmal
annähernd der Fall:

- Zwei benachbarte Sprachdatenvektoren x_{t-1} und x_t sind keineswegs wie in den Defini-
  tionsgleichungen eines Markovmodells postuliert voneinander statistisch unabhängig.

- Stochastische n-Gramm-Grammatiken sagen eine exponentielle Abnahme der Satzwahrscheinlichkeiten hinsichtlich der Längen $\ell(w)$ voraus; diese Prädiktion ist für kleine $\ell(w)$ nicht annehmbar.

Ohne Zweifel wird man also mit ungenauen Schätzwerten $\hat{P}(\boldsymbol{w}) \approx P(\boldsymbol{w})$ und $\hat{P}(\boldsymbol{X}|\boldsymbol{w}) \approx P(\boldsymbol{X}|\boldsymbol{w})$ leben müssen. Es stellt sich jedoch die berechtigte Frage, ob wir in dem Produkt der geschätzten Wahrscheinlichkeiten bereits die beste aller denkbaren Dekodierungsprüfgrößen gefunden haben.

Der Wortstrafparameter. Im Hinblick auf die strittige Unkorreliertheitsannahme faktorisieren wir die Produktionswahrscheinlichkeit des Modells $\boldsymbol{\lambda}(\boldsymbol{w})$ gemäß

$$\hat{P}(\boldsymbol{X} \mid \boldsymbol{w}) = P(\boldsymbol{X} \mid \boldsymbol{\lambda}(\boldsymbol{w})) = P(\boldsymbol{X} \mid \boldsymbol{w}) \cdot \prod_{t=1}^{T} C_{\text{korr}}(t, \boldsymbol{w}, \boldsymbol{X}) \qquad (8.44)$$

in die wahre Verteilungsdichte sowie einen zeitabhängigen Korrekturterm $C_{\text{korr}}(t, \boldsymbol{w}, \boldsymbol{X})$. Ist $\boldsymbol{w}$ die korrekte oder wenigstens eine akustisch gut passende Wortkette, so wird an den wortinneren Zeitpositionen $C_{\text{korr}} \ll 1$ gelten, weil dort die relevanten Beiträge $b_j(\boldsymbol{x}_t)$ der Ausgabeverteilungen zu pessimistisch ausfallen (vergleiche dazu auch Abschnitt 5.6.2). An Lautgrenzen, besonders aber an Wortgrenzen schrumpft der statistische Kopplungseffekt, und der Korrekturterm tendiert zu $C_{\text{korr}} \geq 1$. Als Konsequenz dieser Verzerrung wird die Dekodierung *lange* Wortfolgen bevorzugen, weil in deren Wahrscheinlichkeitsschätzung eine größere Zahl von Grenzregionen involviert ist und deswegen seltener die Unterschätzung $C_{\text{korr}} \ll 1$ eintritt. Tatsächlich zeigen Erkennungssysteme, die über keinen geeigneten Kompensationsmechanismus verfügen, eine ausgesprochen starke Tendenz, die Spracheingabe bei der Dekodierung mit einer Fülle kurzer, akustisch passender Wörter zu „parkettieren":

> „Uhr in ja am ja am den morgen um am ja ein Zug nach ja am es Uhr" ($\rho_{\text{ws}} = 1$)
> „Uhr dem fahren wann wie morgen vormittag ein Zug nach am Uhr" ($\rho_{\text{ws}} = 10^{-2}$)
> „Uhr den fahren wann geht morgen vormittag ein Zug nach Frankfurt" ($\rho_{\text{ws}} = 10^{-4}$)
> „guten Tag wann geht morgen vormittag ein Zug nach Frankfurt" ($\rho_{\text{ws}} = 10^{-6}$)

Unter Vernachlässigung der Effekte an den Lautgrenzen formuliert man deswegen die modifizierte Zielgröße

$$\hat{P}(\boldsymbol{X} \mid \boldsymbol{w}) \cdot \hat{P}(\boldsymbol{w}) \cdot \rho_{\text{ws}}^{\ell(\boldsymbol{w})} \qquad (8.45)$$

zur Satzerkennung; der Parameter ρ_{ws} heißt *Wortstrafe* und dient dazu, die beklagte Schieflage der Modellierung wenigstens ansatzweise zu kompensieren. Die arithmetisch einfache Gestalt $\rho_{\text{ws}}^{\ell(\boldsymbol{w})}$ der Bewertungskorrektur genießt den Vorteil leichter Integrierbarkeit in das Dekodierverfahren; während der Suche wird an jedem Wortübergang die Strafe ρ_{ws} hinzumultipliziert.

Der günstigste Zahlenwert für ρ_{ws} kann aufgrund von Fehlerratenmessungen auf einer Entwurfsstichprobe von Testsätzen $(\boldsymbol{X}^{(i)}, \boldsymbol{w}^{(i)})$ durch systematisches Variieren der verwendeten Wortstrafe errechnet werden. Eine ausbaufähigere Methode besteht darin, die kompensierten a posteriori Wahrscheinlichkeiten

$$\hat{P}(\boldsymbol{w} \mid \boldsymbol{X}, \rho_{\text{ws}}) \;=\; \frac{\hat{P}(\boldsymbol{X} \mid \boldsymbol{w}) \cdot \hat{P}(\boldsymbol{w}) \cdot \rho_{\text{ws}}^{\ell(\boldsymbol{w})}}{\displaystyle\sum_{v \in \mathcal{W}^*} \hat{P}(\boldsymbol{X} \mid \boldsymbol{v}) \cdot \hat{P}(\boldsymbol{v}) \cdot \rho_{\text{ws}}^{\ell(\boldsymbol{v})}} \;\approx\; \frac{\hat{P}(\boldsymbol{X} \mid \boldsymbol{w}) \cdot \hat{P}(\boldsymbol{w}) \cdot \rho_{\text{ws}}^{\ell(\boldsymbol{w})}}{\displaystyle\sum_{l} \hat{P}(\boldsymbol{X} \mid \boldsymbol{v}_l) \cdot \hat{P}(\boldsymbol{v}_l) \cdot \rho_{\text{ws}}^{l}} \qquad (8.46)$$

der tatsächlich durch $\boldsymbol{X}$ realisierten Wortkette $\boldsymbol{w}$ zu maximieren [ST92a]. Die störende Summation über alle mögliche Ketten im Nenner des mittleren Ausdrucks wird eliminiert, indem die Wahrscheinlichkeitsmasse aller Ketten der Länge l nur noch durch die Bewertung der besten Kette $\boldsymbol{v}_l$ dieser Länge vertreten wird. Die längenbedingten Lösungen $\boldsymbol{v}_l$, $l \leq m$ gewinnt man als Nebenprodukt einer Dekodierung mit dem HMM-Netzwerk für m-Wort-Sätze (Abbildung 8.4). Das logarithmierte Produkt aller a posteriori Wahrscheinlichkeiten $\hat{P}(\boldsymbol{w}^{(i)} | \boldsymbol{X}^{(i)}, \rho_{\text{ws}})$ der Entwurfsstichprobe lautet nach einigen Umformungen und der Tilgung ρ_{ws}-unabhängiger Anteile

$$\mathcal{L}(\rho_{\text{ws}}) \;=\; -\sum_i \log \sum_l \nu_{il} \cdot \rho_{\text{ws}}^{l-l_i} \qquad (8.47)$$

mit $\nu_{il} = \log\left(\hat{P}(\boldsymbol{X}|\boldsymbol{w}_l^{(i)}) \cdot \hat{P}(\boldsymbol{w}_l^{(i)})\right)$ und der Abkürzung $l_i = \ell(\boldsymbol{w}^{(i)})$. Der Ausdruck (8.47) läßt sich nicht explizit nach ρ_{ws} auflösen, so daß die optimale Wortstrafe mit numerischen Mitteln bestimmt werden muß.

Akustisch-linguistische Ausbalancierung. Die mangelhafte Dichteapproximation durch Markovmodelle verzerrt nicht nur das Verhältnis der akustischen Bewertungen *unter-einander*, sondern auch in Bezug zu den grammatischen Wahrscheinlichkeiten. Zur Kompensation wurde das Anbringen eines Exponenten an der linguistischen Bewertung vorgeschlagen [Bro87]; für den konstanten Parameter ρ_{bf} der balancierten Prüfgröße $\hat{P}(\boldsymbol{X}|\boldsymbol{w})\hat{P}(\boldsymbol{w})^{\rho_{\text{bf}}}$ findet man häufig die Bezeichnung *„linguistic matching factor"*. Im Fall grammatisch uniformer Verbundworterkennung (Abbildung 8.5) mit Fluchtwahrscheinlichkeit ρ und Vokabularumfang L beträgt die a priori Wahrscheinlichkeit einer Wortkette

$$P(\boldsymbol{w}) \;=\; \rho \cdot \left(\frac{1-\rho}{L}\right)^{\ell(\boldsymbol{w})-1} , \qquad (8.48)$$

und die Ausbalancierung geht wegen

$$P(\boldsymbol{w})^{\rho_{\text{bf}}} \;=\; \left\{\left(\frac{1-\rho}{L}\right)^{\rho_{\text{bf}}}\right\}^{\ell(\boldsymbol{w})} \cdot \left(\frac{L \cdot \rho}{1-\rho}\right) \qquad (8.49)$$

in eine gewöhnliche Wortbestrafung über. Falls das linguistische Modell hingegen nicht uniform ist, wird der Balancefaktor statt oder zusätzlich zur Wortstrafe verwendet und ebenfalls mittels Fehlerratenmessung oder Minimierung der akustisch-linguistisch bedingten Wort-entropie justiert. In beiden Fällen ergibt sich ungefähr derselbe Optimalwert [Bro87, Fer90]; er schwankt in Abhängigkeit von der Auslegung des akustischen Modells, ist aber typischer-weise größer als Eins und erhöht infolgedessen den Einfluß der linguistischen Komponente auf den Entscheidungsprozeß. Eine interessante Verallgemeinerung der konstanten Exponentiation gibt [Hua93] an:

$$\hat{P}(\boldsymbol{w} \mid \boldsymbol{X}, \rho_{\text{bf}}) \;=\; \hat{P}^*(\boldsymbol{X} \mid \boldsymbol{w}) \cdot \prod_{i=1}^{\ell(\boldsymbol{w})} \hat{P}(w_i \mid \mathcal{H})^{\rho_{\text{bf}}(w_i, \boldsymbol{X}_i^*, \mathcal{H})} \tag{8.50}$$

Der Balancefaktor ist jetzt eine Funktion des aktuellen Wortes w_i, seiner akustischen Daten $\boldsymbol{X}_i^*$ — gemeint ist hier die Viterbi-Segmentierung — und seiner linguistischen Vorgeschichte $\mathcal{H}$. In der oben zitierten Arbeit entschied man sich für eine Abhängigkeit der Form $\rho_{\text{bf}}(w_i)$ und optimierte den Gewichtvektor hinsichtlich der balancierten a posteriori Wahrscheinlichkeiten.

8.6 Zusammenfassung

Unter der Dekodierung einer gesprochenen Eingabe $\boldsymbol{X}$ versteht man die algorithmische Lösung des kombinatorischen Optimierungsproblems $\hat{\boldsymbol{w}} = \text{argmax}_{\boldsymbol{w}} P(\boldsymbol{X}|\boldsymbol{w}) \cdot P(\boldsymbol{w})$. Je größer das Vokabular und je mächtiger das linguistische Modell, desto dringlicher wird der Einsatz von Suchverfahren zur Begrenzung des dabei anfallenden Rechen- und Speicheraufwandes.

Zur synchronen Suche werden akustisches und linguistisches Modell in einem kompilierten HMM-Netzwerk vereinigt, das mit dem Viterbi-Algorithmus nach der besten Wortfolge durchsucht wird; je Zeitscheibe gelangen nur Kandidaten innerhalb eines Suchstrahls hochwahrscheinlicher Modellzustände zur Verarbeitung.

Bei der asynchronen Suche durchkämmt man den Raum aller partiellen Interpretationen von $\boldsymbol{X}$ nach der wahrscheinlichlichsten vollständigen Lösung; der verwendete A*-Algorithmus wird bei der Auswahl der zu expandierenden Teilinterpretationen durch eine heuristische Schätzung der Restwahrscheinlichkeiten kontrolliert, deren Qualität über die Zulässigkeit und die Effizienz des Suchverfahrens entscheidet.

Nach der Identifikation gleichlautender Wortanfänge kollabiert das Inventar der akustischen Wortmodelle in einen phonetischen Baum, und die überflüssige Mehrfachauswertung gleicher Wahrscheinlichkeitsausdrücke wird vermieden. Im Verein mit einer strahlgesteuerten Dekodierung entfaltet die baumförmige Wortschatzorganisation sogar eine noch ausgeprägtere Beschleunigungswirkung, als es der Grad erzielter Suchraumkompression vermuten ließe.

Die sequentielle Zerlegung des Dekodierungsproblems in eine Hypothetisierungs- und eine Testphase motiviert das Interesse, nicht nur die beste Wortkette, sondern auch ihre n wahrscheinlichsten Konkurrenten dingfest zu machen. Man erzeugt die geordneten Kandidatenlisten in zwei aufeinanderfolgenden Schritten: zunächst wird mittels synchroner Dekodierung eine Datenstruktur von Wahrscheinlichkeitsbewertungen und Rückverzeigerungen erzeugt, welche dann im zweiten, asynchronen Schritt in umgekehrter Zeitrichtung nach den n besten Wortketten durchpflügt wird.

Weil die geschätzten Verteilungsfunktionen des akustischen und des linguistischen

Sprachmodells lediglich Approximationen der wahren Werte sind, geraten die a posteriori Satzwahrscheinlichkeiten in eine Schieflage, die systematisch lange Wortketten bevorzugt
und den Einfluß des linguistischen Votums abschwächt. Zur Kompensation integriert man
heuristische Korrekturglieder zur Wortbestrafung und zur akustisch-linguistischen Balancie-
rung in die Bayes-Dekodierformel.

Kapitel 9
Das ISADORA-System

Das zentrale Thema dieses Kapitels ist der Entwurf einer Systemarchitektur für eine nahtlose Integration der parametrischen, strukturellen und prozeduralen Komponenten statistisch orientierter Spracherkennungsverfahren. Den theoretischen Rahmen dieses Vorhabens bildet der Formalismus *rekursiver Markovmodelle*, praktisches Ergebnis ist das Musteranalysesystem ISADORA*. Die beiden Grundpfeiler, auf denen die Architektur des ISADORA-Systems beruht, sind die wirkungsvolle Nutzung der Markovmodellierung und deren enge Verzahnung mit einer hierarchischen Repräsentation phonetischer, lexikalischer und grammatischer Spracheinheiten.

Mit den kompilierten HMM-Netzwerken hatten wir im letzten Kapitel eine noch rudimentäre Kopplung zwischen Wortmodellen und Grammatik herbeigeführt. Dabei wurde die Tatsache ausgenutzt, daß ein stochastisches Verschaltungsprodukt von Markovmodellen nach der Tilgung aller konfluenten Zustände wieder HMM-Gestalt annimmt und folglich mit Hilfe des Viterbi-Algorithmus dekodierbar ist.

Zum Aufbau akustischer und linguistischer Modelle — beispielsweise durch subphonemische und allophonische Wortmodellierung, Verklebung, Interpolation, Wortkategorienbildung — sowie zur HMM-immanenten Spezifikation von Trainingsäußerungen und Erkennungsaufgaben waren nur eine Handvoll elementarer Grundoperationen nötig: die *sequentielle Verkettung*, die *Parallelschaltung* und die *Rückkopplung* von Markovmodellen. Die fortgesetzte, beliebig tief geschachtelte Anwendung der genannten Verknüpfungsmechanismen wird in ISADORA durch eine Graphstruktur systematisiert, welche die sukzessive Konstruktion von Markovmodellen zunehmender Komplexität kontrolliert. Diese Verquickung von hierarchischer Organisation und statistischer Modellierung sprachlicher Einheiten ermöglicht es, wesentliche Aspekte eines Erkennungssystems vom Stadium der „festen prozeduralen Verdrahtung" in den Bereich deklarativer Modellierung zu befördern.

In kompilierten Netzwerkarchitekturen wie DRAGON [Bak75b], HARPY [Low80] oder

---

* Das Akronym ISADORA steht für *„Integrated System for Automatic Decoding of Observation Sequences of Real-valued Arrays"*

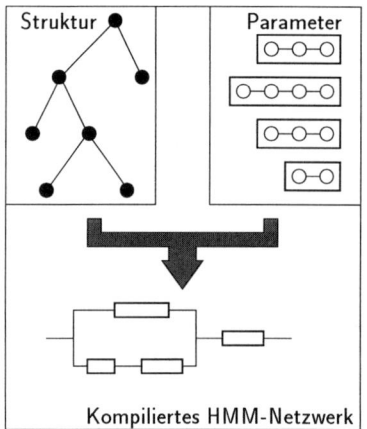 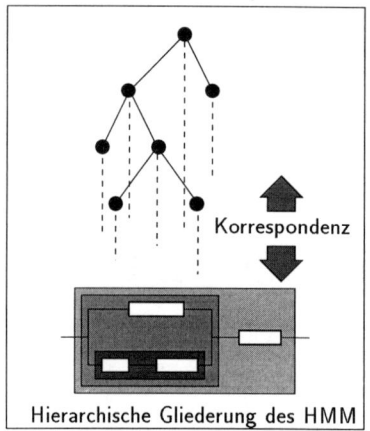

Abbildung 9.1: Die Architektur kompilierter Netzwerke (links) und der korrespondenzerhaltende Repräsentationsformalismus des ISADORA-Systems

SPHINX [Lee89b] endet der sukzessive Aufbau der akustisch-phonetischen und linguistischen Struktur stets mit der formalen „Einebnung" der ineinander verschachtelten Markovmodelle; die Korrespondenz zwischen HMM-Zuständen und ihrer ursprünglichen Bedeutung, den modellierten sprachlichen Einheiten, geht dabei verloren.

Die Knoten des ISADORA-Graphen repräsentieren hingegen, wie auf der rechten Seite der Abbildung 9.1 angedeutet, gleichermaßen die Objekte des Anwendungsbereiches — beispielsweise Allophone, Wörter, Wortkategorien, Trainingssätze und -korpora, Erkennungsaufgaben — und die relevanten Teilstrukturen des globalen Markovmodells (gestrichelte und durchgezogene Kästchen). Durch diesen Brückenschlag, wird der oben beklagte Zuordnungsverlust ganz offensichtlich vermieden; eine angemessene Formalisierung für den geschachtelten Modellaufbau finden wir in der Theorie rekursiver Markovmodelle (RMM).

Die wichtigsten Eigenschaften der ISADORA-Systemarchitektur und deren spezielle Konsequenzen für die Realisierung einer Spracherkennungsanwendung lassen sich vorgreifend wie folgt zusammenfassen:

- Die akustischen Modelle aller interessierenden Spracheinheiten werden durch die Knoten eines gerichteten Graphen repräsentiert.

- Dasselbe gilt auch für die gesamte Lernstichprobe, den Anwendungswortschatz und das Erkennungsproblem.

- Das Inventar phonetischer Wortuntereinheiten wird in Abhängigkeit vom Trainingskorpus bestimmt; sowohl der Aufbau der Wortmodelle als auch die Pfade zur Vorbesetzung, Vererbung und Interpolation statistischer Parameter werden durch die Graphstruktur determiniert.

- Das Erkennungsproblem kann dynamisch zum Analysezeitpunkt spezifiziert werden;

das Ergebnis ist, in Verallgemeinerung der besten Wortkette, eine hierarchische symbolische Beschreibung.

Die grundlegenden Eigenschaften des ISADORA-Systems — der Repräsentationsformalismus, die Lernverfahren und der Dekodierungsvorgang — werden in den Abschnitten 9.2, 9.4 und 9.5 dieses Kapitels behandelt. Besonders die Repräsentations- und Dekodierungsaspekte lassen sich sehr knapp und dennoch präzis und anschaulich mit den Mitteln der RMM-Notation beschreiben, welche deswegen sogleich im ersten Abschnitt bereitgestellt wird. Der dritte Abschnitt beschreibt den grundsätzlichen Aufbau eines ISADORA-Netzes für die automatische Spracherkennung und liefert damit Motivation und Beispiele für die Lern- und Erkennungsproblematik.

Das ISADORA-System wurde am Lehrstuhl für Mustererkennung (Informatik 5) der Universität Erlangen in den Jahren seit 1989 entwickelt [Mar89c, Blö90, Eck91, Fin91, Ros92] und ist übersichtsartig in [ST91, ST93d] beschrieben. Speziellere Darstellungen betreffen den Einsatz von ISADORA innerhalb verschiedener Disziplinen der automatischen Musteranalyse wie Spracherkennung [Rie92b, ST92b], Analyse sensorischer Fahrzeugdaten [Sch93] und Erkennung fließender Handschrift [Rot93]; über eine Hybridarchitektur aus ISADORA und einem semantischen Netzwerk berichtet [Fin92b, Fin93].

Die Terminologie rekursiver Markovmodelle wurde mit der Dissertation [Nij92] eingeführt. Die rekursive Variante des Viterbi-Algorithmus fand bereits in [Mar89c] Erwähnung und wurde auch in die ISADORA-Implementierung einbezogen.

9.1 Rekursive Markovmodelle

Unter einem rekursiven Markovmodell versteht man eine verallgemeinerte Form des HMM, deren Zustände ihrerseits von komplexer Gestalt sein dürfen. Das Gemeinte wird deutlich am Beispiel der Abbildung 9.2; das dargestellte RMM $S_\triangle$ besteht aus den drei Zuständen S_1, S_2 und S_3, die exemplarisch in paralleler Verknüpfung angegeben sind. Während es sich bei S_1 und S_2 um gewöhnliche HMM-Zustände mit den statistischen Ausgabeverteilungen $b_1(\boldsymbol{x}_t)$, $b_2(\boldsymbol{x}_t)$ handelt, besteht S_3 wiederum aus zwei hintereinandergeschalteten Zuständen S_{31}, S_{32}, die sich aber genau wie S_1, S_2 nicht mehr weiter zerlegen lassen.

9.1.1 Definition

Formal definieren wir ein *rekursives Markovmodell* durch die folgende Rekursion:

(1) Jeder Zustand S mit einer Wahrscheinlichkeitsverteilungsdichte $b_S(\boldsymbol{x})$ auf $\mathbb{R}^D$ ist ein RMM. Einen Zustand oder ein RMM dieser Art nennen wir *elementar*.

(2) Sind $S_1, \ldots, S_N$ rekursive Markovmodelle, so auch der *komplexe* Zustand

$$S \;=\; (\{S_1, \ldots, S_N\}, \boldsymbol{A}) \,. \tag{9.1}$$

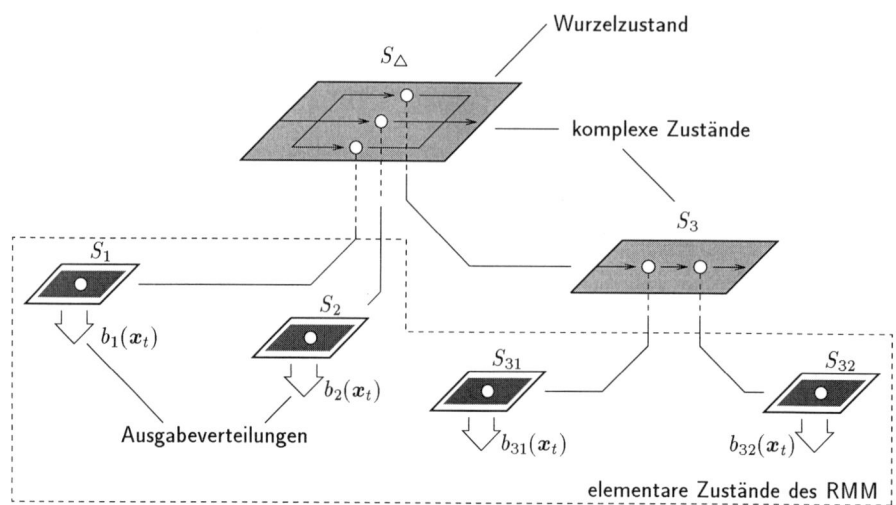

Abbildung 9.2: Ein RMM mit 2 komplexen und 4 elementaren Zuständen

Das Parameterfeld $\boldsymbol{A}$ besteht aus der $(N \times N)$-Matrix $[a_{ij}]$ der Übergangswahrscheinlichkeiten, dem Vektor $(a_{I1}, \ldots, a_{IN})^{\top}$ der Anfangswahrscheinlichkeiten und dem Vektor $(a_{1F}, \ldots, a_{NF})^{\top}$ der Endewahrscheinlichkeiten. Alle Einträge von $\boldsymbol{A}$ sind nichtnegative Wahrscheinlichkeiten, und es gelten die üblichen Stochastizitätsbedingungen $\sum_j a_{Ij} = 1$ und $a_{iF} + \sum_j a_{ij} = 1$ für jedes $i = 1, \ldots, N$.

Die Zustände S_i im Teil (2) der Definition heißen *Nachfolger* von S, und S heißt *Vorgänger* von S_i. Die Gesamtheit aller Zustände eines RMM bildet hinsichtlich der Nachfolgerrelation einen gerichteten Graphen, welcher wegen der Fundiertheitsbedingung (1) keine Zyklen beinhaltet. Wir werden ein RMM im folgenden mit seinem *Wurzelzustand* identifizieren, so daß keine zusätzliche Notation für Modelle vereinbart werden muß. Das Parameterfeld $\boldsymbol{A}$ und seine Einträge müßten genaugenommen mit dem zugehörigen Zustand S indiziert werden. Wir unterlassen das aus Gründen der Übersichtlichkeit, zumal diese Parameter immer nur in „lokalem" Kontext verwendet werden und der Bezug deshalb unzweideutig ist.

Die lokale Funktionsweise des RMM ist durch die Gleichungen

$$
\begin{aligned}
a_{Ij} &= P(S_j \text{ beginnt in } t \mid S \text{ beginnt in } t) \\
a_{ij} &= P(S_j \text{ beginnt in } t \mid S_i \text{ endet in } t) \\
a_{iF} &= P(S \text{ endet in } t \mid S_i \text{ endet in } t)
\end{aligned}
\tag{9.2}
$$

charakterisiert und entspricht in wesentlichen Zügen derjenigen einer Markovkette: wenn der Zustand S zum Zeitpunkt t betreten wurde, wird mit Wahrscheinlichkeit a_{Ij} unverzüglich — also ebenfalls noch im Zeittakt t — ein Unterzustand S_j angesprungen. Wurde in t der Unterzustand S_i verlassen, so geht es, wiederum ohne Zeitverlust, mit Wahrscheinlichkeit a_{ij}

nach S_j oder aber es wird mit Wahrscheinlichkeit a_{iF} der Zustand S gleich ganz verlassen. Zeit wird nur in elementaren Zuständen S verbraucht, und zwar beim Erzeugen eines Vektors $\boldsymbol{x}_t$, was mit Wahrscheinlichkeit $b_S(\boldsymbol{x}_t)$ geschieht.

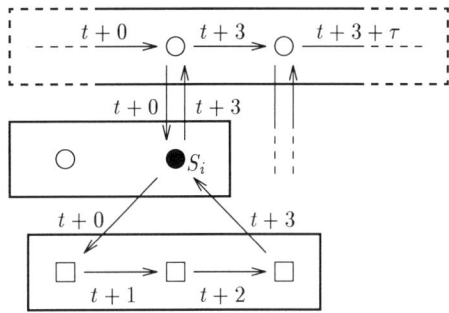

Abbildung 9.3:
Zustandsübergänge und deren Auftrittszeitpunkte im RMM
(∘: komplexe Zustände, □: elementare Zustände)

Die Situation in Abbildung 9.3 zeigt acht Zustandsübergänge, die jedoch insgesamt nur drei Zeiteinheiten konsumieren und dementsprechend auch nur drei Ausgabevektoren erzeugen. Die ersten drei Transitionen $(t + 0)$ bewirken die Akkumulation von Anfangs- und Übergangswahrscheinlichkeiten aus drei Ebenen der Modellhierarchie; im Kontext der Spracherkennung können wir uns darunter zum Beispiel einen Kategorieübergang $P(c|c')$, eine Kategoriezugehörigkeit $P(w|c)$ und ein Gewicht zur Interpolation eines Bündels allophonischer Modelle vorstellen.

9.1.2 Die Vorwärts- und Rückwärtswahrscheinlichkeiten

Der hervorgehobene Zustand S_i aus Abbildung 9.3 wird zum Zeitpunkt $t+0$ betreten und erst in $t + 3$ wieder verlassen; zwischendurch steht die Zeit auf der Ebene von S_i gewissermaßen still und es kommt zu keinerlei Aktivitäten. Dieses *Verharren* in S_i ist sauber zu unterscheiden von einer wiederholten Einnahme dieses Zustandes, die laut $\boldsymbol{A}$ mit Wahrscheinlichkeit a_{ii} zu erwarten ist. Ein Zustand, der in t_0 begonnen und in t_1 verlassen wurde, nennen wir zukünftig *akut* in t für jeden Zeitpunkt $t = t_0, \ldots, t_1 - 1$. Die elementaren Zustände zeichnen sich durch ein sehr einfaches Belegungsverhalten aus; erfolgt der Eintritt zur Zeit t, so ist der betreffende Zustand ausschließlich in t akut und wird zum Zeitpunkt $t + 1$ unweigerlich verlassen — was aber die Möglichkeit eines unmittelbaren Wiedereintritts durchaus einschließt.

Wegen dieser feineren Unterscheidungen haben wir es bei der Berechnung der Vorwärts- und Rückwärtswahrscheinlichkeiten im RMM mit drei Wertematrizen zu tun anstatt mit einer wie beim traditionellen Markovmodell. Die Vorwärtsvariablen

$$
\begin{aligned}
\alpha_t^I(S) &= P(x_1 \ldots x_{t-1},\, S \text{ beginnt in } t) \\
\alpha_t(S) &= P(x_1 \ldots x_t,\, S \text{ akut in } t) \\
\alpha_t^F(S) &= P(x_1 \ldots x_{t-1},\, S \text{ endet in } t)
\end{aligned}
\tag{9.3}
$$

lassen sich schritthaltend von links $(t = 1)$ nach rechts $(t = T)$ berechnen. Zu jedem Zeitpunkt t wird das unten angegebene, rekursiv formulierte Rechenschema auf den Wurzelzustand S_Δ des RMM angewendet; auf diese Weise wird das gesamte Modell in Tiefenrichtung traversiert.

RVWA — Nijtmans' RMM-Vorwärtsalgorithmus

▷ Wenn S elementar ist, berechne

$$\alpha_{t+1}^F(S) \; = \; \alpha_t(S) \; = \; \alpha_t^I(S) \cdot b_S(\boldsymbol{x}_t) \quad \text{und} \to \text{ENDE}$$

▷ Andernfalls ist S komplex. Für jeden Nachfolgerzustand S_j:

   ▷ Berechne $\alpha_t^I(S_j) \; = \; \alpha_t^I(S) \cdot a_{Ij} + \displaystyle\sum_{i=1}^N \alpha_t^F(S_i) \cdot a_{ij}$

   ▷ Wende RVWA auf den Zustand S_j zum Zeitpunkt t an.

▷ Berechne $\alpha_t(S) \; = \; \displaystyle\sum_{i=1}^N \alpha_t(S_i)$

▷ Berechne $\alpha_{t+1}^F(S) \; = \; \displaystyle\sum_{i=1}^N \alpha_{t+1}^F(S_i) \cdot a_{iF}$

Vor Beginn der Iteration wird $\alpha_t^I(S_\Delta) = \chi_{[t=1]}$ gesetzt, und die Einträge $\alpha_0(S)$, $\alpha_1^F(S)$ werden für beliebige Zustände S des RMM mit Null initialisiert. Nach Abschluß der Berechnungen erhalten wir mit

$$P(\boldsymbol{X} \mid S_\Delta) \; = \; \alpha_{T+1}^F(S_\Delta) \tag{9.4}$$

die Wahrscheinlichkeit dafür, daß die Datenfolge $\boldsymbol{X}$ von dem RMM mit Wurzelzustand S_Δ produziert wurde.

Der geschachtelte Datenfluß des Algorithmus für einen komplexen Zustand S ist in Abbildung 9.4 veranschaulicht. Zu Beginn der lokalen Verarbeitungsfolge zur Zeit t im Zustand S erwartet der RVWA, daß die Werte $\alpha_t^I(S)$ und $\alpha_t^F(S_i)$ — und zwar für alle Unterzustände S_i — bereits vorliegen und berechnet ausgangs die neuen Wahrscheinlichkeiten $\alpha_t(S)$ und $\alpha_{t+1}^F(S)$. Zwischendurch aber taucht RVWA für jeden Nachfolger S_i hinab in die Rekursion, um die benötigten Größen $\alpha_t(S_i)$ und $\alpha_{t+1}^F(S_i)$ zu berechnen.

Die Rückwärtsvariablen

$$\beta_t^I(S) \; = \; P(x_t \ldots x_T \mid S \text{ beginnt in } t)$$

$$\beta_t(S) \; = \; \begin{cases} \beta_t^I(S) & \text{falls } S \text{ elementar} \\ \displaystyle\sum_{j=1}^N \beta_t(S_j) & \text{falls } S \text{ komplex} \end{cases} \tag{9.5}$$

$$\beta_t^F(S) \; = \; P(x_t \ldots x_T \mid S \text{ endet in } t)$$

werden wie üblich von rechts $(t = T)$ nach links $(t = 1)$ berechnet. Die Größen $\beta_t(S)$ sind eher

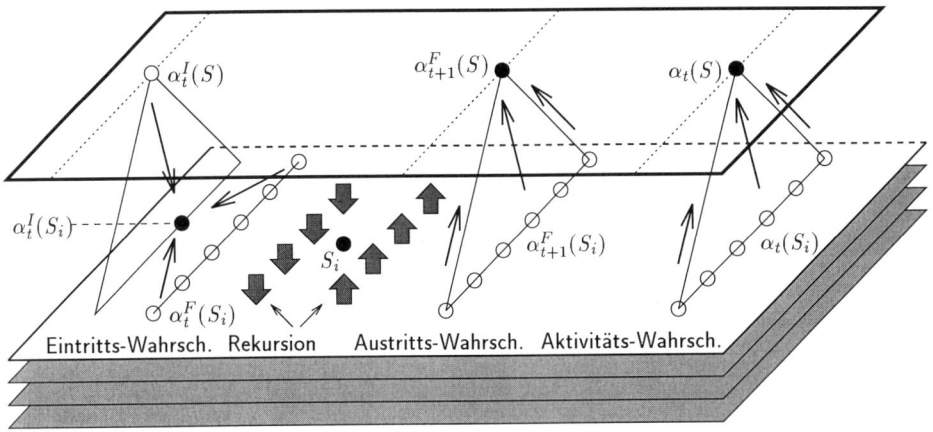

Abbildung 9.4: Der Datenfluß beim rekursiven Vorwärtsalgorithmus

formaler Natur und lassen sich keinesfalls als bedingte Wahrscheinlichkeiten interpretieren; in Einzelfällen übersteigt ihr Wert sogar die Schranke Eins.

Der *rekursive Rückwärtsalgorithmus* (RRWA) beginnt mit der Initialisierung $\beta_t^F(S_\triangle) = \chi_{[t=T+1]}$ und $\beta_{T+1}(S) = \beta_T^I(S) = 0$ für alle RMM-Zustände S. Der RRWA rechnet bei Eintritt in die Rekursion für (S, t) mit der Verfügbarkeit der Werte $\beta_{t+1}^F(S)$ und $\beta_{t+1}^I(S_i)$ und ermittelt nach erfolgtem Abstieg $\beta_t(S)$ und $\beta_t^I(S)$.

RRWA — Nijtmans' RMM-Rückwärtsalgorithmus

▷ Wenn S elementar ist, berechne

$$\beta_t^I(S) \;=\; \beta_t(S) \;=\; \beta_{t+1}^F(S) \cdot b_S(\boldsymbol{x}_t) \quad \text{und} \to \text{ENDE}$$

▷ Andernfalls ist S komplex. Für jeden Nachfolgerzustand S_i:

▷ Berechne $\beta_{t+1}^F(S_i) \;=\; \beta_{t+1}^F(S) \cdot a_{iF} + \sum_{j=1}^{N} a_{ij} \cdot \beta_{t+1}^I(S_j)$

▷ Wende RRWA auf den Zustand S_i zum Zeitpunkt t an.

▷ Berechne $\beta_t(S) \;=\; \sum_{j=1}^{N} \beta_t(S_j)$

▷ Berechne $\beta_t^I(S) \;=\; \sum_{j=1}^{N} a_{Ij} \cdot \beta_t^F(S_j)$

Für die elementaren Zustände lassen sich aus den Einträgen der Vorwärts- und Rückwärtsmatrizen ähnlich wie beim ebenen HMM die a posteriori Wahrscheinlichkeiten für die Produktion von $\boldsymbol{x}_t$ durch einen Zustand S berechnen; sie lauten

$$\gamma_t(S) \;=\; \frac{\alpha_t^I(S) \cdot \beta_t^I(S)}{\alpha_{T+1}^F(S_\triangle)} \;=\; \frac{\alpha_{t+1}^F(S) \cdot \beta_{t+1}^F(S)}{\alpha_{T+1}^F(S_\triangle)} \,. \tag{9.6}$$

Mit diesen Gewichten können dann schon die Schätzgleichungen für die Ausgabeverteilungen
des RMM aufgestellt werden. Die RMM-Variante des Baum-Welch-Trainings ist in [Nij92]
beschrieben und der Vollständigkeit halber im Anhang B.1 auf Seite 401 aufgeführt.

Der *rekursive Viterbi-Algorithmus* unterscheidet sich vom rekursiven Vorwärtsalgorithmus nur darin, daß die $N + 2$ lokalen Summationen in Maximumbildungen übergehen und
Rückwärtszeiger gesetzt werden. Ein strahlgesteuerter rekursiver Viterbi-Algorithmus wird
im Abschnitt 9.5 vorgestellt.

Bemerkung. Während das traditionelle HMM einen zweistufigen Zufallsprozeß — bzw.
einen dreistufigen im Falle mischverteilter Ausgabedichten — beschreibt, sind die relevanten
Zufallsprozesse des RMM hierarchisch gegliedert und beliebig tief ineinander verschachtelt.
Jedes RMM kann, ähnlich wie ein kompiliertes Netzwerk, durch Ausmultiplizieren zeitun-
schädlicher Übergänge in ein HMM mit identischer Gesamtverteilungsfunktion transformiert
werden.

Was den Aspekt automatischer Optimierung betrifft, ist das dergestalt „planierte" RMM
aber keineswegs äquivalent zum Original. Dieses enthält nämlich alle Modellwahrscheinlich-
keiten noch in ihrer faktorisierten Form, besitzt also im allgemeinen weniger parametrische
Freiheitsgrade.

Die Faktorisierung statistischer Parameter eines lernenden Systems ist bekanntlich ein
wirksames Mittel gegen den Überanpassungseffekt; ein Beispiel dafür — siehe Abschnitt 7.2.2
— ist die Zerlegung von Wortbigrammwahrscheinlichkeiten $P(w|v)$ mit Hilfe von Wortkate-
gorien in die Produktform (7.18), ein anderes ist die Interpolation der Ausgabeverteilungen
konkurrierender HMM-Zustände. Ungeachtet dieses Potentials werden wir den Begriff rekursiver Markovmodelle im Rahmen dieser Arbeit ausschließlich zur formalen Präzisierung
kompilierter HMM-Netzwerke verwenden.

9.2 Die Systemarchitektur

ISADORA ist ein automatisch lernendes System zur Analyse eindimensionaler Muster, das
im folgenden allerdings primär in Bezug auf die Erkennung koontinuierlich gesprochener
Sprache behandelt wird. Die Architektur (siehe Abbildung 9.5) gliedert sich in

- einen *strukturellen* Teil, bestehend aus einem hierarchischen Konstituentennetz,

- einen *parametrischen* Teil mit Markovmodellen zur Beschreibung sensorischer Daten

- und einen *prozeduralen* Teil, der Algorithmen zur Verteilungsdichteberechnung, Parameteroptimierung und Dekodierung umfaßt.

Die Konfiguration eines konkreten Analysesystems verlangt die Spezifikation eines geeigneten Netzwerks zur Repräsentation der relevanten Objekte des Anwendungsbereiches sowie

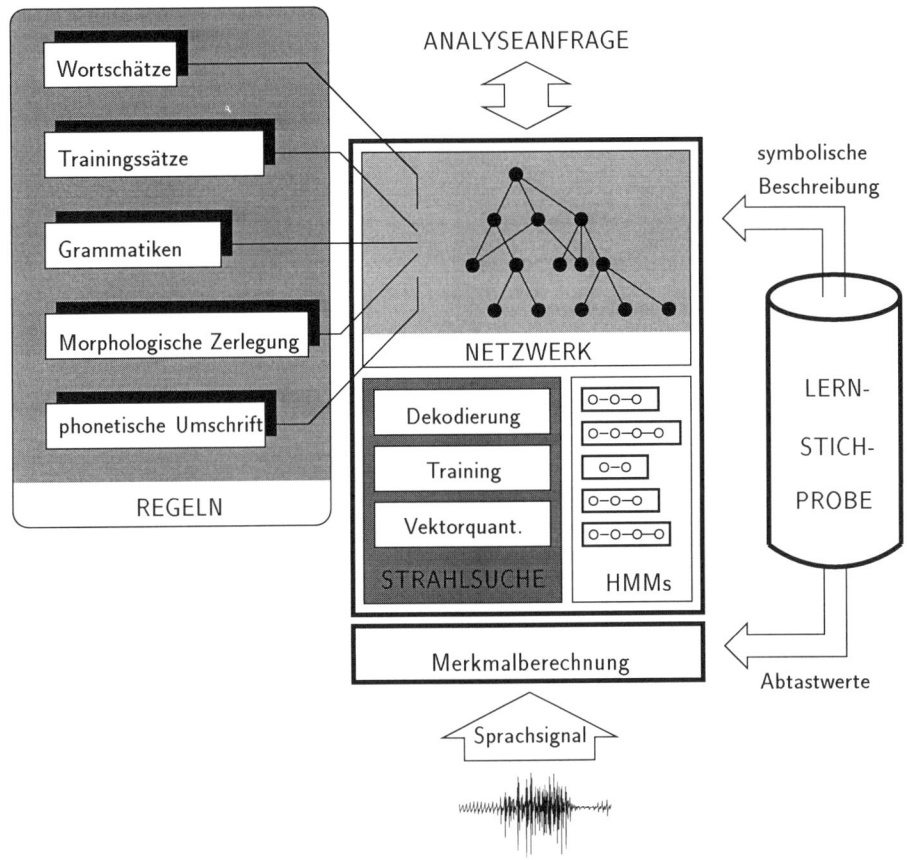

ANALYSEANFRAGE

Abbildung 9.5: Die Architektur des ISADORA-Systems

die Einstellung aller freien statistischen Parameter. Die Netzstruktur wird im Fall der Spracherkennung durch ein sehr umfangreiches Regelwerk vorgegeben, das seinerseits aus sprachs-
pezifischen Wissensquellen wie Ausspracheworterbüchern, phonologischen Zerlegungsregeln
und Satzgrammatiken gespeist wird. Die statistischen Parameter werden hinsichtlich einer
Lernstichprobe sensorischer Daten optimiert; das Trainingsmaterial wird begleitet von einer
symbolischen Beschreibung mit den Ausdrucksmitteln des Netzwerks.

Was die hierarchische Organisation des Netzwerks betrifft, ist ISADORA die Implementierung eines RMM unter Beschränkung auf eine Auswahl von fünf spezialisierten Modell-
typen. Es ist bisher kein hierarchisch-faktorisiertes Lernen vorgesehen. Der Inhalt des Netzwerks ist jederzeit — auch im Verlauf des Erkennungsvorgangs — spontan modifizierbar,
was dem System außerordentlich flexible Möglichkeiten eröffnet, in Wechselwirkung zu übergeordneten Kontrollstrategien zu treten.

9.2.1 Strukturierte Markovmodelle

Welche Verknüpfungsoperationen für HMMs sind nun zur statistischen Modellierung eines Musteranalyseproblem notwendig? Zum Aufbau eines Verbundworterkenners mit phonembezogenen Wortmodellen benötigt man wenigstens die Operationen sequentieller und paralleler Verknüpfung, und die Einfügung einer Rückkopplungsschleife; bei Konstruktionsbeginn müssen ferner gewöhnliche HMM-Zustände als elementare Grundbausteine zur Verfügung stehen.

An dieser Stelle drängt sich unmittelbar die Frage auf, ob das genannte Operationensystem in irgendeiner genauer zu spezifizierenden Weise „funktional vollständig" ist. Abstrahieren wir für einen Moment von den probabilistischen Gewichtungen der HMM-Kanten, so läßt sich zur Beantwortung die Theorie der endlichen Automaten bemühen [Hop79]. Danach kann jede Sprache, die von einem endliche Automaten akzeptiert wird, auch als *regulärer Ausdruck* geschrieben werden, d.h. sie geht aus der sukzessiven Anwendung dreier algebraischer Mengenoperationen — der Sprachenvereinigung, dem Sprachenprodukt sowie dem unären Kleene- oder Sternoperator — aus den einelementigen Sprachen isolierter terminaler Symbole hervor.

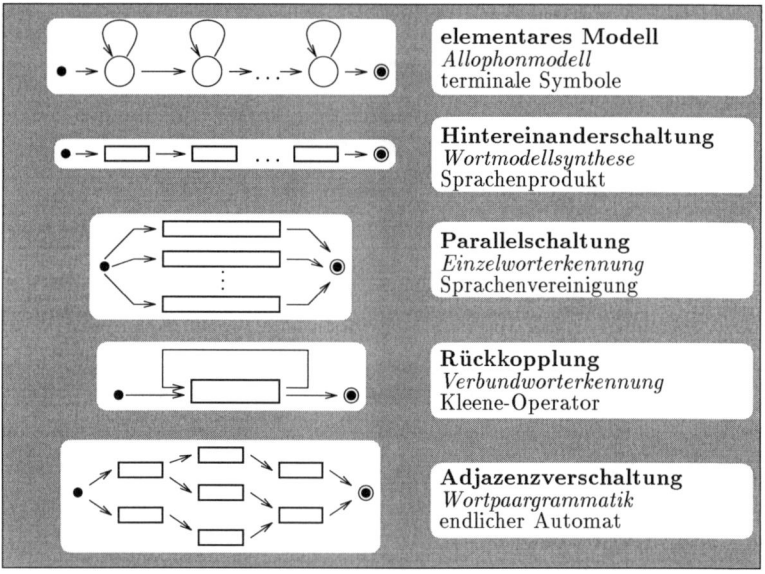

Abbildung 9.6: Verknüpfungsmöglichkeiten für Markovmodelle in ISADORA

Wie aus dem oberen Teil der Abbildung 9.6 hervorgeht, entspricht das eingangs skizzierte Operatorensystem genau dem Instrumentarium regulärer Ausdrücke. Andererseits illustriert der ganz unten stehende, fünfte Modellblock, daß die konstatierte Äquivalenz von Automatensprachen und regulären Ausdrücken eine Aussage über formale Sprachen und *nicht* über die Konstruierbarkeit endlicher Automaten trifft; es gibt offensichtlich keine Möglichkeit, den abgebildeten Automaten aus seinen Komponenten durch parallele, sequentielle oder repetitive Verknüpfungen aufzubauen. Die Existenz einer regulären Vernetzung seiner Komponenten, welche die gewünschte Sprache akzeptiert, ist hingegen aufgrund des obigen Satzes gesichert; wir wissen allerdings, daß der reguläre Aufbau im allgemeinen erheblich umfangreicher ist als das Original. Aus dieser Erwägung heraus beinhaltet ISADORA die Adjazenzverschaltung als vierte HMM-Verknüpfung.

Die Anwendung der genannten Operationen auf bereits konstruierte Modelle $S_1, \ldots, S_N$ zur Erzeugung eines komplexeren Modells S wird nun in der Terminologie rekursiver Markovmodelle wir folgt formuliert:

lineares HMM: Jeder HMM-Zustand s_i wird zu einem elementaren RMM-Zustand S_i mit Ausgabeverteilung $b_{S_i}(\boldsymbol{x}) = b_i(\boldsymbol{x})$. Für die Übergänge gilt $a_{I1} = 1$, weil s_1 der Anfangszustand war, und $a_{ii} + a_{i,i+1} = 1$ wegen der Linearität des Modells. Schließlich gilt noch $a_{NN} + a_{NF} = 1$; ist die Fluchtwahrscheinlichkeit $a_{NF} = 0$, so ist s nicht in der Lage, eine Ausgabe mit positiver Wahrscheinlichkeit zu erzeugen.

Hintereinanderschaltung: Um die Untermodelle in aufsteigender Indexreihenfolge zu verketten, wird $a_{I1} = a_{i,i+1} = a_{NF} = 1$ gesetzt; alle anderen Übergänge bekommen die Wahrscheinlichkeit Null.

Parallelschaltung: Sind c_i, $i = 1, \ldots, N$ die Verzweigungsgewichte, so wird für alle i $a_{Ii} = c_i$ und $a_{iF} = 1$ gesetzt; alle anderen Übergänge bekommen wiederum die Wahrscheinlichkeit Null.

Rückkopplung: Ist ρ die Fluchtwahrscheinlichkeit (siehe Abbildung 8.5) und S_1 das rückzukoppelnde Modell, so setzt man $a_{I1} = 1$, $a_{1F} = \rho$ und $a_{11} = 1 - \rho$.

Adjazenzverschaltung: Diese Operation ermöglicht die Repräsentation einer Bigramm-Grammatik über dem Alphabet $\{S_1, \ldots, S_N, \$\}$; man setzt zu diesem Zweck $a_{Ii} = P(S_i)$, $a_{ij} = P(S_j|S_i)$ und $a_{jF} = P(\$|S_i)$.

9.2.2 Netzwerkformalismus

Das ISADORA-Netzwerk ist nun nichts anderes als die Konstruktionsbeschreibung eines rekursiven Markovmodells, dessen Zustände von der oben beschriebenen speziellen Form sind. Wir charakterisieren jetzt die syntaktischen Bedingungen, welche die strukturelle Komponente des ISADORA-Systems erfüllen muß, damit die intendierte RMM-Konstruktion wohldefiniert ist, und führen eine phrasenstrukturähnliche Schreibweise für die modellierten Objekte ein.

Das Netzwerk besteht aus einer endlichen Menge $\mathfrak{K}$ von *Knoten* $\mathfrak{k}$. Jeder Knoten ist umkehrbar eindeutig durch einen *Namen* identifiziert. Ferner setzen wir eine *Vorgängerrelation* '$\prec$' (bzw. eine Nachfolgerrelation '$\succ$') voraus, durch die $(\mathfrak{K}, \prec)$ zu einem gerichteten Graphen wird. Die Nachfolger $\{\mathfrak{k}' \succ \mathfrak{k} \mid \mathfrak{k}' \in \mathfrak{K}\}$ von $\mathfrak{k}$ nennen wir auch *Konstituenten* dieses Knotens.

Schließlich besitzt jedes $\mathfrak{k}$ einen *Typ*, der die Art und Weise regelt, in der die Konstituenten modellmäßig verknüpft zu denken sind.

Um die Wohlfundiertheit der Modellkonstruktion zu gewährleisten, verbieten wir jegliche Zyklenformation der gerichteten Graphkanten und beschränken uns damit auf die Klasse *hierarchischer* Netzwerke [Sag90]. Außerdem sei die Existenz eines bezüglich '$\prec$' kleinsten Knotens, des *Wurzelknotens* $\mathfrak{k}_\triangle$ vorausgesetzt; der Graph ist dann insbesondere auch zusammenhängend. Die lokalen Eigenschaften wie Typ und Nachfolgermenge bilden nur einen Bruchteil der mit einem Knoten assoziierten Strukturinformation; diese spiegelt sich vielmehr in der kontextuellen Einbettung des Knotens im Gesamtnetz wider.

Die textuelle Darstellung eines Netzwerks besteht aus einer Menge typmarkierter, kontextfreier Phrasenstrukturregeln folgender Syntax:

```
TYP:    NAME    KONST_1 ... KONST_m    <ATTR>
```

Neben Knotentyp und Knotennamen finden sich auf der rechten Seite die Namen aller Konstituenten und, optional, ein Regelattribut. Die Regelschreibweise dient nicht nur der verständlicheren Darstellung von Graphknoten, sondern erfüllt auch gleichzeitig den praktischen Zweck einer Datenstruktur für die Konfiguration des Erkennungssystems [ST92c]. Gemäß Abbildung 9.6 unterscheiden wir fünf mögliche Knotentypen:

A: *atomare* Knoten für lineare Links-Rechts-Modelle

S: *syntagmatische* Knoten zur Hintereinanderschaltung

P: *paradigmatische* Knoten zur Parallelschaltung

R: *repetitive* Knoten zur Rückkopplung

F: *finite-state* Knoten zur arbiträren Vernetzung

Die Wahrscheinlichkeitsparameter der zu A-Knoten gehörenden Markovmodelle werden automatisch geschätzt. Die Übergangsmatrix des F-Knotens wird explizit mit Hilfe des optionalen Regelattributs fixiert. Beim S-Knoten liegen keinerlei unspezifizierte Parameterwerte vor, und die wortstrafenähnliche Größe ρ des R-Knotens sowie die Verzweigungsgewichte des P-Knotens werden implizit als uniform angenommen, wenn nicht Gegenteiliges verfügt ist.

Ausgehend von den akustischen Modellen der atomaren Knoten und den verfügbaren Konstruktionsregeln ist es nun möglich, sukzessiv immer komplexere lautsprachliche Konzepte oder Analyseaufgaben zu definieren. Einige Beispiel mögen dies verdeutlichen.

Eine Hierarchie phonetischer Einheiten unterhalb der Worteben wird zweckmäßigerweise mit den Mitteln der syntagmatischen Zerlegung beschrieben. Die Knoten

```
S:    Hamburg    ham burg
S:    ham        /h/ /a/ /m/
S:    burg       /b/ /U/ /r/ /k/
```

dienen einer Wortdekomposition in Silben und anschließend in Phoneme. Unterschiedliche phonologische Realisierungsalternativen, die in jedem Fall zu identischen Analyseergebnissen führen sollen, können hinter einem P-Knoten „versteckt" werden:

```
P:    zwei       /zwei/ /zwo/
S:    /zwei/     /ts/ /v/ /aɪ/
S:    /zwo/      /ts/ /v/ /o:/
```

Oberhalb   der   Wortebene   ist
zum Beispiel eine Darstellung rekursionsfreier Phrasenstruktur-Grammatiken mittels wiederholter S/P-Schachtelungen realisierbar, was die folgende Zwergsyntax für die Gattung
der „*John loves Mary*"-Sätze illustriert:

```
S:    <S>        <NP> <VP>
S:    <VP>       <V> <NP>
P:    <NP>       Johann Marion Hasso ...
P:    <V>        liebt schlägt küßt ...
```

Das letzte Beispiel betrifft die Erkennung kontinuierlich gesprochener Ziffernfolgen und soll
veranschaulichen, wie in ISADORA das „Programmieren" von Algorithmen — hier der einstufige Viterbi-Algorithmus zur Verbundworterkennung [Ney84a] — auf die Formulierung
einiger weniger Regeln reduziert wird:

```
S:    null           /n/ /U/ /l/
S:    eins           /aɪ/ /n/ /s/
...   ...            ...
S:    neun           /n/ /OY/ /n/
P:    ZIFFER         null eins zwei drei ... neun
R:    ZIFFERNFOLGE   ZIFFER
S:    *SATZ*         <Stille> ZIFFERNFOLGE <Stille>
```

Der P-Knoten namens ZIFFER ist ein Wortklassifikator für den Wortschatz der zehn Ziffern,
die Repetition ZIFFERNFOLGE repräsentiert die Menge aller daraus bildbaren Wortketten,
und das Analysekonzept *SATZ* schließlich leistet eine Verbundworterkennung unter der
Prämisse einbettender Stilleintervalle. Die Verfügbarkeit geeigneter Teilnetze für die Pho-
nemknoten /n/, /U/ usw. und den Knoten <Stille> für die Sprachpausen am Satzanfang
und -ende wird dabei vorausgesetzt.

9.2.3 Akustische Modelle

Die geforderte Netzwerkstruktur und das korrespondierende Operatorensystem sind so auf
einander abgestimmt, daß jeder in einem ISADORA-Netz formulierte (oder formulierbare)
Knoten ein akustisches Modell besitzt; genauer gesagt determiniert jedes $\mathfrak{k}$ ein rekursives
Markovmodell $S_\triangle(\mathfrak{k})$ sowie dessen ebene Entsprechung $\lambda(S_\triangle(\mathfrak{k}))$.

Der erste Teil der Behauptung folgt unmittelbar aus der Operatorendefinition (Seite 281).
Zu jedem A-Knoten wurde *explizit* ein RMM angegeben, während die Modelle der anderen
Knoten *implizit* sind; wir kennen die Vorschrift ihrer Konstruktion aus den Konstituenten-
modellen. Weil das Netz ein zyklenfreier gerichteter Graph sein muß, können die Modelle

$S_\triangle(\mathfrak{k})$ induktiv über den Knotengrad — der *Knotengrad* von $\mathfrak{k}$ ist die maximale Länge einer mit $\mathfrak{k}$ beginnenden '$\prec$'-Kette — aufgebaut werden. Eine besondere Bedeutung kommt bei dieser Konstruktion der Tatsache zu, daß ein Knoten Konstituente mehrerer Vorgänger sein kann, also bei der Modellbildung wiederholt referenziert wird. Dieser Vorgang entspricht der von ebenen Markovmodellen her bekannten Verklebung und erstreckt sich beim RMM rekursiv über die Parameter aller Nachfolgerzustände.

Der Übergang von einem RMM S zu einem verteilungsäquivalenten HMM $\boldsymbol{\lambda}(S)$ ist im Anhang B.2 beschrieben und besteht anschaulich aus zwei Phasen: zuerst wird das RMM in ein verallgemeinertes HMM mit konfluenten Zuständen — je einer für jeden nichtelementaren RMM-Zustand — überführt, woraufhin benachbarte Modellkanten unter Tilgung konfluenter Zustände durch Ausmultiplizieren ihrer Transitionswahrscheinlichkeiten miteinander verschmolzen werden. Die Verteilungsäquivalenz drückt sich in der Beziehung

$$\alpha_{T+1}^{F}(S) \;=\; P(\boldsymbol{X} \mid S) \;=\; P_{\$}(\boldsymbol{X} \mid \boldsymbol{\lambda}(S)) \;:=\; \sum_{j} \alpha_T(j) \cdot a_{j\$} \tag{9.7}$$

aus; die $\alpha_T(j)$ werden über alle Zustände von $\boldsymbol{\lambda}(S)$ summiert und mit ihren Fluchtwahrscheinlichkeiten (siehe Anhang) gewichtet.

Die A-Knoten sind als Basiskomponenten des Netzwerks explizit mit Links-Rechts-Modellen versehen — nähere Angaben zur detaillierten Spezifikation ihrer Topologie folgen im Anschluß an diesen Unterabschnitt. Ihre Ausgabeverteilungen können in ISADORA wahlweise als diskret, kontinuierlich oder semikontinuierlich vereinbart werden:

$$b_j(\boldsymbol{x}) \;=\; \begin{cases} b_{jk} \text{ mit } k = \kappa(\boldsymbol{x}) & \text{(diskret)} \\ \mathcal{N}(\boldsymbol{x}; \boldsymbol{\mu}_j, \boldsymbol{\Sigma}_j) & \text{(kontinuierlich)} \\ \displaystyle\sum_{k=1}^{K} c_{jk} \cdot \mathcal{N}(\boldsymbol{x}; \boldsymbol{\mu}_k, \boldsymbol{\Sigma}_k) & \text{(semikontinuierlich)} \end{cases}$$

Die Matrizen $\boldsymbol{\Sigma}_j$ der einfachen Gaußdichten sind diagonal ausgelegt, während die Dichtekomponenten des semikontinuierlichen Kodebuchs über vollbesetzte Kovarianzmatrizen verfügen; das letztere gilt auch für die Gaußdichten des Vektorquantisierers, mit dem die Klassenzugehörigkeiten $\kappa(\boldsymbol{x})$ der Eingabevektoren im diskretwertigen HMM-Modus bereitgestellt werden.

9.2.4   Reduzible und irreduzible A-Knoten

Die Kontrolle des Aufbaus und der Detailliertheit von HMMs fällt in den Aufgabenbereich der atomaren Knoten. Insbesondere für die Belange kontextueller Modellierung hält ISADORA spezielle, bislang unerwähnte Konfigurationsmechanismen bereit, die anhand einiger Beispiele erläutert werden sollen. Mit den Wortknoten

```
S:      Hamburg-1      /h/ /a/ /m/ /b/ /U/ /r/ /k/
S:      Hamburg-2      /h/a h/a/m a/m/b m/b/U b/U/r U/r/k r/k/
S:      Hamburg-3      ham burg
```

und den zugehörigen A-Regeln für die entsprechenden Wortuntereinheiten wie /a/, h/a/m, ham etc. lassen sich zweifellos monophon-, triphon- und silbenorientierte Wortmodelle spezifizieren. Diese Vorgehensweise läßt jedoch zwei wichtige Fragen offen:

- An welcher Stelle wird die Struktur der Wortuntereinheitenmodelle fixiert?

- Auf welche Weise kann eine *Generalisierungsbeziehung* zwischen Spracheinheiten repräsentiert werden?

Die Generalisierungs- oder Spezialisierungsrelation zwischen Spracheinheiten — sie besagt, daß zum Beispiel jede Realisierung von a/m/b auch eine Realisierung von /m/b oder auch von /m/ ist — hatten wir bereits in Kapitel 6 als strukturierendes Moment für die Vorbesetzung, Schätzung und Interpolation der statistischen Parameter phonetischer Modelle kennengelernt. So wurde besonders im Zusammenhang mit hierarchischen Formen der Wortmodellierung die Notwenigkeit verzweigter Trainingsmodelle (siehe Abbildung 6.6) zur optimalen Ausschöpfung der Lernstichprobe deutlich.

Die simultane Auffrischung der a/m/b- und /m/b-Modelle in Hamburg-2 kann offensichtlich durch die *PAS-Konstruktion*

```
P:      a/m/b          a/m/b-A a/m/b-S
A:      a/m/b-A
S:      a/m/b-S        /m/b
```

sichergestellt werden, die eine parallele Verschaltung der Markovmodelle für a/m/b und /m/b bewirkt. Der Knoten a/m/b-A steht für das explizite HMM, und der Knoten a/m/b-S ist ein formaler Kulminationspunkt zum Verweis auf die kontextuelle Verallgemeinerung /m/b, welche ihrerseits mit einer ähnlichen PAS-Konstruktion in das HMM /m/b-A und den Verweis /m/b-S auf den monophonischen Knoten /m/ verzweigt.

Gleiches gilt auch für den Knoten ham des silbenorientierten Wortmodells Hamburg-3; die entsprechenden Regeln lauten hier

```
P:      ham            ham-A ham-S
A:      ham-A
S:      ham-S          /h/ /a/ /m/
```

Die Abbildung 9.7 zeigt, daß aus der PAS-Konstruktion die gewünschte Modellstruktur resultiert; ferner ist angedeutet, daß die weniger spezifischen Modelle /m/b-A und /a/ auch von konkurrierenden Triphon- oder Silbenagglomeraten referenziert werden und in diesen Modellen folglich Verklebungspartner besitzen.

Generell bewirkt das PAS-Knotentripel

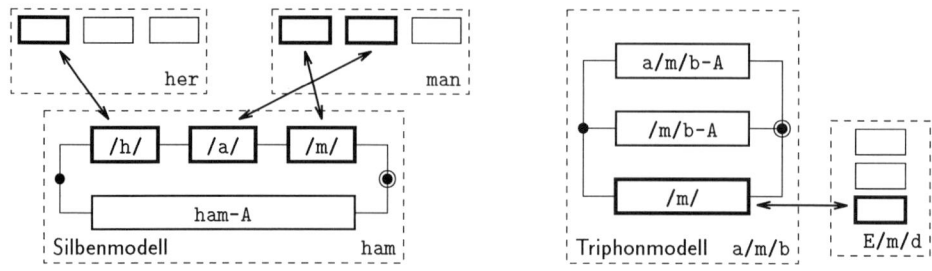

Abbildung 9.7: Hierarchische Silben- und Triphonmodelle

```
P:      X        X-A X-S
A:      X-A
S:      X-S      Y_1 ... Y_m
```

also die Bildung eines expliziten Markovmodells für die Spracheinheit X und dessen Parallelschaltung mit einem impliziten Modell, dessen Synthesevorschrift durch die Dekomposition X-S gegeben ist. Offensichtlich ist X-S ein idealer Kandidat zur Strukturierung und Vorbesetzung des Modells X-A. Wenn wir voraussetzen, daß X-A nicht unter den Nachfolgern von X-S ist, so kann das Modell von X-S infolge der Zyklenfreiheit des ISADORA-Netzwerks ohne Kenntnis von X-A aufgebaut werden und deshalb als „Konstruktionsvorlage" für X-A dienen.

Um diesen Mechanismus festzuschreiben, definieren wir das Regelschema

```
A:      X        Y_1 ... Y_m
```

als Abkürzung für die obenstehende PAS-Konstruktion. Der atomare Knoten X verkörpert zwar definitionsgemäß ein HMM, besitzt aber nichtsdestoweniger ein oder mehrere Konstituenten. Wir unterscheiden daher in Zukunft zwischen *reduziblen* und *irreduziblen* A-Knoten, je nachdem ob eine positive Zahl von Nachfolgern vorhanden ist. Mit diesen Mitteln kann jetzt auch das oben aufgeworfene Problem der Strukturbestimmung für explizite Modelle auf elegante Weise gelöst werden:

- Das HMM eines jeden irreduziblen A-Knotens besitzt *genau einen* Zustand.

- Das HMM eines reduziblen A-Knotens besitzt die Struktur seiner hintereinandergeschalteten Konstituentenmodelle.

Durch das folgende System von Knoten wird also ein Erkennungssystem mit Triphonmodellen von drei Zuständen spezifiziert:

```
A:      a/m/b      /m/b
A:      /m/b       /m/
A:      /m/        [m] [m] [m]
A:      [m]
```

Der Erkenner enthält drei Markovmodelle $\boldsymbol{\lambda}(\texttt{a/m/b})$, $\boldsymbol{\lambda}(\texttt{/m/b})$, $\boldsymbol{\lambda}(\texttt{/m/})$ mit je drei Zuständen und ein Markovmodell $\boldsymbol{\lambda}(\texttt{[m]})$ mit einem Zustand.

9.3 Das Netzwerk zur maschinellen Spracherkennung

Der Aufbau eines ISADORA-Erkennungssystems erfordert lediglich die Bereitstellung einer Lernstichprobe sowie den Entwurf eines Netzwerkes zur strukturellen Repräsentation aller benötigten Spracheinheiten. Das Netzwerk wird ISADORA zum Konfigurationszeitpunkt in der bekannten Regelform zugänglich gemacht. Es umfaßt bei Spracherkennungsanwendungen einige Zehntausende verschiedener Knoten und wird daher unter Vorgabe der verfügbaren Wissensquellen und einiger Konfigurationseckwerte automatisch erzeugt.

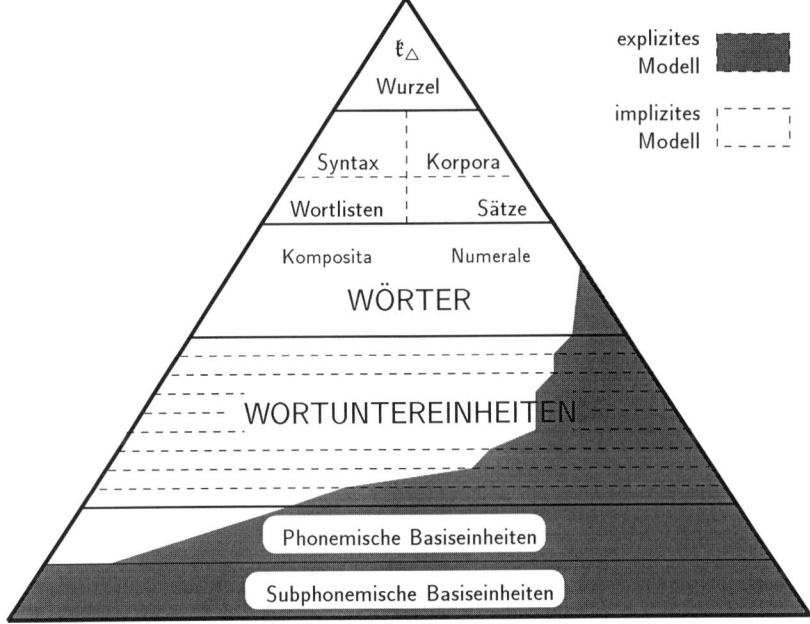

Abbildung 9.8: Grobstruktur des Konstituentennetzwerkes zur Spracherkennung

Die Generierung eines Regelwerks für die Spracherkennung soll in diesem Abschnitt exemplarisch skizziert werden. Der Erzeugungsprozeß zerfällt in drei Hauptaktivitäten. Die ersten beiden betreffen die Erfassung von Spracheinheiten unterhalb bzw. oberhalb der Wortebene. In einer dritten Phase muß die Entscheidung getroffen und im Regelwerk kenntlich gemacht werden, welche Spracheinheiten aufgrund der Trainingsmaterialsituation mit einem expliziten Markovmodell auszustatten sind. Die Grobstruktur eines Spracherkennungsnetzwerks zeigt Abbildung 9.8. Die grau unterlegten Gebiete markieren atomare Knoten, d.h. die trainierbaren Spracheinheiten mit einem eigenem HMM. Die Häufigkeit expliziter Modellierung nimmt tendenziell mit zunehmender Spezifität der Spracheinheiten ab.

9.3.1 Spracheinheiten unterhalb der Wortebene

Zunächst wird der Aufbau der phonemischen Basiseinheiten beschrieben. Anschließend werden Regelwerke zur kontexteinfrierenden und zur kontextabhängigen Wortmodellierung behandelt.

Subphonemische und phonemische Ebene. Die *subphonemischen Basiseinheiten*, die wir auch kurz *„Phonkomponenten"* nennen, decken alle näherungsweise stationären phonetischen Ereignisse ab. Wir unterscheiden 43 verschiedene Phonkomponenten — 15 Vokale, 8 Frikative, 5 Nasale und Liquide, 6 Verschlüsse, 6 Öffnungen und 3 Behauchungen — die wir zur besseren Unterscheidung von vollständigen Phonen oder Phonemen in eckige Klammern eingeschlossen notieren. Als stationäre Einheiten bilden die Phonkomponenten natürlich die kleinsten Modellbausteine des Erkennungssystems, d.h. sie werden in ISADORA als irreduzible A-Knoten repräsentiert.

Eine weitere stationäre Einheit ist die (kurze) *Stillekomponente* [-], mit deren Hilfe darüberhinaus zwei reduzible A-Knoten zur Modellierung von Stilleregionen mittlerer und längerer Dauer definiert werden:

```
P:    SILENCE     [-] [--] [---]
A:    [-]
A:    [--]        [-] [-]
A:    [---]       [-] [-] [-]
```

Der paradigmatische Knoten SILENCE vertritt in der Lern- und Erkennungsphase Sprechpausenintervalle unbekannter bzw. unvorhersagbarer Dauer.

Auf den Phonkomponenten aufbauend werden die *phonemischen Basiseinheiten* definiert. Es handelt sich dabei um ein Inventar von 36 Phonemen, 4 Diphthongen, 9 gedehnten Vokalen und 14 Affrikaten, die in der SAMPA-Transkription der Trainings- und Erkennungswortschätze auftreten. Wegen ihrer Rolle als Grundelemente beim Entwurf von Bi-, Tri- und Polyphonmodellen fassen wir die phonemischen Basiseinheiten in Zukunft unter der Bezeichnung *„Phone"* oder *"Monophone"* zusammen.

Phone werden als sequentielle Verknüpfung von Phonkomponenten repräsentiert. Je nach Phonidentität haben die S-Knoten zwei, drei oder vier Konstituenten. Typische Beispiele für die Monophonregeln, die in ihrer Gesamtheit im Anhang A.2 wiedergegeben sind, lauten:

```
S:    /E:/    [E] [E] [E]
S:    /E/     [E] [E]
S:    /aI/    [a] [E] [I]
S:    /k/     [k.] [k] [.k]
S:    /g/     [g.] [g]
S:    /s/     [s] [s]
S:    /ks/    [k.] [k] [s] [s]
```

Generell werden gedehnte und ungedehnte Vokalphoneme als Sequenzen dreier bzw. zweier

vokalischer Phonkomponenten dargestellt; Diphthonge werden entsprechend ihrer Artikulati-
onsbahn im Vokalviereck aus drei Komponenten synthetisiert. Plosive werden in Verschluß-,
Sprengungs- und gegebenenfalls Behauchungsphase zerlegt. Bei den Affrikaten ist bei der
Modellierung zu berücksichtigen, daß die Last der Phonationsdichotomie ihres Plosivanteils
wahlweise von der Stimmeinsatzdauer (*voice onset time*) getragen, auf den Nachfolgekonso-
nanten abgewälzt oder aber — falls für die betreffende Konsonantverbindung kein Minimalpaar existiert — neutralisiert werden kann.

Kontexteinfrierende Einheiten. Das Einfrieren kontextueller Aussprachevariation in
Spracheinheiten eines geschichteten phonologischen Modells wurde bereits auf Seite 177
behandelt. Zur Erzeugung der hierarchischen Wortrepräsentationen muß jede auftretende
Spracheinheit in eine Sequenz von Einheiten der darunterliegenden Schicht zerlegt werden;
diese Dekomposition geschieht automatisch unter Zuhilfenahme der phonemischen Wortumschriften. Der obere Part des verwendeten Schichtensystems — Wörter, Silben, Halbsilben,
Cluster — sowie die Gesetzmäßigkeiten der phonologischen Zerlegung wurden ausführlich in
einer Dissertation über Sprachsynthese beschrieben [Det84].

Wörter werden in Silben zerlegt: Die Auftrennung orientiert sich an den Sprechsilben-
markierungen der gegebenen Wortumschrift, welche nach dem Prinzip des maximalen Silben-
beginns (*„maximum onset principle"*) gesetzt wurden. Das bedeutet, daß bei Konfliktfällen
aufgrund konkurrierender, phonotaktisch verträglicher Silbensegmentierungen das fragliche
Umschriftphonem stets der Nachfolgesilbe zugeschlagen wird. Alleinstehende intervokalische
Frikative, Nasale und Liquide werden allerdings beiden Nachbarsilben gleichzeitig zugespro-
chen, falls die vorangegangene Silbe einen Wortakzent trägt und ohne die Beteiligung dieses
Folgekonsonanten leicht würde; eine Silbe heißt *leicht*, wenn sie weder konsonantisch noch
diphthongisch noch gedehnt auslautet. Silben werden in aufrechte Balken eingeschlossen notiert.

⋆ Beispiele: `Hamburg` ⤳ |ham| |bUrk| und `Wasser` ⤳ |vas| |s6|

Silben werden in Halbsilben zerlegt: Ist der Silbenkern vokalisch, dann wird seine erste
Komponente verdoppelt und sowohl dem Silbenauftakt wie dem Silbenausklang zugewiesen. Ist der Kern hingegen konsonantisch, wird er ohne Verdopplung abgespalten. Auf den
Nasal /n/ wird dabei das phonologische Gesetz von der progressiven Assimilation des Ar-
tikulationsortes angewendet. Initiale (terminale) Halbsilben werden mit einem angehängten
(vorangestellten) Unterstrich gekennzeichnet.

⋆ Beispiele: |bUrk| ⤳ bU_ _Urk und |Snt| ⤳ S_ _nt (*„überra*schend")

Halbsilben werden in Cluster zerlegt: Der Silbenauftakt wird gegebenenfalls von seinem
vokalischen Koartikulationspartner befreit und geht dadurch in das initiale Konsonantcluster
über. Der Silbenausklang wird in Silbennukleus und terminales Konsonantcluster zerlegt.
Der Nukleus kann vokalischer oder konsonantischer Natur sein. Zum vokalischen Nukleus
gehören außer dem Vokal selbst auch ein etwaiges Dehnungsdiakritikum sowie das Hingleiten
zu Liquid- oder Nasalphonemen. Die drei genannten Typen von Silbenteilen werden zur

Unterscheidung von Silben und Halbsilben in Unterstriche bzw. Unterstriche und senkrechte Balken eingeschlossen.

⋆ Beispiele: `Stro_` ⤳ `|Str_` und `_Erts` ⤳ `_Er_ _ts|`

Cluster werden in Phone zerlegt: Der vokalische Nukleus wird gegebenenfalls in einen Vokal oder Diphthong und den liquiden oder nasalen Rest aufgespalten; insbesondere wird davon ausgegangen, daß Vokalverbindungen wie diejenigen in „P*fe*rd" oder „M*o*rd" in der Regel als /ɐ/-Diphthonge realisiert werden. Initiale und terminale Konsonantcluster werden in Konsonantphoneme zerlegt; zur Gruppe der Konsonantphoneme zählen wir auch die im Anhang A.2 aufgeführten Affrikate.

⋆ Beispiele: `|pfl_` ⤳ `/pf/ /l/`, `_Or_` ⤳ `/0/ /6/` und `_st|` ⤳ `/s/ /t/`

Die phonologische Zerlegung von Spracheinheiten wird in ISADORA mittels S-Knoten repräsentiert. Die Beschreibung des Wortes „*Dresden*", das uns bereits in der Abbildung 6.6 als Beispiel für kontexteinfrierende Wortmodellierung begegnete, besteht aus 19 verschiedenen S-Regeln, die hier auszugsweise wiedergegeben seien:

S:	Dresden	`|dre:s|` `|d@n|`	S:	`|dr_`	`/dr/`
S:	`|dre:s|`	`dre_` `_e:s`	S:	`_e:_`	`/e:/`
S:	`|d@n|`	`d@_` `_@n`	S:	`_s|`	`/s/`
S:	`dre_`	`|dr_`	S:	`|d_`	`/d/`
S:	`_e:s`	`_e:_` `_s|`	S:	`_@_`	`/@/`
S:	`d@_`	`|d_`	S:	`_n|`	`/n/`
S:	`_@n`	`_@_` `_n|`	...	...	...

Offenbar bewerkstelligen die meisten Regeln gar keine echte Zerlegung, sondern dienen nur dem Abstieg zur nächsten phonologischen Schicht. Dennoch sind diese Übergänge in keiner Weise obsolet. Die Halbsilbe `dre_` beispielsweise steht für alle /dr/-Realisierungen mit Koartikulation zum Nachfolgevokal /e/ und ist damit eine spezifischere Spracheinheit als das Konsonantcluster `|dr_`. Das unäre Konsonantcluster `_n|` wiederum übertrifft das Phon /n/ an Präzision, weil es die unmittelbare Nachbarschaft des /n/ zum Silbenkern sowie seine silbenfinale Position festschreibt. Die Zerlegung von 2500 deutschen Wortformen nach der beschriebenen Methode ergibt 1508 Silben, 828 Halbsilben, 209 Cluster und 63 Phone.

Polyphone. Die Basiseinheit der Polyphonmodellierung (siehe Abbildung 6.12 auf Seite 187) ist das obengenannte Inventar mit 63 Phonen; das Alphabet der Kontextsymbole besteht jedoch nur aus den 36 Phonemsymbolen und dem Dehnungsdiakritikum ' : ', um eine etwas feinere Abstufung des Generalisierungsprozesses zu erhalten. Die Wortrepräsentation beginnt mit einer S-Regel

S:	Hannover	`/h/ano:f6`	`h/a/no:f6`	`ha/n/o:f6` ... `hano:f/6/`

zur Synthese des Wortmodells aus der Folge maximaler Innerwortpolyphone; in diesem Beispiel sind das fünf Heptaphone und das Hexaphon `han/o:/f6`. Wenn die Generalisierung der Spracheinheiten durch balanciertes Abschälen der Kontextsymbole geschieht, hat jedes Modell genau eine unmittelbare Verallgemeinerung, und die Heptaphonknoten können durch folgenden Regelsatz erzeugt werden:

```
S:    ha/n/o:f6    ha/n/o:f              S:    a/n/o:     a/n/o
S:    ha/n/o:f     ha/n/o:               S:    a/n/o      /n/o
S:    ha/n/o:      a/n/o:                S:    /n/o       /n/
```

Auch Silben-, Morphem- und Wortgrenzenmarkierungen lassen sich auf diese Weise ohne Umstände in die Wortmodellierung miteinbeziehen. Die gewünschten Grenzen müssen zu diesem Zweck in die phonemischen Wortumschriften eingefügt werden, das Kontextalphabet wird um die betreffenden neuen Markierungssymbole erweitert. Mit einer silbenmarkierten Umschrift /ha|no:|f6/ lautet die Verkettungsregel

```
S:    Hannover    /h/a|no:|f6    h/a/|no:|f6    ha|/n/o:|f6 ... ha|no:|f/6/
```

und die stufenweise Zurückführung des Nonaphons ha|/n/o:|f6 auf das Monophon /n/ verläuft ganz analog zur obigen Konstruktion, erfordert jedoch wegen der hinzugekommenen zwei Grenzmarkierungen '|' nunmehr acht anstatt sechs unäre S-Zerlegungen.

Polygraphen. Zur Polygraphenmodellierung liegen die Wortschatzeinträge in orthographischer Umschrift vor. Das Transkriptionsinventar besteht aus den 26 Kleinbuchstaben des Alphabets und bildet auch gleichzeitig den Vorrat an Kontextsymbolen. Basiseinheiten der Modellierung sind neben den Kleinbuchstaben noch die acht Symbolpaare au, ei, eu, ai, ie, ae, oe, ue für mutmaßliche Diphthonge, gedehnte Vokale und Umlaute sowie die exzeptionellen Konsonantschreibweisen ch, ph und ck.

Die Anzahl der nach vorstehender Konstruktion erzeugten Polyphone oder Polygraphen liegt bei dem oben erwähnten Vokabular von 2500 Wortformen bei etwa 10 000 verscheidenen Einheiten.

9.3.2 Spracheinheiten innerhalb und oberhalb der Wortebene

Innerhalb der Wortebene gibt es Netzwerkknoten für alle Wörter der Erkennungsaufgabe und der Lernstichprobe. Obwohl die Wortebene nicht in Schichten zerfällt wie der Bereich der Wortuntereinheiten, haben wir es ebenfalls mit einer hierarchischen Modellorganisation zu tun. Typische Beispiele dafür sind Wortknoten für *Komposita*, *Zahlwörter* und *Floskeln* wie

```
S:    Flughafen         Flug Hafen
S:    vierundzwanzig     vier und zwanzig
S:    guten_Tag          guten Tag
```

Diese Art morphologischer Zerlegung führt im übrigen zu einer wesentlich effizienteren Darstellung phonemischer Wortstruktur als ein linear strukturiertes Aussprachewörterbuch, weil die mit einer Spracheinheit assoziierte Umschriftinformation im allgemeinen von vielen Vorgängerknoten gemeinsam referenziert wird.

Oberhalb der Wortebene befindet sich die Beschreibung der Trainingsdaten und, soweit dies nicht dynamisch zum Analysezeitpunkt geschehen muß, die Spezifikation potentieller Erkennungsaufgaben. Jede Trainingsäußerung wird, wie jede andere Spracheinheit, durch einen eindeutigen Namen identifiziert; der gleichnamige Netzwerkknoten beinhaltet dann zum Beispiel eine textuelle Beschreibung des Gesprochenen:

```
S:      *7001*     heute ist schoenes Fruehlingswetter
S:      *7002*     die Sonne lacht
...     ...        ... ... ...
```

Das zum Knoten *7001* korrespondierende Markovmodell verkörpert unseren Wissensstand hinsichtlich des sprachlichen Gehalts der betreffenden akustischen Daten. Im vorliegenden Beispiel ist einfach die Verkettung der referenzierten Wortmodelle intendiert, und mit Hilfe einer übergeordneten Regel

```
S:      -7001-     SILENCE *7001* SILENCE
```

zur Stilleeinbettung des Äußerungstextes ergibt sich das Trainingsmodell der Abbildung 6.2. Ebensogut ist aber auch eine Charakterisierung von *7001* durch eine manuell erstellte phonetische Transkription denkbar.

Falls die Wörter obenstehender Sätze aus gewöhnlichen Triphonmodelle aufgebaut sind, zum Beispiel

```
S:      heute      /h/0   h/OY/t   Y/t/@   t/@/
S:      ist        /I/s   I/s/t    s/t/
S:      schoenes   /S/2   S/2/:n   ...
```

so lautet die adäquate S-Regel einer Satzrepräsentation mit wortübergreifenden Triphonen

```
S:      +7001+     /h/0 h/OY/t Y/t/@ t/@/I @/I/s I/s/t s/t/S t/S/2 ...
```

Satzknoten der Gestalt +7001+ werden entweder zum Konfigurationszeitpunkt in das Netz integriert oder erst bei Bedarf erzeugt. In beiden Fällen gilt, daß die Konstruktion der neuen Wortfugentriphone t/@/I, @/I/s, s/t/S, t/S/2 einen *Metaprozeß* bezüglich des ISADORA-Netzwerks darstellt. Die Entscheidung, in welches übergreifende Triphon beispielsweise das Wortrandbiphon t/@/ mit dem rechten Nachbarn /I/s übergeht, beruht wesentlich auf den technischen Details der gewählten Modellierungsmethode — in diesem Beispiel Triphone — und kann deswegen nicht ausschließlich aufgrund des im Netzwerk repräsentierten Strukturwissens gefällt werden. Darüber darf auch nicht die anschauliche Namensgebung der Netzwerkknoten hinwegtäuschen, die zwar der leichteren Verständlichkeit des vorgestellten Regelwerks dient, aber im Systemrahmen nur Identifikationszwecke erfüllt.

Die Information über Inhalt und Umfang der gesamten Lernstichprobe läßt sich schließlich in einem einzigen Knoten der Gestalt

```
S:      *LERNEN*      *7001* *7002* *7003* ... ... ...
```

konzentrieren. Der Knoten *LERNEN* spezifiziert ein extrem „langes" Markovmodell für die Produktion der Folge aller Trainingssätze in der angegebenen Reihenfolge, das sicherlich nie explizit erzeugt wird; vielmehr spielt *LERNEN* eine zentrale Rolle bei der automatischen Zuweisung expliziter Modelle, wie sie im nachfolgenden Unterabschnitt behandelt wird.

Einige Beispiele für die Formulierung des Analyseproblems waren schon im Abschnitt 9.2.2 angegeben worden; nichtrekursive Phrasenstrukturgrammatiken wurden mit P- und S-Regeln realisiert, die uniforme Verbundwortsyntax mit einem paradigmatischen Knoten zur Parallelschaltung des Vokabulars und einem R-Knoten zur Wortrepetition. Die genannten Phrasenstrukturgrammatiken erweisen sich als außerordentlich hilfreich bei der generativen Beschreibung stark systematisierter offener Wortklassen. Eine aus fünfzehn ISADORA-Regeln bestehende Charakterisierung der ersten 999 999 Kardinalzahlwörter der deutschen Sprache ist im Anhang A.3 wiedergegeben.

Manche syntaktischen Konstruktionen lassen sich wesentlich ökonomischer durch eine Kategoriepaargrammatik darstellen, deren Regelschreibweise dem Schema

```
F:   *KPG*    CAT_1 CAT_2 ... CAT_K      <A>
P:   ...      ... ... ...
P:   CAT_k    WORT_k,1 WORT_k,2 ... WORT_k,N_k
P:   ...      ... ... ...
```

folgt. Die Realisierung der Kategorien durch P-Knoten bewirkt die angestrebte Parallelschaltung aller zugehörigen Wortmodelle, und die Akzeptabilität aufeinanderfolgender Kategoriepaare wird durch eine Adjazenzmatrix A kontrolliert. Eine Beispielgrammatik für Uhrzeitangaben der Art „gegen 0 Uhr 20", „vor dreiviertel zwölf" oder „um ein Uhr und fünfunddreißig Minuten" findet sich im Anhang A.4.

Ein letzter Hinweis betrifft die Repräsentation *buchstabierter* Wortäußerungen, wie sie zur kommunikativen Absicherung sprachgesteuerter Reservierungen oder Banktransaktionen gern verwendet werden. Der Städtename „Hamburg" etwa kann entweder in der Form „ha-a-em-be-u-er-ge" oder unter Zuhilfenahme des klassischen Buchstabieralphabets („Anton", „Berta", „Cäsar,.".) artikuliert werden. Das Regelwerk

```
S:   Hamburg!   H! A! M! B! U! R! G!        S:   B!   /b/e b/e:/
S:   H!         /h/a h/a:/                   S:   U!   /u:/
S:   A!         /a:/                         S:   R!   /E/r E/r/
S:   M!         /E/m E/m/                    S:   G!   /g/e g/e:/
```

erfüllt die Anforderungen des erstgenannten Modus; im anderen Fall verfährt man ganz analog.

Alle beschriebenen Teilbereiche des Sprachnetzwerks werden abschließend unter einem Wurzelknoten $\mathfrak{k}_\triangle$, der zum Beispiel die Bezeichnung ROOT trägt, zusammengeschlossen.

9.3.3 Auswahl expliziter Modelle

Bis zu diesem Moment enthält das Netz nur einen sehr begrenzten Vorrat atomarer Knoten, nämlich die irreduziblen Knoten der subphonemischen Basiseinheiten. Alle anderen Spracheinheiten des Erkenners sind bislang nur durch implizite Modelle repräsentiert. Wie kann nun eine erfolgversprechende Auswahl der explizit zu modellierenden Einheiten getroffen werden?

Unter idealen Voraussetzungen hinsichtlich Systemressourcen und Interpolationstechniken ist es sicher am günstigsten, *alle* auftretenden Spracheinheiten mit einem eigenen HMM auszustatten. In der Praxis muß man sich jedoch auf eine Teilmenge

$$\mathfrak{A} \;=\; \mathfrak{A}(\mathfrak{k}_L, F_{\min}) \;=\; \{\mathfrak{k} \in \mathfrak{K} \mid F(\mathfrak{k}|\mathfrak{k}_L) \geq F_{\min}\} \tag{9.8}$$

häufig auftretender Einheiten beschränken. Dabei ist $F(\mathfrak{k}|\mathfrak{k}_L)$ die Anzahl der Vorkommen von $\mathfrak{k}$ in der durch $\mathfrak{k}_L$ repräsentierten Lernstichprobe; $F_{\min}$ ist eine geeignete untere Schranke.

Bei kontexteinfrierenden Wortuntereinheiten oder Polyphonen mit balancierter Kontextreduktion besteht das Unternetz von $\mathfrak{k}_L$ nur aus S-Knoten und irreduziblen A-Knoten. Unter dieser Bedingung lassen sich die Kopfzahlen $F(\mathfrak{k}|\mathfrak{k}_L)$, wie man leicht nachvollzieht, durch die Rekursion

$$F(\mathfrak{k}|\mathfrak{k}_L) \;=\; \begin{cases} 1 & \mathfrak{k} = \mathfrak{k}_L \\ \sum_{\mathfrak{k}' \prec \mathfrak{k}} F(\mathfrak{k}'|\mathfrak{k}_L) & \mathfrak{k} \neq \mathfrak{k}_L \end{cases} \tag{9.9}$$

berechnen. Der untere Zweig der Bestimmungsgleichung besagt, daß $\mathfrak{k}$ gerade so oft in $\mathfrak{k}_L$ vorkommt wie alle seine Netzwerkvorgänger zusammen. Wegen der vorausgesetzten Zyklenfreiheit von $\mathfrak{k}_\triangle$ ist auch das Teilnetz $\mathfrak{k}_L$ zyklenfrei, so daß der durch Gleichung (9.9) eingeleitete rekursive Abstieg schließlich terminiert.

Gibt es pro Spracheinheit unter Umständen mehr als einen direkten Generalisierungsnachfolger wie bei den Triphonverbänden der Abbildung 6.10 auf Seite 184, dann würde die Rekursion (9.9) an diesen Netzpositionen Mehrfachzählungen bewirken; zum Beispiel erhielte das Monphon /m/ für jedes Vorkommen von a/m/b je einen „Zählimpuls" von a/m/ und /m/b. In diesem Fall müssen wir daher auf eine modifizierte Zählvorschrift ausweichen [Fin91].

Die oben definierte Knotenmenge $\mathfrak{A}$ enthält im allgemeinen noch einen großen Anteil von Knoten, die zur Erzeugung *redundanter* Modelle führen würden. Ist $\mathfrak{k}$ ein S-Knoten und $\mathfrak{k}'$ seine einzige Konstituente, dann ist offenbar jedes Vorkommen von $\mathfrak{k}$ gleichzeitig ein Vorkommen von $\mathfrak{k}'$. Ergibt der Zählvorgang nun die Quantitäten $F(\mathfrak{k}|\mathfrak{k}_L) = F(\mathfrak{k}'|\mathfrak{k}_L)$, so kann geschlossen werden, daß die Spracheinheiten $\mathfrak{k}$ und $\mathfrak{k}'$ genau dieselben Vorkommen in der Lernstichprobe besitzen und die trainierten Modelle $\boldsymbol{\lambda}(\mathfrak{k})$ und $\boldsymbol{\lambda}(\mathfrak{k}')$ zwangsläufig identisch wären. Spracheinheiten mit dieser Eigenschaft nennen wir *äquivalent bezüglich* $\mathfrak{k}_L$; typische Beispiele solcher Doubletten sind „lange" Polyphone wie ha/n/o:f6 und ha/n/o:f, die mit großer Sicherheit ausschließlich im Kontext Hannover auftreten.

Nach Tilgung überflüssiger Dubletten werden die Spracheinheiten aus $\mathfrak{A}$ mit expliziten Markovmodellen versehen; eine Ausnahme bilden die A-Knoten subphonemischer Basiseinheiten, die bereits über Modelle verfügen. Die Spezifikation der neuen Modelle erfordert jetzt nur noch den Austausch der betroffenen S-Knoten gegen entsprechende A-Knoten unter Beibehaltung der Namen und Konstituenten (siehe dazu Unterabschnitt 9.2.4). Zur Illustration geben wir abschließend die modifizierten Regelwerke für die beiden hierarchischen Wortmodellierungen — kontexteinfrierende Einheiten und Polyphone — der Abbildungen 6.6 und 6.12 im Kapitel 6 an:

	kontexteinfrierende Einheiten				*Polyphone*	
S:	/dre:sd@n/	/dre:s/ /d@n/		S:	ha/n/o:f6	ha/n/o:f
S:	/dre:s/	/dre/ /e:s/		S:	ha/n/o:f	a/n/o:f
A:	/d@n/	/d@/ /@n/		A:	a/n/o:f	a/n/o:
S:	/dre/	/dr/		A:	a/n/o:	/n/o:
A:	/e:s/	/e:/ /s/		A:	/n/o:	/n/
A:	/d@/	/d/				
A:	/@n/	/@/ /n/				
A:	/dr/	/d/ /r/				

9.3.4 Baumförmige Wortschatzorganisation

Zur Organisation des Wortschatzes in Form eines phonetischen Baumes, wie in Abschnitt 8.3 beschrieben, sind grundsätzlich zwei Wege denkbar: entweder es wird mit Hilfe eines spezialisierten RMMs ein weiterer Knotentyp eingeführt, oder aber man versucht, die angestrebte Baumstruktur unter Ausnutzung des vorhandenen Netzwerkformalismus zu realisieren. Da nicht einzusehen ist, warum das vorhandene Inventar von Modelloperationen ohne Not erweitert werden sollte, wählen wir letztere Vorgehensweise.

Aus der Abbildung 8.16 (links) ist ersichtlich, daß die Struktur eines baumförmigen Markovmodells einer einfachen rekursiven Charakterisierung gehorcht:

- Jeder Einzelzustand hat Baumstruktur.

- Die sequentielle Verkettung eines Einzelzustandes mit einer beliebigen Anzahl parallelgeschalteter Bäume hat ihrerseits wieder Baumstruktur.

Aus dem Gesagten wird klar, daß sich ein phonetischer Baum unter ausschließlicher Verwendung von S-Knoten und P-Knoten konstruieren lassen sollte. Wir illustrieren die Erzeugung des entsprechenden Regelwerks am Beispiel der folgenden fünf monophonbasierten Wortmodelle:

```
S:      Hannover        /h/ /a/ /n/ /o:/ /f/ /6/
S:      Hamburg         /h/ /a/ /m/ /b/ /U/ /r/ /k/
S:      Hamm            /h/ /a/ /m/
S:      Hambrunn        /h/ /a/ /m/ /b/ /r/ /U/ /n/
S:      Essen           /E/ /s/ /n/
```

Das Teilnetzwerk, welches das entsprechende baumförmige Markovmodell realisiert, ist in Abbildung 9.9 wiedergegeben. Jedes der eingezeichneten Rechtecke steht dabei für einen ISADORA-Knoten; die Wurzel des Konstrukts heißt P-0. Die hierarchische Ordnung des Netzes erstreckt sich von links nach rechts, d.h. jeder Knoten verzweigt rechter Hand in seine Konstituenten.

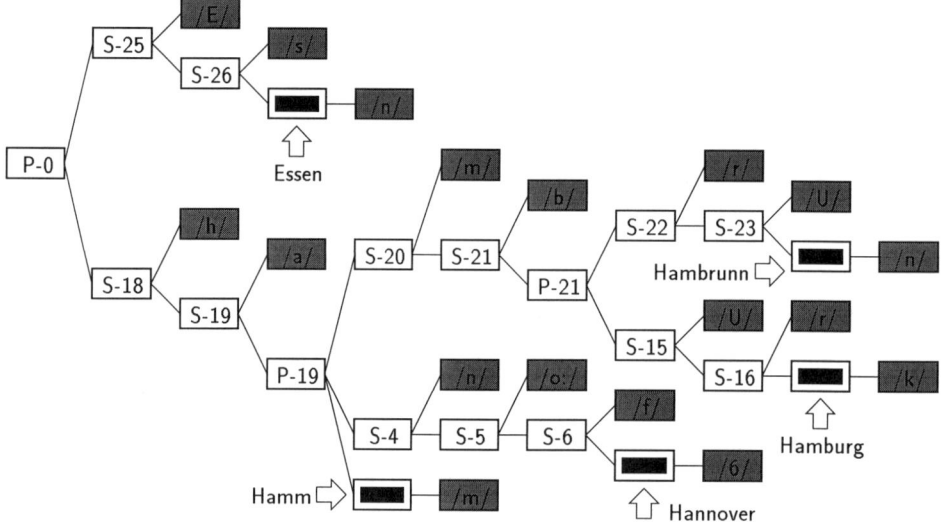

Abbildung 9.9: Realisierung eines phonetischen Baumes in ISADORA

Die Bestandteile des Netzes lassen sich nach ihrer Funktion in vier Kategorien unterteilen. Die ungefärbten S- und P-Knoten mit Identifikationen der Form S-?? oder P-?? sind Hilfskonstruktionen zur Verkettung und Parallelschaltung im Sinne der oben angegebenen rekursiven Charakterisierung baumförmiger Markovmodelle. Die schattierten Rechtecke stehen für die Monophonmodelle; ihr Knotentyp ist nicht weiter spezifiziert. Die Kästen mit schwarzem Kern schließlich repräsentieren P-Knoten, die als einzige Konstituente je ein Blattmodell des phonetischen Baumes besitzen. Sie erfüllen im Netzwerk die wichtige Aufgabe der Wortidentifikation. Jede vollständige Zustandsfolge des Baummodells λ(P-0) muß offensichtlich genau eines dieser Blattparadigmen aktivieren, so daß die Erkennungsaufgabe wie üblich mit dem (rekursiven) Viterbi-Algorithmus gelöst werden kann.

9.4 Lernen

Nach dem Entwurf der strukturellen Komponente des Erkennungssystems werden die statistischen Parameter der Markovmodelle iterativ hinsichtlich der Lernstichprobe optimiert. Noch vor dem ersten Trainingsschritt ist eine Vorbesetzung aller freien Systemparameter vorzunehmen; gemäß Abbildung 5.18 (Seite 162) handelt es sich dabei um die Wahrscheinlichkeitsverteilungen der Markovmodelle, die Dichtefunktionen des Vektorquantisierers und gegebenenfalls eine Transformationsmatrix zur Merkmalreduktion. Während der Optimierungsphase wird eine stark modifizierte Form des Baum-Welch-Algorithmus — das A.P.I.S.-Lernverfahren — als Schätzer eingesetzt. Das Verfahren beruht ganz wesentlich auf partieller Entscheidungsüberwachung sowie einer kaskadenförmigen Propagierung und Interpolation der relevanten HMM-Statistiken durch das ISADORA-Netzwerk; es bewirkt dadurch eine vermehrte Stabilität des Schätzvorgangs und entkoppelt den zum Training erforderlichen Rechenaufwand weitgehend von der Wortmodellkomplexität und der durchschnittlichen Äußerungsdauer.

9.4.1 Initialisierung

Die Dimensionierung linearer Merkmaltransformationen wurde im Abschnitt 4.5 behandelt, der Entwurf von Normalverteilungsklassifikatoren in 4.2 und 4.3. In beiden Fällen hat man die Wahl zwischen unüberwachten Verfahren wie der Karhunen-Loève-Transformation bzw. dem EM-Algorithmus zur Kodebucherzeugung und überwachten Verfahren, falls eine geeignete zeitscheibenbezogene Klassenetikettierung des Trainingsmaterials zur Verfügung steht. Unter dieser Voraussetzung kann die Merkmaltransformation durch lineare Diskriminanzanalyse und das Quantisierungskodebuch durch ML-Schätzung der Einzeldichten bestimmt werden. Als Klasseninventar für die Etikettierung bietet sich dasjenige der subphonemischen Basiseinheiten an; die automatische Erzeugung einer solchen Lautkomponententranskription wird weiter unten (Abschnitt 9.5) beschrieben.

Die Vorbesetzung der HMM-Parameter geschieht per Induktion über den Aufbau des Netzwerks. Dabei haben wir drei Fälle zu unterscheiden:

- Die Modelle nichtatomarer Knoten sind implizit, müssen also nicht vorbesetzt werden.

- Die Modelle reduzibler A-Knoten initialisiert man durch „Kopieren" ihrer verketteten Konstituentenmodelle.

- Die Modelle irreduzibler A-Knoten besitzen genau einen Zustand, dessen statistische Parameter uniform oder mit Hilfe einer Initialisierungsstichprobe vorzubesetzen sind.

Der Vorgang des Kopierens besteht darin, ein neues HMM nach dem strukturellen Vorbild der betreffenden Konstituentenkette zu kreieren. Zustand für Zustand werden die Übergangs- und Ausgabeverteilungen der Originalmodelle in das neue Modell kopiert. Neukonstruktion und Sujet besitzen also wertgleiche, aber nicht miteinander verklebte Parameter; nach der ersten Schätziteration werden die Parameterwerte von Kopie und Original infolge der unterschiedlichen Spezialisierungsgrade über kurz oder lang auseinanderdriften,

Die irreduziblen A-Knoten entsprechen unwiderruflich den einfachsten Spracheinheiten, so daß die Vorbesetzung ihrer Verteilungsparameter nun aus netzwerkexternen Quellen gespeist werden muß. Das geschieht wie in Abbildung 6.1 (oben, Seite 168) veranschaulicht und erfordert eine nach Lautkomponenten transkribierte Initialisierungsstichprobe.

9.4.2 Standardlernverfahren

Eine Lernstichprobe besteht formal aus einer Folge

$$\left(X^{(1)}, \mathfrak{k}^{(1)} \right) \ , \ \ldots \ , \ \left(X^{(M)}, \mathfrak{k}^{(M)} \right) \tag{9.10}$$

von akustischen Daten $X^{(m)}$, die jeweils von einer symbolischen Beschreibung $\mathfrak{k}^{(m)}$ des Äußerungsinhalts begleitet werden. Zur Behandlung des Trainingsvorgangs ist es am günstigsten, die Knoten $\mathfrak{k}^{(m)}$ wieder als Baupläne für Standard-Markovmodelle $\lambda(\mathfrak{k}^{(m)})$ zu betrachten, so daß die Lernverfahren des 5. Kapitels unmittelbar anwendbar sind. Das ISADORA-System stellt in seiner gegenwärtigen Implementierung die folgenden Mechanismen zur Verfügung:

(a) Baum-Welch- und Viterbi-Schätzung für diskrete, kontinuierliche und semikontinuierliche Markovmodelle

(b) konventionelle und konservative Neuschätzung der semikontinuierlichen Kodebücher

(c) adaptive Zustandsdauermodellierung durch Replikanten

Die konventionelle Kodebuchschätzung verläuft gemäß Gleichung (5.53), während die Auffrischungsgewichte $\zeta_t(j,k)$ bei der *konservativen* Variante durch die Produkte $c_{jk} \cdot \gamma_t(j)$ ersetzt werden. Diese modifizierte Schätzung wird zur Kanal- oder Sprecheradaption verwendet und hat zur Folge, daß die immanente Zuordnung zwischen Kodebuchklassen und phonetischen Kategorien weitgehend unverändert bleibt, so daß im wesentlichen nur die Statistik ihrer akustischen Realisierung korrigiert wird [Rie92b].

Die Replikantenmodellierung (Seite 155) wird in ISADORA adaptiv eingesetzt, d.h. die Anzahl l_j der Replikationen eines Zustandes s_j wird ebenfalls ein freier Parameter des iterativen Optimierungsverfahrens. Nach jedem Traningsschritt wird der modellbedingte Erwartungswert $\mathcal{E}[\tau_j] = l_j/(1 - a_{jj})$ für die Verweildauer des Markovprozesses in der s_j-Replikantenkette berechnet, deren Wiederholungsfaktor dann aufgrund eines heuristischen Kriteriums nötigenfalls nach oben oder unten korrigiert wird:

$$\hat{l}_j = \begin{cases} l_j + 1 & \mathcal{E}[\tau_j]/l_j > 3.3 \\ l_j - 1 & \mathcal{E}[\tau_j]/l_j < 1.2 \text{ und } l_j > 1 \\ l_l & \text{sonst} \end{cases} \tag{9.11}$$

Begrenzung des Rechenaufwandes. Der Bedarf an Rechenoperationen und Zwischen-
speicherplätzen für den Baum-Welch-Algorithmus verhält sich proportional zur zeitlichen
Dauer einer Sprachäußerung sowie zur Links-Rechts-Ausdehnung und mittleren Schichtdicke — also der Zahl alternativer HMM-Zustände je subphonemischer „Position" — des
repräsentierenden Markovmodells (siehe Abbildung 9.10). Je aufwendiger die hierarchische
Wortmodellierung ausfällt, und je länger die Dauer der zu verarbeitenden Einzeläußerungen
ist, desto größer wird der Echtzeitfaktor des Lernvorgangs.

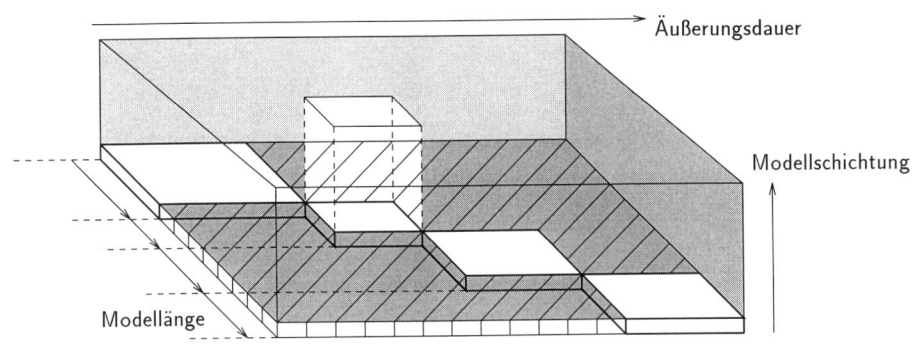

Abbildung 9.10: Die Einflußfaktoren für den Rechenaufwand beim Baum-Welch-Training

Dank der nachstehenden Maßnahmen konnte der materialbezogene Rechenaufwand nahezu um zwei Größenordnungen gesenkt werden:

- propagierende Auffrischung der Modellstatistiken (A.P.I.S.)

- wortsegmentüberwachtes Lernen

- anforderungsgesteuerte Auswertung der $b_j(\boldsymbol{x}_t)$ nebst Kurzzeitspeicherung

- sequentielle Vektorquantisierung (mit 2 Klassifikatorstufen)

Die Propagierungstechnik entkoppelt den Rechenaufwand vollständig von der Schichtdicke,
so daß das Quantum zu bestimmender $\alpha_t(j)$-Elemente nicht mehr den gesamten Kubus der
Abbildung 9.10, sondern nur noch den parkettiert dargestellten Bodenbereich ausmacht.

Beim wortsegmentüberwachten Lernen wird die akustische Eingabe zunächst mit einem
strahlgesteuerten Viterbi-Algorithmus in die optimalen Wortsegmente zerlegt. Anschließend
sind dann nur noch wortweise Vorwärts- und Rückwärtsmatrizen zu berechnen, womit der
Aktionsbereich in Abbildung 9.10 auf die diagonal versetzten Wortkuben beschränkt wird.
Das Verfahren bedingt im allgemeinen keine Einbuße an Erkennungsgenauigkeit, obwohl die
Entscheidungsüberwachung durch die Viterbi-Segmentierung strenggenommen wenig theoretische Rechtfertigung besitzt [Den91].

Ein weiterer kritischer Punkt ist die Berechnung der Ausgabeverteilungsdichten $b_j(\boldsymbol{x}_t)$,
die sich bei semikontinuierlichen Modellen in zwei Teilaktivitäten gliedert: die Bestimmung

der K Normalverteilungsdichtewerte $\mathcal{N}(\boldsymbol{x}_t; \boldsymbol{\mu}_k, \boldsymbol{\Sigma}_k)$ fällt einmal pro Zeitscheibe an, und die
Skalarproduktbildung mit dem Vektor $(c_{j1}, \dots, c_{jK})^\top$ muß separat für jedes benötigte $b_j(\boldsymbol{x}_t)$
durchgeführt werden. Wegen der strahlbedingten Suchraumbeschneidung einerseits und der
teilweise verklebten Modellzustände andererseits werden je Zeittakt manche Verteilungswerte
niemals, andere Verteilungswerte hingegen *wiederholt* angefordert. Aus diesem Grund ist es
unbedingt erforderlich, die $b_j(\boldsymbol{x}_t)$ nur im Bedarfsfall zu berechnen und das Ergebnis zur
Befriedigung eventueller Folgeanfragen in einem Kurzzeitspeicher („cache") für die Dauer
der aktuellen Zeitscheibe bereitzuhalten.

9.4.3   Das A.P.I.S.-Lernverfahren für hierarchische Wortmodelle

Die Grundidee hinter der kaskadierten Propagierung von a posteriori Statistiken sei am Beispiel des Polyphonmodells für „Hannover" erläutert (Abbildung 6.12). Das Phonem /n/ wird
in diesem Modell akustisch gleich viermal repräsentiert — als Tetraphon, als Triphon, als Biphon und als Monophon — und der Lernvorgang gestaltet sich dementsprechend aufwendig.
Unsere Arbeitshypothese lautet nun, daß die weniger detaillierten Modelle (präziser: deren
Zustände) während des Viterbi-Trainings genau dieselben Zeitabschnitte der Spracheingabe
abdecken wie die entsprechenden Zustände des Tetraphonmodells. Auf den Baum-Welch-
Algorithmus übertragen bedeutet diese Behauptung, daß die zum fraglichen /n/-Vorkommen
gehörenden a posteriori Statistiken korrespondierender Zustände näherungsweise übereinstimmen. Diese Vermutung ist offensichtlich mehr als plausibel, zumal gerade die hochspe-
zialisierten Modelle zur akkuraten zeitlichen Positionierung ihres akustischen Korrelats in
der Lage sein sollten.

Unter dieser Voraussetzung ist es nun hinreichend, lediglich die Statistiken der lokal
spezialisiertesten Polyphonmodelle zu akkumulieren und die Auffrischung aller übrigen, bis
dahin übergangenen HMM-Zustände in einer anschließenden Propagierungsphase zu simulieren. Es versteht sich von selbst, daß der Begriff „übergangen werden" kein absolutes Zu-
standsprädikat darstellt; das in „Hannover" vom Tetraphon dominierte Biphon /n/o: mag
durchaus in anderen Modellkontexten die Spezialistenrolle übernehmen. Mit der Propagierungstechnik werden im Fall einer vierstöckigen Modellierung lokal 75 % der Auffrischungs-
aktivitäten obsolet; der Propagierungsaufwand selbst hängt nur von der Zahl der Modelle
ab und fällt bei umfangreicheren Lernstichproben nicht mehr ins Gewicht.

Damit nicht genug, kann mit dem inversen Mechanismus gleichzeitig das Robustheits-
problem einer Lösung zugeführt werden. Zu diesem Zweck läßt man die akkumulierten und
propagierten Statistiken in einer dritten Lernphase von den stabil geschätzten Grobmodellen
zu den labileren Detailmodellen auf dem Wege einer Interpolation zurückfluten.

Zur Umsetzung des oben skizzierten Planes muß zunächst einmal konkretisiert werden,
was genau wir unter korrespondierenden Zuständen, meistspezialisierten Modellen, a posteriori Statistiken und deren kaskadierter Weitergabe bzw. Interpolation verstehen wollen.

Die Generalisierungsrelation.   Als erstes definieren wir eine *Generalisierungs-* bzw. *Spezialisierungsrelation* '$\succcurlyeq$' ('$\preccurlyeq$') zwischen HMM-Zuständen. Ein Zustand s heißt *Mutterzustand* von s' ($s \succ s'$), falls s' mit s als Kopiervorlage initialisiert wurde (Unterabschnitt 9.4.1). Jeder Zustand eines reduziblen Atoms besitzt offenbar genau einen Mutterzustand. Für alle Zustände s, die zu einem irreduziblen Atom gehören, führen wir einen *Wurzelzustand* $s_{[]}$ mit $s_{[]} \succ s$ ein; $s_{[]}$ sei der einzige Zustand eines neuen irreduziblen A-Knotens $\mathfrak{k}_{[]}$ mit Namen []. Die Menge aller ISADORA-Zustände bildet bezüglich der Relation '$\succ$' einen Baum mit Wurzel $s_{[]}$, der in Abbildung 9.11 ausschnittweise wiedergegeben ist; zwischen je zwei durch eine absteigende Kante verbundenen Zuständen herrscht die '$\succ$'-Beziehung. Die Situation für kontexteinfrierende Wortuntereinheiten wurde bereits in Abbildung 6.6 illustriert, wo eine ausgewählte Vererbungskette von Modellzuständen durch strichlierte Umrandung hervorgehoben wurde.

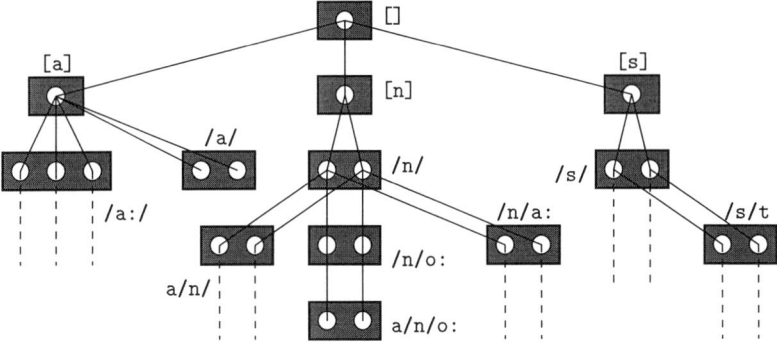

Abbildung 9.11: Generalisierungsbaum polyphonbasierter HMM-Zustände

Die Relation '$\succcurlyeq$' sei als transitive Hülle von '$\succ$' definiert, d.h. es gilt $s \succcurlyeq s'$ genau dann, wenn ein '$\succ$'-Pfad von s nach s' existiert.

Während der Akkumulationsphase sollen nur die Statistiken der lokal speziellsten Modelle — beispielsweise das Tetraphon in *„Hannover"* oder die /dr/-, /e:s/- und /d@n/-Modelle in *„Dresden"* — aufgefrischt werden. Zur Realisierung dieser Absicht müssen zur Baum-Welch-Iteration statt verzweigter Trainingsmodelle $\boldsymbol{\lambda}(\mathfrak{k})$ die *schlanken* Modelle $\bar{\boldsymbol{\lambda}}(\mathfrak{k})$ zugrundegelegt werden. Auch das schlanke Modell wird induktiv über den Aufbau von $\mathfrak{k}$ erzeugt; die Konstruktion bricht jedoch in reduziblen A-Knoten ab, statt dort die eigentlich intendierte Parallelschaltung (Abschnitt 9.2.4) vorzunehmen.

Propagierung von Stastistiken.   Die Funktionsweise der kaskadierten Weitergabe wird zunächst für das Viterbi-Training beschrieben. Es sei $\boldsymbol{q}$ die wahrscheinlichste Zustandsfolge durch $\bar{\boldsymbol{\lambda}}(\mathfrak{k})$ zur Produktion der Daten $\boldsymbol{X}$. Die Aufgabe der Propagierung besteht darin, die zur Zeit t im Zustand q_t anfallenden Statistiken an alle Generalisierungen $s \succcurlyeq q_t$ weiterzureichen. Ein beliebiger Zustand s empfängt also Schätzbeiträge von allen Zeitpunkten

$\mathcal{T}(s) = \{t \mid s \succcurlyeq q_t\}$. Nach Definition von $\mathcal{T}(\cdot)$ und der Baumeigenschaft von '$\succcurlyeq$' gilt die rekursive Darstellung

$$
\begin{aligned}
\mathcal{T}(s) \;=\; \{t \mid s \succcurlyeq q_t\} \;&=\; \{t \mid q_t = s\} \cup \{t \mid q_t \neq s,\ s \succcurlyeq q_t\} \\
&=\; \{t \mid q_t = s\} \cup \bigcup_{s' \prec s} \{t \mid s' \succcurlyeq q_t\} \\
&=\; \{t \mid q_t = s\} \cup \bigcup_{s' \prec s} \mathcal{T}(s')\,,
\end{aligned}
\tag{9.12}
$$

wonach sich $\mathcal{T}(s)$ aus den selbst akkumulierten sowie den bereits komplettierten Statistiken aller Töchter von s ergibt. Insbesondere gilt natürlich $\mathcal{T}(s_{[]}) = \{1, \ldots, T\}$.

Mit der gleichen Argumentation erhält man für die a posteriori Zustands-, Übergangs- und Klassenwahrscheinlichkeiten $\gamma_t(i), \xi_t(i,j), \zeta_t(i,k)$ des Baum-Welch-Trainingsalgorithmus die Summendarstellungen

$$
\zeta_t(i,k) \;=\; \bar{\zeta}_t(i,k) \;+\; \sum_{s_j \prec s_i} \zeta_t(j,k) \qquad \text{(für } \gamma_t(i),\ \xi_t(i,j) \text{ entsprechend);} \tag{9.13}
$$

dabei sind $\bar{\gamma}_t(i), \bar{\xi}_t(i,j)$ und $\bar{\zeta}_t(i,k)$ die a posteriori Wahrscheinlichkeiten des schlanken Modells $\bar{\boldsymbol{\lambda}}(\mathfrak{k})$. Zur Schätzung der diskreten Ausgabeverteilungen b_{ik} bzw. der semikontinuierlichen Komponentengewichte c_{ik} werden nur die a posteriori Erwartungswerte $\zeta(i,k) = \sum_t \zeta_t(i,k)$ benötigt, die sich ebenfalls durch eine Rekursion

$$
\zeta(i,k) \;=\; \bar{\zeta}(i,k) \;+\; \sum_{s_j \prec s_i} \zeta(j,k) \tag{9.14}
$$

auf bereits berechnete Erwartungswerte oder diejenigen des schlanken Modells zurückführen lassen. Dasselbe gilt auch für die Statistiken

$$
\begin{aligned}
\gamma(i) \;&=\; \sum_{t=1}^{T} \gamma_t(i) && \text{(Zustandswahrscheinlichkeiten)} \\
\xi(i,j) \;&=\; \sum_{t=1}^{T} \xi_t(i,j) && \text{(Übergangswahrscheinlichkeiten)} \\
\boldsymbol{m}_1(k) \;&=\; \sum_{t=1}^{T} \sum_{i=1}^{N} \zeta_t(i,k)\boldsymbol{x}_t && \text{(erste Momente der Kodebuchklassen)} \\
\boldsymbol{m}_2(k) \;&=\; \sum_{t=1}^{T} \sum_{i=1}^{N} \zeta_t(i,k)\boldsymbol{x}_t\boldsymbol{x}_t^{\mathsf{T}} && \text{(zweite Momente der Kodebuchklassen)}
\end{aligned}
\tag{9.15}
$$

sowie für die Momente der kontinuierlichen Ausgabeverteilungen. Diese Statistiken aber sind völlig hinreichend zur Neuschätzung der Markovmodelle; die für semikontinuierliche Modelle relevanten Schätzgleichungen (5.36), (5.51) und (5.53) lassen sich nämlich ohne Schwierigkeiten in folgende Form bringen:

$$\hat{a}_{ij} \;=\; \xi(i,j) \;/\; \gamma(i)$$

$$\hat{c}_{jk} \;=\; \zeta(j,k) \;/\; \gamma(j)$$

$$\hat{\boldsymbol{\mu}}_k \;=\; \boldsymbol{m}_1(k) \;/\; \sum_{j=1}^{N} \zeta(j,k) \tag{9.16}$$

$$\hat{\boldsymbol{\Sigma}}_k \;=\; \boldsymbol{m}_2(k) \;/\; \sum_{j=1}^{N} \zeta(j,k) \;-\; \hat{\boldsymbol{\mu}}_k \hat{\boldsymbol{\mu}}_k^{\top}$$

A.P.I.S.-Lernalgorithmus. Dank der Fortpflanzungsgleichung (9.14) ist es uns möglich, im Baum-Welch-Algorithmus das verzweigte HMM durch das schlanke HMM der fraglichen Sprachdaten zu ersetzen und dadurch den Trainingsaufwand vollständig vom Komplexitätsgrad der phonetischen Wortmodellierung zu entkoppeln. Die Phasenfolge aus Akkumulation, Propagierung, Interpolation und Glättung der zustandsbezogenen Modellstatistiken fassen wir unter der Bezeichnung „*A.P.I.S.-Lernalgorithmus*" zusammen. Die nachfolgende Darstellung beschränkt sich auf die zur Berechung der semikontinuierlichen Mischungsgewichte $\hat{c}_{ik}^{(r)}$ notwendigen Arbeitsschritte in der r-ten Trainingsiteration.

A.P.I.S.— Kaskadierter Lernalgorithmus

▷ **Akkumulation:** (für alle $m = 1, \ldots, M$)
Erzeuge das schlanke Modell $\bar{\boldsymbol{\lambda}}(\mathfrak{k}^{(m)})$. Frische mit Hilfe des Baum-Welch-Algorithmus die a posteriori Erwartungswerte (z.B. $\zeta(i,k)$) auf.

▷ **Propagierung:** (für alle s_i in '$\prec$'-Ordnung)
Gib Statistiken an den Mutterzustand $s_j \succ s_i$ weiter:

$$\zeta(j,k) \;\leftarrow\; \zeta(j,k) + \zeta(i,k) \qquad \text{für alle } k$$

▷ **Interpolation:** (für alle s_i in '$\succ$'-Ordnung)
Interpoliere Statistiken mit denen des Mutterzustandes $s_j \succ s_i$:

$$\zeta(i,k) \;\leftarrow\; \varrho \cdot \zeta(j,k) + (1 - \varrho) \cdot \zeta(i,k) \qquad \text{für alle } k$$

▷ **Glättung:** (für alle s_i)
Für alle k berechne $\tilde{c}_{ik} = \zeta(i,k)/\gamma(i)$ und bilde die gewichteten Mittel

$$\hat{c}_{ik}^{(r)} \;=\; \rho \cdot \hat{c}_{ik}^{(r-1)} + (1 - \rho) \cdot \tilde{c}_{ik}$$

Bei der kaskadierten Propagierung muß die Ordnung der Baumtraversierung so eingerichtet werden, daß kein Zustand verarbeitet wird bevor er nicht die statistischen Beiträge aller seiner Spezialisierungen empfangen hat. Bei der Interpolation darf s_i erst dann modifiziert werden, wenn dies für den Mutterzustand $s_j \succ s_i$ bereits geschehen ist.

Das Interpolationsgewicht ϱ wählen wir als häufigkeitsabhängigen Quotienten

$$\varrho \;=\; \varrho_i \;=\; \varrho^* \,/\, (\varrho^* + \gamma(i)) \tag{9.17}$$

mit einer geeigneten Konstanten, etwa $\varrho^* = 10$. Wenn für s_i viele Trainingsdaten vorhanden waren, dann verschwindet ϱ_i nahezu und die Statistiken von s_i bleiben unverändert. Das gegenteilige Extrem, $\gamma(i) = 0$, bedingt wegen $\varrho_i = 1$ eine vollständige Ersetzung der s_i-Statistiken durch diejenigen des Mutterzustandes.

Die abschließende Mittelung zwischen den neuen Schätzwerten $\tilde{c}_{ik}$ und den Modellparametern $\hat{c}_{ik}^{(r-1)}$ aus dem vorangegangenen Iterationsschritt bewirkt eine Art Bayes-Schätzung mit dem Initialisierungsmodell als a priori Information; ein konstanter Koeffizient ρ läßt den Einfluß der Startparameter mit fortschreitender Iterationsstufe exponentiell abklingen.

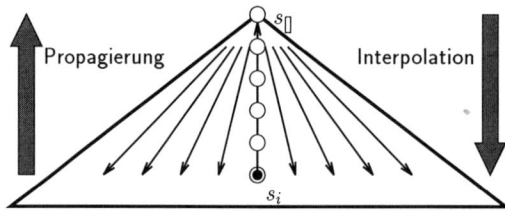

Abbildung 9.12: Der Datenfluß im Zustandsbaum während des A.P.I.S.-Trainings

Die Aufwandsersparnis des A.P.I.S.-Algorithmus läßt sich am zahlenmäßigen Verhältnis der Modellzustände von $\boldsymbol{\lambda}(\mathfrak{k})$ und $\bar{\boldsymbol{\lambda}}(\mathfrak{k})$ ablesen; sie beträgt bei polyphonbasierten Wortmodellen je nach Anzahl der eingesetzten Wortuntereinheiten zwischen 80 % und 90 %. Die Wirkungsweise der Interpolationsphase ist in Abbildung 9.12 veranschaulicht. Der statistische Beitrag eines jeden Zustandes s_i pflanzt sich zunächst durch Propagierung über alle Ahnen $s_j \succ s_i$ bis hin zur Wurzel $s_{[]}$ fort. Beim Interpolieren fluten diese Beiträge mit verschiedenen Intensitäten in den Zustandsbaum zurück und beeinflussen dadurch prinzipiell *jeden* Modellparameter, der nicht aufgrund einer sehr günstigen Trainingsmaterialsituation ($\gamma(i) \to \infty$) dagegen immunisiert ist.

Interpolation durch Kreuzvalidierung. Das oben vorgeschlagene Interpolationsverfahren beruht auf den heuristischen Annahmen,

- daß der Mutterzustand von s_i der erfolgversprechendste Interpolationspartner für s_i ist und

- daß sich die Interpolationsgewichte optimal durch die kumulierten a posteriori Zustandswahrscheinlichkeiten $\gamma(i)$ steuern lassen.

Diese anfechtbaren a priori Annahmen lassen sich umgehen, indem man für s_i zunächst einen plausiblen Vorrat von Interpolationskandidaten $s_{i_1}, \ldots, s_{i_J}$ ansetzt — zum Beispiel alle Generalisierungen $s_j \succcurlyeq s_i$ oder alle Zustände, die denselben Polyphonkern wie s_i aufweisen — und die Gewichtungskoeffizienten anhand einer Validierungsstichprobe optimiert. Dieses Vorgehen soll abschließend noch kurz präzisiert werden.

Zuerst bestimmt man am Ausgang der Propagierungsphase die vorläufigen Modellparameter $\tilde{c}_{ik}$ und setzt für s_i eine Interpolationsformel

$$\hat{c}_{ik} = \varrho_1 \cdot \tilde{c}_{i_1 k} + \ldots + \varrho_J \cdot \tilde{c}_{i_J k} \tag{9.18}$$

mit unbekannten Gewichten ϱ_j an, deren Abhängigkeit vom Index i wir hier aus Gründen der Lesbarkeit unterdrücken wollen. Eine ML-Schätzung der Gewichte hinsichtlich der Validierungsstichprobe ist, wie man leicht zeigen kann [Jel80], äquivalent zur Maximierung des Ausdrucks

$$\mathcal{L}(\varrho_1, \ldots, \varrho_J) = \prod_t \hat{c}_{ik}^{\zeta_t(i,k)} = \prod_t \left(\sum_{j=1}^{J} \varrho_j \cdot \tilde{c}_{i_j k} \right)^{\zeta_t(i,k)} \; ; \tag{9.19}$$

die a posteriori Wahrscheinlichkeiten $\zeta_t(i,k)$ in der Zielfunktion beziehen sich diesmal auf die Validierungsstichprobe. Die gesuchten Gewichte können nunmehr ausgehend von der uniformen Startsituation $\varrho_1 = \ldots = \varrho_J = 1/J$ schrittweise mit Hilfe des EM-Algorithmus verbessert werden:

EM-Iterationsschritt zur Kreuzvalidierung

▷ Berechne für alle $j = 1, \ldots, J$ und $k = 1, \ldots, K$

$$\eta_{jk} = \varrho_j \cdot \tilde{c}_{i_j k} \; / \; \sum_{j=1}^{J} \varrho_j \cdot \tilde{c}_{i_j k}$$

▷ Berechne für alle $j = 1, \ldots, J$

$$\tilde{\varrho}_j = \sum_{k=1}^{K} \eta_{jk} \cdot \zeta(j,k) \quad \text{mit} \quad \zeta(j,k) = \sum_t \zeta_t(j,k)$$

▷ Berechne für alle $j = 1, \ldots, J$ die verbesserten Interpolationsgewichte

$$\hat{\varrho}_j = \tilde{\varrho}_j \; / \; \sum_{j=1}^{J} \tilde{\varrho}_j$$

9.5 Erkennen

Die Erkennungsaufgabe wird in ISADORA durch Vorgabe eines geeigneten Analyseknotens $\mathfrak{k}$ und der zu verarbeitenden Spracheingabe X spezifiziert. Zur Lösung der Aufgabe erzeugt man das zu $\mathfrak{k}$ gehörende RMM und dekodiert X mit Hilfe des unten beschriebenen rekursiven Viterbi-Algorithmus (RVA). In der Erkennungsphase wird jede Spracheinheit akustisch so detailliert wie möglich modelliert, d.h. wir verwenden zur Dekodierung das *schlanke* RMM $\bar{S}_\triangle(\mathfrak{k})$.

Die hierarchische Repräsentation der Analyseaufgabe überträgt sich auch auf die Struktur des Ergebnisses. Die Spracheingabe erhält durch die Dekodierung eine symbolische Beschreibung in Gestalt eines Phrasenstrukturbaums, dessen Knoten mit Spracheinheiten des ISADORA-Netzes sowie deren zeitlichen Begrenzungen markiert sind. Die Schachtelungstiefe dieser Beschreibung steht in engem Verhältnis zur Organisationsstruktur des Analysegedächtnisses, dessen Abstraktionsgrad sich durch ein „*Opazität*" genanntes Knotenprädikat regulieren läßt.

9.5.1 Rekursiver Viterbi-Algorithmus

Der rekursive Viterbi-Algorithmus unterscheidet sich vom rekursiven Vorwärtsalgorithmus dadurch, daß die Wahrscheinlichkeiten partieller Zustandsfolgen einer Maximumbildung statt einer Summation unterworfen werden. Ferner treten zwei neue Arbeitsschritte hinzu, um das Betreten und Verlassen der RMM-Zustände in den Rückwärtszeigern $\psi_t(S_j)$ und $\psi_t^F(S)$ zu registrieren, aus denen dann nach Abschluß des RVA eine symbolische Beschreibung rekonstruiert werden kann.

Rekursiver Viterbi-Algorithmus (RVA)

▷ Wenn S elementar ist, berechne

$$\vartheta_{t+1}^F(S) \;=\; \vartheta_t(S) \;=\; \vartheta_t^I(S)\cdot b_S(\boldsymbol{x}_t) \quad \text{und} \;\rightarrow \text{ENDE}$$

▷ Andernfalls ist S komplex. Für jeden Nachfolgerzustand S_j:

   ▷ Berechne
   $$\vartheta_t^I(S_j) \;=\; \max\left\{\vartheta_t^I(S)\cdot a_{Ij},\; \vartheta_t^F(S_1)\cdot a_{1j},\; \ldots,\; \vartheta_t^F(S_N)\cdot a_{Nj}\right\}$$

   ▷ Setze $\psi_t(S_j) \;=\; \begin{cases} S & \text{falls } \vartheta_t^I(S_j) = \vartheta_t^I(S)\cdot a_{Ij} \\ S_i & \text{falls } \vartheta_t^I(S_j) = \vartheta_t^F(S_i)\cdot a_{ij} \end{cases}$

   ▷ Wende RVA auf den Zustand S_j zum Zeitpunkt t an.

▷ Berechne $\vartheta_t(S) \;=\; \max_i \vartheta_t(S_i)$
▷ Berechne $\vartheta_{t+1}^F(S) \;=\; \max_i \left(\vartheta_{t+1}^F(S_i)\cdot a_{iF}\right)$
▷ Setze $\psi_{t+1}^F(S) \;=\; \underset{S_i}{\operatorname{argmax}} \left(\vartheta_{t+1}^F(S_i)\cdot a_{iF}\right)$

Die Variable $\psi_t(S_j)$ deutet auf den wahrscheinlichsten Zustand, von dem aus S_j im Zeitpunkt t betreten wurde; ein Zeigerwert S weist darauf hin, daß S_j der erste in S akute Zustand ist. Der Zeiger $\psi_t^F(S)$ identifiziert den mutmaßlich letzten Zustand S_i vor Verlassen von S zur Zeit t. Die Notation der Rückverzeigerung ist ebenso wie die der Vorwärtswahrscheinlichkeiten lokal zu begreifen.

In der Erkennungsphase konzentriert sich unser Interesse auf die wahrscheinlichste (geschachtelte) Zustandsfolge, so daß die Werte der Vorwärtsvariablen $\vartheta_t^I(S)$, $\vartheta_t(S)$, $\vartheta_{t+1}^F(S)$ während der von links $(t = 1)$ nach rechts $(t = T + 1)$ fortschreitenden synchronen Suche nur für jeweils zwei benachbarte Zeitscheiben parat gehalten werden müssen. Die Komplexitätsreduktion des Analysegedächtnisses $\psi_t(S)$, $\psi_t^F(S)$ wird im übernächsten Abschnitt thematisiert.

Strahlsuche. Auch der rekursive Viterbi-Algorithmus läßt sich wirkungsvoll beschleunigen, wenn die Links-Rechts-Suche durch ein Strahlkriterium beschnitten wird. Die Fallunterscheidung zwischen aktiven und inaktiven HMM-Zuständen aus Abschnitt 8.1.3 geht jedoch beim RVA in eine Trichotomie über [Nij92, S. 94]; ein komplexer Zustand S heißt

$$\begin{cases} aktiv & \text{falls } \vartheta_{t-1}(S) \geq \varepsilon, \\ initiativ & \text{falls } \vartheta_{t-1}(S) < \varepsilon, \text{ aber } \vartheta_t^I(S) \geq \varepsilon, \\ inaktiv & \text{falls } \vartheta_{t-1}(S) < \varepsilon \text{ und } \vartheta_t^I(S) < \varepsilon. \end{cases} \qquad (9.20)$$

Der Schwellwert ε ist zeitabhängig wie bei der flachen Strahlsuche und wird weiter unten noch näher spezifiziert.

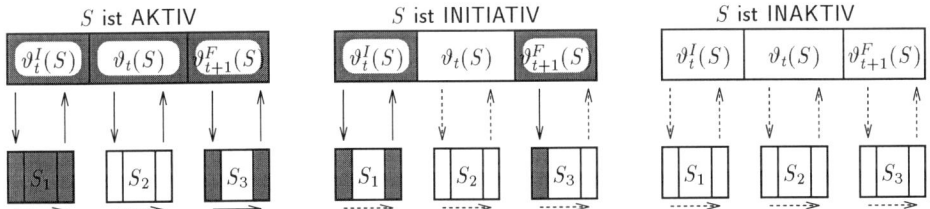

Abbildung 9.13: Fallunterscheidung beim strahlsuchgesteuerten RVA

Die drei Aktivierungssituationen sind in der Abbildung 9.13 für einen RMM-Zustand mit drei Nachfolgern verdeutlicht. Die punktiert hinterlegten Viterbi-Wahrscheinlichkeiten seien oberhalb, die restlichen unterhalb ihrer charakteristischen Schwellwerte angesiedelt. Durchgezogene Abwärts-, Horizontal- und Aufwärtspfeile markieren den rekursiven Abstieg zu den Nachfolgern, deren Aktivierung und den Rückstrom von Wahrscheinlichkeitswerten nach S; strichlierte Pfeile weisen darauf hin, daß diese Tätigkeiten nur Lösungen außerhalb des Suchstrahls produzieren und deshalb überflüssig sind.

Aktive Zustände zeichnen sich durch $\vartheta_{t-1}(S) \geq \varepsilon$ aus; nach RVA muß folglich für mindestens einen Nachfolger $\vartheta_{t-1}(S_i) \geq \varepsilon$ gelten, d.h. S_i ist aktiv in t. Andere Nachfolger können je nach Quantität der Einstiegswahrscheinlichkeit $\vartheta_t^I(S_j)$ auch initiativ oder gar inaktiv sein. Die Nachfolger initiativer Zustände können wegen $\vartheta_{t-1}(S_i) \leq \vartheta_{t-1}(S) < \varepsilon$ zwar unmöglich aktiv sein; im Fall $\vartheta_t^I(S_i) \geq \varepsilon$ muß dennoch rekursiv nach S_i abgestiegen werden, denn es ist nicht auszuschließen, daß S_i zu erneuter Aktivität in $t+1$ angeregt wird.

Ist S inaktiv, so vererbt sich nach RVA die Eigenschaft $\vartheta_{t-1}(S) \geq \varepsilon$ zuverlässig über alle Nachfolgergenerationen hinweg bis zu den elementaren Zuständen; dort gilt dann bekanntlich $\vartheta_t^F(S') = \vartheta_{t-1}(S') \geq \varepsilon$. Ebenfalls nach Definition des RVA gilt nach Wiederaufstieg von S' nach S die Ungleichung $\vartheta_t^F(S) \geq \vartheta_t^F(S') \geq \varepsilon$, so daß zwangsläufig auch die zu bestimmenden Werte $\vartheta_t^I(S_i)$ unterhalb der Schwelle liegen. Folglich läßt sich aus der Inaktivität von S bereits die Inaktivität aller S_i folgern, ohne daß überhaupt explizite Berechnungen vorzunehmen sind.

Als Schwellwert fungiert das um eine positive Konstante $B_0 \ll 1$ verkürzte Maximum aller Zustandswahrscheinlichkeiten $\vartheta_{t-1}(S')$, so daß sich in einem RMM mit Wurzel $S_\triangle$

$$\varepsilon = B_0 \cdot \vartheta_{t-1}(S_\triangle) \tag{9.21}$$

als Schwelle ergibt.

Um auch eine faktische Beschleunigung zu erzielen, sind bei der Implementierung der Strahlsuche die lokalen Mengen $\mathcal{O}_t^A(S)$, $\mathcal{O}_t^I(S)$ der aktiven oder initiativen S-Nachfolger $S_1, \ldots, S_N$ für große N explizit als Listen zu führen, um ein exhaustives Abprüfen der genannten Bedingungen zu vermeiden. Ferner ergeben sich zusätzliche Effizienzvorteile, wenn man während der Suche die spezielle RMM-Gestalt der fünf ISADORA-Knotentypen ausnutzt.

9.5.2 Rückverfolgung

Die Rückverfolgung der RVA-Verzeigerung spielt sich simultan auf allen RMM-Ebenen ab und liefert als Ergebnis eine hierarchische Segmentierung der Sprachdaten hinsichtlich der RMM-Zustände. Der *rekursive Rückverfolgungsalgorithmus* (RRA) beginnt mit der Startvorgabe $(S_\triangle, T+1)$; er bestimmt bei Aufruf mit dem Paar (S, t) die Viterbi-Segmentierung

$$\boldsymbol{Q} = Q_1 \ldots Q_m , \quad \boldsymbol{t} = t_0 \ldots t_m \tag{9.22}$$

von S-Nachfolgern Q_j und Zeitgrenzen $t_0 < \ldots < t_m = t$. Anschaulich wird dem Zustand Q_j das zeitliche Intervall $[t_{j-1}, t_j - 1]$ zugeordnet; für den optimalen Startzeitpunkt t_0 von S führen wir die Bezeichnung $\tau_t(S)$ ein.

▷ Wenn S elementar ist, setze $m = 1$, $Q_1 = \$$, $\tau_t(S) = t_0 = t - 1$ und *siehe* NDE

▷ Andernfalls ist S komplex. Setze $Q_m = \psi_t^F(S)$ und $t_m = t$

▷ Für $l = m, m - 1, \ldots$:

  ▷ Wende RRA auf das Paar (Q_l, t_l) an.

  ▷ Berechne den Anfangspunkt $t_{l-1} = \tau_{t_l}(Q_l)$

  ▷ Berechne den Vorgängerzustand $Q_{l-1} = \psi_{t_{l-1}}(Q_l)$

  ▷ <u>Wenn $Q_{l-1} = S$ <u>dann</u> *siehe* NDE</u>

Wenn m im obigen Algorithmus gleich der Anzahl tatsächlich rekonstruierter Segmente ist, erhält man die korrekte Indizierung der Q_l, t_l.

Die Zeiger $\psi_t(S_i)$ und $\psi_t^F(S)$ repräsentieren das *lokale Gedächtnis* des Dekodiervorgangs. Im ISADORA-System ist eine vollständige Buchführung

$$
\begin{aligned}
\psi : &\quad \{1, \ldots, T\} \times \{S_1, \ldots, S_N\} &\longrightarrow&\quad \{S, S_1, \ldots, S_N\} \\
\psi^F : &\quad \{1, \ldots, T\} &\longrightarrow&\quad \{S_1, \ldots, S_N\}
\end{aligned}
\tag{9.23}
$$

nur bei Verarbeitung von F-Knoten erforderlich. Die Konsumption eines paradigmatischen Knotens beschränkt sich definitionsgemäß auf das Traversieren genau eines Konstituentenmodells, so daß sich die Verzeigerung auf

$$
\psi^F : \{1, \ldots, T\} \longrightarrow \{S_1, \ldots, S_N\}
\tag{9.24}
$$

reduziert. Bei der Repetition wiederum erübrigt sich die Austrittsverzeigerung, weil keine Wahlmöglichkeit zwischen mehreren Konstituenten besteht; es verbleibt

$$
\psi : \{1, \ldots, T\} \times \{S_1\} \longrightarrow \{S, S_1\}
\tag{9.25}
$$

zu speichern. Beim syntagmatischen Knoten entfällt sogar jegliche Gedächtnisorganisation, weil die Reihenfolge der durchquerten Zustände schon durch die Modelltopologie vollständig determiniert ist. Auch der A-Knoten erfordert keine Aufbewahrung von Zustandsverweisen. Da wir hier jedoch die Blätter des Modellbaums erreicht haben, muß für die Bereitstellung der optimalen Eintrittszeitpunkte

$$
\tau : \{1, \ldots, T\} \longrightarrow \{1, \ldots, T\}
\tag{9.26}
$$

gesorgt werden. Diese erhält man in der Form $\tau_t(S) = \tau_t(S_N)$ aus der einfachen Rekursions-formel

$$\tau_t(S_j) = \begin{cases} \tau_{t-1}(S_j) & \text{falls } \psi_t(S_j) = S_j \\ \tau_{t-1}(S_{j-1}) & \text{falls } \psi_t(S_j) = S_{j-1} \neq S \\ t & \text{falls } \psi_t(S_j) = S \end{cases} \qquad (9.27)$$

Die Zeiger $\psi_t(S_j)$ in obiger Gleichung dienen nur der Abkürzung, und die $\tau_t(S_j)$ nehmen tem-poräre Zwischenergebnisse auf; ausschließlich die $\tau_t(S)$ sind Bestandteil des Gedächtnisses von S.

9.5.3 Geschachtelte symbolische Beschreibungen

Die Dekodierung einer Spracheingabe X bezüglich einer Erkennungsaufgabe $\mathfrak{k}$ zerfällt in drei Phasen:

I. Erzeugung eines schlanken rekursiven Markovmodells $S_\triangle = \bar{S}_\triangle(\mathfrak{k})$

II. rekursiver Viterbi-Algorithmus auf $(\bar{S}_\triangle(\mathfrak{k}), X)$

III. rekursive Rückverfolgung auf $(\bar{S}_\triangle(\mathfrak{k}), T + 1)$

Die Modellgenerierung sowie RVA und RRA wurden bereits in den vorangegangenen Ab-schnitten detailliert behandelt; nur der Aufbau einer formalen Ergebnisdarstellung bedarf noch der Klärung.

Unter einer *geschachtelten symbolischen Beschreibung* von X bezüglich $\mathfrak{k}$ verstehen wir einen Baum, dessen Knoten mit je einer ISADORA-Spracheinheit und deren mutmaßlichen Ein- und Austrittszeitpunkten beschriftet sind. Formal notieren wir diese drei Attribute einer symbolischen Beschreibung $\mathfrak{B}$ als $\mathfrak{k}(\mathfrak{B})$, $\tau_\alpha(\mathfrak{B})$ und $\tau_\omega(\mathfrak{B})$. Die Zeitgrenzen der Nachfolger-knoten $\mathfrak{B}_1, \ldots, \mathfrak{B}_m$ von $\mathfrak{B}$ — wir schreiben für die Nachfolgerrelation dann wieder $\mathfrak{B}_j \succ \mathfrak{B}$ ($j = 1, \ldots, m$) — haben dabei offensichtlich die Konsistenzbedingungen

$$\tau_\alpha(\mathfrak{B}_j) = \begin{cases} \tau_\alpha(\mathfrak{B}) & j = 1 \\ \tau_\omega(\mathfrak{B}_{j-1}) & j > 1 \end{cases} \quad \text{und} \quad \tau_\omega(\mathfrak{B}_j) = \begin{cases} \tau_\alpha(\mathfrak{B}_{j+1}) & j < m \\ \tau_\omega(\mathfrak{B}) & j = m \end{cases} \qquad (9.28)$$

zu erfüllen. Ferner sollte die Subordination $\mathfrak{B}' \succ \mathfrak{B}$ zwischen zwei Beschreibungen gleicher-maßen für die annotierten Einheiten gelten ($\mathfrak{k}(\mathfrak{B}') \succ \mathfrak{k}(\mathfrak{B})$).

Die Erzeugung der symbolischen Beschreibung ist in den Algorithmus der rekursiven Rückverfolgung zu integrieren. Der Zusammenhang zwischen den Rückverfolgungsgrenzen und den Beschreibungssegmenten ist in Abbildung 9.14 veranschaulicht. Ist S ein elementarer RMM-Zustand und t der Austrittszeitpunkt, so wird eine Beschreibung $\mathfrak{B}$ ohne Nachfolger und mit den trivialen Attributen $\mathfrak{k}(\mathfrak{B}) = \$$, $\tau_\alpha(\mathfrak{B}) = t - 1$, $\tau_\omega(\mathfrak{B}) = t$ generiert.

Ist S hingegen komplex, dann fassen wir die rekursiv erzeugten Unterbeschreibungen $\mathfrak{B}_1, \ldots, \mathfrak{B}_m$ zu einem neuen Komplex $\mathfrak{B}$ zusammen. Mit den Vereinbarungen $\tau_\alpha(\mathfrak{B}) = t_0$, $\tau_\omega(\mathfrak{B}) = t$ und aufgrund der Eigenschaften des RRA sind auch die Konsistenzbedingungen

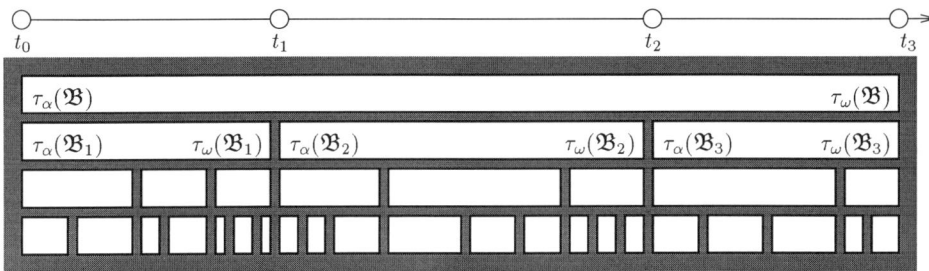

Abbildung 9.14: Hierarchische Segmentierung der Spracheingabe durch die Zeitgrenzen von $\mathfrak{B}$

(9.28) befriedigt. Als symbolische Kennzeichnung $\mathfrak{k}(\mathfrak{B})$ fungiert der „Konstruktionspate" von S, also derjenige ISADORA-Knoten $\mathfrak{k}'$, für den $S = \bar{S}_\triangle(\mathfrak{k}')$ gilt.

Das Endresultat der Analyse $(\mathfrak{k}, \boldsymbol{X})$ ist die symbolische Beschreibung $\mathfrak{B} = \mathfrak{B}(\mathfrak{k}, \boldsymbol{X})$ aus der globalen Rückverfolgung $(\bar{S}_\triangle(\mathfrak{k}), T + 1)$.

Die Zusammenhänge zwischen Netzwerk, RMM und Beschreibung sollen anhand des folgenden Erkennungsproblems aus dem Fluginformationsbereich verdeutlicht werden:

```
S:      <ROUTE>      <VON> <NACH>
S:      <VON>        von <STADT>
S:      <NACH>       nach <STADT>
P:      <STADT>      Sydney Rom Paris Dakar ...
...     ...          ... ... ...
```

Die letzte Zeile steht für die zu ergänzenden Zerlegungsregeln unterhalb der Wortebene. Der Knoten `<ROUTE>` modelliert standardisierte Anfragen der Form „*von Rom nach Paris*", wobei die Wörter „*Rom*" und „*Paris*" in dem durch `<STADT>` gegebenen paradigmatischen Rahmen durch andere Städtenamen ersetzt werden können.

In Abbildung 9.15 sehen wir die zum Problem `<ROUTE>` gehörenden Strukturen. Die aufgeführten Namenszüge entsprechen wahlweise ISADORA-Knoten, RMM-Zuständen oder Beschreibungssegmenten; die Kanten repräsentieren die Nachfolgerrelation der drei Strukturen, welche in den letzten beiden Fällen eine Baumstruktur induziert. Der entscheidende Unterschied zwischen $\mathfrak{k}$ und $S_\triangle$ ist die Doppelinkarnation des P-Knotens `<STADT>` im RMM; jeder Zustand von $S_\triangle$ entspricht im Netzwerk einem im $\mathfrak{k}$ beginnenden '$\succ$'-Pfad. Auch $S_\triangle$ und $\mathfrak{B}$ unterscheiden sich hinsichtlich der `<STADT>`-Knoten. Während im akustischen Modell die konkreten Identitäten der gesprochenen Städtenamen aufgabenstellungsgemäß völlig offen bleiben, finden wir die `<STADT>`-Knoten in $\mathfrak{B}$ bereits in ihrer entschlüsselten Form vor: jedes der beiden Segmente besitzt jetzt nur noch einen einzigen Nachfolger, nämlich die Viterbi-optimalen Lösungswörter `Rom` und `Paris`.

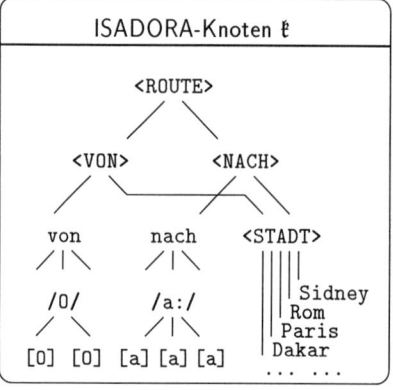

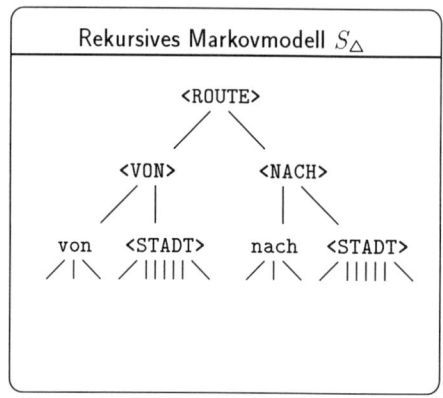

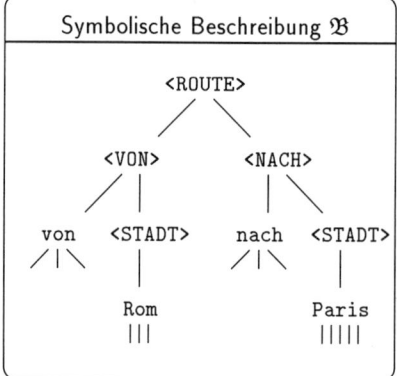

Abbildung 9.15: Analyseknoten, RMM und symbolische Beschreibung

9.5.4 Opake Knoten

Die fortweisenden Kanten im unteren Bereich der Abbildung 9.15 deuten an, daß die symbolische Beschreibung auf der Ebene der Wörter „*von*", „*Rom*", „*nach*", „*Sidney*" noch lange nicht zuende ist, sondern sich nach dem Vorbild des Konstituentennetzwerks in immer feinere Segmentierungen verästelt, bis der Boden der akustischen Repräsentation — in Gestalt von A-Knoten — erreicht ist. Eine derartig filigrane Beschreibung ist in vielen Fällen nicht nur überflüssig, sondern wegen der damit verbundenen Gedächtniskomplexität des Dekodiervorgangs sogar ausgesprochen schädlich.

Um dem Prozeß der Segmentierung und Identifikation überall dort Einhalt zu gebieten, wo er unerwünscht ist, wird ein *Abstraktionsmechanismus* eingeführt, der eine flexible, lokale Kontrolle der Beschreibungstiefe gestattet. Eine vermeintliche Lösungsmöglichkeit, die sich unmittelbar aufdrängt, besteht in der Definition eines Inventars sogenannter *Entscheidungseinheiten*, unterhalb derer keine weitere Analyse vorgenommen werden soll, und die infolgedessen die Blattknoten der symbolischen Beschreibung stellen. Wir verdeutlichen die Problematik an dem Beispielnetz

```
S:      <VORSTELLUNG>       mein Name ist <NAME>
S:      mein                /m/ /aI/ /n/
S:      Name                /n/ /a:/ /m/ /@/
S:      ist                 /I/ /s/ /t/
R:      <NAME>              <PHON>
P:      <PHON>              /p/ /s/ /m/ /U/ /a:/ /n/ ... ... ...
```

zur Erkennung von Äußerungen der Art „*mein Name ist Jelinek*", wobei der realisierte Eigenname dem System nicht notwendigerweise a priori bekannt sein muß. Stattdessen wird dieser mit Hilfe des Knotens <NAME> als beliebige Folge von Phonen modelliert; nach Verarbeitung der Eingangsäußerung steht mit der bestpassenden Lautfolge unterhalb des Beschreibungsknotens <NAME> eine approximative Repräsentation des Eigennamens zur weiteren Verwendung zur Verfügung.

Möchten wir die Spracheinheit /m/ nun als Entscheidungseinheit verstanden wissen oder nicht? Die Antwort lautet sowohl ja als auch nein; als Konstituente von <PHON> soll /m/ unter Umständen zur lautsegmentalen Beschreibung von <NAME> beigesteuert werden, als Konstituente von mein trägt /m/ hingegen keine verwertbare Information. Die kleinste sinnvolle Beschreibungseinheit in einer bestimmten Aufgabenstellung zu sein ist demnach keine absolute Eigenschaft sprachlicher Einheiten, sondern nur im Kontext ihrer Einbettung in das Gesamtnetz zu beurteilen.

Unter Ausnutzung der Hierachie unterhalb von <VORSTELLUNG> läßt sich das Problem auf indirekte Weise meistern. Dazu werden im betrachteten Beispiel die Wort- und die Phonknoten als *opak* gekennzeichnet; die rekursive Rückverfolgung produziert dann eine symbolische Beschreibung wie oben ausgeführt, bricht jedoch sofort ab und bildet ein Blattsegment, wenn sich der Patenknoten des aktuellen RMM-Zustandes S als opak erweist. Infolgedessen wirken die Phone als Entscheidungseinheit, wenn es um die Spezifizierung des unbekannten Namens geht, bleiben aber verborgen, wo immer sie in Wortknoten wie mein eingefroren vorliegen. Durch diese Technik des Ausblendens irrelevanter Analysedetails kann auch im Fall der Paradigmen

```
P:      zwei                /tsvaI/   /tsvo:/
P:      <JA>                ja   aber_sicher   klar_doch   ... ...
P:      <ABSCHIED>          auf_Wiederhoeren   tschuess   ciao   ... ...
```

der gewünschte Effekt, nämlich die Abstraktion vom exakten, aber in diesem Zusammenhang offensichtlich unwesentlichen Wortlaut erzielt werden.

Die Struktur des Analyseknotens bestimmt den Suchraum einer Erkennungsaufgabe, während die Opazität der beteiligten Knoten über die Struktur des Resultats entscheidet. Opake Wortknoten bewirken, daß die Blätter von $\mathfrak{B}$ eine Viterbi-Segmentierung in Wörter verkörpern; wenn ausschließlich Phone oder Phonkomponenten als opak vereinbart sind, erhalten wir eine Lautsegmentierung.

Zur Behandlung opaker Knoten wird die Vorschrift zur Generierung symbolischer Beschreibungen zu Beginn dieses Abschnitts auf folgende Weise modifiziert:

- Ist S komplex und $\mathfrak{k}(\mathfrak{B}) = \mathfrak{k}(S)$ ein opaker Knoten, dann erzeuge keine Nachfolgersegmente, sondern setze nur $\tau_\alpha(\mathfrak{B}) = t_0$ und $\tau_\omega(\mathfrak{B}) = t$.

Die relevanten Eintrittszeitpunkte werden dem lokalen Vektor $\tau_t(S)$ entnommen; $\tau_t(S)$ kann mit einem Minimum an Gedächtniskapazität schritthaltend im RVA aktualisiert werden. Dazu benötigt man in dem opaken Zustand S und in allen direkten oder indirekten Nachfolgern von S (den *subopaken* Zuständen) zwei neue lokale Eintrittszeitvariablen $\tau^I(S)$, $\tau^F(S)$ — die Gedächtniskomponenten $\psi_t(S)$, $\psi_t^F(S)$ werden dafür im Gegenzug *temporär*, d.h. ihre Anwesenheit ist nur noch im betreffenden Zeittakt t erforderlich und ist damit als Aufwandskomponente eliminiert. Die folgenden Berechnungsschritte werden an geeigneter Stelle in den rekursiven Viterbi-Algorithmus integriert:

$$
\begin{array}{llll}
\underline{opak} & & \underline{subopak} & \\[1ex]
\tau^I(S) & = & t & (\downarrow\text{-kontrolliert}) \\
\tau^I(S_j) & = & \tau^F(\psi_t(S_j)) & \tau^I(S_j) \;=\; \tau^F(\psi_t(S_j)) \\
\tau^F(S) & = & \tau^F(\psi_t^F(S)) & \tau^F(S) \;=\; \tau^F(\psi_t^F(S)) \\
\tau_t(S) & = & \tau^F(S) & (\text{kein Gedächtnis})
\end{array}
\qquad (9.29)
$$

Die Zuweisungen an $\tau^I(S)$ und $\tau^I(S_j)$, $j = 1, \ldots, N$ müssen vor, diejenigen an $\tau^F(S)$ und gegebenenfalls $\tau_t(S)$ müssen hinter dem rekursiven Abstieg eingefügt werden. Alle Eintrittszeitvariablen, auch die der subopaken Nachfolger, beziehen ihre Zeitrechnung auf den übergeordneten opaken Zustand, der durch die zeitscheibenweise Initialisierung $\tau^I(S) = t$ die Synchronisation der Datenflußhierarchie übernimmt.

9.6 Zusammenfassung

ISADORA ist ein HMM-basiertes Mustererkennungssystem zur Analyse vektorwertiger Sensordatenfolgen, wie sie bei der Verarbeitung gesprochener Sprache, handgeschriebener Schriftzeichen und — generell — zeitabhängiger Meßreihen anfallen.

Die parametrisch-strukturelle Repräsentation der Objekte des Anwendungsbereichs beruht auf der Theorie *rekursiver Markovmodelle* (RMM) zur Erfassung hierarchisch geschachtelter Markovprozesse, mit deren Hilfe die sukzessive Verknüpfung einfacher HMMs zu komplexeren HMMs unter Beibehaltung der strukturellen Bezüge formalisiert werden kann.

Mit dem linearen Links-Rechts-HMM als Elementarmodell und vier ausgewählten Verknüpfungsoperationen — der sequentiellen Verkettung, der Parallelschaltung, der Rückkopplung und der freien Vernetzung — werden die Grundmechanismen für eine hierarchische Spezifikation von Markovmodellen bereitgestellt. Jedes Modell ist nach Angabe seiner Konstituentenmodelle und des jeweiligen Verknüpfungstyps vollständig bestimmt und kann als Knoten in einem zyklenfreien, gerichteten Graphen beschrieben werden.

Alle relevanten Objekte eines Spracherkennungsmoduls lassen sich in diesem Konstitu-
entennetzwerk repräsentieren: dies wird exemplarisch für sprachliche Einheiten wie Wörter,
Phone und Wortuntereinheiten, aber auch die Lernstichprobe, Anwendungswortschätze,
Grammatiken und das Analyseproblem selbst demonstriert.

Nach Spezifikation der Modellstruktur durch die Erzeugung des ISADORA-Netzwerks
werden die statistischen Systemparameter hinsichtlich einer Lernstichprobe optimiert. Um
den relativen Trainingsaufwand von der mittleren Dauer der Einzeläußerungen und dem Verzweigungsgrad der Wortmodelle zu entkoppeln, wird eine partiell entscheidungsüberwachte
Variante des Baum-Welch-Algorithmus entwickelt, welche die zustandsbezogenen Modellparameter innerhalb eines Vererbungsbaums kaskadenförmig propagiert und interpoliert. Insbesondere bewirkt jedes einzelne Trainingsmuster die mehr oder minder stark gewichtete
Auffrischung aller vorhandenen Systemparameter; diese hochökonomische Ausnutzung der
Lernstichprobe trägt wesentlich zur statistischen Robustheit des Schätzverfahrens bei.

Die Dekodierungsphase stützt sich auf einen strahlgesteuerten rekursiven Viterbi-
Algorithmus mit verteilten Listen lokal aktiver oder initiativer RMM-Zustände. Der RVA
hinterläßt eine hierarchische Rückverzeigerung — das Analysegedächtnis — zur nachfolgenden Erzeugung einer geschachtelten symbolischen Beschreibung der Eingabedaten. Mit der
Einführung opaker Spracheinheiten verfügen wir über einen Abstraktionsmechanismus zur
Steuerung der lokalen Beschreibungstiefe, mit dessen Hilfe sich die Auflösung des Analysegedächtnisses erheblich reduzieren läßt.

Kapitel 10
Experimentelle Untersuchungen

Das im letzten Kapitel beschriebene ISADORA-System wird in zahlreichen Installationen innerhalb und außerhalb Deutschlands zu Zwecken der Mustererkennung genutzt:

- als Entwurfssystem für die Spracherkennungskomponenten der deutschen SUNDIAL-Demonstratoren (Speech Understanding and Dialogue [Pec91, Cha93, Mic94]) in München (Siemens AG), Ulm (Daimler-Benz AG) und Erlangen (Lehrstuhl für Mustererkennung),

- als signalnahe Erkennungs- und Verifikationskomponente zum maschinellen Verstehen gesprochener Sprache in Bielefeld (AG Angewandte Informatik der Universität Bielefeld) [Fin92b, Kum92, Fin93] und Erlangen (Lehrstuhl für Künstliche Intelligenz, Lehrstuhl für Mustererkennung), [Eck92, Eck93a],

- zur automatischen Erkennung slowenischer Sprache (Universität Ljubljana) [Ips95],

- als Basiskonfiguration für grundlagenorientierte Untersuchungen zur statistischen Modellierung phonetischer [Nie93], intonatorischer [Kom94, Nie94b, Nie94a] und spontansprachlicher Phänomene [ST94] sowie unbekannter Wörter [Jus94],

- zur automatischen Identifikation zweidimensionaler Objekte [Kum94, ST95a],

- zur Erkennung fließend geschriebener Handschrift [Rot93, Bun94a, Bun94b] in Bern (Institut für Informatik und Angewandte Mathematik der Universität Bern) und

- zur automatischen Verarbeitung mehrkanaliger Meßreihen für die Festigkeitsanalyse im Fahrzeugbau [Sch93] in Erlangen (Bayerisches Forschungszentrum für wissensbasierte Systeme).

In dieser Arbeit wird ISADORA allerdings ausschließlich im Kontext automatischer Spracherkennung behandelt.

10.1 Basiskonfiguration zur Spracherkennung

Die experimentellen Untersuchungen in den folgenden Abschnitten betreffen die Aufgabenstellung kontinuierlicher, sprecherunabhängiger Erkennung gelesener und spontan produzierter deutscher Sprache mit einem großen Wortschatz. Wir beschreiben zunächst die für das
Training und den Test verwendeten Sprachproben, die zu evaluierende Erkennungsaufgabe
sowie eine Basiskonfiguration des Systems, die als Vergleichsmaßstab für die Gütebeurteilung
konkurrierender Entwurfsparameter dient.

10.1.1 Sprachdaten und Erkennungsaufgabe

Zum Training wird die anwendungsabhängige ERBA-Stichprobe (Erlanger Bahnanfragen)
herangezogen; eine detaillierte Beschreibung findet sich in [Rie94]. Diese Sprachdatensamm-
lung umfaßt je 100 Äußerungen von 31 weiblichen und 48 männlichen deutschsprachigen
Probanden. Die Aufnahme erfolgte in einem ruhigen Laborraum unter Verwendung eines
Nahbesprechungsmikrofons vom Typ *Shure SM 10A* sowie des externen Spracheingabegerätes
Desklab 14; die Abtastrate betrug 16 kHz, und quantisiert wurde mit 14 bit pro Abtastwert.
Die insgesamt 7900 Äußerungen besitzen eine Gesamtdauer von etwa 11 Stunden (41 462
Sekunden); satzeinbettende Sprechpausen machen knapp ein Fünftel des Materials aus.

Die 7900 Äußerungstexte sind paarweise verschieden und repräsentieren dialogeinleitende
Informationsabfragen der Intercityauskunftsdomäne, zum Beispiel:

„ *Hat der Intercity um viertel vor zwölf nach Koblenz ein Zugrestaurant?* “
„ *Ich hätte gern die Auskunft ob übermorgen nachmittag noch ein Zug nach Essen geht.* “
„ *Geht heute ein ICE über Sankt Georgen nach Bielefeld?* “
„ *Ich muß samstags vor viertel fünf von Oberau nach Züssow fahren.* “
„ *Nennen Sie uns die Abfahrts- und Ankunftszeiten aller Intercity-Züge in Richtung Waldheim!* “

Die Anfragetexte wurden zufallsgesteuert durch eine kontextfreie Grammatik mit 174 Nicht-
terminalen erzeugt. Der Generierungswortschatz umfaßte 949 verschiedene Wortformen; darunter sind die Eigennamen von 154 Intercitybahnhöfen und 417 D-Zug-Haltepunkten. Die
7900 Sätze enthalten zusammen 92 787 Wortvorkommen.

Die Erkennungstests wurden mit je 100 Anfrageäußerungen von vier Sprechern — drei
Sprechern und einer Sprecherin — durchgeführt; die Gesamtdauer der 400 Sätze mit insgesamt 3260 gesprochenen Wörtern beträgt 423 Sekunden. Keiner der Probanden trat bereits
in der Trainingspopulation auf. Bei den realisierten Texten, die für alle Sprecher identisch
waren, handelt es sich um 100 Intercityanfragen, die aus einem Auskunftsdialogkorpus entnommen wurden. Sie bestehen aus 162 verschiedenen Wortformen, von denen 91 % bereits
im Trainingswortschatz enthalten sind. Ihre relative Perplexität bezüglich der Trainingssätze
beträgt ungefähr 60. (Dieser Wert wurde mit Hilfe eines Worttrigramm-Modells ermittelt.)

Die Analyseaufgabe besteht darin, die korrekte Folge der gesprochenen Wörter zu ermitteln. Das Erkennungsvokabular umfaßt 1081 verschiedene Wortformen; die Überschneidung

mit dem Trainingsvokabular macht etwa ein Drittel aus (376 gemeinsame Wörter). In einigen Experimenten wird die Perplexität der Erkennungsaufgabe durch den Einsatz eines linguistischen Sprachmodells reduziert; die Bigrammgrammatik auf Grundlage 95 syntaktisch-semantischer Wortkategorien hatte eine Testsatzperplexität von 111 [Wit92]. In weiteren Tests wurde wiederum ohne Grammatik, aber mit einem Erkennungswortschatz gearbeitet, der lediglich die 162 Wortformen der Testsätze beinhaltet.

Die allgemein akzeptierten Gütekriterien für Spracherkennungstest sind die Wort- und die Satzakkuratheit [Pic86]. Unter *Satzakkuratheit* (SA) versteht man den prozentualen Anteil der vollständig korrekt dekodierten Sätze. Zur Berechnung der *Wortakkuratheit* (WA) müssen der Referenztext und das Erkennungsresultat einander wortweise durch Dynamische Programmierung zugeordnet werden. Wenn N_{kor}, N_{sub}, N_{del} und N_{ins} die absoluten Häufigkeiten korrekt erkannter, vertauschter, irrtümlicherweise ausgelassener oder eingefügter Referenzwörter sind, setzt man

$$\mathrm{WA} \;=\; 1 \;-\; \frac{N_{sub} + N_{del} + N_{ins}}{N_{alle}} \;=\; 1 \;-\; \frac{N_{sub} + N_{del} + N_{ins}}{N_{kor} + N_{sub} + N_{del}} \;; \qquad (10.1)$$

N_{alle} ist die Anzahl aller tatsächlich realisierten Wörter. Wortakkuratheiten im Bereich von 95 % (90 %), die mit Hilfe einer Teststichprobe von 3260 gesprochenen Wörtern geschätzt wurden, haben bei einem Signifikanzniveau von 95 % eine Genauigkeit von ±0.5 % (±1 %).

10.1.2 Konfiguration des Erkennungssystems

Die wichtigsten Eckdaten der Merkmalberechnung, Vektorquantisierung und Markovmodellierung des Basiserkennungssystems sind in der Tabelle 10.1 übersichtsartig zusammengestellt.

Merkmalberechnung	*MFC+Δ (mel-Frequenzcepstrum mit Ableitungen)*
Spektralanalyse	256-Punkte FFT, 10 ms Zeittakt, Hammingfenster
mel-Skala	18 Gruppen von 0–6 kHz, zeittaktweise Normierung
Lifterung	18-Punkte DCT, 12 Merkmale (Energie und Cepstrum)
dynamische Information	12 Steigungen der Regressionsgeraden, 190 ms-Fenster
Vektorquantisierung	*PMKB (phonetisches Mischverteilungskodebuch)*
Klassenrepräsentation	24-dimensionele Gaußdichten mit voller Kovarianzmatrix
Entwurf	5-komponentige Mischverteilungen je subphonemische Basiseinheit
Kodebuch	220 semikontinuierliche Mischungskomponenten
Markovmodelle	*SCHMM (semikontinuierliche Markovmodelle)*
Wortuntereinheiten	Polyphone mit Silbengrenzen und Ganzwortmodellen, $F_{min} = 50$
Modellparameter	2991 HMMs ≙ 8674 WDFs ≙ 2 Millionen Parameter
Training	A.P.I.S., 3 Kodebuchneuschätzungen, Replikantenmodellierung

Tabelle 10.1: Die Eckdaten der Basiserkennerkonfiguration

Sowohl beim Entwurf des phonetischen Mischverteilungsquantisierers als auch bei der Initialisierung der Polyphonmodelle wird eine Etikettierung der Lernstichprobe nach Phonkomponenten benötigt. Deswegen gehen dem eigentlichen Trainingszyklus noch zwei sukzessive Etikettierungsphasen voraus.

Die erste Phase dient einer sehr groben phonetischen Vorklassifikation des Trainingsmaterials und setzt außer den Abtastwerten und ihrer textuellen Annotation keinerlei a priori Information voraus.

Zuerst wird mit dem EM-Algorithmus unüberwacht ein Kodebuch mit 128 Klassen erzeugt. Der Erkenner arbeitet mit Monophonmodellen und diskreten Ausgabeverteilungen; wegen seiner geringen Parameterzahl zeigt er trotz uniformer Vorbesetzung ein stabiles Konvergenzverhalten und liefert uns danach eine erste, verbesserungsbedürftige Etikettierung der Trainingsdaten.

Mit deren Hilfe werden in einer zweiten Phase 79 verschiedene sprecherabhängige Erkenner auf der Basis kontinuierlicher Triphonmodelle vorbesetzt und durch Baum-Welch-Training optimiert. Mit diesen trennscharfen sprecherabhängigen Modellen wird die zweite, zuverlässigere Lautetikettierung generiert, mit der wir in die dritte Konfigurationsphase eintreten:

Hauptkonfigurationsphase bei vorliegender Etikettierung

▷ Partitioniere die Datenvektoren jedes der 44 Lautetiketten mit dem EM-Algorithmus in 5 Klassen.

▷ Initialisiere das semikontinuierliche Kodebuch mit den 220 Verteilungsdichten.

▷ Wiederhole dreimal:

   ▷ Initialisiere die semikontinuierlichen Polyphonmodelle mit Hilfe der etikettierten Lernstichprobe.

   ▷ Führe zwei A.P.I.S.-Iterationen durch.

   ▷ Erzeuge eine Neuschätzung des semikontinuierlichen Kodebuches.

Die Polyphoneinheiten werden unter Einschluß der Silbengrenzmarkierung als Kontextsymbol gebildet; alle Polyphone und alle Wortformen mit mehr als $F_{min} = 50$ Vorkommen in der Lernstichprobe werden durch ein explizites Markovmodell vertreten. Das resultierende ISADORA-Netzwerk besitzt 26 877 Knoten, 159 211 Kanten und 2991 Modelle mit insgesamt 8674 Ausgabeverteilungen. Von den zwei Millionen statistischen Systemparametern entfallen rund 1.9 Millionen auf die Mischungsgewichte und 72 280 auf die Normalverteilungsdichten des semikontinuierlichen Kodebuches. Das Verbundworterkennungsmodell für die 1081 Wortformen des Testvokabulars beinhaltet 36 047 HMM-Zustände.

Die Erkennungsleistungen im sprecherunabhängigen Betrieb, gemessen an den 400 Testsätzen, gehen aus Tabelle 10.2 hervor. Der Schwierigkeitsgrad der Aufgabenstellung mit

Perplexität $\wp_x \rightarrow$	1081	162	111
Wortakkuratheit	85.9%	92.2%	92.3%
Satzakkuratheit	40.0%	57.5%	63.5%

Tabelle 10.2: Wort- und Satzakkuratheit des Basiserkenners (400 Testsätze)

dem 1081-Wortschatz ohne linguistisches Modell entspricht in etwa derjenigen des DARPA *Resource Management* Tests [Pal90b]; dort wurden — unter der Randbedingungen sprecherunabhängiger Erkennung kontinuierlicher, abgelesener Äußerungen bei einem Wortschatz von 991 Wortformen ohne Grammatik — Wortakkuratheiten zwischen 80 % und 83 % gemessen.

Ein horizontaler Vergleich der Testresultate aus Tabelle 10.2 bestätigt jene Daumenregel für den Zusammenhang zwischen Wortschatz, Grammatik und Erkennungsleistung, derzufolge sich die Wortfehlerrate $(1 - WA)$ proportional zur dritten Wurzel $\sqrt[3]{\wp_x}$ der Perplexität verhält.

10.2 Detaillierte Auswertungen zur Spracherkennung

Die experimentellen Untersuchungen dieses Abschnitts bilden zum einen die empirische Rechtfertigung all jener Entwurfsentscheidungen, die zur Spezifikation des oben beschriebenen Basiserkenners führten. Zum anderen geht es darum, die Kombinationsmöglichkeiten akustischer und linguistischer Modellierungstechniken mit schnellen Suchverfahren und effizienter Wortschatzorganisation auszuloten. Etliche der präsentierten Resultate werden auch in detaillierter Form in [Kuh94b, Rie94] nachzulesen sein.

10.2.1 Sprecherabhängige Worterkennung

Auch für die sprecherabhängige Variante des Erkennungssystems gelten die Entwurfsbedingungen des vorangegangenen Abschnitts. Die einzigen Abweichungen betreffen naturgemäß die Lern- und Teststichprobe sowie das Modellinventar.

Als Trainingsmaterial standen 1000 Äußerungen eines männlichen Sprechers zur Verfügung. Inhalt der gesprochenen Sätze waren wieder automatisch generierte Informationsabfragen aus dem ERBA-Korpus. Da es sich um einen der drei männlichen Probanden des sprecherunabhängigen Tests handelt, wurden die 100 bereits vorhandenen Testsätze auch für die sprecherabhängige Auswertung verwendet. Die Auswahl der zu modellierenden Polyphone ist auf die Einzelsprecherstichprobe bezogen; es ergaben sich 3560 Modelle bei einem Schwellwert von $r_{min} = 5$.

Die Tabelle 10.3 stellt die Erkennungsraten des sprecherabhängigen und -unabhängigen Betriebes einander gegenüber; auch die Auswertungen der unteren Tabellenzeile sind wegen der besseren Vergleichbarkeit auf die 100 Testäußerungen des sprecherabhängigen Modus bezogen.

Offensichtlich läßt sich die Wortfehlerrate durch ein sprecherabhängiges Training um einen Faktor 2–3 reduzieren. Bei obigem Vergleich wurde die Anzahl trainierter Polyphon-

| | Basiskonfiguration | | | | CDHMM | |
| | $\wp_x = 1081$ | | $\wp_x = 162$ | | $\wp_x = 162$ | |
	WA	SA	WA	SA	WA	SA
sprecherabhängig	92.4%	54.0%	98.3%	87.0%	95.8%	74.0%
sprecherunabhängig	87.3%	40.0%	95.2%	69.0%	85.8%	33.0%

Tabelle 10.3: Sprecherabhängige und -unabhängige Erkennung (100 Testsätze)

modelle etwa konstant gehalten. Hält man umgekehrt die Auswahlschwelle $r_{\min}$ bei 50 fest, so werden nur 1450 sprecherabhängige Markovmodelle generiert und die Fehlerreduktion geht auf durchschnittlich 1.8 zurück.

Am rechten Tabellenrand ist zusätzlich die Auswertung zweier Erkenner mit kontinuierlichen Ausgabeverteilungsdichten angegeben. Es handelt sich dabei um einfache Normalverteilungsdichten — keine Mischverteilungen — mit diagonalen Kovarianzmatrizen. Die Fehlerrate des CDHMM-Systems liegt fast beim dreifachen Wert des Basiserkenners. Wie zu erwarten, ist das relative Abfallen der unimodalen CDHMM-Dichten gegenüber den semikontinuierlichen Modellen bei sprecherunabhängigem Training am auffälligsten ausgeprägt.

10.2.2 Kodebuchentwurf

Nachdem wir uns davon überzeugt haben, daß einfach kontinuierliche Modelle zu Spracherkennungszwecken ungeeignet sind, gehen wir zur Untersuchung diskreter und semikontinuierlicher Systeme über. In beiden Fällen wird der Kontakt zwischen der parametrischen Repräsentation der Spracheingabe und den K Ausgabekategorien der Markovmodelle über ein Vektorquantisierungskodebuch mit Gaußschen Verteilungsdichten hergestellt. Die Erzeugung dieses Kodebuchs wirft unter anderem drei wichtige Fragen auf:

- Was ist die beste initiale Entwurfstrategie?

- Läßt sich das Kodebuch durch semikontinuierliche Schätzung weiter verbessern?

- Wie groß ist die optimale Anzahl von Kodebuchklassen?

Entwurfstrategie		Klassen	KB-0	KB-1	KB-2	KB-3
LBG — volle Σ_k		256	87.6%	90.1%	90.8%	—
LBG — diagonale Σ_k		256	88.8%	90.4%	90.7%	—
PMKB (Phonetisches		5×44	91.0%	93.4%	94.4%	94.6%
PMKB	Mischverteilungs-	3×44	89.0%	91.3%	92.5%	92.6%
PMKB	kodebuch)	10×44	91.9%	93.8%	94.6%	94.8%
MZKB (Modellzustände)		213	93.8%	94.1%	94.4%	94.5%
Wortakkuratheit: 100 Testsätze, $\wp_x = 162$						

Tabelle 10.4: Auslegung, Initialisierung und Verbesserung des Kodebuchs

Die Tabelle 10.4 zeigt die sprecherunabhängig bei kleinem Vokabular ($\wp_x = 162$) gemessenen Wortakkuratheiten unter drei verschiedenen Entwurfstrategien.

Mit dem LBG-Algorithmus wurde die gesamte Lernstichprobe in 100 EM-Iterationen in 256 Klassen zerlegt; wahlweise wurden volle oder diagonale Kovarianzmatrizen der Normalverteilungsdichten angenommen. Die Mischverteilungskodebücher sind durch wiederholte Anwendung des diagonalen LBG-Algorithmus auf die 44 lautspezifischen Untermengen der Stichprobe erzeugt worden; dabei kamen unterschiedliche (3,5,10) Anzahlen von Mischungskomponenten zur Anwendung. Das letzte Kodebuch schließlich besteht aus den zustandsbedingten Normalverteilungsdichten eines Spracherkenners mit nur 213 nichtverklebten HMM-Zuständen, d.h. der zum j-ten Zustand gehörende Mittelwertvektor und die Kovarianzmatrix werden wie in einem kontinuierlichen HMM gemäß der Gleichungen (5.46) geschätzt. Die verwendeten a posteriori Wahrscheinlichkeiten $\gamma_t(j)$ waren im vorliegenden Fall diejenigen des CDHMM. Der Rechenaufwand der drei Entwurfstrategien — zur Verarbeitung von 11 Stunden Sprache auf einer 25 MIPS DECstation 5200 — liegt etwa bei drei Wochen (LBG), zwei Tagen (PMKB) bzw. 5 Stunden (MZKB).

Offenbar zahlt sich das Einbringen von a priori Informationen hinsichtlich phonetischer Klassen in jedem Fall aus; die Wortakkuratheiten der PMKB- und MZKB-Erkenner liegen signifikant über den mittels LBG-Algorithmus erzielten. Wenn man davon ausgeht, daß der Leistungsunterschied zwischen den beiden ersteren statistisch nicht aussagekräftig oder wenigstens zu verschmerzen ist, kann dem Entwurf mittels Modellzuständen wegen der kürzeren Laufzeit durchaus der Vorzug gegeben werden. Die Erzeugung von Kodebüchern mit dem LBG-Algorithmus ist ohne Zweifel in jeder Beziehung indiskutabel.

Die vorzugebende Klassenanzahl wurde bei den mischverteilten Kodebüchern variiert. Die Ergebnisse bestätigen, daß die Wahl von 220 Klassen beim Basiserkenner recht vorteilhaft war, denn ein geringerer Umfang führt zu deutlichen Leistungseinbußen, während der vermehrte Rechen- und Speicheraufwand eines größeren Klassensystems nicht vom erzielten Leistungszuwachs gerechtfertigt wird.

Die Frage nach der Optimierbarkeit der Kodebücher durch semikontinuierliche Neuschätzung schließlich ist in allen Entwurfsvarianten uneingeschränkt positiv zu beantworten. Die mit KB-i überschriebenen Tabellenspalten weisen die Wortakkuratheiten der i-mal semikontinuierlich neugeschätzten Kodebücher aus; KB-0 bezeichnet das ursprüngliche Entwurfsexemplar. Eine Abflachung der anfangs deutlich steigenden Erkennungsgenauigkeiten stellt sich bereits nach wenigen SCHMM-Iterationen ein.

Lineare Diskriminanzanalyse. Vorausgegangene Untersuchungen zur sprecherabhängigen Erkennung, die hier nicht weiter ausgeführt werden, hatten eine beträchtliche Leistungssteigerung durch den Einsatz einer LDA-Merkmaltransformation verbuchen können. Diese Tendenz wurde durch die in Tabelle 10.5 wiedergegebenen Ergebnisse zur sprecherunabhängigen Erkennung in keiner Weise bestätigt.

Zuerst wurde mit Hilfe eines der drei verfügbaren Klassensysteme — 44 Lautkomponenten, 220 Kodebuchklassen oder 213 HMM-Zustände — eine lineare Merkmaltransformation durch Diskriminanzanalyse berechnet; auf der Eingangsseite dieser Transformation standen

Klassensystem	KB-Entwurf	KB-0	KB-1	KB-2
44 Phon-	PMKB	91.3%	91.5%	91.8%
komponenten	SCHMM-Adaption	92.0%	—	—
220 PMKB-Klassen	PMKB	93.3%	90.8%	—
213 MZKB-Klassen	PMKB	91.8%	—	—
Wortakkuratheit: 100 Testsätze, $\wp_x = 162$				

Tabelle 10.5: LDA-transformierte Merkmale mit verschiedenen Klassensystemen

die Cepstralvektoren eines 190 ms breiten Zeitfensters; nähere Details zur Merkmalextraktion finden sich in [Rie94]. Mit den resultierenden 24 Merkmalen wurden dann Mischverteilungskodebücher und semikontinuierliche Modelle nach dem gleichen Verfahren wie beim Basiserkenner geschätzt. Wegen der enttäuschenden Ergebnisse wurde die aufwendige Kodebuchoptimierung jedoch spätestens nach der zweiten Iteration eingestellt.

Der Mischverteilungsentwurf und die anschließenden Optimierungsiterationen lassen sich ohne Einbuße an Erkennungsgenauigkeit — siehe dazu die zweite Tabellenzeile — durch die *SCHMM-Adaption* eines bereits vorhandenen Kodebuchs an die neuen, LDA-transformierten Merkmale ersetzen. Dazu bedarf es lediglich einer semikontinuierlichen Baum-Welch-Iteration auf Grundlage der Basismerkmale und des Basiskodebuchs; die Mittelwerte und Kovarianzen des adaptierten Kodebuchs werden dann mit den a posteriori Wahrscheinlichkeiten $\xi_t(j,k)$ und den transformierten Merkmalvektoren nach den Schätzgleichungen (5.53) errechnet.

Faktorisierte Vektorquantisierung. Die Grundidee faktorisierter Vektorquantisierung besteht darin, Cepstrummerkmale und ihre Ableitungen getrennt zu quantisieren und die beiden resultierenden Datenströme als Werte statistisch unabhängiger diskreter Zufallsvariablen aufzufassen. Die vermeintliche Vorteile des Verfahrens sind [Gup87]:

- Das nach euklidischem LBG-Entwurf eines Quantisierers auftretende Problem der Skalierungsabhängigkeit wird entschärft.

- Bei Gaußscher Quantisierung wird aufgrund der Unkorreliertheitsannahme der Rechenaufwand verringert, weil je Quantisierer nur Teilmengen des Merkmalsatzes in die Berechnung eingehen.

- Im Prinzip findet eine Dekomposition statistischer Modellparameter statt; mit einer gehörigen Prise Zuversicht dürfen wir annehmen, daß die K_1 bzw. K_2 Musterklassen der beiden Quantisierer weitgehend voneinander entkoppelt sind und daher insgesamt $K_1 \cdot K_2$ Zellen, also eine sehr feine Zerlegung des Merkmalraumes beschreiben.

Für die folgende Untersuchung wurden mit der LBG- bzw. der Mischverteilungsmethode vier weitere Kodebücher PM_1^{12}, PM_{13}^{24}, LBG_1^{12}, LBG_{13}^{24} für die ersten 12 (Energie und Cepstrum) oder für die letzten zwölf (deren Ableitungen) MFC+Δ-Merkmale generiert; die erzielten Wortakkuratheiten bei deren kombinierten Einsatz zeigt die Tabelle 10.6.

Cepstrum-Kodebuch:	LBG_1^{12}	PM_1^{12}	—	—	LBG_1^{12}	PM_1^{12}
Ableitungs-Kodebuch:	—	—	LBG_{13}^{24}	PM_{13}^{24}	LBG_{13}^{24}	PM_{13}^{24}
	↓	↓	↓	↓	↓	↓
Wortakkuratheit:	80.1%	88.7%	55.2%	73.3%	82.6%	90.6%
Referenzergebnis (PMKB): **94.6%**						
Wortakkuratheit: 100 Testsätze, $\wp_x = 162$						

Tabelle 10.6: Kombination von Cepstrum- und Ableitungskodebüchern

Die Versuche mit nur einem Kodebuch zeigen, daß alle 24 Merkmale zusammen erwartungsgemäß wesentlich besser sind als die Cepstrumkoeffizienten allein und diese wiederum besser als die Ableitungen allein. Der Mischverteilungsentwurf ist auch in diesem Kontext der gewöhnlichen Häufungsanalyse durch den LBG-Algorithmus unbedingt vorzuziehen. Die Hinzunahme des Ableitungs-Kodebuchs zum Cepstrum-Kodebuch bewirkt eine leichte Verbesserung. Dennoch bleiben wir damit weit hinter dem Standard der gemeinsamen Quantisierung aller 24 Merkmale zurück.

Aufgrund der Resultate besteht der begründete Verdacht, daß die Faktorisierung von Kodebüchern ausschließlich dann von Erfolg gekrönt ist, wenn damit ein hausgemachter Mißstand — nämlich die Skalierungsempfindlichkeit von Quantisierern, deren klassenbedingte Repräsentationen nicht über eine Varianzkomponente verfügen — kompensiert werden kann.

Beschleunigungsverfahren. Bei Erkennungssystemen mit semikontinuierlichen Ausgabeverteilungen hat der Prozeß der Gaußschen Vektorquantisierung einen erheblichen Anteil am gesamten Verarbeitungsaufwand; insbesondere während der Trainingsphase stellen die Normalverteilungsdichteberechnungen den Löwenanteil aller Berechnungsaktivitäten.

Im Abschnitt 4.4 wurden drei Verfahren zur Beschleunigung Gaußscher Vektorquantisierer vorgestellt: das verallgemeinerte Ausschlußverfahren (VDU-Algorithmus) mit empirischen oder geometrischen Schwellwerten sowie die mehrstufige Klassifikation. Für die drei genannten Algorithmen sowie die unbeschleunigte Basisversion des Quantisierers sind in der Tabelle 10.7 charakteristische Meßwerte für den Geschwindigkeitsgewinn und den eingehandelten Genauigkeitsverlust angegeben.

	Dichteberechnungen	Echtzeitfaktor	Klassenfehler	Wortakkuratheit
Basisvariante	100%	6	0.0%	94.9%
VDU — geometrisch	66%	6	4.4%	94.6%
VDU — empirisch	11.3%	0.85	3.3%	94.5%
sequentiell ($B_0 = 0.1$)	6.6%	0.70	13.0%	93.6%
sequentiell ($B_0 = 0.01$)	15.4%	1.2	1.41%	95.1%

Tabelle 10.7: Effizienz und Genauigkeit schneller Quantisierer

Zu jedem Quantisierer — der zweistufige, sequentielle Klassifikator ist mit zwei alternativen Einstellungen seiner Strahlbreite vertreten — sind

- der prozentuale Anteil der nicht vermiedenen Verteilungsdichteberechnungen,

- der Echtzeitfaktor des Quantisierers aus der Basiskonfiguration auf einer 25 MIPS DECstation 5200,

- der zeitscheibenweise Klassifikationsfehler und

- die erreichte Wortakkuratheit des sprecherunabhängigen 100-Sätze-Tests mit kleinem Wortschatz ($\wp_x = 162$).

Mit zwei der Verfahren läßt sich die Zahl der Dichteberechnungen um etwa eine Grösenordnung reduzieren; der ursprüngliche Echtzeitfaktor von 6 verkürzt sich wegen eines gewissen Verwaltungsüberhangs der Suchverfahren nur auf 1. Das Ausmaß der Ungenauigkeit, das die beschleunigten Quantisierer auf Zeittaktebene aufweisen, sieht auf den ersten Blick bedrohlich aus; auf der Wortebene machen sich jedoch nur unbedeutende Einbußen bemerkbar.

10.2.3 Phonetische Modellierung

Die grundlegende Motivation für den Übergang von einer einzigen Ebene phonetischer Wortuntereinheiten wie derjenigen der Triphone zu einem hierarchischen Inventar wie dem der Polyphone liegt in der stark streuenden Häufigkeitsverteilung kontextabhängiger Wortuntereinheiten. Bereits unter den Triphonen, ja sogar unter den Biphonen gibt es eine große Zahl von Einheiten, die selbst in einer relativ umfangreichen Lernstichprobe nicht genug Vorkommen für eine statistisch robuste HMM-Schätzung aufweisen. Auf der anderen Seite werden bei einer Beschränkung auf Triphone unter Umständen gerade diejenigen Einheiten ausgeklammert, welche zu einer akkuraten Worterkennung am meisten beitragen, nämlich Phonmodelle mit weit ausgreifender Kontextabhängigkeit. Die Attraktivität des Polyphonansatzes hängt letzlich von der positiven Beantwortung der folgenden drei Fragestellungen ab:

- Sind spezialisiertere Einheiten als Triphone überhaupt noch trainierbar?

- Deckt dieser Typ von Einheiten einen signifikanten Anteil der Testdaten ab?

- Bedingt der erhöhte Spezialisierungsgrad von Polyphonmodellen auch tatsächlich eine Erhöhung der Erkennungsgenauigkeit?

Trainierbarkeit. Zur Beantwortung der ersten Frage wurden die Vorkommen aller wortinneren Polyphone der 7900 Trainingsäußerungen ausgezählt. Die untere Schranke $F_{min} = 50$ wird von 2338 Polyphonen erreicht; diese Einheiten wurden daraufhin nach ihrem Kontextmuster — der Anzahl linker und rechter Kontextsymbole — und ihrer Kontextbreite — Monophon, Biphon, Triphon usw. — geordnet. Die resultierende Aufschlüsselung trainierbarer Spracheinheiten ist in Tabelle 10.8 auszugsweise wiedergegeben.

Kontextmuster:	a/x/b	a/x/	aa/x/b	/x/b	aa/x/bb	aa/x/	/x/bb
	450	431	193	188	105	104	92
Kontextbreite:	**Mono**	**Bi**	*Tri*	Tetra	Penta	Hexa	Hepta	Okta
	54	619	646	350	216	140	83	72

Tabelle 10.8: Anzahl trainierbarer Polyphone, geordnet nach Kontextmuster und -breite

Alle Einheiten, die schon Bestandteil eines traditionellen Triphonansatzes sind, also Triphone, linke und rechte Biphone sowie Monophone, sind in Fettschrift dargestellt; von den 646 verschiedenen trainierbaren Triphonen sind nur 450 Standardeinheiten, während die Kontextmuster aa/x/ und /x/bb erst im Polyphonerkenner zum Zuge kommen. Die Tabelle gibt eine überraschend deutliche Antwort auf die erste der eingangs gestellten Fragen:

- Ungefähr 48 % der trainierbaren Wortuntereinheiten sprengen den Rahmen der gewöhnlichen Triphonmodellierung.

Überdeckung. Die Trainierbarkeit hochspezialisierter Spracheinheiten alleine nützt selbstverständlich garnichts, wenn gerade diese wertvollen Modelle während der Erkennungsphase nur selten verwendet werden. Die Überdeckung der Testwortschatzes mit Polyphonmodellen wurde deshalb quantitativ analysiert. Jedes Phonemvorkommen der 1081 Testwörter wird in der Dekodierungsphase durch genau ein akustisches Modell repräsentiert; die prozentuale Verteilung der unterschiedlichen Kontextbreiten im Erkennungsmodell finden wir in Tabelle 10.9.

Testwörterüberdeckung:	Mono	Bi	*Tri*	Tetra	Penta	Hexa	Hepta	Okta
	7.2	33	22	14	7.7	4.0	2.2	2.1

Tabelle 10.9: Verteilung der Kontextbreiten 1–8 im 1081-Wort-Analysemodell

Danach müssen wir nur in 7.2 % der Fälle auf das grobe Monophonmodell zurückgreifen, Biphone stellen 33 % und Triphone — einschließlich der Nichtstandardformen — 22 % der HMMs im Erkennungsmodell. Auch die Frage nach der Testwortschatzüberdeckung erfährt damit eine positive Beantwortung:

- Ungefähr 47 % der HMMs im Erkennungsmodell gehören zu Spracheinheiten, die größer sind als (Standard-)triphone.

Erkennungsleistung. Den bei weitem größten Aufwand schließlich bereitet die Prüfung der Fragestellung, ob der erhöhte Spezialisierungsgrad von Polyphonmodellen wie erhofft eine verbesserte Spracherkennungsleistung zur Folge hat. Zu diesem Zweck haben wir eine große Zahl verschiedener Inventare kontextabhängiger Wortuntereinheiten unter den beschriebenen Standardbedingungen (Abschnitt 10.1) getestet. Die Wortakkuratheiten in Abbildung 10.1 beziehen sich auf die grammatikfreie Erkennungsaufgabe mit dem Gesamtwortschatz von

1081 Wörtern und wurden anhand der 400 Testsätze gemessen. Die Wort- und Satzakkuratheiten zu den drei eingeführten Erkennungsaufgaben — $\wp_x = 1081$, $\wp_x = 162$, $\wp_x = 111$
— sowie Angaben über die Zahl verwendeter Modelle und ihrer Ausgabeverteilungsdichten
sind im Anhang A.5 vollständig aufgelistet. Die Auswertung umfaßte zunächst einmal die
sechs Grundinventare

Monophone:	`/x/`	Biphone:	`a/x/`, `/x/b`	Triphone:	`a/x/b`
Pentaphone:	`aa/x/bb`	Heptaphone:	`aaa/x/bbb`	Polyphone:	`...a/x/b...`

sowie die in der Abbildung mit 'Poly*' gekennzeichneten Polyphone mit der Silbengrenzmarkierung als zusätzlichem Kontextsymbol. Jedes der Inventare umfaßt die Menge aller
wortinneren N-Phone zuzüglich ihrer durch balancierte Kontextreduktion gewonnenen Generalisierungen, sofern die Vorkommenshäufigkeit oberhalb der Schwelle $f_{\min} = 50$ liegt.

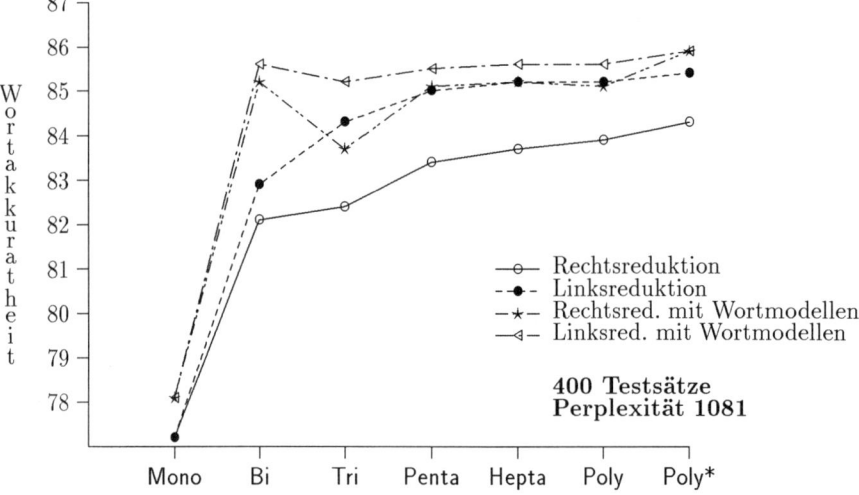

Abbildung 10.1: Die Wortakkuratheiten konkurrierender Inventare von Modellierungseinheiten

Jedes der sieben Grundinventare wurde unter vier verschiedenen Rahmenbedingungen getestet. Einmal unterscheiden wir zwischen Inventaren *mit* und solchen *ohne* schwellwertüber-
schreitende Ganzwortmodelle. Die zweite Unterscheidung betrifft die Vorzugsreihenfolge der
balancierten Reduktion von Kontextsymbolen; wenn im Zweifelsfall — d.h. bei identischer
Länge des rechten und linken Kontexts — das äußerste linke Kontextsymbol zuerst gestrichen
wird, sprechen wir von *Linksreduktion*, sonst von *Rechtsreduktion*. Aus der ersten Strategie
resultiert insbesondere eine deutliche Bevorzugung rechter gegenüber linken Biphonen. Aus
den Leistungskurven der Abbildung 10.1 lassen sich die folgenden Schlüsse ziehen:

- Mit zunehmender Kontextbreite steigt die Wortakkuratheit.
  Auch das Einbeziehen von Silbengrenzmarkierungen verbessert die Leistung.

- Die Hinzunahme von Ganzwortmodellen bewirkt deutliche Verbesserungen.

Insbesondere kompensiert sie teilweise die Vorzüge breiterer Kontextmuster. Wortmodelle harmonieren auffällig gut mit Biphonmodellen.

- Linksreduktion wirkt sich durchgehend vorteilhafter aus als Rechtsreduktion.

Die meisten dieser Beobachtungen geben keine Rätsel auf, sondern bestätigen nur, daß sich eine aufwendigere Modellierung immer dann auszahlt, wenn genug Trainingsmaterial vorhanden ist oder wenigstens wirksame Vorkehrungen gegen die Überadaption der Modellparameter getroffen werden konnten. Zum Beispiel unterstreicht das erfolgreichere Abschneiden der Linksreduktion auf eindrucksvolle Weise das Primat progressiver gegenüber regressiver Koartikulation.

Sehr viel schwieriger zu interpretieren ist allerdings die Interaktion zwischen Ganzwort- und den unterschiedlichen N-Phonmodellen. Zweifellos harmonieren die Ganzwortmodelle auffällig gut mit Biphonen beider Reduktionsrichtungen, sehr viel weniger jedoch mit Triphonen.

Es liegt daher die Vermutung nahe, daß die Qualität der Ganzwortmodelle außerordentlich stark von der Robustheit ihrer Interpolationspartner abhängt; die Triphone könnten dafür derart ungeeignet sein, daß die verschuldete Verschlechterung der Ganzwortmodelle sogar die konstatierte Leistungsverbesserung von Biphonen zu Triphonen kompensiert.

Sonstige Wortuntereinheiten. Wir hatten in den Kapiteln 6 und 8 noch drei weitere Modellierungstechniken eingeführt, die ebenfalls unter den obengenannten Versuchbedingungen getestet wurden: kontexteinfrierende Wortuntereinheiten (CFU), Polygraphen und Dendrophone. Die Tabelle 10.10 zeigt die Wortakkuratheiten dieser Inventare — sie wurden im übrigen wieder mit $r_{\min} = 50$ selektiert — für die 1081-Wort-Erkennungsaufgabe mit und ohne Grammatik; zum Vergleich wurden als untere und obere Orientierungspunkte noch einmal die Ergebnisse der Mono- und Polyphone (einschließlich Silbengrenzmarkierung und Ganzwortmodellen) aufgeführt.

↓ Inventare	$\wp_x = 1081$	$\wp_x = 111$
Monophone	77.2%	88.3%
Polyphone	86.0%	92.4%
Dendrophone	82.2%	91.7%
CFU	82.7%	92.0%
Polygraphen	79.8%	89.9%
Wortakkuratheit; 400 Testsätze, $r_{\min} = 50$		

Tabelle 10.10: Erkennungsleistung von Dendrophonen, CFUs und Polygraphen

Die Dendrophone sind die spezialisiertesten Spracheinheiten, deren Kompressionsfaktor bei einer baumförmigen Wortschatzorganisation noch genauso groß ist wie derjenige von Monophonmodellen (siehe Abschnitt 8.3). Umso erfreulicher ist daher die Tatsache, daß die Dendrophonmodelle besonders bei grammatikgesteuerter Erkennung weitgehend an die Leistung von Polyphonmodellen anknüpfen können, obwohl sie weder rechtsseitigen Lautkontext berücksichtigen noch durch Ganzwortmodelle unterstützt werden.

Die CFU-Modelle erweisen sich den Polyphonen bei $\wp_x = 1081$ unterlegen; wenn wir ein linguistisches Modell einsetzen, schrumpft der Leistungsunterschied zwischen beiden Ansätzen und ist nicht länger signifikant. Demnach zeigen CFU-Modelle eine Tendenz, vorwiegend solche Erkennungsfehler zu produzieren, die durch ein linguistisches Sprachmodell weitgehend korrigiert werden.

Die Wortakkuratheit von Polygraphmodellen liegt erwartungsgemäß weit unterhalb derjenigen vergleichbarer „phonetisch informierter" Wortuntereinheiten, aber dennoch deutlich oberhalb der Monophonleistung. Dieses Resultat beweist, daß die spontane Erweiterung des Erkenners mit neuen Worteinträgen allein mit Hilfe der orthographischen Wortformen möglich ist und eine noch durchaus akzeptable Einbuße an Erkennungsgenauigkeit bewirkt.

10.2.4 Schätzung linguistischer Sprachmodelle

In den Untersuchungen zur statistischen Grammatikmodellierung werden zwei Verfahren miteinander verglichen:

- **Baum-Welch-Modell** — die Kategoriebigramm-Grammatik mit überlappenden Wortklassen, deren Zusammensetzung gemeinsam mit den Bigrammwahrscheinlichkeiten durch den Baum-Welch-Algorithmus optimiert wird (Abschnitt 7.3.4, Seite 228) und

- **Polygramm-Modell** — die Polygramm-Grammatik, eine Verallgemeinerung der Worttrigramme auf beliebig lange Wortvergangenheiten (Gleichung (7.44), Seite 222).

Der erste Vergleich basiert auf einem Textkorpus deutschsprachiger Benutzeräußerungen in Intercityauskunftsdialogen; es handelt sich um 2027 Trainingssätze zur Modellschätzung sowie 408 Testsätze zur Perplexitätsbestimmung. Die Teilkorpora bestehen aus 685 (233) verschiedenen Wortformen; 21 Wortformen treten ausschließlich im Testkorpus auf.

Das in den bisherigen Erkennungstests verwendete Bigramm-Modell mit 95 disjunkten syntaktisch-semantischen Wortklassen besitzt auf diesem Testkorpus eine Perplexität von 72.4. Das Baum-Welch-Modell wurde aus Gründen der Vergleichbarkeit ebenfalls mit 95 Wortklassen konfiguriert. Zur Initialisierung des linguistischen HMM wurde im ersten Versuch das vorhandene Bigramm-Modell herangezogen, im zweiten Versuch wurde zufallsgesteuert vorbesetzt. Die Test- und Trainingsperplexitäten sind in der Tabelle 10.11 angegeben.

Offensichtlich ist der Baum-Welch-Algorithmus in der Lage, auch ohne a priori Klasseninformation eine probabilistische Wortkategorisierung zu deduzieren, mit welcher die Daten genausogut beschrieben sind wie mit den vorgegebenen linguistisch motivierten Kategorien. Die enorme Verbesserung der Perplexitätwerte gegenüber dem Standard ist darauf zurückzuführen, daß im Baum-Welch-Modell nicht nur die Bigrammübergänge, sondern auch die

Sprachmodelltyp	$\wp_x$ (Training)	$\wp_x$ (Test)
Standard (95 disjunkte Kategorien)	—	72.4
Baum-Welch (mit ↑ vorbesetzt)	29.7	38.4
Baum-Welch (zufällig vorbesetzt)	30.0	39.1
Polygramme ($n_{\max} = 6$)	28.6	37.1

Tabelle 10.11: Sprachmodellperplexitäten für das Auskunftsdialogkorpus

Kategoriezugehörigkeiten — im Standardmodell sind sie innerhalb der Wortklassen uniform — einer datengetriebenen Optimierung unterworfen werden.

Polygramm-Modelle genießen den erwähnten Bigrammtechniken gegenüber den Vorzug, auch lange grammatische Vorgeschichten zu erfassen. Da sie direkt auf Wörtern statt auf Klassen operieren, kommt der Interpolation ihrer Wahrscheinlichkeitsparameter eine zentrale Rolle zu. Im vorliegenden Fall wurden die Interpolationsgewichte $\rho_i(n)$ jeweils in Abhängigkeit von der Länge n der berücksichtigten Vorgeschichte geschätzt. Dazu wurde ein Teil (200 Sätze) der Lernstichprobe zum Zweck der Kreuzvalidierung ausgegliedert. In Tabelle 10.12 sind die erzielten Trainings- und Testperplexitäten für einige Maximalwerte $n_{\max}$ der Vorgeschichtsdauer aufgeführt.

Maximalkontext $n_{\max}$	1	2	3	4	5	6
Trainingsperplexität	185	20.1	11.3	10.8	10.1	10.6
	173	15.9	6.9	5.4	5.0	4.9
Testperplexität	133	40.6	38.0	37.0	37.6	37.1

Tabelle 10.12: Polygrammperplexitäten für das Auskunftsdialogkorpus

Die obere Zeile der Trainingsperplexitäten bezieht sich auf das Modell, mit dem auch die Testperplexitäten berechnet wurden. Die noch niedrigeren Werte in der mittleren Zeile gehen auf eine Kreuzvalidierung mit der Lernstichprobe selbst zurück. Völlig erwartungsgemäß gestatten Polygramme eine extrem präzise Grammatikmodellierung; die Schere zwischen Trainings- und Testperplexität geht aber wegen der mangelhaften Verallgemeinerungsfähigkeit immer weiter auf, so daß sich im Endeffekt kein spürbarer Vorteil im Vergleich zu den Kategoriebigrammen ergibt.

Ganz ähnliche Resultate ergaben sich auch bei Untersuchungen mit einem viel größeren Korpus englischsprachiger Fluginformationsanfragen (ATIS, *air travel information system*) mit 10 793 Trainings-, 1003 Kreuzvalidierungs- und 976 Testsätzen (der sogenannte Februartest). Die Tabelle 10.13 zeigt die mit unterschiedlichen Kategorienzahlen K bzw. Maximalkontexten $n_{\max}$ erzielten Testperplexitäten des Baum-Welch- und des Polygramm-Modells.

10.2.5 Mehrphasendekodierung

In diesem letzten Abschnitt geht es um die Kombination sehr schneller Dekodierungstechniken mit den leistungsstärksten der bisher vorgestellten akustischen und linguistischen Sprachmodellkomponenten. Die Abbildung 10.2 zeigt den Zweiphasendekodierer, bestehend aus

Baum-Welch-Modell:	K	50	100	150	200	250	300	350	400
	$\wp_x$	36.0	25.2	22.3	21.2	20.6	21.0	19.9	19.9
Polygramm-Modell:	$n_{\max}$	1	2	3	4	5	6	7	
	$\wp_x$	161	24.6	18.8	18.4	18.4	18.3	18.3	

Tabelle 10.13: Testsatzperplexitäten für das ATIS-Korpus

einem Eingangsblock zur Berechnung der n besten Wortketten unter Verwendung eines baumorganisierten, durch Dendrophonmodelle repräsentierten Wortschatzes, und einem Modul zur Umbewertung der Satzhypothesen aufgrund des akustischen Polyphonsprachmodells und des linguistischen Baum-Welch-Sprachmodells.

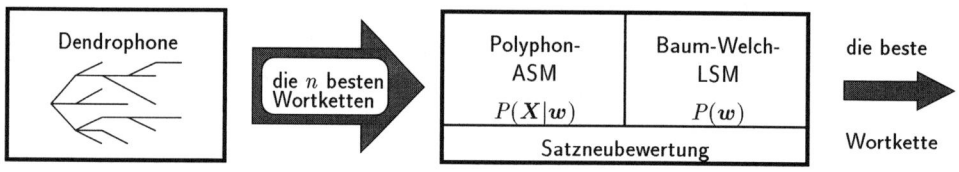

Abbildung 10.2: Zweiphasendekodierung mit dendrophonischem Baum und akustisch-linguistischer Neubewertung

Baumdekodierung. Unter den bekannten Testbedingungen wurden vier Wortuntereinheiteninventare auf ihre Eignung für eine schnelle Baumdekodierung hin untersucht. Es handelt sich dabei um Mono-, Dendro- und Polyphone sowie eine modifizierte Variante der Dendrophone, bei der maximal *ein* rechtes Kontextsymbol auftreten darf. Das Anliegen dieser speziellen Konstruktion bestand darin, einen günstigen Kompromiß zwischen der guten Komprimierbarkeit der Dendrophonbäume und der guten Worterkennungsleistung der Polyphonmodelle zu erzielen.

In der Tabelle 10.14 finden wir neben den Wortakkuratheiten der vier Verfahren auch Angaben über den Rechenaufwand für die 100 Testsätze bei Dekodierung mit dem großen Wortschatz. Außer der Anzahl der Modellknoten im baumorganisierten Erkenner sind auch die CPU-Zeiten und Echtzeitfaktoren auf einer DECstation 5200 angegeben. Die etwas abweichenden Erkennungsraten erklären sich durch die unterschiedlichen Strahlsuchverfahren der flachen und der baumorganisierten Dekodierung. Die Zeitangaben verstehen sich auf die HMM-Suche ohne Einschluß der Vektorquantisierung.

Die Baumorganisation mit maximaler Kompression, wie sie bei Mono- und Dendrophonen erzielt wird, führt zu einer zehnfachen Beschleunigung des Erkennungsvorgangs. Interessant ist ein Vergleich zwischen baumorganisierten Polyphonen und modifizierten Dendrophonen, weil ein Laufzeitquotient von drei einem fast identischen Kompressionsfaktor gegenübersteht. Entscheidend für die Geschwindigkeitsdifferenz dürfte hier das Verhalten der Strahlsuche an den Wortanfängen sein, wo der Polyphonbaum weitaus stärker verzweigt als der modifizierte Dendrophonbaum. Die Anzahl der im Erkennungsmodell enthaltenen *verschiedenen* HMMs

	↓ Inventare	WA	Knoten	[sek]	EZF
	Monophone	82.6%	2887	394	0.9
BAUM-	**Dendrophone**	84.9%	2887	457	1.1
ORGANISATION	**modifizierte D.**	85.2%	3723	937	2.2
	Polyphone	86.7%	3871	2861	6.8
FLACHE	**Monophone**	82.3%	8004	4677	11.0
ORGANISATION	**Polyphone**	86.4%	8004	5116	12.1

Tabelle 10.14: Erkennungsleistung und Rechenaufwand verschiedener Wortuntereinheiten

fällt offensichtlich kaum ins Gewicht, wie die hohe Verarbeitungskomplexität der flachen
Monophonsuche belegt.

Die n besten Wortketten. Ausgangspunkt für die nachfolgenden Untersuchungen sind
die $n = 200$ bestbewerteten Wortketten der Monophon-, Dendrophon- und Polyphonerkenner. Die Kurvenpunkte der Abbildung 10.3 geben den prozentualen Anteil der Testsätze
an, deren korrekte Wortkette sich bereits unter den n bestbewerteten Ketten befindet; für
$n = 1$ ist das die gewöhnliche Satzakkuratheit. Alle Ergebniskurven beziehen sich auf das
mit $\wp_x = 111$ bezeichnete Bigramm-Sprachmodell.

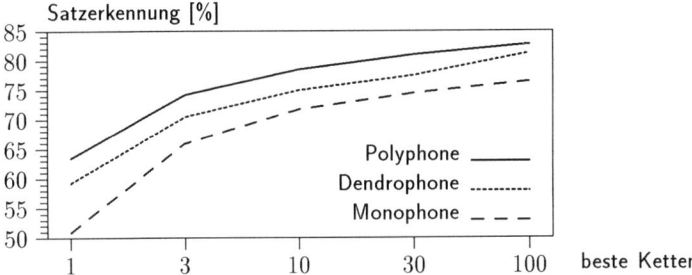

Abbildung 10.3: Kumulative Satzerkennungsraten für die bestbewerteten Wortketten

Schon die ersten zwei (drei) Dendrophonketten (Monophonketten) erreichen die Satzer-
kennungsrate der ersten Polyphonalternative. Damit besteht begründete Hoffnung, daß die
sehr viel schneller generierbaren Wortketten der einfacheren Wortmodelle nach akustischer
Neubewertung eine ähnlich gute Satzerkennung in der ersten Alternative aufweisen wie der
aufwendigere Polyphonerkenner.

Linguistische Neubewertung. Im letzten Abschnitt waren zwei weitere linguistische
Sprachmodelle — das Baum-Welch- und das Polygramm-Modell — für Intercityauskunfts-
anfragen vorgestellt worden, die das Standardsprachmodell hinsichtlich der geschätzten Testsatzperplexität fast um einen Faktor 2 unterboten. Beide Sprachmodelle, besonders aber die
Polygramme, sind wesentlich komplexerer Natur als das Standardmodell und können nicht
in effizienter Weise in die akustische Strahlsuche integriert werden. Deshalb wurden in einem

weiteren Versuch die 200 besten Wortketten der 400 Testsätze erzeugt und mit den linguistischen Wahrscheinlichkeitsbewertungen je eines der drei Grammatikmodelle neubewertet.

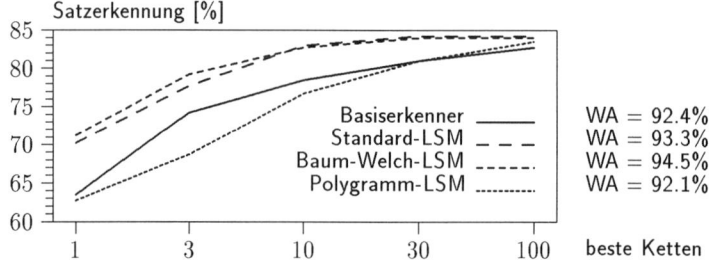

Abbildung 10.4: Linguistische Neubewertung der besten Polyphonwortketten

Die Ergebnisse sind wieder in Gestalt der Satzerkennungskennlinien dargestellt. Die Abbildung 10.4 demonstriert auf der einen Seite, daß die bislang erzielten Resultate mit Hilfe einer linguistisch verifizierenden Zweiphasendekodierung noch weiter verbessert werden
konnten. So stieg die Wortakkuratheit von ursprünglichen 92.4 % durch Umsortieren nach
den Baum-Welch-Bewertungen um mehr als zwei Prozentpunkte auf 94.5 %. Dennoch wider-
sprechen die Resultate in zwei Punkten unserer Erwartung:

- Das Standardmodell liefert mit seiner Perplexität $\wp_x = 72.4$ nahezu dieselbe Satzerkennung wie das vermeintlich überlegene Baum-Welch-Modell ($\wp_x = 39.1$).

- Das Polygramm-Modell besitzt die niedrigste Perplexität ($\wp_x = 37.1$) und schneidet
  im Vergleich am schlechtesten ab.

Die Beobachtungen bestätigen damit, daß die Perplexität des linguistischen Modells zwar
eine außerordentlich gut handhabbare Zielgröße in der Entwurfsphase darstellt, mit der Ge-
samtleistung eines grammatikgesteuerten Spracherkennungssystems jedoch nur lose korreliert ist.

Die zunächst paradox anmutende Verbesserung der Standard-LSM-Satzhypothesen durch
linguistische Neubewertung mit dem Standard-LSM ist dadurch begründet, daß mit Hilfe der Zweiphasendekodierung erstmalig eine systematische gemeinsame Optimierung der
Wortstrafe ρ_{ws} und des Balancefaktors ρ_{bf} möglich war.

Akustisch-linguistische Neubewertung. Der letzte Test betrifft die in Abbildung 10.2
propagierte zweiphasige Erkennerarchitektur. Trotz der ermutigenden Prognose durch die
Resultate der Abbildung 10.3 bleibt experimentell zu bestätigen, ob das Potential alternativer Wortketten mit sehr hohen kumulativen Satzakkuratheiten durch eine akustische
Neubewertung mit Polyphonwahrscheinlichkeiten tatsächlich voll ausgeschöpft wird.

Die Erkennungsergebnisse sind in Tabelle 10.15 und in Abbildung 10.5 dargestellt. Die
Tabelle gibt für die betrachteten Spracheinheiteninventare die Wortakkuratheiten sowie drei

Inventar →		Monophone		Dendrophone		Polyphone	
		Phase I	Phase II	Phase I	Phase II	Phase I	Phase II
kumulative	$n = 1$	51.0%	66.5%	59.3%	70.3%	63.5%	71.3%
Satz-	$n = 10$	71.8%	77.3%	75.3%	82.0%	78.5%	82.8%
akkuratheit	$n = 100$	76.8%	78.3%	81.5%	83.8%	82.8%	84.0%
Wortakkuratheit		88.3%	**93.7%**	91.7%	**94.6%**	92.4%	**94.5%**
400 Testsätze — Standard-LSM (Phase I) — Polyphon-ASM & Baum-Welch-LSM (Phase II)							

Tabelle 10.15: Erkennungsleistung vor und nach der akustisch-linguistischen Umbewertung

kumulative Satzakkuratheitswerte an. Dabei wird zwischen den Ergebnissen der Phase I — Erzeugung der besten Wortketten mit dem Standard-LSM — und denen der Phase II — akustisch-linguistische Umbewertung mit Polyphon-ASM und Baum-Welch-LSM — unterschieden. Die Abbildung zeigt getrennt für Monophone und Dendrophone die Satzerkennungskennlinien vor und nach der Umbewertung. Außerdem ist als durchgezogene Kurve zum Vergleich die Leistung des „langsamen" Dekodierers aufgetragen, der die Polyphonmodelle bereits in der Wortkettengenerierungsphase verwendet.

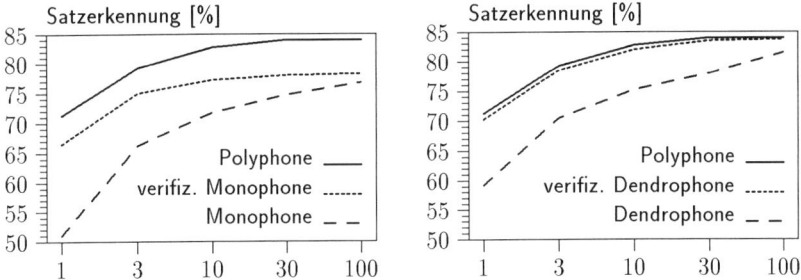

Abbildung 10.5: Akustisch-linguistische Umbewertung von Monophon- (links) und Dendrophonketten (rechts)

Aus den Resultaten ist zu ersehen, daß die in zwei Phasen zerlegte Dekodierung tatsächlich die angestrebte Kombination von Geschwindigkeit und Erkennungsgenauigkeit bewirkt, da sich die mindere Akkuratheit der Dendrophonmodelle durch die Umbewertung mit Polyphonmodellen praktisch vollständig kompensieren läßt. Den Einträgen der letzten Tabellenzeile ist zu entnehmen, daß die maximal erzielbare Wortakkuratheit von 94.5 % auch mit einem Kettengenerierungsblock auf Dendrophonbasis erzielt werden kann.

Es ist aber auch ersichtlich, daß bei monophongetriebener Generierung von Wortketten, die immerhin zu 76.8 % der Testsätze die korrekte Lösung enthalten, nicht die kritische Masse erreicht wird, um die Ergebnisse der polyphongetriebenen Kettenerzeugung zu reproduzieren.

10.3 Erkennung spontan produzierter Äußerungen

In jeder realistischen Dialoganwendung hat ein Spracherkennungsmodul die besonderen Anforderungen *spontan* produzierter Sprache zu bewältigen. Wenn ein Benutzer lautsprachlich mit einer Maschine kommuniziert, konfrontiert er sie dabei mit einer großen Zahl von Irregularitäten, die der geschriebenen bzw. unter kontrollierten Laborbedingungen abgelesenen Sprache fremd sind.

Typische Phänomene, die auf Satzebene zu Buche schlagen, sind Korrekturen, Wiederholungen und Fehlansätze; generell erwarten wir bei Gesprochenem einen niedrigeren Grad der Grammatikalität als bei Geschriebenem [Sch91a]. Ferner treffen wir in Spontansprache nichtverbale Äußerungen an wie Lachen, Husten, Schmatz- und Atemgeräusche sowie gefüllte („äh", „em", „hm") und ungefüllte Pausen (Stille). Wörter werden unter Umständen nur fragmentarisch realisiert oder befinden sich außerhalb des aktuell konfigurierten Erkennungsvokabulars. Schließlich ist bei spontan produzierter im Kontrast zu gelesener Sprache in der Mehrzahl der Fälle von einer minderen Sorgfalt der Artikulation auszugehen.

Einige der obengenannten Probleme werden in der Zukunft Anlaß dafür geben, auch über fundamentale Modifikationen der traditionellen Erkennerbauweise nachzudenken; das gilt sicherlich für Korrekturen, Fehlansätze und unvollständige Wörter. Auf der anderen Seite ist zu vermuten, daß einige der spontansprachlichen Phänomene — insbesondere die stark verschliffene Aussprache und der unvollkommene Satzbau — schon unter Ausnutzung der Fähigkeit statistischer Erkennungssysteme zum automatischen Lernen aus Sprachdaten erfolgreich zu behandeln sind. In den nachfolgendenden Abschnitten werden experimentelle Resultate einer Versuchsreihe präsentiert, in der spontan produziertes Sprachmaterial, das mit Hilfe der Pilotversion eines telefonischen Bahnauskunftsystems unter realistischen Kommunikationsbedingungen akquiriert wurde, zum Erkennungstest, aber auch zur Parameteroptimierung der Spracherkennungskomponente herangezogen wurde.

10.3.1 Das Erlanger Bahnauskunftsystem

Das Erlanger Bahnauskunftsystem wurde im Rahmen des europäischen Esprit-Projekts SUNDIAL (**S**peech **Un**derstanding and **Dial**ogue) realisiert, das im September 1988 initiiert und im August 1993 erfolgreich abgeschlossen wurde [Pec91, Pec93]. Gegenstand des SUNDIAL-Projekts, an dem sich insgesamt zwölf industrielle und universitäre Forschungseinrichtungen aus Staaten der Europäischen Union beteiligten, war die Entwicklung telefonischer Auskunftdialogsysteme; zu Projektabschluß wurden Forschungsprototypen aus dem Diskursbereich Bahninformation bzw. Fluginformation in englischer, italienischer, französischer und deutscher Sprache präsentiert. Das deutsche Dialogsystem wurde nach Projektende am Lehrstuhl für Mustererkennung (Informatik 5) der Friedrich-Alexander-Universität fortentwickelt [Eck92, Eck93a] und besitzt nunmehr die in Abbildung 10.6 skizzierte Architektur.

Das Kernsystem gliedert sich in die vier Komponenten *Spracherkennung, Linguistische Analyse, Dialogsteuerung* und *Antwortgenerierung*. Darüberhinaus existiert je eine Schnittstelle zur Anwendungsdatenbank, in welcher die Zugverbindungsinformation abgelegt ist, und zur Sprachsignalwandlung (A/D- und D/A-Konversion), die mit dem öffentlichen Telefonnetz gekoppelt ist.

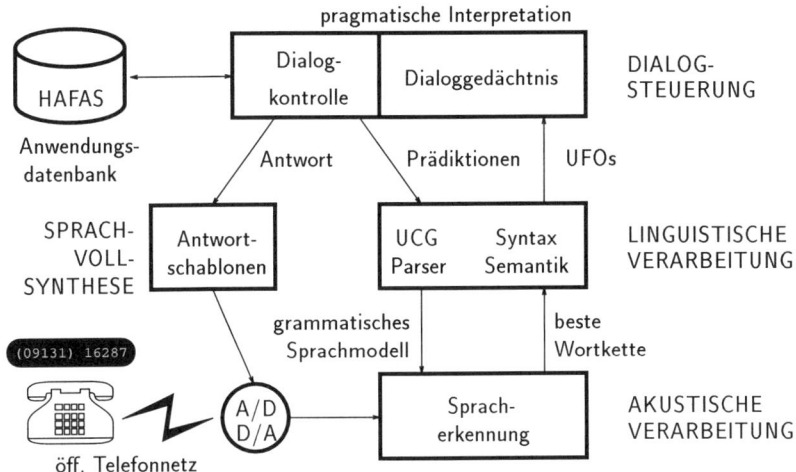

Abbildung 10.6: Das Erlanger Bahnauskunftsystem

Der Erkennungsteil arbeitet nach dem in Abbildung 10.7 dargestellten Mehrphasenprinzip: mit einer vorwärtsgerichteten, strahlgesteuerten Viterbisuche wird ein dichtes Wortgitter erzeugt, aus welchem anschließend mittels A*-Algorithmus die $n = 100$ bestbewerteten Wortfolgen extrahiert werden. Die vorangegangene Entscheidung basiert auf einer akustischen Modellierung mit semikontinuierlichen Polyphon-HMMs und einer grammatischen Modellierung durch Kategoriebigramme. Erst in der anschließenden Neubewertungsphase werden in der linguistischen Komponente der Wortkettenbewertung die Bigrammwahrscheinlichkeiten durch die präziseren Polygrammwahrscheinlichkeiten substituiert, und die nunmehr bestbewertete Kette wird an die linguistische Analyse weitergereicht. Der Erkennungswortschatz besteht aus 1110 Wortformen; darin sind auch alle für das Intercitynetz relevanten Ortsnamen enthalten. Der Echtzeitfaktor der akustischen Verarbeitung liegt unter den genannten Bedingungen bei etwa 1.3.

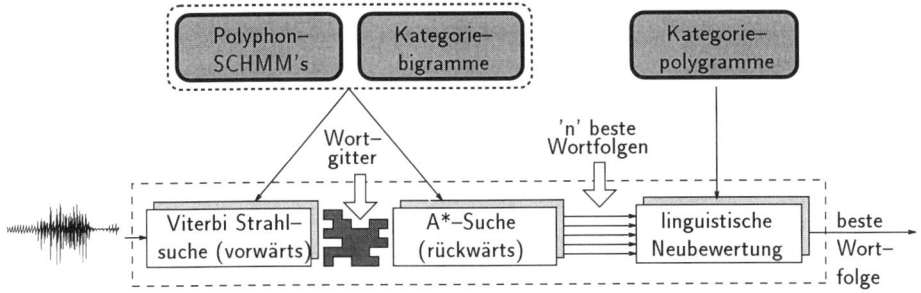

Abbildung 10.7: Der Spracherkennungsteil des Erlanger Bahnauskunftsystems

Der linguistischen Analyse liegt eine kategoriale Unifikationsgrammatik (UCG) zugrunde. Bei dem hier verwendeten DATR-Formalismus [Eva90] handelt es sich um einen lexikongestützten Ansatz zur Strukturanalyse natürlicher Sprache; das für den Unifikationsvorgang erforderliche syntaktische und semantische a priori Wissen ist in den komplexen Merkmalstrukturen der Lexikoneinträge kodiert, und es wird darüberhinaus keine explizite Kettengrammatik benötigt. Zu jeder Eingabeäußerung wird zunächst eine Menge partieller Interpretationen (UFOs, *utterance field objects*) erzeugt, aus welcher in einem Nachverarbeitungsschritt unter Berücksichtigung der akustischen Wortwahrscheinlichkeiten, des Sättigungsgrades der Unifikationsargumente und des semantischen Informationsgehalts eine bewertungsoptimale UFO-Kette extrahiert wird; eine nähere Erläuterung dieser Mechanismen findet sich in [Han94].

Die so generierten UFOs sind anschließend im Kontext eines domänenspezifischen Weltmodells zu interpretieren, und die für eine Datenbankabfrage relevanten Parameter — zum Beispiel das gewünschte Reiseziel sowie Zeit- und Datumsangaben für die Abfahrt/Ankunft — müssen bestimmt werden. Als Anwendungsschnittstelle wird eine kommerziell verfügbare Bahnverbindungsdatenbank (HAFAS) verwendet. Der Dialogkontrolle obliegt nach jeder abgeschlossenen Benutzeräußerung die Entscheidung, ob bereits alle erforderlichen Abfrageparameter verfügbar sind; gegebenenfalls wird über die Sprachsynthesekomponente eine entsprechende Rückfrage an den Benutzer gerichtet. Die Antwortgenerierung wählt zu diesem Zweck eine der vorgefertigten Textschablonen aus und besetzt deren Leerstellen in Abhängigkeit vom aktuellen Inhalt des Dialoggedächtnisses.

Die Bestimmung der bestmöglichen Systemreaktion beruht auf einem Dialogmodell, das einen Vorrat von Kontroll- und Kohärenzregeln beinhaltet, die eine benutzerfreundliche und zielgerichtete Interaktion begünstigen. Der aktuelle Dialogzustand bildet nicht nur die Grundlage der initiierten Systemantwort oder -rückfrage, sondern greift in Gestalt zurückfließender Prädiktionen auch in die Funktionsweise der akustischen und linguistischen Verarbeitung ein; so ist zum Beispiel eine dialogschrittabhängige Auswahl grammatischer Sprachmodelle im Spracherkennungsblock vorgesehen. Weitere Einzelheiten zur Dialogsteuerung sind in [Eck93b, Eck94] nachzulesen.

10.3.2 Evaluierung spontansprachlichen Datenmaterials

Die nachfolgend beschriebene Versuchreihe stützt sich auf Sprachdatenkorpora, die im Verlauf von vier Systemevaluierungen des Erlanger Bahnauskunftprototypen aufgezeichnet wurden. Die Benutzeräußerungen wurden über ein Nahbesprechungsmikrofon, eine lokale telefonische Nebenstellenanlage (NStA) beziehungsweise das öffentliche Telefonnetz (ÖTN) akquiriert. Zum Vergleich wurde neben dem Spontanmaterial auch ein Korpus gelesener Bahnanfragen evaluiert. Die bei der Erstellung der fünf Datensammlungen herrschenden Rahmenbedingungen sind in Tabelle 10.16 zusammengefaßt. Die jeweiligen Testsprecherpopulationen wurden dort einer der beiden Klassen „*semi-naiv*" und „*naiv*" zugeordnet; den Probanden der ersten Kategorie lag eine (knappe) Bedienungsanleitung für das getestete

System vor, während den Probanden der zweiten Kategorie lediglich die anzuwählende Rufnummer mitgeteilt worden war.

Sprachkorpus	S0	S1	S2	S3	S4
Aufnahmekanal	Mikrofon	Mikrofon	NStA	ÖTN	ÖTN
Produktion	gelesen	spontan	spontan	spontan	spontan
Benutzertyp	semi-naiv	semi-naiv	semi-naiv	naiv	naiv
# Äußerungen	1400	1742	1120	1365	199
# Wortvorkommen	10926	6384	3509	4238	1144
# verschiedene Wörter	377	239	263	320	196
# unbekannte Wörter	—	68	46	111	77
(dto., in Prozent)	—	1.0%	1.3%	2.6%	6.7%

Tabelle 10.16: Kenndaten der fünf Sprachmaterialsammlungen

Für die nachfolgenden Erkennungstests wurden zwei Sätze akustischer Modellparameter trainiert. Das Standardmodell wurde mit einer auf 10100 Anfragen (14.6 Stunden Sprache) erweiterten Sprachprobe gelesener ERBA-Sätze (siehe Abschnitt 10.1) geschätzt. Zum Training des „spontanen" akustischen Modells sind dieser Grundmenge 19124 gelesene Exemplare (20.7 Stunden) phonetisch balancierter Sätze (PHONDAT-Korpus) und 1824 spontan produzierte Äußerungen (4.3 Stunden) eines Terminabspracheszenariums (VERBMOBIL-Korpus) hinzugefügt worden; eine genaue Beschreibung der beiden letzteren, über ein Nahbesprechungsmikrofon aufgezeichneten Stichprobenkomponenten ist in [Kuh95] nachzulesen. Das Standardmodell bzw. das spontane ASM umfaßte semikontinuierliche Markovmodelle zu 3515 (9536) verschiedenen Polyphoneinheiten; insgesamt waren mehr als zwei (fünf) Millionen HMM-Parameter zu schätzen.

Auch vom linguistischen Sprachmodell wurden zwei konkurrierende Varianten erzeugt. Das Standardmodell basiert auf dem Textkorpus von 2027 manuell erstellten Intercityanfragesätzen, das wir bereits in Abschnitt 10.2.4 kennengelernt hatten. Zur Generierung des „spontanen" Grammatikmodells wurde dieses Korpus mit den Transliterationen des Testmaterials S1 angereichert.

In Abbildung 10.8 sind die auf den Testkorpora S0 bis S3 erzielten Wortakkuratheiten zusammengestellt. Drei Modellkombinationen wurden evaluiert: das Standard-ASM mit dem Standard-LSM ($\mathcal{M}$), das spontansprachlich adaptierte ASM mit dem Standard-LSM ($\mathcal{M}_+$) und schließlich das spontane ASM in Verbindung mit dem spontanen LSM ($\mathcal{M}_+^+$). Die im Vordergrund (Hintergrund) aufgeführten Perplexitäten der vier Teststichproben beziehen sich auf die Basisgrammatik bzw. das spontansprachlich adaptierte Grammatikmodell. Die Auswertung der dritten Modellkombination auf dem S1-Korpus ist nur der Vollständigkeit halber eingetragen; die getesteten Sprachdaten wurden in diesem Fall bereits zur Schätzung des linguistischen Modells herangezogen, so daß die errechnete Wortakkuratheit sicherlich nicht repräsentativ für die im *unabhängigen* Test zu erwartende Erkennungsleistung sein wird.

Die generelle Leistungseinbuße von Test S0/S1 über S2 nach S3 bestätigt unsere Vermu-

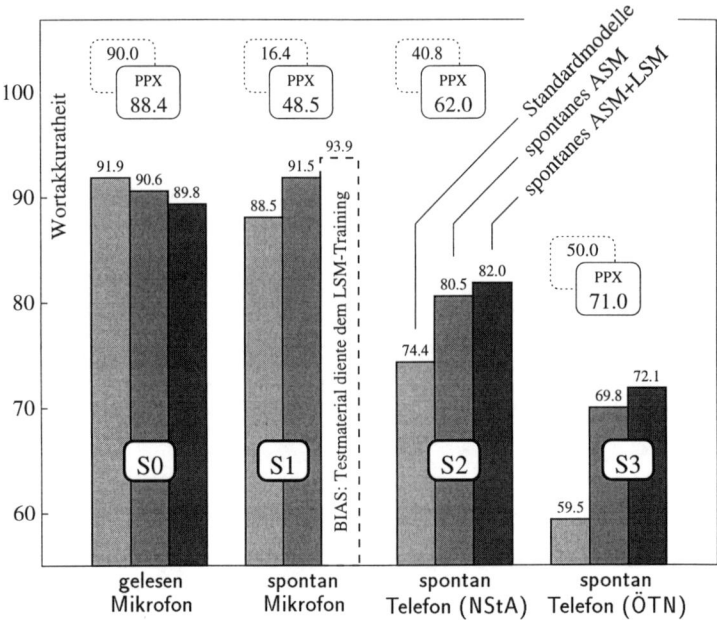

Abbildung 10.8: Erkennungsraten für gelesene und spontan produzierte Intercity-Anfragen

tung, daß die Spracherkennung bei Kommunikation über das Telefon — insbesondere was das öffentliche Netz angeht — mit größeren Problemen zu kämpfen hat als bei Mikrofoneingabe. Darüberhinaus ist die Erkennung spontaner Äußerungen offenbar schwieriger als die Erkennung gelesener Äußerungen. Dies folgt aus den Testdaten S0 und S1, die beide über Mikrofon aufgezeichnet wurden; trotz des erheblichen Perplexitätsgefälles ergeben sich für S1 keine höheren Wortakkuratheiten als für S0. Wenn wir unsere Aufmerksamkeit hingegen auf die Ergebnisse der drei Spontantests konzentrieren, beobachten wir eine signifikante Korrelation zwischen der erzielten Erkennungssicherheit und der Stichprobenperplexität.

Der dramatische Leistungsabfall des Basiserkenners $\mathcal{M}$ von 91.9 % Wortakkuratheit unter Laborbedingungen auf 59.5 % in einem realistischen Feldversuch unterstreicht die Notwendigkeit robustheitssteigernder Maßnahmen im Hinblick auf einen praktischen Einsatz des Erkenners. Es stellt sich damit insbesondere die Frage, welcher Zugewinn sich bereits durch eine einfache Anreicherung des Trainingsmaterials mit spontanen Sprachdaten realisieren läßt. Die Ergebnisse zu den adaptierten Modellkombinationen $\mathcal{M}_+$ und $\mathcal{M}_+^+$ machen deutlich, daß die spontansprachliche Adaption sowohl des akustischen wie auch des linguistischen Modells in allen betrachteten Kombinationen zum Erfolg führt. Die Wortfehlerrate der Tests S1, S2, S3 konnte nach Ersetzung des Erkenners $\mathcal{M}$ durch $\mathcal{M}_+^+$ ungefähr um ein Drittel reduziert werden; der Löwenanteil geht auf das Konto des modifizierten Akustikmodells. Lediglich das gelesene Testmaterial S0 widersetzte sich diesem Trend. Bezogen auf den ausschließlich akustisch adaptierten Erkenner $\mathcal{M}_+$ bedeutet dies, daß die Fehlerreduktion allem Anschein nach auf die Hinzunahme der spontansprachlichen VERBMOBIL-Daten zurückzuführen ist;

eine Verbesserung aufgrund des gelesenen PHONDAT-Materials hingegen hätte auch die Resultate des Tests S0 einschließen müssen.

Namentlich die vermöge $\mathcal{M}_+$ erzielte Leistungssteigerung überrascht uns zunächst, zumal der Anteil spontanen Sprachmaterials in der erweiterten Stichprobe nur 9.6 % ausmacht, die Äußerungen des VERBMOBIL-Korpus dem Diskursbereich „Terminabsprachen" — nicht „Zugauskunft"! — entnommen sind und drittens alle Stichprobenkomponenten per Mikrofon aufgezeichnet wurden. Folglich scheidet sowohl eine *domänen-* wie auch eine *telefonbezogene* Adaption des Basismodells als Erklärung für die experimentellen Resultate aus; vielmehr kann vom Vorhandensein spezifischer Gesetzmäßigkeiten spontan produzierter Wortaussprache jenseits der Einflüsse des akustischen Kanals und des Anwendungsgebiets ausgegangen werden. Trifft die oben angezogene Hypothese zu, so besteht berechtigte Hoffnung auf eine generelle Wiederverwertbarkeit spontansprachlicher Datensammlungen bei der Entwicklung sprachverarbeitender Systeme oder ihrer Anpassung an neue Einsatzgebiete.

Teststichprobe S4 (ÖTN, spontan, naiv)				
Testperplexität (Standard/spontan)	**Wortakkuratheit**			
	$\mathcal{M}$	$\mathcal{M}_+$	$\mathcal{M}_+^+$	$\mathcal{M}_{++}^+$
98.8 (73.5)	48.4%	59.1%	61.7%	70.4%

Tabelle 10.17: Erkennung mit anwendungsabhängig adaptiertem akustischen Modell

Um die Erfolgsaussichten einer Erkenneranpassung mit domänenspezifischem Trainingsmaterial zu prüfen, wurde eine weitere Sprachprobensammlung (S4) akquiriert; die Erhebungsbedingungen entsprachen denen des Tests S3. Wie aus den Tabellen 10.16 und 10.17 erhellt, beinhaltet S4 mit einer Testperplexität von 98.8 und einem relativen Anteil unbekannter Wortvorkommen von 6.7 % die im Vergleich zu S3 problematischeren Sprachdaten; konsequenterweise bewegen sich auch die gemessenen Worterkennungsraten für die uns bereits bekannten Modellkombinationen $\mathcal{M}$, $\mathcal{M}_+$ und $\mathcal{M}_+^+$ auf einem um etwa zehn Prozentpunkte niedrigeren Niveau. Die unbedingte Rentabilität einer Modelladaption mit anwendungsbezogenen, also der Zugauskunftsdomäne entstammenden Spontandaten folgt aus dem Testergebnis des Erkenners $\mathcal{M}_{++}^+$ — infolge einer Anreicherung der akustischen Lernstichprobe mit den transliterierten Bahninformationsanfragen der Korpora S1, S2, S3 erhöhte sich die Wortakkuratheit noch einmal von 61.7 % auf 70.4 %.

Diese drastische Fehlerreduktion gibt Anlaß zu der Vermutung, daß das Potential statistischer Spracherkennungssysteme zur datengetriebenen Adaption an die akustischen, phonetischen, lexikalischen und grammatischen Charakteristika ihres intendierten Einsatzgebietes noch lange nicht ausgeschöpft ist.

10.4 Zusammenfassung

Es wurden experimentelle Ergebnisse für das ISADORA-System und weitere Sprachverarbeitungskomponenten präsentiert. Eine Basiskonfiguration zur sprecherunabhängigen Er-

kennung kontinuierlicher Sprache mit großem (1081 Wörter) Vokabular und einem linguistischen Sprachmodell für den Intercityauskunftsbereich wurde vorgestellt. Sie arbeitet mit
12 *mel*-Cepstrumparametern und ihren zeitlichen Ableitungen, einem phonetischen Mischverteilungskodebuch von 220 Klassen und 2991 semikontinuierlichen Polyphonmodellen mit
insgesamt etwa zwei Millionen statistischen Parametern. Nach deren Schätzung auf Grundlage von 11 Stunden gesprochener Sprache wird auf 400 Testsätzen eine Wortakkuratheit
von 85.9 % (92.3 % bei Unterstützung durch das linguistische Modell) gemessen.

In den Untersuchungen zur Vektorquantisierung wurden die Nützlichkeit der Einbeziehung von a priori Lautklasseninformation beim Kodebuchentwurf und der semikontinuierlichen Neuschätzung nachgewiesen. Ferner wurden zwei Suchverfahren vorgestellt, die den
Quantisierungsvorgang ohne Erkennungseinbuße um das 6–8-fache beschleunigen.

Der experimentelle Vergleich konkurrierender Inventare von Wortuntereinheiten ergab die
besten Resultate für Polyphonmodelle; die maximale Akkuratheit wurde erzielt, wenn auch
Silbengrenzmarkierungen berücksichtigt und Spezialmodelle für häufig auftretende Wörter
hinzugenommen wurden. Mit der Übertragung der Polyphonmodellierung auf orthographische Wortrepräsentationen gelang die Konstruktion akustischer Modelle ohne verfügbare
phonemische Wortumschriften; die erzielte Erkennungsleistung liegt immer noch deutlich
höher als diejenige eines Monophonerkenners.

Mit zwei mächtigeren Verfahren zur linguistischen Sprachmodellierung, dem Polygramm-
und dem Baum-Welch-Modell, konnte die Testperplexität eines Intercityanfragekorpus fast
auf die Hälfte verringert werden. Nach linguistischer Umbewertung der n besten Wortketten mußte jedoch festgestellt werden, daß die verminderten Perplexitäten nicht die erhoffte
Verbesserung der Wortakkuratheitheiten bewirken. Lediglich durch die gemeinsame Optimierung des Wortstrafeparameters und des akustisch-linguistischen Balancefaktors konnte
die Wortakkuratheit noch einmal auf 94.6 % (mit Grammatik) gesteigert werden.

Einen durchschlagenden Erfolg hatte die Zweiphasendekodierung jedoch in Bezug auf
die Verarbeitungsgeschwindigkeit. Zuerst wurde gezeigt, wie sich der Dekodierungsaufwand
durch die Organisation des Erkennungswortschatzes in einem monophonischen oder den-
drophonischen Baum auf ein Zehntel reduzieren läßt. Nach akustischer Umbewertung durch
Polyphonmodelle ist der ursprüngliche Akkuratheitsnachteil der Dendrophone gegenüber den
Polyphonen vollständig kompensiert. Diese Aussage gilt jedoch nicht für die monophonge-
triebene Wortkettenerzeugung.

Bei der Verarbeitung spontan produzierter Zuginformationsanfragen wurden Wortakkuratheiten oberhalb 90 %, 80 % und 70 % erzielt, je nachdem ob das Sprachmaterial mittels
Nahbesprechungsmikrofon, über eine Nebenstellenanlage oder über das öffentliche Telefonnetz aufgezeichnet wurde. Das getestete Erkennungsmodul war zuvor mit Hilfe von 1824
Äußerungen (4.3 Stunden Sprache) aus dem VERBMOBIL-Terminabsprachekorpus an das
spontansprachliche Umfeld adaptiert worden. Diese anwendungsunabhängige Anpassung
hatte die Wortfehlerrate um ein Drittel reduziert; der zusätzliche Einsatz anwendungs-
abhängiger Trainingsdaten verminderte die Fehlerhäufigkeit noch einmal um ein Viertel.

Kapitel 11
Zusammenfassung

Das Thema der vorliegenden Arbeit ist die Problemstellung maschineller Erkennung gesprocher Sprache. Ein wichtiger Forschungszweig auf diesem Gebiet ist gegenwärtig die Entwicklung telefonischer Auskunftsdialogsysteme, die es einem Benutzer beispielsweise gestatten, Zugverbindungsinformationen abzurufen, Platz- oder Hotelreservierungen vorzunehmen oder Bankgeschäfte zu tätigen. Unsere besondere Beachtung finden daher Verfahren zur sprecherunabhängigen Verarbeitung kontinuierlicher Äußerungen, die über einen großen Erkennungswortschatz verfügen, aber den Lösungsraum gleichzeitig durch anwendungsabhängige grammatische Restriktionen wirksam einschränken.

Zur Lösung der gestellten Aufgabe gilt es, der akustischen Variabilität der zu analysierenden Sprachdaten zu begegnen, die durch sprecherspezifische Artikulationseigenschaften und phonetische Verschleifungsphänomene hervorgerufen wird, und ein komplexes Suchproblem zu bewältigen, dessen Ursache im Umfang des Wortschatzes und in der Kombinatorik unbekannter Wortgrenzen liegt.

Wir verfolgen in dieser Arbeit ausschließlich den statistischen Ansatz der automatischen Spracherkennung. Danach ist das Erkennungsergebnis diejenige Wortkette w, welche die höchste a posteriori Wahrscheinlichkeit hinsichtlich ihrer grammatischen Akzeptabilität und der Verträglichkeit mit den Sprachdaten X besitzt. Die linguistische und die akustische Komponente dieses Entscheidungskriteriums werden dabei mit Hilfe von Wahrscheinlichkeitsverteilungen $P(w)$ bzw. $P(X|w)$ modelliert, deren freie statistische Parameter aufgrund umfangreicher Sammlungen textueller oder akustischer Daten automatisch geschätzt werden.

Die Signalverarbeitungsverfahren zur Transformation einer digital aufgezeichneten Schallwelle in eine zeitliche Folge aussagekräftiger Merkmalvektoren — Spektral-, Cepstral- und Prädiktionsanalyse — orientieren sich vorwiegend an der Sichtweise des menschlichen Sprachproduktionsprozesses als lineares System. Die in der Spracherkennung erfolgreichen Merkmalssätze berücksichtigen zudem Faktoren wie die menschliche Frequenzgruppen- und Lautheitswahrnehmung.

Die grundlegenden Techniken statistischer Modellierung sind die Klassifikation einzelner Merkmalvektoren — dieser Vorgang wird im Rahmen der Spracherkennung gewöhnlich als Vektorquantisierung bezeichnet — und die Erfassung der Wahrscheinlichkeitsgesetze für die Produktion von Merkmalvektorfolgen durch Markovmodelle (HMM). Der unüberwachte Entwurf statistischer Klassifikatoren sowie die Schätzung der Parameter eines Markovmodells fallen in das Gebiet der Identifikation von Wahrscheinlichkeitsprozessen, die sowohl beobachtbare als auch verborgene Zufallsvariablen aufweisen. In diesem Fall steht mit dem EM-Algorithmus ein mächtiges Werkzeug zur iterativen Verbesserung der Maximum-Likelihood-Zielfunktion zur Verfügung. Markovmodelle mit semikontinuierlichen Ausgabeverteilungen integrieren den zeittaktbezogenen Quantisierungsvorgang und die Zeitreihenmodellierung in einem einzigen, als Ganzes optimierbaren Prozeß und haben im Bereich der Spracherkennung breite Anwendung gefunden.

Die unmittelbare akustische Repräsentation von Wörtern durch Markovmodelle garantiert zwar eine maximale Erkennungsleistung, sofern genügend Trainingsmaterial für eine robuste Schätzung vorliegt. Genau das ist bei sprecherunabhängigen Systemen mit großem Erkennungswortschatz jedoch nicht gewährleistet, so daß Wortmodelle aus Modellen kleinerer Spracheinheiten zusammengesetzt werden müssen. Um dennoch eine befriedigende Trennschärfe zwischen konkurrierenden Modellen zu erzielen, die beim Phonem als Wortuntereinheit wegen seiner großen kontextbedingten Aussprachevariabilität nicht gegeben ist, geht man dazu über, die koartikulatorischen Effekte in längerdauernde Einheiten wie Silben einzufrieren oder aber Modelle kontextabhängiger Allophone zu trainieren. Die Standardmodellierungstechnik der Spracherkennung benutzt dazu Triphone, also Phone mit genau einem linken und einem rechten Kontextlaut. Die in dieser Arbeit vorgestellten Polyphoneinheiten unterliegen keiner solchen Einschränkung der maximalen Kontextbreite. Zur spontanen Erweiterung des Erkennungswortschatzes mit Neuzugängen, für die aus anwendungsbezogenen Gründen keine phonemische Umschrift verfügbar ist, sind Polygraphen — kontextabhängige Buchstaben — die geeignete Modellierungseinheit.

Die effektive Größe des Lösungsraumes einer Spracherkennungsaufgabe kann mittels probabilistischer Gewichtung aller kombinatorisch möglichen Wortketten durch ein linguistisches Sprachmodell entscheidend verringert werden. Ausgehend von einem einstufigen Markovprozeß sequentieller Worterzeugung werden durch Äquivalenzklassenbildung hinsichtlich der Prozeßgeschichte praktisch handhabbare statistische Produktionsmodelle definiert, deren bekannteste Vertreter wort- oder wortklassenbezogene Bigramm- oder Trigramm-Grammatiken sind. Die freien Parameter dieser linguistischen Sprachmodelle werden auf der Grundlage umfangreicher Textproben geschätzt. Dem Fluch der Dimensionen, der sich hier in Gestalt nicht beobachteter, doch keineswegs unmöglicher Wortkombinationen präsentiert, werden statistische Färbungsverfahren entgegengesetzt sowie Rückfalltechniken zur Umschichtung der unzuverlässig geschätzten Wahrscheinlichkeitsmassen. Das Polygramm-Modell verwendet Statistiken beliebig langer Prozeßgeschichten und kompensiert die resultierenden Robustheitsprobleme durch einen linearen Interpolationsansatz, dessen Gewichte durch Kreuzvalidierung geschätzt werden. Das Baum-Welch-Sprachmodell wiederum ist in der Lage, die Zusammensetzung seiner überlappenden Wortkategorien automatisch mit dem EM-Algorithmus zu optimieren.

Je größer das Vokabular und je mächtiger das linguistische Modell, desto dringlicher wird in der Dekodierungsphase der Einsatz schneller Suchverfahren zur Begrenzung des anfallenden Rechen- und Speicheraufwandes. Bei der synchronen Suche werden das akustische und das linguistische Modell in einem kompilierten HMM-Netzwerk vereinigt, das mit dem Viterbi-Algorithmus nach der wahrscheinlichsten Wortfolge durchsucht wird; je Zeitscheibe gelangen nur Kandidaten innerhalb eines Suchstrahls hochwahrscheinlicher Modellzustände zur Verarbeitung. Bei der asynchronen Suche durchkämmt man den Raum aller partiellen Interpretationen der Spracheingabe nach der wahrscheinlichsten vollständigen Lösung; der verwendete A*-Algorithmus wird bei der Auswahl der zu expandierenden Teilinterpretationen durch eine heuristische Schätzung der Restwahrscheinlichkeiten kontrolliert.

Durch die Identifikation gleichlautender Wortanfänge kollabiert das Inventar der akustischen Wortmodelle in einen phonetischen Baum, und die überflüssige Mehrfachauswertung gleicher Wahrscheinlichkeitsausdrücke wird vermieden. Im Verein mit einer strahlgesteuerten Dekodierung entfaltet die baumförmige Wortschatzorganisation sogar eine noch ausgeprägtere Beschleunigungswirkung, als es der Grad erzielter Suchraumkompression vermuten ließe. Das Dendrophon ist die phonetisch detaillierteste Wortuntereinheit, deren Kompressionswirkung an diejenige des Monophons heranreicht.

Die sequentielle Zerlegung des Dekodierungsproblems in eine Hypothetisierungs- und eine Testphase erlaubt die effiziente Kombination einer schnellen, aber vergleichsweise ungenauen Erzeugungskomponente für die n bestbewerteten Wortketten mit einem langsameren Verifikationsbaustein, der ausschließlich mit den feinstmöglichen akustischen und linguistischen Modellen arbeitet.

Hierarchische Inventare von Wortuntereinheiten, kategoriebezogene stochastische Grammatiken, die Interpolation von Übergangs- und Ausgabeverteilungen sowie die Kompilierung all dieser Komponenten in ein umfassendes HMM-Netzwerk sind Bestandteile eines vielstufigen Modellbildungsprozesses, der in der Theorie rekursiver Markovmodelle (RMM) eine adäquate Formalisierung findet.

Das ISADORA-System ist eine Implementierung dieser RMM-Theorie und dient der automatischen symbolischen Beschreibung vektorwertiger Sensordatenfolgen, wie sie bei der Verarbeitung gesprochener Sprache, fließender Handschrift und — generell — zeitabhängiger Meßreihen anfallen.

Die parametrisch-strukturelle Repräsentation der Objekte des Anwendungsbereichs beruht auf einem System hierarchisch geschachtelter Markovprozesse, mit deren Hilfe die sukzessive Verknüpfung einfacher HMMs zu komplexeren HMMs unter Beibehaltung der strukturellen Bezüge beschrieben werden kann.

Mit dem linearen Links-Rechts-HMM als Elementarmodell und vier ausgewählten Verknüpfungsoperationen — der sequentiellen Verkettung, der Parallelschaltung, der Rückkopplung und der freien Vernetzung — werden die Grundmechanismen für eine hierarchische Spezifikation von Markovmodellen bereitgestellt. Jedes Modell ist nach Angabe seiner Konstituentenmodelle und des jeweiligen Verknüpfungstyps vollständig bestimmt und kann als Knoten in einem zyklenfreien, gerichteten Graphen charakterisiert werden.

Alle relevanten Objekte eines Spracherkennungsmoduls lassen sich in diesem Konstituentennetzwerk repräsentieren: dies wird exemplarisch für sprachliche Einheiten wie Wörter, Phone und Wortuntereinheiten, aber auch für die Lernstichprobe, Anwendungswortschätze, Grammatiken und das Analyseproblem selbst demonstriert.

Nach Spezifikation der Modellstruktur durch die Erzeugung des ISADORA-Netzwerks werden die statistischen Systemparameter hinsichtlich einer Lernstichprobe optimiert. Um den relativen Trainingsaufwand von der mittleren Dauer der Einzeläußerungen und dem Verzweigungsgrad der Wortmodelle zu entkoppeln, wurde eine partiell entscheidungsüberwachte Variante des Baum-Welch-Algorithmus entwickelt, welche die zustandsbezogenen Modellparameter innerhalb eines Vererbungsbaums kaskadenförmig propagiert und interpoliert. Insbesondere bewirkt jedes einzelne Trainingsmuster die mehr oder minder stark gewichtete Auffrischung aller vorhandenen Systemparameter; diese hochökonomische Ausnutzung der Lernstichprobe trägt wesentlich zur statistischen Robustheit des Schätzverfahrens bei.

Die Dekodierungsphase stützt sich auf einen strahlgesteuerten rekursiven Viterbi-Algorithmus mit verteilten Listen lokal aktiver oder initiativer RMM-Zustände. Der rekursive Viterbi-Algorithmus hinterläßt eine hierarchische Rückverzeigerung — das Analysegedächtnis — zur nachfolgenden Erzeugung einer geschachtelten symbolischen Beschreibung der Eingabedaten. Mit der Einführung opaker Spracheinheiten verfügen wir über einen Abstraktionsmechanismus zur Steuerung der lokalen Beschreibungstiefe, mit dessen Hilfe sich die Auflösung des Analysegedächtnisses erheblich reduzieren läßt.

Die Basiskonfiguration zur sprecherunabhängigen Erkennung kontinuierlicher Sprache mit großem (1081 Wörter) Vokabular und einem linguistischen Sprachmodell für den Intercityauskunftsbereich arbeitet mit 12 mel-Cepstrumparametern und ihren zeitlichen Ableitungen, einem phonetischen Mischverteilungskodebuch von 220 Klassen und 2991 semikontinuierlichen Polyphonmodellen mit insgesamt etwa zwei Millionen statistischen Parametern. Nach deren Schätzung auf Grundlage von 11 Stunden gesprochener Sprache wurde auf 400 Testsätzen eine Wortakkuratheit von 85.9 % (92.3 % bei Unterstützung durch das linguistische Modell) gemessen. Diese Erkennungsleistungen liegen noch oberhalb der für vergleichbare Tests in der Literatur angegebenen Referenzwerte; allerdings ist ein solcher Vergleich über verschiedene Sprachen, verschiedene Sprecherpopulationen und verschiedene Aufnahmebedingungen hinweg mit allergrößter Vorsicht zu genießen. Die experimentellen Untersuchungen dieser Arbeit bezogen sich auf den Kodebuchentwurf, die phonetische Wortmodellierung, die Schätzung stochastischer Grammatiken und die Reduktion der Verarbeitungskomplexität und legten folgende Schlüsse nahe:

- In die Dimensionierung des Vektorquantisierungskodebuchs sind nach Möglichkeit a priori Informationen über die Lautklassenzugehörigkeit der Trainingsdaten miteinzubeziehen.

  Das Kodebuch profitiert von wiederholter semikontinuierlicher Neuschätzung.

  Der Quantisierungsvorgang läßt sich durch sequentielle Beschneidungsverfahren ohne Erkennungseinbuße um einen Faktor 6–8 beschleunigen.

- Polyphone übertreffen Wortuntereinheiten mit geringerer Kontextabhängigkeit.

  Vorteilhaft wirkt sich auch die Berücksichtigung von Silbengrenzmarkierungen und die Einführung von Spezialmodellen für besonders häufig auftretende Wörter aus.

  Polygraphmodelle sind Monophonmodellen trotz des fehlenden Bezugs auf die phonemische Wortstruktur noch deutlich überlegen.

- Das Polygramm- und das Baum-Welch-Sprachmodell verringern die Testperplexität des Intercityanfragekorpus gegenüber disjunkten Kategoriebigrammen auf die Hälfte.

  Die Perplexitätsverringerung bewirkt jedoch keine Steigerung der Wortakkuratheit.

- Der Viterbi-Dekodierungsaufwand läßt sich durch eine Wortschatzorganisation als dendrophonischer Baum auf ein Zehntel reduzieren.

  Nach akustischer Umbewertung der n besten Wortketten durch Polyphonmodelle ist das Akkuratheitsdefizit des Dendrophonbaums vollständig kompensiert.

  Diese für Dendrophone getroffene Aussage gilt nicht für Monophone.

Trotz sprecherunabhängiger Wortakkuratheiten nahe der 95 %-Marke und schneller Dekodierungsverfahren, die eine Echtzeitbearbeitung des beschriebenen Basistests auf der aktuellen Arbeitsplatzrechnergeneration (z.B. HP 735) ermöglichen, beweist nahezu jede Konfrontation eines Laborprototypen mit realistischen Einsatzbedingungen wie spontanen Benutzeräußerungen und verrauschten Übertragungswegen, daß auch heute das Spracherkennungsproblem noch keineswegs als gelöst gelten kann. So ergab die Evaluierung spontan produzierter Zuginformationsanfragen Wortakkuratheiten um 90 %, 80 % und 70 %, je nachdem ob das Sprachmaterial mittels Nahbesprechungsmikrofon, über eine Nebenstellenanlage oder über das öffentliche Telefonnetz aufgezeichnet wurde.

Es zeigte sich bei diesen Testreihen aber auch, daß die Wahrscheinlichkeitsparameter des Erkenners unter Verwendung zusätzlichen Trainingsmaterials mit großem Erfolg an das spontansprachliche Umfeld adaptiert werden können. Dieser erfreuliche Umstand betrifft sowohl Lernstichproben, die in derselben Anwendungsdomäne akquiriert wurden wie das Testmaterial, als auch solche, bei denen das nicht der Fall ist. Diese Tatsache impliziert eine weitgehende Wiederverwertbarkeit spontansprachlicher Datensammlungen bei der Entwicklung sprachverarbeitender Systeme oder ihrer Anpassung an neue Einsatzgebiete.

Die zentrale Rolle, welche dem maschinellen Lernen und den dafür erforderlichen Sprachdaten beim Aufbau einer Spracherkennungskomponente zukommt, unterstreicht die Notwendigkeit, bereits in einer relativ frühen Systementwicklungsphase einen operablen Forschungsprototypen für das intendierte Einsatzgebiet zu entwickeln und in realistisch inszenierten Feldversuchen zur automatischen Sprachdatenakquisition zu nutzen.

Die notwendigen Schritte zum Entwurf der Spracherkennnungskomponente eines leistungsfähigen Dialogsystems wären demnach:

1 Sammlung einer anwendungsunabhängigen, aber spontansprachlichen Lernstichprobe

2 Dimensionierung des Erkennungsmoduls und Integration in das prototypische Dialogsystem

3 Sammlung einer anwendungsabhängigen Lernstichprobe im realistischen Mensch-Maschine-Szenarium mit Hilfe des Dialogsystems

4 Parametrische Anpassung des Spracherkenners an die aktuelle Einsatzumgebung

Da die anwendungsunabhängige Datenakquisition in Schritt 1 für jede Landessprache nur ein einziges Mal durchzuführen ist, sind alle Voraussetzungen für eine rasche und kostengünstige Produktion der Spracherkennungskomponenten multifunktionaler und multilingualer Informationssysteme gegeben.

Literaturverzeichnis

[Aar87] **E. Aarts, P. Van Laarhoven:** *Simulated Annealing: a Pedestrian Review of the Theory and Some Applications,* in P. Devijver, J. Kittler (Hrsg.): *Pattern Recognition Theory and Application,* Bd. 30 von *NATO ASI Series F,* Springer, Berlin, 1987, S. 179–192.

[Ace90a] **A. Acero:** *Acoustical and Environmental Robustness in Automatic Speech Recognition,* CMU Computer Science Department, Pittsburgh, PA, 1990.

[Ace90b] **A. Acero, R. Stern:** *Towards Environment-Independent Spoken Language Systems,* in *Speech and Natural Language Workshop,* Morgan Kaufmann, Hidden Valley, Pennsylvania, 1990, S. 157–162.

[Ace91] **A. Acero, R. Stern:** *Robust Speech Recognition by Normalization of the Acoustic Space,* in *Proc. Int. Conf. on Acoustics, Speech, and Signal Processing,* Toronto, 1991, S. 893–896.

[AD92] **M. Adda-Decker, G. Adda:** *Experiments on Stress-Dependent Phone Modeling for Continuous Speech Recognition,* in *Proc. Int. Conf. on Acoustics, Speech, and Signal Processing,* Bd. 1, San Francisco, 1992, S. 561–564.

[Agr70] **A. Agrawala:** *Learning with a Probabilistic Teacher, IEEE Trans. on Information Theory,* Bd. 16, 1970, S. 373–379.

[Ahm74] **N. Ahmed, T. Natarajan, K. Rao:** *Discrete Cosine Transform, IEEE Trans. on Computers,* Bd. 23, 1974, S. 90–93.

[Ahm75] **N. Ahmed, K. Rao:** *Orthogonal Transforms for Digital Signal Processing,* Springer, Berlin, 1975.

[Ain88] **W. Ainsworth:** *Speech Recognition by Machine,* Bd. 12 von *IEE Computing Series,* Peter Peregrinus Ltd., London, 1988.

[All87] **J. Allen:** *From Text to Speech: the MITalk System,* Cambridge University Press, Cambridge, U.K., 1987.

[All92] **F. Alleva, H. Hon, X. Huang, M. Hwang, R. Rosenfeld, R. Weide:** *Applying SPHINX-II to the DARPA Wall Street Journal CSR Task,* in *Speech and Natural Language Workshop,* Morgan Kaufmann, 1992.

[Alt80] **G. Altmann, W. Lehfeldt:** *Einführung in die quantitative Phonologie,* Bd. 7 von *Quantitative Linguistics,* Studienverlag Dr. N. Brockmeyer, Bochum, 1980.

[Alt89] **G. Altman, D. Carter:** *Lexical Stress and Lexical Discriminability: Stressed Syllables are more Informative, but Why?, Computer Speech & Language,* Bd. 3, Nr. 3, 1989, S. 265–275.

[Amb91] **E. Ambikairajah, L. Kilmartin:** *An Adaptive Cochlear Model for Speech Recognition,* in *Proc. European Conf. on Speech Technology,* Bd. 3, 1991, S. 1331–1334.

[And57] **T. Anderson, L. Goodman:** *Statistical Inference about Markov Chains, Annals Math. Statist.,* Bd. 28, 1957, S. 89–109.

[And73]   M. Anderberg: *Cluster Analysis for Applications*, Academic Press, New York, 1973.

[App91]   T. Applebaum, B. Hanson: *Tradeoffs in the Design of Regression Features for Word Recognition*, in *Proc. European Conf. on Speech Technology*, Bd. 3, 1991, S. 1203–1206.

[Ara89]   M. Arai: *Mapping Abilities of Three-Layer Neural Networks*, in *Proc. IJCNN*, Bd. 1, Washington, DC, 1989, S. 419–423.

[Arc86]   F. Arcella, L. Fissore, M. Oreglia, G. Pirani: *Speaker Independent Recognition of Isolated Words: Template Clusters and Markov Models*, in *Proc. Int. Conf. on Acoustics, Speech, and Signal Processing*, 1986, S. 463–466.

[Ari87]   Y. Ariki, S. Mizuta, M. Nagata, T. Sakai: *Spoken Word Recognition Using Statistic and Dynamic Information Obtained by Two-Dimensional Cepstrum Analysis*, in *European Conference on Speech Technology*, Edinburgh, 1987, S. 33–36.

[Asa91]   A. Asadi, R. Schwartz, J. Makhoul: *Automatic Modeling for Adding New Words to a Large-Vocabulary Continuous Speech Recognition System*, in *Proc. Int. Conf. on Acoustics, Speech, and Signal Processing*, Toronto, 1991, S. 305–308.

[Asa92]   K. Asai, S. Hayamizu, K. Handa: *Dividing the Distributions of HMM and Linear Interpolation in Speech Recognition*, in *Proc. Int. Conf. on Acoustics, Speech, and Signal Processing*, Bd. 1, San Francisco, 1992, S. 29–32.

[Ata67]   B. Atal, M. Schroeder: *Predictive Coding of Speech Signals*, in *Proc. Conf. Commun. and Process.*, 1967, S. 360–361.

[Ata70]   B. Atal, M. Schroeder: *Adaptive Predictive Coding for Speech Signals*, Bell Systems Technical Journal, Bd. 49, 1970, S. 1973–1986.

[Ata71]   B. Atal, S. Hanauer: *Speech Analysis and Synthesis by Linear Prediction of the Speech Wave*, Journal Acoust. Soc. Amer., Bd. 50, 1971, S. 637–655.

[Aub89]   X. Aubert: *Fast Look-Ahead Pruning Strategies in Continuous Speech Recognition*, in *Proc. Int. Conf. on Acoustics, Speech, and Signal Processing*, Glasgow, 1989, S. 659–662.

[Aus90]   S. Austin, P. Peterson, P. Placeway, R. Schwartz, J. Vandergrift: *Toward a Real-Time Spoken Language System Using Commercial Hardware*, in *Speech and Natural Language Workshop*, Morgan Kaufmann, Hidden Valley, Pennsylvania, 1990, S. 72–77.

[Aus91]   S. Austin, R. Schwartz, P. Placeway: *The Forward-Backward Search Algorithm*, in *Proc. Int. Conf. on Acoustics, Speech, and Signal Processing*, Toronto, 1991, S. 697–700.

[Aus92]   S. Austin, G. Zavaliagkos, J. Makhoul, R. Schwartz: *Improving State-of-the-Art Continuous Speech Recognition Systems Using the N-Best Paradigm with Neural Networks*, in *Speech and Natural Language Workshop*, Morgan Kaufmann, 1992.

[Ave87]   A. Averbuch, others: *Experiments with the TANGORA 20000 Word Speech Recognizer*, in *Proc. Int. Conf. on Acoustics, Speech, and Signal Processing*, Dallas, 1987, S. 701–704.

[Bah74]   L. Bahl, J. Cocke, F. Jelinek, J. Raviv: *Optimal Decoding of Linear Codes for Minimizing Symbol Error Rate*, IEEE Trans. on Information Theory, Bd. 20, 1974, S. 284–287.

[Bah75]   L. Bahl, F. Jelinek: *Decoding for Channels with Insertions, Deletions, and Substitutions with Applications to Speech Recognition*, IEEE Trans. on Information Theory, Bd. 21, Nr. 4, 1975, S. 404–411.

[Bah80]   L. Bahl, R. Bakis, P. Cohen, A. Cole, F. Jelinek, B. Lewis, R. Mercer: *Further Results on the Recognition of a Continuously Read Natural Corpus*, in *Int. Conf. on Acoustics, Speech and Signal Processing*, Denver,Colorado, 1980, S. 872–875.

[Bah81]   L. Bahl, R. Bakis, P. Cohen, A. Cole, F. Jelinek, B. Lewis, R. Mercer: *Speech Recognition of a Natural Text Read as Isolated Words*, in *Proc. Int. Conf. on Acoustics, Speech, and Signal Processing*, Atlanta, 1981, S. 1168–1171.

[Bah83]   L. Bahl, F. Jelinek, R. Mercer: *A Maximum Likelihood Approach to Continuous Speech Recognition*, *IEEE Trans. on Pattern Analysis and Machine Intelligence*, Bd. 5, Nr. 2, 1983, S. 179–190.

[Bah86]   L. Bahl, P. Brown, P. De Souza, R. Mercer: *Maximum Mutual Information Estimation of Hidden Markov Model Parameters for Speech Recognition*, in *Proc. Int. Conf. on Acoustics, Speech, and Signal Processing*, Tokyo, 1986, S. 49–52.

[Bah87]   L. Bahl, P. Brown, P. De Souza, R. Mercer: *Speech Recognition with Continuous-Parameter Hidden Markov Models*, *Computer Speech & Language*, Bd. 2, Nr. 3/4, 1987, S. 219–234.

[Bah88a] L. Bahl, P. Brown, P. De Souza, R. Mercer: *A New Algorithm for the Estimation of Hidden Markov Model Parameters*, in *Proc. Int. Conf. on Acoustics, Speech, and Signal Processing*, New York, 1988, S. 493–496.

[Bah88b] L. Bahl, P. Brown, P. De Souza, R. Mercer: *Acoustic Markov Models Used in the Tangora Speech Recognition System*, in *Int. Conf. on Acoustics, Speech and Signal Processing*, New York, 1988, S. 497–500.

[Bah89]   L. Bahl, P. Brown, P. De Souza, R. Mercer: *A Tree-Based Statistical Language Model for Natural Language Speech Recognition*, *IEEE Trans. on Acoustics, Speech, and Signal Processing*, Bd. 37, Nr. 7, 1989, S. 1001–1008.

[Bah91a] L. Bahl, J. Bellegarda, P. De Souza, P. Gopalakrishnan, D. Nahamoo, M. Picheney: *A New Class of Fenonic Markov Word Models for Large Vocabulary Continuous Speech Recognition*, in *Proc. Int. Conf. on Acoustics, Speech, and Signal Processing*, Toronto, 1991, S. 177–180.

[Bah91b] L. Bahl, P. Brown, P. De Souza, R. Mercer, D. Nahamoo: *A Fast Algorithm for Deleted Interpolation*, in *Proc. European Conf. on Speech Technology*, Bd. 3, 1991, S. 1209–1212.

[Bah91c] L. Bahl, S. Das, P. De Souza, M. Epstein, R. Mercer, B. Merialdo, D. Nahamoo, M. Picheney, J. Powell: *Automatic Phonetic Baseform Determination*, in *Proc. Int. Conf. on Acoustics, Speech, and Signal Processing*, Toronto, 1991, S. 173–176.

[Bah91d] L. Bahl, P. De Souza, P. Gopalakrishnan, D. Nahamoo, M. Picheney: *Decision Trees for Phonological Rules in Continuous Speech*, in *Proc. Int. Conf. on Acoustics, Speech, and Signal Processing*, Toronto, 1991, S. 185–188.

[Bah92]   L. Bahl, P. De Souza, D. Nahamoo, M. Picheny, S. Roukos: *Adaptation of Large Vocabulary Recognition System Parameters*, in *Proc. Int. Conf. on Acoustics, Speech, and Signal Processing*, Bd. 1, San Francisco, 1992, S. 477–480.

[Bak75a] J. Baker: *Stochastic Modeling for Automatic Speech Understanding*, in D. Reddy (Hrsg.): *Speech Recognition*, Academic Press, New York, 1975, S. 521–541.

[Bak75b] J. Baker: *The DRAGON System - an Overview*, *IEEE Trans. on Acoustics, Speech, and Signal Processing*, Bd. 23, 1975, S. 24–29.

[Bak79]   **J. Baker:** *Trainable Grammars for Speech Recognition,* *Journal Acoust. Soc. Amer.,* Bd. 65, Nr. Suppl. 1, 1979, S. 132.

[Bak89]   **J. Baker:** *DragonDictate-30k: Natural Language Speech Recognition with 30000 Words,* in *Proc. European Conf. on Speech Technology,* Bd. 2, Paris, 1989, S. 161–163.

[Bak92]   **J. Baker, J. Baker, P. Bamberg, K. Bishop, L. Gillick, V. Helman, Z. Huang, Y. Ito, S. Lowe, B. Peskin, R. Roth, F. Scattone:** *Large Vocabulary Recognition of Wall Street Journal Sentences at Dragon Systems,* in *Speech and Natural Language Workshop,* Morgan Kaufmann, 1992.

[Bal65]   **G. Ball, D. Hall:** *Isodata — An Iterative Method of Multivariate Analysis and Pattern Classification,* in *Proc. IFIPS Congr.,* 1965.

[Bar89]   **A. Barron:** *Statistical Properties of Artificial Neural Networks,* in *Proc. IEEE Conf. on Decision and Control,* Tampa, FL, 1989.

[Bar92]   **W. Barry, A. Fourcin:** *Levels of Labelling,* *Computer Speech & Language,* Bd. 6, Nr. 1, 1992, S. 1–14.

[Bat92]   **D. Bateman, D. Bye, M. Hunt:** *Spectral Contrast Normalization and Other Techniques for Speech Recognition in Noise,* in *Proc. Int. Conf. on Acoustics, Speech, and Signal Processing,* Bd. 1, San Francisco, 1992, S. 241–244.

[Bat93]   **M. Bates, R. Bobrow, P. Fung, R. Ingria, F. Kubala, J. Makhoul, L. Nguyen, R. Schwartz, D. Stallard:** *The BBN/HARC Spoken Language Understanding System,* in *Proc. Int. Conf. on Acoustics, Speech, and Signal Processing,* Bd. 2, Minneapolis, 1993, S. 111–114.

[Bau66]   **L. Baum, T. Petrie:** *Statistical Inference for Probabilistic Functions of Finite State Markov Chains,* *Ann. Math. Statist.,* Bd. 37, 1966, S. 1554–1563.

[Bau67]   **L. Baum, J. Eagon:** *An Inequality with Applications to Statistical Estimation for Functions of Markov Processes and to a Model for Ecology,* *Bull. Amer. Math. Soc.,* Bd. 73, 1967, S. 360–363.

[Bau68]   **L. Baum, G. Sell:** *Growth Transformations for Functions on Manifolds,* *Pacific Journal of Mathematics,* Bd. 27, 1968, S. 211–227.

[Bau70]   **L. Baum, T. Petrie, G. Soules, N. Weiss:** *A Maximization Technique Occurring in the Statistical Analysis of Probabilistic Functions of Markov Chains,* *Ann. Math. Statist.,* Bd. 41, 1970, S. 164–171.

[Bau72]   **L. Baum:** *An Inequality and Associated Maximization Technique in Statistical Estimation for Probabilistic Functions of Markov Processes,* *Inequalities,* Bd. 3, 1972, S. 1–8.

[Bay86]   **T. Bayer, M. Oberländer:** *Ein erweiterter Viterbi-Algorithmus zur Berechnung der n besten Wege in zyklenfreien Modellgraphen,* in G. Hartmann (Hrsg.): *Mustererkennung 1986 (8. DAGM Symposium),* Bd. 125 von *Informatik Fachberichte,* Springer, 1986, S. 56–60.

[Bee77]   **B. Beek, E. Neuberg, D. Hodge:** *An Assessment of the technology of Automatic Speech Recognition for Military Applications,* *IEEE Trans. on Acoustics, Speech, and Signal Processing,* Bd. 25, Nr. 4, 1977, S. 310–322.

[Bee90]   **S. Beet:** *Automatic Speech Recognition Using a Reduced Auditory Representation and Position-Tolerant Discrimination,* *Computer Speech & Language,* Bd. 4, Nr. 1, 1990, S. 17–33.

[Beh91]   **M. Beham:** *An Auditorily Based Spectral Transformation of Speech Signals,* in *Proc. European Conf. on Speech Technology,* Bd. 3, 1991, S. 1437–1440.

[Bei85]   **C.-D. Bei, R. Gray:** *An Improvement of the Minimum Distortion Encoding Algorithm for Vector Quantization, IEEE Trans. on Communications*, Bd. COM-33, 1985, S. 1132–1133.

[Bek42]   **G. v. Bekesy:** *Über die Schwingungen der Schneckentrennwand beim Präparet und Ohrenmodell, Akust. Zeit.*, Bd. 7, 1942, S. 173–186.

[Bel57]   **R. Bellman:** *Dynamic Programming,* Princeton University Press, 1957.

[Bel67]   **R. Bellman:** *Dynamische Programmierung und selbstanpassende Regelprozesse,* R. Oldenbourg Verlag, München, Wien, 1967.

[Bel89]   **J. Bellegarda, D. Nahamoo:** *Tied Mixture Continuous Parameter Models for Large Vocabulary Isolated Speech Recognition,* in *Proc. Int. Conf. on Acoustics, Speech, and Signal Processing,* Glasgow, 1989, S. 13–16.

[Ben92]   **Y. Bengio, R. De Mori, G. Flammia, R. Kompe:** *Global Optimization of a Neural Network – Hidden Markov Model Hybrid, IEEE Trans. on Neural Networks,* Bd. 3, Nr. 2, 1992, S. 252–259.

[Bez93]   **O. Bezie, P. Lockwood:** *Beam Search and Partial Traceback in the Frame-Synchronous Two-Level Algorithm (TLBS),* in *Proc. Int. Conf. on Acoustics, Speech, and Signal Processing,* Bd. 2, Minneapolis, 1993, S. 511–514.

[Bie92]   **M. Bielecki:** *Schnelle Suchverfahren zur Vektorquantisierung,* Diplomarbeit IMMD5 (Mustererkennung), Universität Erlangen, 1992.

[Bil61]   **P. Billingsley:** *Statistical Methods in Markov Chains, Ann. Math. Statist.,* Bd. 32, 1961, S. 12–40.

[Blo80]   **L. Bloomfield:** *Sprache,* Frankfurt, 1980.

[Blö90]   **U. Blöcher:** *Ein zeitsynchroner, beam-search-gesteuerter Viterbialgorithmus für ein akustisch-phonetisches Netzwerk,* Diplomarbeit IMMD5 (Mustererkennung), Universität Erlangen, 1990.

[Boe91]   **H. Boeken:** *Vektorquantisierung für die Automatische Spracherkennung,* Studienarbeit IMMD5 (Mustererkennung), Universität Erlangen, 1991.

[Bog63]   **B. Bogert, M. Healy, J. Tukey:** *The Quefrency Analysis of Time Series for Echoes,* in M. Rosenblatt (Hrsg.): *Proc. Symp. on Time Series Analysis,* Wiley, New York, 1963, S. 209–243.

[Bou84]   **H. Bourlard, C. Wellekens, H. Ney:** *Connected Digit Recognition Using Vector Quantization,* in *Proc. Int. Conf. on Acoustics, Speech, and Signal Processing,* San Diego, 1984, S. 26.10.1–26.10.4.

[Bou86]   **G. Boulianne, J. Tubach, Y. Grenier, G. Chollet:** *Recognition of Non Stationary Speech Segments Using Autoregressive Time-Dependent Models,* in *Proc. Int. Conf. on Acoustics, Speech, and Signal Processing,* Tokyo, 1986, S. 57–59.

[Bou88]   **H. Bourlard, Y. Kamp:** *Autoassociation by Multilayer Perceptrons and Singular Value Decomposition, Biological Cybernetics,* Bd. 59, 1988, S. 291–294.

[Bou89]   **H. Bourlard, C. Wellekens:** *Speech Pattern Discrimination and Multilayer Perceptrons, Computer Speech & Language,* Bd. 3, Nr. 1, 1989, S. 1–19.

[Bou91]   **H. Bourlard:** *Neural Nets and Hidden Markov Models: Review and Generalizations,* in *Proc. European Conf. on Speech Technology,* Bd. 2, 1991, S. 363–369.

[Box73]   **G. Box, G. Tiao:** *Bayesian Inference in Statistical Analysis,* Addison-Wesley, Reading, MA, 1973.

[Bra90]   **R. Bracewell:** *Schnelle Hartley-Transformation,* Oldenbourg, München Wien, 1990.

[Bra91]   P. Brauer, P. Hedelin, D. Huber, P. Knagenhjelm, J. Molnö: *Model or Non-Model Based Classifiers*, in *Proc. European Conf. on Speech Technology*, Bd. 2, 1991, S. 1027–1030.

[Bre84]   L. Breiman: *Classification and Regression Trees*, Wadsworth, Belmont CA, 1984.

[Bri73]   J. Bridle: *An Efficient Elastic Template Method for Detecting Given Words in Running Speech*, in *Proc. British Acoustical Society Meeting*, 1973, S. Paper 73SHC3.

[Bri79]   J. Bridle, M. Brown: *Connected Word Recognition Using Whole Word Templates*, in *Proc. Autumn Conf. of the Inst. of Acoustics*, 1979, S. 25–28.

[Bri82]   J. Bridle, M. Brown, R. Chamberlain: *An Algorithm for Connected Word Recognition*, in *Proc. Int. Conf. on Acoustics, Speech, and Signal Processing*, Paris, 1982, S. 899–902.

[Bri87]   J. Bridle: *Adaptive networks and Speech Pattern Processing*, in P. Devijver, J. Kittler (Hrsg.): *Pattern Recognition Theory and Application*, Bd. 30 von *NATO ASI Series F*, Springer, Berlin, 1987, S. 211–222.

[Bro83]   P. Brown, C. Lee, J. Spohrer: *Bayesian Adaptation in Speech Recognition*, in *Proc. Int. Conf. on Acoustics, Speech, and Signal Processing*, Boston, 1983, S. 761–764.

[Bro87]   P. Brown: *The Acoustic-Modeling Problem in Automatic Speech Recognition*, Carnegie Mellon University, 1987.

[Bro91a]   K. Brown, V. Algazi: *Speech Recognition Using Dynamic Features of Acoustic Subword Spectra*, in *Proc. Int. Conf. on Acoustics, Speech, and Signal Processing*, Toronto, 1991, S. 293–296.

[Bro91b]   M. Brown, J. Wilpon: *A Grammar Compiler for Connected Speech Recognition*, IEEE Trans. on Signal Processing, Bd. 39, Nr. 1, 1991, S. 17–28.

[Bru91]   F. Brugnara, R. De Mori, D. Giuliani, M. Omologo: *A Parallel HMM Approach to Speech Recognition*, in *Proc. European Conf. on Speech Technology*, Bd. 3, 1991, S. 1103–1106.

[Bun94a]   H. Bunke, M. Roth, E. Schukat-Talamazzini: *Off-line Recognition of Cursive Script Produced by a Cooperative Writer*, in *Proc. Int. Conf. on Pattern Recognition*, Bd. 2, Tel-Aviv, Israel, 1994, S. 383–386.

[Bun94b]   H. Bunke, M. Roth, E. Schukat-Talamazzini: *Off-line Cursive Handwriting Recognition Using Hidden Markov Models*, Pattern Recognition, eingereicht 1994.

[Buß90]   H. Bußmann: *Lexikon der Sprachwissenschaft*, Alfred Kröner Verlag, Stuttgart, 1990.

[But92]   J. Butzberger, H. Murveit, E. Shriberg, P. Price: *Modeling Spontaneous Speech Effects in Large Vocabulary Speech Recognition Applications*, in *Speech and Natural Language Workshop*, Morgan Kaufmann, 1992.

[CD87]   H. Cerf-Danon, A. Derouault, M. El-Beze, B. Merialdo, S. Soudoplatoff: *Speech Recognition Experiment with 10,000 Words Dictionary*, in P. Devijver, J. Kittler (Hrsg.): *Pattern Recognition Theory and Application*, Bd. 30 von *NATO ASI Series F*, Springer, Berlin, 1987, S. 203–209.

[CD91]   H. Cerf-Danon, M. El-Beze: *Three Different Probabilistic Language Models: Comparison and Combination*, in *Proc. Int. Conf. on Acoustics, Speech, and Signal Processing*, Toronto, 1991, S. 297–300.

[Cha90]   L. Chang, M. Bayoumi: *Parametric Modelling of State Transitions in Hidden Markov Model*, in L. Torres, E. Masgrau, M. Lagunas (Hrsg.): *Signal Processing V: Theories and Applications*, Elsevier Science Publishers, 1990, S. 1387–1390.

[Cha93]   **F. Charpentier, G. Micca, E. Schukat-Talamazzini, T. Thomas:** *The Recognition Compo-*
          nent of the SUNDIAL Project, in A. Rubio-Ayuso, R. De Mori, J. Haton (Hrsg.): *New Advances*
          and Trends in Speech Recognition and Coding, Universidad de Granada, NATO Advanced Studies
          Institute, Bubion, Granada, Spain, 1993, S. 29–34.

[Che84]   **D.-Y. Cheng, A. Gersho, B. Ramamurthi, Y. Shoham:** *Fast Search Algorithms for Vec-*
          tor Quantization and Pattern Matching, in *Proc. Int. Conf. on Acoustics, Speech, and Signal*
          Processing, 1984, S. 9.11.1–9.11.4.

[Che86]   **D.-Y. Cheng, A. Gersho:** *A Fast Codebook Search Algorithm for Nearest-Neighbor Pattern*
          Matching, in *Proc. Int. Conf. on Acoustics, Speech, and Signal Processing,* 1986, S. 6.14.1–6.14.4.

[Chi77]   **D. Childers, D. Skinner, R. Kemerait:** *The Cepstrum — A Guide to Processing,* Proceedings
          of the IEEE, Bd. 65, 1977, S. 1428–1444.

[Cho63]   **N. Chomsky:** *Formal Properties of Grammars,* in R. Luce, R. Bush, E. Galanter (Hrsg.): *Hand-*
          book of Mathematical Psychology, John Wiley & Sons, New York, 1963, S. 323–418.

[Cho73]   **N. Chomsky:** *Aspekte der Syntax-Theorie,* 1. Auflage, Suhrkamp, Frankfurt/Main, 1973.

[Cho86]   **Y. Chow, R. Schwartz, S. Roucos, O. Kimball, P. Price, F. Kubala, M. Dunham,**
          M. Krasner, J. Makhoul: *The Role of Word-Dependent Coarticulatory Effects in a Phoneme-*
          Based Speech Recognition System, in *Int. Conf. on Acoustics, Speech and Signal Processing,* Tokyo,
          1986, S. 1593–1596.

[Cho87]   **Y. Chow, M. Dunham, O. Kimball, M. Krasner, F. Kubala, J. Makhoul, P. Price,**
          S. Roucos, R. Schwartz: *BYBLOS: The BBN Continuous Speech Recognition System,* in *Int.*
          Conf. on Acoustics, Speech and Signal Processing, Dallas, Texas, 1987, S. 89–92.

[Cho89]   **P. Chou, T. Lookabaugh, R. Gray:** *Entropy-Constrained Vector Quantization,* IEEE Trans.
          on Acoustics, Speech, and Signal Processing, Bd. 37, 1989, S. 31–42.

[Cho92]   **W. Chou, B. Juang, C. Lee:** *Segmental GPD Training of HMM Based Speech Recognizer,*
          in *Proc. Int. Conf. on Acoustics, Speech, and Signal Processing,* Bd. 1, San Francisco, 1992, S.
          473–476.

[Chu67]   **K. Chung:** *Markov Chains with Stationary Transition Probabilities,* Springer, Berlin, 1967.

[Chu91]   **K. Church, W. Gale:** *A Comparison of the Enhanced Good-Turing and Deleted Estimation*
          Methods for Estimating Probabilities of English Bigrams, Computer Speech & Language, Bd. 5,
          Nr. 1, 1991, S. 19–54.

[Cia87]   **A. Ciaramella, G. Venuti:** *Vector Quantization Firmware for an Acoustical Front-End Using*
          the TMS32020, in *Proc. Int. Conf. on Acoustics, Speech, and Signal Processing,* Dallas, 1987, S.
          1895–1898.

[Cla92]   **F. Class, A. Kaltenmeier, P. Regel-Brietzmann, K. Trottler:** *Fast Speaker Adaptation*
          Combined with Soft Vector Quanization in an HMM Speech Recognition System, in *Proc. Int.*
          Conf. on Acoustics, Speech, and Signal Processing, Bd. 1, San Francisco, 1992, S. 461–464.

[Coc92]   **F. Cocurullo, F. Lavagetto, M. Moresco:** *Optimal Clustering for Vector Quantizer Design,*
          in J. Vandewalle, R. Boite, M. Moonen, A. Oosterlinck (Hrsg.): *Signal Processing VI: Theories*
          and Applications, Bd. 1, Elsevier Science Publishers, Amsterdam, 1992, S. 563–566.

[Coh75]   **P. Cohen, R. Mercer:** *The Phonological Component of an Automatic Speech Recognition System,*
          in D. Reddy (Hrsg.): *Speech Recognition,* Academic Press, New York, 1975, S. 275–320.

[Coh89]   J. Cohen: *Application of an Auditory Model to Speech Recognition, Journal Acoust. Soc. Amer.,* Bd. 85, Nr. 6, 1989, S. 2623–2629.

[Col84]   A. Colla, D. Sciarra: *Automatic Diphone Bootstrapping for Speaker-Adaptive Continuous Speech Recognition,* in *Proc. Int. Conf. on Acoustics, Speech, and Signal Processing,* San Diego, 1984, S. 35.2.1–35.2.3.

[Coo65]   J. Cooley, J. Tukey: *An Algorithm for the Machine Computation of Complex Fourier Series, Math. Computation,* Bd. 19, 1965, S. 297–381.

[Coo92]   M. Cooke: *An Explicit Time-Frequency Characterization of Synchrony in an Auditory Model, Computer Speech & Language,* Bd. 6, Nr. 2, 1992, S. 153–174.

[Cor76]   R. Corbeil, S. Searle: *Restricted Maximum Likelihood (REML) Estimation of Variance Components in the Mixed Model, Technometrics,* Bd. 18, 1976, S. 31–38.

[Cos87]   P. Cosi: *A Graph-Oriented Implementation of a Grapheme-to-Phoneme Transcriber for Italian, Speech Communication,* Bd. 6, Nr. 3, 1987, S. 203–216.

[Cou86]   F. d. Coulon: *Signal Theory and Processing,* Artech House, Dedham, Massachusetts, 1986.

[Cov67]   T. Cover, P. Hart: *Nearest Neighbor Pattern Classification, IEEE Trans. on Information Theory,* Bd. 13, 1967, S. 21–27.

[Cra86]   M. Cravero, R. Pieraccini, F. Rainieri: *Definition and Evaluation of Phonetic Units for Speech Recognition by Hidden Markov Models,* in *Int. Conf. on Acoustics, Speech and Signal Processing,* Tokyo, 1986, S. 2235–2238.

[Cut87]   A. Cutler, D. Carter: *The Predominance of Strong Initial Syllables in the English Vocabulary, Computer Speech & Language,* Bd. 2, Nr. 3/4, 1987, S. 133–142.

[Cut88]   A. Cutler, S. Isard: *The Production of Prosody,* in B. Butterworth (Hrsg.): *Language Production,* Academic Press, London, 1988, S. 245–270.

[Cut90]   A. Cutler, S. Butterfield: *Durational Cues to Word Boundaries in Clear Speech, Speech Communication,* Bd. 9, Nr. 5/6, 1990, S. 485–495.

[Cut92]   D. Cutting, J. Kupiec, J. Pedersen, P. Sibun: *A Practical Part-of-Speech Tagger,* in *Proc. 3. Conf. on Applied Natural Language Processing,* ACL, Trento, Italy, 1992, S. 133–140.

[Dar72]   J. Darroch, D. Ratcliff: *Generalized Iterative Scaling for Log-Linear Models, Annals Math. Statist.,* Bd. 43, 1972, S. 1470–1480.

[Dav52]   K. Davis, R. Biddulph, S. Balashek: *Automatic Recognition of Spoken Digits, Journal Acoust. Soc. Amer.,* Bd. 24, 1952, S. 637–642.

[Dav80]   S. Davis, P. Mermelstein: *Comparison of Parametric Representation for Monosyllabic Word Recognition in Continuously Spoken Sentences, IEEE Trans. on Acoustics, Speech, and Signal Processing,* Bd. 28, Nr. 4, 1980, S. 357–366.

[DeG70]   M. DeGroot: *Optimal Statistical Decisions,* McGraw-Hill, 1970.

[Dem77]   A. Dempster, N. Laird, D. Rubin: *Maximum Likelihood from Incomplete Data via the EM Algorithm, J. Royal Statist. Soc. Ser. B,* Bd. 39, Nr. 1, 1977, S. 1–22.

[Den88]   L. Deng, M. Lennig, V. Gupta, P. Mermelstein: *Modeling Acoustic-Phonetic Detail in an HMM-Based Large Vocabulary Speech Recognizer,* in *Proc. Int. Conf. on Acoustics, Speech, and Signal Processing,* New York, 1988, S. 509–512.

[Den90]   **L. Deng, M. Lennig, F. Seitz, P. Mermelstein:** *Large Vocabulary Word Recognition Using Context-Dependent Allophonic Hidden Markov Models,* Computer Speech & Language, Bd. 4, Nr. 4, 1990, S. 345–357.

[Den91]   **L. Deng:** *The Semi-Relaxed Algorithm for Estimating Parameters of Hidden Markov Models,* Computer Speech & Language, Bd. 5, Nr. 3, 1991, S. 231–236.

[Der84]   **A. Derouault, B. Merialdo:** *Language Modeling at the Syntactic Level,* in *Proc. Int. Conf. on Acoustics, Speech, and Signal Processing,* San Diego, 1984, S. 1373–1375.

[Der86]   **A.-M. Derouault, B. Merialdo:** *Natural Language Modeling for Phoneme-to-Text Transcription, IEEE Trans. on Pattern Analysis and Machine Intelligence,* Bd. 8, Nr. 6, 1986, S. 742–749.

[Der87]   **A.-M. Derouault:** *Context-Dependent phonetic Markov Modells for large vocabulary speech recognition,* in *Int. Conf. on Acoustics, Speech and Signal Processing,* Dallas, Texas, 1987, S. 360–364.

[Det84]   **H. Dettweiler:** *Automatische Sprachsynthese deutscher Wörter mit Hilfe von silbenorientierten Segmenten,* TU München, München, 1984.

[Dev82]   **P. Devijver, J. Kittler:** *Pattern Recognition. A Statistical Approach,* Prentice Hall, Englewood Cliffs, NJ, 1982.

[Dev85]   **P. Devijver:** *Baum's Forward-Backward Algorithm Revisited, Pattern Recognition Letters,* Bd. 3, 1985, S. 369–373.

[Die81]   **T. Dietterich, R. Michalski:** *Inductive Learning of Structural Descriptions: Evaluation Criteria and Comparative Review of Selected Methods, Artificial Intelligence,* Bd. 16, 1981, S. 257–294.

[Dig90]   **V. Digilakis, M. Ostendorf, J. Rohlicek:** *Fast Search Algorithms for Connected Phone Recognition Using the Stochastic Segment Model,* in *Speech and Natural Language Workshop,* Morgan Kaufmann, Hidden Valley, Pennsylvania, 1990, S. 173–178.

[Dig91]   **V. Digalakis, J. Rohlicek, M. Ostendorf:** *A Dynamical System Approach to Continuous Speech Recognition,* in *Proc. Int. Conf. on Acoustics, Speech, and Signal Processing,* Toronto, 1991, S. 289–292.

[Dix77]   **N. Dixon, H. Silverman:** *The 1976 Modular Acoustic Processor (MAP), IEEE Trans. on Acoustics, Speech, and Signal Processing,* Bd. 25, Nr. 5, 1977, S. 367–397.

[Dix79]   **N. Dixon, T. Martin (Hrsg.):** *Automatic Speech and Speaker Recognition,* IEEE Press, New York, 1979.

[DM80]   **R. De Mori, P. Laface:** *Use of Fuzzy Algorithms for Phonetic and Phonemic Labeling of Continuous Speech, IEEE Trans. on Pattern Analysis and Machine Intelligence,* Bd. 2, 1980, S. 136–148.

[DM83]   **R. De Mori:** *Computer Models of Speech Using Fuzzy Algorithms,* Plenum Press, New York, 1983.

[DM92]   **R. De Mori, M. Omologo:** *Normalized Correlation Features for Speech Analysis and Pitch Extraction,* in *ESCA Workshop,* 1992.

[Dod89]   **G. Doddington:** *Phonetically Sensitive Discriminants for Improved Speech Recognition,* in *Proc. Int. Conf. on Acoustics, Speech, and Signal Processing,* Glasgow, 1989, S. 556–559.

[Dou92]   **C. Doubrava:** *A New Algorithm for DSP Applications, DSP Applications,* Bd. 1, Nr. 1, 1992, S. 45–53.

[Dra81]   **N. Draper, H. Smith:** *Applied Regression Analysis,* Wiley, New York, 1981.

[Dud73] **R. Duda, P. Hart:** *Pattern Classification and Scene Analysis*, Wiley, New York, 1973.

[Dun88] **G. Duncan, M. Jack:** *Speech Formant Trajectory Pattern Recognition Using Multiple-Order Pole-Focused LPC Analysis*, in *Proc. Int. Conf. on Acoustics, Speech, and Signal Processing*, New York, 1988, S. 484–486.

[Eck91] **W. Eckert:** *Implementierung von Wortpaar- oder Bigrammgrammatiken für das APN*, Diplomarbeit IMMD5 (Mustererkennung), Universität Erlangen, 1991.

[Eck92] **W. Eckert, G. Fink, A. Kießling, R. Kompe, T. Kuhn, F. Kummert, M. Mast, H. Niemann, E. Nöth, R. Prechtel, S. Rieck, G. Sagerer, A. Scheuer, E. Schukat-Talamazzini, B. Seestaedt:** *EVAR: Ein sprachverstehendes Dialogsystem*, in G. Görz (Hrsg.): *KONVENS 92*, Informatik aktuell, Springer, Berlin, 1992, S. 49–58.

[Eck93a] **W. Eckert, T. Kuhn, H. Niemann, S. Rieck, A. Scheuer, E. Schukat-Talamazzini:** *A Spoken Dialogue System for German Intercity Train Timetable Inquiries*, in *Proc. European Conf. on Speech Technology*, Berlin, 1993, S. 1871–1874.

[Eck93b] **W. Eckert, S. McGlashan:** *Managing Spoken Dialogues for Information Services*, in *Proc. European Conf. on Speech Technology*, 1993, S. 1653–1656.

[Eck94] **W. Eckert, H. Niemann:** *Semantic Analysis in a Robust Spoken Dialog System*, in *Proc. Int. Conf. on Spoken Language Processing*, Yokohama, 1994, S. 107–110.

[Ehr90] **U. Ehrlich:** *Bedeutungsanalyse in einem sprachverstehenden System unter Berücksichtigung pragmatischer Faktoren*, Bd. 22 von *Sprache und Information*, Niemeyer, Tübingen, 1990.

[Elb90] **M. Elbeze, A. Derouault:** *A Morphological Model for Large Vocabulary Speech Recognition*, in *Proc. Int. Conf. on Acoustics, Speech, and Signal Processing*, Albuquerque, 1990, S. 577–580.

[Eng89] **F. Englert, S. Euler, D. Wolf:** *Zur Variabilität sprachlicher Äußerungen in der sprecherunabhängigen Einzelworterkennung*, *Informationstechnik*, Bd. 31, Nr. 6, 1989, S. 407–413.

[Eph92a] **Y. Ephraim:** *A Bayesian Estimation Approach for Speech Enhancement Using Hidden Markov Models*, *IEEE Trans. on Signal Processing*, Bd. 40, Nr. 4, 1992, S. 725–735.

[Eph92b] **Y. Ephraim:** *Gain-Adapted Hidden Markov Models for Recognition of Clean and Noisy Speech*, *IEEE Trans. on Signal Processing*, Bd. 40, Nr. 6, 1992, S. 1303–1316.

[Erm80] **L. Erman, V. Lesser:** *The HEARSAY-II Speech Understanding System: A Tutorial*, in W. Lea (Hrsg.): *Trends in Speech Recognition*, Prentice-Hall Inc., Englewood Cliffs, New Jersey, 1980, S. 361–381.

[Ess81] **O. v. Essen:** *Grundbegriffe der Phonetik*, Carl Marhold Verlagsbuchhandlung, Berlin, 1981.

[Ess91] **U. Essen, H. Ney:** *Statistical Language Modelling Using Cache Memory*, in *1. Quantitative Linguistics Conference*, 1991.

[Ess92] **U. Essen, V. Steinbiss:** *Cooccurrence Smoothing for Stochastic Language Modeling*, in *Proc. Int. Conf. on Acoustics, Speech, and Signal Processing*, Bd. 1, San Francisco, 1992, S. 161–164.

[Eva90] **R. Evans, G. Gazdar:** *The DATR Papers: February 1990*, Cognitive Science Research Paper CSRP 139, University of Sussex, Brighton, 1990.

[Fal90] **A. Falaschi, P. Pierucci:** *Some Experiments on HMM Structure Inference*, in L. Torres, E. Masgrau, M. Lagunas (Hrsg.): *Signal Processing V: Theories and Applications*, Elsevier Science Publishers, 1990, S. 1375–1378.

[Fal91]   **A. Falaschi, A. Micozzi:** *Word Spotting by CSR through Vector Quantized Background Models,* in *Proc. European Conf. on Speech Technology,* Bd. 3, 1991, S. 1187–1190.

[Fan50]   **K. Fan:** *Les Fonctions Definies-Positives et les Fonctions Completement Monotones, Memorial des Sciences Math.,* Bd. CXIV, 1950.

[Fan60]   **G. Fant:** *The Acoustic Theory of Speech Production,* Mouton & Co., The Hague, 1960.

[Fan90]   **G. Fant:** *Speech Research in Perspective, Speech Communication,* Bd. 9, Nr. 3, 1990, S. 171–176.

[Fel86]   **K.   Fellbaum (Hrsg.):** *Elektronische Sprachverarbeitung in der Mensch-Maschine-Kommunikation,* Weidler Buchverlag, Berlin, 1986.

[Fel89]   **K. Fellbaum:** *Anwendungsaspekte der sprachlichen Mensch-Maschine-Kommunikation, Informationstechnik,* Bd. 31, Nr. 6, 1989, S. 414–424.

[Fer80]   **J. Ferguson:** *Variable Duration Models of Speech,* in *Proc. Symposium on the Application of Hidden Markov Models to Text and Speech,* 1980, S. 143–179.

[Fer90]   **M. Ferretti, G. Maltese, S. Scarci:** *Measuring Information Provided by Language Model and Acoustic Model in Probabilistic Speech Recognition: Theory and Experimental Results, Speech Communication,* Bd. 9, Nr. 5/6, 1990, S. 531–539.

[Fin91]   **G. Fink:** *Generalisierte Triphone als Wortuntereinheiten im Akustisch-Phonetischen Netzwerk,* Diplomarbeit IMMD5 (Mustererkennung), Universität Erlangen, Februar 1991.

[Fin92a] **G. Fink, F. Kummert, G. Sagerer:** *Automatic Extraction of Language Models from a Linguistic Knowledge Base,* in J. Vandewalle, R. Boite, M. Moonen, A. Oosterlinck (Hrsg.): *Signal Processing VI: Theories and Applications,* Bd. 1, Elsevier Science Publishers, Amsterdam, 1992, S. 547–550.

[Fin92b] **G. Fink, F. Kummert, G. Sagerer, E. Schukat-Talamazzini, H. Niemann:** *Semantic Hidden Markov Networks,* in *Proc. Int. Conf. on Spoken Language Processing,* Bd. 2, Banfft, Canada, 1992, S. 919–922.

[Fin93]   **G. Fink, F. Kummert, G. Sagerer, E. Schukat-Talamazzini:** *Speech Recognition Using Semantic Hidden Markov Networks,* in *Proc. European Conf. on Speech Technology,* 1993, S. 1571–1574.

[Fis36]   **R. Fisher:** *The Use of Multiple Measurements in Taxonomic Problems, Ann. Eugenics,* Bd. 7, 1936, S. 179–188.

[Fis91a] **L. Fissore, E. Giachin, P. Laface, G. Micca:** *Selection of Speech Units for a Speaker-Independent CSR Task,* in *Proc. European Conf. on Speech Technology,* Bd. 3, 1991, S. 1389–1392.

[Fis91b] **L. Fissore, P. Laface, G. Micca:** *Comparison of Discrete and Continuous HMMs in a CSR Task over the Telephone,* in *Proc. Int. Conf. on Acoustics, Speech, and Signal Processing,* Toronto, 1991, S. 253–256.

[Fla72]   **J. Flanagan:** *Speech Analysis, Synthesis and Perception,* Springer Verlag, Berlin, 1972.

[Fle40]   **H. Fletcher:** *Auditory Patterns, Rev. Mod. Phys.,* Bd. 12, 1940, S. 47–65.

[For59]   **J. Forgie, C. Forgie:** *Results Obtained from a Vowel Recognition Computer Program, Journal Acoust. Soc. Amer.,* Bd. 31, Nr. 11, 1959, S. 1480–1489.

[For73]   **G. Forney:** *The Viterbi Algorithm, Proceedings of the IEEE,* Bd. 61, Nr. 3, 1973, S. 268–277.

[Fou89]   **A. Fourcin, G. Harland, W. Barry, V. Hazan (Hrsg.):** *Speech Input and Output Assessment,* Ellis Horwood, Chichester, 1989.

[Fra73]   **W. Franz:** *Topologie I*, Bd. 6181 von *Sammlung Göschen*, Walter de Gruyter, Berlin, 1973.

[Fra87]   **U. Frauenfelder, L. Tyler:** *The Process of Spoken Word Recognition: An Introduction*, in L. Tyler, U. Frauenfelder (Hrsg.): *Spoken Word Recognition*, Bd. 25 von *Cognition*, Elsevier, 1987, S. 1–20.

[Fra91a] **H. Franco, A. Serralheiro:** *Training HMMs Using a Minimum Recognition Error Approach*, in *Proc. Int. Conf. on Acoustics, Speech, and Signal Processing*, Toronto, 1991, S. 357–360.

[Fra91b] **M. Franzini, A. Waibel, K. Lee:** *Recent Work in Continuous Speech Recognition Using the Connectionist Viterbi Training Procedure*, in *Proc. European Conf. on Speech Technology*, Bd. 3, 1991, S. 1213–1216.

[Fri67]   **H. Friedman, J. Rudin:** *On Some Invariant Criteria for Grouping Data*, American Statistical Association Journal, Bd. 12, 1967, S. 1159–1178.

[Fri91]   **B. Fritzke:** *Unsupervised Clustering with Growing Cell Structures*, in *Proc. IJCNN*, Seattle, 1991.

[Fry59]   **D. Fry:** *Theoretical Aspects of Mechanical Speech Recognition*, J. British Inst. Radio Engin., Bd. 19, 1959, S. 211–219.

[Fu68]   **K. Fu:** *Sequential Methods in Pattern Recognition and Machine Learning*, Academic Press, New York, 1968.

[Fuj82]   **O. Fujimura, J. Lovins:** *Syllables as Concatenative Phonetic Units*, Indiana University Linguistics Club, Bloomington, 1982.

[Fuj86]   **H. Fujisaki, H. Udagawa, N. Kanedera:** *Utilization of Multiple Units in Human and Machine Recognition of Continuous Speech — Perceptual Evidence and a Proposal for an ASR System*, in *Proc. Symposium on Speech Recognition*, Montreal, 1986, S. 28–29.

[Fuk72]   **K. Fukunaga:** *Introduction to Statistical Pattern Recognition*, Academic Press, New York, 1972.

[Fuk73]   **K. Fukunaga, L. Hostetler:** *Optimization of k-Nearest Neighbor Density Estimates*, IEEE Trans. on Information Theory, Bd. 19, 1973, S. 320–326.

[Fuk90]   **K. Fukunaga:** *Introduction to Statistical Pattern Recognition*, Academic Press, Boston, 1990.

[Fur80]   **S. Furui, A. Rosenberg:** *Experimental Studies in a New Automatic Speaker Verification System Using Telephone Speech*, in *Proc. Int. Conf. on Acoustics, Speech, and Signal Processing*, Denver, 1980, S. 1060–1062.

[Fur86]   **S. Furui:** *Speaker-Independent Isolated Word Recognition Using Dynamic Features of Speech Spectrum*, IEEE Trans. on Acoustics, Speech, and Signal Processing, Bd. 34, Nr. 1, 1986, S. 52–59.

[Fur89]   **S. Furui:** *Digital Speech Processing, Synthesis, and Recognition*, Marcel Dekker, New York, 1989.

[Fur92]   **S. Furui, K. Shikano, S. Matsunaga, T. Matsuoka, S. Takahashi, T. Yamada:** *Recent Topics in Speech Recognition Research at NTT Laboratories*, in *Speech and Natural Language Workshop*, Morgan Kaufmann, 1992.

[Gag91]   **C. Gagnoulet, D. Jouvet, J. Damay:** *MAIRIEVOX: a Voice-Activated Information System*, Speech Communication, Bd. 10, Nr. 1, 1991, S. 23–31.

[Gal90]   **W. Gale, K. Church:** *Poor Estimates of Context are Worse than None*, in *Speech and Natural Language Workshop*, Morgan Kaufmann, Hidden Valley, Pennsylvania, 1990, S. 283–287.

[Gal91a] **T. Galas, X. Rodet:** *Generalized Functional Approximation for Source-Filter System Modeling*, in *Proc. European Conf. on Speech Technology*, Bd. 3, 1991, S. 1085–1088.

[Gal91b] **P. Gallinari, S. Thiria, F. Badran, F. Fogelman-Soulie:** *On the Relations between Discriminant Analysis and Multilayer Perceptrons, Neural Networks,* Bd. 4, 1991, S. 349–360.

[Gal92] **M. Gales, S. Young:** *An Improved Approach to the Hidden Markov Model Decomposition of Speech and Noise,* in *Proc. Int. Conf. on Acoustics, Speech, and Signal Processing,* Bd. 1, San Francisco, 1992, S. 233–236.

[Gar47] **W. Garner, G. Miller:** *The Masked Threshold of Pure Tones as a Function of Duration,* J. Exp. Psychol., Bd. 37, 1947, S. 293–303.

[Gar87] **R. Garside, G. Leech, G. Sampson (Hrsg.):** *The Computational Analysis of English,* Longman, London, 1987.

[Gau92a] **J. Gauvain, C. Lee:** *Improved Acoustic Modeling with Bayesian Learning,* in *Proc. Int. Conf. on Acoustics, Speech, and Signal Processing,* Bd. 1, San Francisco, 1992, S. 481–484.

[Gau92b] **J. Gauvain, C. Lee:** *MAP Estimation of Continuous Density HMM: Theory and Applications,* in *Speech and Natural Language Workshop,* Morgan Kaufmann, 1992.

[Ger82] **A. Gersho:** *On the Structure of Vector Quantizers, IEEE Trans. on Information Theory,* Bd. 28, 1982, S. 157 – 166.

[Ger83] **A. Gersho, V. Cuperman:** *Vector Quantization: a Pattern-Matching Technique for Speech Coding, IEEE Communications Magazine,* 1983, S. 15–21.

[Ghi86] **O. Ghitza:** *Auditory Nerve Representation as a Front-End for Speech Recognition in a Noisy Environment, Computer Speech & Language,* Bd. 1, Nr. 2, 1986, S. 109–130.

[Gia91] **E. Giachin, A. Rosenberg, C. Lee:** *Word Juncture Modeling Using Phonological Rules for HMM-Based Continuous Speech Recognition, Computer Speech & Language,* Bd. 5, Nr. 2, 1991, S. 155–168.

[Gia92] **E. Giachin, C. Lee, L. Rabiner, A. Rosenberg, R. Pieraccini:** *On the Use of Inter-Word Context-Dependent Units for Word Juncture Modeling, Computer Speech & Language,* Bd. 6, Nr. 3, 1992, S. 197–214.

[Gla85] **M. Glassman:** *Hierarchical DP for Word Recognition,* in *Proc. Int. Conf. on Acoustics, Speech, and Signal Processing,* Tampa, Florida, 1985, S. 886–889.

[GM91] **J. Gomez-Mena, J. Santos-Suarez, R. Garcia-Gomez:** *A Robust Feature Extraction Method for Automatic Speech Recognition in Noisy Environments,* in *Proc. European Conf. on Speech Technology,* Bd. 3, 1991, S. 1383–1386.

[Gol76] **J. Goldsmith:** *Autosegmental Phonology,* Indiana University Linguistics Club, Bloomington, 1976.

[Goo53] **I. Good:** *The Population Frequencies of Species and the Estimation of Population Parameters,* Biometrika, Bd. 40, 1953, S. 237–264.

[Gop89] **P. Gopalakrishnan, D. Kanevsky, A. Nadas, D. Nahamoo:** *A Generalization of the Baum Algorithm to Rational Objective Functions,* in *Proc. Int. Conf. on Acoustics, Speech, and Signal Processing,* Glasgow, 1989, S. 631–634.

[Gra74] **A. Gray, J. Markel:** *A Spectral Flatness Measure for Studying the Autocorrelation Method of Linear Prediction of Speech Analysis, IEEE Trans. on Acoustics, Speech, and Signal Processing,* Bd. 22, 1974, S. 207–217.

[Gre58] **U. Grenander, G. Szego:** *Toeplitz Forms and Their Applications,* University of California Press, Berkeley, CA, 1958.

[Gre82]   **K. Greer, B. Lowerre, L. Wilcox:** *Acoustic Pattern Matching and Beam Searching*, in *Proc. Int. Conf. on Acoustics, Speech, and Signal Processing*, Paris, 1982, S. 1251–1254.

[Gre84]   **P. Green, A. Wood:** *Reasoning about the Acoustic Representation of Semivowels, Using an Intermediate representation — the Speech Sketch*, Proc. Inst. Acoustics, Bd. 6, 1984, S. 343–350.

[Gue90]   **Y. Guedon, C. Cocozza-Thivent:** *Explicit State Occupancy Modelling by Hidden Semi-Markov Models: Application of Derin's Scheme*, Computer Speech & Language, Bd. 4, Nr. 2, 1990, S. 167–192.

[Gup87]   **V. Gupta, M. Lennig, P. Mermelstein:** *Integration of Acoustic Information in a Large Vocabulary Word Recognizer*, in *Proc. Int. Conf. on Acoustics, Speech, and Signal Processing*, 1987, S. 697–700.

[Gup88]   **V. Gupta, M. Lennig, P. Mermelstein:** *Fast Search Strategy in a Large Vocabulary Word Recognizer*, Journal Acoust. Soc. Amer., Bd. 84, Nr. 6, 1988, S. 2007–2017.

[Gup92]   **V. Gupta, M. Lennig, P. Mermelstein:** *A Language Model for Very Large-Vocabulary Speech Recognition*, Computer Speech & Language, Bd. 6, Nr. 4, 1992, S. 331–344.

[Haf91]   **P. Haffner, A. Waibel:** *Time-Delay Neural Networks Embedding Time Alignment: a Performance Analysis*, in *Proc. European Conf. on Speech Technology*, Bd. 3, 1991, S. 1415–1418.

[Han76]   **A. Hanson, E. Riseman, E. Fisher:** *Context in Word Recognition*, Pattern Recognition, Bd. 8, 1976, S. 35–45.

[Han94]   **G. Hanrieder, G. Heisterkamp:** *Robust Analysis and Interpretation in Speech Dialog*, in H. Niemann, R. De Mori, G. Hanrieder (Hrsg.): *Progress and Prospects of Speech Research and Technology*, Nr. 1 in Proceedings in Artificial Intelligence, Infix, 1994, S. 204–211.

[Har75]   **J. Hartigan:** *Clustering Algorithms*, Wiley, New York, 1975.

[Har83]   **R. Haralick:** *Decision Making in Context*, IEEE Trans. on Pattern Analysis and Machine Intelligence, Bd. 5, Nr. 4, 1983, S. 417–428.

[Har89]   **J. Harrington, G. Watson, M. Cooper:** *Word Boundary Detection in Broad Class and Phoneme Strings*, Computer Speech & Language, Bd. 3, Nr. 4, 1989, S. 367–382.

[Hat85]   **J.-P. Haton:** *Knowledge-Based and Expert Systems in Automatic Speech Recognition*, in R. De Mori, C. Suen (Hrsg.): *New Systems and Architectures for Automatic Speech Recognition and Synthesis*, NATO ASI Series, Springer, 1985, S. 249–269.

[Hau90]   **A. Hauptmann, A. Rudnicky:** *A Comparison of Speech and Typed Input*, in Speech and Natural Language Workshop, Morgan Kaufmann, Hidden Valley, Pennsylvania, 1990, S. 219–224.

[Hei61]   **G. Heike:** *Das phonologische System des Deutschen als binäres Distinktionssystem*, Phonetica, Bd. 6, 1961, S. 162–176.

[Hei87]   **R. Heinstein, H. Loebner:** *Spracherkennung jetzt einfach einsetzbar*, Der Elektroniker, Bd. 10, 1987.

[Her86]   **H. Hermansky, K. Tsuga, S. Makino, H. Wakita:** *Perceptually Based Processing in Automatic Speech Recognition*, in *Proc. Int. Conf. on Acoustics, Speech, and Signal Processing*, Tokyo, 1986, S. 1971–1974.

[Her91a] **H. Hermansky, N. Morgan, A. Bayya, P. Kohn:** *Compensation for the Effect of the Communication Channel in Auditory-Like Analysis of Speech (RASTA-PLP)*, in *Proc. European Conf. on Speech Technology*, Bd. 3, 1991, S. 1367–1370.

[Her91b]   **J. Hernando, C. Nadeu:** *A Comparative Study of Parameters and Distances for Noisy Speech Recognition*, in *Proc. European Conf. on Speech Technology*, Bd. 1, 1991, S. 91–94.

[Her92]   **H. Hermansky, N. Morgan, A. Bayya, P. Kohn:** *RASTA-PLP Speech Analysis Technique*, in *Proc. Int. Conf. on Acoustics, Speech, and Signal Processing*, Bd. 1, San Francisco, 1992, S. 121–124.

[Hes92]   **W. Hess:** *Speech Synthesis — A Solved Problem?*, in J. Vandewalle, R. Boite, M. Moonen, A. Oosterlinck (Hrsg.): *Signal Processing VI: Theories and Applications*, Bd. 1, Elsevier Science Publishers, Amsterdam, 1992, S. 37–46.

[Heu88]   **U. Heute (Hrsg.):** *Special Issue on Medium Rate Speech Coding for Digital Mobile Telephony*, Bd. 7 von *Speech Communication*, 1988.

[Hie92]   **J. Hieronymus, D. McKelvie, F. McInnes:** *Use of Acoustic Sentence Level and Lexical Stress in HSMM Speech Recognition*, in *Proc. Int. Conf. on Acoustics, Speech, and Signal Processing*, Bd. 1, San Francisco, 1992, S. 225–228.

[Hir91]   **H. Hirsch, P. Meyer, H. Ruehl:** *Improved Speech Recognition Using High-Pass Filtering of Subband Envelopes*, in *Proc. European Conf. on Speech Technology*, Bd. 2, 1991, S. 413–416.

[Hit86]   **L. Hitzenberger, R. Ulbrand, H. Kritzenberger, P. Wenzel:** *FACID: Fachsprachlicher Corpus informationsabfragender Dialoge*, FG Linguistische Informationswissenschaft der Universität Regensburg, 1986.

[Hla92]   **F. Hlawatsch, G. Boudreaux-Bartels:** *Linear and Quadratic Time-Frequency Signal Representations*, *IEEE Signal Processing Magazine*, April 1992, S. 21–67.

[Hol91]   **J. Holmes:** *Sprachsynthese und Spracherkennung*, Oldenbourg, München, 1991.

[Hon91]   **H. Hon, K. Lee:** *CMU Robust Vocabulary-Independent Speech Recognition System*, in *Proc. Int. Conf. on Acoustics, Speech, and Signal Processing*, Toronto, 1991, S. 889–892.

[Hop79]   **J. Hopcroft, J. Ullman:** *Introduction to Automata Theory, Languages, and Computation*, Addison-Wesley, Reading, Massachusetts, 1979.

[Hor79]   **R. Horst:** *Nichtlineare Optimierung*, Hanser Verlag, München, 1979.

[HR80]   **F. Hayes-Roth:** *Syntax, Semantics, and Pragmatics in Speech Understanding Systems*, in W. Lea (Hrsg.): *Trends in Speech Recognition*, Prentice-Hall Inc., Englewood Cliffs, New Jersey, 1980, S. 206–233.

[HU91]   **R. Haeb-Umbach, H. Ney:** *A Look-Ahead Search Technique for Large Vocabulary Continuous Speech Recognition*, in *Proc. European Conf. on Speech Technology*, Bd. 2, 1991, S. 495–498.

[HU92]   **R. Haeb-Umbach, H. Ney:** *Linear Discriminant Analysis for Improved Large Vocabulary Continuous Speech Recognition*, in *Proc. Int. Conf. on Acoustics, Speech, and Signal Processing*, Bd. 1, San Francisco, 1992, S. 13–16.

[Hua88a]   **X. Huang, M. Jack:** *On Several Problems of Hidden Markov Models*, in *7th FASE Symposium*, Edinburgh, 1988, S. 17–22.

[Hua88b]   **X. Huang, M. Jack:** *Semi-Continuous Hidden Markov Models in Isolated Word Recognition*, in *Proc. Int. Conf. on Pattern Recognition*, 1988, S. 406–408.

[Hua89]   **X. Huang, M. Jack:** *Semi-Continuous Hidden Markov Models for Speech Signals*, *Computer Speech & Language*, Bd. 3, Nr. 3, 1989, S. 239–251.

[Hua90a]   **X. Huang, F. Alleva, S. Hayamizu, H. Hon, M. Hwang, K. Lee:** *Improved Hidden Markov Modeling for Speaker-Independent Continuous Speech Recognition*, in *Speech and Natural Language Workshop*, Morgan Kaufmann, Hidden Valley, Pennsylvania, 1990, S. 327–331.

[Hua90b]   **X. Huang, Y. Ariki, M. Jack:** *Hidden Markov Models for Speech Recognition*, Nr. 7 in Information Technology Series, Edinburgh University Press, Edinburgh, 1990.

[Hua90c]   **X. Huang, K. Lee, H. Hon:** *On Semi-Continuous Hidden Markov Modeling*, in *Proc. Int. Conf. on Acoustics, Speech, and Signal Processing*, Albuquerque, 1990, S. 689–692.

[Hua91]   **X. Huang, K. Lee, H. Hon, M. Hwang:** *Improved Acoustic Modeling with the SPHINX Speech Recognition System*, in *Proc. Int. Conf. on Acoustics, Speech, and Signal Processing*, Toronto, 1991, S. 345–348.

[Hua93]   **X. Huang, M. Belin, F. Alleva, M. Hwang:** *Unified Stochastic Engine (USE) for Speech Recognition*, in *Proc. Int. Conf. on Acoustics, Speech, and Signal Processing*, Bd. 2, Minneapolis, 1993, S. 636–639.

[Hun80]   **J. Hunt, M. Lennig, P. Mermelstein:** *Experiments in Syllable-based Recognition of Continuous Speech*, in *Int. Conf. on Acoustics, Speech and Signal Processing*, Denver, 1980, S. 880–883.

[Hun86]   **M. Hunt, C. Lefebvre:** *Speech Recognition Using a Cochlear Model*, in *Proc. Int. Conf. on Acoustics, Speech, and Signal Processing*, Tokyo, 1986, S. 1979–1982.

[Hun91]   **M. Hunt, S. Richardson, D. Bateman, A. Piau:** *An Investigation of PLP and IMELDA Acoustic Representations and of their Potential for Combination*, in *Proc. Int. Conf. on Acoustics, Speech, and Signal Processing*, Toronto, 1991, S. 881–884.

[Hun92]   **M. Hunt:** *Speech Technology*, 1992.

[Hwa92a]   **M. Hwang, X. Huang:** *Subphonetic Modeling for Speech Recognition*, in *Speech and Natural Language Workshop*, Morgan Kaufmann, 1992.

[Hwa92b]   **M. Hwang, X. Huang:** *Subphonetic Modeling with Markov States — Senone*, in *Proc. Int. Conf. on Acoustics, Speech, and Signal Processing*, Bd. 1, San Francisco, 1992, S. 33–36.

[Ima76]   **T. Imai, M. Shimura:** *Learning with Probabilistic Labeling*, Pattern Recognition, Bd. 8, 1976, S. 225–241.

[Ips95]   **I. Ipšić, F. Mihelič, E. Schukat-Talamazzini, N. Pavešić:** *Acoustic Modelling of Words in the Slovene Continuous Speech Recognition System*, in *Proc. 18th Annual Conference on Microcomputers in Intelligent Information Systems (MIS'95)*, Zagreb, Croatia, erscheint 1995.

[IPA63]   *The Principles of the International Phonetic Association*, **Department of Phonetics, University College, 1963.**

[Iri88]   **B. Irie, S. Miyake:** *Capabilities of Three-Layered Perceptrons*, in *Proc. IJCNN*, San Diego, CA, 1988, S. 641–648.

[Ish79]   **S. Ishizaki:** *Dynamic Speech Discrimination Using an Articulatory Model*, in *Proc. 6. IJCAI*, Tokyo, 1979, S. 422–424.

[Ita71]   **F. Itakura, S. Saito:** *Speech Information Compression Based on the Maximum Likelihood Spectral Estimation*, J. Acoust. Soc. Japan, Bd. 27, 1971, S. 463–472.

[Ita75]   **F. Itakura:** *Minimum Prediction Residual Principle Applied to Speech Recognition*, IEEE Trans. on Acoustics, Speech, and Signal Processing, Bd. 23, 1975, S. 67–72.

[Ita87]   F. Itakura, T. Umezaki: *Distance Measure for Speech Recognition Based on the Smoothed Group Delay Spectrum*, in *Proc. Int. Conf. on Acoustics, Speech, and Signal Processing*, Dallas, 1987, S. 1257–1260.

[Ito93]   A. Ito, S. Makino: *A New Word Preselection Method Based on an Extended Redundant Hash Addressing for Continuous Speech Recognition*, in *Proc. Int. Conf. on Acoustics, Speech, and Signal Processing*, Bd. 2, Minneapolis, 1993, S. 299–302.

[Jam89]   W. James: *Talks to Teachers on Psychology and to Students on Some of Life's Ideals*, Holt, New York, 1889.

[Jäp80]   D. Jäpel: *Klassifikatorbezogene Merkmalsauswahl*, Dissertation IMMD5 (Mustererkennung), Universität Erlangen, 1980.

[Jel69]   F. Jelinek: *A Fast Sequential Decoding Algorithm Using a Stack*, IBM Journal of Research and Development, Bd. 13, 1969, S. 675–685.

[Jel75]   F. Jelinek, L. Bahl, R. Mercer: *Design of a Linguistic Statistical Decoder for the Recognition of Continuous Speech*, IEEE Trans. on Information Theory, Bd. 21, Nr. 3, 1975, S. 250–256.

[Jel76]   F. Jelinek: *Continuous Speech Recognition by Statistical Methods*, Proceedings of the IEEE, Bd. 64, Nr. 4, 1976, S. 532–556.

[Jel80]   F. Jelinek, R. Mercer: *Interpolated Estimation of Markov Source Parameters from Sparse Data*, in E. Gelsema, L. Kanal (Hrsg.): *Pattern Recognition in Practice*, North Holland, 1980, S. 381–397.

[Jel82]   F. Jelinek, R. Mercer, L. Bahl: *Continuous Speech Recognition*, in P. Krishnaiah, L. Kanal (Hrsg.): *Handbook of Statistics*, Bd. 2, North-Holland, 1982, S. 549–573.

[Jel85]   F. Jelinek: *The Development of an Experimental Discrete Dictation Recognizer*, Proceedings of the IEEE, Bd. 73, 1985, S. 1616–1624.

[Jel90]   F. Jelinek: *Self-Organized Language Modeling for Speech Recognition*, in A. Waibel, K. Lee (Hrsg.): *Readings in Speech Recognition*, Morgan Kaufmann, San Mateo, CA, 1990, S. 450–506.

[Jel91]   F. Jelinek: *Up from Trigrams! The Struggle for Improved Language Models*, in *Proc. European Conf. on Speech Technology*, Bd. 3, 1991, S. 1037–1040.

[Jör69]   K. Jöreskog: *A General Approach to Confirmatory Maximum Likelihood Factor Analysis*, Psychometrika, Bd. 34, 1969, S. 183–202.

[Jua82]   B. Juang, D. Wong, A. Gray: *Distortion Performance of Vector Quantization for LPC Voice Coding*, IEEE Trans. on Acoustics, Speech, and Signal Processing, Bd. 30, Nr. 2, 1982, S. 294–303.

[Jua85a] B.-H. Juang, L. Rabiner: *Mixture Autoregressive Hidden Markov Models for Speech Signals*, IEEE Trans. on Acoustics, Speech, and Signal Processing, Bd. 33, Nr. 6, 1985, S. 1404–1413.

[Jua85b] B. Juang: *Maximum-Likelihood Etimation for Mixture Multivariate Stochastic Observations of Markov Chains*, Bell Systems Technical Journal, Bd. 64, Nr. 6, 1985, S. 1235–1249.

[Jun91]   J. Junqua: *A Two-Pass Hybrid System Using a Low Dimensional Auditory Model for Speaker-Independent Isolated-Word Recognition*, Speech Communication, Bd. 10, Nr. 1, 1991, S. 33–44.

[Jus94]   A. Jusek, H. Rautenstrauch, G. Fink, F. Kummert, G. Sagerer, J. Carson-Berndsen, D. Gibbon: *Detektion unbekannter Wörter mit Hilfe phonotaktischer Modelle*, in W. Kropatsch, H. Bischof (Hrsg.): *Mustererkennung 1994 (16. DAGM Symposium)*, Informatik Xpress 5, 1994, S. 238–245.

[Kad91]   M. Kadirkamanathan, A. Varga: *Simultaneous Model Re-Estimation From Contaminated Data by Composed Hidden Markov Modelling*, in *Proc. Int. Conf. on Acoustics, Speech, and Signal Processing*, Toronto, 1991, S. 897–900.

[Kal85]   A. Kaltenmeier, F. Class: *Bildung von Lauthypothesen mit Polynomklassifikatoren und Markov-Modellen in einem System zur Erkennung kontinuierlicher Sprache*, in H. Niemann (Hrsg.): *Mustererkennung 1985 (7. DAGM Symposium)*, Bd. 107 von *Informatik Fachberichte*, Springer, 1985, S. 228–233.

[Kal90]   H. Kalveram, P. Meissner, H. Kindler: *Textgestützte Modellbildung zur Strukturanalyse von fließender Sprache*, Arbeitsbericht zum DFG-Projekt Ki 182/15-2, Institut für allgemeine Nachrichtentechnik, Uni Hannover, Hannover, 1990.

[Kat87]   S. Katz: *Estimation of Probabilities from Sparse Data for the Language Model Component of a Speech Recognizer*, IEEE Trans. on Acoustics, Speech, and Signal Processing, Bd. 35, Nr. 3, 1987, S. 400–401.

[Kat88]   H. Katterfeldt: *Zur Anwendung von Polynomklassifikatoren für die sprecherunabhängige Einzelworterkennung*, Dissertation, Berlin, 1988.

[Kem88]   C. Kemke: *Der neuere Konnektionismus. Ein Überblick*, Informatik Spektrum, Bd. 11, Nr. 3, 1988, S. 143–162.

[Ken93a] P. Kenny, R. Hollan, V. Gupta, M. Lennig, P. Mermelstein, D. O'Shaughnessy: *A*-Admissible Heuristics for Rapid Lexical Access*, IEEE Trans. on Speech and Audio Processing, Bd. 1, Nr. 1, 1993, S. 1–9.

[Ken93b] P. Kenny, P. Labute, Z. Li, R. Hollan, M. Lennig, D. O'Shaughnessy: *A New Fast Match for Very Large Vocabulary Continuous Speech Recognition*, in *Proc. Int. Conf. on Acoustics, Speech, and Signal Processing*, Bd. 2, Minneapolis, 1993, S. 656–659.

[Kie52]   J. Kiefer, J. Wolfowitz: *Stochastic Estimation of the Maximum of a Regression Function*, Ann. Math. Statist., Bd. 23, 1952, S. 462–466.

[Kim86]   O. Kimball, P. Price, S. Roucos, R. Schwartz, F. Kubala, Y. Chow, A. Haas, M. Krasner, J. Makhoul: *Recognition Performance and Grammatical Constraints*, in L. Baumann (Hrsg.): *Proceedings of the DARPA Speech Recognition Workshop*, 1986, S. 53–59.

[Kim91]   H. Kim, H. Lee: *An Extended LVQ2 Algorithm and its Application to Phoneme Recognition*, in *Proc. European Conf. on Speech Technology*, Bd. 3, 1991, S. 1265–1268.

[Kim92]   O. Kimball, M. Ostendorf, R. Rohlicek: *Recognition Using Classification and Segmentation Scoring*, in *Speech and Natural Language Workshop*, Morgan Kaufmann, 1992.

[Kin71]   N. Kingsbury, P. Rayner: *Digital Filtering Using Logarithmic Arithmetic*, Electronical Letters, Bd. 7, 1971, S. 56–58.

[Kit73]   J. Kittler, P. Young: *A New Approach to Feature Selection Based on the Karhunen-Loeve Expansion*, Pattern Recognition, Bd. 5, 1973, S. 335–352.

[Kit85]   Y. Kitazume, E. Ohira, T. Endo: *LSI Implementation of a Pattern Matching Algorithm for Speech Recognition*, IEEE Trans. on Acoustics, Speech, and Signal Processing, Bd. 33, Nr. 1, 1985, S. 1–4.

[Kla73]   D. Klatt, K. Stevens: *On the Automatic Recognition of Continuous Speech: Implications from a Spectrogram Reading Experiment*, IEEE Trans. on Audio Electroacoustics, Bd. 21, 1973, S. 210–217.

[Kla77]   **D. Klatt:** *Review of the ARPA Speech Understanding Project, Journal Acoust. Soc. Amer.*, Bd. 62, 1977, S. 1345–1366.

[Kla80]   **D. Klatt:** *SCRIBER and LAFS: Two New Approaches to Speech Analysis*, in W. Lea (Hrsg.): *Trends in Speech Recognition*, Prentice-Hall Inc., Englewood Cliffs, New Jersey, 1980, S. 529–555.

[Kla86]   **D. Klatt:** *Problem of Variability in Speech Recognition and in Models of Speech Perception*, in J. Perkell, D. Klatt (Hrsg.): *Variability and Invariance in Speech Processes*, Lawrence Erlbaum Assoc., Hillsdale, NJ, 1986, S. 300–320.

[Kla87]   **D. Klatt:** *Review of Text-to-Speech Conversion for English, Journal Acoust. Soc. Amer.*, Bd. 82, 1987, S. 737–793.

[Kla88]   **D. Klatt:** *Review of Selected Models of Speech Perception*, in W. Marslen-Wilson (Hrsg.): *Lexical representation and Process*, MIT Press, Cambridge, MA, 1988.

[Klo75]   **J. Klovstad, L. Mondshein:** *The CASPERS Linguistic Analysis System, IEEE Trans. on Acoustics, Speech, and Signal Processing*, Bd. 23, Nr. 1, 1975, S. 118–123.

[Kne91]   **R. Kneser, H. Ney:** *Forming Word Classes by Statistical Clustering for Statistical Language Modelling*, in *1. Quantitative Linguistics Conference*, 1991.

[Kne93]   **R. Kneser, H. Ney:** *Improved Clustering Techniques for Class-Based Statistical Language Modelling*, in *Proc. European Conf. on Speech Technology*, 1993, S. 973–976.

[Koh77]   **K. Kohler:** *Einführung in die Phonetik des Deutschen*, Erich Schmidt Verlag, Berlin, 1977.

[Koh79]   **K. Kohler:** *Kommunikative Aspekte satzphonetischer Prozesse im Deutschen*, in H. Vater (Hrsg.): *Phonologische Probleme des Deutschen*, Narr Verlag, Tübingen, 1979, S. 13–40.

[Koh85]   **T. Kohonen:** *Median Strings, Pattern Recognition Letters*, Bd. 3, 1985, S. 309–313.

[Köh87]   **G. Köhn:** *Einsatz akustisch-phonetischer Merkmalsauswertung bei der automatischen Erkennung fließender Sprache*, TU München, München, 1987.

[Koh88]   **T. Kohonen:** *The Neural Phonetic Typewriter, IEEE Computer Magazine*, 1988, S. 11–22.

[Koh90]   **T. Kohonen:** *The Self-Organizing Map, Proceedings of the IEEE*, Bd. 78, Nr. 9, 1990, S. 1464–1480.

[Kom94]   **R. Kompe, A. Batliner, A. Kießling, U. Kilian, H. Niemann, E. Nöth, P. Regel-Brietzmann:** *Automatic Classification of Prosodically Marked Phrase Boundaries in German*, in *Proc. Int. Conf. on Acoustics, Speech, and Signal Processing*, Bd. 2, 1994, S. 173–176.

[Kra79]   **W. Krabs:** *Optimization and Approximation*, John Wiley, Chichester, 1979.

[Kra83]   **W. Krabs:** *Einführung in die lineare und nichtlineare Optimierung für Ingenieure*, B.G. Teubner, Stuttgart, 1983.

[Kub90]   **F. Kubala, R. Schwartz:** *A New Paradigm for Speaker-Independent Training and Speaker Adaptation*, in *Speech and Natural Language Workshop*, Morgan Kaufmann, Hidden Valley, Pennsylvania, 1990, S. 306–310.

[Kuh90]   **R. Kuhn, R. De Mori:** *A Cache-Based Natural Language Model for Speech Recognition, IEEE Trans. on Pattern Analysis and Machine Intelligence*, Bd. 12, Nr. 6, 1990, S. 570–583.

[Kuh92]   **R. Kuhn:** *Keyword Classification Trees for Speech Understanding Systems*, PhD thesis, Montreal, Canada, 1992.

[Kuh94a] **T. Kuhn:** *Die Erkennungsphase in einem Dialogsystem*, Dissertation IMMD5 (Mustererkennung), Universität Erlangen, 1994.

[Kuh94b] **T. Kuhn, H. Niemann, E. Schukat-Talamazzini:** *Ergodic Hidden Markov Models and Polygrams for Language Modeling*, in *Proc. Int. Conf. on Acoustics, Speech, and Signal Processing*, Bd. 1, Adelaide, Australia, 1994, S. 357–360.

[Kuh95] **T. Kuhn:** *Die Erkennungsphase in einem Dialogsystem*, Bd. 80 von *Dissertationen zur Künstlichen Intelligenz*, Infix, Sankt Augustin, 1995.

[Kul51] **S. Kullback, R. Leibler:** *On Information and Sufficiency*, Annals Math. Statist., Bd. 22, 1951, S. 79–86.

[Kum91] **F. Kummert:** *Flexible Steuerung eines sprachverstehenden Systems mit homogener Wissensbasis.* *Dissertation*, Technische Fakultät der Universität Erlangen-Nürnberg, Erlangen, 1991.

[Kum92] **F. Kummert, G. Fink, G. Sagerer:** *Robuste Verarbeitung fehlerhafter Segmentierungsergebnisse*, in S. Fuchs, R. Hoffmann (Hrsg.): *Mustererkennung 1992 (14. DAGM Symposium)*, Informatik aktuell, Springer, 1992, S. 269–273.

[Kum94] **F. Kummert, G. Sagerer:** *Objekterkennung mit Hidden Markov Modellen*, in W. Kropatsch, H. Bischof (Hrsg.): *Mustererkennung 1994 (16. DAGM Symposium)*, Informatik Xpress 5, 1994, S. 101–108.

[Kun90] **S. Kunzmann:** *Die Worterkennung in einem Dialogsystem für kontinuierlich gesprochene Sprache*, Niemeyer, Tübingen, 1990.

[Kup92] **J. Kupiec:** *Robust Part-of-Speech Tagging Using a Hidden Markov Model*, Computer Speech & Language, Bd. 6, Nr. 3, 1992, S. 225–244.

[Kur91] **A. Kurematsu, H. Iida, T. Morimoto, K. Shikano:** *Language Processing in Connection with Speech Translation at ATR Interpreting Telephony Research Laboratories*, Speech Communication, Bd. 10, Nr. 1, 1991, S. 1–9.

[Lac91] **R. Lacouture, R. De Mori:** *Lexical Tree Compression*, in *Proc. European Conf. on Speech Technology*, Bd. 2, 1991, S. 581–584.

[Lac93] **R. Lacouture, Y. Normandin:** *Efficient Lexical Access Strategies*, in *Proc. European Conf. on Speech Technology*, 1993, S. 1537–1540.

[Lam84] **L. Lamel, V. Zue:** *Properties of Consonant Sequences Within Words and Across Word Boundaries*, in *Proc. Int. Conf. on Acoustics, Speech, and Signal Processing*, San Diego, 1984, S. 42.3.1–42.3.4.

[Lar90] **K. Lari, S. Young:** *The Estimation of Stochastic Context-Free Grammars Using the Inside-Outside Algorithm*, Computer Speech & Language, Bd. 4, Nr. 1, 1990, S. 35–56.

[Lau93] **R. Lau, R. Rosenfeld, S. Roukos:** *Trigger-Based Language Models: A Maximum Entropy Approach*, in *Proc. Int. Conf. on Acoustics, Speech, and Signal Processing*, Bd. 2, Minneapolis, 1993, S. 45–48.

[LeC92] **P. LeCerf, D. Van Compernolle, M. Van Diest:** *Reduction Techniques for Frames and Frame Dimensions in Automatic Speech Recognition*, in J. Vandewalle, R. Boite, M. Moonen, A. Oosterlinck (Hrsg.): *Signal Processing VI: Theories and Applications*, Bd. 1, Elsevier Science Publishers, Amsterdam, 1992, S. 371–374.

[Lee88]   **C. Lee, L. Rabiner:** *A Network-Based Frame-Synchronuous Level Building Algorithm for Connected Word Recognition*, in *Proc. Int. Conf. on Acoustics, Speech, and Signal Processing*, New York, 1988, S. 410–413.

[Lee89a]   **C. Lee:** *On the Use of some Robust Modeling Techniques for Speech Recognition*, Computer Speech & Language, Bd. 3, Nr. 1, 1989, S. 35–52.

[Lee89b]   **K.-F. Lee:** *Automatic Speech Recognition: the Development of the SPHINX System*, Kluwer Academic Publishers, Boston, 1989.

[Lee89c]   **K.-F. Lee, S. Mahajan:** *Corrective and Reinforcement Learning for Speaker-Independent Continuous Speech Recognition*, in *Proc. European Conf. on Speech Technology*, Bd. 1, Paris, 1989, S. 490–493.

[Lee90a]   **C. Lee, L. Rabiner, R. Pieraccini, J. Wilpon:** *Acoustic Modeling for Large Vocabulary Speech Recognition*, Computer Speech & Language, Bd. 4, Nr. 2, 1990, S. 127–165.

[Lee90b]   **K.-F. Lee, S. Hayamizu, H.-W. Hon, C. Huang, J. Swartz, R. Weide:** *Allophone Clustering for Continuous Speech Recognition*, in *Proc. Int. Conf. on Acoustics, Speech, and Signal Processing*, Albuquerque, 1990, S. 749–752.

[Lee90c]   **K.-F. Lee, H.-W. Hon, M.-Y. Hwang, S. Mahajan:** *Recent Progress and Future Outlook of the SPHINX Speech Recognition System*, Computer Speech & Language, Bd. 4, Nr. 1, 1990, S. 57–69.

[Lee90d]   **K. Lee:** *Context Dependent Phonetic Hidden Markov Models for Continuous Speech Recognition*, IEEE Trans. on Acoustics, Speech, and Signal Processing, Bd. 38, Nr. 4, 1990, S. 599–609.

[Lee90e]   **K. Lee, H. Hon, M. Hwang, X. Huang:** *Speech Recognition Using Hidden Markov Models: a CMU Perspective*, Speech Communication, Bd. 9, Nr. 5/6, 1990, S. 497–508.

[Lee92]   **C. Lee, E. Giachin, L. Rabiner, R. Pieraccini, A. Rosenberg:** *Improved Acoustic Modeling for Large Vocabulary Continuous Speech Recognition*, Computer Speech & Language, Bd. 6, Nr. 2, 1992, S. 103–127.

[Leh59]   **I. Lehiste, G. Peterson:** *Vowel Amplitude and Phonemic Stress in American English*, Journal Acoust. Soc. Amer., Bd. 31, 1959, S. 428–435.

[Leu84]   **H. Leung, V. Zue:** *A Procedure for Automatic Alignment of Phonetic Transcriptions with Continuous Speech*, in *Proc. Int. Conf. on Acoustics, Speech, and Signal Processing*, San Diego, 1984, S. 2.7.1–2.7.4.

[Lev47]   **N. Levinson:** *The Wiener RMS (Root Mean Square) Error Criterion in Filter Design and Prediction*, J. Math. Phys., Bd. 25, 1947, S. 261–278.

[Lev83a]   **S. Levinson, L. Rabiner, M. Sondhi:** *An Introduction to the Application of the Theory of Probabilistic Functions of a Markov Process to Automatic Speech Recognition*, Bell Systems Technical Journal, Bd. 62, Nr. 4, 1983, S. 1035–1074.

[Lev83b]   **S. Levinson, L. Rabiner, M. Sondhi:** *Speaker Independent Isolated Digit Recognition Using Hidden Markov Models*, in *Proc. Int. Conf. on Acoustics, Speech, and Signal Processing*, Boston, 1983, S. 1049–1052.

[Lev85]   **S. Levinson:** *Structural Methods in Automatic Speech Recognition*, Proceedings of the IEEE, Bd. 73, Nr. 11, 1985, S. 1625–1650.

[Lev86]   **S. Levinson:** *Continuously Variable Duration Hidden Markov Models for Automatic Speech Recognition*, Computer Speech & Language, Bd. 1, Nr. 1, 1986, S. 29–45.

[Lib67]   A. Liberman, F. Cooper, D. Shankweiler, M. Studdert-Kennedy: *Perception of the Speech Code, Psychological Review*, Bd. 74, 1967, S. 431–461.

[Lic52]   J. Licklider: *On the Process of Speech Perception, Journal Acoust. Soc. Amer.*, Bd. 24, Nr. 6, 1952, S. 590–594.

[Lic91]   R. Lickley, R. Shillcock, E. Bard: *Processing Disfluent Speech: How and When are Disfluencies Found?*, in *Proc. European Conf. on Speech Technology*, Bd. 3, 1991, S. 1499–1502.

[Lin80]   Y. Linde, A. Buzo, R. Gray: *An Algorithm for Vector Quantizer Design, IEEE Trans. on Communications*, Bd. 28, Nr. 1, 1980, S. 84–95.

[Lip82]   L. Liporace: *Maximum Likelihood Estimation for Multivariate Observations of Markov Sources, IEEE Trans. on Information Theory*, Bd. 28, 1982, S. 729–734.

[Lip87a]   R. Lippmann: *An Introduction to Computing with Neural Nets, IEEE ASSP Magazine*, Bd. 4, 1987, S. 4–22.

[Lip87b]   R. Lippmann, E. Martin, D. Paul: *Multi-Style Training for Robust Isolated-Word Speech Recognition*, in *Proc. Int. Conf. on Acoustics, Speech, and Signal Processing*, Dallas, 1987, S. 705–708.

[Llo57]   S. Lloyd: *Least Squares Quantization in PCM's*, Bell Telephone Laboratories Paper, Murray Hill, NJ, 1957.

[Low76]   B. Lowerre: *The Harpy Speech Recognition System*, Carnegie-Mellon University, 1976.

[Low80]   B. Lowerre, D. Reddy: *The Harpy Speech Understanding System*, in W. Lea (Hrsg.): *Trends in Speech Recognition*, Prentice-Hall Inc., Englewood Cliffs, New Jersey, 1980, S. 340–360.

[Luc84]   J. Lucassen, R. Mercer: *An Information Theoretic Approach to the Automatic Determination of Phonemic Baseforms*, in *Proc. Int. Conf. on Acoustics, Speech, and Signal Processing*, San Diego, 1984, S. 42.5.1–42.5.4.

[Mak73]   J. Makhoul: *Spectral Analysis of Speech by Linear Prediction, IEEE Trans. on Audio Electroacoustics*, Bd. 21, 1973, S. 140–148.

[Mak75]   J. Makhoul: *Linear Prediction: A Tutorial Review, Proceedings of the IEEE*, Bd. 63, 1975, S. 561–580.

[Mal92]   G. Maltese, F. Mancini: *An Automatic Technique to Include Grammatical and Morphological Information in a Trigram-Based Statistical Language Model*, in *Proc. Int. Conf. on Acoustics, Speech, and Signal Processing*, Bd. 1, San Francisco, 1992, S. 157–160.

[Man74]   M. Mangold (Hrsg.): *Duden-Aussprachewörterbuch*, Dudenverlag, Mannheim, 1974.

[Mar72]   J. Markel: *Digital Inverse Filtering — A New Tool for Formant Trajectory Estimation, IEEE Trans. on Audio Electroacoustics*, Bd. 20, Nr. 2, 1972, S. 129–137.

[Mar76]   J. Markel, A. Gray Jr.: *Linear Prediction of Speech*, Bd. 12 von *Communications and Cybernetics*, Springer Verlag, Berlin, Heidelberg, New York, 1976.

[Mar89a]   J. Mariani: *Recent Advances in Speech Processing*, in *Proc. Int. Conf. on Acoustics, Speech, and Signal Processing*, Glasgow, 1989, S. 429–440.

[Mar89b]   J. Marino, E. Monte: *Generation of Multiple Hypothesis in Connected Phonetic-Unit Recognition by a Modified One-Stage Dynamic Programming Algorithm*, in *Proc. European Conf. on Speech Technology*, Bd. 2, Paris, 1989, S. 408–411.

[Mar89c] **P. Markert:** *Implementierung eines Netzwerks zur Darstellung der Spracheinheiten des EVAR-Frontends*, Diplomarbeit IMMD5 (Mustererkennung), Universität Erlangen, Juni 1989.

[Mas83] **W. Masek, M. Paterson:** *How to Compute String-Edit Distances Quickly*, in D. Sankoff, J. Kruskal (Hrsg.): *Time Warps, String Edits, and Makromolecules*, Addison-Wesley, Reading, MA, 1983, S. 337–349.

[Mas93] **M. Mast:** *Ein Dialogmodul für ein Spracherkennungs- und Dialogsystem*, Nr. 50 in Dissertationen zur Künstlichen Intelligenz, Infix, 1993.

[Mat61] **M. Mathews, J. Miller, E. David:** *Pitch Synchronous Analysis of Voiced Sounds*, Journal Acoust. Soc. Amer., Bd. 33, 1961, S. 179–186.

[McC74] **S. McCandless:** *An Algorithm for Automatic Formant Extraction Using Linear Prediction Spectra*, IEEE Trans. on Acoustics, Speech, and Signal Processing, Bd. 22, 1974, S. 135–140.

[McC88] **N. McCulloch, W. Ainsworth, R. Linggard:** *Multi-Layer Perceptrons Applied to Speech Technology*, British Telecom Technol. Journal, Bd. 6, Nr. 2, 1988, S. 131–139.

[McD89] **E. McDermott, S. Katagiri:** *Shift-Invariant, Multi-Category Phoneme Recognition Using Kohonen's LVQ2*, in Proc. Int. Conf. on Acoustics, Speech, and Signal Processing, Glasgow, 1989, S. 81–84.

[McD90] **E. McDermott, H. Iwamida, S. Katagiri, Y. Tohkura:** *Shift-Tolerant LVQ and Hybrid LVQ-HMM for Phoneme Recognition*, in A. Waibel, K. Lee (Hrsg.): *Readings in Speech Recognition*, Morgan Kaufmann, San Mateo, CA, 1990, S. 425–438.

[McD92] **E. McDermott, S. Katagiri:** *Prototype-Based Discriminative Training for Various Speech Units*, in Proc. Int. Conf. on Acoustics, Speech, and Signal Processing, Bd. 1, San Francisco, 1992, S. 417–420.

[McQ67] **J. McQueen:** *Some Methods for Classification and Analysis of Multivariate Observations*, in Proc. Fifth Berkeley Symposium on Math. Statist. and Prob., 1967, S. 281–296.

[Med91] **Y. Medan, E. Yair, D. Chazan:** *Super Resolution Pitch Determination of Speech Signals*, IEEE Trans. on Signal Processing, Bd. 39, Nr. 1, 1991, S. 40–48.

[Mei64] **H. Meier:** *Deutsche Sprachstatistik*, Olans Verlag, Hildesheim, 1964.

[Mei73] **G. Meinhold:** *Deutsche Standardaussprache. Lautschwächungen und Formstufen*, Friedrich-Schiller-Universität, Jena, 1973.

[Mei82] **G. Meinhold, E. Stock:** *Phonologie der deutschen Gegenwartssprache*, VEB Bibliographisches Institut, Leipzig, 1982.

[Mei89] **I. Meilijson:** *A Fast Improvement to the EM Algorithm on its Own Terms*, J. R. Statist. Soc., Bd. 51, Nr. 1, 1989, S. 127–138.

[Mer75] **P. Mermelstein:** *Automatic Segmentation of Speech into Syllabic Units*, Journal Acoust. Soc. Amer., Bd. 58, 1975, S. 880–883.

[Mer85] **D. Mergel, H. Ney:** *Phonetically Guided Clustering for Isolated Word Recognition*, in Proc. Int. Conf. on Acoustics, Speech, and Signal Processing, Tampa, Florida, 1985, S. 854–857.

[Mer86] **R. Mercer, A. Nadas, D. Nahamoo:** *Maximally Informative Reduction of the Dimension of Speech Parameters*, Y 0886–0168, IBM Invention Disclosure, 1986.

[Mer87a] **R. Mercer, P. Cohen:** *A Method for Efficient Storage and Rapid Application of Context-Sensitive Phonological Rules for Automatic Speech Recognition*, IBM Journal of Research and Development, Bd. 31, Nr. 1, 1987, S. 81–90.

[Mer87b] **B. Merialdo:** *Speech Recognition with Very Large Size Dictionary*, in *Proc. Int. Conf. on Acoustics, Speech, and Signal Processing*, 1987, S. 364–367.

[Mer88a] **R. Mercer:** *Language Modeling*, in *IEEE Workshop on Speech Recognition*, Arden House, Harriman, NY, 1988.

[Mer88b] **B. Merialdo:** *Phonetic Recognition using Hidden Markov Models and Maximum Mutual Information Training*, in *Proc. Int. Conf. on Acoustics, Speech, and Signal Processing*, New York, 1988, S. 111–114.

[Mer91a] **N. Merhav, Y. Ephraim:** *A Bayesian Classification Approach with Application to Speech Recognition*, *IEEE Trans. on Signal Processing*, Bd. 39, Nr. 10, 1991, S. 2157–2166.

[Mer91b] **N. Merhav, Y. Ephraim:** *Hidden Markov Modeling Using a Dominant State Sequence with Application to Speech Recognition*, *Computer Speech & Language*, Bd. 5, Nr. 4, 1991, S. 327–339.

[Mer91c] **B. Merialdo:** *Tagging Text with a Probabilistic Model*, in *Proc. Int. Conf. on Acoustics, Speech, and Signal Processing*, Toronto, 1991, S. 809–812.

[Met91] **M. Meteer, R. Schwartz, R. Weischedel:** *POST: Using Probabilities in Language Processing*, in *Proc. Int. Joint Conf. on Artificial Intelligence*, 1991, S. 960–965.

[MI91] **R. Marks II:** *Introduction to Shannon Sampling and Interpolation Theory*, Springer, New York, 1991.

[Mic94] **G. Micca, F. Charpentier, E. Schukat-Talamazzini, T. Thomas:** *Il riconoscitore vocale di sistema SUNDIAL*, *CSELT Rapporti Tecnici*, Bd. 22, Nr. 2, 1994, S. 171–186.

[Min57] **G. Minty:** *A Comment on the Shortest Route Problem*, *Journal of Operations Research*, Bd. 5, 1957, S. 724.

[Min69] **M. Minsky, S. Papert:** *Perceptrons*, MIT Press, Cambridge, MA, 1969.

[Min86] **M. Minsky:** *The Society of Mind*, Simon and Schuster, New York, 1986.

[Mon92] **E. Monte, H. Ardevol, J. Marino:** *Training of Hidden Markov Models with a Genetic Algorithm*, in J. Vandewalle, R. Boite, M. Moonen, A. Oosterlinck (Hrsg.): *Signal Processing VI: Theories and Applications*, Bd. 1, Elsevier Science Publishers, Amsterdam, 1992, S. 415–417.

[Moo74] **A. Mood, F. Graybill, D. Boes:** *Introduction to the Theory of Statistics*, McGraw-Hill, Kogakusha, 1974.

[Moo85] **R. Moore:** *Systems for Isolated and Connected Word Recognition*, in R. d. Mori, C. Suen (Hrsg.): *New Systems and Architectures for Automatic Speech Recognition and Synthesis*, Bd. 16 von *NATO ASI Series F*, Springer, 1985, S. 73–143.

[Moo89] **B. Moore:** *An Introduction to the Psychology of Hearing*, Academic Press, London, 1989.

[Mor90] **P. Moreno, D. Roe, P. Ramesh:** *Rejection Techniques in Continuous Speech Recognition Using Hidden Markov Models*, in L. Torres, E. Masgrau, M. Lagunas (Hrsg.): *Signal Processing V: Theories and Applications*, Elsevier Science Publishers, 1990, S. 1383–1386.

[Mor91] **D. Morgan, C. Scofield:** *Neural Networks and Speech Processing*, Kluwer Academic Publishers, Boston, 1991.

[Mor92] **A. Moreno, J. Fonollosa:** *Pitch Analysis of Noisy Speech*, in J. Vandewalle, R. Boite, M. Moonen, A. Oosterlinck (Hrsg.): *Signal Processing VI: Theories and Applications*, Bd. 1, Elsevier Science Publishers, Amsterdam, 1992, S. 623–626.

[Mou90]   **E. Moulines, F. Charpentier:** *Pitch-Synchronous Waveform Processing Techniques for Text-to-Speech Synthesis Using Diphones, Speech Communication*, Bd. 9, Nr. 5/6, 1990, S. 453–467.

[Müh86]   **R. Mühlfeld:** *Verifikation von Worthypothesen*, Bd. 19/4 von *Arbeitsberichte des IMMD*, Universität Erlangen-Nürnberg, Erlangen, 1986.

[Mur88]   **H. Murveit, M. Weintraub:** *1000-Word Speaker-Independent Continuous-Speech Recognition Using Hidden Markov Modells*, in *Int. Conf. on Acoustics, Speech and Signal Processing*, New York, 1988, S. 115–118.

[Mur91]   **H. Murthy, B. Yegnanarayana:** *Speech Processing Using Group Delay Functions, Signal Processing*, Bd. 22, Nr. 3, 1991, S. 259–267.

[Mur92]   **H. Murveit, J. Butzberger, M. Weintraub:** *Reduced Channel Dependence for Speech Recognition*, in *Speech and Natural Language Workshop*, Morgan Kaufmann, 1992.

[Mur93]   **H. Murveit, J. Butzberger, V. Digilakis, M. Weintraub:** *Large Vocabulary Dictation Using SRI's DECIPHER Speech Recognition System: Progressive Search Techniques*, in *Proc. Int. Conf. on Acoustics, Speech, and Signal Processing*, Bd. 2, Minneapolis, 1993, S. 319–322.

[MW81]   **W. Marslen-Wilson, L. Tyler:** *Central Processes in Speech Understanding, Phil. Trans. R. Soc. Lond.*, Bd. 295, 1981, S. 317–332.

[Mye80]   **C. Myers, L. Rabiner, A. Rosenberg:** *Performance Tradeoffs in Dynamic Time Warping Algorithms for Isolated Word Recognition, IEEE Trans. on Acoustics, Speech, and Signal Processing*, Bd. 28, Nr. 6, 1980, S. 623–635.

[Mye81]   **C. Myers, L. Rabiner:** *Connected Digit Recognition Using a Level-Building DTW Algorithm, IEEE Trans. on Acoustics, Speech, and Signal Processing*, Bd. 29, 1981, S. 351–363.

[Nad84]   **A. Nadas:** *Estimation of Probabilities in the Language Model of the IBM Speech Recognition System, IEEE Trans. on Acoustics, Speech, and Signal Processing*, Bd. 32, 1984, S. 859–861.

[Nad85]   **A. Nadas:** *On Turing's Formula for Word Probabilities, IEEE Trans. on Acoustics, Speech, and Signal Processing*, Bd. 33, Nr. 6, 1985, S. 1414–1416.

[Ney84a] **H. Ney:** *The Use of a One-stage Dynamic Programming Algorithm for Connected Word Recognition, IEEE Trans. on Acoustics, Speech, and Signal Processing*, Bd. 32, 1984, S. 263–271.

[Ney84b] **H. Ney, R. Geppert, D. Mergel, A. Noll, H. Pietrowski, P. Schwartau, H. Tomaschewski:** *Statistical Modelling and Dynamic Programming in Speech Recognition, Sprache und Datenverarbeitung*, Bd. 8, Nr. 1/2, 1984, S. 17–33.

[Ney85]   **H. Ney:** *A Script-Guided Algorithm for the Automatic Segmentation of Continuous Speech*, in *Proc. Int. Conf. on Acoustics, Speech, and Signal Processing*, Tampa, Florida, 1985, S. 1209–1212.

[Ney86]   **H. Ney, D. Mergel, S. Marcus:** *On the Automatic Training of Phonetic Units for Word Recognition, IEEE Trans. on Acoustics, Speech, and Signal Processing*, Bd. 34, Nr. 1, 1986, S. 209–213.

[Ney87]   **H. Ney, D. Mergel, A. Noll, A. Paeseler:** *A Data-Driven Organization of the Dynamic Programming Beam Search for Continuous Speech Recognition*, in *Proc. Int. Conf. on Acoustics, Speech, and Signal Processing*, Dallas, 1987, S. 833–836.

[Ney88]   **H. Ney, A. Paeseler:** *Phoneme-Based Continuous Speech Recognition Results for Different Language Models in the 1000-Word SPICOS System, Speech Communication*, Bd. 7, Nr. 4, 1988, S. 367–374.

[Ney91]   **H. Ney, U. Essen:** *On Smoothing Techniques for Bigram-Based Natural Language Modelling*, in *Proc. Int. Conf. on Acoustics, Speech, and Signal Processing*, Toronto, 1991, S. 825–828.

[Ney92a]   **H. Ney:** *Stochastic Grammars and Pattern Recognition*, in P. Laface, R. De Mori (Hrsg.): *Speech Recognition and Understanding. Recent Advances, Trends and Applications*, Bd. 75 von *NATO ASI Series F*, Springer, 1992, S. 319–344.

[Ney92b]   **H. Ney, R. Haeb-Umbach, B. Tran, M. Oerder:** *Improvements in Beam Search for 10000-Word Continuous Speech Recognition*, in *Proc. Int. Conf. on Acoustics, Speech, and Signal Processing*, Bd. 1, San Francisco, 1992, S. 9–12.

[Ney92c]   **H. Ney, D. Mergel, A. Noll, A. Paeseler:** *Data Driven Search Organization for Continuous Speech Recognition*, *IEEE Trans. on Signal Processing*, Bd. 40, Nr. 2, 1992, S. 272–281.

[Nic90]   **M. Nickl:** *Die Verwendung des zweidimensionalen Cepstrums bei der automatischen Lauterkennung*, Studienarbeit IMMD5 (Mustererkennung), Universität Erlangen, Mai 1990.

[Nie82]   **H. Niemann, G. Sagerer:** *An Experimental Study of Some Algorithms for Unsupervised Learning*, *IEEE Trans. on Pattern Analysis and Machine Intelligence*, Bd. 4, Nr. 4, 1982, S. 400–405.

[Nie83]   **H. Niemann:** *Klassifikation von Mustern*, Springer, Berlin, 1983.

[Nie88a]   **H. Niemann, A. Brietzmann, U. Ehrlich, S. Posch, P. Regel, G. Sagerer, R. Salzbrunn, E. Schukat-Talamazzini:** *A Knowledge Based Speech Understanding System*, *Int. J. Pattern Recognition and Artificial Intelligence*, Bd. 2, Nr. 2, 1988, S. 321–350.

[Nie88b]   **H. Niemann, R. Goppert:** *An Efficient Branch-and-Bound Nearest Neighbour Classifier*, *Pattern Recognition Letters*, Bd. 7, 1988, S. 67–72.

[Nie90]   **H. Niemann:** *Pattern Analysis and Understanding*, Bd. 4 von *Series in Information Sciences*, Springer, Berlin Heidelberg, 1990.

[Nie92a]   **G. Niedermair:** *Linguistic Modelling in the Context of Oral Dialogue*, in *Proc. Int. Conf. on Spoken Language Processing*, Banfft, Canada, 1992, S. 635–638.

[Nie92b]   **H. Niemann, G. Sagerer, U. Ehrlich, E. Schukat-Talamazzini, F. Kummert:** *The Interaction of Word Recognition and Linguistic Processing in Speech Understanding*, in P. Laface, R. De Mori (Hrsg.): *Speech Recognition and Understanding. Recent Advances, Trends, and Applications*, Bd. 75 von *NATO ASI Series F*, Springer, 1992, S. 425–453.

[Nie93]   **H. Niemann, E. Nöth, E. Schukat-Talamazzini, A. Kiessling, R. Kompe, T. Kuhn, K. Ott, S. Rieck:** *Statistical Modeling of Segmental and Suprasegmental Information*, in A. Rubio-Ayuso, R. De Mori, J. Haton (Hrsg.): *New Advances and Trends in Speech Recognition and Coding*, Universidad de Granada, NATO Advanced Studies Institute, Bubion, Granada, Spain, 1993, S. 237–260.

[Nie94a]   **H. Niemann, W. Eckert, A. Kießling, R. Kompe, T. Kuhn, E. Nöth, M. Mast, S. Rieck, E. Schukat-Talamazzini, A. Batliner:** *Prosodic Dialog Control in EVAR*, in H. Niemann, R. De Mori, G. Hanrieder (Hrsg.): *Progress and Prospects of Speech Research and Technology*, Nr. 1 in Proceedings in Artificial Intelligence, Infix, 1994, S. 166–177.

[Nie94b]   **H. Niemann, E. Nöth, E. Schukat-Talamazzini, A. Kießling, R. Kompe, T. Kuhn, S. Rieck:** *Phonetic and Prosodic Analysis of Speech*, in B. Horvat, Z. Kacic (Hrsg.): *Modern Modes of Man-Machine Communication*, University of Maribor, Maribor, Slovenia, 1994, S. 12.1–12.12.

[Nij92]   **J. Nijtmans:** *Speech Recognition by Recursive Stochastic Modelling*, PhD thesis, Den Haag, 1992.

[Nik90]   **C. Nikias:** *Higher Order Spectra in Signal Processing,* in L. Torres, E. Masgrau, M. Lagunas (Hrsg.): *Signal Processing V: Theories and Applications,* Elsevier Science Publishers, 1990, S. 35–41.

[Nil80]   **N. Nilsson:** *Principles of Artificial Intelligence,* Tioga Publishing Co., Palo Alto, CA, 1980.

[Nir90]   **M. Niranjan, F. Fallside:** *Neural Networks and Radial Basis Functions in Classifying Static Speech Patterns,* Computer Speech & Language, Bd. 4, Nr. 3, 1990, S. 275–289.

[Nol67]   **A. Noll:** *Cepstrum Pitch Determination,* Journal Acoust. Soc. Amer., Bd. 41, Nr. 2, 1967, S. 293–309.

[Nor90]   **L. Nord, A. Kruckenberg, G. Fant:** *Some Timing Studies of Prose, Poetry and Music,* Speech Communication, Bd. 9, Nr. 5/6, 1990, S. 477–483.

[Nor91]   **Y. Normandin:** *Hidden Markov Models, Maximum Mutual Information Training, and the Speech Recognition Problem,* Department of Electrical Engineering, McGill University, Montreal, Canada, 1991.

[Nöt90]   **E. Nöth:** *Prosodische Information in der automatischen Spracherkennung, Berechnung und Anwendung,* Niemeyer, Tübingen, 1990.

[Now91]   **P. Nowell, H. Thompson:** *An Efficient Implementation of the N-Best Algorithm for Lexical Access,* in Proc. European Conf. on Speech Technology, Bd. 2, 1991, S. 667–670.

[O'C53]   **J. O'Connor, J. Trim:** *Vowel, Consonant, and Syllable — A Phonological Definition,* Word, Bd. 9, 1953, S. 103–122.

[Oer93]   **M. Oerder, H. Ney:** *Word Graphs: An Efficient Interface Between Continuous-Speech Recognition and Language Understanding,* in Proc. Int. Conf. on Acoustics, Speech, and Signal Processing, Bd. 2, Minneapolis, 1993, S. 119–122.

[Ols56]   **H. Olson, H. Belar:** *Phonetic Typewriter,* Journal Acoust. Soc. Amer., Bd. 28, Nr. 6, 1956, S. 1072–1081.

[Omo89]   **M. Omologo:** *The Computation and some Spectral Considerations on Line Spectrum Pairs (LSP),* in Proc. European Conf. on Speech Technology, Bd. 2, Paris, 1989, S. 352–355.

[Opp68a] **A. Oppenheim, R. Schafer:** *Homomorphic Analysis of Speech,* IEEE Trans. on Audio Electroacoustics, Bd. 16, Nr. 2, 1968, S. 221–226.

[Opp68b] **A. Oppenheim, R. Schafer, T. Stockham:** *Nonlinear Filtering of Multiplied and Convolved Signals,* Proceedings of the IEEE, Bd. 56, Nr. 8, 1968, S. 1264–1291.

[Opp72]   **A. Oppenheim, D. Johnson:** *Discrete Representation of Signals,* Proceedings of the IEEE, Bd. 33, 1972, S. 681–691.

[Opp75]   **A. Oppenheim, R. Schafer:** *Digital Signal Processing,* Prentice-Hall, Englewood Cliffs, NJ, 1975.

[Opp89]   **A. Oppenheim, A. Willsky:** *Signale und Systeme,* VCH Verlagsgesellschaft, Weinheim, 1989.

[Orc72]   **T. Orchard, M. Woodsbury:** *A Missing Information Principle: Theory and Applications,* in Proc. Sixth Berkeley Symposium on Math. Statist. and Prob., 1972, S. 697–725.

[Orc91]   **M. Orchard:** *A Fast Nearest-Neighbor Search Algorithm,* in Proc. Int. Conf. on Acoustics, Speech, and Signal Processing, 1991, S. 2297–2300.

[Ort80]   **W. Ortmann:** *Sprechsilben im Deutschen,* Goethe-Institut, München, 1980.

[Osh75]   **B. Oshika, V. Zue, R. Weeks, H. Nue, J. Auerbach:** *The Role of Phonological Rules in Speech Understanding Research, IEEE Trans. on Acoustics, Speech, and Signal Processing,* Bd. 23, 1975, S. 104–112.

[Pal85]   **A. Palay:** *Searching with Probabilities,* Bd. 3 von *Research Notes in Artificial Intelligence,* Pitman, Boston, 1985.

[Pal90a]   **K. Paliwal:** *A Study of LSF Representation for Speaker-Independent and Speaker-Dependent HMM-Based Speech Recognition Systems,* in *Proc. Int. Conf. on Acoustics, Speech, and Signal Processing,* Albuquerque, 1990, S. 801–804.

[Pal90b]   **D. Pallett, J. Fiscus, J. Garofolo:** *DARPA Resource Management Benchmark Test Results June 1990,* in *Speech and Natural Language Workshop,* Morgan Kaufmann, Hidden Valley, Pennsylvania, 1990, S. 298–305.

[Par62]   **E. Parzen:** *On the Estimation of a Probability Density Function and the Mode, Ann. Math. Stat.,* Bd. 33, 1962, S. 1065–1076.

[Par90]   **B. Partee, A. t. Meulen:** *Mathematical Methods in Linguistics,* Bd. 30 von *Studies in Linguistics and Philosophy,* Kluwer Academic Publishers, Dordrecht, 1990.

[Pau85]   **D. Paul:** *Training of Hidden Markov Model Recognizers by Simulated Annealing,* in *Proc. Int. Conf. on Acoustics, Speech, and Signal Processing,* 1985, S. 13–16.

[Pau88]   **D. Paul, E. Martin:** *Speaker Stress-Resistant Continuous Speech Recognition,* in *Proc. Int. Conf. on Acoustics, Speech, and Signal Processing,* New York, 1988.

[Pau90]   **D. Paul:** *The Lincoln Tied Mixture HMM Continuous Speech Recognizer,* in *Speech and Natural Language Workshop,* Morgan Kaufmann, Hidden Valley, Pennsylvania, 1990, S. 332–336.

[Pau91]   **D. Paul:** *The Lincoln Tied-Mixture HMM Continuous Speech Recognizer,* in *Proc. Int. Conf. on Acoustics, Speech, and Signal Processing,* Toronto, 1991, S. 329–332.

[Pau92a]   **D. Paul:** *An Efficient A* Stack Decoder Algorithm for Continuous Speech Recognition with a Stochastic Language Model,* in *Speech and Natural Language Workshop,* Morgan Kaufmann, 1992.

[Pau92b]   **D. Paul:** *The Lincoln Large-Vocabulary HMM CSR,* in *Speech and Natural Language Workshop,* Morgan Kaufmann, 1992.

[Pea84]   **J. Pearl:** *Heuristics: Intelligent Search Strategies for Computer Problem Solving,* Addison-Wesley, Reading, MA, 1984.

[Pec91]   **J. Peckham:** *Speech Understanding and Dialogue over the Telephone: an Overview of Progress in the SUNDIAL Project,* in *Proc. European Conf. on Speech Technology,* Bd. 3, 1991, S. 1469–1472.

[Pec93]   **J. Peckham:** *A New Generation of Spoken Dialogue Systems: Results and Lessons from the SUNDIAL Projekt,* in *Proc. European Conf. on Speech Technology,* Berlin, 1993, S. 33–40.

[Pee88]   **S. Peeling, R. Moore:** *Isolated Digit Recognition Experiments Using the Multi-Layer Perceptron, Speech Communication,* Bd. 7, Nr. 4, 1988, S. 403–409.

[Pei91]   **A. Peinado, R. Roman, J. Segura, A. Rubio, P. Garcia, J. Diaz:** *Entropic Training for HMM Speech Recognition,* in *Proc. European Conf. on Speech Technology,* Bd. 2, 1991, S. 651–654.

[Pic86]   **J. Picone, K. Goudie-Marshall, G. Doddington, W. Fisher:** *Automatic Text Alignment for Speech System Evaluation, IEEE Trans. on Acoustics, Speech, and Signal Processing,* Bd. 34, Nr. 4, 1986, S. 780–784.

[Pie69]   **J. Pierce:** *Whither Speech Recognition?*, *Journal Acoust. Soc. Amer.*, Bd. 46, Nr. 4, 1969, S. 1049–1050.

[Pie90]   **R. Pierraccini, C. Lee, E. Giachin, L. Rabiner:** *Implementation Aspects of Large Vocabulary Recognition Based on Intraword and Interword Phonetic Units*, in *Speech and Natural Language Workshop*, Morgan Kaufmann, Hidden Valley, Pennsylvania, 1990, S. 311–318.

[Pie91a] **R. Pieraccini:** *Speaker Independent Recognition of Italian Telephone Speech with Mixture Density Hidden Markov Models*, *Speech Communication*, Bd. 10, Nr. 2, 1991, S. 105–115.

[Pie91b] **R. Pieraccini, C. Lee, E. Giachin, L. Rabiner:** *Complexity Reduction in a Large Vocabulary Speech Recognizer*, in *Proc. Int. Conf. on Acoustics, Speech, and Signal Processing*, Toronto, 1991, S. 729–732.

[Pie91c] **R. Pieraccini, E. Levin, C. Lee:** *Stochastic Representation of Conceptual Structure in the ATIS Task*, in *Speech and Natural Language Workshop*, Morgan Kaufmann, 1991, S. 121–124.

[Pie92]   **R. Pieraccini, E. Tzoukermann, Z. Gorelov, E. Levin, C. Lee, J. Gauvain:** *Progress Report on the CHRONUS System: ATIS Benchmark Results*, in *Speech and Natural Language Workshop*, Morgan Kaufmann, 1992.

[Pis86]   **D. Pisoni, P. Luce:** *Speech Perception: Research, Theory, and the Principal Issues*, in E. Schwab, H. Nusbaum (Hrsg.): *Speech Perception*, Bd. 1 von *Pattern Recognition by Humans and Machines*, Academic Press, Orlando, 1986, S. 1–50.

[Pla90]   **R. Plamondon, C. Leedham (Hrsg.):** *Computer Processing of Handwriting*, World Scientific, Singapore, 1990.

[Pla92]   **B. Plannerer, G. Ruske:** *Recognition of Demisyllable Based Units using Semicontinuous Hidden Markov Models*, in *Proc. Int. Conf. on Acoustics, Speech, and Signal Processing*, Bd. 1, San Francisco, 1992, S. 581–584.

[Pla93]   **P. Placeway, R. Schwartz, P. Fung, L. Nguyen:** *The Estimation of Powerful Language Models from Small and Large Corpora*, in *Proc. Int. Conf. on Acoustics, Speech, and Signal Processing*, Bd. 2, Minneapolis, 1993, S. 33–36.

[Plo67]   **R. Plomp, L. Pols, J. VanDeGeer:** *Dimensional Analysis of Vowel Spectra*, *Journal Acoust. Soc. Amer.*, Bd. 41, Nr. 3, 1967, S. 707–712.

[Pol77]   **L. Pols:** *Spectral Analysis and Identification of Dutch Vowels in Monosyllabic Words*, University of Amsterdam, Amsterdam, 1977.

[Por86]   **A. Poritz, A. Richter:** *On Hidden Markov Models in Isolated Word Recognition*, in *Proc. Int. Conf. on Acoustics, Speech, and Signal Processing*, Tokyo, 1986, S. 705–708.

[Pot66]   **R. Potter, G. Kopp, H. Green:** *Visible Speech*, Dover, New York, 1966.

[Pov91]   **D. Povel, N. Arends:** *The Visual Speech Apparatus: Theoretical and Practical Aspects*, *Speech Communication*, Bd. 10, Nr. 1, 1991, S. 59–80.

[Rab71]   **L. Rabiner, R. Schafer, J. Flanagan:** *Computer Synthesis of Speech by Concatenation of Formant-Coded Words*, *Bell Systems Technical Journal*, Bd. 50, 1971, S. 1541–1558.

[Rab78]   **L. Rabiner, R. Schafer:** *Digital Processing of Speech Signals*, Prentice-Hall Inc., Englewood Cliffs, New Jersey, 1978.

[Rab79]   **L. Rabiner, S. Levinson, A. Rosenberg, J. Wilpon:** *Speaker-Independent Recognition of Isolated Words Using Clustering Techniques*, *IEEE Trans. on Acoustics, Speech, and Signal Processing*, Bd. 27, 1979, S. 336–349.

[Rab85a] **L. Rabiner, B. Juang, S. Levinson, M. Sondhi:** *Recognition of Isolated Digits Using Hidden Markov Models with Continuous Mixture Densities*, Bell Systems Technical Journal, Bd. 64, 1985, S. 1211–1234.

[Rab85b] **L. Rabiner, S. Levinson:** *A Speaker-Independent, Syntax-Directed, Connected Word Recognition System Based on Hidden Markov Models and Level Building*, IEEE Trans. on Acoustics, Speech, and Signal Processing, Bd. 33, Nr. 3, 1985, S. 561–573.

[Rab86a] **L. Rabiner, B. Juang:** *An Introduction to Hidden Markov Models*, IEEE ASSP Magazine, Bd. 3, Nr. 1, 1986, S. 4–16.

[Rab86b] **L. Rabiner, J. Wilpon, B. Juang:** *A Model-Based Connected-Digit Recognition System Using either Hidden Markov Models or Templates*, Computer Speech & Language, Bd. 1, Nr. 2, 1986, S. 167–197.

[Rab88]   **L. Rabiner, J. Wilpon, F. Soong:** *High Performance Connected Digit Recognition Using Hidden Markov Models*, in *Int. Conf. on Acoustics, Speech and Signal Processing*, New York, 1988, S. 119–121.

[Rab89]   **L. Rabiner:** *A Tutorial on Hidden Markov Models and Selected Applications in Speech Recognition*, Proceedings of the IEEE, Bd. 77, Nr. 2, 1989, S. 257–285.

[Rab93]   **L. Rabiner:** *Fundamentals of Speech Recognition*, Signal Processing Series, Prentice Hall, Englewood Cliffs, NJ, 1993.

[Ram92]   **P. Ramesh, J. Wilpon:** *Modeling State Durations in Hidden Markov Models for Automatic Speech Recognition*, in *Proc. Int. Conf. on Acoustics, Speech, and Signal Processing*, Bd. 1, San Francisco, 1992, S. 381–384.

[Rav67]   **J. Raviv:** *Decision Making in Markov Chains Applied to the Problem of Pattern Recognition*, IEEE Trans. on Information Theory, Bd. 3, Nr. 4, 1967, S. 536–551.

[Red73]   **D. Reddy, L. Erman, R. Neely:** *A Model and a System for Machine Recognition of Speech*, IEEE Trans. on Audio Electroacoustics, Bd. 21, 1973, S. 229–238.

[Red84]   **R. Redner, H. Walker:** *Mixture Densities, Maximum Likelihood and the EM Algorithm*, SIAM Review, Bd. 26, Nr. 2, 1984, S. 195–239.

[Reg88]   **P. Regel:** *Akustisch-Phonetische Transkription für die automatische Spracherkennung*, Bd. Reihe 10: Informatik/Kommunikationstechnik von *Fortschrittberichte*, VDI Verlag, Düsseldorf, 1988.

[Rei89]   **A. Reinhart:** *Dynamische Merkmale für die Lauterkennung*, Studienarbeit IMMD5 (Mustererkennung), Universität Erlangen, 1989.

[Ren91]   **S. Renals, D. McKelvie, F. McInnes:** *A Comparative Study of Continuous Speech Recognition Using Neural Networks and Hidden markov Models*, in *Proc. Int. Conf. on Acoustics, Speech, and Signal Processing*, Toronto, 1991, S. 369–372.

[Ren92]   **S. Renals, N. Morgan, M. Cohen, H. Franco:** *Connectionist Probability Estimation in the DECIPHER Speech Recognition System*, in *Proc. Int. Conf. on Acoustics, Speech, and Signal Processing*, Bd. 1, San Francisco, 1992, S. 601–604.

[Ric86]   **A. Richter:** *Modeling of Continuous Speech Observations*, IBM Advances in Speech Processing Conference, 1986.

[Rie28]   **R. Riesz:** *Differential Intensity Sensitivity of the Ear for Pure Tones*, Phys. Rev., Bd. 31, Nr. 2, 1928, S. 867–875.

[Rie92a] S. Rieck, E. Schukat-Talamazzini, W. Eckert, T. Kuhn, R. Kompe, A. Kießling, M. Mast, H. Niemann, E. Nöth: *Linear transformierte Bark-Spektrum-basierte Merkmale zur automatischen Spracherkennung*, in *Fortschritte der Akustik (Proc. DAGA'92)*, Berlin, 1992, S. 561–564.

[Rie92b] S. Rieck, E. Schukat-Talamazzini, H. Niemann: *Speaker Adaptation Using Semi-Continuous Hidden Markov Models*, in *Proc. 11th IAPR Int. Conf. on Pattern Recognition*, Bd. III, The Hague, Netherlands, 1992, S. 541–544.

[Rie94] S. Rieck: *Parametrisierung und Klassifikation gesprochener Sprache*, Dissertation IMMD5 (Mustererkennung), Universität Erlangen, 1994.

[Rig91] G. Rigoll: *Algorithmen der Sprachverarbeitung zur Entwicklung eines vollsynthetischen Sprachausgabesystems*, Bd. 155 von *IPA-IAO Forschung und Praxis*, Springer, Berlin, 1991.

[Ril89] M. Riley: *Speech Time-Frequency Representations*, Kluwer Academic Publishers, Boston, 1989.

[Rio91] O. Rioul, M. Vetterli: *Wavelets and Signal Processing*, *IEEE Signal Processing Magazine*, Bd. October, 1991, S. 14–38.

[Rob64] H. Robbins: *The Empirical Bayes Approach to Statistical Decision Problems*, *Annals Math. Statist.*, Bd. 35, 1964, S. 1–20.

[Rob67] E. Robinson: *Statistical Communication and Detection with Special Reference to Digital data Processing of Radar and Seismic Signals*, Hafner Publ. Co., New York, 1967.

[Roe90] D. Roe (Hrsg.): *Speech Technologies*, Bd. 69 von *AT&T Technical Journal*, AT&T, 1990.

[Ros60] J. B. Rosen: *The Gradient Projection Method for Nonlinear Programming. Part I. Linear Constraints*, SIAM J. Appl. Math., Bd. 8, 1960, S. 180–217.

[Ros61] J. B. Rosen: *The Gradient Projection Method for Nonlinear Programming. Part II. Nonlinear Constraints*, SIAM J. Appl. Math., Bd. 9, 1961, S. 514–532.

[Ros62] F. Rosenblatt: *Principles of Neurodynamics*, Spartan Books, New York, 1962.

[Ros71] A. Rosenberg: *Effect of Glottal Pulse Shape on the Quality of Natural Vowels*, Journal Acoust. Soc. Amer., Bd. 49, Nr. 2, 1971, S. 583–590.

[Ros81] A. Rosenberg, L. Rabiner, S. Levinson, J. Wilpon: *A Preliminary Study on the Use of Demisyllables in Automatic Speech Recognition*, in *Proc. Int. Conf. on Acoustics, Speech, and Signal Processing*, Atlanta, 1981, S. 967–970.

[Ros83] A. Rosenberg, L. Rabiner, J. Wilpon, D. Kahn: *Demisyllable-Based Isolated Word Recognition System*, IEEE Trans. on Acoustics, Speech, and Signal Processing, Bd. 31, Nr. 3, 1983, S. 713–726.

[Ros87] A. Rosenberg, F. Soong: *Evaluation of a Vector QUantization Talker Recognition System in Text Independent and Text Dependent Modes*, Computer Speech & Language, Bd. 2, Nr. 3/4, 1987, S. 143–157.

[Ros91] R. Rose, E. Hofstetter: *Techniques for Robust Word Spotting in Continuous Speech Messages*, in *Proc. European Conf. on Speech Technology*, Bd. 3, 1991, S. 1183–1186.

[Ros92] M. Rosenberg: *Implementierung des Baum-Welch-Algorithmus für das ISADORA-System*, Studienarbeit IMMD5 (Mustererkennung), Universität Erlangen, Dezember 1992.

[Rot93] M. Roth: *Off-line Erkennung kursiver Handschrift mit Markov-Modellen*, Lizentiatsarbeit, Philosophisch-naturwissenschaftliche Fakultät, Universität Bern, 1993.

[Rub78]   S. Rubin: *The ARGOS Image Understanding System*, Pittsburgh, PA, 1978.

[Rum86]   D. Rumelhart, G. Hinton, R. Williams: *Learning Internal Representations by Error Propagation*, in D. Rumelhart, J. McClelland (Hrsg.): *Parallel Distributed Processing: Exploration in the Microstructure of Cognition, Vol. 1:*Foundations, MIT Press, Cambridge, Massachusetts, 1986, S. 318–362.

[Rus79]   G. Ruske:*Automatische Erkennung gesprochener Wörter mit einem Funktionsmodell des Gehörs*, Bd. 6 von *Nachrichten Elektronik*, Dr. Alfred Hüthig Verlag, Heidelberg, 1979.

[Rus81]   G. Ruske, T. Schotola: *The Efficiency of Demisyllable Segmentation in the Recognition of Spoken Words*, in *Proc. Int. Conf. on Acoustics, Speech, and Signal Processing*, Atlanta, 1981, S. 971–974.

[Rus82]   G. Ruske:*Auditory Perception and its Application to Computer Analysis of Speech*, in C. Suen, R. De Mori (Hrsg.): *Computer Analysis and Perception*, CRC Press, Boca Raton, FL, 1982.

[Rus84]   G. Ruske: *Halbsilben als Verarbeitungseinheit bei der automatischen Spracherkennung, Sprache und Datenverarbeitung*, Bd. 8, Nr. 1/2, 1984, S. 5–16.

[Rus85]   M. Russell, R. Moore: *Explicit Modelling of State Occupancy in Hidden Markov Models for Automatic Speech Recognition*, in *Proc. Int. Conf. on Acoustics, Speech, and Signal Processing*, Tampa, Florida, 1985, S. 5–8.

[Rus88]   G. Ruske: *Automatische Spracherkennung*, Oldenbourg Verlag, München, 1988.

[Sag89]   S. Sagayama: *Phoneme Environment Clustering for Speech Recognition*, in *Proc. Int. Conf. on Acoustics, Speech, and Signal Processing*, Glasgow, 1989, S. 397–400.

[Sag90]   G. Sagerer: *Automatisches Verstehen gesprochener Sprache*, Bd. 74 von *Reihe Informatik*, Bibliographisches Institut, Mannheim, 1990.

[Sak78]   H. Sakoe, S. Chiba: *Dynamic Programming Optimization for Spoken Word Recognition*, IEEE *Trans. on Acoustics, Speech, and Signal Processing*, Bd. 26, 1978, S. 43–49.

[Sak79]   H. Sakoe: *Two-Level DP-Matching — a Dynamic Programming Based Pattern Matching Algorithm for Connected Word Recognition*, IEEE *Trans. on Acoustics, Speech, and Signal Processing*, Bd. 27, 1979, S. 588–595.

[Sal69]   A. Salomaa: *Probabilistic and Weighted Grammars*, Information and Control, Bd. 15, 1969, S. 529–544.

[Sal78]   A. Salomaa: *Formale Sprachen*, Springer, 1978.

[San83]   D. Sankoff, J. Kruskal (Hrsg.): *Time Warps, String Edits, and Makromolecules*, Addison-Wesley, Reading, MA, 1983.

[San91]   E. Sanchis, F. Casacuberta, I. Galiano, E. Segarra: *Learning Structural Models of Subword Units through Grammatical Inference Techniques*, in *Proc. Int. Conf. on Acoustics, Speech, and Signal Processing*, Toronto, 1991, S. 189–192.

[Sch69]   G. Schiwy: *Der französische Strukturalismus*, rororo, Reinbek/Hamburg, 1969.

[Sch72]   H.-J. Scholz: *Untersuchungen zur Lautstruktur deutscher Wörter*, Fink Verlag, München, 1972.

[Sch77]   J. Schürmann: *Polynomklassifikatoren für die Zeichenerkennung*, Oldenbourg, München, 1977.

[Sch79]   R. Schafer, J. Markel (Hrsg.):*Speech Analysis*, IEEE Press, New York, 1979.

[Sch80]   R. Schwartz, J. Klovstad, L. Makhoul, J. Sorensen: *A Preliminary Design of a Phonetic Vocoder Based on a Diphone Model*, in *Proc. Int. Conf. on Acoustics, Speech, and Signal Processing*, Denver, 1980, S. 32–35.

[Sch84]   R. Schwartz, Y. Chow, S. Roucos, M. Krasner, J. Makhoul: *Improved Hidden Markov Modelling of Phonemes for Continuous Speech Recognition*, in *Int. Conf. on Acoustics, Speech and Signal Processing*, San Diego, 1984, S. 35.6.1–35.6.4.

[Sch85]   R. Schwartz, Y. Chow, O. Kimball, S. Roucos, M. Krasner, J. Makhoul: *Context-Dependent Modeling for Acoustic-Phonetic Recognition of Continuous Speech*, in *Proc. Int. Conf. on Acoustics, Speech, and Signal Processing*, Tampa, Florida, 1985, S. 1205–1208.

[Sch89]   O. Schmidbauer: *Ein System zur Lauterkennung in fließender Sprache auf der Basis artikulatorischer Merkmale*, Dissertation, Lehrstuhl für Datenverarbeitung, Technische Universität München, 1989.

[Sch90a] E. Schrüfer: *Signalverarbeitung*, Hanser Verlag, München, 1990.

[Sch90b] R. Schwartz, S. Austin: *Efficient, High-Performance Algorithms for N-Best Search*, in *Speech and Natural Language Workshop*, Morgan Kaufmann, Hidden Valley, Pennsylvania, 1990, S. 6–11.

[Sch90c] R. Schwartz, Y. Chow: *The N-Best Algorithm: An Efficient and Exact Procedure for Finding the N Most Likely Sentence Hypotheses*, in *Proc. Int. Conf. on Acoustics, Speech, and Signal Processing*, Albuquerque, 1990, S. 81–84.

[Sch91a] S. Schachtl, H. Block: *Syntaktische Beschreibung in Systemen zur Verarbeitung gesprochener Sprache*, ASL-TR-11-91/SIM, Siemens AG, ZFE IS INF 23, München, 1991.

[Sch91b] R. Schwartz, S. Austin: *A Comparison of Several Approximate Algorithms for Finding Multiple (N-Best) Sentence Hypotheses*, in *Proc. Int. Conf. on Acoustics, Speech, and Signal Processing*, Toronto, 1991, S. 701–704.

[Sch92]   R. Schwartz, S. Austin, F. Kubala, J. Makhoul, L. Nguyen, P. Placeway, G. Zavaliagkos: *New Uses for the N-Best Sentence Hypotheses within the BYBLOS Speech Recognition System*, in *Proc. Int. Conf. on Acoustics, Speech, and Signal Processing*, Bd. 1, San Francisco, 1992, S. 1–4.

[Sch93]   G. Schmid, E. Schukat-Talamazzini, H. Niemann: *Analyse mehrkanaliger Meßreihen im Fahrzeugbau mit Hidden Markovmodellen*, in S. Pöppl (Hrsg.): *Mustererkennung 1993 (15. DAGM Symposium)*, Informatik aktuell, Springer, 1993, S. 391–398.

[Sej86]   T. Sejnowski, C. Rosenberg: *NetTalk: a Parallel Network that Learns to Read Aloud*, JHU/EECS-86/01, John Hopkins University, Electrical Engineering and Computer Science Department, 1986.

[Sel84]   S. Selim, M. Ismail: *Soft Clustering of Multi-Dimensional Data. A Semi-Fuzzy Approach*, Pattern Recognition, Bd. 17, 1984, S. 559–568.

[Sel86]   E. Selkirk: *Phonology and Syntax*, MIT Press, Cambridge, Massachusetts, 1986.

[Sel91]   S. Selim: *A Simulated Annealing Algorithm for the Clustering Problem*, Pattern Recognition, Bd. 24, Nr. 10, 1991, S. 1003–1008.

[Sen86]   S. Seneff: *A Computational Model for the Peripheral Auditory System:* Application to Speech Recognition Research, in *Proc. Int. Conf. on Acoustics, Speech, and Signal Processing*, Tokyo, 1986, S. 1983–1986.

[Sen88]   **S. Seneff:** *A Joint Synchrony/Mean-Rate Model of Auditory Speech Processing*, Journal of Pho-
          netics, Bd. 16, Nr. 1, 1988, S. 55–76.

[Sev76]   **D. Severance, R. Duhne:** *A Practitioner's Guide to Addressing Algorithms*, Communications
          of the ACM, Bd. 19, Nr. 6, 1976, S. 314–326.

[Sha49]   **C. Shannon, W. Weaver:** *The Mathematical Theory of Communication*, University of Illinois
          Press, Illinois, 1949.

[Sha76]   **C. Shannon, W. Weaver:** *Mathematische Grundlagen der Informationstheorie*, Oldenbourg,
          München, 1976.

[Sha90]   **R. Sharman:** *Evaluating a Grammar as a Language Model for Speech*, in L. Torres, E. Masgrau,
          M. Lagunas (Hrsg.): *Signal Processing V: Theories and Applications*, Elsevier Science Publishers,
          1990, S. 1271–1274.

[Shi85]   **S. Shieber:** *Evidence Against the Context-Freeness of Natural Language*, Linguistics and Philo-
          sophy, Bd. 8, 1985, S. 333–343.

[Shi86]   **K. Shikano:** *Evaluation of LPC Spectral Matching Measures for Phonetic Unit Recognition*, CMU
          Computer Science Department, Pittsburgh, PA, 1986.

[Sho80]   **J. Shoup:** *Phonological Aspects of Speech Recognition*, in W. Lea (Hrsg.): *Trends in Speech
          Recognition*, Prentice-Hall Inc., Englewood Cliffs, New Jersey, 1980, S. 125–138.

[Sie76]   **E. Sievers:** *Grundzüge der Lautphysiologie*, Leipzig, 1876.

[Sin92]   **E. Singer, R. Lippmann:** *A Speech Recognizer Using Radial Basis Function Neural Networks
          in an HMM Framework*, in *Proc. Int. Conf. on Acoustics, Speech, and Signal Processing*, Bd. 1,
          San Francisco, 1992, S. 629–632.

[Smi57]   **B. Smith:** *Instantaneous Companding of Quantized Signals*, Bell Systems Technical Journal,
          Bd. 36, Nr. 3, 1957, S. 653–709.

[Sol87]   **M. Soleymani, S. Morgera:** *An Efficient Nearest Neighbor Search Method*, in *Proc. Int. Conf.
          on Acoustics, Speech, and Signal Processing*, 1987, S. 677–679.

[Sol89]   **M. Soleymani, S. Morgera:** *A Fast MMSE Encoding Technique for Vector Quantization*, in
          Proc. Int. Conf. on Acoustics, Speech, and Signal Processing, 1989, S. 656–659.

[Soo90]   **F. Soong, E.-F. Huang:** *A Tree-Trellis Based Fast Search for Finding the N Best Sentence
          Hypotheses in Continuous Speech Recognition*, in *Speech and Natural Language Workshop*, Morgan
          Kaufmann, Hidden Valley, Pennsylvania, 1990, S. 12–19.

[Soo91]   **F. Soong, E. Huang:** *A Tree-Trellis Based Fast Search for Finding the N Best Sentence Hy-
          potheses in Continuous Speech Recognition*, in *Proc. Int. Conf. on Acoustics, Speech, and Signal
          Processing*, Toronto, 1991, S. 705–708.

[Spo80]   **J. Spohrer, P. Brown, P. Hochschild, J. Baker:** *Partial Traceback in Continuous Speech
          Recognition*, in *Proc. Int. Conf. Cybernetics and Society*, Boston, 1980, S. 36–42.

[ST85]   **E. Schukat-Talamazzini, S. Heunisch:** *Schnelle Präselektion von Wörtern aus kontinuierlich
          gesprochener Sprache*, in H. Niemann (Hrsg.): *Mustererkennung 1985 (7. DAGM Symposium)*,
          Bd. 107 von *Informatik Fachberichte*, Springer, 1985, S. 170–175.

[ST86a]   **E. Schukat-Talamazzini:** *Automatic Generation and Evaluation of Phone Superclasses for Con-
          tinous Speech Recognition*, in I. Young, J. Biemond, R. Duin, J. Gerbrands (Hrsg.): *Signal Pro-
          cessing III: Theories and Applications*, Elsevier Science Publishers B.V., North-Holland, 1986, S.
          537–540.

[ST86b]   E. Schukat-Talamazzini, H. Niemann: *Generating Word Hypotheses in Continuous Speech*, in *Proc. Int. Conf. on Acoustics, Speech, and Signal Processing*, Tokyo, 1986, S. 1565–1568.

[ST86c]   E. Schukat-Talamazzini, G. Sagerer: *Kontrollalgorithmen für ein wissensbasiertes System zum automatischen Sprachverstehen*, in G. Hartmann (Hrsg.): *Mustererkennung 1986 (8. DAGM Symposium)*, Bd. 125 von *Informatik Fachberichte*, Springer, 1986, S. 144–148.

[ST87]   E. Schukat-Talamazzini: *Generierung von Worthypothesen in kontinuierlicher Sprache*, Bd. 141 von *Informatik Fachberichte*, Springer, Berlin, 1987.

[ST88]   E. Schukat-Talamazzini: *Robust Features and Word Recognition*, in H. Niemann, M. Lang, G. Sagerer (Hrsg.): *Recent Advances in Speech Understanding and Dialog Systems*, Bd. 46 von *NATO ASI Series F*, Springer Verlag, Berlin, 1988, S. 291–295.

[ST91]   E. Schukat-Talamazzini, H. Niemann: *Das ISADORA-System — ein akustisch-phonetisches Netzwerk zur automatischen Spracherkennung*, in *Mustererkennung 1991 (13. DAGM Symposium)*, Springer, Berlin, 1991, S. 251–258.

[ST92a]   E. Schukat-Talamazzini: *Wortstrafen für HMM-basierte Verbundworterkenner*, Interner Bericht IMMD5, Uni Erlangen, 1992.

[ST92b]   E. Schukat-Talamazzini, H. Niemann, W. Eckert, T. Kuhn, S. Rieck: *Acoustic Modelling of Subword Units in the ISADORA Speech Recognizer*, in *Proc. Int. Conf. on Acoustics, Speech, and Signal Processing*, Bd. 1, San Francisco, 1992, S. 577–580.

[ST92c]   E. Schukat-Talamazzini, S. Rieck, T. Kuhn: *Handbuch der automatischen Spracherkennung*, Lehrstuhl 5 für Informatik, Erlangen, 1992.

[ST93a]   E. Schukat-Talamazzini: *Statistische Sprachmodellierung mit Polygrammen*, Interner Bericht IMMD5, Uni Erlangen, 1993.

[ST93b]   E. Schukat-Talamazzini, M. Bielecki, H. Niemann, T. Kuhn, S. Rieck: *A Non-Metrical Space Search Algorithm for Fast Gaussian Vector Quantization*, in *Proc. Int. Conf. on Acoustics, Speech, and Signal Processing*, Minneapolis, 1993, S. 688–691.

[ST93c]   E. Schukat-Talamazzini, T. Kuhn, H. Niemann: *Das POLYPHON — eine neue Wortuntereinheit zur automatischen Spracherkennung*, in *Fortschritte der Akustik (Proc. DAGA'93)*, Frankfurt, 1993, S. 948–951.

[ST93d]   E. Schukat-Talamazzini, H. Niemann: *ISADORA — A Speech Modelling Network Based on Hidden Markov Models*, Computer Speech & Language, eingereicht 1993.

[ST93e]   E. Schukat-Talamazzini, H. Niemann, W. Eckert, T. Kuhn, S. Rieck: *Automatic Speech Recognition without Phonemes*, in *Proc. European Conf. on Speech Technology*, Berlin, 1993, S. 129–132.

[ST94]   E. Schukat-Talamazzini, T. Kuhn, H. Niemann: *Speech Recognition for Spoken Dialog Systems*, in H. Niemann, R. De Mori, G. Hanrieder (Hrsg.): *Progress and Prospects of Speech Research and Technology*, Nr. 1 in Proceedings in Artificial Intelligence, Infix, 1994, S. 110–120.

[ST95a]   E. Schukat-Talamazzini, J. Hornegger, H. Niemann: *2D Object Recognition Using Multivariate Mixture Densities*, in *Proc. 6. Int. Conf. on Computer Analysis of Images and Patterns (CAIP'95)*, erscheint 1995.

[ST95b]   E. Schukat-Talamazzini, J. Hornegger, H. Niemann: *Optimal Linear Feature Transformations for Semi-Continuous Hidden Markov Models*, in *Proc. Int. Conf. on Acoustics, Speech, and Signal Processing*, Detroit, Michigan, erscheint 1995.

[Ste57a]   H. Steinhaus: *The Problem of Estimation*, Annals Math. Statist., Bd. 28, 1957, S. 633–648.

[Ste57b]   S. Stevens: *On the Psychophysical Law*, Psychological Reviews, Bd. 64, 1957, S. 153–181.

[Ste77]   K. Steiglitz, B. Dickinson: *Computation of the Complex Cepstrum by Factorization of the z-Transform*, in Proc. Int. Conf. on Acoustics, Speech, and Signal Processing, 1977, S. 723–726.

[Ste89]   V. Steinbiss: *Sentence-Hypotheses Generation in a Continuous-Speech Recognition System*, in Proc. European Conf. on Speech Technology, Bd. 2, Paris, 1989, S. 51–54.

[Ste91]   V. Steinbiss: *A Search Organization for Large-Vocabulary Recognition Based on N-Best Decoding*, in Proc. European Conf. on Speech Technology, Bd. 3, 1991, S. 1217–1220.

[Str83]   W. Strange: *Dynamic Specification of Coarticulated Vowels*, Journal Acoust. Soc. Amer., Bd. 74, Nr. 3, 1983.

[Sug85]   K. Sugawara, M. Nishimura, K. Toshioka, M. Okochi, T. Kaneko: *Isolated Word Recognition Using Hidden Markov Models*, in Proc. Int. Conf. on Acoustics, Speech, and Signal Processing, Tampa, Florida, 1985, S. 1–4.

[Sup72]   P. Suppes: *Probabilistic Grammars for Natural Languages*, in D. Davidson, G. Harman (Hrsg.): Semantics of Natural Language, Reidel, Dordrecht, 1972, S. 741–762.

[Sve89]   T. Svendsen, K. Paliwal, E. Harborg, P. Husøy: *An Improved Sub-Word Based Speech Recognizer*, in Int. Conf. on Acoustics, Speech and Signal Processing, Glasgow, 1989, S. 108–111.

[Tak92]   S. Takahasi, T. Matsuoka, K. Shikano: *Phonemic HMM Constrained by Statistical VQ-Code Transition*, in Proc. Int. Conf. on Acoustics, Speech, and Signal Processing, Bd. 1, San Francisco, 1992, S. 553–556.

[Tan86]   A. Tanaka, S. Kamiya: *A Speech Processing Based on Syllable Identification by Using Phonological Patterns*, in Proc. Int. Conf. on Acoustics, Speech, and Signal Processing, Tokyo, 1986, S. 2231–2234.

[Tap77]   C. Tappert: *A Markov Model Acoustic Phonetic Component for Automatic Speech Recognition*, Int. J. Man-Machine Studies, Bd. 9, 1977, S. 363–373.

[Ter74]   E. Terhardt: *On the Perception of Periodic Sound Fluctuations (Roughness)*, Acustica, Bd. 30, 1974, S. 201–213.

[Ter85]   E. Terhardt: *Fourier Transformation of Time Signals: Conceptual Revision*, Acustica, Bd. 57, 1985, S. 242–256.

[Til80]   H. Tillmann, P. Mansell: *Phonetik*, Klett-Cotta, Stuttgart, 1980.

[Tor91]   K. Torkkola, M. Kokkonen: *Using the Topology-Preserving Properties of SOFMs in Speech Recognition*, in Proc. Int. Conf. on Acoustics, Speech, and Signal Processing, Toronto, 1991, S. 261–264.

[Tou67]   J. Tou, R. Heydorn: *Some Approaches to Optimum Feature Extraction*, in J. Tou (Hrsg.): Computer and Information Sciences, Bd. 2, Academic Press, New York, 1967, S. 57–89.

[Tou78]   G. Toussaint: *The Use of Context in Pattern Recognition*, Pattern Recognition, Bd. 10, 1978, S. 189–204.

[Tou91]   L. Touratzidis, I. Dologlou, G. Carayannis: *The Eigenproblem Formulation for HMM*, Speech Communication, Bd. 10, Nr. 4, 1991, S. 373–380.

[Tri69]   M. Tribus: *Rational Descriptions, Decisions and Designs*, Pergamon Press, New York, 1969.

[Tru67]   N. Trubetzkoy: *Grundzüge der Phonologie, 4. Aufl.*, Göttingen, 1967.

[Tse87]   H. Tseng, M. Sabin, E. Lee: *Fuzzy Vector Quantization Applied to Hidden Markov Modeling*, in *Proc. Int. Conf. on Acoustics, Speech, and Signal Processing*, Dallas, 1987, S. 641–644.

[Tso91]   A. Tsopanaglou, E. Kyriakis-Bitzaros, J. Mourjopoulos, G. Kokkinakis: *A Real Time Speech Decoder Using Instantaneous Frequency and Energy*, in *Proc. European Conf. on Speech Technology*, Bd. 3, 1991, S. 1349.

[Var91]   A. Varga, R. Moore: *Simultaneous Recognition of Concurrent Speech Signals Using Hidden Markov Model Decomposition*, in *Proc. European Conf. on Speech Technology*, Bd. 3, 1991, S. 1175–1178.

[Vel70]   V. Velichko, N. Zagoryko: *Automatic Recognition of 200 Words*, Int. J. Man-Machine Studies, Bd. 2, 1970, S. 223–235.

[Vie89]   W. Vieregge: *Phonetische Transkription*, Bd. 60 von *Beihefte der Zeitschrift für Dialektologie und Linguistik*, Franz Steiner Verlag Wiesbaden GmbH, Stuttgart, 1989.

[Vin71]   T. Vintsyuk: *Element-Wise Recognition of Continuous Speech Composed of Words from a Specified Dictionary*, Cybernetics, Bd. 7, 1971, S. 361–372.

[Vit67]   A. Viterbi: *Error Bounds for Convolutional Codes and an Asymptotically Optimum Decoding Algorithm*, IEEE Trans. on Information Theory, Bd. 13, 1967, S. 260–269.

[Vog75]   A. Vogel: *Ein gemeinsames Funktionsschema zur Beschreibung der Lautheit und der Rauhigkeit*, Biol. Cybernetics, Bd. 18, 1975, S. 31–40.

[Wah93]   W. Wahlster: *Verbmobil — Translation of Face–To–Face Dialogs*, in *Proc. European Conf. on Speech Technology*, Bd. "Opening and Plenary Sessions", Berlin, 1993, S. 29–38.

[Wai89a]   A. Waibel, T. Hanazawa, G. Hinton, K. Shikano, K. Lang: *Phoneme Recognition Using Time-Delay Neural Networks*, IEEE Trans. on Acoustics, Speech, and Signal Processing, Bd. 37, Nr. 3, 1989, S. 328–339.

[Wai89b]   A. Waibel, H. Sawai, K. Shikano: *Consonant and Phoneme Recognition by Modular Construction of Large Phonemic Time-Delay Neural Networks*, in *Proc. Int. Conf. on Acoustics, Speech, and Signal Processing*, Glasgow, 1989.

[Wak73]   H. Wakita: *Direct Estimation of the Vocal Tract Shape by Inverse Filtering of Acoustic Speech Waveform*, IEEE Trans. on Audio Electroacoustics, Bd. 21, 1973, S. 417–427.

[Wal57]   A. Wald: *Sequential Analysis*, J. Wiley, New York, 1957.

[Wan91]   P. Wang (Hrsg.): *Character and Handwriting Recognition — Expanding Frontiers*, Bd. 30 von *Series in Computer Science*, World Scientific, Singapore, 1991.

[Wan92]   M. Wang, S. Young: *Speech Recognition Using Hidden Markov Model Decomposition and a General Background Speech Model*, in *Proc. Int. Conf. on Acoustics, Speech, and Signal Processing*, Bd. 1, San Francisco, 1992, S. 253–256.

[War91]   W. Ward: *Understanding Spontaneous Speech: the PHOENIX System*, in *Proc. Int. Conf. on Acoustics, Speech, and Signal Processing*, Toronto, 1991, S. 365–367.

[Wat69]   S. Watanabe: *Knowing and Guessing*, John Wiley, New York, 1969.

[Wat85]   S. Watanabe: *Pattern Recognition: Human and Mechanical*, Wiley, New York, 1985.

[Web90]   A. Webb, D. Lowe: *The Optimized Internal Representation of Multilayer Classifier Networks Performs Nonlinear Discriminant Analysis*, Neural Networks, Bd. 3, 1990, S. 367–375.

[Wei90]   C. Weinstein: *Opportunities for Advanced Speech Processing in Military Computer-Based Systems*, in *Speech and Natural Language Workshop*, Morgan Kaufmann, Hidden Valley, Pennsylvania, 1990, S. 433–452.

[Wel92]   C. Wellekens: *Mixture Density Estimators in Viterbi Training*, in *Proc. Int. Conf. on Acoustics, Speech, and Signal Processing*, Bd. 1, San Francisco, 1992, S. 361–364.

[Wer74]   P. Werbos: *Beyond Regression: New Tools for Prediction and Analysis in the Behavioral Sciences*, Harvard University, 1974.

[Wer75]   H. Werner: *Praktische Mathematik*, Bd. 1, Springer, Berlin, 1975.

[Wes83]   N. Weste, D. Burr, B. Ackland: *Dynamic Time Warp Pattern Matching Using an Integrated Multiprocessing Array*, *IEEE Trans. on Computers*, Bd. 32, 1983, S. 731–744.

[Whi78]   G. White: *Dynamic Programming, the Viterbi Algorithm, and Low Cost Speech Recognition*, in *Proc. Int. Conf. on Acoustics, Speech, and Signal Processing*, Tulsa, 1978, S. 413–417.

[Wie66]   N. Wiener: *Extrapolation Interpolation and Smoothing of Stationary Time Series*, M.I.T. Press, Cambridge, MA, 1966.

[Wil62]   S. Wilks: *Mathematical Statistics*, John Wiley, New York, 1962.

[Wil91a] J. Wilpon, C. Lee, L. Rabiner: *Improvements in Connected Digit Recognition Using Higher Order Spectral and Energy Features*, in *Proc. Int. Conf. on Acoustics, Speech, and Signal Processing*, Toronto, 1991, S. 349–352.

[Wil91b] J. Wilpon, L. Miller, P. Modi: *Improvements and Applications for Keyword Recognition Using Hidden Markov Modeling Techniques*, in *Proc. Int. Conf. on Acoustics, Speech, and Signal Processing*, Toronto, 1991, S. 309–312.

[Wil92]   L. Wilcox, M. Bush: *Training and Search Algorithms for an Interactive Wordspotting System*, in *Proc. Int. Conf. on Acoustics, Speech, and Signal Processing*, Bd. 2, San Francisco, 1992, S. 97–100.

[Win77]   P. Winston: *Artificial Intelligence*, Addison-Wesley, 1977.

[Win92]   P. Winston: *Artificial Intelligence*, Addison-Wesley, Reading, MA, 1992.

[Wit82]   I. Witten: *Principles of Computer Speech*, Academic Press, London, 1982.

[Wit92]   P. Witschel, G. Niedermair: *Experiments in Dialogue Context Dependent Language Modelling*, in G. Görz (Hrsg.): *KONVENS 92*, Informatik aktuell, Springer, Berlin, 1992, S. 395–399.

[Wöh90]   T. Wöhrle: *Textüberwachtes Training von Lautkomponenten mithilfe eines akustisch-phonetischen Netzwerks*, Diplomarbeit IMMD5 (Mustererkennung), Universität Erlangen, Oktober 1990.

[Wol80]   J. Wolf, W. Woods: *The HWIM Speech Understanding System*, in W. Lea (Hrsg.): *Trends in Speech Recognition*, Prentice-Hall Inc., Englewood Cliffs, New Jersey, 1980, S. 316–339.

[Woo76]   W. Woods, V. Zue: *Dictionary Expansion via Phonological Rules for a Speech Understanding System*, in *Proc. Int. Conf. on Acoustics, Speech, and Signal Processing*, 1976, S. 561–564.

[Woo77]   W. Woods: *Shortfall and Density Scoring Strategies for Speech Understanding Control*, in *Proc. Int. Joint Conf. on Artificial Intelligence*, 1977, S. 18–26.

[Woo82]   W. Woods: *Optimal Search Strategies for Speech Understanding Control*, *Artificial Intelligence*, Bd. 18, 1982, S. 295–326.

[Woo91]   L. Wood, D. Pearce, F. Novello: *Improved Vocabulary-Independent Sub-Word HMM Modelling*, in *Proc. Int. Conf. on Acoustics, Speech, and Signal Processing*, Toronto, 1991, S. 181–184.

[Wri90]   J. Wright: *LR Parsing of Probabilistic Grammars with Input Uncertainty for Speech Recognition*, *Computer Speech & Language*, Bd. 4, Nr. 4, 1990, S. 297–323.

[Wu90]   X. Wu: *A Tree-Structured Locally Optimal Vector Quantizer*, in *Proc. Int. Conf. on Pattern Recognition*, 1990, S. 176–181.

[Wu91]   C. Wu, V. Nguyen, H. Sabrin, W. Kushner, J. Damoulakis: *Fast Self-Adapting Broadband Noise Removal in the Cepstral Domain*, in *Proc. Int. Conf. on Acoustics, Speech, and Signal Processing*, Toronto, 1991, S. 957–960.

[Yai92]   E. Yair, K. Zeger, A. Gersho: *Competitive Learning and Soft Competition for Vector Quantizer Design*, *IEEE Trans. on Signal Processing*, Bd. 40, Nr. 2, 1992, S. 294–309.

[Yak70]   S. Yakowitz: *Unsupervised Learning and the Identification of Finite Mixtures*, *IEEE Trans. on Information Theory*, Bd. 16, 1970, S. 330–338.

[Yan90]   W. Yang, H. Wang: *Finite Register Length Effects in a Hidden Markov Model Speech Recognizer*, *Speech Communication*, Bd. 9, Nr. 3, 1990, S. 239–245.

[You89]   S. Young, C. Proctor: *The Design and Implementation of Dialogue Control in Voice Operated Database Inquiry Systems*, *Computer Speech & Language*, Bd. 3, Nr. 4, 1989, S. 329–353.

[You92]   S. Young: *The General Use of Tying in Phoneme-Based Speech Recognisers*, in *Proc. Int. Conf. on Acoustics, Speech, and Signal Processing*, Bd. 1, San Francisco, 1992, S. 569–572.

[Zeg92]   K. Zeger, J. Vaisey, A. Gersho: *Globally Optimal Vector Quantizer Design by Stochastic Relaxation*, *IEEE Trans. on Signal Processing*, Bd. 40, Nr. 2, 1992, S. 310–322.

[Zha91]   Y. Zhao, H. Wakita, X. Zhuang: *An HMM Based Speaker-Independent Continuous Speech Recognition System with Experiments on the TIMIT Database*, in *Proc. Int. Conf. on Acoustics, Speech, and Signal Processing*, Toronto, 1991, S. 333–336.

[Zwi52]   E. Zwicker: *Die Grenzen der Hörbarkeit der Amplitudenmodulation und der Frequenzmodulation eines Tones*, *Acustica*, Bd. 2, 1952, S. 125–133.

[Zwi67]   E. Zwicker, R. Feldtkeller: *Das Ohr als Nachrichtenempfänger*, Hirzel Verlag, Stuttgart, 1967.

[Zwi90]   E. Zwicker, H. Fastl: *Psychoacoustics. Facts and Models*, Bd. 22 von *Series in Information Sciences*, Springer, Berlin, 1990.

Sachregister

A*-Algorithmus, 245 ff., 247
A.P.I.S., 300 ff.
absorbierender Zustand, 129, 205
Abtastung, 46
Adidas-Problem, 116
aktiver Zustand, 241, 307
akustische Sprachproduktion, 32 ff.
akuter Zustand, 275
Akzentuierung, 29
Algorithmen
    A.P.I.S., 303
    backward error propagation, 96
    Baum-Welch-Algorithmus, 131
    deleted interpolation, 305
    expectation-maximization, 103
      entscheidungsüberwacht, 104
    Graphsuche
      A*-Algorithmus, 247
      best-first, 246
    LBG (Linde-Buzo-Gray), 99
    rekursive Rückverfolgung, 309
    rekursiver Rückwärtsalgorithmus, 277
    rekursiver Viterbi-Algorithmus, 306
    rekursiver Vorwärtsalgorithmus, 276
    Viterbi-Algorithmus, 133
      strahlgesteuert, 242
    Viterbi-Training, 140
    Vorwärts-Dekodierung, 239
    VQ-Beschleunigung
      DU (metrisch), 109
      sequentielle Klassifikation, 113
      VDU (nichtmetrisch), 112
    Wortkategorieoptimierung, 227
aliasing, 47
Allophone, 27
Ambiguität, 10
Analyse-durch-Synthese, 173
Analyseknoten, 312
Annotation, 226
Antiresonanzen, 33, 37, 51

Äquivalenzklassen, 207 ff.
AR-Modell, 36, 61
ARMA-Modell, 37
Artikulationssystem, 23, 32
artikulatorische Sprachproduktion, 22 ff.
Assimilation, 31
asynchrone Suche, 244–253
atomare Knoten, 282
Ausspracheverschleifung, 30 ff.
Autokorrelation, 52
Autokorrelationsmethode, 63
Automat, 208
automatisches Sprachverstehen, 4
autoregressiv, 36

backward error propagation, 95
Bahnauskunft, → InterCity-Auskunft
Bakis-Modell, 129, 172
Balancefaktor, 267
Bandspektrum, 54
bark-Skala, 41
bark-Spektrum, 56
Basilarmembran, 38
Baum-Welch-Algorithmus, 136
Baumdekodierung, 257
Bayes-Klassifikator, 78
Bayes-Regel, 124, 165, 265 ff.
Bayes-Schätzung, 87, 152
beam search, → Strahlsuche
Betragsquadratspektrum, 53
Bigramme, 208, 235
Bilineartranformation, 66
Biphone, 180
Block-Viterbi-Algorithmus, 253

cache-Komponente, 214
CART *(classification and regression tree)*, 185
Cepstrum, 58 ff.
    zweidimensional, 72
CFU *(context-freezing units)*, 176
    in ISADORA, 289

Clusteranalyse, 96–106
Cochlea, 38
composed HMM, 158

DARPA SUR Projekt, 12
Dekodierung, 10, 231–269, 306–314
    Balancefaktor, 267
    Baumdekodierung, 257
    level-building-Algorithmus, 238
    Mehrphasendekodierung, 259–264
    n beste Wortketten, 261 ff.
    NVA (*n-best* Viterbi-Algorithmus), 261
    one-stage-Algorithmus, 237
    progressive search, 259
    symbolische Beschreibung, 310 ff.
    tree-trellis-Algorithmus, 264
    vorwärts-rückwärts, 243 ff.
    Wortsegmentierung, 236 ff.
    Wortstrafe, 266
deleted interpolation, 151, 305
Dendrophone, 257
DFT, → diskrete Fourier-Transformation
Dialogsystem, 4, 336 ff.
Diphone, 175
Dirichlet-Verteilung, 89
diskrete Fourier-Transformation, 54
Diskretisierung, 46 ff.
diskriminatives Lernen, 93
DP (Dynamische Programmierung), 123
Dreimaster, 172
Drucksilbentheorie, 28
DTW (*dynamic time warping*), 124
Durbin-Rekursion, 63
dynamische Extrapolation, 251
dynamische Merkmale, 68 ff.

Einzelworterkennung, 234
elementare Bedeutungskonzepte, 214
elementarer Zustand, 273
Elision, 31
elliptisch-symmetrische Dichten, 80
EM-Algorithmus, 102 ff., 136 ff., 229
endlicher Automat, 208
Energie, 51
Enklise, 32
Entropie, 91, 205, 223
Entscheidungsregel, 77
explizite Modelle, 283
    Auswahl, 294

PAS-Konstruktion, 285
Exponentialverteilung, 154

Färbung, 218
Fehlerrate, 86 ff.
Fehlersignal, 61
Fenone, 178
Fensterfunktion, 48
finite-state Knoten, 282
Fluchtwahrscheinlichkeit, 235, 284
Formanten, 35, 51
Fortpflanzung, 303
Fortschaltung, 50
forward-backward-Algorithmus, 136
Fourier-Transformation, 46, 54
freie Varianten, 27
Frequenzgruppen, 41 ff.
Füllmuster, 193
Fundamentalformel der Spracherkennung, 165
Funktionswörter, 32, 181
fuzzy clustering, 105

Ganzwortmodelle, 170
Gauß-Verteilung, 79, 89
Gaußsche Mischverteilung, 80
Gedächtnis, 309, 312 ff.
Gehör, 37 ff.
Gelenkkonsonant, 29
Generalisierung, 300
genetische Algorithmen, 160
gesprochene Sprache, 21–43
Glättung, 151 ff., 216 ff.
Gleichschaltung, 147
Glottis, 22, 33
Good-Turing-Formel, 218
grammatische Sprachmodelle, 199–230
    Adaption, 210 ff.
    Äquivalenzklassen, 207 ff.
    cache-Komponente, 214
    elementare Bedeutungskonzepte, 214
    experimentelle Auswertung, 330 ff.
    Faktorisierung, 210 ff.
    konzeptuelle Grammatiken, 214
    n-Gramm-Grammatiken, 208
    Parameterschätzung, 215–229
    phonotaktische Grammatik, 256
    Polygramme, 221
    verzögerte Auswertung, 258
    Wortkategorien, 225 ff.

Graph, gerichtet, 245
Gruppenlaufzeit, 68

Halbsilben, 174
   in ISADORA, 289
Harmonische, 50
Hartley-Transformation, 54
Häufungsanalyse, → Clusteranalyse
Hauptachsentransformation, 115
HMM, → Markovmodelle
HMM-Schätzgleichungen
   Bayes-Schätzung, 152
   diskretes HMM, 137
   diskriminative Schätzung, 160
   Gaußverteilung, 142
   Mischverteilung, 143
   rekursive Markovmodelle, 401 ff.
   Semi-Markovmodelle, 154
   semikontinuierlich, 145
   verkettete Modelle, 147
   verklebte Zustände, 148
homogene Polynome, 138
Homographen, 27
homomorphe Analyse, → Cepstrumanalyse
Homophone, 27

Identifizierbarkeit, 100
IMELDA, 73
implizite Modelle, 283
inaktiver Zustand, 307
Information, 91
Informationsverlust, 149
inhomogene Markovmodelle, 155
Initialisierung, 297
initiativer Zustand, 307
Inselsuche, 248
Intensität, 29, 40
InterCity-Auskunft, 4, 318, 330, 336 ff.
Interpolation, 149 ff., 220 ff., 304
Intonation, 28 ff.
inverse Filterung, 36
irreduzible Knoten, 286
ISADORA, 271–315

Jensen-Ungleichung, 92, 206

Karhunen-Loève-Transformation, 73, 114 ff.
Kategorien, 209
   disjunkt, 226

POS *(parts of speech)*, 211
   überlappend, 228
   Wortkategorieoptimierung, 227
Kellersuche, 247 ff.
Kingsbury-Rayner-Formel, 135
Klassenzentroid, 98
Klassifikatoren, 75–87
   Bayes-Regel, 76 ff.
   Fehlerrate, 86 ff.
   kontextuell, 133
   Mahalanobis-Klassifikator, 79
   MAP-Klassifikator, 228
   Minimumabstand-Klassifikator, 79
   nichtparametrisch, 84 ff.
   NN-Regel, 85
   NVK (Normalverteilungsklassifikator), 79
   Polynomklassifikator, 82
   statistisch, 79 ff.
   Suchverfahren, 106–113
   verteilungsfrei, 81 ff.
KLT, → Karhunen-Loève-Transformation
Koartikulation, 30 ff., 31
Kodebuch, 97, 144
   Entwurf, 322 ff.
   faktorisiert, 324
   konservative Schätzung, 298
   LBG-Algorithmus, 98
Koinzidenzglättung, 224
kombinatorische Varianten, 27
Kommunikation, 1 ff.
Kompandierung, 48, 67
kompilierte Netzwerke, 233, 272
komplementäre Distribution, 26
komplexer Zustand, 273
Komplexität, 10
Konfigurationsphase, 320
konfluenter Zustand, 233
Konsonanten, 24, 26
kontextuelle Klassifikation, 133
Kontinuität, 8
konzeptuelle Grammatiken, 214
Kopfzahl, 294
korrektives Lernen, 161
Kosinustransformation, 58
Kovarianzmethode, 62
Kreuzkorrelation, 52
Kreuzvalidierung, 218, 304
kritische Bandbreite, 41

Kullback-Leibler-Statistik, 102, 137, 146

Kurzzeitanalyse, 48–68
    Autokorrelation, 52
    Bandspektrum, 54
    bark-Spektrum, 56
    Cepstrum, 58 ff.
       zweidimensional, 72
    dynamische Merkmale, 68 ff.
    Energie, 51
    Fensterfunktion, 48
    IMELDA, 73
    Kreuzkorrelation, 52
    lineare Vorhersage, 61 ff.
    Linienspektrumpaare, 65
    LP-Cepstrum, 65
    mel-Cepstrum, 60
    mel-Spektrum, 55
    Modellcepstrum, 60
    Modellspektrum, 63
    PARCOR-Koeffizienten, 63
    PLP, 67
    RASTA, 71
    Spektrum, 53 ff.

Kurzzeitgedächtnis, 214

language model, → grammatische Sprachmodelle

Lauflängenkompensation, 157

Laute, 22

Lautheit, 40, 56

Lautoberklassen, 184

Lautumschrift, 27

LBG-Algorithmus, 98

LDA, → lineare Diskriminanzanalyse

Lemmata, 211

Lernen, 87–106
    diskriminativ, 90 ff., 160
    ISADORA, 297 ff.
    überwacht, 87–96
    unüberwacht, 96–106

Lernrate, 96

level-building-Algorithmus, 238

Lifter, 59

linear prediction, → lineare Vorhersage

lineare Diskriminanzanalyse, 73, 116 ff., 323

lineare Transformationen, 113–118, 161

lineare Vorhersage, 61 ff.

Linienspektrumpaare, 65

Links-Rechts-Modell, 129

Lippenabstrahlung, 34

Lloyd-Algorithmus, 98

LMF *(linguistic matching factor)*, 267

LP-Cepstrum, 65

LPC, → lineare Vorhersage

Mahalanobis-Klassifikator, 79

MAP-Klassifikator, 78, 228

Markovkette, 127

Markovmodelle, 121–163
    Ausgabeverteilungen, 140–145
    Bakis-Modell, 129, 172
    Baum-Welch-Algorithmus, 136
    composed HMM, 158
    Dauermodellierung, 153 ff.
    Definition, 127 ff.
    Hybride, 161
    inhomogen, 155
    kartesisches Produkt, 158
    Kategoriebigramme, 228
    korrelierte Ausgabe, 156 ff.
    Logarithmierung, 134 ff.
    Merkmaltransformation, 161
    paralleles HMM, 159
    rekursiv, → rekursive Markovmodelle
    Replikantenmodelle, 156, 298
    Schätzung, 135–153
       A.P.I.S., 300 ff.
       Bayes-Schätzung, 152
       blockweise, 146
       deleted interpolation, 305
       diskriminativ, 160
       Glättung, 151 ff.
       globale Optimierung, 159
       Interpolation, 149 ff.
       Parameterverklebung, 147 ff., 253
       Parzen-Glättung, 151
    Semi-Markovmodelle, 154
    semikontinuierlich, 144
    Skalierung, 134 ff.
    Vernetzung, 170, 233 ff., 280 ff.
    Viterbi-Algorithmus, 131 ff.
    Viterbi-Training, 139 ff.
    Wortmodelle, 167–173

Markovquelle, 128, 204

maschinelle Sprachverarbeitung, 3 ff.

maximum onset principle, 289

Mehrphasendekodierung, 259–264, 331 ff., 337

mel-Cepstrum, 60

mel-Skala, 42

mel-Spektrum, 55

Mensch-Maschine-Kommunikation, 1 ff.

Merkmale, → Kurzzeitanalyse

Merkmalkarten, 106

Minimalpaaranalyse, 26

Minimumabstand-Klassifikator, 79

Mischverteilung, 80, 100–106, 142

ML-Schätzung, 88, 101

MLP *(multi-layer perceptron)*, 83

MMI-Schätzung, 90, 160

Modellcepstrum, 60

Modellspektrum, 63

Monophone, 181

μ-*law*, 48

Multone, 178

n beste Wortketten, 261 ff.

n-Gramm-Grammatiken, 208

neue Wörter, 194

Neuron, 39

Neuronale Netze, 82

Nijtmans-Algorithmus

   rückwärts, 277

   vorwärts, 276

NN-Regel, 85

Normalverteilung, 79, 141

NVA (*n-best* Viterbi-Algorithmus), 261

NVK (Normalverteilungsklassifikator), 79

Obertöne, → Harmonische

Ohr, 37

one-stage-Algorithmus, 237

opake Knoten, 312 ff.

Orthonormalbasis, 114

paradigmatische Knoten, 282

paralleles HMM, 159

Parameterverklebung, 147 ff., 253

PARCOR-Koeffizienten, 63

Parzen-Glättung, 151

Parzen-Schätzung, 85

PAS-Konstruktion, 285

PEC *(phoneme environment clustering)*, 185

Pegel, 40

Periodengruppenhistogramme, 68

Perplexitat, 206

Perzeption, → Sprachperzeption

Perzeptron, 84

phase locking, 39

Phone, 22

Phoneme, 26, 174

phonetische Transkription, 27

phonetischer Baum, 254

   in ISADORA, 295 ff.

Phonikel, 188

Phonkomponenten

   in ISADORA, 288

Phonologie, 25 ff.

phonotaktische Grammatik, 256

PLP (perzeptuelle lineare Prädiktion), 67

PME-Schätzung, 223

Polygramme, 221

Polygraphen, 195

   in ISADORA, 291

Polynomklassifikator, 82

Polyphone, 186

   in ISADORA, 290

POS *(parts of speech)*, 211, 216

Potentialfunktion, 85

Präemphase, 64

Präfixäquivalenz, 253

progressive search, 259

Proklise, 32

Prosodie, → Intonation

Quadratmittelapproximation, 93

Quantisierung, 47

Quantisierungsfehler, 97

Quefrenz, 59

RASTA (Relativspektrum), 71

RBF (radiale Basisfunktionen), 84

redundante Modelle, 294

reduzible Knoten, 286

Regressionsfunktion, 94

Regressionspolynom, 71

Rekonstruktionsfehler, 93

rekursive Markovmodelle, 273–278, 401–403

repetitive Knoten, 282

Replikantenmodelle, 156, 298

Resonanzen, 22, 33, 51

Restschätzung, 246

Richterverteilung, 81

RMM, → rekursive Markovmodelle

RRA (rekursiver Rückverfolgungsalgorithmus), 309

Rückfallstrategie, 219
Rückverfolgung, 239, 308
Rückweisungsmodell, 193
Ruhehörschwelle, 40
RVA (rekursiver Viterbi-Algorithmus), 306

SAMPA, 22, 396
Satzakkuratheit, 319
Schalldruck, 40
Schallfülletheorie, 28
Schallphasenkodierung, 39, 68
Schallwanderung, 37 ff.
Schätzung
    Bayes-Schätzung, 87
    deleted interpolation, 151
    Färbung, 218
    Fehlerrate, 86 ff.
    Glättung, 216 ff.
    Interpolation, 220 ff.
    Koinzidenzglättung, 224
    Markovmodelle, 135–153
    ML *(maximum likelihood)*, 87 ff.
    MMI *(maximum mutual information)*, 90 ff.
    Parzen-Schätzung, 85
    Prinzip der maximalen Entropie, 223
    Quadratmittelschätzung, 93 ff.
schlankes Modell, 301, 303
Semi-Markovmodelle, 154
semikontinuierlich, 144
Semiphone, 188
Senone, 189
shortfall, 250
Signal-Rausch-Abstand, 47
Silben, 28 ff., 174
    in ISADORA, 289
Silbengrenzen, 291
simuliertes Ausfrieren, 160
Sonoranten, 29
source-filter Modell, 33
spektrale Neigung, 51
Spektrogramm, 57
Spektrum, 36, 49, 53 ff.
Spontansprache, 192, 335 ff.
Spracherkennungssyteme, 13
Spracherzeugung, → Sprachproduktion
Sprachkompetenz, 201
Sprachmelodie, 29
Sprachmodelle, → grammatische Sprachmodelle

Sprachperzeption, 37–43
Sprachproduktion, 22–37, 126
Sprachsynthese, 5
Sprachwahrnehmung, → Sprachperzeption
Sprecherabhängigkeit, 321
SSM *(stochastic segment model)*, 157
stack decoding, → Kellersuche
Steiglitz-Gleichungen, 60, 65
Stillemodell, 169
    in ISADORA, 288
stimmlos/stimmhaft, 22
stochastische Prozesse, 204 ff.
stochastischer Automat, 128
Strahlsuche, 240 ff., 307
Strukturwörter, 181
subphonemische Modellierung, 187 ff.
    in ISADORA, 288–291
Suche, 106–113, 233–253
    A*-Algorithmus, 245 ff.
    best-first, 245
    Bewertungsfunktion, 248
    Kellersuche, 247 ff.
    Nächster-Nachbar-Suche, 108–112
    sequentielle Klassifikation, 112 ff.
    Strahlsuche, 240 ff.
    VDU-Algorithmus, 325
    Wortschatzorganisation, 253–259
suffiziente Statistik, 89
symbolische Beschreibung, 310 ff.
synchrone Suche, 233–244
Synchronität, 68
syntagmatische Knoten, 282

Telefon, 338 ff.
tied-mixture, 144
tilt (spektrale Neigung), 51
Tonheit, 42
Tonhöhe, 29, 41 ff.
Transeme, 175
Transinformation, 91
Transkription, 27
tree-trellis-Algorithmus, 264
Triggereffekt, 213
Trigramme, 208
Trilemma-Modell, 211
Triphone, 180–186, 190
    in ISADORA, 292
tying, → Parameterverklebung

unbekannte Wörter, 193
Unigramme, 208
Unschärfeprinzip, 49

Variabilität, 9
VDU-Algorithmus, 112, 325
Vektorquantisierung, 97 ff., 144
   Beschleunigung, 325
verallgemeinerte Triphone, 183
Verbundworterkennung, 235
   in ISADORA, 283
Verklebung, → Parameterverklebung
Vernetzung, → Markovmodelle
Verschleifung, 30 ff.
Verschmierung, 49
Viterbi-Algorithmus, 131 ff.
   Block-Viterbi-Algorithmus, 253
   rekursiv, 306
   strahlgesteuert, 242
   Viterbi-Dekodierung, 237
   Viterbi-Training, 139 ff.
Vokabular, 6
Vokale, 25, 27, 35
Vokaltrakt, 22, 34
Vorwärts-Dekodierung, 239
VR-Dekodierung, 243

Wahrscheinlichkeitsverteilungen, 77
   Dirichlet-Verteilung, 89
   elliptisch-symmetrisch, 80
   Exponentialverteilung, 154
   Gauß-Verteilung, 89
   Gaußsche Mischverteilung, 80
   Normalverteilung, 79, 141
   Richterverteilung, 81
   Wishart-Verteilung, 89
Webersches Gesetz, 41
weibliche Formen, 211
Wishart-Verteilung, 89
Wörter
   Ganzwortmodelle, 170
   neue Wörter, 194
   unbekannte Wörter, 193
   Wortakkuratheit, 319
   Wortgrenzen, 291
   Wortkategorien, 225 ff.
   Wortkette, Wortgitter, Wortgraph, 260
   Wortmodelle, 167–173
   Wortschatz, 6

Wortschatzorganisation, 253–259
Wortsegmentierung, 236 ff.
Wortstrafe, 266
Wortuntereinheiten, 170–190
   Allophone, 27
   Auftretenshäufigkeit, 327
   Biphone, 180
   CFU (context-freezing units), 176
   Dendrophone, 257
   Diphone, 175
   experimentelle Auswertung, 328, 329, 400
   Fenone, 178
   Halbsilben, 174
   in ISADORA, 288–291, 294, 397
   kontextabhängig, 179–190
   kontextunabhängig, 173–179
   Monophone, 181
   Multone, 178
   Phonikel, 188
   Polygraphen, 195
   Polyphone, 186
   Semiphone, 188
   Senone, 189
   subphonemisch, 187–190
   Transeme, 175
   Triphone, 180–186
   verallgemeinerte Triphone, 183
   Wortgrenzen, 190
Wurzelknoten, 282
Wurzelzustand, 274, 301

Yule-Walker-Gleichungen, 63

Zahlwörter, 255
   in ISADORA, 398
Zeitbereichsmerkmale, 51 ff.
Zerogramm, 219
Zugauskunft, → InterCity-Auskunft
Zustand
   absorbierend, 129, 205
   aktiv, 241, 307
   akut, 275
   elementar, 273
   inaktiv, 307
   initiativ, 307
   komplex, 273
   konfluent, 233
   Wurzelzustand, 274, 301

Anhang A
Spracherkennung mit ISADORA

A.1 Phonetische Umschriftsysteme

PLOSIVE				VOKALE		
Papa, Trab	p	p		Land, Bahn	a	a
Bube	b	b		engl. cut	ʌ	V
Tod	t	t		Butter	ɐ	6
müde	d	d		bitte	ə	@
Kakao, Tag	k	k		engl. pat	æ	{
gegen	g	g		Leben	e	e
(Glottisschlag)	ʔ	?		Bett	ɛ	E
				Biene	i	i
FRIKATIVE				Kind	ɪ	I
Tasse	s	s		bodenlos	o	o
Sieb	z	z		Onkel	ɔ	O
Tasche	ʃ	S		schön	ø	2
Garage	ʒ	Z		Völlerei	œ	9
Quatsch	ʧ	tS		Kuhfladen	u	u
engl. bluejeans	ʤ	dZ		Kuß	ʊ	U
Pfirsich	pf	pf		Gefühl	y	y
Fisch	f	f		Trüffel	ʏ	Y
Wasser	v	v				
Licht	ç	C		**DIPHTHONGE**		
Buch	x	x		Weinprobe	aɪ	aI
Kachel	χ	x		Pause	aʊ	aU
(uvularer Frikativ)	ʁ	R		teuer	ɔʏ	OY
Hose	h	h				
engl. thief	θ	T		**Sonstige**		
engl. breathe	ð	D		(alveolares 'r')	r	r
span. Valencia	β	B		(uvularer Vibrant)	R	R
				lallen	l	l
NASALE				Jacke	j	j
Mama	m	m		ital. Agnelli	ɲ	J
Nenner	n	n		ital. paglia	ʎ	L
schwanger	ŋ	N		engl. women	w	w
(labiodentaler Nasal)	ɱ	—		frz. depuis	ɥ	H

Tabelle A.1:

Auszug aus dem Lautinventar des Internationalen Phonetischen Alphabets. Zu jedem Laut sind ein Aussprachebeispiel, die IPA-Symbolik [IPA63] sowie die maschinenlesbare SAMPA-Notation [Fou89, S. 141–159] angegeben. Der Terminus „*Automatische Spracherkennung*" beispielsweise besitzt die IPA-Schreibweise /aʊtomaːtiʃə/ /ʃpraːχɐrkɛnʊŋ/ und die SAMPA-Schreibweise /aUtomaːtIS@/ /SpraːxErkEnUN/.

A.2 Phonemische Basiseinheiten

VOKALE

S:	/a/	[a]	[a]
S:	/e/	[e]	[e]
S:	/E/	[E]	[E]
S:	/i/	[i]	[i]
S:	/I/	[I]	[I]
S:	/o/	[o]	[o]
S:	/0/	[0]	[0]
S:	/u/	[u]	[u]
S:	/U/	[U]	[U]
S:	/9/	[9]	[9]
S:	/2/	[2]	[2]
S:	/y/	[y]	[y]
S:	/Y/	[Y]	[Y]
S:	/@/	[@]	[@]
S:	/6/	[6]	[6]
S:	/w/	[U]	
S:	/j/	[I]	

GEDEHNTE VOKALE

S:	/a:/	[a]	[a]	[a]
S:	/e:/	[e]	[e]	[e]
S:	/E:/	[E]	[E]	[E]
S:	/i:/	[i]	[i]	[i]
S:	/o:/	[o]	[o]	[o]
S:	/u:/	[u]	[u]	[u]
S:	/2:/	[2]	[2]	[2]
S:	/9:/	[9]	[9]	[9]
S:	/y:/	[y]	[y]	[y]

DIPHTHONGE

S:	/aI/	[a]	[E]	[I]
S:	/aU/	[a]	[0]	[U]
S:	/0Y/	[0]	[9]	[I]
S:	/eI/	[e]	[I]	

NASALE und LIQUIDE

S:	/m/	[m]	[m]
S:	/n/	[n]	[n]
S:	/N/	[N]	[N]
S:	/l/	[l]	[l]
S:	/r/	[r]	[r]

FRIKATIVE

S:	/s/	[s]	[s]
S:	/S/	[S]	[S]
S:	/z/	[z]	[z]
S:	/f/	[f]	[f]
S:	/v/	[v]	[v]
S:	/x/	[x]	[x]
S:	/C/	[C]	[C]
S:	/h/	[h]	[h]

PLOSIVE

S:	/b/	[b.]	[b]	
S:	/d/	[d.]	[d]	
S:	/g/	[g.]	[g]	
S:	/k/	[k.]	[k]	[.k]
S:	/p/	[p.]	[p]	[.p]
S:	/t/	[t.]	[t]	[.t]

AFFRIKATE

S:	/br/	[b.]	[b]	[r]	
S:	/dj/	[d.]	[d]	[I]	
S:	/dr/	[d.]	[d]	[r]	
S:	/gr/	[g.]	[g]	[r]	
S:	/kr/	[k.]	[k]	[x]	
S:	/ks/	[k.]	[k]	[s]	[s]
S:	/kv/	[k.]	[k]	[v]	[v]
S:	/pf/	[p.]	[p]	[f]	[f]
S:	/pr/	[p.]	[p]	[x]	
S:	/ps/	[p.]	[p]	[s]	[s]
S:	/tS/	[t.]	[t]	[S]	[S]
S:	/tr/	[t.]	[t]	[x]	
S:	/ts/	[t.]	[t]	[s]	[s]
S:	/tz/	[t.]	[t]	[z]	[z]

A.3   Die Kardinalzahlwörter von 1 bis 999 999

Die unter dem Knoten *Zahlen* vereinigten Untergrammatiken [1-99], [1-999] und
[1-999999] akzeptieren jeweils genau die ersten 99 (999, 999 999) Kardinalzahlwörter der
deutschen Sprache. Die Existenz von Wortknoten für die Konstituenten der Paradigmen
X-zehn, X-zig, und-PREF sowie und, hundert und tausend wird vorausgesetzt. Der Knoten
NIL referenziert das „leere" Markovmodell, das keine akustischen Eingabevektoren konsumiert.

P:	[1-9]	eins zwei drei vier fuenf sechs sieben acht neun
P:	X-zehn	zehn elf zwoelf dreizehn vierzehn ... neunzehn
P:	X-zig	zwanzig dreissig vierzig fuenfzig ... neunzig
P:	und-PREF	ein zwei drei vier fuenf sechs sieben acht neun
S:	X-und	und-PREF und
P:	X-UND	X-und *NIL*
S:	X-und-X-zig	X-UND X-zig
P:	[1-99]	[1-9] X-zehn X-und-X-zig *NIL*
S:	X-hundert	und-PREF hundert
P:	X-HUNDERT	*NIL* hundert X-hundert
S:	[1-999]	X-HUNDERT [1-99]
P:	tausend-PREF	*NIL* ein [1-999]
S:	X-tausend	tausend-PREF tausend
P:	X-TAUSEND	*NIL* X-tausend
S:	[1-999999]	X-TAUSEND [1-999]
P:	*Zahlen*	[1-99] [1-999] [1-999999]

A.4 Kategoriepaargrammatik für Uhrzeitangaben

Das Modell zum Knoten *UHRZEIT* akzeptiert gesprochene Zeitangaben der Art

„gegen 0 Uhr 20",

„vor dreiviertel zwölf" oder

„um ein Uhr und fünfunddreißig Minuten".

Die Existenz von Netzwerkknoten für die konstituierenden Wörter wird vorausgesetzt.

```
P:    1234            ein zwei drei vier
S:    1234+zwanzig    1234 und zwanzig
P:    STUNDE          null ein eins ... neunzehn zwanzig 1234+zwanzig
P:    2345-zig        zwanzig dreissig vierzig fuenfzig
S:    5+zig           fuenf und 2345-zig
P:    MINUTE          fuenf zehn fuenfzehn zwanzig ... fuenfzig 5+zig
P:    STDTEIL         halb viertel dreiviertel
P:    ZPRAEP          um gegen etwa vor nach
F:    *UHRZEIT*       STDTEIL STUNDE Uhr und MINUTE Minuten ZPRAEP
```

$$
\begin{array}{c|ccccccc}
< & 0 & 0 & 1 & 1 & 0 & 1 & 1 & 0 \\
\hline
  & 1 & 0 & 1 & 0 & 0 & 0 & 0 & 0 \\
  & 1 & 0 & 0 & 1 & 0 & 0 & 0 & 0 \\
  & 0 & 0 & 0 & 0 & 1 & 1 & 0 & 0 \\
  & 0 & 0 & 0 & 0 & 0 & 1 & 0 & 0 \\
  & 0 & 0 & 0 & 0 & 0 & 0 & 1 & 0 \\
  & 0 & 0 & 0 & 0 & 0 & 0 & 0 & 0 \\
  & 1 & 1 & 1 & 0 & 0 & 0 & 0 & 0 & >
\end{array}
$$

Die Matrix hat dieselbe Struktur wie das lokale Parameterfeld $\boldsymbol{A}$ eines rekursiven Markov-modells; die erste Spalte bzw. Zeile entspricht den Anfangs- und Endewahrscheinlichkeiten a_{Ij}, a_{iF}, im verbleibenden Matrixkörper sind die a_{ij} untergebracht. Die vorliegende F-Regel ist allerdings nichtstatistisch formuliert, d.h. es wird nur zwischen erlaubten und verbotenen Zustandsübergängen differenziert. Der vertikale und der horizontale Balken sind natürlich *nicht* Bestandteil der ISADORA-Syntax sondern dienen der übersichtlicheren Gestaltung.

A.5   Evaluierung verschiedener Wortuntereinheiten

In der folgenden Tabelle sind die sprecherunabhängigen, an den 400 Testsätzen gemessenen Wort- uns Satzakkuratheiten aller untersuchten Inventare von Wortuntereinheiten zusammengefaßt. Neben den Erkennungsergebnissen für die drei Testaufgaben — kleiner Wortschatz ($\wp_x = 162$), großer Wortschatz ($\wp_x = 1081$), großer Wortschatz mit Bigramm-Grammatik ($\wp_x = 111$) — sind auch die Anzahl der verwendeten Markovmodelle und die Anzahl der Wahrscheinlichkeitsdichtefunktionen wiedergegeben. In der Vertikalen sind die Resultate nach der Reduktionsrichtung beim Abschälen der Kontextphone und nach dem Einsatz von Ganzwortmodellen aufgeschlüsselt. Alle Inventare wurden hinsichtlich der Vorkommensschwelle $f_{min} = 50$ ausgewählt.

Abschälung	Einheiten	Anzahl		$\wp_x = 162$		$\wp_x = 1081$		$\wp_x = 111$	
		HMM	WDF	WA	SA	WA	SA	WA	SA
RECHTS	MONO	101	185	87.1	42.8	77.2	25.2	88.3	51.0
	BI	546	1243	89.6	49.0	82.1	28.0	91.9	61.0
	TRI	1257	2872	91.6	54.0	82.4	28.0	92.1	60.5
	PENTA	2087	6704	91.6	55.5	83.4	32.8	91.7	60.5
	HEPTA	2133	4856	91.7	55.8	83.7	34.5	92.1	61.0
	POLY	2385	5464	91.7	56.0	83.9	34.5	91.9	59.8
	POLY+SYL	2801	6439	91.7	55.8	84.3	35.3	91.9	61.3
LINKS	BI	560	1272	90.9	55.0	82.9	32.8	92.2	64.5
	TRI	1246	2863	90.9	54.3	84.3	34.8	92.1	62.5
	PENTA	1925	4398	91.7	56.8	85.0	36.2	92.2	63.3
	HEPTA	2162	4934	91.6	56.3	85.2	37.8	92.2	62.8
	POLY	2612	7813	91.5	56.0	85.2	37.5	92.5	63.5
	POLY+SYL	2790	6412	91.8	56.0	85.4	37.3	92.5	64.8
RECHTS+W	MONO	308	2622	86.6	42.3	78.1	28.8	86.3	46.8
	BI	753	3680	91.1	54.8	85.2	38.8	91.9	62.8
	TRI	1464	5309	92.0	58.3	83.7	33.3	92.4	63.3
	PENTA	2087	6704	92.1	58.5	85.1	36.0	92.4	63.5
	HEPT	2331	7211	92.2	58.8	85.2	37.3	92.5	64.0
	POLY	2574	7683	92.1	58.5	85.1	37.6	92.5	64.3
	POLY+SYL	2991	8674	92.2	57.5	86.0	39.3	92.4	63.5
LINKS+W	BI	767	3709	90.4	54.8	85.6	39.5	92.1	64.0
	TRI	1453	5300	91.4	57.3	85.2	38.3	92.4	64.0
	PENTA	2130	6819	91.7	56.8	85.5	40.3	92.5	63.8
	HEPTA	2362	7307	91.7	57.5	85.6	40.0	92.5	64.0
	POLY	2612	7813	91.8	58.0	85.6	40.5	92.5	64.0
	POLY+SYL	2978	8628	92.0	58.3	85.9	39.3	92.5	63.8
	DENDROPHON	1647	3778			82.2	27.2	91.7	59.3
	CFU	1168	7031			82.7	30.8	92.0	62.5
	POLYGRAPH	2825	6927			79.8	23.8	88.1	48.8

Anhang B

Rekursive Markovmodelle

B.1 Schätzung der Modellparameter

Die folgenden Schätzgleichungen für die Parameterfelder $\boldsymbol{A}(S)$ beziehungsweise die (einfachen) Gaußsche Ausgabeverteilungsdichten $b_S(\boldsymbol{x}_t)$ entstammen der Dissertation [Nij92, S. 131–139]. Dort ist auch der Beweis für die Wachstumseigenschaft dieser Neuschätzung zu finden. Er wird durch die Anwendung des EM-Prinzips auf die globale Produktionsverteilung des RMM geführt; dieses Vorgehen entspricht weitgehend demjenigen für „ebene" Markovmodelle, das bereits auf Seite 138 demonstriert wurde, ist aber infolge der hierarchischen Modellstruktur technisch aufwendiger. Die nachfolgenden Schätzformeln sind in lokaler Form $\boldsymbol{A}(S) = \boldsymbol{A}$ notiert; $S_\triangle$ bezeichnet die Wurzel des globalen Modells.

Elementare Zustände. Mischverteilungen und diskrete Verteilungen werden innerhalb des RMM-Formalismus auf einfache kontinuierliche Dichten bzw. konstante diskrete Ausgabefunktionen zurückgeführt. Es bleiben also die Mittelwertvektoren und Kovarianzmatrizen einfacher Gaußverteilungsdichten zu schätzen. Mit Hilfe der a posteriori Wahrscheinlichkeiten

$$\gamma_t(S) \;=\; \frac{\alpha_t^I(S) \cdot \beta_t^I(S)}{\alpha_{T+1}^F(S_\triangle)} \;=\; \frac{\alpha_{t+1}^F(S) \cdot \beta_{t+1}^F(S)}{\alpha_{T+1}^F(S_\triangle)} \tag{B.1}$$

schätzt man die zustandsabhängigen Ausgabeverteilungsparameter $\hat{\boldsymbol{\mu}}_S$, $\hat{\boldsymbol{\Sigma}}_S$ wie üblich durch die empirischen a posteriori Erwartungswerte

$$\hat{\boldsymbol{\mu}}_S = \frac{\displaystyle\sum_{t=1}^{T}\gamma_t(S)\boldsymbol{x}_t}{\displaystyle\sum_{t=1}^{T}\gamma_t(S)}$$

$$\hat{\boldsymbol{\Sigma}}_S = \frac{\displaystyle\sum_{t=1}^{T}\gamma_t(S)\boldsymbol{x}_t\boldsymbol{x}_t^\top}{\displaystyle\sum_{t=1}^{T}\gamma_t(S)} - \hat{\boldsymbol{\mu}}_S\hat{\boldsymbol{\mu}}_S^\top \ . \tag{B.2}$$

Komplexe Zustände. Mit den a posteriori Eintritts-, Übergangs- und Austrittswahrscheinlichkeiten

$$\xi_t(I,j) = \frac{\alpha_t^I(S) \cdot a_{Ij} \cdot \beta_t^I(S_j)}{\alpha_{T+1}^F(S_\triangle)}$$

$$\xi_t(i,j) = \frac{\alpha_t^F(S_i) \cdot a_{ij} \cdot \beta_t^I(S_j)}{\alpha_{T+1}^F(S_\triangle)} \tag{B.3}$$

$$\xi_t(i,F) = \frac{\alpha_t^F(S_i) \cdot a_{iF} \cdot \beta_t^F(S)}{\alpha_{T+1}^F(S_\triangle)}$$

lauten die schrittweisen Neuschätzungen im Sinne des EM-Algorithmus

$$\hat{a}_{Ij} = \frac{\displaystyle\sum_{t=1}^{T}\xi_t(I,j)}{\displaystyle\sum_{k=1}^{N}\sum_{t=1}^{T}\xi_t(I,j)}$$

$$\hat{a}_{ij} = \frac{\displaystyle\sum_{t=1}^{T}\xi_t(i,j)}{\displaystyle\sum_{k=1}^{N}\sum_{t=1}^{T}\xi_t(i,j) + \sum_{t=1}^{T}\xi_t(i,F)} \tag{B.4}$$

$$\hat{a}_{iF} = \frac{\displaystyle\sum_{t=1}^{T}\xi_t(i,F)}{\displaystyle\sum_{k=1}^{N}\sum_{t=1}^{T}\xi_t(i,j) + \sum_{t=1}^{T}\xi_t(i,F)} \ .$$

B.2 Überführung in ein HMM

Der Übergang von einem RMM S zu einem verteilungsäquivalenten HMM $\boldsymbol{\lambda}(S)$ besteht anschaulich aus zwei Phasen: zuerst wird das RMM in ein verallgemeinertes HMM mit konfluenten Zuständen — je einer für jeden nichtelementaren RMM-Zustand — überführt, danach werden benachbarte Modellkanten unter Tilgung konfluenter Zustände durch Ausmultiplizieren ihrer Transitionswahrscheinlichkeiten miteinander verschmolzen.

Formal wird die Konstruktion induktiv über den Aufbau von S durchgeführt. Die erzeugten HMMs weichen allerdings in einem Detail von der Definition des Kapitels 5 ab: der Markovprozeß kann von jedem Modellzustand aus mit einer gewissen Fluchtwahrscheinlichkeit beendet werden.

Ist S ein elementarer RMM-Zustand und $b_S(\boldsymbol{x})$ seine Verteilungsdichte, so besteht das korrespondierende HMM aus einem einzigen Zustand s, der $b_S(\boldsymbol{x})$ als Ausgabeverteilung besitzt und mit Wahrscheinlichkeit Eins betreten und verlassen sowie mit Wahrscheinlichkeit Null beibehalten wird.

Ist S ein komplexer RMM-Zustand mit $S = (\{S_1, \ldots, S_N\}, \boldsymbol{A})$, so dürfen wir die ebenen Modelle

$$\boldsymbol{\lambda}(S_n) = (\boldsymbol{\pi}^n, \boldsymbol{A}^n, \boldsymbol{B}^n) \tag{B.5}$$

mit den Zustandsmengen

$$\mathcal{Q}^n = \left\{ s_1^n, \ldots, s_{N_n}^n \right\} \tag{B.6}$$

nach Induktionsannahme als bekannt voraussetzen. Das gesuchte HMM erhält dann die Zustände

$$\mathcal{Q} = \{ s_{n,i} \mid i = 1, \ldots, N_n \text{ und } n = 1, \ldots, N \} \tag{B.7}$$

mit den Ausgabeverteilungen $b_{n,i}(\boldsymbol{x}) = b_i^k(\boldsymbol{x})$, den Anfangswahrscheinlichkeiten $\pi_{n,i} = a_{In} \cdot \pi_i^n$, den Übergangswahrscheinlichkeiten

$$a_{n,i;m,j} = P(q_t = s_{m,j} \mid q_{t-1} = a_{n,i}) = \begin{cases} a_{ij}^n = a_{ij}^m & n = m \\ a_{i\$}^n \cdot a_{nm} \cdot \pi_j^m & n \neq m \end{cases} \tag{B.8}$$

und den Fluchtwahrscheinlichkeiten $a_{n,i;\$} = a_{i\$}^n \cdot a_{nF}$.

Pattern Recognition and Image Processing in C++

von Dietrich W. R. Paulus und Joachim Hornegger

1995. XII, 357 pp.
(Vieweg Advanced Studies in Computer Science) Softcover.
ISBN 3-528-05491-3

Aus dem Inhalt: Einführung in Problemstellungen der Mustererkennung – Grundlagen der Musteranalyse – Einführung in die Programmiersprache C++ illustriert mit Beispielen aus der Bild- und Sprachverarbeitung – objektorientiertes Design und Programmierung – Kantendetektion, Linienfindung – Merkmalsdetektion in Bild- und Sprachsignalen – vollständige Klassenbibliothek zur einfachen Bildsegmentierung.

Das Buch bietet eine kompakte Einführung in die Programmiersprache C++, die verknüpft ist mit aussagekräftigen Beispielen aus dem Gebiet der Mustererkennung. Objektorientierte Programmierung wird demonstriert an einer Klassenbibliothek für die Bildsegmentierung, die schrittweise zu einem vollständigen System entwickkelt wird. Das Buch entstand aus einer Vorlesung und enthält neben Übungen zu den einzelnen Kapiteln auch umfangreichere Programmierprojekte.

Über die Autoren: Dr.-Ing. Dietrich W. R. Paulus und Joachim Hornegger sind Mitarbeiter am Lehrstuhl für Mustererkennung der Universität Erlangen-Nürnberg (Prof. Dr.-Ing. H. Niemann).

Verlag Vieweg · Postfach 15 46 · 65005 Wiesbaden

vieweg

Objektorientierte und wissensbasierte Bildverarbeitung

von Dietrich W. R. Paulus
Mit einem Geleitwort von Heinrich Niemann

*1992. XII, 223 Seiten. (Künstliche Intelligenz;
hrsg. von Wolfgang Bibel und Walther von Hahn) Kartoniert.
ISBN 3-528-05270-8*

Aus dem Inhalt: Grundlagen – Objekte für die ikonische Bildverarbeitung – Wissensbasierte Bildanalyse – Realisierung.

Bildanalyseverfahren transformieren Sensordaten in eine symbolische Beschreibung, zu deren Ermittlung eine Folge von Verarbeitungsschritten auf zunehmend höherem Abstraktionsniveau durchlaufen wird. Ein großer Teil der wesentlichen Beschreibungselemente sind in allen Anwendungen gleich und können durch objektorientierte und wissensbasierte Ansätze übersichtlich konzipiert werden.Das Buch zeigt, wie ausgehend von den Grundlagen der Bildverarbeitung objektorientierte und wissensbasierte Verfahren für die Praxis nutzbar gemacht werden können. Eine prototypische Implementierung in C++ belegt die Vorzüge der gewählten Verfahren gegenüber der konventionellen Programmierung. Das Buch ist zur Unterstützung von Lehrveranstaltungen in Ingenieurwissenschaften und Informatik geeignet.

Über den Autor: Dr.-Ing. Dietrich W. R. Paulus arbeitet und lehrt an der Technischen Fakultät der Universität Erlangen-Nürnberg (Lehrstuhl Prof. Niemann).

Verlag Vieweg · Postfach 15 46 · 65005 Wiesbaden

Rechnerarchitektur

von John L. Hennessy und David A. Patterson
Aus dem Amerik. übers. und bearb. von Dieter Jungmann

1994. XXVIII, 746 Seiten. Kartoniert.
ISBN 3-528-05173-6

Aus dem Inhalt: Grundlagen der Rechnerarchitektur – Kosten- und Leistungsaspekte von Hardware – Das Design von Rechner-Befehlssätzen – Grundlegende Prozessor Implementations-Techniken – Das Pipeline-Konzept – Vektor-Prozessoren – Die Entwicklung von Speicherhierarchien – Input/Output-Konzepte – Künftige Entwicklungen.

Das Buch macht den Leser mit den wichtigsten „Werkzeugen" zur Analyse moderner Computersysteme vertraut. Es verdeutlicht, wie sich Technologien mit der Zeit verändern und stellt die wesentlichen Grundlagen heraus, die bei der Entwicklung von Rechnersystemen erforderlich sind. Für den Vergleich und die Analyse von Computersystemen haben die Autoren ein Bewertungsraster erarbeitet, das schlüssige Aussagen über die Leistungsfähigkeit unterschiedlicher Rechnerklassen zuläßt. Hierbei werden insbesondere die wichtigsten Computersysteme einer speziellen Klasse vorgestellt: Für den Großrechnerbereich die IBM 360, für den Bereich der Minicomputer die DEC VAX und für den Bereich der Mikro- bzw. Personalcomputer die 80 x 86-Architektur. Auf dieser Grundlage zeigen die Autoren die Konzepte zukünftiger Technologien wie die der Parallelprozessoren auf. Das Buch richtet sich an alle diejenigen, die mit der Konzeption und Entwicklung von Hardware, einschließlich Chipkonstruktion und Systementwicklung zu tun haben. Es ist auch für solche Softwareentwickler ausgesprochen wichtig, die Programme für moderne Rechnerkategorien schreiben.

Über die Autoren: David A. Patterson ist an der University of Berkeley tätig, wo er u.a. die Entwicklung und Implementierung von RISC I leitete. Seit 15 Jahren hält er Vorlesungen über Rechnerarchitektur. John L. Hennessy ist Direktor des Computer Systems Laboratory der Stanford University.

Verlag Vieweg · Postfach 15 46 · 65005 Wiesbaden